SPUDASMATA

Studien zur Klassischen Philologie und ihren Grenzgebieten
Begründet von Hildebrecht Hommel und Ernst Zinn
Herausgegeben von Gottfried Kiefner und Ulrich Köpf

Band 82

PLATONISCHES PHILOSOPHIEREN

2001

GEORG OLMS VERLAG HILDESHEIM · ZÜRICH · NEW YORK

PLATONISCHES PHILOSOPHIEREN

Zehn Vorträge zu Ehren von Hans Joachim Krämer

von
K. Albert, M. Erler, G. Figal,
J. Halfwassen, V. Hösle, M. Migliori,
K. Oehler, G. Reale und W. Schwabe

Herausgegeben von
Thomas Alexander Szlezák
unter Mitwirkung von
Karl-Heinz Stanzel

2001

GEORG OLMS VERLAG HILDESHEIM · ZÜRICH · NEW YORK

Die Deutsche Bibliothek - CIP-Einheitsaufnahme

Platonisches Philosophieren : zehn Vorträge zu Ehren
von Hans Joachim Krämer / von K. Albert ...
Hrsg. von Thomas Alexander Szlezák
unter Mitw. von Karl-Heinz Stanzel. -
Hildesheim ; Zürich ; New York : Olms, 2001
(Spudasmata ; Bd. 82)
ISBN 3-487-11435-6

ISO 9706

Printed in Germany
Umschlagentwurf: Prof. Paul König, Hildesheim
Gedruckt auf säurefreiem und alterungsbeständigem Papier
Herstellung: Druck Partner Rübelmann GmbH, 69502 Hemsbach/Bergstraße
ISSN 0548-9705
ISBN 3-487-11435-6

INHALT

Vorwort des Herausgebers VII

Vittorio Hösle
Die Philosophie und ihre Medien (1994) 1

Günter Figal
Platonforschung und hermeneutische Philosophie (1999) 19

Klaus Oehler
Die neue Situation der Platonforschung (1999) 31
Krämers Wiederentdeckung der Philosophie Platons in ›Arete bei Platon und Aristoteles‹, 1959, und die Folgen. Eine Betrachtung nach vierzig Jahren

Jens Halfwassen
Der Ursprung der Geistmetaphysik (1999) 47
Die wiederentdeckte Einheit des antiken Platonismus

Jens Halfwassen
Monismus und Dualismus in Platons Prinzipienlehre (1994) 67

Giovanni Reale
Alles, was tief ist, liebt die Maske (1994) 87
Aristophanes' Rede im ›Symposion‹ als sinnbildliche Verhüllung der ungeschriebenen Lehren Platons

Maurizio Migliori
Dialektik und Prinzipientheorie
in Platons ›Parmenides‹ und ›Philebos‹ (1994) 109

Michael Erler
Selbstfindung im Gebet (1994) 155
Integration eines Elementes epikureischer Theologie in den Platonismus der Spätantike

Karl Albert
Platonisches bei Louis Lavelle (1994) 173

Wilhelm Schwabe
Der Geistcharakter des »überhimmlischen Raumes« (1994). 181
Zur Korrektur der herrschenden Auffassung von Phaidros 247 c–e

Schriftenverzeichnis Hans Joachim Krämer
(1959–2001) 333

VORWORT DES HERAUSGEBERS

Kein Interpret seit Friedrich Schleiermacher hat unser Bild der platonischen Philosophie stärker verändert als Hans Joachim Krämer. Dieser Tatsache eingedenk trafen sich zum 65. und zum 70. Geburtstag des Tübinger Philosophen befreundete Platonkenner und ehrten ihn mit Vorträgen, die unterschiedliche Aspekte des platonischen Philosophierens in den Blick nehmen.

Zum Geburtstagskolloquium vom 29./30. April 1994 waren ausschließlich Vortragende von außerhalb Tübingens eingeladen worden. Es wurde deutlich, daß die Einschätzung Platons als Prinzipiendenker, der aus Skepsis gegen das Medium der Schrift einen Teil des Ertrags seines Denkens der Mündlichkeit vorbehielt – eine Einschätzung, die noch 20 Jahre zuvor so gut wie nur in Tübingen vertreten worden war – mittlerweile an vielen Orten Deutschlands und Europas als das maßgebliche Platonbild betrachtet wird.

Das Kolloquium vom 30. April 1999 hingegen war mit Bedacht als eine überwiegend ›interne‹ Tübinger Veranstaltung konzipiert: es waren vor allem die Kollegen vom Philosophischen Seminar, die den Siebzigjährigen auf diese Weise ehren wollten. Sie blieben jedoch nicht ganz unter sich: aus Hamburg und Köln stießen zu ihnen Klaus Oehler und Jens Halfwassen, von denen der eine ein ehemaliger Tübinger ist, während der andere sich gerne – jedenfalls *in Platonicis* – als Wahl-Tübinger apostrophieren läßt.

Nicht alle Vorträge der beiden Veranstaltungen sind in den vorliegenden Band eingegangen. 1994 sprach Werner Beierwaltes über ›Eriugenas Platonismus‹, Hellmut Flashar über ›Oedipus und Delphi‹. Ihre Beiträge erschienen (aus je verschiedenem Grund) an anderen Stellen. Am Kolloquium von 1999 beteiligten sich die Tübinger Philosophen Christoph Horn, Christof Rapp und Reiner Wimmer mit Beiträgen zu zwei weiteren Arbeitsgebieten Krämers, nämlich der Aristoteles-Exegese und der Ethik. Auch in diesen Fällen ist – wieder im Einvernehmen zwischen Herausgeber und Autoren – die Publikation an anderen Stellen vorgesehen.

Ein Beitrag wurde nicht in der Form vorgetragen, in der er hier erscheint: der von Wilhelm Schwabe. Der Autor entschied sich, seine schon 1994 voll entwickelte These vom Geistcharakter des ›überhimmlischen Raumes‹ nun in umfassender Weise gegen Einwände abzusichern, wodurch sein Beitrag auf den Umfang einer kleineren Monographie anwuchs. Aus diesem Grunde wurde er ans Ende des Bandes gerückt.

Ein gemeinsames Thema war den Vortragenden selbstverständlich nicht vorgegeben. Die Vielfalt der Sichtweisen und Zugangsarten zeigt deutlich, daß der ›Tübinger Platon‹ weit mehr ein neues Paradigma des Platonverständnisses darstellt als eine ›Schule‹ mit einheitlicher Methodik und koordinierten Beweiszielen. Die

Redeweise von der ›Tübinger Schule‹ – die heute freilich in allen Sprachen, den ›großen‹ wie in den ›kleineren‹, fest etabliert ist – ist leider geeignet, diesen Umstand zu verdunkeln.

Doch trotz des (beabsichtigten) Fehlens einer leitenden Thematik fügen sich die Beiträge nicht schlecht zu einem sinnvollen Ganzen zusammen: von Vittorio Hösles grundlegenden Gedanken über die Problematik der Medien der Philosophie und Günter Figals Anknüpfung an den universalen Anspruch der Hermeneutik wird der Leser über eine mit weitem forschungs- und philosophiegeschichtlichem Horizont vollzogene Einordnung und Würdigung der Leistung Krämers bei Oehler und Halfwassen (1999) zu konkreteren, bisweilen sogar recht speziellen Fragen der Platon-Exegese geführt (Halfwassen (1994), Reale, Migliori, dazu Schwabe), von wo ihn die Beiträge von Erler und Albert zu zwei hochinteressanten Kapiteln aus der unendlichen Geschichte der Fortwirkung Platons weiterleiten. Zusammengehalten werden die Beiträge einmal durch den steten Bezug auf Platon, sodann durch die gemeinsame Überzeugung der Autoren, daß es Hans Joachim Krämer war, der Platon von einem verdienstvollen Spezialisten für (fragwürdige) *self-predication* und für die (fehlerhafte) *logic of ›good‹* wieder zu dem gemacht hat, was er für frühere Epochen war und für künftige sein wird: zum eigentlichen Fundament der abendländischen Denkgeschichte.

Dem Verlag Olms und den Herausgebern der Reihe Spudasmata danke ich für die Aufnahme des Bandes in das Programm, Herrn PD Dr. Karl-Heinz Stanzel für die Übernahme des größten Teils der redaktionellen Arbeit.

Tübingen, 15.2.2001 *Thomas Alexander Szlezák*

Vittorio Hösle

DIE PHILOSOPHIE UND IHRE MEDIEN

Es mag überraschen, daß auf einer Tagung zu Ehren eines Philosophen, dessen Namen unlöslich mit der Rekonstruktion von Platons ungeschriebener Lehre verbunden ist,[1] ein Vortrag über die Philosophie und ihre Medien gehalten wird. Und doch scheint mir, daß auch und gerade auf diese Fragestellung die große Entdekkung Licht wirft, die wir Hans Joachim Krämer entscheidend mitverdanken und die Giovanni Reale zu Recht einen Paradigmenwechsel in der Platoninterpretation genannt hat.[2] Wie bekannt, hat Krämer ein neues Kapitel in der Platonforschung mit der These eröffnet, das Denken Platons könne aus den Dialogen nicht vollständig rekonstruiert werden: Auch die indirekte Überlieferung müsse berücksichtigt werden. Dieser hermeneutischen Maxime, die auch zwei Schriften Platons, nämlich der ›Phaidros‹ und der siebente Brief, ausdrücklich fordern und auf die viele Anspielungen in den Dialogen implizit verweisen, schulden wir ganz neue Erkenntnisse über die Platonische Philosophie. Diese erscheint tiefer in der Vorsokratik und insbesondere in der Pythagoreischen Tradition verwurzelt, als bisher angenommen, da sich die Platonische Ideenlehre nicht als letztes Fundament seiner Ontologie erweist: Über den Ideen erheben sich die beiden Prinzipien der Einheit und Unbegrenzten Zweiheit. Nicht nur wird durch die Auswertung der indirekten Überlieferung eine metaphysische Theorie von erstaunlicher Komplexität und Raffinesse sichtbar; diese Theorie konnte zugleich den Anspruch erheben, die ungeheure Fülle der griechischen Kultur auf den Begriff gebracht, den Reichtum des hellenischen Geistes auf zwei Prinzipien zurückgeführt zu haben. Für das geistige Band z.B., das die Platonische Prinzipienlehre mit der bildenden Kunst verknüpft, ist dies kürzlich von Reale auf faszinierende Weise nachgewiesen worden; andere wie der viel zu früh verstorbene Konrad Gaiser haben sich mit den Bezügen befaßt, die zwischen Platons ungeschriebener Lehre und der Mathematik bestehen, jener Wissenschaft, die die Griechen in einer so vorbildlichen Weise begründet haben, daß sie auch die gro-

1 Vgl. seine beiden Hauptwerke zu Platon: Krämer (1959) und (1982).

2 Vgl. Reale (1991) 1ff.

ße wissenschaftliche Revolution des 17. Jahrhunderts im wesentlichen unangetastet überstanden hat.[3] Aber nicht nur die Platon vorangehende Geschichte des griechischen Denkens erscheint von der ungeschriebenen Lehre her in einer neuen Perspektive, vielleicht sogar in einer Logik, die jene Lehre als ihr geheimes Telos geradezu zu fordern scheint.[4] Krämer selber und anderen ist es gelungen, die Nachwirkungen von Philosophemen der ungeschriebenen Lehre mindestens bis in den Hellenismus und in die Spätantike zu verfolgen.[5] Ja, es ist nicht übertrieben, wenn man feststellt, daß bis zu Schleiermacher die großen Philosophen Platon mit einer naiven Unbefangenheit Theorien zugeschrieben haben, die nicht aus den Dialogen, sondern aus der indirekten Überlieferung stammen. Auch wenn diese Naivität nicht mit dem modernen hermeneutischen Methodenbewußtsein verträglich ist, kann das von Schleiermacher begründete zweite Paradigma, das ausschließlich das Schriftwerk berücksichtigt, ebensowenig beanspruchen, das historisch angemessene zu sein.

In der Tat sind die Inhalte der ungeschriebenen Lehre nicht das Einzige, was unser Bild von der antiken Philosophie- und Wissenschaftsgeschichte einschneidend modifiziert hat. Nicht minder wichtig ist die Tatsache, daß Platon überhaupt über eine ungeschriebene Lehre verfügt hat – also die Form, der jene Inhalte vorbehalten waren. Die Tragweite und Originalität dieser Erkenntnis hat ex negativo die zum großen Teil inkompetente Kritik am neuen Platonbild bewiesen, für die häufig schon der Begriff einer ungeschriebenen Lehre eine contradictio in adiecto darstellte. Doch ist dieser Begriff keineswegs selbstwidersprüchlich; in Widerspruch steht er nur zu einem Philosophiebetrieb, der, wie der unsere, fast ausschließlich über Schriften stattfindet. (Es ist nicht untypisch für unsere Kultur, daß Kollegen, die einen großen Teil ihrer Energien in die Abfassung von Aufsätzen und Büchern stecken, über Nicht-Philosophisches reden, wenn sie zusammen sind.) Ob unsere Form der philosophischen Kommunikation die bestmögliche ist, sei im Augenblick offengelassen; zunächst einmal geht es mir um die Anerkenntnis des simplen Faktums, daß sie nicht die einzig mögliche, ja nicht einmal die einzige geschichtlich wirkliche gewesen ist. Diese Erkenntnis gewinnen wir gerade aus dem überraschenden Sachverhalt, daß Platon dasjenige, was ihm philosophisch am meisten am Herzen lag, offenbar der Schriftform nicht anvertraut hat. Darin folgte er einerseits pythagoreischer Tradition, andererseits gerade dem Beispiel seines Lehrers Sokrates. Da es zu einem Topos geworden ist, dem neuen Platonbild vorzuwerfen, es zerstöre

---

3 Vgl. Gaiser (1963). Ich darf mir gestatten, auch auf mein Büchlein Hösle (1994) zu verweisen.

4 Dies die These meiner Dissertation Hösle (1984). Dort habe ich auch begründet, warum ich dem neuen Paradigma zustimme.

5 Krämer (1964) und (1971).

den sokratischen Einfluß bei Platon, sei darauf entgegnet, ganz im Gegenteil belege die Bedeutung, die nach der neuen Interpretation die Mündlichkeit besitzt, die fortdauernde Wirkung seines größten Lehrers. In sokratischer Form über Inhalte zu kommunizieren, die sich dem Weiterdenken der vorsokratischen Prinzipienreflexion verdanken – das genau ist das Wesen der ungeschriebenen Lehre. Doch Platon befindet sich nicht nur an sich im Übergang zwischen Mündlichkeit und Schriftlichkeit. Ein so reflexiver Geist wie er konnte diesen Übergang nicht nur mitmachen – er mußte ihn theoretisch durchdringen. Es ist das Verdienst besonders von Th. A. Szlezák, zahlreiche Stellen umfassend analysiert zu haben, in denen sich Platon über die Medien äußert, in denen er philosophiert, insbesondere über die Grenzen der Schriftlichkeit.[6] Vermutlich hat sich im Zusammenhang mit dieser Reflexion jene literarische Form entwickelt, die Platon zwar nicht geschaffen, aber doch zur Vollendung gebracht hat – der literarische Dialog als die weitestmögliche Nachahmung des Gesprächs. Damit hat Platon die schriftlichen Ausdrucksformen des philosophischen Gedankens um eine Gattung bereichert, die sich auch in der Folgezeit als außerordentlich fruchtbar erwiesen hat. Vermutlich ist es nicht übertrieben, wenn man sagt, daß kein anderer Philosoph bis zu Kierkegaard ein vergleichbar differenziertes Bewußtsein von der Wechselwirkung zwischen Form und Inhalt gehabt hat und als Philosoph auf literarischem Felde vergleichbar schöpferisch gewesen ist.

Es mag daher gerechtfertigt sein, wenn ich im folgenden einige grundsätzliche Reflexionen über die Philosophie und ihre Medien entwickle und dabei auch auf Medien eingehe, die Platon selber noch nicht bekannt sein konnten. Zunächst will ich ganz kurz sowohl positiv als auch kritisch einige der provozierenden Thesen des berühmtesten Kommunikationswissenschaftlers unseres Jahrhunderts, Marshall McLuhans, diskutieren (I), alsdann in einem zweiten Teil der Frage nachgehen, was aus ihnen für die geschichtliche Entwicklung der Philosophie und ihrer Medien folgt (II). Dabei will ich versuchen, Platons medientheoretische Überlegungen auf unseren Umgang mit den neuen Medien zu übertragen.

I

Damit der Übergang von Platon zu McLuhan nicht gar zu gewalttätig erscheint, sei darauf verwiesen, daß der wohl bekannteste lebende Medienwissenschaftler, nämlich Neil Postman, das erste Kapitel seines Buches ›Technopoly‹ dem Urteil des Thamus widmet. Platons ›Phaidros‹ ist nach ihm die erste medientheoretische Untersuchung. So halte es der platonische Thamus für selbstverständlich (und daher

6 Szlezák (1985) und (1993).

nicht für erwähnenswert), »daß die Schrift keine neutrale Technik ist, deren Nutzen und Nachteil allein davon abhängt, wie man sie gebraucht. Er weiß, daß die Art und Weise, wie man von irgendeiner Technik Gebrauch macht, weitgehend durch die Struktur dieser Technik selbst bestimmt wird – mit anderen Worten, daß sich ihre Funktionen aus ihrer Form ergeben. Deshalb fragt Thamus nicht danach, w a s die Menschen schreiben werden; ihn interessiert vielmehr, d a ß sie schreiben werden. Man kann sich schlechterdings nicht vorstellen, daß dieser Thamus nach Art der gewöhnlichen Technophilen von heute behaupten würde, wenn man das Schreiben nur dazu nutzte, bestimmte Arten von Texten anzufertigen, andere hingegen nicht …, so könnte die zerrüttende Wirkung des Schreibens auf ein Mindestmaß reduziert werden. Er würde einen solchen Rat für äußerst naiv halten.«[7] Und wenige Seiten später, nach der weiteren Ausführung dieses Gedankens, faßt Postman zusammen: »Dies meinte Marshall McLuhan mit seinem berühmten Aphorismus ›Das Medium ist die Botschaft‹. ... Und dies wollte Thamus dem Erfinder Theuth klarmachen.«[8] In der Tat beruft sich auch McLuhan selber in der Einleitung zur zweiten Auflage von ›Understanding Media‹ auf Eric Havelocks ›Preface to Plato‹[9] und seine Analyse des Übergangs von der mündlichen zur Schriftkultur zu Platons Zeit.

Kaum ein Buch unseres Jahrhunderts hat derartig kontroverse Stellungnahmen ausgelöst wie McLuhans ›Understanding Media: The Extensions of Man‹ von 1964, sein grundlegendes und einflußreichstes Werk. Von einigen als genial gefeiert, galt es anderen als schon aus formalen Gründen indiskutable Schrift eines Scharlatans. M.E. haben beide Parteien jeweils in einer bestimmten Hinsicht recht. Formal gesehen ist das Buch in der Tat schwer erträglich. Ohne Anmerkungen, reich an Wiederholungen, assoziativ, voller weitreichender Thesen, die selten begründet werden und manchmal manifest falsch sind, kann es nicht anders denn als »Pop-Wissenschaft« bezeichnet werden. Und doch kann das Buch auf etwas Anspruch erheben, das sich nicht in jedem formal untadeligen Werk findet: Es hat etwas Wichtiges, ja, sogar etwas Grundsätzliches zu sagen. Auch wenn seine Originalität vielleicht nicht sehr groß ist, hat es immerhin das Verdienst, die Aufmerksamkeit der Geistes- und Sozialwissenschaften, ja, eines Teils der Öffentlichkeit auf kommunikationswissenschaftliche Fragestellungen gelenkt zu haben. Seine Antworten sind oft einseitig und übertrieben; aber seine Fragestellungen sind wenigstens anregend, und der Fortschritt der Wissenschaft hängt von der Qualität der Fragen nicht weniger als von derjenigen der Antworten ab. Was sind seine Hauptthesen? Das erste Kapitel

---

7 Postman (1992) 14f.

8 Postman (1992) 22.

9 Cambridge, Mass. 1963. Von Havelock vgl. auch die späteren Bücher: Havelock (1982) und (1986).

seines Buches heißt: ›The Medium is the Message‹. Wie aus dem Postmanzitat schon klar geworden ist, wendet sich McLuhan radikal gegen die These von der Neutralität der Medien und Techniken. Die Auffassung, die Produkte der modernen Wissenschaft seien an sich weder gut noch schlecht, ihre Verwendung sei es vielmehr, die über ihren Wert entscheide, lehnt McLuhan als »the voice of the current somnambulism« bzw. als »the numb stance of the technological idiot« ab.[10] Dagegen hält er daran fest, daß die Form des Mediums als solche ungeheuer viel präjudiziere. Gegen die Invasion nicht-europäischer Kulturen durch die modernen Medien könnten sich diese keineswegs dadurch immunisieren, daß sie sich auf ihre eigenen Werte und Inhalte besönnen. »The effects of technology do not occur at the level of opinions and concepts, but alter sense ratios or patterns of perception steadily and without any resistance.« Da die Medien letztlich Ausdehnungen unserer Sinne seien, unsere Sinne aber in einem bestimmten Verhältnis zueinander stünden, würde die Einführung eines neuen Mediums Auswirkungen auf unsere ganze Weltwahrnehmung haben: Die Zunahme der Bedeutung des Sehens in der Schriftkultur sei gleichzeitig der Kultur des Zuhörens abträglich. Gerade weil der Wandel, den die Medien ganz unabhängig von ihrem Inhalt auslösten, auf den sich allein die Aufmerksamkeit konzentriere, schleichend vor sich gehe, sei es sehr schwierig, sich gegen ihn zur Wehr zu setzen. »The serious artist is the only person able to encounter technology with impunity, just because he is an expert aware of the changes in sense perception.«[11] Die Benützung eines Mediums statt eines anderen könne über den Erfolg der Kommunikation entscheiden. In der Tat wurde McLuhan zu einigen seiner Überlegungen durch die Tatsache angeregt, daß dieselben Diskussionen zwischen Nixon und Kennedy im Verlauf des Präsidentschaftswahlkampfs von 1960 von denjenigen, die sie auf dem Radio verfolgten, mehrheitlich anders bewertet wurden als von den Fernsehzuschauern.[12] Es wurden dieselben Worte gewechselt, dieselben Argumente ausgetauscht – und doch war die Reaktion sehr unterschiedlich. Die mögliche Erklärung, Menschen, die 1960 noch keinen Fernseher besaßen oder lieber Radio hörten, gehörten anderen wirtschaftlichen Interessengruppen an oder hätten andere Werte als die Fernsehbesitzer, scheint mir nur zum Teil zuzutreffen. Plausibler ist die These McLuhans, die beiden Medien hätten – unabhängig von dem, was gesagt wurde – unterschiedliche Informationen transferiert: Wer die Gesichter Nixons und Kennedys vergleichen konnte, erfuhr Zusätzliches – wobei es für die These McLuhans gar nicht darauf ankommt, ob diese zusätzlichen Informa-

10 McLuhan (1964) 26, 32.
11 McLuhan (1964) 33.
12 McLuhan (1964) 261, 287f.

tionen in der Politik eine Rolle spielen sollten oder in Wahrheit von dem Wesentlichen ablenken.

›Media Hot and Cold‹ heißt das zweite Kapitel von McLuhans Werk. Wie bei Levi-Strauss werden »heiß« und »kalt« nicht wörtlich verstanden, sondern als kulturwissenschaftliche Kategorien benützt. Heiß sei ein Medium, »that extends one single sense in ›high definition‹«, letztere sei »the state of being well filled with data«. Ein kaltes Medium hingegen vermittle nur wenig Informationen – und sei daher in höherem Maße als heiße Medien auf die Mitwirkung derjenigen angewiesen, an die es sich wende. »Any hot medium allows of less participation than a cool one, as a lecture makes for less participation than a seminar, and a book for less than dialogue. With print many earlier forms were excluded from life and art, and many were given strange new intensity.«[13] Auch wenn die Unterscheidung wichtig ist, sind viele der Subsumtionen, die McLuhan vornimmt, freilich merkwürdig – so soll das Radio ein heißes, das Fernsehen ein kaltes Medium sein. Um dies etwas besser zu verstehen, muß man folgendes berücksichtigen. Neben den Unterschieden von Mündlichkeit und Schriftlichkeit behandelt McLuhan u.a. den Übergang zur Druckkultur und deren Zusammenhang mit den mechanischen Grundlagen der Industriellen Revolution. Er hebt zu Recht hervor, wie eng der Buchdruck mit jenem Prinzip zusammenhängt, das die moderne Wissenschaft und Technik bestimmt – der mechanischen Wiederholbarkeit. »Repeatibility is the core of the mechanical principle that has dominated our world, especially since the Gutenberg technology.«[14] Mechanisierung, Spezialisierung und Individualisierung seien Züge der modernen Welt, die durch den Buchdruck nachhaltig gefördert worden seien. McLuhan hat dieser Entwicklung gegenüber durchaus Vorbehalte, weil sie die Einheit der Persönlichkeit zerstöre, die der Mensch der mündlichen Kultur noch besessen habe, deren »Kälte« persönlichen Einsatz in ganz anderem Maße erforderlich mache als die Hitze der späteren Medien. In einer an Rousseaus Kulturpessimismus erinnernden Passage beklagt McLuhan den Verlust der Mündlichkeit: »Literacy creates very much simpler kinds of people than those that develop in the complex web of ordinary tribal and oral societies. For the fragmented man creates the homogenized Western world, while oral societies are made up of people differentiated, not by their specialized skills or visible marks, but by their unique emotional mixes. The oral man's inner world is a tangle of complex emotions and feelings that the Western practical man has long ago eroded or suppressed within himself in the interest of efficiency and practicality.«[15] Und dennoch ist McLuhan kein Gegner der modernen Techniken.

---

13 McLuhan (1964) 36, 37.

14 McLuhan (1964) 147.

15 McLuhan (1964) 59.

Vielmehr glaubt er, daß die von ihm beklagte Entwicklungstendenz durch die neuen, auf elektromagnetischen Wellen basierenden Medien überwunden werde. Noch Marx habe völlig zu Unrecht seine Analysen auf die Maschine gegründet – und zwar zu einer Zeit, als der Telegraph die mechanische Dynamik umzukippen begann.[16] In der Tat verbindet McLuhan Technikkritik und Technochiliasmus insofern, als er die Hoffnung hegt, die neuen Medien würden auf höherem Niveau zu der ursprünglichen Stammeseinheit zurückführen;[17] und es ist diese Hoffnung, die seine Schrift zu einem Kultbuch gemacht hat. Wäre McLuhan bloßer Technikenthusiast, wäre er zu der Zeit, da er schrieb, gar nicht aufgefallen; wäre er nur Technikkritiker gewesen, hätte man ihn ignoriert und isoliert. Seine Idee, daß die Nachteile der modernen Medien nur durch noch modernere Medien überwunden werden könnten, hat ihn berühmt gemacht. Bemerkenswert ist, daß McLuhan – ob bewußt oder unbewußt, bleibe offen – das triadische Entwicklungsmuster der Geschichtsphilosophie des Deutschen Idealismus auf die Entwicklung der Medien überträgt: Auf eine Phase ursprünglicher Einheit (Mündlichkeit) folge Entfremdung (Schriftlichkeit, insbesondere Druckkultur), auf diese eine Rückkehr zu ursprünglicher Einheit auf höherer Ebene.

Was ist von McLuhans Thesen zu halten? Um mit dem bekanntesten seiner Schlagworte zu beginnen – »The Medium is the Message« – , so liegt es auf der Hand, daß es falsch ist, wenn man das »is« identifikatorisch versteht. Denn wären Medium und Botschaft wirklich identisch, so würden sich Botschaften erübrigen. Auch versteht es sich, daß dasselbe Medium unterschiedliche, ja entgegengesetzte Botschaften vermitteln kann: Ein Buch kann »a«, aber auch »non-a« behaupten. Und doch ist jene Aussage McLuhans durchaus tief, wenn sie unterstellt, daß nicht mit jedem Medium alle Botschaften kompatibel sind. Jedes Medium trifft eine Selektion aus möglichen Botschaften; und gewisse Botschaften verlangen eher nach diesem als nach jenem Medium. Dennoch ist McLuhans Formalismus inakzeptabel, der ihn die Spielräume übersehen läßt, die innerhalb jedes einzelnen Mediums bleiben. Fragwürdig ist auch der sehr weite Begriff von Medium, den McLuhan hat: Neben gesprochener und Schriftsprache behandelt er in seinem Buch auch Fortbewegungsmittel, die keine direkten Mittel zur Weitergabe von Informationen sind. Auch unterschätzt McLuhan vollständig die institutionellen Rahmenbedingungen von Medien: Das Fernsehen legt schon als solches Inhalte fest, aber eine Entscheidung darüber, ob es privat- oder öffentlich-rechtlich verfaßt ist, mag eine noch stärkere Selektion treffen als das Medium selber. – Auch die Unterscheidung zwischen kalten und heißen Medien berührt zwar etwas Wichtiges, bleibt aber formal. Einer-

16 McLuhan (1964) 49.
17 McLuhan (1964) 38, 58 u.ö.

seits ist zuzugeben, daß die Notwendigkeit des Beitrags des Empfängers bei der Auflösung der Botschaft eine zentrale Hinsicht bei einer Typologie der Medien ist. Andererseits ist darauf zu beharren, daß dieser Beitrag eben nicht nur vom Medium abhängt, das man benützt, sondern auch von der Botschaft. Ein Gespräch mag – ceteris paribus – »kälter« sein als ein Buch, aber ein Platonischer Dialog verlangt, um verstanden zu werden, sicher mehr Eigeninitiative als die meisten Gespräche. Was schließlich die geschichtsphilosophische These McLuhans angeht, so bleibt sie rein spekulativ. Zwar werde ich noch zeigen, daß etwa die optischen Medien durchaus Möglichkeiten haben, etwas von dem lebendigen Gespräch zu reintegrieren, das die Schriftkultur verdrängt hat. Aber das ändert nichts daran, daß das Fernsehen noch viel »heißer« ist als das Buch. Lesen fordert – *ceteris paribus* – eine größere Aktivität als Fernsehen, das die Entfremdung von dem konkreten persönlichen Einsatz noch weiter treibt als die Schriftkultur. Aufgrund seiner größeren Nüchternheit hat etwa Postman diese Konsequenz durchaus gezogen.

II

Was bedeutet das Gesagte für die Philosophie? Im folgenden will ich einige Überlegungen zu den philosophischen Konsequenzen der beiden wichtigsten Medienrevolutionen entwickeln – des Übergangs von der Mündlichkeit zur Schriftlichkeit (im Rahmen der griechischen Kultur) und desjenigen vom Buche zu den neuen Medien. Vernachlässigen muß ich den Übergang vom Manuskript zum gedruckten Buch, und zwar einerseits weil mir dieser Übergang mentalitätsgeschichtlich (nicht notwendig in seinen politischen Folgen) weniger grundsätzlich zu sein scheint als die beiden anderen, andererseits weil ich mich hier auf Platon und die Gegenwart konzentrieren möchte.

In seinem Aufsatz ›The orality of Socrates and the literacy of Plato: With some reflections on the historical origins of moral philosophy in Europe‹[18] hat Havelock den ersten Übergang eindrucksvoll behandelt. Die anfangs mündlich überlieferte epische Sprache sei durch Rhythmus, durch performative, als Handlungen vorgetragene Aussagen sowie schließlich dadurch gekennzeichnet, daß ihre Satzsubjekte handelnde Wesen seien. Der Rhapsode erzählt nicht bloß, sondern spricht die Göttin an; er analysiert nicht abstrakte Gegenstände, sondern beschreibt Handlungen. In der Sprache Homers, so Havelock, würde der euklidische Dreieckswinkelsummensatz lauten: »The triangle stood firm in battle astride and poised on its equal legs, fighting resolutely to protect its two right angles against the attack of the

18 Havelock (1984).

enemy.«[19] Abstrakte Begrifflichkeit setze dagegen die Prosa voraus, die sich in einem langen Prozeß von Hesiods Lehrdichtung über die Vorsokratiker bis zu den Sophisten entwickelt habe. Die Entstehung der Linguistik wäre undenkbar gewesen ohne eine Objektivierung der Sprache, und diese sei dadurch erleichtert worden, daß die ursprünglich lebendig vorgetragene Sprache (ἔπη) als Schriftsprache (λόγος) dem Betrachter gegenübergestellt worden sei. Aus einem Akt des Subjekts wird die Sprache zu einem Ding.[20]

Mit dieser Objektivierung gehe einher eine Analyse der sich verselbständigenden Innenseite des Menschen. Was bedeutet das für die Moralphilosophie? Für Havelock besteht die entscheidende Pointe der abendländischen Ethik darin, daß sie nicht mehr vorbildliche Menschen als Norm aufstellt, sondern abstrakte Tugenden: Die Tapferkeit, nicht der tapfere Achill, die Klugheit, nicht der kluge Odysseus sind seit Sokrates die Grundlage der Ethik. In der Tat: Wer die frühen und mittleren Dialoge Platons liest, begegnet immer wieder der Zurückweisung der Auffassung, eine Tugend könne in dem konkreten Verhalten einer konkreten Person aufgehen. Tugenden sind εἴδη und weisen als solche über alle einzelnen Instantiierungen hinaus. Havelock geht sogar so weit, zu behaupten, der Begriff des εἶδος als einer Visualisierung und Objektivierung des Gegenstandes des Gesprächs setze das Alphabet voraus. In der akustischen Periode der griechischen Kultur hätte die Ideenlehre nicht konzipiert werden können. »The Socratic logos was oral, the Platonic eidos is textual.«[21]

Mir scheinen diese Überlegungen im wesentlichen Stich zu halten. Allerdings würde ich nur sagen, das Alphabet habe die Entwicklung der Ideenlehre erleichtert – nicht, es sei eine conditio sine qua non gewesen. In der Tat muß Havelock bei Sokrates eine merkwürdige Zwischenstellung anerkennen. Denn einerseits hat dieser die Tendenz zur Objektivierung der Moral, zur Entwicklung einer abstrakten Begrifflichkeit wie kaum ein zweiter vorangetrieben, andererseits bleibt er selber der Mündlichkeit verhaftet. »So the mind and method and the whole career of Socrates remain firmly embraced by paradox: a traditional mind using the immemorial resources of the spoken speech in order to disrupt and destroy the immemorial methods of composition of that speech as it had been used for purposes of oral storage; an oralist whose objective is the achievement of a vocabulary and syntax which could only become fully effective as it came to be written down and used in written texts.«[22] Es ist also offenbar denkbar, in der gesprochenen Sprache so zu

19 Havelock (1984) 73.
20 Havelock (1984) 76: »this language thing«.
21 Havelock (1984) 90.
22 Havelock (1984) 79.

argumentieren, wie dies nach Havelock nur die Schriftsprache möglich gemacht hat – auch wenn natürlich die Sprache des Sokrates nicht mehr die epische war, sondern eine, die durch den medialen Umbruch radikal verändert worden war. Da Havelock die Arbeiten des neuen Paradigma offenbar nicht rezipiert hat und Platon wesentlich als Kritiker der Dichtung deutet, übersieht er die Tatsache, daß Platons Stellung im Übergang von der Mündlichkeit zur Schriftlichkeit nicht minder komplex ist als diejenige des Sokrates, ja, vielleicht noch komplexer. Auch wenn vielleicht schon der geschichtliche Sokrates seinen Schülern erklärt haben wird, warum er nichts geschrieben hat, wissen wir doch erst von Platon, daß er eine solche Theorie erarbeitet hat – und zwar deswegen, weil er sie dankenswerterweise schriftlich niedergelegt hat. Ich will kurz auf die Hauptpunkte dieser Theorie eingehen und über sie in den Kategorien sprechen, die sich bisher durch die Auseinandersetzung mit Mc-Luhan und Havelock ergeben haben. Platon besitzt erstens ein volles Bewußtsein darüber, daß er sich in der Ära eines Medienumbruchs befindet. Natürlich hat er auch ein Bewußtsein darüber, daß er selber als erster diesen Umbruch in umfassender Form thematisiert hat; er kann es nicht lassen, Phaidros dem Sokrates entgegnen zu lassen, die Geschichte von Thamus und Theuth habe er wohl selbst erfunden, um Sokrates darauf antworten zu lassen, wenn etwas wahr sei, sei es gleichgültig, von wem es komme.[23] Zweitens erfaßt Platon deutlich, daß derjenige, der einen Medienumbruch in Gang setzt, selten der richtige Mensch ist, um ihn angemessen zu bewerten. Drittens spricht Platon dem neuen Medium der Schriftlichkeit nicht jede Bedeutung ab. In der Tat: Hätte Platon der Schrift nur negativ gegenübergestanden, hätte er sich ihrer kaum bedient. Das entscheidende Argument zugunsten der Schrift ist im ›Phaidros‹, daß sie das, was man das objektive Gedächtnis nennen kann, fördere. Auffällig bleibt, daß Platon nicht den größeren Kreis von Menschen nennt, den ein geschriebenes Werk erreichen kann. Einerseits war dies zu seiner Zeit nur begrenzt der Fall; andererseits ist es eine allgemeine (für uns schwer erträgliche) Grenze der klassisch-griechischen Ethik, daß sie voruniversalistisch denkt, sich also nicht vornimmt, etwa bestimmte Tugenden im Prinzip allen Menschen zugänglich zu machen. Nur im siebten Brief erkennt Platon die Wünschbarkeit einer allgemeinen Mitteilung seiner Erkenntnisse zwar an; aber aufgrund seiner Anthropologie hält er sie nicht für möglich.[24] Doch viel wichtiger als die Leistungen der Schrift sind in Platons Augen ihre Mängel. Diese bestehen im wesentlichen darin, daß sie – um mit McLuhan zu sprechen – »heißer« ist als die Rede. So begreift Platon zunächst einmal, daß die Erweiterung des objektiven Gedächtnisses zu Lasten des

23 Phaidros 275 b f.

24 Ep. 7, 341 d. Eine positive Entscheidung über die Echtheit des ›Siebten Briefes‹ (die ich für vernünftig halte) ist im übrigen nicht erforderlich, um das neue Paradigma zu begründen.

subjektiven geht.[25] Damit hat er, wie wir noch sehen werden, ein allgemeines Gesetz der Medienevolution erfaßt. Grundsätzlicher besteht der Vorwurf, den Platon gegen die Schrift erhebt, darin, daß sie die geistigen Anstrengungen von Sender und Empfänger umgeht, die dem Gespräch eigentümlich sind. Als Abbild der Rede[26] täuscht sie wie die Malerei eine Lebendigkeit vor, die ihr nicht zukommt – auf kritische Fragen kann sie nicht antworten. Das geschriebene Werk kann sich selbst nicht verteidigen, ja, es kann Menschen in die Hände fallen, die es nicht angemessen würdigen, sondern es entweder mißachten oder sich zu Unrecht einbilden, es wirklich verstanden zu haben.[27] Dagegen wählt sich der Redende seine Gesprächspartner selber aus und zeugt unmittelbar in ihrer Seele: Nur die mündliche Tätigkeit kann daher ernsthaft sein, das Schreiben (auch der Dialoge) ist ein Spiel. Gelingende Kommunikation setzt nach Platon neben sachlicher Kompetenz des Senders eine genaue Kenntnis des geistigen und moralischen Entwicklungsstandes des Empfängers voraus, und eben in dieser Hinsicht ist die Schrift unterlegen. Sowohl der Sender als auch der Empfänger leisten in der Rede mehr – der erste einerseits durch die Auswahl seiner Partner, andererseits durch die Bereitschaft, auf Nachfragen zu antworten, der zweite durch die Selektionsschritte, denen er unterworfen wird, also die πεῖρα, von der der siebente Brief redet.[28] Auch wenn die Schriftkritik des ›Phaidros‹ an den Teil über die Rhetorik anschließt, scheint mir der Zusammenhang mit dem ersten Teil über die Erotik darin zu bestehen, daß Platon – im Sinne der σωφροσύνη – in beiden Fällen eine Überwindung von Unmittelbarkeit anstrebt. Die erotische Begierde und die intellektuelle Neugierde gilt es gleichermaßen zu zügeln; nur ein langsamer Aufstieg zu dem Telos kann akzeptabel sein, allein in ihm entfaltet sich der Geist. Daher hat sich zwar Platon nicht grundsätzlich gegen die Benützung des schriftlichen Mediums entschieden, aber doch nur weil er etwas zurückhielt – das, was er τιμιώτερα nennt[29] und was zu Recht als die Prinzipientheorie gedeutet worden ist. Ihre schriftliche Mitteilung wäre in Platons Augen einerseits überflüssig, weil wegen ihrer Kürze Probleme mit dem Erinnerungsvermögen nicht auftreten können, andererseits sogar schädlich, weil sie jene Unterschätzung des Mitgeteilten oder Selbstüberschätzung zur Folge hätte, von der schon die Rede war.[30]

Platons Schriftkritik liegt folgende Überzeugung zugrunde: Gewisse Dinge können nur begriffen werden, wenn die Einsicht anderer Zusammenhänge voraus-

25 275a5f.

26 Vgl. auch die Anekdote über Diogenes von Sinope bei Diogenes Laertios VI 48.

27 Phaidros 275ab, de; Ep. 7, 341e.

28 Ep. 7, 340bff.

29 Phaidros 278de.

30 Vgl. zu dem bisher Gesagten Reale (1991) 75ff., besonders 107.

gegangen ist, die in einem langwierigen Prozeß zu erwerben ist, und man hilft niemandem, wenn man Menschen über Dinge mitzureden gestattet, die sie nicht ausreichend kennen. Diese Maxime ist in der Mathematik und in den Naturwissenschaften auch noch in unserer Zeit anerkannt: Wer eine Meinung über die Goldbachvermutung äußert, ohne die Grundelemente der Zahlentheorie zu kennen, macht sich unbedingt lächerlich. In der Philosophie ist es freilich nicht so; und das hat wesentlich damit zu tun, daß die Philosophie heute nicht mehr als Wissenschaft im strengen Sinne gilt, auch wenn sie institutionell an einem System teilhat, das zumindest seinem Anspruch nach der Wissenschaft dient. Aber nicht nur ist die Philosophie nach Platon Wissenschaft, und zwar die höchste Wissenschaft; sie ist auch eine bestimmte Lebensform, zu der gewisse Tugenden unweigerlich dazugehören. Diese Auffassung ist uns noch fremder als diejenige, die Philosophie sei eine Wissenschaft, weil mit der Durchsetzung des Postulats der Wertfreiheit der Wissenschaften die alte Überzeugung unverständlich geworden ist, wissenschaftliche Tätigkeit sei selbst eine Tugend und könne erfolgreich nur sein, wenn sie sich mit den anderen Tugenden verbinde. Letztlich hat die ganze Antike dieses Axiom anerkannt; und die Schwierigkeiten, die unsere Ära bei seinem Verständnis hat, erklären zum Teil, warum das neue Paradigma immer wieder abgelehnt worden ist. Für Platon hat es einfach keinen Sinn, daß eitle Machtmenschen sich mit Philosophie befassen; sie sind dazu nicht moralisch und damit auch nicht intellektuell qualifiziert. Daher muß sich der Philosoph einer selektiven Kommunikationsform bedienen, wie sie eben das Gespräch ist. Und wenn er schreibt, soll er diese Kommunikationsform soweit nur möglich nachahmen – wenn auch im Bewußtsein, daß diese Nachahmung dem Urbild gegenüber stets defizient bleibt. Im Gespräch läßt sich testen, welches moralische und intellektuelle Niveau der Rezipient hat – beim Abfassen von Büchern nicht. Deshalb verfaßt Platon seine Schriftwerke einerseits so ab, daß sie nicht all das offen sagen, was er weiß oder zu wissen glaubt; sie nehmen Rücksicht auf das Fassungsvermögen des Lesers, die Reihenfolge ihrer Publikation ist von einem pädagogischen Programm mitbestimmt, und sie weisen immer wieder darauf hin, daß in ihnen etwas zurückgehalten wird – wer diese Anspielungen nicht versteht, ist selber schuld. Andererseits zeigen die Dialoge den Zusammenhang zwischen Charakter und Erkenntnisfähigkeit in künstlerischer Vollkommenheit auf. Ich sage bewußt: künstlerisch, weil Platon die Dichter keineswegs nur kritisiert, sondern sich auch als deren Erbe versteht. Laches, Anytos, Kallikles z.B. stehen paradigmatisch für einen bestimmten Menschentypus, der denkt, wie er ist; sie repräsentieren eine bestimmte Daseinsform, die sich auch in ihren intellektuellen Ansichten ausprägt. Insofern ist es einseitig, wenn Havelock Platon die Überwindung der archaischen Vorstellung zuschreibt, nach der das vorbildliche Verhalten einzelner Menschen die Grundlage der Moral ist. Gewiß ist nach Platon die Idee des

Guten ein Prinzip, das alle menschlichen Bemühungen transzendiert. Aber erkennbar ist sie nur durch derartige Anstrengungen hindurch. Insofern nimmt Platons Begriff der Ethik eine Mittelstellung ein zwischen der Auffassung etwa Kants, die Ethik lasse sich in Propositionen objektivieren, und der Kritik Kierkegaards und des Personalismus, die Ethik bedürfe zu ihrer Begründung des persönlichen Vorbilds. Denn zwar ist nach Platon das Moralische keine subjektive Setzung, und konkrete Handlungen können etwas Allgemeines nach ihm in der Tat nicht begründen. Aber glaubhaft ist eine Theorie dieses Allgemeinen nur, wenn sie durch die eigene Lebensführung vermittelt ist. Und genau dieses Moment droht die Schrift abzublenden, auch wenn Havelock zuzugeben ist, daß es ohne Schriftkultur schwerlich zur Ideenlehre gekommen wäre. Platon versucht daher eine Gratwanderung zwischen Schriftlichkeit und Mündlichkeit. Er will den subjektiven Vollzug transzendieren, jenseits dessen sich die Ideenlehre erhebt. Aber Transzendieren ist selber ein subjektiver Akt, der für uns durchaus unhintergehbar ist – was die tote Scheinobjektivität des Buchs uns vergessen zu machen droht. Zusammenfassend läßt sich sagen: Trotz oder besser gerade wegen seiner Schriftkritik bedient sich Platon beider Medien, und zwar bestimmen Gegenstand und Rezipienten darüber, welches Medium jeweils angemessen ist.

Es wäre äußerst lohnend, die Geschichte der kritischen Distanz gegenüber der Schrift und des Bewußtseins der Unumgänglichkeit einer Esoterik in der Geschichte der Philosophie und der Wissenschaften zu verfolgen und auch die Gründe und Ursachen zu analysieren, die in der Neuzeit, insbesondere im 20. Jahrhundert, zu ihrem Niedergang geführt haben.[31] Dabei würde auffallen, daß es unsere unreflektierte Option für die Schriftlichkeit ist, die eigentlich zu erklären ist, keineswegs jene Distanz und jenes Bewußtsein, die sich auch in anderen Kulturkreisen finden. Die formelhafte Kürze Pāṇinis geht nach Paul Thieme u.a. auf den Wunsch zurück, die Unwürdigen vom Wissen auszuschließen. Thieme beruft sich u.a. auf Yāska 2.4., wo es heißt: »Das Wissen kam zum Brahmaṇa: ›Schütze mich! Ich bin dein Schatz. Lehre mich nicht den Neidischen, den Perversen, den Nicht-Asketischen. Möge ich auf diese Weise stark bleiben!‹«[32] Diese fast magischen Vorstellungen finden sich in Hellas etwa bei den Pythagoreern, während es Platons Verdienst bleibt, sie auf ein allgemeineres Niveau erhoben zu haben. Aber warum hat sich die Distanz zur Schrift nicht halten können? Ich vermute, daß hier zwei Faktoren eine Rolle spielen. Einerseits ist die Auffassung zu erwähnen, man sei in der

31 Dabei spielen auch politische Faktoren wie die Zensur eine Rolle, über die L. Strauss Wichtiges gesagt hat. Aber entscheidend ist, daß etwa bei Platon allein von einer Selbstzensur die Rede sein kann.

32 Thieme (1982) 19. – Zum Verhältnis von Mündlichkeit und Schriftlichkeit in anderen frühen Hochkulturen (Ägypten, Israel, Griechenland) s. Assmann (1992).

Schrift eher verewigt als in den Seelen der Schüler – zumal da diese, gerade wenn sie gut sind, bald ihre eigenen Vorstellungen entwickeln werden. Die Plastizität derjenigen, die Jahrhunderte lang die Dichtungen der mündlichen Kultur selbstlos tradierten, ist nach der Entdeckung des Individuums nicht mehr zu erwarten; und dann gilt in der Tat: Sola scripta manent. Andererseits erwies sich gerade das, was Platon als Nachteil der Schrift erschien, als ihr Vorzug: ihre unbegrenzte Ausbreitung. Mit der Entstehung einer universalistischen Ethik, die bezeichnenderweise gerade durch die Buchreligionen begünstigt wurde,[33] setzte sich die Überzeugung fest, die Wahrheit sei allen Menschen mitzuteilen; der quantitative Aspekt wurde dem qualitativen überlegen. Allerdings kann man durchaus der Ansicht sein, daß die schrankenlose Buchproduktion, wie sie besonders durch die Entdeckung des Buchdrucks ermöglicht wurde, sich selbst aufhebt: Daß gerade dieses gedruckte Buch von vielen gelesen werde, ist um so unwahrscheinlicher, je mehr Bücher es gibt; und deren Zahl erzeugt letztendlich vielleicht sogar eine intellektuelle Polymathie, die mit dem Anliegen der Philosophie nicht mehr verträglich ist. Es ist bezeichnend, daß Fichte schon Anfang des 19. Jahrhunderts diese Konsequenz gezogen hat: Die sechste Vorlesung der ›Grundzüge des gegenwärtigen Zeitalters‹ enthält die wohl schärfste Schriftkritik seit Platon und eine klare Option für die mündliche Mitteilung.[34] Das Lesen führe zu geistiger Passivität und Abhängigkeit von Moden; das, was ursprünglich nur Mittel war, werde zum Selbstzweck; die moderne Kultur zurre schließlich in den Wust an Rezensionen zusammen. Sarkastisch bemerkt Fichte, »dass in diesem Systeme die Bücher lediglich gedruckt werden, damit sie recensirt werden können, und es überhaupt keiner Bücher bedürfen würde, wenn sich nur Recensionen ohne Bücher machen liessen.«[35]

Ein paar Bemerkungen zu dem Fernsehen und der Philosophie sollen meine Betrachtungen abschließen.[36] In der Tat ist unsere Zeit auch darin derjenigen Platons verwandt, daß sie von einer vergleichbar einschneidenden Medienrevolution bestimmt ist. So ist klar, daß die neuen optischen Medien der schärfste Konkurrent des Buches geworden sind – was die Konkurrenz der Bücher untereinander nicht mindert. Ebenso scheint mir unbestreitbar, daß das Fernsehen den Autonomieverlust, den das Buch bedeutet, verstärkt und daß es noch passiver und polymathischer macht als das Lesen. Der Lesende reguliert immerhin die Geschwindigkeit der Aufnahme der Informationen selber – wer vor dem Fernsehen sitzt, kann nicht nur nicht nachfragen, er kann nicht einmal das gerade Mitgeteilte noch einmal nachle-

---

33 Vgl. Altheim (1957) 47ff.

34 Fichte (1971), Bd. VI, 78ff.

35 Fichte (1971), Bd. VI, 89.

36 Nicht angeführt werden können Überlegungen zu den neuen Medien und der Kunst. Neben Benjamin (1963) vgl. Britten (1964), bes. 17, 20.

sen. (Das hat sich allerdings mit der Entwicklung des Videogeräts zum Teil geändert.) Das Fernsehen ist zudem noch weniger selektiv als das Buch. Lesen ist eine nicht selbstverständliche Kulturfertigkeit; gewisse Bücher schließen zahlreiche Leser unmittelbar aus. Zwar kann natürlich auch ein im Fernsehen gesendeter Vortrag so schwierig sein, daß nur wenige folgen können; aber einen solchen Vortrag wird man in aller Regel eben nicht senden, weil die Kosten einer Filmproduktion bedeutend höher sind als die einer Buchproduktion und sich nur amortisieren, wenn ein größeres Publikum zusieht. Einerseits wird die Demokratisierung der Kultur durch das Fernsehen begünstigt, das das der Massendemokratie kongeniale Medium ist. Andererseits bedeutet die Verlagerung von Aufmerksamkeit auf dieses Medium eben auch, daß diejenigen, die sich dieses Mediums bedienen können, sich weit hörbarer zu machen vermögen als diejenigen, die über die Druckmedien mit der Öffentlichkeit kommunizieren. Wegen seiner Kosten sind dies naturgemäß weniger als diejenigen, die Bücher schreiben; und daher kann die Fernsehkultur leicht den politischen und intellektuellen Bonapartismus begünstigen. Die Zahl der Halb- und Viertelgebildeten wird durch das Fernsehen ebenso gesteigert wie die Konzentration auf einige wenige Stars. Aber wenn das Fernsehen nur die gefährlichen Seiten des Buchs potenziert fortführte, wäre es nicht so beunruhigend, wie es in der Tat ist. In gewissem Sinne verbindet nämlich das Fernsehen die schlechten Seiten der Mündlichkeit mit denjenigen der Schriftlichkeit. Wir sahen, wie bedeutend der Beitrag der Schriftlichkeit für die Ausarbeitung einer abstrakten Begriffssprache war: Eben diese unbestreitbare Leistung der Schriftkultur gerät durch das Fernsehen in Gefahr. Analphabeten, die in Bildern und nicht mehr in Begriffen denken, nehmen zu. Diese Entwicklungstendenz stellt in meinen Augen Philosophie und Wissenschaft wie kaum etwas anderes in Frage. Seit der Entstehung des Logos aus dem Mythos hängt die europäische Kultur an der Fähigkeit zu abstrakter begrifflicher Analyse; und gerade die Philosophie hat in dieser Fähigkeit ihren Lebensnerv. Sollte der Kulturbetrieb von Menschen gestaltet werden, bei denen Bilder Begriffe ersetzen, hätte die Philosophie in ihm keine Chance. Ja, mehr noch: Von Platon können wir lernen, daß das Fernsehen selbst die individuelle Fähigkeit zur Phantasie untergräbt. So wie die Zunahme des objektiven Gedächtnisses durch die Schrift dem subjektiven Gedächtnis schadet, verkümmert die bildliche Phantasie gerade dadurch, daß die modernen optischen Medien wie Film und Fernsehen Bilder zeigen, die sich der Lesende noch selber vorstellen mußte.

Und dennoch können wir von Platon auch dies lernen, daß man neue Medien nicht dadurch bewältigen kann, daß man sie ignoriert. Die Philosophie schnitte sich in das eigene Fleisch, wenn sie sich ganz aus dem neuen Medium heraushielte. Was sie sinnvollerweise tun muß, ist vielmehr, die relativen Vorzüge des Mediums für die eigenen Zwecke auszunützen. Erstens besitzen die neuen Medien ein objektives optisches Gedächtnis, das man nicht unterschätzen darf. Bildnisse oder Photographien erfassen einen Augenblick eines Menschen, aber es wäre sicher nützlich, wenn man auch die Dynamik der Mimik und Gestik eines Platon oder Kant hätte aufbewahren können. Warum sollte man nicht die bedeutenden Philosophen unserer Zeit im Gespräch filmen? Der Zusammenhang einer Idee mit dem Gesichtsausdruck eines Menschen mag eine faszinierende Verbindung von Begriff und Anschauung sein. Ja, in gewissem Sinne kann man McLuhan partiell sogar zugeben, daß die neuen Medien gewisse Leistungen der mündlichen und der schriftlichen Medien synthetisieren. Man kann nämlich zweitens einen realen philosophischen Dialog filmen und etwa die Überraschungsmomente festhalten, während deren jemand nach einer Antwort sucht. Der Zusammenhang von Lebensform und Philosophie kann dabei weitaus deutlicher werden als aus der Lektüre eines Buches, ja, selbst eines fiktiven Dialogs, bei dem die verschiedenen Gesprächspartner sämtlich Geschöpfe eines einzigen Subjektes sind. Drittens ist die Breitenwirkung der neuen Medien zu erwähnen. Sollte die Philosophie auch in der Moderne nach exoterischer, vielleicht sogar politischer Wirkung streben, könnte sie es sich gar nicht erlauben, auf das Fernsehen Verzicht zu leisten. Gerade wenn man auf der Grundlage einer universalistischen Ethik zur Demokratie, bei aller Kritik im einzelnen, keine Alternative sieht, ist eine prinzipielle Ablehnung ihres eigentümlichen Mediums unverantwortlich. Man kann nur versuchen, es zu gestalten und seine Tendenz, Begriffe durch Bilder zu ersetzen, dadurch zurückzudrängen, daß man etwa gehaltvolle Gespräche und nicht banale Symbole vorführt. Aber all das ändert nichts daran, daß das Fernsehen nur ein gelegentlicher Zeitvertreib des Philosophen sein kann – ein Adonisgärtchen im Adonisgärtchen, ein Abbild des Abbilds, zwar nicht ohne Sinn für Wahrheit und Schönheit gepflegt, aber doch der Produktion von Schriftwerken nachgeordnet. Diese aber wird selber dem lebendigen Gespräch zu dienen haben, auf das ich mich nun mit Ihnen freue.

LITERATURVERZEICHNIS

Altheim, F.: Der unbesiegte Gott. Hamburg 1957.
Assmann, J.: Das kulturelle Gedächtnis. München 1992.
Benjamin, W.: Das Kunstwerk im Zeitalter seiner technischen Reproduzierbarkeit. Frankfurt 1963.
Britten, B.: On Receiving the First Aspen Award. London 1964.
Fichte, J.G.W.: Fichtes Werke, hrsg. von I.H.Fichte. Berlin 1971.
Gaiser, K.: Platons ungeschriebene Lehre. Stuttgart 1963.
Havelock, E.: Preface to Plato. Cambridge, Mass. 1963;
— The Literate Revolution in Greece and its Cultural Consequences. Princeton 1982;
— The orality of Socrates and the literacy of Plato: With some reflections on the historical origins of moral philosophy in Europe. In: E.Kelly (Ed.), New Essays on Socrates, Lanham/New York/London 1984, 67–93;
— The Muse Learns to Write: Reflections on Orality and Literacy from Antiquity to the Present. New Haven 1986.
Hösle, V.: Wahrheit und Geschichte. Studien zur Struktur der Philosophiegeschichte unter paradigmatischer Analyse der Entwicklung von Parmenides bis Platon. Stuttgart-Bad Cannstatt 1984;
— I fondamenti dell'aritmetica e della geometria in Platone, Milano 1994.
Krämer, H.J.: Arete bei Platon und Aristoteles. Heidelberg 1959;
— Der Ursprung der Geistmetaphysik. Amsterdam 1964;
— Platonismus und hellenistische Philosophie. Berlin-New York 1971;
— Platone e i fondamenti della metafisica. Milano 1982.
McLuhan, M.: Understanding Media. The Extensions of Man. New York 1964.
Postman, N.: Das Technopol. Frankfurt 1992.
Reale, G.: Per una nuova interpretazione di Platone, Milano ^{10}1991.
Szlezák, Th.A.: Platon und die Schriftlichkeit der Philosophie. Berlin-New York 1985;
— Platon lesen. Stuttgart-Bad Cannstatt 1993.
Thieme, P.: Meaning and form of the ›grammar‹ of Pánini, in: Studien zur Indologie und Iranistik 8/9 (1982) 3–34.

Günter Figal

PLATONFORSCHUNG UND HERMENEUTISCHE PHILOSOPHIE

Philosophie ist wesentlich Selbsterkundung, die Erforschung ihrer Möglichkeiten und die im zur Sprache kommenden Denken vollzogene Ausprägung ihrer jeweiligen Gestalt. Darin ist sie anders als die Wissenschaften, nämlich voraussetzungslos, das heißt: sie ist kein Erforschen eines im Voraus umgrenzten Sachfeldes nach Gesichtspunkten, die selbst nicht in Frage gestellt werden dürfen, damit es überhaupt so etwas wie Forschung geben kann, sondern ungebundenes Fragen, freies Erörtern. In Platons ›Politeia‹ ist das auf maßgebliche Weise formuliert: Anders als das welthaft gebundene Wissen etwa der Geometrie, das um seiner Möglichkeit willen seine Voraussetzungen (ὑποθέσεις) im Selbstverständlichen beläßt, geht es der Philosophie darum, die Voraussetzungen für das Verständnis der Welt selbst zu erörtern; was das Verständnis leitet, soll Ausgangspunkt dafür sein, die Erfahrung der in ihrer Verständlichkeit offenen Welt zu machen und vom Grund der Verständlichkeit her diese in ihrem Gefüge zu artikulieren: allein und unmittelbar in der die Sache des Denkens fassenden Rede, mit der Kraft dessen, was Platon »Dialektik« nennt[1].

Diese Beschreibung der Philosophie ist eine mögliche, und das heißt auch: ergänzungsbedürftige, verfeinerbare, auch revidierbare Fassung. Sie mag außerdem strittig sein – als Deutung identifizierbar, die Voraussetzungen hat und perspektivisch gebunden, vielleicht auch beschränkt ist. Aber das läßt sich nicht zeigen, ohne daß man sie in ihrem Kern bestätigt und in eine philosophische Selbstklärung eintritt, die allein durch die Vorgabe der skizzierten Deutung als Platon-Interpretation ansetzen müßte.

Überhaupt gilt, daß die Selbstklärung der Philosophie ohne den Rückgang auf ihre Tradition nicht möglich ist. Wie sonst könnten die mit der Tradition für das gegenwärtige Denken etablierten Voraussetzungen durchschaut werden, wie anders sollte eine freie, nicht im bloßen Repetieren selbstverständlich gewordener Prägun-

---

1 Platon wird im folgenden zitiert in der Stephanus-Paginierung nach der Oxford-Ausgabe ›Platonis Opera‹ von Ioannes Burnet. Hier: Politeia 510c–511c.

gen befangene philosophische Sprache sich ausbilden können? Philosophie ist um ihrer selbst willen auf das Verstehen der klassischen, für die Tradition maßgeblichen Texte verwiesen. Und jeder Versuch, diese Texte in philosophischer Absicht zu lesen, gehört in den Zusammenhang einer am Paradigma des Verstehens orientierten, einer hermeneutischen Philosophie.

Daß Platon unter den klassischen, für die Tradition maßgeblichen Autoren eine Sonderstellung hat, wird man nicht eigens begründen müssen. Hier dürfte der schlichte und fast schon triviale Hinweis genügen, daß Platon – und zwar zum ersten Mal – eine differenzierte und für die gesamte Tradition wirksame Konzeption von Philosophie artikuliert. Platons Denken ist die erste uns überlieferte Philosophie, die zugleich radikale philosophische Selbstklärung ist – ins Einzelne gehende Auseinandersetzung mit frühen Denkansätzen und nicht zuletzt dadurch ein Denken, das sich bewußt als Philosophie entwickelt. Das sollte Grund genug sein, jedes gegenwärtige Philosophieren auf Platon zu verweisen. Auf jeden Fall ist das Verstehen des Platonischen Denkens nicht bloß im Sinne historischer Forschung relevant, sondern integrales Moment, vielleicht sogar der Prüfstein einer um Selbsttransparenz bemühten Philosophie. Philosophische Platon-Deutung ist eine wesentliche Ausprägung hermeneutischer Philosophie.

Im Zusammenhang dieser Überlegungen lassen sich auch die der Platon-Deutung gewidmeten Arbeiten Hans Krämers verstehen. Mit seinem Plädoyer dafür, über die unmittelbar zugänglichen Schriften Platons hinaus auch wieder die sekundäre Überlieferung zu berücksichtigen, ist er nicht nur der Texthermeneutik im engeren Sinne verpflichtet, etwa dadurch, daß er, im Sinne einer hermeneutischen Tugend, dem hermeneutischen Grundsatz vom Vorrang der *lectio difficilior* folgt. Sondern Krämer hat für die philosophische Selbstklärung außerdem einen reicheren und in mancher Hinsicht auch anderen Platon gewonnen. Es geht, wie Krämer es selbst formuliert, um »Platon in seinem primären Charakter als Denker des Ursprungs, der ἀρχή, als Seinsphilosoph und Ontologe von vorsokratischem Anspruch«[2]. Während Heidegger meinen konnte, das Platonische Denken sei so etwas wie die noch tastende, systematisch unentwickelte Vorgeschichte des Aristotelischen, so daß man bei der Auseinandersetzung mit der griechischen Philosophie sich den Weg ins Dunkle der Platonischen Dialoge durch die Helle der Aristotelischen Pragmatien erschließen müsse,[3] ist nicht zuletzt durch die Tübinger Forschungen Platon als mit Aristoteles zumindest gleichberechtigter Begründer der metaphysischen Tradition rehabilitiert worden.

2 Krämer (1959) 38.
3 So in: Heidegger (1992) 10.

Andererseits hat Krämer seine Forschungen immer auch als Kritik und Korrektur der hermeneutischen Tradition in ihrer philosophischen, auf den »Universalitätsanspruch« des hermeneutischen Paradigmas zielenden philosophischen Ausprägung verstanden. Und das ist für seine Platon-Forschungen nicht nur methodisch von Bedeutung, sondern gehört mit deren zentralem Anliegen, eben der Rehabilitierung des Ursprungsdenkers, zusammen. Die hermeneutische Tradition gilt Krämer als Marginalisierung, ja als Verstellung der spekulativen Dimension des Platonischen Denkens. Schon in seinem ersten Buch sieht er sich von der »Autorität Schleiermachers«[4] herausgefordert, durch welche die »wohlfundierte Auffassung« von einer Ursprungs- und Seinsphilosophie Platons »zum Erliegen« gekommen sei[5]. Diese These hat Krämer später ausgearbeitet und verallgemeinert. Die Überzeugung, Platon sei in erster Linie als Autor von literarischen Dialogen und in diesem Sinne als »Künstler«[6] zu verstehen, wird dabei auch – und sogar noch entschiedener – Friedrich Schlegel zugeschrieben, der mit seinem »Infinitismus« das Platon-Bild der Moderne geprägt habe: Unter der Voraussetzung, daß die Erkenntnis eines Höchsten oder Absoluten unmöglich sei, werde hier das Philosophieren als bloße Andeutung begriffen, als immer wieder neu ansetzender und sich gleichermaßen zurücknehmender Versuch, etwas zu sagen, das sich letztlich in den endlichen Formen des Denkens und der Sprache nicht sagen lasse. Dadurch wiederum käme dem Dialog als literarischer Form erst seine prominente Bedeutung zu: als einer offenen, die Offenheit und Unabgeschlossenheit des Philosophierens repräsentierenden Präsentationsweise, die den Leser als Verstehenden zum stummen Gesprächspartner der agierenden Figuren und letztlich des Autors selbst mache. Das Philosophieren gilt der Romantik als unendliche, den Leser oder Zuhörer ausdrücklich einbeziehende Annäherung, als offene und unabschließbare Reflexion. Als maßgeblicher Repräsentant eines solchen Philosophierens aber werde Platon verstanden, und dieses Platon-Verständnis ist, wie Krämer sagt, unter anderem in der »Philosophischen Hermeneutik neu belebt und bestätigt« worden[7]. Insofern gehört die philosophisch-hermeneutische Lesart Platons für Krämer in den Zusammenhang der neuzeitlichen Abkehr von Ursprungsdenken, Ontologie und Metaphysik überhaupt; sie ist Moment der »fortschreitenden Entplatonisierung der Neuzeit«[8]; eine Entplatonisierung, die, paradox genug, im Rekurs auf die Platonischen Texte, in der Berufung auf Platon betrieben wird. So ist das Verhältnis von Platon-Forschung und philosophischer Hermeneutik für Krämer ein Schlüssel zum Verständnis der Moderne.

4 Krämer (1959) 18.
5 Ebd.
6 Ebd. 38.
7 Krämer (1988) 616.
8 Ebd. 619.

Seine Deutung der philosophischen Hermeneutik und ihrer romantischen Vorgeschichte hat Krämer deshalb auch noch allgemeiner gefaßt und dabei vor allem zwei Grundmotive benannt: Einmal die aus der protestantischen Theologie stammende Autonomisierung literarischer Werke: Diese stünden nun ganz für sich, seien aus jedem Überlieferungskontext gelöst und müßten aus sich selbst verstanden werden – erst so, durch die Verselbständigung der Texte, werde die allgemeine Hermeneutik, wie Schleiermacher sie dann entwickelt hat, möglich.[9] Der zweite Grundzug ist die mit der hermeneutischen Unterstellung der unmittelbaren Interpretierbarkeit von Werken einhergehende Enthistorisierung des Verhältnisses zur Tradition; selbst wo der entgegengesetzte Anspruch eines angemesseneren oder gar eigentlichen Verstehens überlieferter Texte erhoben werde, laufe das hermeneutische Interpretationsverständnis auf eine »Aneignung und Verarbeitung«[10] des Geschichtlichen, auf eine Marginalisierung seiner Fremdheit und Andersheit hinaus.

Was die Platonforschung betrifft, sind Krämers Alternativen zur hermeneutischen Moderne deutlich und auch eindrucksvoll hervorgetreten: Gegen die Autonomisierung der Werke setzt er schon im Arete-Buch die entschiedene Aufwertung »esoterischer, im Raum der Schule mündlich verbreiteter und möglicherweise in Schulschriften niedergelegter Philosophie«[11]. Die Rehabilitierung der sogenannten »Ungeschriebenen Lehre« ist nicht nur für die Platon-Forschung bedeutsam, sondern auch grundsätzlich: sie ist im Sinne einer Wiedereingliederung der Texte in ihren Lebenszusammenhang zu verstehen. Gegenüber dem »Antihistorismus« der philosophischen Hermeneutik plädiert Krämer außerdem für eine Besinnung auf das Recht der historischen Wissenschaften. Man soll erkennen und akzeptieren, daß im wissenschaftlichen Erkennen keine »Horizontverschmelzung« im Sinne Gadamers stattfinde, so daß Vergangenes und Gegenwärtiges im Grunde eines seien; vielmehr komme es auf die trennscharfe Grenze zwischen dem Früheren und dem Heutigen an, und das habe für »die Historie« die Konsequenz, daß sie »sich nach Möglichkeit um kognitive Objektivität und Neutralität« zu bemühen habe[12]. Nur durch einen historischen Zugang in diesem Sinne entgeht nach Krämers Überzeugung das Platonische Denken der Vereinnahmung durch den Subjektivismus und Infinitismus romantischer Prägung; an die Stelle eines »modernistisch aufgemachten ›Platon‹«[13] tritt nun wieder der Ursprungsdenker und Metaphysiker. Damit aber soll nicht nur an die Stelle eines verzerrten Bildes ein wahres gerückt werden. Platons Denken in seiner rekonstruierten Gestalt wird vielmehr zum Gegenbild der

9 So in: Krämer (1990) 16.
10 Krämer (1993) 182.
11 Krämer (1959) 13.
12 Krämer (1993) 180.
13 Krämer (1988) 617.

Moderne, das deren »Hinterfragung« in Gang setzen soll, um sie »in ihrer Genesis und Kontingenz zu beleuchten und dadurch kritisch vergleichend zu taxieren«[14]. Mit der Platonforschung, wie Krämer sie versteht, artikuliert sich, vermittelt durch die Kritik an der hermeneutischen Tradition, ein moderne-kritisches Programm.

Die Frage, wie dieses Programm durchführbar ist, wie seine verschiedenen Annahmen miteinander vereinbart werden können, ist klarerweise um so wichtiger, je ernster man es nimmt. Und die Erörterung dieser Frage wird zum Bemühen um eine gemeinsame Sache, wenn man Krämers Skepsis gegenüber dem für die Moderne wesentlichen Grundzug der Subjektivierung und Dynamisierung teilt und nicht zuletzt darum, wie auch er, an einem metaphysischen Platon interessiert ist: an einem Denker nicht nur vorläufiger, immer wieder überholbarer Wahrheiten, die damit aufhören, Wahrheiten zu sein.

Die mit Krämers Programm verbundenen Schwierigkeiten sind besonders im Hinblick auf diese gemeinsame Sache von Interesse, denn es ist fraglich, ob man ihr unter den skizzierten Voraussetzungen von Krämers Ansatz gerecht werden kann. Der historische Zugang, den Krämer zu Platon sucht, um dem als problematisch diagnostizierten hermeneutischen Grundzug der Moderne zu entgehen, ist für die Moderne ja selbst in hohem Grade symptomatisch, und entsprechend ist dieser Zugang, einschließlich des Bemühens um »Objektivität und Neutralität«, selbst modernitätskritischen Nachfragen ausgesetzt; es könnte ja sein, daß er nicht weniger als der romantische Infinitismus problematische Konsequenzen hat. Das betrifft unmittelbar die Möglichkeit, Platons Denken als Gegenbild eines subjektivitätszentrierten und auf die Dynamik des rastlosen Durchstreichens und Überbietens eingeschworenen Denkens zu verstehen: Wie soll eine Philosophie, die unter dem historischen Blick in unendliche Ferne rückt, überhaupt noch sprechen und ansprechen und so Korrektiv moderner Denkweisen sein können? Eine historisch entfernte Philosophie wirkt doch wie in ihre Zeit gesperrt, eindrucksvoll möglicherweise, aber stumm wie die archäologisch konservierten Überreste einer vergangenen Kultur.

Wenn diese Bedenken plausibel sind, führt das auf die von Krämer kritisierte hermeneutische Tradition zurück: Diese ist ja nicht zuletzt der Versuch, eine Alternative gegenüber dem im Sinne einer problematischen Moderne vestandenen Historismus zu entwickeln, und es könnte ja sein, daß dies wenigstens teilweise, in bestimmten Ausprägungen des hermeneutischen Denkens, auch gelingt. Dann aber sollte man um des Krämerschen Programms willen die hermeneutische Tradition differenzierter, weniger einheitlich verstehen als das bei Krämer selbst geschieht. Dann läßt sich zeigen, daß Krämers Einwände gegen das hermeneutische Denken dieses nicht im Ganzen treffen, sondern nur im Hinblick auf eine seiner Ausprä-

14 Ebd.

gungen wirklich greifen. Was Krämer gegen die Hermeneutik einzuwenden hat, betrifft Schleiermacher – und damit auch Schleiermachers Platon-Bild, nicht aber die philosophische Hermeneutik Gadamers. Bedenkt man, daß Gadamer seine Konzeption in kritischer Gegenstellung zur romantischen Hermeneutik entwickelt hat, müßte Krämer mit Gadamer zumindest in einigen Grundüberlegungen einig sein können.

Um den Unterschied zwischen Schleiermacher und Gadamer wenigstens im Umriß deutlich zu machen, kann man sich gut auf die von Krämer genannten beiden Grundmotive der hermeneutischen Tradition beziehen: Autonomisierung der überlieferten Werke und Enthistorisierung des Verhältnisses zur Tradition. Beides findet sich in den Konzeptionen Schleiermachers und Gadamers wieder, jedoch ist die Durchführung verschieden, und eben das macht auch die unterschiedliche Überzeugungskraft beider Konzeptionen aus.

Was die Autonomisierung der Werke und Texte überhaupt betrifft, so mag zunächst der Hinweis angebracht sein, daß mit ihr keine dekonstruktivistische Freisetzung der Sprache in ihrem anarchischen Eigensinn intendiert war. Weder für Schleiermacher noch für Gadamer ist das Verstehen eines Textes der Effekt eines Spiels differierender Zeichen; wo man sich an Texte hält, hat man es nach beider Überzeugung nicht nur mit Texten zu tun, sondern mit etwas, das im Text zur Darstellung kommt. In diesem Sinne ist ja auch das von Krämer als Bedingung der Hermeneutik gedeutete protestantische Vertrauen auf die Schrift zu verstehen: in ihr kommt die Wahrheit der Offenbarung im prägnanten Sinne des Wortes zur Sprache. Man erfährt Gott im Wort, denn Gott ist »ein Schriftsteller«[15], wie Hamann es formuliert.

Aber verschieden bei Schleiermacher und Gadamer ist die Antwort auf die Frage nach der artikulierten Sache, danach, was genau im Text zur Sprache und derart zur Darstellung kommt. Für Schleiermacher ist das, nach seinen Aufzeichnungen zur Hermeneutik, das Denken des Autors, das man versuchen muß zu verstehen, »indem man sich selbst gleichsam in den andern verwandelt, das Individuelle unmittelbar aufzufassen sucht«[16]. Verstehen ist wesentlich »divinatorisch«, denn auch die das Divinatorische ergänzende »komparative« Methode geht letztlich auf die unmittelbare Erfassung des Individuellen zurück: Da es hier darauf ankommt, von der Voraussetzung eines Allgemeinen auszugehen und das Eigentümliche zu finden, »indem mit andern unter demselben Allgemeinen verglichen wird«[17], muß dieses Andere klarerweise zuvor in seiner Individualität verstanden sein.

15 Hamann (1949) 5.
16 Schleiermacher (1977) 169.
17 Ebd.

Dieser zentrale Gedanke von Schleiermachers hermeneutischer Konzeption ist in seinem Platon-Verständnis bereits angelegt: Die Rede vom »Esoterischen und Exoterischen« wird in der Einleitung zur Platon-Übersetzung dadurch gerechtfertigt, daß sie »eine Beschaffenheit des Lesers« anzeigt, »je nachdem er sich zu einem wahren Hörer des Inneren erhebt oder nicht«[18]. Platons Dialoge sind Versuche, »die schriftliche Belehrung jener besseren« – der mündlichen – »so ähnlich zu machen als möglich«[19], und darum sind seine Lehren für den verständigen, das heißt divinatorischen Leser der Texte so zugänglich, wie es eine gesprächsweise mitgeteilte Sache für den aufmerksamen und kundigen Zuhörer ist.

Nicht zuletzt diese Behauptung einer hermeneutischen Unmittelbarkeit ist von Gadamer zum Anlaß genommen worden, von der »Fragwürdigkeit der romantischen Hermeneutik« zu sprechen. Auf der Grundlage seiner »ästhetischen Metaphysik der Individualität«[20] habe Schleiermacher keine Möglichkeit, den Zeitenabstand zwischen Text und Leser und damit die Geschichtlichkeit des Verstehens angemessen zu fassen; er verkenne, daß die Auseinandersetzung mit einer fremden Sprache, mit der geschichtlichen Fremdheit eines Textes keine bloße Vorbedingung des eigentlichen Verstehens sei, sondern unlösbar mit diesem verbunden bleibe[21]. Schleiermacher, so läßt dieser Einwand sich erläutern, gewinnt seinen Begriff des Verstehens am falschen Modell: dem des Verstehens einer anderen Person. Das Erfassen des Individuellen, wenn es denn überhaupt möglich ist, geschieht immer unmittelbar – als Erfassen des schlechthin Besonderen, Unwiederholbaren. Das Indivuelle als solches, gleichviel, was und wie es ist, ist immer gleich nah oder gleich weit entfernt. So trifft Schleiermachers Hermeneutik auf Personen zu und vielleicht auch auf Kunstwerke, aber nicht auf einen sprachlich artikulierten und mit anderen immer schon geteilten Sinn.

Damit ist das Motiv für die Gadamersche Kritik an der romantischen Hermeneutik genannt: Gadamer will dem verstehbaren und darin wesentlich nicht individuellen Sinn hermeneutisch gerecht werden. Deshalb hat er das Verstehen nicht als Akt unmittelbarer Einfühlung, sondern als ein doppelt vermitteltes Geschehen konzipiert: Wer verstehen will, muß, wie schattenhaft und diffus auch immer, den Sinn eines Textes antizipieren können – die Gewißheit haben, daß es hier überhaupt etwas zu verstehen gibt, und in groben Zügen erfassen, was das zu Verstehende wohl sein mag. Diese Vermittlung ist immer schon vollzogen, sofern es überhaupt Tradition gibt und, was dasselbe ist, Gemeinsames durch die Zeiten besteht. Aber die

18 Schleiermacher (1996) 42.

19 Ebd. 40.

20 Gadamer (1986) 193.

21 Ebd. 195.

Gemeinsamkeit, wie sie zunächst erfahren wird, ist gegenwartslastig: Das überlieferte Werk erscheint bekannt nach Maßgabe der heutigen Möglichkeiten, wie sie im Zuge der Überlieferung ausgebildet worden sind. Die romantische Platon-Deutung, wie Krämer sie zu Recht kritisiert, wo er etwa auf die Verwechslung Sokratischer mit romantischer Ironie hinweist, wäre ein Beispiel für das »Vorverständnis« im Gadamerschen Sinne. Vorverständnis ist das Verständnis von heute, das von seiner geschichtlichen Vermitteltheit nichts weiß.

Damit es zum wirklichen Verstehen kommt, muß die unmittelbare Verständlichkeit gebrochen werden, und das wiederum geschieht, wo die Zeitdifferenz zwischen Text und Leser zu Bewußtsein kommt. Durch die Zeit geht ein Riß, die fraglose Kontinuität der Tradition wird unterbrochen. Aber dadurch wird das überlieferte Werk nicht radikal fremd, als wäre es Relikt einer völlig unbekannten Kultur. Vielmehr gewinnt es eine von den Vorurteilen der Gegenwart unabhängige Sagekraft. »Erst das Absterben der aktuellen Bezüge läßt«, wie Gadamer sagt, die »eigene Gestalt« der Werke »sichtbar werden und ermöglicht damit ein Verständnis des in ihnen Gesagten, das verbindliche Allgemeinheit beanspruchen kann«[22]. Der Leser glaubt jetzt nicht mehr zu sicher zu wissen, was es mit dem Werk auf sich hat, sondern hat es freigesetzt, und er kann sich in der hermeneutischen epoché, die ihm durch den Zeitriß widerfahren ist, aufgeschlossen verhalten: Fragen statt Urteilen und so die Möglichkeit offenhalten, daß sich der Sinn des Werkes erschließt.

Was dabei geschieht, mag in der Erfahrung und Bildung des Lesers wie ein »Integrieren und Verarbeiten« sein. Aber primär ist es doch die Selbstvermittlung des Textes und der in ihm zur Sprache gekommenen Sache; in der jeweiligen Interpretation stellt sich der Text dar, und wo das erfahren wird, ist zugleich deutlich, daß die Interpretation bei aller Differenziertheit und Prägnanz nur eine unter anderen möglichen ist. Der Reichtum des Textes und erst recht der in ihm artikulierten Sache ist immer schon über die jeweilige Darstellung hinaus. Aufgrund dieser Erfahrung ist die Interpretation vor ihrer Überschätzung gesichert und also davor, den Text und die in ihm sich darstellende Sache in den Horizont eigener Vorstellungen zu zwängen. Die Wahrheit des historischen Bewußtseins liegt dann aber nicht in der neutralen Objektivation, sondern in einer »Objektivität« ganz anderer Art: in der realen Präsenz dessen, was nicht nur von heute und darin bloß auf banale Weise gegenwärtig ist.

Nur wenn ein Interpretieren im skizzierten Sinne möglich ist, kann es auch jene kritische Befragung der Moderne geben, die Krämer mit einer unromantischen und unverkürzten Platonlektüre verbindet. Sie ist nicht im vergleichenden Taxieren zweier Denkformen zu bewerkstelligen, sondern stellt sich ein in der vermittelten Wirkung einer einzigen, die sich durch ihre im Interpretieren erfahrene Präsenz dem

22 Ebd. 303.

historischen Vergleich entzieht. Das spricht nicht gegen systematische Rekonstruktionen und auch nicht dagegen, über die Texte hinaus nach ihrem Umfeld zu fragen: nach ihrer frühen Deutung und nach Hinweisen darauf, wie die in ihnen zur Sprache kommende Sache noch anders, vielleicht differenzierter und direkter bestimmt werden kann.

Doch Forschungen solcher Art verdanken ihre Überzeugungskraft und Lebendigkeit letztlich den Texten, durch die sie motiviert werden – diese haben ja zunächst angesprochen und setzen das Fragen in Gang. Und sie verbürgen auch die Wirkung ihrer Interpretation: dadurch, daß sie ihrem Wesen nach ansprechend sind. Man muß kaum betonen, daß dies für Platons Dialoge besonders gilt. Besser noch als andere philosophische Texte können sie zum Anfang philosophischer Selbstklärung werden, weil sie zum Fragen bringen, indem sie zeigen, wie Fragen geschieht; weil sie Wege des Denkens, auch Umwege und Abwege vorführen und so die Sache, um die es in ihnen geht, als eine transparent machen, die zur Sprache gebracht werden will. Mit einer Apologie des Vorläufigen, mit ironischer Zurücknahme und spielerischer Überbietung im romantischen Sinne hat das nichts zu tun, und deshalb konnte eine Interpretation der Platonischen Texte, die mit Stichworten wie Ursprungsdenken, Ontologie und Metaphysik angezeigt ist, wesentlich dazu beitragen, wieder deutlicher den begrifflichen Anspruch des Platonischen Denkens sehen zu lassen, seine gedankliche Stringenz, Einheitlichkeit und Tiefe; sie konnte außerdem den Blick schärfen für die in den Dialogen ausgetragene Spannung zwischen dem Sokratischen Denken und dem, was als Platonische Dialektik in der Auseinandersetzung mit Parmenides und Heraklit darüber hinausführt. Aber für die Späteren ist dieses Denken auf nachvollziehbare, systematisch produktiv machende Weise in Platons Schriften artikuliert; wir haben, wie Schleiermacher mit der ihm eigenen unprätentiösen Klarheit sagt, »von seiner Größe und Trefflichkeit keinen andern zeiglichen Beweis [...], als diese Schriften«[23], wobei man durchaus die Betonung auf »zeiglichen« legen darf.

Dafür, daß Platon selbst ähnlich gedacht und seine Schriften als Überlieferung seiner Philosophie aufgefaßt und konzipiert haben mag, spricht vielleicht am deutlichsten der ›Phaidon‹, jener Dialog also, der als Darstellung eines wahrhaft philosophischen Lebens und Sterbens so etwas wie das Gründungsdokument der Sokratisch-Platonischen Tradition ist. Hier greift ein Zuhörer der Erzählung vom letzten philosophischen Gespräch des Sokrates plötzlich ein: Die Frage, ob es gelingt, die Unsterblichkeit der Seele zu erweisen, hat auch ihn – und, wie man vermuten darf, nicht nur ihn – betroffen, und entsprechend lebhaft wird ein als überzeugend emp-

23 Schleiermacher (1996) 33.

fundenes Argument kommentiert.[24] Sokrates hatte nur mit Kebes und Simmias gesprochen, aber angesprochen sind durch die Erzählung auch jene, die nicht unmittelbar zugegen waren. Auch sie sind, wie die Lebhaftigkeit des Kommentars zeigt, ganz bei der philosophischen Sache und darin zusammengehörig. Kraft der schriftlichen Überlieferung kann das auch für die späteren Interpreten der Platonischen Texte gelten, gleichgültig, wie verschieden in Ansatz und Ergebnis ihre Interpretationen sind.

24 Phaidon 102a.

LITERATURVERZEICHNIS

Gadamer, H.-G.: Wahrheit und Methode. Grundzüge einer philosophischen Hermeneutik. In: Ders.: Gesammelte Werke. Bd. 1. Tübingen ^{5}1986.

Hamann, J. G.: Tagebuch eines Christen. In: Ders.: Sämtliche Werke. I. Bd. Historisch-kritische Ausgabe von Josef Nadler. Wien 1949.

Heidegger, M.: Platon: Sophistes. Vorlesung Wintersemester 1924/25. In: Ders.: Gesamtausgabe. Bd. 19. Hrsg. von Ingeborg Schüßler. Frankfurt a. M. 1992.

Krämer, H. J.: Arete bei Platon und Aristoteles. Zum Wesen und zur Geschichte der platonischen Ontologie. Heidelberg 1959;

— Fichte, Schlegel und der Infinitismus in der Platondeutung. In: Deutsche Vierteljahresschrift für Literaturwissenschaft und Geistesgeschichte. Sonderdruck. Jg. 62. Heft 4 / Dezember. Stuttgart 1988;

— Plato and the Foundations of Metaphysics. Edited and Translated by John R. Catan. State University of New York Press, Albany 1990;

— Thesen zur philosophischen Hermeneutik. In: Internationale Zeitschrift für Philosophie. Hrsg. von Günter Figal und Enno Rudolph. Heft 1 / 1993.

Platonis Opera. Recognovit brevique adnotatione critica instruxit Ioannes Burnet. 5 Bde. Oxford 1900 u. ö.

Schleiermacher, F.: Hermeneutik und Kritik. Mit einem Anhang sprachphilosophischer Texte Schleiermachers. Hrsg. und eingel. von Manfred Frank. Frankfurt a. M. 1977;

— Über die Philosophie Platons. Hrsg. und eingel. von Peter M. Steiner. Hamburg 1996.

Klaus Oehler

DIE NEUE SITUATION DER PLATONFORSCHUNG

KRÄMERS WIEDERENTDECKUNG DER PHILOSOPHIE PLATONS IN ›ARETE BEI PLATON UND ARISTOTELES‹, 1959, UND DIE FOLGEN

EINE BETRACHTUNG NACH VIERZIG JAHREN

Wenn heute irgendwo in der Welt vom Tübinger Platon oder von der Tübinger Schule der Platonforschung die Rede ist, so ist das eine Kennzeichnung, deren längst üblicher Gebrauch zwar nicht von ihm stammt und auch nicht ihn allein meint, aber ohne den Mann nicht existent wäre, dessen Erstlingswerk hier der Gegenstand einer forschungsgeschichtlichen Meditation sein soll. Die Rede ist von Hans Joachim Krämer.

Sein Beitrag zur Platonforschung hat eine Vorgeschichte, die aufs engste mit dem *genius loci* Tübingens verbunden ist. Denn es war in der ersten Hälfte des 19. Jahrhunderts die so genannte Tübinger Theologenschule, deren kritisch-historiographische Tradition neben dem philosophischen Einfluß Hegels auf die Erforscher der antiken Philosophie besonders maßgeblich eingewirkt hat, namentlich auf Eduard Zeller und Albert Schwegler. Die entscheidende Mittlerrolle fällt dabei Ferdinand Christian Baur zu, der in seinen Werken zur Gnosis (1835) und zur Trinitätslehre (1841) die Bedeutung des Platonismus für die Ausbildung des christlichen Dogmas nachdrücklich herausstellte. Zellers erste Schrift zur antiken Philosophie, die am Seminar in Urach verfaßten ›Platonischen Studien‹ (1839), praktizieren die historisch-kritische Methode seines Lehrers Ferdinand Christian Baur. In dieser Schrift behandelt Zeller auch den Teil der Platonischen Philosophie, den Platon in der Akademie mündlich vorgetragen hat, sowie das Verhältnis von mündlicher und schriftlicher Überlieferung. Wir können nicht ausschließen, daß Anregungen zur Bewertung dieses Verhältnisses von Zellers Mentor, dem Stiftsrepetenten David Friedrich Strauß, ausgegangen sind, der auch über Platon Vorlesungen hielt. Hegel,

Strauß, Baur, Zeller, Schwegler – das ist das geistesgeschichtliche Lokalkolorit, das mit aufleuchtet, wenn es um Krämer, den Begründer der Tübinger Schule der Platonforschung in diesem Jahrhundert, geht, der Tübinger Schule, die den einen ein Stein des Anstoßes, den anderen der Stein der Weisen ist. Warum ist das so, wie ist es dazu gekommen? Es geht um 2400 Jahre Platonauslegung.

Der Ausgangspunkt ist das historische Faktum, daß es die Platoninterpretation von jeher mit zwei Quellen zu tun hat: dem dialogischen Schriftwerk und der indirekten Überlieferung von Lehrinhalten, die Platon nur mündlich vorgetragen hat und die auf die Darstellung durch seine Schüler zurückgehen. Daraus ergibt sich bereits das die Gesamtphilosophie Platons umgreifende Problem, wie nämlich die Beziehungen zwischen den Lehren, die uns in den Schriften Platons begegnen einerseits, und andererseits den von Aristoteles ausdrücklich so genannten Ungeschriebenen Lehren (ἄγραφα δόγματα), die Platon nur im mündlichen Unterricht vermittelte und in den Schriften nicht oder nur andeutungsweise und rückverweisend, jedenfalls nicht vollständig *expressis verbis* vorkommen, näherhin zu denken sind.

In der Geschichte der Platoninterpretation seit dem 4. Jahrhundert v. Chr. bis heute lassen sich, aufs Ganze gesehen, vier Haupttypen der Interpretation unterscheiden: (1) Der bei den unmittelbaren Platonschülern und in der Älteren Akademie übliche Interpretationstyp; (2) der neuplatonische Typus; (3) der von Schleiermacher konzipierte und praktizierte Typus; und (4) der in der zweiten Hälfte des 20. Jahrhunderts von Krämer und der Tübinger Schule herausgearbeitete Typus.

Diese vier Haupttypen lassen sich ganz kurz folgendermaßen charakterisieren. (1) Der erste Typus entstand im Kreis der unmittelbaren Schüler Platons, unter denen neben Aristoteles vor allem Speusipp und Xenokrates, der zweite und der dritte Leiter der Akademie, an Bedeutung hervorragten. Dieser Interpretationstypus wurde geprägt in Kenntnis der Schriften, geht aber primär auf die mündliche Lehre Platons selbst zurück und gibt, formgeschichtlich gesehen, der systematischen Gestalt den Vorzug, das heißt die Systematizität der Platonischen Lehre steht im Vordergrund, sowohl bei der Rezeption der Lehre als auch bei den innerschulischen Auseinandersetzungen über diese Lehre. Bei der Rekonstruktion der dogmatischen Differenzen innerhalb der Älteren Akademie sind Krämer in späteren Jahren spektakuläre Fortschritte gelungen, die den systembezogenen Charakter dieses frühesten Interpretationstypus in ein helles Licht rücken. Krämers fundierte und ausführlichste Gesamtdarstellung, die es bisher von der Älteren Akademie überhaupt gibt, hat denn auch als selbständiges Kapitel in den 1983 von Hellmut Flashar publizierten Band 3 der ›Philosophie der Antike‹ innerhalb der Neubearbeitung von ›Überwegs Grundriss der Geschichte der Philosophie‹ seine repräsentative Aufnahme gefunden. (2) Vom ersten und ältesten Interpretationstypus unterscheidet sich der neuplatonische dadurch, daß er zwar auch unverkennbar systematisch vorgeht, aber doch viel stärker als die Ältere Akademie sich an den Schriften orientiert, die nun auch betont allegorisch interpretiert werden, was keineswegs ausschließt, daß einzelne Teilstücke der Ungeschriebenen Lehren systematisch-spekulativ weiterentwickelt werden, wie sich beispielhaft bei Plotin, Proklos und im mittelalterlichen Platonismus beobachten läßt. (3) Die lange Vorherrschaft dieses Interpretationsmusters bis ins 17. und 18. Jahrhundert wird erst begrenzt und schließlich abgelöst durch den Einfluß der Platoninterpretation Schleiermachers, die den Schriften einen nahezu absoluten Primat einräumt und die Rolle der Ungeschriebenen Lehren stark minimiert. Die Wirkung Schleiermachers auf das Platonbild war enorm, und es ist durchaus berechtigt, wenn Reale (1993) von einem durch Schleiermacher herbeigeführten Paradigmenwechsel in der Geschichte der Platonauslegung spricht. Dieser Paradigmenwechsel ist umso auffälliger, wenn man bedenkt, daß noch bis weit in das 18. Jahrhundert hinein, ja noch zu Beginn des 19. Jahrhunderts, in damals gängigen Handbüchern der Philosophie die doxographische Tradition der Ungeschriebenen Lehren Platons neben den Dialogen eine tragende Säule der Platonischen Philosophie gewesen war.

Trotz dieses Paradigmenwechsels reißt aber auch in der Zeit nach Schleiermacher im 19. Jahrhundert bei den großen Historikern der griechischen Philosophie, etwa bei Eduard Zeller, die Kenntnis der indirekten Überlieferung und ihre Berücksichtigung keineswegs ganz ab, aber sie hat, eben unter dem Einfluß Schleiermachers, nicht mehr ihren alten Rang. Es folgte eine lange Zeit der Unentschiedenheit, der Verlegenheit, der Verdrängung und schließlich auch teilweise der Vergessenheit der Ungeschriebenen Lehren. (4) Dieser Zustand änderte sich schlagartig mit der Veröffentlichung der Tübinger Dissertation von Krämer: ›Arete bei Platon und Aristoteles. Zum Wesen und zur Geschichte der platonischen Ontologie‹, als Dissertation angenommen von der Philosophischen Fakultät der Universität Tübingen im Juli 1957, publiziert als Abhandlung der Heidelberger Akademie der Wissenschaften, Philosophisch-historische Klassse, Jahrgang 1959, 6. Abhandlung, 600 Seiten, der Heidelberger Akademie vorgelegt im Juli 1958 von Wolfgang Schadewaldt, Krämers Lehrer der Klassischen Philologie in Tübingen, der jene kreative Atmosphäre schuf, den Raum strenger Philologie und zugleich geistesgeschichtlich orientierter Altertumswissenschaft, in dem Krämer sein erstes Werk verfaßte.

Das Erstlingswerk Krämers sprengte nicht nur äußerlich die literarische Gattung der Doktordissertation, sondern ebenso die einer Akademieabhandlung im üblichen Sinne. Es bedeutete eine Zäsur und leitete, wie wir heute wissen, eine neue Epoche der Platonforschung ein. Die Seismographen der Platonforschung in aller Welt zeigten schon bald extreme Ausschläge. Um im Raster der Typisierung der Platoninterpretationen zu bleiben, so ist zur Charakterisierung des Ansatzes von Krämer zu sagen, daß dieser Ansatz, der zur Begründung der Tübinger Schule der Platonauffassung führen sollte, neben den Platonischen Schriften die Ungeschriebenen Lehren in ihrem systematischen Leitwert neu entdeckt, neu evaluiert und auf diese Weise zu einer Neubestimmung der Beziehung von Schriftwerk und Ungeschriebenen Lehren kommt. Dieser Neuansatz hat auch nach vierzig Jahren seinen revolutionären Charakter nicht verloren, denn er zwingt zu einer neuen Art des Lesens der Platonischen Texte. Dieser neuen Sicht auf Platon korrespondiert ein neues Platonbild.

Das Schleiermachersche Unternehmen hatte dazu geführt, daß die Dialoge als autonome Einheiten gelesen wurden, in denen sich Platons Denken angeblich vollständig wiederfindet. Die indirekte Tradition, die von den unmittelbaren Schülern Platons ausgeht, erschien dagegen als unbedeutend, zweitklassig und sogar in die Irre gehend. Selbst wenn das nicht durchgehend und nicht in dieser Entschiedenheit der Absicht Schleiermachers entsprach, worauf einige seiner Texte hinzudeuten scheinen, so ist doch historisch evident, daß die große Wirkung, die von Schleiermachers Platonbild ausging, die nämliche gewesen ist. Das läßt sich nicht bestreiten. Um so erstaunlicher ist es, daß auch unter der Dominanz Schleiermachers in der Folgezeit immer wieder vereinzelte Versuche gemacht wurden, Schleiermachers Konzept von der Einheit der Platonischen Schriften mit der indirekten Tradition zu versöhnen oder doch wenigstens in eine sinnvolle Verbindung zu bringen. An den in diesen Anschlußarbeiten trotz allem zutage tretenden inneren Widersprüchen des Schleiermacherschen Platonbildes ist dieses schließlich gescheitert.

So wies Boeckh in einer Rezension Schleiermachers schon 1808 darauf hin, daß die Ungeschriebenen Lehren unbedingt zu beachten seien, und bemerkte dazu: »Was er (sc. Platon) in den Schriften nicht bis zur höchsten Spitze heraufgeführt hatte, diesem setzte er im mündlichen Unterrichte den Gipfel und den Schlußstein auf.« Brandis sammelte, edierte und kommentierte 1823 Zeugnisse über die Ungeschriebenen Lehren Platons. Trendelenburg und Weisse sprachen sich in Monographien 1826 und 1828 mit Nachdruck dafür aus, diese Zeugnisse bei der Interpretation Platons gefälligst zu berücksichtigen. Dieser Forderung folgte dann auch Zeller in seinem monumentalen Werk ›Die Philosophie der Griechen in ihrer geschichtlichen Entwicklung‹, aber er rückte die Ungeschriebenen Lehren an das Ende des Lebens Platons, in die Zeit der Abfassung der Nomoi, wodurch sie als Verständniserklärung für die den Nomoi zeitlich vorausliegenden Werke Platons funktionslos bleiben. Das war auch die Absicht Zellers, der die Ungeschriebenen Lehren weitgehend als auf Mißverständnissen beruhend ansah und im übrigen aufgrund des hohen Alters Platons für die Ungeschriebenen Lehren auf mildernde Umstände plädierte, was natürlich Unsinn ist, aber ein bequemer Weg war, an der äußerst komplizierten Inbeziehungsetzung der Ungeschriebenen Lehren mit den entsprechenden Dialogpartien vorbeizukommen. Die Einlösung dieser nicht leichten Aufgabe hatte 1839 schon K.F. Hermann in einem Vortrag ›Ueber Plato's schriftstellerische Motive‹ gefordert, der aber erst 1849 zur Veröffentlichung gelangte. In diesem Vortrag beruft sich Hermann auf die Selbstzeugnisse Platons und auf die Ungeschriebenen Lehren über die höchsten Prinzipien, die Platon in seinen Schriften nur andeutungsweise erwähnt habe.

Den Anfang mit der schwierigen Arbeit der Inbeziehungsetzung unternahm Leon Robin 1908 in seinem Werk La théorie platonicienne des Idées et des Nombres d'après Aristote, der Sache nach die erste eingehende Untersuchung der Zeugnisse des Aristoteles über die Platonischen Lehren. Noch völlig unbefangen und ohne alle ablenkenden Verunsicherungen durch modernistische so genannte Methodenreflexionen nähert er sich seinem Untersuchungsgegenstand wie ein von seinem Forschungsgegenstand affizierter Archäologe: »Ich habe geglaubt«, so stellt er sein Unternehmen vor, »es müsse möglich sein zu wissen, was der Platonismus gewesen ist, indem ich die griechischen Denker befragte, und zwar nur sie allein. (...) In dieser Interpretation haben wir nicht die Entstellungen zu befürchten, die eine durch den Cartesianismus, Leibnizianismus oder Kantianismus geprägte und durch den Einfluß der wissenschaftlichen Methoden erneuerte Intelligenz den Auffassungen eines Griechen des vierten Jahrhunderts vor unserem Zeitalter zufügen kann. Mit den Alten als Wegweiser läuft man nicht Gefahr, in Platon einen Propheten der modernen Philosophie zu sehen.« [Robin (1908) 4f.] Robins Programm blieb leider nur eine dem historischen Ablauf der Platonforschung genial vorauseilende Vision. Er selbst löste es nur bruchstückhaft ein durch eine, allerdings außerordentlich wertvolle, systematische Deutung des Timaios im Horizont der Ungeschriebenen Lehren.

Es folgten zunächst, 1917 und 1924, die zwei einflußreichen Bücher von Julius Stenzel, ›Studien zur Entwicklung der platonischen Dialektik von Sokrates zu Aristoteles‹ und ›Zahl und Gestalt bei Platon und Aristoteles‹, die die neu sich stellende Aufgabe ziemlich genau formulierten, nämlich die rekonstruierten Inhalte von Platons Vorlesung ›Über das Gute‹ in die Forschung einzubringen und damit der Sache nach die Theorie der Prinzipien der Einheit und der Zweiheit und deren Beziehung zu den Ideen und den Zahlen in das Zentrum der Untersuchungen zu rücken. Den Abschluß dieser Vorverweise auf Künftiges stellte am Ende der ersten Hälfte des 20. Jahrhunderts Paul Wilperts Rekonstruktion zweier Aristotelischer Frühschriften über die Ideenlehre [Wilpert (1949)] dar, wobei Wilpert den Einfluß der Ungeschriebenen Lehren Platons auf diese Aristotelischen Frühschriften zeigte, allerdings auch unter der Prämisse, die Inhalte der beiden Aristotelischen Frühschriften gingen auf den späten Platon zurück.

Am genauesten hat Heinrich Gomperz in einem kurzen Entwurf von 1931 das Kernproblem, um das es nun unaufschiebbar gehen sollte, formuliert, indem er *expressis verbis* von dem »philosophischen System Platons« spricht: »Platons philosophisches System wird in den Gesprächen nicht ausdrücklich entwickelt, allein es steht, zumindest seit dem Staat, hinter ihnen. Dieses System ist ein Ableitungssystem, und zwar ein dualistisches, da es ›alle Dinge‹ auf zwei wesenhaft verschiedene Urfaktoren zurückführt«. [Gomperz (1972) 165]

Auch diese hellsichtigen Sätze von Heinrich Gomperz blieben nur Programm und verloren sich im Betrieb einer Platonforschung, die, immer noch in der Nachwirkung des Schleiermacherschen Schemas, in der ersten Hälfte des 20. Jahrhunderts überwiegend sich für solche Fragen in bezug auf Platon interessierte, die von der Hauptsache, nämlich der Einheit und der Systematik der Platonischen Philosophie, denkbar weit entfernt lagen. Welcher Natur diese Ablenkungen von der Hauptsache waren, werden wir noch sehen.

In dieser forschungsgeschichtlichen Lage erschien 1959 die Erstlingsschrift von Krämer, die aufdeckte, daß (1) die Schriften Platons je für sich nicht autonom sind, daß (2) sie je für sich keine gedankliche Einheit aufweisen, diese vielmehr umgreifend hinter ihnen steht in der Gestalt dialektischer Mündlichkeit, und daß (3) die Ungeschriebenen Lehren, die in der indirekten Tradition erkennbar sind, der Schlüssel für die einheitliche und systematische und damit wahrhaft philosophische Rezeption der Schriften Platons in ihrer Gesamtheit sind. Gemäß diesem Ansatz bilden die Ungeschriebenen Lehren nicht bestenfalls ein Finale in der Reihe der Dialoge, sondern die Grundlage der Dialoge, spätestens seit den mittleren Büchern der Politeia.

Krämer konnte zeigen, daß die Ungeschriebenen Lehren Platons der Sache nach in der Tradition der Aitiologie der Vorsokratik stehen. Im Zentrum der antiken Berichte über die Ungeschriebenen Lehren stehen die Prinzipien von Einheit und Zweiheit, die auf verschiedene Weise abgeleitet werden, sowohl mathematisierend als letzte Elemente als auch generalisierend als oberste Gattungen. Die Wechselwirkung der beiden Prinzipien konstituiert die Struktur der Realität, speziell die Bestimmung des Vielen durch das Eine, formal gesehen ganz analog dem Vorgehen Demokrits, der ja auch die Gültigkeit seiner beiden Grundprinzipien, der Atome und des Leeren, für alle Phänomene intendierte. Aus der Wechselwirkung der beiden Prinzipien Einheit und Vielheit ergaben sich bei Platon zwei Typen von Gedankenkonstrukten: zum einen die Ableitung der Zahlen und Dimensionen, ausgehend von dem Einen als Element und Grundmaß, zum anderen die Ableitung der obersten Gattungen des Seienden mit den Ideen an der Spitze, und derivativ dazu die Welt der sinnlichen Wahrnehmung, der Veränderung, des Entstehens und Vergehens. Diesem Gesamtkonzept konform ist die Doppelbewegung von Reduktion und Derivation, von Aufstieg und Abstieg, Analysis und Synthesis, die wir andeutungsweise auch in den Dialogen erkennen.

Wir haben es hier im Horizont der Ungeschriebenen Lehren mit einer internen Systemdynamik zu tun, wie sie im Rahmen der Begrifflichkeit Platons konsequenter gar nicht gedacht werden kann. Mit der Kompliziertheit der hier schon ansatzweise entwickelten Relationenlogik bei Platon hängt es auch zusammen, daß in den Dialogen zahlreiche Lehrstücke und Theorieelemente weggelassen sind, die wegen ihrer strikten Systematizität mit der literarischen Form der Dialoge und ihrer vielfach protreptisch-didaktischen Funktion unvereinbar waren. Bedingt durch diese Aussparungen, sind die Dialoge zu einem Verzicht auf weitergehende systematische Präzisierungen gezwungen, nicht weil Platon sie gar nicht im Auge hatte, sondern weil sie dem externen, damit unvertrauten Leser, an den sich die Dialoge richteten, nicht zumutbar waren und so den äußeren Effekt der Dialoge, nämlich für die Sache der Philosophie in der Öffentlichkeit zu werben, völlig verfehlt hätten. Insofern wiesen die Dialoge immer schon über sich hinaus auf die Lehrtätigkeit Platons in der Akademie und auf die Ungeschriebenen Lehren, wie Szlezák in seinen Grundlagenstudien zur Schriftlichkeit der Philosophie bei Platon [Szlezák (1985) und (1993)] gezeigt hat.

Damit war das seit Schleiermacher vorherrschende Platonbild auf den Kopf gestellt, also endlich da angekommen, wo es hingehört: auf ein systematisches Fundament. Krämer hat seine Untersuchungen, die er in seinem Werk von 1959 vorgelegt hat, mit seltener Gründlichkeit, Gelehrsamkeit und Gedankenschärfe durchgeführt. Das anerkannten sogar diejenigen, die sich dem Hauptergebnis verschlossen, aus Gründen, auf die ich sogleich eingehen werde.

Krämer gelang es, den philosophischen Zusammenhang der Schriften und die ontologische Konzeption Platons freizulegen. Er konnte zeigen, daß die Prinzipientheorie und die Ideenlehre Platons einem an den Vorsokratikern orientierten Ursprungsdenken verpflichtet sind und daß sich unser Gesamtbild vom Ablauf der antiken Philosophie erheblich präzisiert, weil durch die Erklärungskapazität der Ungeschriebenen Lehren auch mehr Licht auf die Entwicklung des Neuplatonismus fällt. In Krämers Totalprospekt von 1959 wurde überhaupt zum erstenmal seit der Vorherrschaft des Schleiermacherschen Platonbildes wieder der Denker Platon, der systematische Denker und der Systemdenker Platon sichtbar, der mehr und mehr in Vergessenheit geraten war, ein Umstand, der um so bemerkenswerter ist, als bis zur Schwelle des 19. Jahrhunderts das Bild von Platon als dem in Strukturen denkenden systematischen Ideentheoretiker – man denke an Kants Platonbild – das selbstverständliche, oft nur naiv tradierte, darum aber keineswegs falsche gewesen war. Daß man daran weithin in der Platonforschung bis zu dem Buch von Krämer 1959 im Grunde gar nicht mehr erinnert werden wollte und daß mit dieser zwanghaften Blindheit auch die gelegentlich heftigen Reaktionen und Bekundungen der Befremdung zusammenhängen, die das Buch nicht nur damals, bei seinem Erscheinen, sondern bei einigen bis heute auslöst, ist ein Befund, der auf tiefere, geistesgeschichtliche und sogar mentalitätsgeschichtliche Ursachen verweist.

Diese Ursachen waren beziehungsweise sind hauptsächlich zwei, die miteinander in Verbindung stehen, also nicht isoliert gesehen werden dürfen. Zum einen war es, unter philologischem Aspekt, die formgeschichtliche Behandlungsart der Platonischen Dialoge und die damit verbundene Privilegierung der Formanalyse, die zu einer perspektivischen Verschiebung zugunsten der direkten Überlieferung und zur Vernachlässigung der indirekten führte. Das war ein Tribut an den Geist der Romantik, ihrer Kultur des Gespräches, des Dialoges, und dieser Geist ist es, der Schleiermacher veranlaßte, die philologische Auslegung Platons – jedenfalls in der Kontinuität der Wirkungsgeschichte seines Platonbildes – so einseitig, wie es dann *de facto* geschah, an die Dialoge zu binden.

Dies indes ist nur die halbe Vorgeschichte jener Kontroverse, zu der es mit dem Erscheinen von Krämers Buch kam. Die andere Hälfte ist genau komplementär dazu. Parallel zu der perspektivischen Verschiebung von dem Inhalt auf die Form der Dialoge ging einher die philosophische Kritik am Systemgedanken, ebenfalls aufkommend in der Romantik, zentral bei Friedrich Schlegel, deutlich manifestiert bei Kierkegaard und höchst einflußreich verstärkt bei Friedrich Nietzsche. Die Lebensphilosophie bis zum Ersten Weltkrieg und danach das existenzphilosophische Denken in den zwanziger und dreißiger Jahren trugen das ihre dazu bei, den Systemgedanken in der Philosophie vollends zu desavouieren. Wandervogel und Jugendbewegung, die eine ganze Akademikergeneration geistig und emotional formierten, beförderten mit ihrem weltanschaulichen Dynamismus auch nicht gerade das Prestige systemtheoretischen Denkens. Die Verächtlichmachung des Wortes ›System‹ ging bis in die Sprache der Politik (*nota bene* den Ausdruck ›Systemzeit‹).

Der Zusammenbruch des Neukantianismus als Philosophie hatte zur Folge, daß systematische Platonauslegungen, wie sie zuletzt Paul Natorp (1903) und Nicolai Hartmann (1909) vorgelegt hatten, die allgemeine Entwicklung in der Platonforschung zu Beginn des Jahrhunderts nicht mehr umkehren konnten. Das Platonbuch von Wilamowitz (1919), das den Hauptakzent auf die biographischen Aspekte von Platons Oeuvre legte, war für viele wegweisend, insbesondere auch für die Autoren der Platonbücher, die aus dem Kreis um den Dichter Stefan George kamen und denen es nicht um wissenschaftliche Historiographie ging, sondern offen subjektiv um künstlerische Anverwandlung Platons an die gegenwärtige Vorstellungswelt des Interpreten, eben um das, was nach der Formulierung Nietzsches ›supra-historisch‹, ›monumental‹ sein sollte, künstlerisch-plastische Formung, in der in ideeller Interpretation die historische Gestalt für eine neue Gegenwart, eine neue, kommende Zeit weiterleben und ihr so genanntes eigentliches Wesen enthüllen sollte. Musterbeispiel dieser Art von Geschichtsbetrachtung ist das Buch von Ernst Kantorowicz ›Kaiser Friedrich der Zweite‹ (1927). Im selben Jahr wie dieses Buch aus dem Geist Stefan Georges erschien Heideggers ›Sein und Zeit‹, in dem der Begriff der Überlieferung so bestimmt wird, daß es derselben nicht um vergangene Wirklichkeiten zu gehen habe, um etwas Vergangenes, das seine Wirkung ohnehin schon gehabt habe, sondern um in der Vergangenheit unrealisierte Möglichkeiten im Heute. Heidegger nennt das ›Die Grundverfassung der Geschichtlichkeit‹ (§ 74). Daß diese Einstellung einer auf die wissenschaftliche Feststellung historischer Fakten ausgerichteten Historiographie nicht bekömmlich sein kann, dürfte klar sein, und der aus dieser Einstellung heraus erhobene Vorwurf des Historismus und des Positivismus (»Stoffhuberei«) unterstreicht nur noch diesen Befund.

Die ästhetische Adoration der Gesprächsform und der Kult der offenen Frage und der Ironie bei Platon, was immer man im einzelnen darunter verstand, führten schließlich dazu, daß sich die Inhalte, die man zu interpretieren glaubte, nicht mehr zur Einheit einer Philosophie, einer Lehre, eines Gedankensystems fügten. Das war auch erklärtermaßen ganz unerwünscht, denn man verachtete ja das System als Gedankenfigur. Heideggers Aversion gegen den Systembegriff ist bekannt und erklärt sich aus seinem Ansatz. Das gleiche gilt für seine Schüler. Beispielsweise galt es in den Seminaren meines Lehrers Gerhard Krüger als unpassend, ja degoutant, das Wort ›System‹ in bezug auf antike Philosopheme zu verwenden. Was Gadamer betrifft, so hatte er schon 1924 in der Festschrift für Paul Natorp, unter dem starken Einfluß Heideggers stehend, einen Beitrag publiziert unter dem Titel ›Zur Systemidee in der Philosophie‹. Die hier bezogene Position ist auch in seiner Habilitationsschrift von 1931, Platons dialektische Ethik, maßgebend.

Darüber schreibt Gadamer in der Rückschau 1968 in der Abhandlung ›Platons ungeschriebene Dialektik‹: »So kam es, daß die Beachtung der Gesprächsform und ihrer unabschließbaren Offenheit sich auch von philosophischer Seite mehr und mehr gegen die Verfestigung einer platonischen ›Lehre‹ kehrte. Das ist schließlich zu einem gewissen Extrem gesteigert worden. Ich muß auch mein eigenes Buch hier hinzurechnen, das Ende der zwanziger Jahre die Ableitung der platonischen Dialektik aus dem sokratischen Dialog mit phänomenologischen Mitteln unternahm – nicht ohne daß der Leitgedanke einer platonischen ›Lehre‹ dabei allzu sehr in den Hintergrund gedrängt wurde«. [Gadamer (1968) 10] Nur wenig weiter im Text spricht Gadamer generalisierend von der »Einseitigkeit der deutschen Platonforschung der zwanziger und dreißiger Jahre« (11).

Diese Einseitigkeit, letzten Endes diktiert von dem romantischen Ästhetizismus, tendierte von Anfang an dazu, die Inhalte der Philosophie Platons in Abhängigkeit zu sehen von der literarischen Form der Dialoge, in totaler Verkennung des

Umstandes, daß die Platonischen Dialoge, formgeschichtlich gesehen, eine Hommage an Sokrates, der Sache nach aber nichts anderes als kunstvoll inszenierte, fiktiv auf mehrere Mitunterredner verteilte, mehr oder weniger, je nachdem, didaktisch aufbereitete Monologe Platons sind. Was denn auch sonst? Ihr eigentlicher Ort, ihr οἰκεῖος τόπος, ist das Denken Platons selbst, das Denken, das – schon als solches und für sich genommen – nach der Defintion Platons ein Dialog ist, der Dialog der Seele mit sich selbst. Der Dialog als literarische Gattung macht lediglich sinnlich wahrnehmbar erkennbar, was sich in der Seele, im Bewußtsein des Denkenden, in seinem einsamen Denken, ereignet: er ist die Theatralisierung des Denkens, auf die Bühne gestellt. Platon überträgt im geschriebenen Dialog die innere Form des Denkens auf die äußere Form der intersubjektiven Kommunikation, so jedoch, daß der innere Dialog der Seele mit sich selbst, das heißt das Selbstdenken des Denkers, der eigentliche normative Bezugspunkt der dialektischen Mündlichkeit ist und bleibt. Niemand hat bisher zu behaupten gewagt, daß sich der Unterricht in der Akademie so abgespielt habe wie der Gesprächsverlauf in den Dialogen. Schon Carl Prantl in ›Geschichte der Logik im Abendlande‹, 1855, weiß deutlich zu unterscheiden: »Für uns hier aber gilt als Hauptfrage das logische Motiv, und nach diesem, nicht nach stilistischen Reizen, haben wir Platon zu beurtheilen« [Prantl (1855) 68]. Prantl mokiert sich darüber, daß an nicht wenigen Stellen der Dialoge die Mitunterredner des Sokrates »bloß wie jene chinesischen Figürchen nickend Ja sagen« [Prantl (1855) 68]. In der Tat sind diese Mitunterredner in ihrer affirmativen Statistenrolle oft nicht zu beneiden. Man sieht an dem Beispiel Prantls, daß die romantische Schwärmerei über die Dialogform mitnichten von allen geteilt wurde. Die moderne ästhetisierende Verherrlichung der Form des Dialoges als solcher bleibt abstrakt und erklärt sich am besten psychologisch als die sentimentalistische Kompensation einer zunehmend gesprächsunfähig gewordenen Gesellschaft. Auch ein Stück Dialektik der Kulturindustrie.

Diese manierierte Überbewertung der Dialogform hatte die Platonforschung seit den zwanziger Jahren, speziell in Deutschland, in eine Schieflage gebracht, von der sie erst Krämer befreite. Mit dieser Überbewertung der Dialogform hängt nun auch ursächlich die Weigerung zusammen, in dem Ineinander der Gedankenelemente Platons das Systematisch-Konstruktive zu sehen und ihm den Charakter eines auf theoretische Einheit zielenden, von Prinzipien geleiteten Gedankensystems zuzuerkennen.

Diese Weigerung, den Systembegriff auf die Philosophie Platons anzuwenden, vollzieht sich immer nach dem gleichen Schema: zuerst engt man die Bedeutung des Systembegriffs semantisch auf die Schulphilosophie des 17. und 18. Jahrhunderts und auf die Systeme des Deutschen Idealismus ein, um dann zu behaupten, daß der Gedanke theoretischer Systematizität Platon und überhaupt den antiken Denkern fremd gewesen sei. In Wirklichkeit orientiert sich Platons Logik seiner Begründungszusammenhänge an dem axiomatischen System der griechischen Mathematik, wie Jacob Klein in seiner Abhandlung ›Die griechische Logistik und die Entstehung der Algebra‹ [Klein (1934) u. (1936)] gezeigt hat. Die systematischen Grundzüge insonderheit der innerakademischen Lehre Platons hat Konrad Gaiser in seinem Standardwerk ›Platons ungeschriebene Lehre. Studien zur systematischen und geschichtlichen Begründung der Wissenschaften in der platonischen Schule‹ [Gaiser (1963)] mustergültig dargestellt. Das ganze Ausmaß, in dem sich das Platonische und das Aristotelische Denken am Systemdenken der griechischen Fachwissenschaften orientiert, hat erst jüngst das Werk von Wolfgang Kullmann ›Aristoteles und die moderne Wissenschaft‹ [Kullmann (1998)] aufgedeckt und vorgeführt.

Platons prinzipientheoretischer Ansatz führte ganz unausweichlich zu reduktiven und derivativen und das heißt zu systematisierenden Begründungszusammenhängen und Ordnungsstrukturen, denen ihre theoretische Systematizität abzusprechen unhistorisch ist. Diese tendenziöse Interpretationspolitik wird diktiert von einer Bewußtseinsstellung, die in unserer modernen Philosophie wurzelt, die sich dem Denken in Systemen längst entfremdet hat, aus Gründen, die wir alle ja in ihrem wesentlichen Bestand anerkennen und teilen. Die Wurzel ist die seit dem Zusammenbruch der großen metaphysischen Systeme im 19. Jahrhundert und insonderheit seit Nietzsche herrschende Metaphysikkritik, die nun allerdings nicht dahin führen darf, daß sie auch die philologisch-historische Tatsachenfeststellung in bezug auf frühere Epochen der Denkgeschichte verfälscht oder sich weigert, historische Tatsachen zu akzeptieren, weil sie die Vergangenheit nach ihrem eigenen Bild formen will. Es ist daher kein Zufall, daß das System Platons und also auch die Forschungsergebnisse Krämers besonders im Bereich der sprachanalytischen Philosophie und der davon abhängigen Interpretation antiker Philosophie auf Widerstand stießen, ist doch in diesem Bereich die Tendenz vorherrschend, in Platon einen ›ordinary language philosopher‹ Oxforder Provenienz zu sehen. Die Unwissenschaftlichkeit dieser Einstellung ist offensichtlich [Oehler (1998)].

Krämers frühe Untersuchungen zum Wesen und zur Geschichte der Platonischen Ontologie zeigen jenes Vernunftbedürfnis nach Einheit bei Platon am Werk, von dem Gadamer in seinem 1998 erschienenen Vorabdruck zum neuen ›Ueberweg, Grundriss der Geschichte der Philosophie. Die Philosophie der Antike‹, ausgeführt hat, daß jenes Vernunftbedürfnis nach Einheit »mit ›systematischer‹ Einheit überhaupt verknüpft ist. So ist es im Grunde die antike Idee der Wissenschaft selbst, wie sie seit alters in der Mathematik Vorbild ist, die sich als Lehrform der philosophischen Systeme (...) durchgesetzt hat (...) – das Vernunftbedürfnis nach Einheit legitimiert die Idee des Systems«. [Gadamer (1998) XX] Das heißt nicht, daß die Erfüllung dieses Bedürfnisses im Sinne eines vollständigen Systems jemals legitimerweise zur Gänze in Anspruch genommen werden könnte, wie das im Fortgang der idealistischen Bewegung von Fichtes ›Wissenschaftslehre‹ (1794) an dann aber tatsächlich geschehen ist. Nicht zuletzt mit dem Blick auf diese idealistischen Übersteigerungen des modernen Systemgedankens warnt Gadamer davor, »den Begriff ›System‹ ganz unbefangen zu gebrauchen« [Gadamer (1998) XVIII], obwohl das Wort ›System‹ »gewiß ein gutes griechisches Wort« sei, das »den Totalitätsanspruch der Philosophie noch zum Ausdruck« bringe, heute »aber nur historischer Erkenntnis« diene [Gadamer (1998) XIX, XXI], wenn auch »das Eindringen des Systembegriffs in die Philosophie« eine Entwicklung darstellt, »die vielleicht auf Ansätze der Akademie zurückgeht« (XXI). Gleichwohl hält Gadamer auch hier noch an seinen frühen Auffassungen fest: »Es ist erst eine spätantike Entwicklung, die vielleicht auf Ansätze der Akademie zurückgeht, dass das euklidische Vorbild der Beweislogik am Ende der Antike wirklich so etwas wie ein System ausgeführt hat, und das war bei Proklos der Fall, durchaus noch nicht bei Plotin« (XXI). Die Befunde der Philosophiegeschichtsforschung haben dieses Bild inzwischen präzisiert und lassen erkennen, daß das Wort ›System‹ nicht nur »ein gutes griechisches Wort« ist, sondern daß es auch schon für Platon und Aristoteles eine Bedeutung hatte, deren philosophische Funktion nicht erst in der Spätantike aktuell wurde [Halfwassen (1999)].

Man sieht, Gadamer, unter den Auspizien seiner Generation stehend, tut sich selbst heute noch und trotz der vorliegenden Forschungsbefunde schwer mit der Anwendung des Systembegriffs, auch im philosophiehistorischen Kontext. Das hängt ursächlich mit dem zusammen, was Heidegger unter dem Stichwort »Destruktion der Geschichte der Ontologie« im Sinne einer Bewußtmachung der Begriffsgeschichte der Philosophie so eindrücklich gelehrt hatte. Es wird von mir überhaupt nicht bestritten, daß die Begriffsgeschichte »ein Aspekt von höchstem Rang« [Gadamer (1998) XXV] ist und in diesem Jahrhundert durch Heidegger allererst dazu geworden ist. Nur müssen wir uns bewußt bleiben, und darin besteht mein Vorbehalt, daß weder Platon noch Aristoteles noch überhaupt ein Philosoph der Antike, des Mittelalters und der Neuzeit vor dem Aufkommen des historischen Bewußtseins zu Beginn des 19. Jahrhunderts jemals ›begriffsgeschichtlich‹ gedacht hat, sondern immer nur ›systematisch‹, das heißt systematisch in jener spezifischen Bedeutung des Wortes ›dogmatisch‹, wie Aristoteles selbst dieses Wort benutzt, wenn er Platons Ungeschriebene Lehren mit dem Ausdruck ›agrapha dogmata‹ (ἄγραφα δόγματα) belegt und aufruft. Platon und Aristoteles behandeln ihre Vorgänger dogmatisch und niemals in historischer Absicht. Selbst die größte Tratschtante der antiken Philosophiegeschichte, Diogenes Laertios im 3. Jahrhundert n.Chr., will uns keine Geschichten um der Geschichten willen erzählen, sondern führt uns durch sein Kuriositätenkabinett, um auf dem Vehikel der Biographien schrulliger Philosophen um so unterhaltsamer deren Gedankensysteme zu präsentieren. Entsprechend lautet die lateinische Version des Titels seines Werkes ›De vitis, dogmatibus et apophthegmatibus clarorum philosophorum‹. Selbst noch in diesem Werk geht es bei aller komödiantischen Unterhaltung letzten Endes um Dogmengeschichte.

Im Hintergrund des Gadamerschen Monitums bezüglich der Anwendung des Wortes ›System‹ gerade auch auf die Inhalte antiker Philosophie steht das Bedenken des so genannten hermeneutischen Zirkels, der in allem Interpretieren enthalten ist, also eine bestimmte Art der Selbstreferenz, die all unserem Tun innewohnt. Aber reine Selbstreferenz, die nur und ausschließlich Selbstreferenz wäre im Sinne des bloß auf sich selbst Beziehens, ist im endlichen Bereich menschlicher Wahrnehmung und Kognition unmöglich, weil Selbstreferenz nur als ein Verweisungsmoment neben anderen Momenten am operativen Verhalten der Elemente und Prozesse vorkommt und folglich nie deren Totalität ausmacht. Der Sinn einer Handlung, auch des Interpretierens, erschöpft sich nicht totaliter darin, daß der Handelnde, der Interpret sich in seiner Handlung bestätigt und gespiegelt sieht. Diese Reflexion, die Selbstreflexivität, füllt nicht den Gesamtsinn des Handelns aus, wie das bei der Selbstbeziehung des Denkens des göttlichen Unbewegten Bewegers des Aristoteles der Fall ist. Der Grund dafür ist sehr einfach: unser je eigenes Handeln hat seinen Sitz im Leben und in der Geschichte des Lebens, und das Leben als Leben ist an unserer Selbstbefindlichkeit herzlich wenig interessiert, um so mehr aber an seiner eigenen Substanzialität und deren Kontinuität, zu der die historischen Fakten der Vergangenheit gehören, und zwar nicht im Modus der Vergessenheit, sondern des historischen Bewußtseins. Dieser Umstand verhindert auch, daß Wirkungsgeschichte nur Wirkungsgeschichte ist und nicht vielmehr auch historisches Zeugnis der geschichtlichen Fakten selbst, historisches Zeugnis, das mit Hilfe der wissenschaftlichen Methoden abrufbar und verfügbar ist.

Krämers Wiederentdeckung der Philosophie Platons ist eine der ganz großen Taten der Philosophiegeschichtsforschung des 20. Jahrhunderts. Spätere Zeiten werden in ihm vielleicht den Schliemann der Platonforschung sehen. Krämers Entdeckung wird aber ganz sicher über das durch ihn veränderte Platonverständnis hinaus auch für die Hermeneutik nicht folgenlos bleiben, denn sie hat auf dramatische Weise gezeigt, was zu zeigen gar nicht in Krämers Absicht lag, nämlich daß es falsch ist, das in einem Überlieferungsgeschehen sich ereignende Verstehen nach dem Muster ästhetischer Erfahrung zu beschreiben und die Struktur des Verstehens abzukoppeln von der Struktur wissenschaftlicher Wahrheitsfindung, als lebten wir in einer Welt ohne Objektbezüge, nur beschäftigt mit dem Erkennen unserer selbst. Ohne die Existenz von Invarianten wäre Verstehen gar nicht möglich. Wozu sonst Texte? Texte haben nicht nur einen subjektiven Sinn. Das würde die Kommunikation und das Verstehen unmöglich machen. Auf diesem Weg gelangt die Hermeneutik nicht zu einem wissenschaftlichen Wahrheitsbegriff.

Viele wollen das auch gar nicht, weil ihre Zugangsart zum Seienden die Erlebniswelt des Künstlers ist. So ist jedoch eine intersubjektiv überprüfbare, kontrollierbare, gemeinsame Erfahrungs- und Handlungswelt nicht erreichbar, auf die wir aus Gründen unseres Überlebens angewiesen sind. Subjektive Evidenzen allein helfen da nicht weiter. Niemand bezweifelt die Subjektgebundenheit des Verstehens sowie den Bestand eines je eigenen Vorverständnisses. Nur die weitergehende Annahme wird von uns bestritten, daß die Subjektabhängigkeit des Verstehens und das jeweilige Konstrukt des Vorverständnisses ein schlechthin undurchdringliches, unaufklärbares, unanalysierbares absolutes Jenseits aller Erkennbarkeit darstellen sollen.

Deshalb versagt die Wahrheit im Sinne Gadamers, die sich aus einem Gegensatz zur Methode und sich statt dessen als sich offenbarende Wahrheit des Überlieferungsgeschehens begreift, so total vor dem Referenzproblem, das heißt vor der Aufgabe, die Bedingungen für die Wahrheit von Aussagen und für die Repräsentationsfunktion von Sprache und Zeichen überhaupt zu analysieren und zu sichern. Diese wahrheitssemantische Leerstelle der hermeneutischen Philosophie ist heute klar erkannt, und Habermas nennt sie zutreffend »die Achillesferse der gesamten hermeneutischen Tradition« [Habermas (1999) 11].

An der – in Grenzen – angemessenen und richtigen Vorgabe von Heideggers Begriff der Destruktion und seines Programms der Bewußtmachung und Beseitigung verkrusteter Bewußtseinsinhalte ändert das nichts: Abbau falscher, begrifflich verhärteter Vormeinungen. Aber wir sind bescheiden. Es geht uns nicht um die Überwindung der Seinsvergessenheit und den Rückgang seinsgeschichtlichen Denkens in sein Anfängliches bei den Vorsokratikern, sondern nur um die vorgängige Beantwortung der Frage, was eigentlich ein Text sagen will oder ein Satz, der dasteht, und der von all dem, was nach ihm kam, nichts wußte. Diese Frage entspringt dem menschlichen Bedürfnis nach Wahrheit. Ihre Beantwortung gehört, mit Kant zu sprechen, zu dem, was wir als Menschen wissen können. Die Wahrheitsfrage ist nicht abhängig von der Relevanz des Textes für mich, den Interpreten, sondern ist beherrscht von dem Wollen, zu erkennen: was steht da? Von dem Text geht ein Wahrheitsanspruch aus, dem wir mit unserer Erkenntnis und Anerkenntnis zu entsprechen versuchen – aus Achtung vor seinem Sein, und das primär aus keinem anderen Grund als dem, daß er einmal war, was er gewesen ist. Krämer hat uns wieder gezeigt, daß das möglich ist. Denn wir waren schon dabei, es zu vergessen.

LITERATURVERZEICHNIS

Baur, F. Chr.: Die christliche Gnosis oder die christliche Religionsphilosophie in ihrer geschichtlichen Entwicklung. Tübingen 1835;

— Die christliche Lehre von der Dreieinigkeit und Menschwerdung Gottes in ihrer geschichtlichen Entwicklung, Bd. 1. Tübingen 1841;

— Das Christentum und die christliche Kirche der drei ersten Jahrhunderte. Tübingen 1853.

Boeckh, A.: Gesammelte kleinere Schriften, Bd. VII,. Leipzig 1872, 1–38.

Brandis, Chr. A.: De perditis Aristotelis libris de ideis et de bono. Bonn 1823.

Diogenes Laertios: Vitae philosophorum 1–2. Recognovit brevique adnotatione critica instruxit H.S. Long. Oxford 1964, ²1966;

— Leben und Meinungen berühmter Philosophen. Buch I–X. Aus dem Griechischen übersetzt von O. Apelt.- Unter Mitarbeit von H.G. Zekl neu herausgegeben sowie mit Vorwort, Einleitung und neuen Anmerkungen zu Text und Übersetzung versehen von Klaus Reich. Philosophische Bibliothek Bd. 53/54. Hamburg ²1967.

Frank, M.: Das individuelle Allgemeine. Textstrukturierung und Textinterpretation nach Schleiermacher. Frankfurt a.M. 1985.

Gadamer, H.-G.: Zur Systemidee in der Philosophie. In: Festschrift für Paul Natorp zum siebzigsten Geburtstag. Berlin 1924, 55–75;

— Platons ungeschriebene Dialektik. In: Idee und Zahl. Studien zur platonischen Philosophie. Vorgelegt von Hans-Georg Gadamer und Wolfgang Schadewaldt. Abhandlungen der Heidelberger Akademie der Wissenschaften. Philosophisch-historische Klasse. Heidelberg 1968, 9–30;

— Die Philosophie und ihre Geschichte. In: Grundriss der Geschichte der Philosophie. Begründet von Friedrich Ueberweg. Völlig neubearbeitete Ausgabe. Die Philosophie der Antike. Herausgegeben von Hellmut Flashar. Vorabdruck aus: Die Philosophie der Antike 1. Basel 1998, III–XXVI.

Gaiser, K.: Platons ungeschriebene Lehre. Studien zur systematischen und geschichtlichen Begründung der Wissenschaften in der Platonischen Schule. Stuttgart 1963, ²1968.

Gomperz, H.: Plato's System of Philosophy. In: Proceedings of the Seventh International Congress of Philosophy. London, 1931, 426–31. (= Platons philosophisches System. In: J. Wippern (Hg.), Das Problem der ungeschriebenen Lehre Platons. Darmstadt 1972, 159–65).

Habermas, J.: Hermeneutische und analytische Philosophie. Zwei komplementäre Spielarten der linguistischen Wende? In: Information Philosophie 1999, H. 1, 7–17.

Halfwassen, J.: Hegel und der spätantike Neuplatonismus. Untersuchungen zur Metaphysik des Einen und des Nous in Hegels spekulativer und geschichtlicher Deutung. Hegel-Studien. Herausgegeben von Friedhelm Nicolin und Otto Pöggeler. Bd. 40, Bonn 1999, 160 - 220.

Hartmann, N.: Platos Logik des Seins. Gießen 1909.

Heidegger, M.: Sein und Zeit. Halle a.d.S. 1927.

Hermann, K. F.: Über Plato's schriftstellerische Motive. In: Gesammelte Abhandlungen und Beiträge zur classischen Literatur und Altertumskunde. Göttingen 1849, 281–305.

Kantorowicz, E.: Kaiser Friedrich der Zweite. Berlin 1927.

Klein, J.: Die griechische Logistik und die Entstehung der Algebra. Quellen und Studien zur Geschichte der Mathematik, Astronomie und Physik, Abt. B, Bd. 3, Heft 1, 1934 und Bd. 3, Heft 2, Göttingen 1936.

Krämer, H. J.: Arete bei Platon und Aristoteles. Zum Wesen und zur Geschichte der platonischen Ontologie. Abhandlungen der Heidelberger Akademie der Wissenschaften. Philosophisch-historische Klasse, Heidelberg 1959 (= Amsterdam ^{2}1967);
— Die Ältere Akademie. In: Grundriss der Geschichte der Philosophie. Begründet von Friedrich Ueberweg. Völlig neubearbeitete Ausgabe. Die Philosophie der Antike, Bd. 3, hrsg. von Hellmut Flashar. Basel 1983, 1–174.
Kullmann, W.: Aristoteles und die moderne Wissenschaft. Stuttgart 1998.
Nagl-Docekal, H.: Die Objektivität der Geschichtswissenschaft. Systematische Untersuchungen zum wissenschaftlichen Status der Historie. Wien–München 1982.
Nagl-Docekal, H.: Towards a New Theory of the Historical Sciences. The Relevance of Truth and Method. In: Hahn, L.E. (Hg.): The Philosophy of Hans-Georg Gadamer. The Library of Living Philosophers, Vol. XXIV. Chicago and La Salle, Ill., 1997, 193 - 204.
Natorp, P.: Platons Ideenlehre. Leipzig 1903.
Oehler, K.: Platons Semiotik als Inszenierung der Ideen. In: Amicus Plato magis amica veritas. Festschrift für Wolfgang Wieland zum 65. Geburtstag. Hrsg. von Rainer Enskat. Berlin–New York 1998, 154–70.
Prantl, C.: Geschichte der Logik im Abendlande. Bd. 1. Leipzig 1855.
Reale, G.: Zu einer neuen Interpretation Platons. Eine Auslegung der Metaphysik der großen Dialoge im Lichte der ›ungeschriebenen Lehren‹. Paderborn–München–Wien–Zürich 1993.
Robin, L.: La théorie platonicienne des Idees et des Nombres d'apres Aristote. Paris 1908;
— Études sur la signification et la place de la physique dans la philosophie de Platon. In: Revue philosophique de la France et de l'Etranger 43 (1918) 177–220 u. 370–415.
Schleiermacher, F. D. E.: Platons Werke, Berlin 1804–1828 (^{2}1817ff. ^{3}1855);
— Hermeneutik und Kritik. Mit einem Anhang sprachphilosophischer Texte Schleiermachers, hgg. v. Manfred Frank. Frankfurt a.M. 1977, ^{4}1990.
Schwegler, A.: Das nachapostolische Zeitalter in den Hauptmomenten seiner Entwicklung. Tübingen 1846;
— Geschichte der griechischen Philosophie. Hrsg. von Karl Köstlin. Tübingen 1859.
Stenzel, J.: Studien zur Entwicklung der platonischen Dialektik von Sokrates zu Aristoteles. Breslau 1917;
— Zahl und Gestalt bei Platon und Aristoteles. Leipzig 1924.
Strauss, D. F.: Das Leben Jesu. Bd. 2. Tübingen 1836.
Szlezák, T. A.: Platon und die Schriftlichkeit der Philosophie. Interpretationen zu den frühen und mittleren Dialogen. Berlin 1985;
— Platon lesen. Stuttgart-Bad Cannstatt 1993.
Trendelenburg, F. A.: Platonis de ideis et numeris doctrina ex Aristotele illustrata. Leipzig 1826.
Weisse, Chr. H.: De Platonis et Aristotelis in constituendis summis philosophiae principiis differentia. Leipzig 1828.
Wilamowitz-Moellendorff, U. v.: Platon. Sein Leben und seine Werke. Berlin 1919.
Wilpert, P.: Zwei Aristotelische Frühschriften über die Ideenlehre. Regensburg 1949.
Zeller, E.: Platonische Studien. Tübingen 1839;
— Die Philosophie der Griechen in ihrer geschichtlichen Entwicklung. Bd. 1. Tübingen ^{2}1856.

Jens Halfwassen

DER URSPRUNG DER GEISTMETAPHYSIK

DIE WIEDERENTDECKTE EINHEIT DES ANTIKEN PLATONISMUS

I

Platons Denken war von beispielloser und von keinem anderen Philosophen je erreichter Wirkungsmacht. Die Wirkung der Platonischen Philosophie ist nach Umfang, Intensität und Dauer so gewaltig, daß Whitehead kaum übertrieb, wenn er die Geschichte der europäischen Philosophie als eine »Reihe von Fußnoten zu Platon« charakterisierte.[1] Man beginnt diese unvergleichliche Wirkungsgeschichte zu verstehen, wenn man sich erstens klarmacht, daß der Platonismus die Grundgestalt der europäischen Metaphysik darstellt, auf die seither jedes metaphysisch ausgerichtete Denken in der einen oder anderen Form rekurriert, und wenn man zweitens sieht, daß Platon gerade diejenigen Formationen metaphysischen Denkens am nachhaltigsten beeinflußt hat, die man unter historischem wie unter systematischem Aspekt als die Vollendungsgestalten der Metaphysik ansehen kann. Das gilt gleichermaßen für den Neuplatonismus der Spätantike wie für den Renaissanceplatonismus des Nikolaus von Kues und auch für den spekulativen deutschen Idealismus; alle drei Vollendungsgestalten der Metaphysik stehen unter dem Vorzeichen Platons, sie alle empfingen von seinem Denken die entscheidenden und für ihr eigenes Vorhaben grundlegenden Anregungen.

Dabei sind Art und Zielsetzung der Platonrezeption freilich in allen drei Vollendungsgestalten der Metaphysik durchaus unterschiedlich. Bei Hegel und Schelling, aber auch schon bei Nikolaus von Kues verbindet sich der Rückgriff auf Platon mit dem prononciert erhobenen Anspruch einer Neubegründung der Metaphysik;

---

1 Whitehead (1941) 63. Vgl. zur Wirkungsgeschichte Platons zuletzt den Sammelband von Kobusch und Mojsisch (1997).

dieser Anspruch erwächst bei ihnen aus der Diagnose, daß die vorhergehende Philosophie, also für Cusanus die Scholastik und für Hegel und Schelling die rationalistische Schulmetaphysik des 17. und 18. Jahrhunderts und der Kritizismus Kants in eine Sackgasse geführt hatten, aus der sie mit der Hilfe Platons herausfinden wollen; in allen drei Fällen ist mit dem Rückgriff auf die Platonischen Grundlagen der Philosophie also eine Neubegründung des Denkens intendiert, dessen neue Gestalt gerade die Erfahrung des Scheiterns der bisherigen Tradition in sich aufnehmen und so über das Alte, auch über Platon hinausführen soll.[2] Dagegen erhebt der Neuplatonismus keinen damit vergleichbaren Originalitäts- und Innovationsanspruch. Zwar will auch er die Philosophie *ex origine*, aus ihrem genuinen Ursprung heraus erneuern; aber diese Erneuerung verstehen Plotin und Proklos in aller Ausdrücklichkeit als die interpretierende Wiederherstellung der genuinen und authentischen Philosophie Platons, die für sie eben jener Ursprung ist, zu dem das Denken der Wahrheit zurückkehren muß. Die neuplatonische Philosophie versteht sich darum ausdrücklich und grundsätzlich als authentischer und orthodoxer Platonismus.[3]

Dieses neuplatonische Selbstverständnis hatte zur Folge, daß Platons Philosophie von der Spätantike über das gesamte Mittelalter und die Renaissance bis zur beginnenden Aufklärung und damit in den geistesgeschichtlich entscheidenden Phasen ihrer Rezeption ganz und gar durch die Brille des Neuplatonismus wahrgenommen und rezipiert wurde. Der Neuplatonismus erweist sich damit als der eigentliche Schlüssel zum Verständnis der unvergleichlichen Wirkungsgeschichte Platons und zugleich für den geschichtlichen Zusammenhang der europäischen Metaphysik. Aus dieser geschichtlichen Konstellation bezieht die Frage nach der Einheit des antiken Platonismus ihre Brisanz. Denn seit der Philosophiegeschichtsschreibung der Aufklärung steht der Neuplatonismus in dem Verdacht, ein metaphysisches System errichtet zu haben, dessen bestimmende Motive und Grundlagen dem wirklichen Denken Platons fremd sind;[4] um dies zum Ausdruck zu bringen, erfand man damals die der Antike unbekannte Bezeichnung »Neuplatonismus«;[5] und erst nachdem die neuplatonische Platondeutung so ihre Verbindlichkeit verloren hatte, konnten Schleiermacher und Schlegel glauben, den wahren Platon entdeckt zu haben.[6] Man muß sich klarmachen, was eine prinzi-

2 Vgl. zu Cusanus' Neubegründung der Metaphysik im Rückgriff auf Platon und den Neuplatonismus (Proklos, Ps.-Dionysius Areopagita), von dem her Cusanus auch Platon versteht, Flasch (1973) und (1998). – Vgl. zu Hegel und Schelling Gadamer (1971); Beierwaltes (1972); Düsing (1983) und (1988); Bubner (1994); Peetz (1995); Halfwassen (1997) und (1999).

3 Vgl. dazu Szlezák (1979) 18 ff.; Halfwassen (1992) 183 ff. und (1999) 386 ff.

4 Vgl. dazu Tigerstedt (1974).

5 Erstmals bei Brucker (1742) Bd. 2, z. B. 217 (»secta Platonica reformata«).

6 Grundlegend dazu ist Krämer (1982) Teil I bzw. (1990) Teil I; ders. (1988).

pielle Verwerfung des neuplatonischen Bildes von Platon bedeuten würde: Wenn die europäische Philosophie aus einer »Reihe von Fußnoten zu Platon« besteht, dann würde der größte und gewichtigste Teil dieser Fußnoten auf einem Mißverständnis beruhen. Für unsere philosophische Tradition hätte das eine ähnliche Sprengkraft wie für das Christentum der seit der Reformation nicht mehr verstummte Verdacht, daß die theologische Dogmatik der Spätantike die wahre Botschaft des Evangeliums verfälscht habe. Und was wäre eigentlich von einem Philosophen zu halten, dessen Wirkungsmacht ganz überwiegend aus Mißverständnissen entspringt?

Es hängt also einiges davon ab, ob wir Grund haben, die Einheit des antiken Platonismus zu behaupten. Tatsächlich gibt es dafür einen sehr guten Grund, der in der Forschungsentwicklung der letzten 90 Jahre immer deutlicher hervorgetreten ist. Seit Léon Robin die für fast ein Jahrhundert verdrängte innerakademische Prinzipienphilosophie Platons wiederentdeckt hat,[7] ist auch die frappante Nähe dieser Philosophie zum Neuplatonismus: »der neuplatonische Charakter der Platonischen und der Platonische Charakter der neuplatonischen Philosophie«, wie Cornelia de Vogel formulierte,[8] erneut gesehen worden. Forscher wie Erec Robertson Dodds, Philipp Merlan, André-Jean Festugière und Willy Theiler konnten daraufhin grundlegende Theoreme des Neuplatonismus auf die Alte Akademie zurückführen, die dadurch zunehmend deutlicher als der Ursprung der platonischen Tradition hervortrat.[9] Dabei blieb aber Platon selber in einem merkwürdigen Zwielicht, solange seine Prinzipienphilosophie als »Alterslehre« galt und seine Dialoge aufgrund der unverändert weiter angewandten Schleiermacherschen Interpretationsprinzipien scheinbar ein ganz anderes Bild ergaben. Seit Hans-Joachim Krämers grundlegendem ersten Platonbuch von 1959 wissen wir aber, daß die so erstaunlich neuplatonisch wirkende Prinzipienmetaphysik Platons keine Spätphase seines Denkens, sondern dessen sich durchhaltende Grundgestalt ist, von der aus auch die Platonischen Schriften erst in ihrer wahren Bedeutung zu entschlüsseln sind.[10] Erst die Wiederentdeckung der systematischen Form der Philosophie Platons erlaubt auch ein angemessenes Verständnis des antiken Platonismus in seiner

7 Vgl. Robin (1908). – Vgl. dazu auch die Arbeiten in dem Sammelband von Wippern (1972).

8 Vgl. de Vogel (1953); vgl. auch die übrigen einschlägigen Arbeiten der Verfasserin in den Aufsatzsammlungen (1970) und (1988) sowie ihr Platonbuch (1974).

9 Vgl. Dodds (1928) und (1933); Merlan (1953); Festugière (1954); Theiler (1930), (1966) und (1970).

10 Vgl. Krämer (1959). Siehe dazu die wichtige Rezension von Oehler (1965). – Die durchgehende Verweisung der Platonischen Schriften auf die in den Schriften nur angedeutete, das dort Gesagte jedoch inhaltlich weiter ausführende und fundierende innerakademische Prinzipienphilosophie Platons bewies Szlezák (1985); vgl. dazu auch Erler (1987).

Systematik und seiner geschichtlichen Entwicklung.[11] Daß dieses Verständnis zu der Einsicht führt, daß der antike Platonismus durch eine einheitliche systematische Grundkonstellation bestimmt wird, die sich von der Alten Akademie bis zum Neuplatonismus durchhält, zeigte uns derselbe Jahrhundertgelehrte, dem wir auch die Wiederentdeckung der systematischen Form der Philosophie Platons verdanken, 1964 in seinem zweiten monumentalen Werk ›Der Ursprung der Geistmetaphysik‹. Ich möchte nun die wichtigsten Ergebnisse dieses grundlegenden Buches zusammenfassend so rekapitulieren, wie sie sich nach 35 Jahren aus der Perspektive der heutigen Forschung – also unter Einbeziehung des seither Erreichten – darstellen, und dann abschließend die neue Perspektive aufzeigen, die sich aus Krämers Ergebnissen für das Verständnis der europäischen Metaphysik ergibt.

II

Krämers Buch trägt den Untertitel ›Untersuchungen zur Geschichte des Platonismus zwischen Platon und Plotin‹. Es zeichnet die sich durchhaltende systematische Grundkonstellation des Platonismus von der Alten Akademie bis zum Neuplatonismus auf breitester Quellenbasis nach. Seiner eigentlichen Zielsetzung nach ist es freilich kein Buch über den Platonismus zwischen Platon und Plotin, sondern ein Buch über Platon und Plotin. Seine Hauptthese betrifft das Verhältnis Plotins zu Platon; die Untersuchung der zwischen beiden vermittelnden Schultradition des Platonismus dient der Abstützung dieser Hauptthese. Krämers These besagt, daß die systematische Grundkonstellation der Philosophie Plotins die Grundkonstellation der Philosophie der Alten Akademie, also der Philosophie Platons und seiner ersten Schüler ist. Die Philosophie Plotins ist in ihrer Grundkonstellation eine Metaphysik des Geistes, die in einer Metaphysik des Einen fundiert ist.

1. Sehen wir uns zunächst die Einheitsmetaphysik an. Ihr programmatischer Ausgangssatz lautet bei Plotin: »Alles Seiende ist durch das Eine seiend«.[12] Das bedeutet: Das Sein alles Seienden konstituiert sich in seinem Einessein. Einheit ist die Bedingung dafür, daß etwas überhaupt als ein Bestimmtes gedacht und erkannt werden kann. Die Bedingungen der Denkbarkeit sind für Plotin zugleich die Bedingungen des Seins; Plotin macht sich damit Parmenides' These der Einheit

11 Vgl. dazu auch den aus einer Tübinger Tagung im September 1996 hervorgegangenen Sammelband von Girgenti (1998).

12 Plotin, Enneade VI 9, 1, 1. Vgl. dazu und zum folgenden eingehender Halfwassen (1992), bes. 37 ff., und (1999) 233 ff.; vgl. ferner auch Horn (1995), bes. 315 ff. Sehr wichtig für den ganzen Problemkomplex der Einheitsmetaphysik und ihrer Wirkungsgeschichte ist Beierwaltes (1985), vgl. auch (1987).

von Denken und Sein zu eigen.[13] Darum setzt jedes Sein und jedes Denken als sein Prinzip das Eine voraus, das der Grund des Seins und seiner Erkennbarkeit, also auch der Grund der Einheit von Denken und Sein ist. Auch das scheinbare Gegenteil des Einen, die Vielheit, kann nur als geeinte Vielheit wirklich sein und gedacht werden, da eine radikal einheitslose Vielheit undenkbar ist, Vielheit ohne Einheit also ins Nichts zerginge. Darum setzt jede Vielheit eine sie begründende Einheit voraus, an der sie teilhat, um selber Einheitscharakter und damit erst Sein, Bestimmtheit und Erkennbarkeit zu besitzen. Die grundgebende Einheit geht aber nicht in die von ihr begründete Vielheit ein – denn wie könnte sie dann noch Einheit bleiben und die Vielheit erhalten? Sie bleibt also der Vielheit prinzipiell transzendent.[14] Das führt zugleich dazu, daß das Eine mit aller Konsequenz als das Absolute gedacht wird. Denn der letzte und selber nicht mehr begründungsbedürftige, also im strengsten Sinne un-bedingte Urgrund und Ursprung (ἀνυπόθετος ἀρχή), der jede Einheit in der Vielheit erst ermöglicht, muß selbst absolut frei von jeder Form von Vielheit sein. Das Eine selbst, das absolute Eine, ist in sich selbst nichts als das Eine; jede weitere Charakterisierung – und sei es als Sein, als Geist, als Selbstbewußtsein oder als absolute Identität – würde das Eine in die Vielheit hineinziehen. Man kann darum nichts von ihm aussagen, ja, man kann noch nicht einmal sagen, daß es ist oder daß es Eines ist, weil es damit bereits eine Zweiheit wäre; die duale Struktur der Prädikation verfehlt prinzipiell die reine Einheit des Absoluten. Das Absolute ist darum »das Nichts alles dessen, dessen Ursprung Es ist, und zwar in der Weise, daß Es – da nichts von Ihm ausgesagt werden kann, weder Sein noch Wesenheit noch Leben – das all diesem Transzendente ist«, so Plotin.[15] Der Auslegung dieser absoluten Transzendenz dient Plotins berühmte negative Theologie, in deren Vollzug sich das Denken selbst übersteigt auf seinen schlechthin jenseitigen Ursprung hin.[16]

Dagegen ist alles positiv Denkbare und Seiende in seiner Bestimmtheit grundlegend zweiheitlich strukturiert; es ist niemals durch Einheit allein, sondern immer zugleich auch durch Vielheit konstituiert. Dieser Vielheitscharakter unterscheidet

---

13 Vgl. Parmenides, Frg. 3 Diels-Kranz; von Plotin zitiert z. B. Enneade V 1, 8, 17 f. und V 9, 5, 29 f. Vgl. dazu Halfwassen (1992) 185 ff. und (1999) 405 ff.

14 Vgl. z. B. Plotin, Enneade VI 4, 7, 3 ff. Im Hintergrund steht Platon, Parm. 131 b ff. und Phileb. 15 b.

15 Plotin, Enneade III 8, 10, 28–31. Vgl. zu Plotins Theorie des absoluten Einen eingehend mit allen Belegen Halfwassen (1992) 34–182 und (1999) 257–273, 299–307.

16 Vgl. dazu Beierwaltes (1991) 129–172, 222 ff., 250 ff.; grundlegend zum neuplatonischen Verständnis negativer Dialektik oder negativer Theologie ist Beierwaltes (1965) 339–366; vgl. auch Halfwassen (1999) 307–320 zu Hegels Auseinandersetzung mit der radikalen neuplatonischen Form negativer Theologie.

das Seiende von der reinen Einheit seines Ursprungs, dem überseienden Absoluten. Das Seiende konstituiert sich dadurch, daß es als Vielheit an der Einheit des transzendenten Absoluten teilhat.[17] Damit aber ist die Vielheit selber das zweite Prinzip des Seins neben oder nach dem Einen, und zwar dasjenige Prinzip, kraft dessen es überhaupt Seiendes nach dem Übersein des Absoluten gibt;[18] die Vielheit ist die Entfaltungsbasis des Einen, welche die überseiende absolute Einheit zur gegliederten und gestuften Ganzheit des Seienden entfaltet. Plotin konzipiert also eine Bipolarität zweier Seinsprinzipien, aber er denkt das Verhältnis dieser beiden Prinzipien fundamental asymmetrisch: die Vielheit setzt das Eine voraus, hängt also von ihm ab, während allein das Eine absolut ist.[19] Da die Vielheit selber Einheitscharakter haben muß, um überhaupt als zweites Prinzip möglich und wirksam zu sein, nimmt Plotin an, daß das Prinzip der Vielheit selber aus dem absoluten Einen hervorgegangen sei, freilich auf eine Weise, die aufgrund der Transzendenz des Absoluten notwendig unbegreiflich bleibt; Denkbarkeit und Sein entstehen allererst durch den Hervorgang der Vielheit aus dem Einen. Dieser Hervorgang liegt somit selber allem begreifenden Denken immer schon voraus, er ist im strengen Sinne unvordenklich. Plotin umschreibt ihn darum nur in Bildern und ausdrucksstarken Metaphern, von denen die von der Emanation die berühmteste ist. Diese Bilder bringen in der Weise absoluter, also nicht durch den Begriff ersetzbarer Metaphern zum Ausdruck, daß das Eine in seiner reinen Transzendenz die absolute Überfülle ist, die Anderes, nämlich Vielheit und Sein, aus sich hervorgehen läßt und als dessen Ursprung die alles ermöglichende Übermacht, die Überfülle an Dynamis (ὑπερπλῆρες, ὑπερβολὴ τῆς δυνάμεως) ist.[20]

Die Kenner der Prinzipienphilosophie Platons haben stets gesehen, daß die Henologie Plotins eine bestimmte Interpretation dieser Prinzipienphilosophie darstellt. Krämer zeigte aber erstmals im Zusammenhang, daß alle charakteristischen Züge dieser Henologie tatsächlich schon in der Alten Akademie nachweisbar sind.[21] So ist vor allem die absolute Transzendenz des Einen über das Sein und den Geist sowohl für Platon als auch für seinen ersten Nachfolger Speusipp durch zahlreiche Zeugnisse überliefert, ebenso ihre Auslegung in negativer Theologie;[22] das Modell aller negativen Theologie formuliert Platon selbst in der ersten Hypothesis des ›Parmenides‹, die dem Einen selbst in seiner Absolutheit das Sein und alle weiteren Grundbestimmungen des Denkens abspricht.[23] Daß das Eine als Ursprung des

17 Vgl. dazu mit allen Belegen Halfwassen (1992) 37–61.

18 Vgl. z. B. Plotin, Enneade V 1, 5, 6 ff.; V 4, 2, 7 ff.

19 Vgl. dazu mit allen Belegen Halfwassen (1992) 61–97.

20 Vgl. dazu mit allen Belegen Halfwassen (1992) 107–130 und (1999) 321 ff.

21 Vgl. Krämer (1964) 338–369; vgl. auch bereits (1959) 535–551 und (1969). Vgl. zu Speusipp auch Halfwassen (1992b) und (1993).

Seins selbst jenseits des Seins steht, weshalb ihm alle denkbaren Bestimmungen abgesprochen werden müssen, und daß eben darum die Vielheit als das Prinzip der Entfaltung des Einen ins Sein angenommen werden muß, sagt auch Speusipp in einem im Wortlaut erhaltenen Fragment, das Krämer als erster angemessen ausgewertet hat.[24] Bei Platon wie bei Speusipp gibt es ferner schon die Auslegung der Ursprünglichkeit des Absoluten als Überfülle an Dynamis,[25] und bei Platon begegnet an zentraler Stelle überdies die Metapher der Emanation,[26] während für Speusipp der Hervorgang, die πρόοδος der Wirklichkeit aus dem Übersein des Absoluten überliefert ist; Speusipp benutzt dafür sogar schon Plotins Terminus »Hervorgehen« (προελθεῖν).[27] Endlich hebt auch für Platon und Speusipp die Bipolarität der Prinzipien die Absolutheit des Einen keineswegs auf, ist auch hier das zweite Prinzip kein zweites Absolutes, sondern nur die Entfaltungsbasis des Absoluten. Damit stellt sich zugleich die Frage, ob nicht auch die monistische Deutung, die Plotin der Prinzipienlehre durch den Hervorgang des Vielheitsprinzips aus der Übermacht des Einen gibt, schon auf die Alte Akademie zurückgeht;[28] tatsächlich spricht gerade der umfassendste und zusammenhängendste Bericht über die Prinzipienlehre sogar von einer Ableitung des Vielheitsprinzips aus dem Einen.[29] Krämer zeigte überzeugend, daß eine monistische Deutung, wie sie Plotin vornimmt, der inneren Logik der Platonischen Prinzipientheorie keineswegs fremd ist und daß die deutliche Asymmetrie im Verhältnis der Prinzipien eine solche Deutung nahelegen kann.[30]

---

22 Platon, Politeia 509a–c mit 534bc; Parm. 137c–142a; Test. Plat. 50, 52 Gaiser; Speusipp, Frg. 48, 57, 62, 72, 89 Isnardi Parente; ferner Aristoteles, Περὶ εὐχῆς fr. 1 Ross; Eth. Eud. 1248a27ff.; vgl. dazu im einzelnen Halfwassen (1992) 19ff., 193ff., 221ff., 257ff., 277ff., 392ff.

23 Vgl. dazu Halfwassen (1992) 302–405.

24 Speusipp bei Proklos, In Parm. VII 40, 1–5 Klibansky-Labowsky = Speusipp, Frg. 48 Tarán / Frg. 62 Isnardi Parente = Test. Plat. 50 Gaiser. Vgl. hierzu Krämer (1969) 4f., 11ff.; ergänzend dazu Halfwassen (1992) 282ff. und (1993) 365ff.

25 Vgl. Krämer (1964) 351ff. und zu Speusipp ergänzend Halfwassen (1992b). Die wichtigsten Belege sind Platon, Politeia 509b, Parm. 137d, Phileb. 64e sowie das Speusipp-Referat des Proklos, In Parm. 1118, 10–18 Cousin.

26 Platon, Politeia 508b6f.: Das Auge besitzt seine Dynamis »wie eine Emanation« (ὥσπερ ἐπίρρυτον) der Sonne. Phaidros 245c9 (πηγὴ καὶ ἀρχή).

27 Vgl. Speusipp, Frg. 58 Isnardi Parente = Aristoteles, Metaph. 1091a35; Speusipp, Frg. 72 Isnardi Parente = Jamblich, De communi mathematica scientia IV 15, 12; dazu Krämer (1964) 213ff.

28 Vgl. dazu weitergehend Halfwassen (1997b).

29 Test. Plat. 32 Gaiser = Sextus Empiricus, Adversus Mathematicos X § 261; vgl. dazu Halfwassen (1999) 184ff.

30 Vgl. Krämer (1964) 332ff.

2. Auf der Grundlage der skizzierten Henologie basiert Plotins Metaphysik des Geistes, die zwei große Themenkomplexe umfaßt, nämlich erstens die Konstitution des Geistes in seinem Hervorgang aus dem überseienden Einen und zweitens die immanente Struktur der Selbstbeziehung des absoluten Denkens, dessen Inhalte die reinen Wesenheiten des Seienden, also die Ideen sind, in deren untrennbarer Einheit sich der Geist intellektuell selbst anschaut. Krämer führt beide Themen überzeugend auf die Alte Akademie zurück. Betrachten wir zunächst die Konstitution des Geistes, die Krämer treffend den »Urakt des Denkens« nennt.[31]

Das aus dem Einen hervorgehende Andere, das zweite Prinzip, die Vielheit oder unbestimmte Zweiheit, ist selber nur durch ihre Beziehung auf das Eine möglich. Die entspringende Vielheit wendet sich darum im Akt des Entspringens selbst zeitlos auf die Überfülle des Einen zurück und erhält dadurch selber Einheit und Bestimmtheit; damit wird sie zum Sein, denn Sein ist bestimmte Einheit (ἕν τι). Das Sein konstituiert sich also in der Hinwendung, der ἐπιστροφή auf das Übersein des Einen selbst als das zweite oder seiende Eine (ἓν ὄν); dieses seiende Eine aber artikuliert sich kraft seiner ursprünglichen Vielheit in sich selbst zu einer Vielheit seiender Einheiten, nämlich der Ideen, und schließt zugleich diese Vielheit vermöge seiner Zuwendung zum absoluten Einen zur Einheit zusammen, so daß das seiende Eine »Viel-Einheit« (ἓν πολλά) ist. Dieses Zweite konstituiert sich dabei paradoxerweise gerade dadurch, daß sich ihm das Absolute, auf das es sich hinwendet, in seiner Transzendenz entzieht; die auf die reine Einheit des Absoluten gerichtete ursprüngliche Intention des Entsprungenen findet erst dadurch Erfüllung, daß das Entsprungene gleichsam ersatzweise seine eigene Selbstentfaltung in die Viel-Einheit der Ideen erblickt und damit der sich selbst anschauende Geist, der νοῦς, wird; die Kraft zur Selbstaufgliederung in die Ideen und dazu, in dieser Selbstaufgliederung als Einheit bei sich selbst zu bleiben, verdankt der Nus der Übermacht des Einen, also seiner ursprünglichen Zuwendung zum Absoluten. Dieser Transzendenzbezug auf das absolut jenseitige Eine ermöglicht darum allererst die Selbstbeziehung des Geistes.

Krämer gelang der hochbedeutende Nachweis, daß dieser Urakt des Denkens in der Alten Akademie schon vorgebildet ist. Die beiden wichtigsten Zeugnisse dafür sind einmal die dritte (in Plotins Zählung die vierte) Hypothesis des ›Parmenides‹, in der Platon zeigt, wie die von sich selbst her unbestimmte und seinslose Vielheit durch die Teilhabe an dem überseienden absoluten Einen zum in sich selbst bestimmten und vollendeten Einen und Ganzen (ἓν ὅλον τέλειον) des seienden

31 Vgl. zum folgenden Krämer (1964) 312–337; dazu ergänzend und weiterführend Szlezák (1979) 54–72 und 90–110; Halfwassen (1992) 130–149 und (1999) 328–350 mit den dort analysierten Belegen.

Ideenkosmos wird,[32] und zum anderen ein Referat des Aristoteles, das von dem Streben (ἔφεσις, ὄρεξις) der Ideenzahlen – also der ersten Prinzipiate des Einen und der Vielheit – nach dem absoluten Einen berichtet, dem die Ideen und Zahlen ihren Einheitscharakter verdanken.[33] Beide Zeugnisse bestätigen und ergänzen sich wechselseitig: die Teilhabe an dem Einen entspringt einem ursprünglichen Streben der Vielheit zum Einen, einem Ur-Streben, das sich als Lebendigkeit, zuhöchst also als Denken erfüllt. Hinzu kommen weitere Zeugnisse, aus denen sich ergibt, daß das Vielheitsprinzip in der Akademie als ein ursprüngliches Strebevermögen, also als Urform von Intentionalität gedacht war.[34] Die für Plotin so charakteristische Dynamisierung des Seins ist also alles andere als ein Ausdruck der gesteigerten Subjektivität einer Spätzeit, sondern sie folgt ganz konsequent aus dem Intentionalitätscharakter des altakademischen Vielheitsprinzips. Aus ihm ergibt sich nämlich, daß die als Zuwendung zum transzendenten Ursprung richtig verstandene Reflexion die universale Vollzugsform des Seins ist, deren höchste Erfüllung eben darum der sich selbst denkende Nus darstellt.

3. Die Analyse der immanenten Struktur der Selbstbeziehung des Denkens ist nun das zweite große Thema der Geistmetaphysik Plotins. Es ist untrennbar verknüpft mit der These von der Immanenz der Ideen im Nus, die für den späteren Platonismus insgesamt charakteristisch ist und die Interpretation der Ideenordnung als Selbstauslegung der denkenden Subjektivität bei Hegel und Schelling in gewisser Weise vorwegnimmt. Plotin denkt die konkrete Struktur der Selbstbeziehung des Nus ganz aus seinem Ursprung, also aus dem Urakt des Denkens, seinem vorgängigen Transzendenzbezug auf das jenseitige Eine, in dem sich das Denken konstituiert. Kraft dieses Transzendenzbezugs bleibt der Nus in seiner Selbstentfaltung in die Vielheit der Ideen gleichwohl immer Einheit, und zwar ungeteilte und ungetrennte Einheit, die alle entspringende Vielheit im Hegelschen Dreifachsinn in sich aufhebt. Das aus dem überseienden Absoluten hervorgehende Zweite, das seiende

32 Platon, Parm. 157b–159b; grundlegend dazu Krämer (1959) 137ff., 333 Anm. 170, 430, 517f. und passim; (1964) 197ff. u. ö.

33 Aristoteles, Eth. Eud. 1218a15–33; dazu Krämer (1964) 44, 162, 171, 206f. Anm. 38, 327ff., 408, bes. 368 Anm. 640 mit dem Resumée: »Die Stelle erlaubt mit hinreichender Sicherheit den Schluß, daß der spezifische Zusammenhang zwischen ἕν und νοῦς schon in der Älteren Akademie, zumal bei Platon und Speusipp, thematisiert war, und daß darum in diesem Punkt zwischen Älterem und Neuerem Platonismus keine prinzipiellen Differenzen unterlaufen«. – Krämer bezog das Referat noch (primär) auf Xenokrates, inzwischen wird aber weitgehend anerkannt, daß dort Platon referiert ist, »zumal die vorhergehenden Argumente des Kapitels (EE A 8) eindeutig gegen Platon gerichtet sind und ein neuer Gegner nicht genannt wird«, so Szlezák (1979) 88 Anm. 273.

34 Vgl. Krämer (1964) 326ff. mit den dort analysierten Belegen; ergänzend Happ (1971) 203–207; vgl. auch Szlezák (1979) 86ff.

Eine, entfaltet sich selbst in der Weise in die seiende Vielheit der Ideen, daß es im Vollzug dieser Selbstentfaltung zugleich zu sich selbst zurückkehrt; es ist die Einheit mit sich im Unterschied. Denn jede der Ideen, in die hinein es sich entfaltet, ist als Selbstentfaltung der Einheit des Seins zugleich selber das Ganze aller Ideen. Alle Ideen sind so in ungetrennter Ganzheit wechselseitig ineinander, in einer dynamischen Identität, die der wechselseitigen Durchdringung der Begriffsmomente in der konkreten Totalität des spekulativen, sich selbst begreifenden Begriffs bei Hegel genau entspricht. Darum ist die Selbstentfaltung des Seins zugleich seine Selbstvermittlung, durch die es als die Einheit aller Ideen und damit als die wahre Totalität aller Bestimmtheit zu sich selbst kommt oder vielmehr zeitlos immer schon bei sich selbst ist. Diese Selbstvermittlung des Seins in der konkreten Totalität der Ideen ist gleichsam ein objektives, im Sein selbst ausgesprochenes Denken, eine wesenhafte Noesis (οὐσιώδης νόησις), wie Plotin sagt (Enn. V 3, 5, 37), die in der Viel-Einheits-Struktur des Seins als solcher liegt: die in ihrer Selbstunterscheidung in die vielen Ideen zu sich selbst zurückkehrende All-Einheit des Seins ist selber schon Denken, und zwar reines Denken seiner selbst (νόησις νοήσεως). Der göttliche Nus steht dem Ideenkosmos also nicht als ein von ihm verschiedenes Subjekt gegenüber, sondern er ist mit der Seinsordnung als sich selbst aktuierender Viel-Einheit identisch: Geist ist Selbstvollzug der konkreten Totalität der Ideen.[35] Dies hat Krämer als erster Plotininterpret nach Hegel deutlich gesehen und damit das verbreitete Klischee von der Subjektivierung der Ideenlehre, die Plotin vollzogen haben soll, schlagend widerlegt.[36]

Plotins Bestimmung des Seins als Nus sowie die Immanenz der Ideen, der artikulierenden Momente des Seins, im Nus ergeben sich mit bestechender Konsequenz aus dem henologischen Fundament seiner Metaphysik, d.h. aus dem asymmetrischen Prinzipienverhältnis von Einheit und Vielheit und aus der Bestimmung des Vielheitsprinzips als Intentionalität. Die altakademische Herkunft dieser Grundlagen sichert der neuplatonischen Geistmetaphysik ihr Fundament im Platonismus der Alten Akademie. Ebenso wichtig ist es, daß es Krämer gelungen ist, ihre beiden charakteristischsten Merkmale, nämlich die Immanenz der Ideen im Nus und die Fundierung des Denkens in der dynamischen All-Einheit der Seinsordnung, im Denken Platons und seines zweiten Nachfolgers Xenokrates nachzuweisen. Bereits die Dialoge lassen deutlich erkennen, daß Platon die Ordnung der Ideen nicht als statische Beziehung lebloser reiner Denkobjekte konzipiert hat, son-

35 Vgl. dazu eingehend mit allen Belegen Halfwassen (1999) 357–385; vgl. auch schon ders. (1994) 24–33, 44f., 55ff.

36 Vgl. Krämer (1964) 403–434, bes. 403–418; Krämer verweist dabei ausdrücklich auf Hegels Logik als analoges Modell absoluter denkender Selbstbeziehung (412, vgl. auch 435ff.).

dern als ein dynamisches, aktives Verhältnis wechselseitiger Inklusion und Exklusion der Ideen, das als Fundament und Substrat ein alle Ideen umfassendes Ganzes impliziert, eine Ideentotalität, deren Einheit sich in der durchgängigen Vermitteltheit aller Glieder aktuiert, also als eine intellektuelle Lebendigkeit, die schwerlich anders denn als wesenhafte Noesis im Sinne Plotins verstanden werden kann. Platon spricht dem vollkommenen Sein (παντελῶς ὄν) der Ideen im ›Sophistes‹ (248 e ff.) denn auch ausdrücklich Nuscharakter zu, und er bezeichnet im ›Timaios‹ (30 c ff.) nicht nur das Ideenganze, sondern auch seine einzelnen Glieder als intelligible Lebewesen, was eine Struktur konkreter Totalität nahelegt. Wichtige Zeugnisse anderer Dialoge und der indirekten Platonüberlieferung verstärken und bestätigen diesen Befund (vor allem Politeia 477 a mit 500 bc; Parm. 157 c–158 d; Aristoteles, De an. 404 b 18 ff. = Test. Plat. 25 A Gaiser).[37]

Darüber hinaus beweisen die theologischen Fragmente des Xenokrates, die Krämer erstmals zusammenhängend interpretiert hat, daß der zweite Nachfolger Platons den Ideenkosmos mit dem göttlichen Nus gleichgesetzt hat.[38] Krämer konnte dabei plausibel machen, daß die im mittleren Platonismus weitverbreitete Lehre von den Ideen als Gedanken Gottes auf Xenokrates zurückgeht, so daß die Zeugnisse der mittelplatonischen Schultradition, vor allem der ›Didaskalikos‹ des Albinos bzw. Alkinoos und die Fragmente des Numenios, ihrerseits die Struktur des göttlichen Nus bei Xenokrates erhellen können; demzufolge ist die Immanenz der Ideen im Nus so zu verstehen, daß der Nus in der Ordnung der reinen Wesenheiten sich selbst als deren Einheit (μονάς) denkt.[39] Krämers Rekonstruktion der Nuslehre des Xenokrates aus ihren wirkungsgeschichtlichen Reflexen ist eine Meisterleistung historischen Scharfsinns; daß die mittelplatonische Schultradition in großem Umfang auf Xenokrates zurückgeht, war seit Richard Heinze bekannt,[40] es ist darum von hoher Plausibilität, daß auch ihr systematischer Kern, die Lehre vom sich in den Ideen selbst denkenden göttlichen Nus, Xenokratisch ist; ein so exzellenter Kenner der Materie wie John Dillon hat die Zurückführung dieser Lehre auf Xenokrates seiner Darstellung des Mittelplatonismus zugrunde gelegt.[41] – Umstritten blieb dagegen bis heute, in welchem Ausmaß die Nustheoreme des Aristoteles zur Rekonstruktion der akademischen Nuslehre herangezogen werden können, und vor allem, ob die rekonstruierte Nusmetaphysik der Akademie die immanente

37 Vgl. Krämer (1964) 193–207, 407 ff. und passim; vgl. auch schon ders. (1959) 137–145.

38 Vgl. Krämer (1964) 21–45; vgl. ergänzend und weiterführend dazu Krämer (1969b) II. – Dazu, daß schon Platon den göttlichen Nus mit dem Ideenganzen identifiziert hat, vgl. Halfwassen (2000).

39 Vgl. Krämer (1964) 45–126 mit allen dort im Zusammenhang analysierten Zeugnissen.

40 Vgl. Heinze (1892).

41 Vgl. Dillon (1977), bes. 24–30 und passim; Dillon (1993), bes. 94 ff.

Struktur der göttlichen νόησις νοήσεως bei Aristoteles erhellen kann. Krämer deutet den Nusmetaphysiker Aristoteles ganz und gar als Akademiker; ihm zufolge denkt der Gott des Aristoteles im Denken seiner selbst Ideen, und zwar die Wesensformen der ihm zugeordneten Sphärenbeweger.[42] Dieser Deutung Krämers und seiner Einbeziehung des Aristoteles in die geistmetaphysische Tradition des Platonismus hat freilich Klaus Oehler widersprochen,[43] der bei Aristoteles ein ganz anderes Paradigma von Geistmetaphysik erkennt, nämlich eine Theorie der absoluten Reflexion, für die das Denken als solches das Absolute ist.[44] Für unseren Zusammenhang ist es aber wichtig zu sehen, daß Krämers Nachweis einer altakademischen Nusmetaphysik auch unabhängig von seiner Aristotelesdeutung Bestand hat. Nicht nur die Existenz, auch die Grundstruktur der Geistmetaphysik der Akademie läßt sich aus den Zeugnissen bei Platon und Xenokrates auch ohne Aristoteles deutlich genug erkennen.

4. Von größter Wichtigkeit für das Verständnis dieser Geistmetaphysik ist es, daß Krämer ihr zahlenmetaphysisches Fundament aufdecken konnte.[45] Die Auslegung der Ordnung der Ideen als Aktualität des Denkvollzugs beruht ja darauf, daß sich die Seinsordnung als Entfaltung der Einheit in die Vielheit darstellt, in deren Vollzug zugleich die Vielheit in die Einheit zurückkehrt, so daß die gesamte Entfaltung als Selbstvermittlung der Einheit – zwar nicht des jenseitigen Absoluten, aber des seienden Einen – erscheint. Diese Entfaltung und Vermittlung erhält ihre konkrete hierarchische Struktur durch die Zahl; die Zahl ist das Strukturprinzip der Entfaltung von Einheit in Vielheit, das dieser eine festliegende Folgeordnung von Phasen und Stufen verleiht, die als πρότερον und ὕστερον in einliniger Abhängigkeit auseinander folgen. Vor allem aber ist die Zahl als die erste Vermittlung der Prinzipien von Einheit und Vielheit selber das Fundament und die Urform des Entfaltungs- und Vermittlungsgeschehens, als das sich das göttliche Denken vollzieht. Die Zahl bestimmt nicht nur die konkreten Verhältnisse der Ideen untereinander, sondern sie ist selber das Ur-Verhältnis, nämlich das Verhältnis von Einheit und Vielheit, aus dem sich die gesamte Seinsordnung entfaltet, und zwar aufgrund der Dynamis dieses Urverhältnisses selber.[46] Diese Zahlenmetaphysik ist für das Denken der Akademie so charakteristisch wie weniges sonst.[47] Ihre konstitutive Funktion für die Struktur der Selbstentfaltung des Geistes bei Plotin zeigt deutlich, daß das akademische Fundament seiner Nuslehre über die henologische Prinzipienlehre hinausreicht.[48] Die Entfaltung der Zahl zur Selbstbeziehung des Geistes bei

42 Vgl. Krämer (1964) 127–191; vgl. auch Krämer (1967) und Krämer (1969b) I.

43 Vgl. Oehler (1968).

44 Vgl. dazu grundlegend Oehler (1962) 186–210; vgl. auch Oehler (1974); Oehler (1984) und Oehler (1997) 37–61.

45 Vgl. zum folgenden Krämer (1964) 299–311, 316ff. und 406ff.

Plotin, die sich völlig bruchlos und folgerichtig aus dem Urverhältnis von Einheit und Vielheit ergibt, macht aber auch evident, welch eminentes geistmetaphysisches Potential die Metaphysik der Akademie in sich enthält.[49] Es ist möglich, wenn auch vielleicht nicht wahrscheinlich, daß dieses geistphilosophische Potential erst durch Plotin zu seiner vollen Entfaltung und Erfüllung gelangt ist, doch liegt jedenfalls der Ursprung dieser Geistmetaphysik und das treibende Motiv zu ihrer Ausbildung in der Prinzipien- und Zahlenlehre Platons. Krämer, dem wir diese Einsicht verdanken, war kühn genug, um anzunehmen, daß die Plotinische Geistmetaphysik nahezu in ihrem vollen Umfang auf Platon und seine Schüler zurückgeht.[50] Sicher ist, daß wir aus der trümmerhaften Überlieferung der akademischen Geistmetaphysik nicht schließen dürfen, diese sei selber nur rudimentär ausgebildet gewesen. Insbesondere die Zeugnisse der Platonischen Dialoge weisen deutlich in die Richtung der Nuslehre Plotins.[51] Inzwischen hat auch Thomas Alexander Szlezák detailliert gezeigt, mit welcher Ingeniosität Plotin die Schriften Platons, die akademischen Testimonien und die Nustheoreme des Aristoteles interpretiert und zu einer in sich folgerichtigen Synthese verbunden hat;[52] die Fundamente der Philosophie Plotins im Denken der Akademie wurden dadurch erneut bestätigt. Daß Plotin die Geistmetaphysik Platons interpretierend rekonstruiert und nicht einfach in der Tradition fertig vorgefunden hat, wie Szlezák in hohem Maße evident gemacht hat, spricht nicht gegen die Richtigkeit seiner Rekonstruktion. Und daß der systematische Grundriß, auf dem Plotin seinen Platonismus errichtete, mit der

46 Vgl. nur Plotin, Enneade VI 6, 9, 26–39: »Die Mächtigkeit (δύναμις) der Zahl teilt das Sein (ὄν), indem sie es zur Existenz bringt, und gibt ihm gleichsam das Verlangen ein, Vielheit zu sein. Denn die Zahl ist das Wesen (οὐσία) oder die Aktualität (ἐνέργεια) des Seins, und auch das Lebewesen an sich (sc. die Ideentotalität) und der Geist ist Zahl. Somit ist das Sein (ὄν) geeinte Zahl, das Seiende (ὄντα) entfaltete Zahl, der Geist in sich selbst bewegte Zahl und das Lebewesen (sc. die Ideentotalität) allumfassende Zahl. Da das Sein ja von dem Einen her entstanden ist, muß es, da das Eine absolute Einheit ist, somit Zahl sein; und deshalb nannte er (sc. Platon) die Ideen Einheiten und Zahlen, und dies ist die wesenhafte Zahl (οὐσιώδης ἀριθμός) ... in ihr hat das Seiende Fundament, Quelle, Wurzel und Ursprung.« Dazu Krämer (1964) 300ff. und 406ff.

47 Vgl. dazu vor allem das grundlegende Buch von Gaiser (1963).

48 Dies bestätigt auch die eingehende Deutung des Plotinischen Zahlentraktats VI 6 durch Horn (1995) 149–288, bes. 221–256.

49 Vgl. dazu jetzt Halfwassen (1999) 175–196 im Ausgang von der Deutung Hegels, der in der Prinzipienlehre der Akademie – die Hegel für pythagoreisch hielt – »die reine spekulative Idee des absoluten Wesens« erkannte, d.h. für Hegel: die erste Erkenntnis des Absoluten als Geist in der Geschichte der Philosophie.

50 Vgl. Krämer (1964), bes. 309ff., 407ff. und 413ff. u. ö.

51 Vgl. dazu Halfwassen (1992) 231ff., 239ff., 331ff., 372–392; vgl. auch Halfwassen (2000).

52 Vgl. Szlezák (1979).

spezifischen Konstellation von Nuslehre und Henologie dem Denken Platons entstammt, kann nach Krämers Ergebnissen allemal nicht mehr bestritten werden. Dies allein reicht aber zum Nachweis der Einheit des antiken Platonismus völlig aus.

III

Mein knappes Resumée der wichtigsten Erträge von Krämers Meisterwerk über den Ursprung der Geistmetaphysik wäre allzu unvollständig ohne einen Hinweis auf die äußerst fruchtbare systematische Perspektive, die dieses Buch eröffnet: Es macht nämlich die erste Metaphysik der Subjektivität überhaupt philosophisch nachvollziehbar. Denn halten wir fest: der Platonismus interpretiert das Sein aufgrund seiner Vermittlungsstruktur von Einheit und Vielheit als Geist, er analysiert die Struktur der Selbstbeziehung des Denkens, und er faßt den Zusammenhang der Ideen in der Einheit des Denkens als das Urbild und den aktiv bestimmenden Grund der geordneten Welt, konzipiert also das denkende Selbstverhältnis zugleich als Begründung der Welt. In allen diesen Punkten folgen die intellekttheoretischen Entwürfe des Mittelalters und der Renaissance von Eriugena über Dietrich von Freiberg und Meister Eckhart bis zu Cusanus und Ficino dem Vorbild des antiken Platonismus, und auch die Systembildungen des spekulativen deutschen Idealismus erfolgen unter seinem direkten und indirekten Einfluß.[53] Die Geistmetaphysik des Platonismus braucht dabei, was spekulative Kraft und kategoriale Differenziertheit betrifft, den Vergleich mit keiner späteren Geistmetaphysik zu scheuen.

Krämer hat zugleich einen entscheidenden Beitrag zur Erhellung der Grundlegungsprobleme einer Metaphysik des Geistes dadurch geleistet, daß er im antiken Platonismus zwei verschiedene und systematisch alternative geistmetaphysische Modelle aufzeigte.[54] Das erste dieser beiden Modelle ist das Plotins. Es fundiert den Geist und seine seiende und denkende Selbstvermittlung in seinem Transzendenzbezug auf ein jenseitiges Absolutes, das als reine Einheit ursprünglicher ist als Geist und Subjektivität und nur noch durch eine negative Theologie ausgegrenzt werden kann. Krämer weist dieses Modell auch bei Platon und Speusipp nach.[55] Das zweite Modell einer Geistmetaphysik, das ebenfalls im antiken Platonismus realisiert ist,

53 Vgl. dazu vor allem die Bücher von Beierwaltes (1972); (1980); (1994); (1998) sowie Flasch (1973) und Halfwassen (1999), auch (1997c) und (1998).

54 Vgl. zum folgenden Krämer (1964) ganz, vor allem das zusammenfassende Kapitel IV 1) 371–393.

55 Vgl. Krämer (1964) 193–223.

faßt das Denken in seiner alle besonderen Bestimmungen, also alle Ideen, fundierenden Einheit selbst als das Absolute auf. Das Absolute ist in diesem Modell nicht der transzendente Grund und Ursprung des denkenden Selbstverhältnisses, dem dieses seine Einheit verdankt, sondern eben diese Einheit denkender Selbstbeziehung selbst. Dieses zweite Modell findet sich, wie Krämer überzeugend gezeigt hat, zum erstenmal bei Xenokrates.[56] Denn dieser setzte den Zeugnissen zufolge den Nus nicht nur mit dem Ideenkosmos gleich, sondern auch mit dem Einen, das für Xenokrates nicht überseiend und übergeistig ist wie für Platon und Speusipp, sondern selbst Sein und Geist. Der Nus ist für Xenokrates und die von ihm abhängigen Mittelplatoniker wie Albinos und Numenios nicht nur die höchste Seinsstufe und der Inbegriff aller Ideen, sondern er ist zugleich das Eine, das Sein und Ideen begründet, im Systemtypus des Xenokrates aber seine Transzendenz gleichsam aufgibt und sich selbst als die Ideenordnung des Denkens auslegt. Die Einheit des Denkens ist dann nicht mehr nur das Derivat und die Manifestation des Absoluten, sondern dessen eigene Selbstvermittlung; das Absolute dieses Typus übergreift als All-Einheit das Ganze der von ihm begründeten Ideenordnung und erhält damit selber den Charakter der Subjektivität. Beide Modelle setzen also das Eine als absolutes Prinzip voraus; aber das Xenokrates-Modell interpretiert das Absolute als eine Einheit, die allumfassend ist, also Vielheit und Bezüglichkeit in sich selbst enthält. Im Zuge dieses Ansatzes kann dann der Hervorgang der Vielheit bzw. der unbestimmten Zweiheit aus dem Einen geradezu als Selbstentzweiung des ursprünglichen Einen interpretiert werden,[57] so daß das zweite Prinzip als immanentes Moment des Einen und seiner Selbstvermittlung im Geist erscheint.[58] Dies verstärkt den monistischen Charakter des mittelplatonischen Systemtyps und hat seine Rezeption durch christliche Autoren wie Origenes, Eusebios und Augustin entscheidend erleichtert. Dagegen hält der Systemtypus Plotins die Grundeinsicht Platons konsequent fest, daß das Absolute jeder Form von Differenzierung, Entfaltung und Beziehung als reine Einheit absolut transzendent bleiben muß. Aufgrund dieser strikten Transzendenz des Absoluten über die von ihm prinzipiierte Totalität tritt zugleich die eigenständige Funktion der Vielheit als zweites Prinzip deutlicher hervor als in dem alternativen System.

Die beiden von Krämer unterschiedenen Modelle antiker Geistmetaphysik akzentuieren die charakteristische Differenz zwischen dem eigentlich neuplatoni-

---

56 Vgl. Krämer (1964) 21–126, bes. 117ff. und 124ff.

57 So im Bericht des Sextus Empiricus, Adv. Math. X § 261 (Test. Plat. 32 Gaiser), der höchstwahrscheinlich auf Xenokrates zurückgeht; vgl. Gaiser (1968) 38, 78, 80.

58 Noch sehr zurückhaltend dazu Krämer (1964) 123f. mit Anm. 344. Hegel kommt ganz zwanglos zu einer rein geistphilosophischen Deutung, vgl. dazu Halfwassen (1999) 187ff. und (1997).

schen Platonismus und dem an Xenokrates orientierten Mittelplatonismus. Diese beiden im Platonismus entwickelten Modelle sind darüber hinaus aber für das Verständnis von Theorien über den Zusammenhang von Geist und Absolutem generell fruchtbar.[59] So folgt etwa Hegels voll entfaltete Metaphysik der absoluten Subjektivität in den Grundzügen erkennbar dem mittelplatonischen Modell, während die Spätphilosophien von Fichte und Schelling mit ihrer Fundierung der Subjektivität in einem transzendenten Prinzip absoluter Einheit sich an dem neuplatonischen Modell orientieren. In Fichtes Insistieren auf der reinen, strikt differenzlosen Einheit des Absoluten und ebenso in Schellings Hinweis auf die Unvordenklichkeit des überseienden Absoluten und seiner ursprünglichen Seinssetzung, die von aller Vermittlungstätigkeit des Denkens immer schon vorausgesetzt wird und darum in dieser uneinholbar bleibt, vernehmen wir die Stimme Plotins. Schon diese Präsenz in den idealistischen Debatten über die Subjektivität und ihren Grund sichert dem Platonismus ein aktuelles philosophisches Interesse über alle Historie hinaus. Diese Perspektive eröffnet zu haben, ist gewiß nicht Hans Krämers geringstes Verdienst um die Philosophie.

59 Vgl. zum folgenden Halfwassen (1999).

LITERATURVERZEICHNIS

Beierwaltes, W.: Proklos. Grundzüge seiner Metaphysik. Frankfurt 1965, ²1979;
— Platonismus und Idealismus. Frankfurt 1972;
— Identität und Differenz. Frankfurt 1980;
— Denken des Einen. Studien zur neuplatonischen Philosophie und ihrer Wirkungsgeschichte. Frankfurt 1985;
— Artikel »Hen«. In: Reallexikon für Antike und Christentum Bd. XIV (1987) 445-472;
— Selbsterkenntnis und Erfahrung der Einheit. Plotins Enneade V 3. Text, Übersetzung, Interpretation, Erläuterungen. Frankfurt 1991;
— Eriugena – Grundzüge seines Denkens. Frankfurt 1994;
— Platonismus im Christentum. Frankfurt 1998.

Brucker, J.: Historia critica philosophiae. Leipzig 1742.

Bubner, R.: Die Entdeckung Platons durch Schelling. In: Neue Hefte für Philosophie 35 (1994) 32–55.

de Vogel, C. J.: On the Neoplatonic Character of Platonism and the Platonic Character of Neoplatonism. In: Mind 62 (1953) 43–64;
— Philosophia Bd. I. Assen 1970;
— Plato. De filosoof van het transcendente. Baarn ²1974;
— Rethinking Plato and Platonism. Leiden 1988.

Dillon, J. M.: The Middle Platonists. 80 B. C. to A. D. 220. London und Ithaca 1977, ²1996.
— Alcinous. The Handbook of Platonism. Translated with an Introduction and Commentary. Oxford 1993, ²1995.

Dodds, E. R.: The Parmenides of Plato and the Origin of the Neoplatonic »One«. In: Classical Quarterly 22 (1928) 129–142;
— Proclus. The Elements of Theology. A revised Text with Introduction, Translation and Commentary. Oxford 1933, ²1963, ND 1992.

Düsing, K.: Hegel und die Geschichte der Philosophie. Ontologie und Dialektik in Antike und Neuzeit. Darmstadt 1983;
— Schellings und Hegels erste absolute Metaphysik (1801/02). Köln 1988.

Erler, M.: Der Sinn der Aporien in den Dialogen Platons. Übungsstücke zur Anleitung im philosophischen Denken. Berlin und New York 1987.

Festugière, A.-J.: La Révélation d' Hermès Trismégiste, Bd. IV: Le Dieu iconnu et la Gnose. Paris 1954.

Flasch, K.: Die Metaphysik des Einen bei Nikolaus von Kues. Problemgeschichtliche Stellung und systematische Bedeutung. Leiden 1973;
— Nikolaus von Kues. Geschichte einer Entwicklung. Frankfurt 1998.

Gadamer, H. G.: Hegel und die antike Dialektik. In: Ders., Hegels Dialektik. Fünf hermeneutische Studien. Tübingen 1971, 7–30.

Gaiser, K.: Platons Ungeschriebene Lehre. Studien zur systematischen und geschichtlichen Begründung der Wissenschaften in der Platonischen Schule. Stuttgart 1963, ²1968.
— Quellenkritische Probleme der indirekten Platonüberlieferung. In: H. G. Gadamer und W. Schadewaldt (Hgg.), Idee und Zahl. Studien zur platonischen Philosophie. Heidelberg 1968, 31–84.

Girgenti, G. (Hg.): La Nuova Interpretazione di Platone. Un dialogo tra Hans-Georg Gadamer e la Scuola di Tubinga-Milano. Milano 1998.

Halfwassen, J.: Der Aufstieg zum Einen. Untersuchungen zu Platon und Plotin. Stuttgart 1992.
— Speusipp und die Unendlichkeit des Einen. Ein neues Speusipp-Testimonium bei Proklos und seine Bedeutung. In: Archiv für Geschichte der Philosophie 74 (1992) 43–73 (1992b);

— Speusipp und die metaphysische Deutung von Platons »Parmenides«. In: L. Hagemann und R. Glei (Hgg.), ΕΝ ΚΑΙ ΠΛΗΘΟΣ – Einheit und Vielheit. Festschrift für Karl Bormann. Würzburg und Altenberge 1993, 339–373;

— Geist und Selbstbewußtsein. Studien zu Plotin und Numenios. Mainz und Stuttgart 1994.

— Idee, Dialektik und Transzendenz. Zur Platondeutung Hegels und Schellings am Beispiel ihrer Deutung des Timaios. In: Kobusch und Mojsisch (1997) 193–209;

— Monismus und Dualismus in Platons Prinzipienlehre. In: Bochumer Philosophisches Jahrbuch für Antike und Mittelalter 2 (1997) 1–21 (1997b) [Vorabdruck des unten S. 67–85 abgedruckten Beitrags];

— Gibt es eine Philosophie der Subjektivität im Mittelalter? Zur Theorie des Intellekts bei Meister Eckhart und Dietrich von Freiberg. In: Theologie und Philosophie 72 (1997) 338–395 (1997c);

— Die Bedeutung des spätantiken Platonismus für Hegels Denkentwicklung in Frankfurt und Jena. In: Hegel-Studien 33 (1998) 85–131;

— Hegel und der spätantike Neuplatonismus. Untersuchungen zur Metaphysik des Einen und des Nous in Hegels spekulativer und geschichtlicher Deutung. Bonn 1999;

— Der Demiurg: Seine Stellung in der Philosophie Platons und seine Deutung im antiken Platonismus. In: A. Neschke-Hentschke (Hg.), Le Timée de Platon. Contributions à l'histoire de sa réception. Louvain 2000, 39–61.

Happ, H.: Hyle. Studien zum aristotelischen Materiebegriff. Berlin und New York 1971.

Heinze, R.: Xenokrates. Darstellung der Lehre und Sammlung der Fragmente. Leipzig 1892, Nachdruck Hildesheim 1965.

Horn, Chr.: Plotin über Sein, Zahl und Einheit. Eine Studie zu den systematischen Grundlagen der Enneaden. Stuttgart und Leipzig 1995.

Kobusch, Th. und Mojsisch, B. (Hgg.): Platon in der abendländischen Geistesgeschichte. Neue Forschungen zum Platonismus. Darmstadt 1997.

Krämer, H. J.: Arete bei Platon und Aristoteles. Zum Wesen und zur Geschichte der platonischen Ontologie. Heidelberg 1959, ²Amsterdam 1967;

— Der Ursprung der Geistmetaphysik. Untersuchungen zur Geschichte des Platonismus zwischen Platon und Plotin. Amsterdam 1964, ²1967;

— Zur geschichtlichen Stellung der aristotelischen Metaphysik. I: Zur aristotelischen Theologie. In: Kantstudien 58 (1967) 313–337;

— ΕΠΕΚΕΙΝΑ ΤΗΣ ΟΥΣΙΑΣ. Zu Platon, Politeia 509 B. In: Archiv für Geschichte der Philosophie 51 (1969) 1–30;

— Grundfragen der aristotelischen Theologie. I: Die Noesis noeseos bei Aristoteles. II: Xenokrates und die Ideen im Geiste Gottes. In: Theologie und Philosophie 44 (1969) 363–382 und 481–505 (1969b);

— Platone e i fondamenti della metafisica. Milano 1982, ³1989;

— Fichte, Schlegel und der Inifinitismus in der Platondeutung. In: Deutsche Vierteljahrsschrift für Literaturwissenschaft und Geistesgeschichte 62 (1988) 583–621;

— Plato and the Foundations of Metaphysics. New York 1990.

Merlan, Ph.: From Platonism to Neoplatonism. Den Haag 1953, ³1968.

Oehler, K.: Die Lehre vom noetischen und dianoetischen Denken bei Platon und Aristoteles. Ein Beitrag zur Erforschung der Geschichte des Bewußtseinsproblems in der Antike. München und Hamburg 1962, ²1985;

— Der entmythologisierte Platon. Zur Lage der Platonforschung. In: Zeitschrift für philosophische Forschung 19 (1965) 393–420; auch in ders. (1969) 66–94 ;

— Rezension zu H. J. Krämer, Der Ursprung der Geistmetaphysik (1964). In: Gnomon 40 (1968) 641–653; auch in ders. (1969) 146–161;
— Antike Philosophie und Byzantinisches Mittelalter. Aufsätze zur Geschichte des griechischen Denkens. München 1969;
— Aristotle on Self-Knowledge. In: Proceedings of the American Philosophical Society 118 (1974) 493–506;
— Der unbewegte Beweger des Aristoteles. Frankfurt 1984;
— Subjektivität und Selbstbewußtsein in der Antike. Würzburg 1997.

Peetz, S.: Die Freiheit im Wissen. Eine Untersuchung zu Schellings Konzept der Rationalität. Frankfurt 1995.

Robin, L.: La Théorie Platonicienne des Idées et des Nombres d' après Aristote. Paris 1908.

Szlezák, Th. A.: Platon und Aristoteles in der Nuslehre Plotins. Basel und Stuttgart 1979;
— Platon und die Schriftlichkeit der Philosophie. Interpretationen zu den frühen und mittleren Dialogen. Berlin und New York 1985.

Theiler, W.: Die Vorbereitung des Neuplatonismus. Berlin 1930, ^{2}1964;
— Forschungen zum Neuplatonismus. Berlin 1966;
— Untersuchungen zur antiken Literatur. Berlin 1970.

Tigerstedt, E. N.: The Decline and Fall of the Neoplatonic Interpretation of Plato. Helsinki 1974.

Whitehead, A. N.: Process and Reality. An Essay in Cosmology. New York 1941.

Wippern, J. (Hg.): Das Problem der ungeschriebenen Lehre Platons. Darmstadt 1972.

Jens Halfwassen

MONISMUS UND DUALISMUS IN PLATONS PRINZIPIENLEHRE

I DAS PROBLEM

Platons innerakademische Prinzipienlehre – deren bedeutendster Interpret in diesem Jahrhundert Hans Krämer ist[1] – setzt bekanntlich zwei letzte Prinzipien an, auf deren Zusammenwirken alles Seiende zurückgeführt wird: das absolute Eine (αὐτὸ τὸ ἕν) und die unbestimmte Zweiheit (ἀόριστος δυάς) des μέγα καὶ μικρόν. Die Frage: »wie sich die beiden gegensätzlichen Prinzipien nach der Auffassung Platons letzten Endes zueinander verhalten«, bezeichnete Konrad Gaiser 1963 in seinem grundlegenden Buch über ›Platons Ungeschriebene Lehre‹ als »das zentrale sachliche und historische Problem« der Platonischen Prinzipientheorie.[2]

Die damit gestellte Frage nach dem Verhältnis von Monismus und Dualismus in Platons Prinzipienlehre hat die Platon-Forschung dieses Jahrhunderts wiederholt beschäftigt;[3] die dabei diskutierten Lösungsmöglichkeiten reichen von einem prononcierten Monismus, wie ihn John Findlay in seiner stark hegelianisierenden Platondeutung vertrat,[4] bis zu einem konsequenten Dualismus, wie ihn etwa Paul

---

1 Die wichtigsten Arbeiten von Hans-Joachim Krämer zur Deutung der ungeschriebenen Prinzipienlehre Platons und ihres Zusammenhangs mit dem Schriftwerk sind dem beigegebenen Literaturverzeichnis zu entnehmen. – Eine ausführliche Bibliographie zur ungeschriebenen Lehre Platons gibt Krämer in der engl. Ausgabe (1990) 287–300 von Krämer (1982).

2 Gaiser (1963) 12–13.

3 Die verschiedenen Möglichkeiten, das Verhältnis der Prinzipien zueinander zu konzipieren und damit die verschiedenen möglichen Spielarten von Monismus und Dualismus sowie der Durchdringung beider, die in Platons Ansatz liegen, unterscheidet grundsätzlich Merlan (1965). Verschiedene Realisierungen von Monismus und Dualismus innerhalb der Geschichte des Platonismus untersuchen de Vogel (1959), Theiler (1964), Theiler (1965), bes. 205ff., Rist (1965), Dillon (1977), bes. 12ff. (Speusipp), 119ff. (Ps-Pythagoreer), 126ff. (Eudoros), 342ff. (Alexander Polyhistor und Sextus Empiricus), 346ff. (Moderatos); auch Dillon (1981), bes. 11, 17ff.

Wilpert und Heinz Happ bei Platon konstatierten.[5] Während Cornelia de Vogel und Carl Friedrich von Weizsäcker einen vorsichtigen Monismus mit deutlicher Unterordnung des Vielheitsprinzips unter das Eine nach dem Modell der Henologie Plotins präferierten,[6] tendierte Gaiser selber zu einer Lösung im Sinne einer *coincidentia oppositorum* im Absoluten;[7] in dieser Richtung energisch weitergehend, glaubt Vittorio Hösle bei Platon ein Übergreifen des positiven über das negative Prinzip im Sinne einer dialektischen Einheit von Einheit und Vielheit feststellen zu können.[8] Dagegen hat Hans Krämer insgesamt stärker den dualistischen Zug des Platonischen Prinzipiendenkens betont, gleichwohl aber die Möglichkeit eines den Dualismus hintergreifenden letzten Monismus offengelassen und in seinem monumentalen Buch ›Der Ursprung der Geistmetaphysik‹ (1964) selber eine monistische Lösung erwogen; Krämer rechnet dabei allerdings nicht mit einer (entweder von Cusanus oder von Hegel her zu verstehenden) Einheit der Gegensätze bei Platon, sondern im Sinne der neuplatonischen Platondeutung mit einer Zurückführung des Vielheitsprinzips auf das Eine als allbegründendes Ur-Prinzip.[9]

Schon diese Forschungsdiskussion sollte uns davor warnen, die ungeschriebene Lehre undifferenziert als unvermittelbaren, gleichsam manichäischen Dualismus zu deuten. Gleichwohl hat noch jüngst Wolfgang Kullmann den ›Dualismus‹ der ungeschriebenen Lehre dem ›Monismus‹ der Dialoge im Sinne zweier inhaltlich kaum vereinbarer Philosophien entgegengestellt.[10] Demgegenüber ist nachdrücklich darauf hinzuweisen, daß auch die Dialoge (namentlich ›Timaios‹, ›Sophistes‹, ›Philebos‹ und ›Parmenides‹) mit einer zweipoligen Struktur der Wirklichkeit im Sinne der ungeschriebenen Lehre rechnen,[11] während andererseits die Zeugnisse

---

4 Findlay (1974), bes. 322ff.

5 Wilpert (1949) passim, bes. 173ff.; Happ (1971) passim, bes. 141ff. Ganz ähnlich jetzt auch Reale (1993), bes. 205ff.

6 de Vogel (1959), bes. 31; de Vogel (1988); von Weizsäcker (1971), bes. 476, 491 (= (1981) 57f., 74f.).

7 Gaiser (1963), bes. 12–13, 27, 200–201, 506. (200: »Eine letzte ›Begründung‹ wäre nur dann gegeben, wenn hinter den Antinomien, die in der Gegensatzlehre beschlossen sind, ein umfassender Grund sichtbar würde, der beides – Sein und Nichtsein, Peras und Apeiron – in sich enthielte.«)

8 Hösle (1984) 478–490. (481: »In gewissem Sinne läßt sich Platons Philosophie auf die Formel bringen, sie habe ... die Einheit von Einheit und Vielheit gedacht; wichtig an dieser Bestimmung ist die Struktur, die eine positive und eine negative Kategorie in der positiven zusammenfaßt.«)

9 Krämer (1964), bes. 332–334.

10 Kullmann (1991), bes.11ff. und 18ff., vgl. 21: »Die Lehre von einem zweiten Prinzip wurde erst nach Abfassung des 'Staates' entwickelt und blieb in ihrer strikten Form in den Dialogen gänzlich unberücksichtigt, weil sie mit Grundpositionen der platonischen Philosophie nicht vereinbar war.«

über die ungeschriebene Lehre durchaus Indizien für einen letzten Monismus Platons erkennen lassen, für den im übrigen auch die Wirkungsgeschichte der Prinzipienlehre nicht erst vom Neuplatonismus an, sondern wohl schon seit Speusipp spricht.[12] Im folgenden seien nun zunächst einige für das Verhältnis von Monismus und Dualismus bei Platon aufschlußreiche Dialogstellen betrachtet; sodann sei auf einige besonders wichtige Indizien für einen letzten Prinzipien-Monismus in der indirekten Überlieferung eingegangen und eine – wie ich glaube: bisher noch nicht diskutierte – Lösungsmöglichkeit vorgeschlagen; abschließend sei dann dieser Lösungsvorschlag von Speusipp und dem von ihm abhängigen Mittelplatoniker Eudoros her historisch weiter erhärtet.

II Monismus und Dualismus in den Dialogen

Der für das Verständnis des Platonischen Prinzipiendenkens aufschlußreichste Passus des Dialogwerkes ist anerkanntermaßen die Gleichnissequenz im 6. und 7. Buch der ›Politeia‹ mit den anschließenden Ausführungen über das Verhältnis von mathematischer Propädeutik und Dialektik.[13] Platon enthüllt hier nur sein Erstes Prinzip, das als »das Gute selbst« oder »die Idee des Guten« erscheint, dessen eigentliches Wesen aber absichtlich zurückgehalten wird (506 de, 509 c); daß das Gute selbst seinem eigentlichen Wesen nach für Platon das Eine selbst ist, wie uns Aristoteles berichtet (Metaph. 1091 b 13–15; EE 1218 a 19–21),[14] wird von Platon

11 Dazu jetzt eingehend Reale (1993) 293ff., 315ff., 355ff., bes. 445–521 zum ›Timaios‹. Vgl. ferner Migliori (1990); Migliori (1996); sowie Movia (1990).

12 Hier sei der Hinweis auf die einschlägigen Veröffentlichungen des Verf. erlaubt: Halfwassen (1992), bes. 98ff., 201 ff., 282ff., 363ff.; Halfwassen (1992b); Halfwassen (1993), bes. 343ff., 350ff., 360ff.; Halfwassen (1996); Halfwassen (1998); Halfwassen (1999), bes. 175–196. Vgl. auch oben Anm. 3.

13 Grundlegend für das Verständnis der zentralen Passagen der ›Politeia‹ im Lichte der Prinzipienlehre sind die Arbeiten von Krämer (1959) 135-145, 473-480, 533ff.; Krämer (1964b), bes. 214f., 221; Krämer (1966) passim; Krämer (1969) passim; Krämer in der engl. Ausgabe (1990) 96–103 von Krämer (1982); Krämer (1997). – Hingewiesen sei ferner auf die auf Krämers Ergebnissen aufbauenden Deutungen des Sonnengleichnisses durch Reale (1993) 257–291 und Halfwassen (1992) 220–264. – Sehr wichtig ist das Buch von Szlezák (1985) (zur ›Politeia‹ 271–326) durch den präzise geführten Nachweis, daß die »Hilfe« für den eigenen Logos durch den Rückgriff auf τιμιώτερα – das heißt auf eine p r i n z i p i e l l e r e Begründung – das konsequent durchgeführte Kompositionsprinzip des Platonischen Dialogwerkes bildet, ferner hat es durch die durchgehende Analyse der Dialoge auf ihre immanenten Verweisungsfunktionen hin den indirekten Beweis erbracht, daß das Dialogwerk im ganzen und im einzelnen der Ergänzung durch die ungeschriebene Prinzipienlehre bedarf und auf sie hin angelegt ist. Vgl. dazu auch Szlezák (1993), bes. 67ff., 85ff.

selber in der ›Politeia‹ u.a. dadurch unmißverständlich angedeutet, daß er eine dialektische Wesensbestimmung der Idee des Guten fordert, die diese ἀπὸ τῶν ἄλλων πάντων ἀφελών abgrenzt (534b), sie also in der Weise einer negativen Theologie aus allen grundlegenden Seins- und Denkbestimmungen herausnimmt;[15] diese ἀφαίρεσις πάντων führt aber der Sache nach notwendig auf das Eine selbst, dessen absolute Einfachheit jede Vielheit von Bestimmungen von ihm ausschließt und damit auch erklärt, warum das »Gute« als letztes Seins-, Erkenntnis- und Wertprinzip selbst »noch jenseits des Seins« (ἔτι ἐπέκεινα τῆς οὐσίας) stehen muß (509b; vgl. Parm. 141e);[16] denn schon die Aussage, daß das Eine ist, enthält ja eine Zweiheit: nämlich die Zweiheit von Einheit und Sein, aus der sich alle anderen Grundbestimmungen des Seienden ableiten lassen, wie die 2. Hypothesis des ›Parmenides‹ lehrt (142bff.).[17]

Das überseiende Eine und Gute wird nun betont das »Unbedingte« (511b6: τὸ ἀνυπόθετον), der »unbedingte Ursprung« (510b7: ἀνυπόθετος ἀρχή) oder »der Ursprung des Ganzen (sc. der Ideen)« (511b7: ἡ τοῦ παντὸς ἀρχή) genannt; dabei wird die Unbedingtheit des Einen mit seiner Stellung als »Ursprung des Ganzen«, also als allbegründendes Prinzip, verknüpft (511b). Das Dialektikprogramm der ›Politeia‹ beschreibt deutlich den Aufstieg zu Einem Unbedingten und Absoluten, das Urgrund von allem ist. Dies scheint einen irreduziblen Prin-

14 Dasselbe ergibt sich auch aus Aristoxenos, Harmonika II 39–40 Da Rios (nach Aristoteles); Aristoteles, Metaph. 988 a 14f., 1075 a 35f., 1084 a 34f., 1091 a 29ff.; Phys. 192 a 15; Sextus Empiricus, Adv. Math. X 268 zu 275; Hermodor bei Simplikios, In Phys. 248, 2ff. Diels u.ö. – Platon deutet am Schluß des Sonnengleichnisses verschlüsselt auf das Eine als das Wesen des Guten hin durch die Anrufung Apollons (509c1), dessen Name als Verneinung der Vielheit (A-pollon – der Un-Viele) gedeutet wurde, vgl. Plotin, Enn. V 5, 6, 27f.; Plutarch, De E apud Delphos 20, p. 393 C und De Iside 75, p. 381 F – 382 A (im Kontext der Platonischen Prinzipienlehre: alles aus dem ἕν – Ἀπόλλων abgeleitet κατ' ἔλλειψιν καὶ ὑπερβολήν, ἰσότητι!).

15 Zur Einzelerklärung der sehr wichtigen Stelle Politeia 534bc vgl. Krämer (1966). – Daß Platon an dieser Stelle eine negative Theologie konzipiert, betont zu Recht schon Proklos, In Rempubl. I 285, 5-28 Kroll und In Parm. VII 64, 16-27 mit 58, 22ff. Klibansky. Proklos' Deutung der Stelle auf die *via negativa* des reinen Einen stimmt mit der Deutung Krämers grundlegend überein, unterscheidet aber nicht explizit zwischen generalisierendem und elementarisierendem Aufstieg zum Einen, ferner verknüpft Proklos die Stelle mit der 1. Hypothese des ›Parmenides‹, in der Platon, so Proklos, die ἀφαίρεσις des ἓν ἀγαθὸν ἀπὸ τῶν ἄλλων πάντων durchführe.

16 Zur absoluten Transzendenz des Einen und Guten im einzelnen Halfwassen (1992) 19ff., 188ff., 221ff., 257ff., 277ff., 302ff., 392ff.; vgl. grundlegend Krämer (1969).

17 Vgl. auch die aufschlußreiche Parallele bei Speusipp, Fr. 72 Isnardi Parente (Jamblich, De comm. math. sc. IV 15, 7-10): τὸ ἓν ὅπερ δὴ οὐδὲ ὄν πω δεῖ καλεῖν, διὰ τὸ ἁπλοῦν εἶναι καὶ διὰ τὸ ἀρχὴν μὲν ὑπάρχειν τῶν ὄντων, τὴν δὲ ἀρχὴν μηδέπω εἶναι τοιαύτην οἷα ἐκεῖνα ὧν ἐστιν ἀρχή. Hierzu Halfwassen (1992) 281ff., ferner 339ff., 356ff., 393ff. Vgl. zur von Platon ausgehenden Begriffsgeschichte der Transzendenz Halfwassen (1998b).

zipiendualismus auszuschließen: denn wenn dem Einen die Vielheit als gleichursprüngliches und unabhängiges Prinzip gegenüberstünde, dann wäre das Eine nicht mehr das Prinzip von allem, und es wäre auch nicht mehr ἀνυπόθετος ἀρχή, da seine Wirksamkeit als Ursprung dann durch sein Zusammenwirken mit dem Vielheitsprinzip bedingt wäre, ferner würden sich mehrere unbedingte Prinzipien in ihrer Unbedingtheit gegenseitig aufheben, weshalb es konsequent gedacht nur Ein ἀνυπόθετον geben kann, auf das hin die Vielheit der ὑποθέσεις überstiegen wird (511b, 533c). Die Aussagen der ›Politeia‹ sprechen darum entschieden für eine monistische Deutung der Prinzipienlehre; da in der ›Politeia‹ deutlich auf die Ideenzahlen (476a)[18] und ebenso auf das μέγα καὶ μικρόν (524c, 525a)[19] hingewiesen wird, kann eine Deutung, die den monistischen Zug der ›Politeia‹ mit dem Dualismus der indirekten Überlieferung genetisch auszugleichen versucht (durch Spätdatierung der letzteren),[20] wohl ausgeschlossen werden. Eine damit wohl naheliegende monistische Deutung der Prinzipienlehre kann freilich von vornherein keine Eliminierung der sie durchgehend bestimmenden Bipolarität bedeuten, sondern nur ihre Relativierung insofern, als das Vielheitsprinzip dem Einen nicht mehr gleichursprünglich und gleichmächtig wie ein zweites Absolutes gegenüberstehen kann.[21]

---

18 Politeia 476a5–7: … πάντων τῶν εἰδῶν πέρι ὁ αὐτὸς λόγος, αὐτὸ μὲν ἓν ἕκαστον εἶναι, τῇ δὲ τῶν πράξεων καὶ σωμάτων καὶ ἀλλήλων κοινωνίᾳ πανταχοῦ φανταζόμενα πολλὰ φαίνεσθαι ἕκαστον. Dies entspricht genau der Begründung des Zahlcharakters der Ideen in dem Referat bei Sextus Empiricus, Adv. Math. X 258: ἐπείπερ ἑκάστη ἰδέα κατ᾽ ἰδίαν μὲν λαμβανομένη ἓν εἶναι λέγεται· κατὰ σύλληψιν δὲ ἑτέρας ἢ ἄλλων δύο ἢ τρεῖς ἢ τέσσαρες.

19 Politeia 524c11: τί οὖν ποτ᾽ ἐστὶ τὸ μέγα αὖ καὶ τὸ σμικρόν; Vgl. ferner 525a4–7: ἅμα γὰρ ταὐτὸν ὡς ἕν τε ὁρῶμεν καὶ ὡς ἄπειρα τὸ πλῆθος. – οὐκοῦν εἴπερ τὸ ἓν … καὶ σύμπας ἀριθμὸς ταὐτὸν πέπονθε τοῦτο; – Auch die von Platon im Liniengleichnis (510c) genannten Prinzipien des Mathematischen: das Gerade und das Ungerade, die Figuren und die drei Arten der Winkel wurden in der ungeschriebenen Lehre über Gleichheit und Ungleichheit bzw. Peras und Apeiron als Obergattungen auf die beiden Universalprinzipien zurückgeführt [vgl. Test. Plat. 37/ 38 Gaiser, dazu Gaiser (1986), bes. 100ff.]. Um so bezeichnender ist es, daß Platon nur von Einem ἀνυπόθετον als »Ursprung des Ganzen« spricht, zu dem von den Prinzipien des Mathematischen aus aufgestiegen wird; dies kann nur heißen, daß die unbestimmte Zweiheit für Platon eben keine ἀνυπόθετος ἀρχή ist.

20 So zuletzt Kullmann (1991), bes. 11ff.

21 Zu erinnern ist an die grundsätzliche Klärung durch Krämer (1964) 332f.: »Durchdenkt man die der akademischen Prinzipienlehre inhärenten Möglichkeiten und Probleme auf dem Hintergrund der ›späteren‹ Lösungen einmal genauer, so zeigt sich sofort, daß die Alternative nicht einfach heißt: Monismus oder Dualismus, sondern bestimmter: Monismus mit folgendem Dualismus oder ursprünglicher Dualismus … oder anders ausgedrückt: Die monistische Lösung entspringt einem Rückgriff hinter den Gegensatz der beiden Prinzipien, ohne ihn aufzuheben.«

Dies wird durch den zweiten Teil des ›Parmenides‹ bestätigt, der die Prinzipienlehre innerhalb des Schriftwerkes am weitesten enthüllt. Dort werden in acht Argumentationsgängen oder »Hypothesen« das Eine und die Vielheit, also die beiden Prinzipien der ungeschriebenen Lehre, sowohl in ihrer Absolutheit an sich selbst als auch in ihrem Verhältnis zueinander untersucht. Die 2. und die 3. Hypothesis zeigen die Konstitution des Seinsganzen der Ideenwelt, des »seienden Einen«, durch das Zusammenwirken der beiden Prinzipien des Einen und der (von sich her) unbegrenzten Vielheit: sie beschreiben die Begründung des Seins einerseits vom ersten Prinzip her als die Entfaltung der Einheit in die Vielheit durch die entzweiende und aufschließende Kraft der Zweiheit (2. Hypothese) und andererseits vom zweiten Prinzip her als die Begrenzung des Unbegrenzten durch die Einheit-setzende Macht des Einen (3. Hypothese) – die Übereinstimmung mit den Zeugnissen der indirekten Überlieferung ist von Stenzel bis Reale und Migliori immer wieder hervorgehoben worden.[22] Dagegen thematisieren die 1. und die 4. Hypothesis das Eine und die Vielheit an sich selbst, in ihrer Unbezüglichkeit. Das Ergebnis ist insofern ein negatives, als den Prinzipien an ihnen selbst alle grundlegenden Seinsbestimmungen, die Prädikate des seienden Einen sind, und schließlich auch das Sein selbst sowie Erkennbarkeit und Sagbarkeit abgesprochen werden müssen (141e–142a). Dies besagt zunächst, daß die beiden Prinzipien als solche nichtseiend sind, da sie allen denkbaren Bestimmungen und damit jeder möglichen Seinsbedeutung vorausliegen. Indessen ist das Nichtsein des absoluten Einen (141e) genauer als Seinstranszendenz oder Überseiendheit zu verstehen (vgl. Politeia 509 b; Test. Plat. 50, 52), und demgemäß müssen auch alle anderen Negationen der 1. Hypothesis als Transzendenzaussagen verstanden werden, die das überseiende Absolute in der Weise einer konsequenten theologia negativa von allen seinen Prinzipiaten abheben und damit die in der ›Politeia‹ (534bc) geforderte negative Ausgrenzung des absoluten Prinzips vollziehen.[23] Dagegen bedeutet das Nichtsein der reinen, einheitslosen Vielheit nicht Übersein, sondern Seinsmangel und dementsprechend sind auch die Negationen der 4. Hypothesis in privativer und nicht in transzendierender Bedeutung zu verstehen. Sowohl die Seinstranszendenz des reinen Einen als auch der Seinsmangel der reinen Vielheit sind für Platon auch durch Zeugnisse der innerakademischen Lehre mehrfach bezeugt.[24] Darin liegt aber eine deutliche Asymmetrie im Verhältnis der Prinzipien zueinander: während das Eine selbst in seiner absoluten Transzendenz jenseits aller Vielheit rein für sich selbst

22 Zu verweisen ist etwa auf die Referate Aristoteles, Metaph. 989b18, 1081a25, 1082a13ff., 1083b23f., 1091a25; Alexander, In Metaph. 56, 19f., 26ff. und 57, 4 Hayduck; Simplikios, In Phys. 454, 14 (Porphyrios) und 455, 6f. (Alexander); Sextus Empiricus, Adv. Math. X 276–277. Vgl. auch Speusipp bei Jamblich, De comm. math. sc. IV 16, 17f.; ferner Xenokrates, Fr. 68 Heinze.

genommen werden kann und muß, da es in seiner Absolutheit von jeder Beziehung zum Anderen, d.h. zum zweiten Prinzip, frei ist, kann die Vielheit gerade nicht rein für sich angesetzt werden, da sie, sobald sie radikal vom Einen getrennt wird, gleichsam ins Nichts zerstiebt (vgl. 165e–166c); nur das Eine läßt sich absolut setzen, nicht dagegen die Vielheit, die an sich selbst nichtig ist, und darum gibt es nur Ein Absolutes. Die letzte Hypothesis des ›Parmenides‹ bestätigt dies, indem sie zeigt, daß die Vielheit getrennt von dem Einen auch nicht mehr Vielheit ist (165e, vgl. 159d), sondern gar nichts (166c). Positiv gewendet besagt das, daß auch die Vielheit selber noch Einheitscharakter haben muß, um überhaupt als Prinzip konzipiert

---

23 Vgl. zur Deutung der 1. Hypothesis Halfwassen (1992) 276ff., 302–405. – Die Deutung der 1. Hypothesis als negative Theologie halte ich aus folgenden Gründen für die einzige historisch mögliche: 1. Ist die Seinstranszendenz für das Eine in der indirekten Platon-Überlieferung mehrfach bezeugt (Test. Plat. 50, 52 Gaiser; auch Aristoteles, Metaph. 1092 a 14f., wo speziell Speusipp gemeint ist, die altakademische negative Theologie oder Henologie aber generell attakiert wird); für die mit dem Einen identische Idee des Guten ist sie durch Pol. 509b gesichert. Ein überseiendes Prinzip kann aber nur *via negationis* erfaßt werden, da jede positive Bestimmung das Sein schon implizieren würde. Platon fordert denn auch die Bestimmung der Idee des Guten ἀπὸ τῶν ἄλλων πάντων ἀφελών (Pol. 534 b9), also durch negative Theologie. 2. Kritisiert Platon im ›Sophistes‹ (243 eff.) das eleatische Eine, aber nicht deswegen, weil es absolut einfach und deshalb bestimmungslos wäre – wie man erwarten müßte, wenn die 1. Hypothese des ›Parmenides‹ antieleatisch gemeint wäre –, sondern gerade deswegen, weil es zugleich das Seiende und das Ganze ist und darum nicht absolut einfach und frei von jeder Vielheit; infolgedessen habe das eleatische Eine Teile, und dies könne dem »Einen selbst« unmöglich zukommen (Soph. 245a5f.). Platon kritisiert das eleatische Eine also, weil es keine reine, absolut einfache Einheit ist. Soph. 245 a8–9 sagt er: ἀμερὲς δήπου δεῖ παντελῶς τό γε ἀληθῶς ἓν κατὰ τὸν ὀρθὸν λόγον εἰρῆσθαι. Dies ist ein deutlicher Rückverweis auf Parm. 137cff., wo das Eine in dieser Weise als absolut teillos und frei von Vielheit angesetzt wird. Wenn die 1. Hypothese für Platon also der »ὀρθὸς λόγος« des ἕν ist, kann sie keine *reductio ad absurdum* sein, ist also als negative Theologie zu verstehen. 3. Ist die »neuplatonische« Deutung der 1. Hypothese als negative Theologie nicht nur nachweislich vorplotinisch, wie Dodds (1928) gezeigt hat, sondern sie dürfte im Prinzip bereits auf Speusipp zurückgehen, was Dodds (1928) 140 bereits vermutet hatte; es läßt sich nämlich zeigen, daß sich Speusipp bei Proklos, In Parm. VII, 40, 1ff. Klibansky (= Test. Plat. 50) auf die ersten beiden Hypothesen des ›Parmenides‹ bezieht [vgl. Halfwassen (1993), bes. 365ff.]. Damit ist aber die Richtigkeit der Deutung der 1. Hypothese als negative Theologie durch einen Platonschüler bezeugt. Um genau dies zu zeigen, zitiert übrigens Proklos das Speusipp-Fragment in seinem Kommentar; im Kontext setzt er sich kritisch mit der Deutung als *reductio ad absurdum* auseinander. – Die »neuplatonische« prinzipientheoretische Deutung des ›Parmenides‹ und speziell der 1. Hypothese verteidigt jetzt auch Horn (1995) mit weiteren Argumenten.

24 Speusipp: Test. Plat. 50, Aristoteles: Test. Plat. 28a, vgl. Metaph. 1092a14f., Porphyrios: Test. Plat. 52, Hermodor: Test. Plat. 31. Für die Seinstranszendenz des Einen ist ferner zu verweisen auf Speusipp, Fr. 48, 57, 62, 72 Isnardi Parente; Aristoteles, Περὶ εὐχῆς fr. 1 Ross; EE 1248a27–29; für den privativen Charakter des Vielheitsprinzips besonders auch auf Aristoteles, Phys. 192a3ff.

werden zu können; und in der Tat bezeugt Aristoteles den Einheitscharakter des Vielheitsprinzips bei Platon ausdrücklich (Metaph. 1087b9–12, 1088a15).[25] Damit kann die Vielheit dem Einen aber nicht mehr als gleichursprünglich und gleichmächtig entgegengesetzt werden, ohne daß freilich die Möglichkeit einer diskursiv nachvollziehbaren Ableitung der ursprünglichsten Vielheit selbst aus dem absoluten Einen absehbar wäre.

Auch der ›Philebos‹ spricht für einen den Bipolarität nicht eliminierenden, sondern nur hintergreifenden letzten Monismus Platons. Er setzt Einheit und Vielheit, die hier pythagoreisierend auch als Peras und Apeiron erscheinen, übereinstimmend mit der indirekten Überlieferung und mit dem ›Parmenides‹ als die beiden konstituierenden Prinzipien der Wirklichkeit auf allen Stufen des Seins an (14c ff.). Platon betont, daß jedes dieser beiden Prinzipien sich einerseits in einer Vielheit von Aspekten und Manifestationen in den verschiedenen Stufen und Bereichen der Wirklichkeit auswirkt, daß andererseits aber jedes Prinzip für sich Eines ist (23e ff.).[26] Dabei hebt Platon den notwendigen Einheitscharakter gerade des Apeiron – also des zweiten Prinzips – in ganz auffälliger Weise hervor (25a, c; vgl. 23e);[27] wenn aber das Vielheitsprinzip unbeschadet der Pluralität seiner Aspekte und Manifestationen selber Einheitscharakter haben muß, da es sonst gar nicht Ein Prinzip und die einheitliche Obergattung seiner vielfältigen Erscheinungsweisen sein könnte, dann kann es dem Einen selbst als dem Urgrund jeder Einheit weder gleichursprünglich noch von ihm unabhängig sein. Dem ›Philebos‹ läßt sich aber noch ein weiteres Indiz für einen letzten Prinzipienmonismus Platons entnehmen: Er setzt nämlich neben Peras und Apeiron noch zwei weitere Prinzipien der Wirklichkeit an (23c ff.): das μικτόν als Produkt der Begrenzung des Unbegrenzten und die αἰτία τῆς μείξεως, die eben dieses Zusammenwirken der beiden Prinzipien in der Begrenzung des Unbegrenzten koordiniert (27b, vgl. 30ab). Das Mikton auf der Stufe des wahrhaft Seienden kann vom ›Parmenides‹ her mit dem seienden Einen als dem Ganzen aller Ideen identifiziert werden. Die Aitia wird in der kosmologisch verkürzten Perspektive unserer Philebos-Stelle mit dem Nus verknüpft (28c ff.), also wohl mit dem Demiurgen als *causa efficiens* der Welt.[28] Wir können

25 Vgl. dazu auch Szlezák (1987).

26 Phileb. 23e4–6: πολλὰ ἑκάτερον ἐσχισμένον καὶ διεσπασμένον ἰδόντες, εἰς ἓν πάλιν ἑκάτερον συναγαγόντες, νοῆσαι πῇ ποτε ἦν αὐτῶν ἓν καὶ πολλὰ ἑκάτερον.

27 Bes. Phileb. 25a1–4: (Alle Erscheinungsweisen des Mehr und des Weniger müssen zurückgeführt werden) εἰς τὸ τοῦ ἀπείρου γένος ὡς εἰς ἓν δεῖ πάντα ταῦτα τιθέναι, κατὰ τὸν ἔμπροσθεν λόγον ὃν ἔφαμεν ὅσα διέσπασται καὶ διέσχισται συναγαγόντας χρῆναι κατὰ δύναμιν μίαν ἐπισημαίνεσθαί τινα φύσιν. Ebd. 25c10–11: ὁπόσα ἐν τῷ πρόσθεν τῆς τὸ μᾶλλόν τε καὶ ἧττον δεχομένης ἐτίθεμεν εἰς ἓν φύσεως. Vgl. dazu Reale (1993) 417ff.

28 Vgl. hierzu die überzeugende Deutung von Reale (1993) 429ff. und bes. 440ff.

aber von dieser perspektivischen Verkürzung absehen und nach dem Grund für das Zusammenwirken der beiden Universalprinzipien selber fragen; insofern Koordination selbst eine Weise von Einheit ist, kann ihr Prinzip nur das absolute Eine sein, das somit als der »Grund« schlechthin über dem Prinzipiengegensatz steht und ihn selber erst ermöglicht.[29] Platon selber scheint auf das Eine als letzte oder absolute Aitia hinzuweisen, wenn er den Nus aufgrund seiner Aitia-Funktion den »König des Himmels und der Erde« nennt (28c), was an das Königtum der Idee des Guten als Metapher für ihre Allbegründung in der ›Politeia‹ (509d, 517d) erinnert und auch an den »König aller Dinge« aus dem 2. Brief (312e), womit dort zweifellos das Eine selbst gemeint ist. Ferner heißt es im ›Philebos‹, der Nus gehöre zur »Gattung des Grundes aller Dinge« (30d10f.: ὅτι νοῦς ἐστὶ γένους τῆς τοῦ πάντων αἰτίου λεχθέντος),[30] den er also nur als eine seiner Manifestationen repräsentiert; der »Grund aller Dinge« aber ist nach der ›Politeia‹ die Idee des Guten als ἀρχὴ τοῦ παντός (511b7),[31] also das überseiende Eine selbst, dessen Einheit-stiftende Wirksamkeit der Nus im untergeordneten Bereich des kosmischen Seins nachahmt.[32]

III Monismus und Dualismus in der ungeschriebenen Lehre

Spricht somit das Zeugnis der Dialoge entschieden für einen letzten, die bipolare Struktur der Wirklichkeit nicht aufhebenden, sondern in einem umfassenden Prinzip tiefer begründenden Monismus bei Platon, so findet eine solche Deutung an den Berichten über die ungeschriebene Lehre durchaus Anhalt. Zwar findet sich auch hier nirgends eine wirkliche Ableitung des Vielheitsprinzips aus dem Einen. Das Zeugnis bei Sextus Empiricus (Test. Plat. 32, § 261), das als einziges von einer solchen Ableitung zu sprechen scheint, bleibt unbefriedigend: denn die Selbstent-

29 Gerade dieses Argument, nämlich daß eine Zweiheit gleichursprünglicher, aber zusammenwirkender Prinzipien notwendig ein ursprünglicheres Prinzip als Grund ihrer Koordination voraussetzt und daß nur das Eine selbst der Grund dieser letzten und umfassendsten Einung sein kann, war für Proklos die entscheidende Widerlegung eines jeden irreduziblen Dualismus, vgl. Theologia Platonis II 1, p. 12-14 und II 2, p. 15-16 Saffrey-Westerink. Ähnlich ferner In Parm. 619, 30 – 620, 3; 695, 39 – 697, 20; 706, 19-27; 709, 6-36; 724, 10 – 726, 27 Cousin in systematisierender Ausgestaltung der Argumentation Zenons gegen die Vielheit (Plat., Parm. 127e).

30 Vgl. auch Phileb. 30d8: ὡς ἀεὶ τοῦ παντὸς νοῦς ἄρχει.

31 Vgl. Politeia 517c2: Die Idee des Guten ist πᾶσι πάντων … ὀρθῶν τε καὶ καλῶν αἰτία.

32 Zur Rolle des demiurgischen Nus und zu seinem Verhältnis zum absoluten Einen eingehend Reale (1993) 487ff. und 526ff.; ferner Halfwassen (2000).

zweiung des Einen »gemäß seiner Andersheit«, die dort die unbestimmte Zweiheit ergeben soll,[33] setzt die Andersheit bereits voraus und verweist außerdem auf die ins Unendliche iterierbare wechselseitige Implikation der beiden Komponenten des seienden Einen im ›Parmenides‹ (2. Hypothese: 142eff.), die gemäß der Andersheit voneinander unterschieden und zueinander hinzugefügt werden, wodurch – genau wie bei Sextus – die Ideenzahlen abgeleitet werden (143bff.);[34] dies weist also eher die Wirksamkeit des Zweiheitsprinzips im ursprünglichsten Seinsgebilde auf als daß sie das Prinzip der Zweiheit selber aus dem über Identität und Andersheit erhabenen absoluten Einen[35] ableitet.

Dagegen spricht eine Reihe von Zeugnissen für eine prinzipielle Unterordnung der ἀόριστος δυάς unter das Eine, ohne daß sie als Prinzipiat aus dem Einen abgeleitet würde, womit im übrigen ihr Status als Prinzip aufgehoben wäre.

Der die Prinzipienlehre in starker Verkürzung referierende Bericht Hermodors (Test. Plat. 31) bestätigt die privative Bedeutung des Nichtseins der unbestimmten Zweiheit als Seinsmangel;[36] er stimmt darin mit der 4. und der 8. Hypothese des ›Parmenides‹ überein. Hermodor spricht der unbestimmten Zweiheit aber darüber hinaus sogar den Status einer ἀρχή ab, was am ehesten so zu verstehen sein dürfte, daß sie kein positiv seinsbegründendes Prinzip, sondern nur die von sich her nichtige Entfaltungsbasis des Einen ist; es liegt nahe, zum Vergleich auf Augustins Kennzeichnung des *malum* als *causa deficiens* zu verweisen, die Augustin der Sache nach von Plotin übernimmt.

Auch Aristoteles scheint mehrfach auf einen letzten Monismus der innerakademischen Prinzipienlehre hinzuweisen. Er berichtet nämlich, der Denker, der das Eine und das Ungleiche als Prinzipien ansetzte und das Ungleiche als die (unbestimmte) Zweiheit des Großen und des Kleinen dachte, habe von dem Ungleichen, dem Großen und dem Kleinen als von Einem Seienden (ὡς ἓν ὄντα) gesprochen, und Aristoteles kritisiert, er habe nicht unterschieden, daß sie nur begrifflich (λόγῳ), nicht aber numerisch (ἀριθμῷ) eine Einheit bilden (Test. Plat. 49).[37] Dies entspricht vollkommen Platons deutlichen Hinweisen auf den notwendigen Einheitscharakter des Vielheitsprinzips im ›Parmenides‹ und im ›Phile-

33 Sextus Emp., Adv. Math. X 261: καὶ ταύτην <τὴν μονάδα> κατ᾽ αὐτότητα μὲν ἑαυτῆς νοουμένην μονάδα νοεῖσθαι, ἐπισυντεθεῖσαν δ᾽ ἑαυτῇ καθ᾽ ἑτερότητα ἀποτελεῖν τὴν καλουμένην ἀόριστον δυάδα.

34 Vgl. Halfwassen (1993) 343f. Anm. 221; ferner Halfwassen (1999) 184ff.

35 Parm., 1. Hypothese: 139b–e; dazu Halfwassen (1993) 336-352.

36 Hermodor bei Simplikios, In Phys. 248,11ff. Diels: αὐτῶν ἀμφοτέρων τῶν συζυγιῶν πάντα πλὴν τοῦ ἑνὸς στοιχείου τὸ μᾶλλον καὶ τὸ ἧττον δεδεγμένον. ὥστε ἄστατον καὶ ἄμορφον καὶ ἄπειρον καὶ οὐκ ὂν τὸ τοιοῦτον λέγεσθαι κατὰ ἀπόφασιν τοῦ ὄντος. τῷ τοιούτῳ δὲ οὐ προσήκειν οὔτε ἀρχῆς οὔτε οὐσίας <ὄνομα em. Theiler>, ἀλλ᾽ ἐν ἀκρισίᾳ τινὶ φέρεσθαι ....

bos‹; das Aristotelische Zeugnis präzisiert diese aber noch, da es klarmacht, daß die Einheit des zweiten Prinzips für Platon offenbar nicht nur begrifflicher, sondern als numerische Einheit auch ontologischer Natur war. Wenn Platon also der unbestimmten Zweiheit nicht nur begrifflich, sondern auch ontologisch Einheitscharakter zugesprochen hat, dann ist sein zweites Prinzip dem Einen nicht gleichursprünglich und gleichmächtig, sondern nach dem Kriterium des συναναιρεῖν καὶ μὴ συναναιρεῖσθαι von dem Einen abhängig; denn wie auch der ›Parmenides‹ zeigt, wird das Vielheitsprinzip mitaufgehoben, wenn das Eine aufgehoben wird (8. Hypothesis), das Eine selbst aber nicht, wenn die Vielheit aufgehoben wird (1. Hypothesis). In die gleiche Richtung weist die Bemerkung des Aristoteles, strenggenommen sei dem Einen nichts entgegengesetzt, »wenn aber überhaupt etwas, dann die Vielheit«.[38] Wenn die Vielheit selber begrifflich und seinsmäßig eine Einheit sein muß, weil sie sonst auch keine Vielheit mehr sein könnte, dann ist das Eine als Prinzip von allem, auch der Vielheit, gegensatzlos und übergegensätzlich; gleichwohl bilden die beiden Prinzipien einen Quasi-Gegensatz,[39] insofern die Vielheit zwar nicht von dem Einen, wohl aber das Eine selbst von der Vielheit absolut getrennt werden kann. Im gleichen Sinne ist wohl auch die Bemerkung zu verstehen, die Vertreter der Zwei-Prinzipienlehre setzten noch ein anderes, eigentlicheres Prinzip (ἀρχὴ κυριωτέρα) an, wobei Aristoteles ausdrücklich die Vertreter der Ideenlehre nennt.[40] Das Prinzip der Ideen ist aber das Eine,[41] das auch gegenüber der unbestimmten Zweiheit das »eigentlichere Prinzip« ist, da es im Sinne des Aitia-Prinzips des ›Philebos‹ noch die Zuordnung der beiden Prinzipien – und damit zugleich die Partizipation der Ideen an den Prinzipien und der Dinge an den Ideen – als eine Form von Einheit begründet.

---

37 Aristoteles, Metaph. 1087b9–12: καὶ γὰρ ὁ τὸ ἄνισον καὶ ἓν λέγων τὰ στοιχεῖα, τὸ δ' ἄνισον ἐκ μεγάλου καὶ μικροῦ δυάδα, ὡς ἓν ὄντα τὸ ἄνισον καὶ τὸ μέγα καὶ τὸ μικρὸν λέγει, καὶ οὐ διορίζει ὅτι λόγῳ ἀριθμῷ δ' οὔ. Vgl. auch 1088a15. – Den Einheitscharakter der unbestimmten Zweiheit bezeugt auch Porphyrios bei Simplikios, In Phys. 454,8f Diels: ἐν τούτοις δὲ καὶ ἡ ἀόριστος δυὰς ὁρᾶται ἔκ τε τῆς ἐπὶ τὸ μέγα καὶ τῆς ἐπὶ τὸ μικρὸν μονάδος συγκειμένη.

38 Aristoteles, Metaph. 1087b27ff.: Εἰ δέ ἐστιν, ὥσπερ βούλονται, τὰ ὄντα ἐξ ἐναντίων, τῷ δὲ ἑνὶ ἢ οὐθὲν ἐναντίον ἢ εἴπερ ἄρα μέλλει, τὸ πλῆθος ….

39 Den Ausdruck gebraucht Proklos, Theol. Plat. II 12, p. 66, 20 Saffrey-Westerink: τὴν τῶν πολλῶν πρὸς τὸ ἓν οἷον ἀντίθεσιν. Vgl. In Parm. 1095,18f. Cousin: ἀναίνεται γὰρ ἡ τοῦ ἑνὸς ἔννοια τὸ πλῆθος.

40 Aristoteles, Metaph. 1075b17–20: Καὶ τοῖς δύο ἀρχὰς ποιοῦσιν ἄλλην ἀνάγκη ἀρχὴν κυριωτέραν εἶναι. καὶ τοῖς τὰ εἴδη ὅτι ἄλλη ἀρχὴ κυριωτέρα· διὰ τί γὰρ μετέσχεν ἢ μετέχει;

41 Vgl. Aristoteles, Metaph. 988a10–11: τὰ γὰρ εἴδη τοῦ τί ἐστιν αἴτια τοῖς ἄλλοις, τοῖς δ' εἴδεσι τὸ ἕν. 988b4–6: τὸ τί ἦν εἶναι ἑκάστῳ τῶν ἄλλων τὰ εἴδη παρέχονται, τοῖς δ' εἴδεσι τὸ ἕν.

Damit ergibt sich, daß das Vielheitsprinzip Platons zwar einerseits von dem Einen als dem absoluten Ursprung von allem abhängt, daß es aber andererseits aus dem Einen selbst in seiner Absolutheit nicht abgeleitet werden kann, und zwar eben zufolge der absoluten Transzendenz des Einen, das nichts ist als das Eine selbst und darum keine latente, unentfaltete Vielheit in sich haben kann, das zweite Prinzip also weder impliziert noch präformiert. Prinzip ist die ἀόριστος δυάς offenbar nicht deshalb, weil sie dem Einen gleichursprünglich und unabhängig gegenüberstünde, sondern genau deshalb, weil sie als Entfaltungsbasis des Einen von diesem selbst diskursiv nicht ableitbar ist: um überhaupt etwas aus dem Einen ableiten zu können, muß die unbestimmte Vielheit oder Zweiheit selber schon vorausgesetzt werden, wie die 2. und 3. Hypothesis des ›Parmenides‹ zeigen. Die ἀόριστος δυάς ist darum zwar kein absolut Letztes oder Erstes im reduktiven Aufstieg zum Urgrund, also keine zweite ἀνυπόθετος ἀρχή, wohl aber eine selber diskursiv nicht weiter ableitbare Bedingung für die deduktive Herleitung des Seienden, da aus dem Einen selbst in seiner absoluten Transzendenz und Unbezüglichkeit keine denkbare Bestimmung abgeleitet werden kann, eben weil »Es selbst« in seinem reinen Ansich absolut jenseits des Seins und jeder Vielheit ist und darum auch nicht als Prinzip in Beziehung zu diesen steht,[42] wie gerade der Schluß der 1. Hypothese des ›Parmenides‹ zeigt (141 e–142 a). Der Bericht Speusipps über Platons Prinzipienlehre bestätigt dies und nimmt offenbar genau auf diese Schwierigkeit Bezug: »Sie (sc. die Pythagoreer, denen Speusipp Platons Lehre hier zuschreibt) glauben nämlich, das Eine sei über das Seiende erhaben und Vonwoher des Seienden, und sie haben das Eine sogar von der Verhältnisbestimmung als Prinzip befreit. Weil sie aber meinen, daß nichts von den anderen Dingen entstünde, wenn man das Eine selbst, allein in sich selbst betrachtet, ohne alle weiteren Bestimmungen, rein an sich selbst zugrundelegt, ohne ihm irgend ein zweites Element (Prinzip) hinzuzusetzten, darum haben sie die unbestimmte Zweiheit als Prinzip der Seienden eingeführt.«[43]

42 Zur Negation auch des Prinzip-Charakters des Einen selbst, weil dieser eine Beziehung zu den Prinzipiaten implizieren würde, vgl. neben Test. Plat. 50 auch Plotin, Enn. VI 8, 8,9ff.: (τὸ ἕν ἐστιν) ἀρχή· καίτοι ἄλλον τρόπον οὐκ ἀρχή … δεῖ δὲ ὅλως πρὸς οὐδὲν αὐτὸν λέγειν· ἔστι γὰρ ὅπερ ἐστὶ καὶ πρὸ αὐτῶν (sc. τῶν ἄλλων πάντων)· ἐπεὶ καὶ τὸ ἔστιν ἀφαιροῦμεν, ὥστε καὶ τὸ πρὸς τὰ ὄντα ὁπωσοῦν. VI 9, 3, 49ff: ἐπεὶ καὶ τὸ αἴτιον λέγειν οὐ κατηγορεῖν ἐστι συμβεβηκός τι αὐτῷ, ἀλλ' ἡμῖν, ὅτι ἔχομέν τι παρ' αὐτοῦ ἐκείνου ὄντος ἐν αὐτῷ. Dazu Halfwassen (1992) 106–130. – Wie für Plotin, so ist offenbar auch für Platon das Absolute nicht an sich, sondern nur vom Seienden her Prinzip, insofern das Seiende in einseitiger Abhängigkeitsbeziehung zum Absoluten steht, der keine Beziehung von Seiten des Absoluten selbst korrespondiert; dies scheint auch das Referat Aristoteles, EE 1218 a 15–30 zu bestätigen.

IV Ausblick auf Speusipp und Eudoros

Wenn unsere Deutung richtig ist, dann verbindet Platons Prinzipienlehre einen Monismus in der Reduktion zum Absoluten mit einem Dualismus in der Deduktion des Seienden. Eine solche Verbindung von reduktivem Monismus und deduktivem Dualismus scheint genauer betrachtet für eine Metaphysik des transzendenten Absoluten sachlich unumgänglich zu sein; denn ein Dualismus in der Reduktion führt immer nur zu zwei Prinzipien, von denen keines wirklich ἀνυπόθετον ist und deren Zusammenwirken nicht mehr begründet werden kann, während ein Monismus in der Deduktion die Vielheit oder zumindest eine latente Vielheit schon im Einen selber finden muß, das sich dann in sich selbst entzweit und nicht mehr jenseits von allem ist. Auch bei Plotin, dessen Denken für eine konsequente Metaphysik des Einen paradigmatisch ist, finden wir nirgendwo eine diskursiv nachvollziehbare Ableitung der Vielheit aus dem überseienden Einen, wie schon Hegel konstatiert (und von seinem Standpunkt aus kritisiert) hat.[44] Der Hervorgang der Vielheit aus dem absolut einfachen Einen wird von Plotin nur postuliert und in den bekannten Emanationsmetaphern umschrieben, aber nicht in seiner Notwendigkeit gedanklich durchsichtig und begreifbar gemacht; aufgrund der Erkenntnistranszendenz des Einen ist das auch gar nicht möglich: die Vielheit geht vielmehr auf unbegreifliche Weise aus der überseienden Überfülle des Einen hervor. Den Grund dafür, daß außer dem Einen selbst überhaupt Anderes, d.h. Vielheit und Seiendes ist, erblickt Plotin in der seinsetzenden Übermacht und Überfülle des Einen; dabei ist jedoch nur das Daß, nicht aber das Wie und Warum des Hervorgangs der Vielheit aus dem Einen erkennbar.[45] Der für Plotin dabei entscheidende Gedanke der seinsetzenden Übermacht des Absoluten stammt von Platon (Politeia 509b, Parm. 157e–158b); und auch die im Sinne Plotins als Überfülle an δύναμις verstandene Unendlichkeit des Einen finden wir bei Platon,[46]

---

43 Speusipp bei Proklos, In Parm. VII 40, 1–5 (Fr. 62 Isnardi Parente/ Test. Plat. 50): »*Le unum enim melius ente putantes et a quo le ens, et ab ea que secundum principium habitudine ipsum liberaverunt. Existimantes autem quod, si quis le unum ipsum seorsum et solum meditatum, sine aliis, secundum se ipsum ponat, nullum alterum elementum ipsi apponens, nichil utique fiet aliorum, interminabilem dualitatem entium principium induxerunt.*« – Hierzu Halfwassen (1992) 282ff. sowie Halfwassen (1993) 365ff.

44 G.W.F. Hegel, Vorlesungen über die Geschichte der Philosophie II (Werke XIX 447 ed. Moldenhauer-Michel): »Aus diesem Ersten aber geht alles hervor, und das Eine schließt sich auf ... Dies kann aber aus dem Absoluten nicht gefaßt werden ... Dieser Übergang zum Zweiten wird aber von Plotin nicht philosophisch oder dialektisch gemacht, sondern diese Notwendigkeit wird in Bildern und Vorstellungen ausgedrückt.« – Dazu jetzt Halfwassen (1999), Kap. V.

45 Dazu Halfwassen (1992) 98-130 mit Belegen, bes. 107ff. und 118ff.

ebenso die Metapher der Emanation.[47] Ob auch Platon wie Plotin einen für das diskursive Denken unbegreiflichen Hervorgang seines Vielheitsprinzips aus dem Einen angenommen hat, wissen wir nicht, wir können es aber vermuten. Denn das meist für spezifisch neuplatonisch gehaltene Motiv der seinsetzenden πρόοδος aus der Übermacht des überseienden Absoluten ist der Akademie nicht nur vertraut gewesen, sondern es geht auf sie zurück: Speusipp nämlich sprach vom »Hervorgang der Wirklichkeit des Seienden« aus dem Einen, das deshalb auch in allen Seinsbereichen gleichermaßen als Einheit-setzendes Prinzip begründend wirksam ist (Fr. 58, 72, 88 Isnardi Parente).[48]

Speusipp setzt demgemäß sein Vielheitsprinzip auch nicht dem überseienden Einen selbst entgegen,[49] sondern nur dessen erstem Derivat, der Monade oder dem seienden Einen als dem Prinzip der Zahlen, das zusammen mit der Vielheit die Zahlen – bei Speusipp die höchste Seinsstufe – konstituiert; damit bleibt der Prinzipiengegensatz, der hier primär als der Gegensatz von numerischer Einheit und Vielheit verstanden ist, dem absoluten Einen als dem einzigen Urprinzip nachgeordnet, das auf jeder Seinsstufe die dualistisch entgegengesetzten Regionalprinzipien koordiniert (Fr. 88 Isnardi Parente).[50] Da Speusipp einen stufenweisen Hervorgang des Seienden aus dem Einen gelehrt hat und da das »Hervorgehen« (προελθεῖν) gerade das hyletische und kategoriale Plus begründet, durch welches die ontologisch »spätere« Stufe von der ontologisch »früheren« unterschieden ist (Fr. 58, 72 Isnardi Parente), scheint er einen Hervorgang der Vielheit, die zusammen mit der Monade die erste Seinsstufe konstituiert, aus dem Einen angenommen zu haben; denn da die Zahlen-Monade von dem absoluten Einen durch die

46 Parm. 137d7–8 (ἄπειρον ἄρα τὸ ἕν, εἰ μήτε ἀρχὴν μήτε τελευτὴν ἔχει) mit Politeia 509b9–10 (ἐπέκεινα τῆς οὐσίας πρεσβείᾳ καὶ δυνάμει ὑπερέχοντος) und dazu Halfwassen (1992b) 50ff., ferner 65f., 70f.

47 Politeia 508b6–7: οὐκοῦν καὶ τὴν δύναμιν ἣν ἔχει <τὸ ὄμμα> ἐκ τούτου <τοῦ ἡλίου> ταμιευομένην ὥσπερ ἐπίρρυτον κέκτηται;

48 Aristoteles, Metaph. 1091a35: προελθούσης τῆς τῶν ὄντων φύσεως. Jamblich, De comm. math. sc. IV 16,12: προιούσης γὰρ πορρωτέρω ἀπὸ τῶν ἐν ἀρχῇ φύσεως ... Ebd. IV 17, 5 mit 12-16: καίπερ τοῦ ἑνὸς ὁμοίου ἐγγιγνομένου διὰ παντός ... τὸ γὰρ ἁπλούστατον πανταχοῦ στοιχεῖον εἶναι. λοιπὸν οὖν τινα ἑτέραν μεγέθους αἰτίαν ὑποθεμένους, ὡς ἐν ἀριθμοῖς μονάδα κατὰ τὸ ἕν, οὕτως στιγμὴν ἐν γραμμαῖς τιθέναι.

49 Bei Aristoteles, Metaph. 1028b21–24 (Speusipp, Fr. 48 Isnardi Parente) erscheint das Eine als einziges Urprinzip über den hierarchisch angeordneten Seinsstufen und ihren (dualistischen) Sonderprinzipien: Σπεύσιππος δὲ καὶ πλείους οὐσίας ἀπὸ τοῦ ἑνὸς ἀρξάμενος <οἴεται εἶναι>, καὶ ἀρχὰς ἑκάστης οὐσίας, ἄλλην μὲν ἀριθμῶν ἄλλην δὲ μεγεθῶν, ἔπειτα ψυχῆς· καὶ τοῦτον δὴ τὸν τρόπον ἐπεκτείνει τὰς οὐσίας. Das Eine selbst wird also auch in den Aristotelischen Referaten – ebenso wie bei Jamblich, De comm. math. sc. IV 17, 14f – von dem regionalen Prinzip der Zahlen unterschieden.

50 Vgl. dazu Halfwassen (1993) 361ff.

Begrenzung der Vielheit erzeugt wird (Fr. 72, 88 Isnardi Parente), die Vielheit also schon voraussetzt, ist das, was ursprünglich aus dem Einen hervorgeht, offenbar eben die Vielheit selber. Wir können also bei Speusipp einen zweistufigen Urakt erschließen, in dem die Vielheit in der ersten Stufe als unbegrenzte aus dem Einen hervorgeht, um dann in der zweiten Stufe von diesem begrenzt zu werden; die Unbegrenztheit des Emanats entspricht dabei der von Speusipp ebenfalls angenommenen Unbegrenztheit des Einen selbst (bei Proklos, In Parm. 1118, 10-19 Cousin).[51] Die erste Stufe dieses Uraktes: der Hervorgang der Vielheit aus dem Einen selbst, ist zwar nicht überliefert, kann aber aus dem durch Aristoteles und Jamblich unabhängig voneinander für Speusipp bezeugten Gedanken des Hervorgangs der Wirklichkeit aus dem Absoluten und seiner Funktion im Derivationszusammenhang des Stufensystems mit hinreichender Sicherheit erschlossen werden. Dieser zweistufige Urakt Speusipps entspricht vollkommen dem zweistufigen Urakt bei Plotin, bei dem die Vielheit ebenfalls »zunächst« als unbestimmte aus der Übermacht des Einen hervorgeht, um sich dann in der Hinwendung auf das Eine zu begrenzen; der Hervorgang als solcher vollzieht sich dabei auf eine diskursiv nicht erkennbare Weise.[52]

Aufschlußreich ist in diesem Zusammenhang die von Speusipp und Platons ›Parmenides‹ abhängige Version der altakademischen Prinzipienlehre, die der Mittelplatoniker Eudoros von Alexandria den Pythagoreern zuschreibt: »Auf der höchsten Stufe (κατὰ τὸν ἀνωτάτω λόγον) setzten die Pythagoreer das Eine als Ursprung von allem an, auf der zweiten Stufe (κατὰ δὲ τὸν δεύτερον λόγον) aber nahmen sie zwei Konstitutionsprinzipien der Wirklichkeit an, nämlich das Eine und die diesem entgegengesetzte Wesenheit. Darunter wird alles, was man als gegensätzlich erkennt, eingeordnet, und zwar das Werthafte unter das Eine, das Unwerte dagegen unter die diesem entgegengesetzte Wesenheit. Deshalb faßt diese Schule diese Prinzipien auch nicht als absolut erste auf; denn wenn das eine Prinzip der einen Gegensatzreihe, das andere Prinzip der anderen Gegensatzreihe ist, dann sind sie nicht die gemeinsamen Prinzipien von allem wie das absolute Eine ... Darum, so berichtet Eudoros, lehrten sie auch, das absolute Eine sei in einem ganz anderen Sinne Ursprung von allem, weil auch die Materie ebenso wie alles Seiende aus Ihm hervorgegangen sei. Dieses (sc. das absolute Eine) sei der transzendente Gott (ὑπεράνω θεός) ... ich sage also, daß die Lehre der Pythagoreer auf das Eine als Urprinzip (ἀρχή) von allem hinausläuft, während sie in einem anderen Sinne zwei

51 Dazu Halfwassen (1992b) passim.

52 Vgl. Halfwassen (1992) 114–149 mit Belegen. Grundlegend für die historische Analyse des Plotinischen Uraktes ist Krämer (1964) 312–337; sie wird im einzelnen ergänzt durch die Quellenanalyse von Szlezák (1979) 52–119.

höchste Elemente (στοιχεῖα) ansetzten ... so daß als Ursprung das absolute Eine, als Elemente aber das (zweite) Eine und die unbestimmte Zweiheit herauskommen, wobei jedes dieser beiden Elementarprinzipien jeweils wieder eine Einheit ist. Evident ist auch, daß das höchste Eine, der Ursprung von allem, von dem der Zweiheit entgegengesetzten Einen, welches sie auch als Monade bezeichnen, verschieden ist.«[53]

Eudoros führt hier also die bipolare Struktur der Wirklichkeit auf die beiden Prinzipien des Einen und der unbestimmten Zweiheit zurück, unterscheidet dabei aber genau wie Speusipp und wie Platon im ›Parmenides‹ zwischen dem absoluten Einen als transzendenter ἀρχή von allem und dem seienden Einen oder der Monade als immanentem στοιχεῖον des Seienden;[54] mit der Monade zusammen konstituiert die unbestimmte Zweiheit als Materialprinzip die bipolare Struktur des Seienden. Eudoros unterscheidet demgemäß zwischen einem monistischen ἀνωτάτω λόγος und einem dualistischen δεύτερος λόγος, und dies scheint genau dem Verhältnis von monistischer Reduktion zum Absoluten und dualistischer Ableitung des Seienden zu entsprechen, das wir bei Platon finden. Den Zusammenhang zwischen diesen beiden Betrachtungsebenen wahrt Eudoros dadurch, daß nach ihm die unbestimmte Zweiheit »ebenso wie alles Seiende« aus dem transzendenten Einen hervorgegangen ist. Die äußerst bemerkenswerte Begründung des Eudoros dafür lautet: ἀρχαὶ ἄμφω ἓν ὄντα πάλιν. Dieses Argument ist genuin Platonisch: denn daß auch die ἀόριστος δυάς selber für Platon eine Einheit war, wissen wir durch Aristoteles (Test. Plat. 49). Deshalb liegt die Vermutung nahe, daß schon Platon einen diskursiv nicht weiter explizierbaren Hervorgang des Vielheitsprinzips aus dem Einen angenommen hat.

---

53 Eudoros bei Simplikios, In Phys. 181, 10ff. Diels (wörtliches Zitat!). Zur Abhängigkeit von Speusipp und Platons ›Parmenides‹ Halfwassen (1993) 350ff. und 358ff. (dort auch weitere Literatur).

54 Diese Unterscheidung zwischen ἀρχή und στοιχεῖον und die Negation des στοιχεῖον-Charakters des absoluten Einen dürfte durch die von Aristoteles, Metaph. 1014a26 als konstitutiv hervorgehobene Immanenz des στοιχεῖον motiviert sein: στοιχεῖον λέγεται ἐξ οὗ σύγκειται πρώτου ἐνυπάρχοντος .... Aus dem gleichen Grunde verneint auch Plotin den στοιχεῖον-Charakter des Einen selbst: Enn. V 3, 11, 16–18: ... τὸ δὲ πρὸ τούτων ἡ ἀρχὴ τούτων, οὐχ ὡς ἐνυπάρχουσα· τὸ γὰρ ἀφ' οὗ οὐκ ἐνυπάρχει, ἀλλ' ἐξ ὧν. Ebenso übrigens Speusipp in seinem Bericht über Platons Prinzipienlehre (Test. Plat. 50): *»Le unum enim melius ente putantes et a quo le ens* (ἀφ' οὗ τὸ ὄν), *et ab ea que secundum principium* (svw. στοιχεῖον) *habitudine ipsum liberaverunt.«* Dagegen nennt er die unbestimmte Zweiheit hier *elementum* und *principium entium.*

LITERATURVERZEICHNIS

Dillon, J.M.: The Middle Platonists. London 1977 ([2]Ithaca, New York 1996);

— Eudoros und die Anfänge des Mittelplatonismus. In: Der Mittelplatonismus, hrsg. von C. Zintzen. Darmstadt 1981, 2–32.

Dodds, E.R.: The Parmenides of Plato and the Origin of the Neoplatonic »One«. In: Classical Quarterly 22 (1928) 129–142.

Findlay, J.N.: Plato. The Written and Unwritten Doctrines. London 1974.

Gaiser, K.: Platons Ungeschriebene Lehre. Studien zur systematischen und geschichtlichen Begründung der Wissenschaften in der Platonischen Schule. Stuttgart 1963 ([2]1968);

— Platons Zusammenschau der mathematischen Wissenschaften. In: Antike und Abendland 32 (1986) 89–124.

Halfwassen, J.: Der Aufstieg zum Einen. Untesuchungen zu Platon und Plotin. Stuttgart 1992 (Beiträge zur Altertumskunde 9);

— Speusipp und die Unendlichkeit des Einen. Ein neues Speusipp-Testimonium bei Proklos und seine Bedeutung. In: Archiv für Geschichte der Philosophie 74 (1992) 43–73 (1992b);

— Speusipp und die metaphysische Deutung von Platons »Parmenides«. In: ΕΝ ΚΑΙ ΠΛΗΘΟΣ – Einheit und Vielheit. Festschrift für Karl Bormann, hrsg. von L. Hagemann und R. Glei. Würzburg-Altenberge 1993, 339–373;

— Das Eine als Einheit und Dreiheit. Zur Prinzipientheorie Jamblichs. In: Rh. Mus. 139 (1996) 52–83;

— Philosophie als Transzendieren. Der Aufstieg zum höchsten Prinzip bei Platon und Plotin. In: Bochumer Philosophisches Jahrbuch für Antike und Mittelalter 3 (1998) 29–42;

— Art. Transzendenz, Transzendieren I. In: Historisches Wörterbuch der Philosophie, hrsg. von J. Ritter und K. Gründer. Bd. 10. Basel und Stuttgart 1998, 1442–1447 (1998b);

— Hegel und der spätantike Neuplatonismus. Untersuchungen zur Metaphysik des Einen und des Nous in Hegels spekulativer und geschichtlicher Deutung. Bonn 1999 (Hegel-Studien. Beiheft 40);

— Der Demiurg: Seine Stellung in der Philosophie Platons und seine Deutung im antiken Platonismus. In: Le Timée de Platon. Contributions à l'histoire de sa réception, hrsg. von A. Neschke-Hentschke. Löwen 2000, 39–61.

Happ, H.: Hyle. Studien zum aristotelischen Materiebegriff. Berlin–New York 1971.

Hösle, V.: Wahrheit und Geschichte. Studien zur Struktur der Philosophiegeschichte unter paradigmatischer Analyse der Entwicklung von Parmenides bis Platon. Stuttgart–Bad Cannstatt 1984.

Horn, Chr.: Der platonische Parmenides und die Möglichkeit seiner prinzipientheoretischen Interpretation. In: Antike und Abendland 41 (1995) 95–114.

Krämer, H.-J.: Arete bei Platon und Aristoteles. Zum Wesen und zur Geschichte der platonischen Ontologie. Heidelberg 1959 ([2] Amsterdam 1967);

— Der Ursprung der Geistmetaphysik. Untersuchungen zur Geschichte des Platonismus zwischen Platon und Plotin. Amsterdam 1964 ([2]1967);

— Die platonische Akademie und das Problem einer systematischen Interpretation Platons. In: Kant-Studien 55 (1964) 69–101 (1964b);

— Retraktationen zum Problem des esoterischen Platon. In: Mus. Helv. 21 (1964) 137–167 (1964c);

— Über den Zusammenhang von Prinzipienlehre und Dialektik bei Platon. Zur Definition des Dialektikers Politeia 534 B-C. In: Philologus 110 (1966) 35–70 (erweiterte Fassung in: Das Problem der ungeschriebenen Lehre Platons, hrsg. von J. Wippern, Darmstadt 1972, 394–448;

separate und erweiterte italienische Version: Dialettica e definizione del Bene in Platone. Interpretazione e commentario storico-filosofico di ›Repubblica‹ VII, 534 B 3 – D 2. Milano 1989);
— Aristoxenos über Platons Περὶ τἀγαθοῦ. In: Hermes 94 (1966) 111–112 (1996b);
— Das Problem der Philosophenherrschaft bei Platon. In: Philosophisches Jahrbuch 74 (1967) 254–270;
— Die grundsätzlichen Fragen der indirekten Platonüberlieferung. In: Idee und Zahl. Studien zur platonischen Philosophie, hrsg. von H.G. Gadamer und W. Schadewaldt. Heidelberg 1968, 106–150;
— ΕΠΕΚΕΙΝΑ ΤΗΣ ΟΥΣΙΑΣ. Zu Platon, Politeia 509 B. In: Archiv für Geschichte der Philosophie 51 (1969) 1–30;
— Platonismus und hellenistische Philosophie. Berlin–New York 1971;
— Aristoteles und die akademische Eidoslehre. Zur Geschichte des Universalienproblems im Platonismus. In: Archiv für Geschichte der Philosophie 55 (1973) 119–190;
— Neues zum Streit um Platons Prinzipientheorie. In: Philosophische Rundschau 27 (1980) 1–38;
— Zum neuen Platon-Bild. In: Deutsche Vierteljahrsschrift für Literaturwissenschaft und Geistesgeschichte 55 (1981) 1–18;
— Platone e i fondamenti della metafisica. Saggio sulla teoria dei principi e sulle dottrine non scritte di Platone con una raccolta dei documenti fondamentali in edizione bilingue e bibliografia. Milano 1982 (³1989; engl. Ausgabe: Plato and the Foundations of Metaphysics. New York 1990);
— Kritische Bemerkungen zu den jüngsten Äußerungen von W. Wieland und G. Patzig über Platons Ungeschriebene Lehre. In: Rivista di Filosofia neo-scolastica 74 (1982) 579–592 (1982b);
— Die Ältere Akademie. In: Ueberwegs Grundriß der Geschichte der Philosophie. Philosophie der Antike Bd. 3: Ältere Akademie – Aristoteles – Peripatos, hrsg. von H. Flashar. Basel–Stuttgart 1983, 3–174;
— La nuova immagine di Platone. Napoli 1986;
— Fichte, Schlegel und der Infinitismus in der Platondeutung. In: Deutsche Vierteljahrsschrift für Literaturwissenschaft und Geistesgeschichte 62 (1988) 583–621;
— Neue Literatur zum neuen Platonbild. In: Allgemeine Zeitschrift für Philosophie 14 (1989) 59–81;
— Zur aktuellen Diskussion um den Philosophiebegriff Platons. In: Perspektiven der Philosophie 16 (1990) 1–20;
— Altes und neues Platonbild. In: Methexis 6 (1993) 95–114;
— Das neue Platonbild. In: Zeitschrift für philosophische Forschung 48 (1994) 1–20;
— Platons Ungeschriebene Lehre. In: Platon. Seine Dialoge in der Sicht neuer Forschungen, hrsg. von Th. Kobusch und B. Mojsisch. Darmstadt 1996, 249–275;
— Die Idee der Einheit in Platons »Timaios«. In: Perspektiven der Philosophie 22 (1996) 287–304 (1996b);
— Die Idee des Guten. Sonnen- und Liniengleichnis. In: Platon. Politeia, hrsg. von O. Höffe. Berlin 1997, 179–203 (Klassiker Auslegen 7);
— Zu neuen Büchern über Platon. In: Allgemeine Zeitschrift für Philosophie 22 (1997) 49–68 (1997b).

Kullmann, *W.:* Platons Schriftkritik. In: Hermes 119 (1991) 2–21.

Merlan, Ph.: Monismus und Dualismus bei einigen Platonikern. In: Parusia. Festschrift für Johannes Hirschberger, hrsg. von K. Flasch. Frankfurt 1965, 143–153.

Migliori, M.: Dialettica e verita. Commentario filosofico al »Parmenide« del Platone. Milano 1990;
— Arte politica e metretica assiologica. Commentario storico-filosofico al »Politico« di Platone. Milano 1996.
Movia, G.: Apparenze, essere e verita. Commentario storico-filosofico al »Sofista« del Platone. Milano 1990.
Reale, G.: Zu einer neuen Interpretation Platons. Eine Auslegung der Metaphysik der großen Dialoge im Lichte der »ungeschriebenen Lehren«. Paderborn–München–Wien–Zürich 1993.
Rist, J. M.: Monism: Plotinus and some Predecessors. In: Harvard Studies in Classical Philology 69 (1965) 329–344.
Szlezák, Th. A.: Platon und Aristoteles in der Nuslehre Plotins. Basel–Stuttgart 1979;
— Platon und die Schriftlichkeit der Philosophie. Interpretationen zu den frühen und mittleren Dialogen. Berlin–New York 1985;
— Die Lückenhaftigkeit der akademischen Prinzipientheorien nach Aristoteles' Darstellung in Metaphysik M und N. In: Mathematik und Metaphysik bei Aristoteles. Akten des 10. Symposium Aristotelicum, hrsg. von A. Graeser. Bern – Stuttgart 1987, 45 – 67;
— Platon lesen. Stuttgart-Bad Cannstatt 1993.
Theiler, W.: Einheit und unbegrenzte Zweiheit von Plato bis Plotin. In: Isonomia. Studien zur Gleichheitsvorstellung im griechischen Denken, hrsg. von J. Mau und E.G. Schmidt. Berlin 1964 (^{2}1967) 89–109 (erneut in: W. Theiler, Untersuchungen zur antiken Literatur. Berlin 1970, 460–483);
— Philo von Alexandria und der Beginn des kaiserzeitlichen Platonismus. In: Parusia, 199–218 (erneut in: W. Theiler, Untersuchungen zur antiken Literatur, 484–501);
Vogel, C. J. de: La Theorie de l'apeiron chez Platon et dans la tradition platonicienne. In: Revue Philosophique de la France et de l' Etranger 84 (1959) 21–39 (erneut in: C.J. de Vogel, Philosophia I. Assen 1970, 378–395);
— Was Plato a Dualist? In: C.J. de Vogel, Rethinking Plato and Platonism. Leiden 1988, 190-206.
Weizsäcker, C. F. v.: Parmenides und die Quantentheorie. In: C.F. von Weizsäcker, Die Einheit der Natur. München 1971, 474–491 (erneut in: ders., Ein Blick auf Platon. Ideenlehre, Logik und Physik. Stuttgart 1981).
Wilpert, P.: Zwei aristotelische Frühschriften über die Ideenlehre. Regensburg 1949.

Giovanni Reale

ALLES, WAS TIEF IST, LIEBT DIE MASKE.

ARISTOPHANES' REDE IM ›SYMPOSION‹ ALS SINNBILDLICHE VERHÜLLUNG DER UNGESCHRIEBENEN LEHREN PLATONS

EINIGE VORBEMERKUNGEN

Schon immer hat man Platons ›Symposion‹ als ein Hauptwerk nicht nur der griechischen, sondern der Weltliteratur betrachtet. Seine Botschaft ist in der Tat so reich, daß sie die Menschen jeder Kultur und Sprache anspricht. Trotzdem können viele Aussagen dieser Schrift, wenn sie außerhalb der griechischen Kultur und der Epoche ihrer Abfassung gelesen und gedeutet wird, nur teilweise verstanden werden, und einige überhaupt nicht.

Ich beziehe mich vor allem auf einen speziellen Typus von andeutenden und chiffrierten Aussagen in Verbindung mit den ungeschriebenen Lehren Platons. Man kann diesen Typus zwar schon in Dialogen erkennen, die als dem ›Symposion‹ vorangehend gelten können (z.B. im ›Protagoras‹, im ›Größeren Hippias‹, im ›Gorgias‹ und im ›Menon‹), aber in unserem Dialog wird er vielleicht zum ersten Mal in einer massiven und, in einigen zentralen Punkten, geradezu außerordentlichen Weise vorgeführt.

Bekanntlich haben sich in der Platonforschung der letzten Jahrzehnte die in den Selbstzeugnissen Platons (Phaidros 274b–278e und Siebter Brief 340b–345c) enthaltenen Probleme als zentral aufgedrängt, in Verbindung mit der Grundfrage nach der Schriftkritik und den Beziehungen, die Platon zwischen Schriftlichkeit und dialektischer Mündlichkeit angenommen hat.

Insbesondere ist in den Arbeiten von Krämer, Szlezák, Erler und meinen eigenen, vor allem in dem Band ›Zu einer neuen Interpretation Platons‹, der 1993 bei Schöningh/Paderborn in deutscher Übersetzung erschienen ist, eine Einsicht hervorgetreten, die jede hermeneutisch reife Platonforschung bedingt: die Einsicht nämlich in die Unhaltbarkeit der zu Recht auf Schleiermacher zurückgeführten These von der Autarkie der platonischen Schriften. Damit verbindet sich die Notwendigkeit, jede Schrift Platons, vor allem aber, wesentlich und unabweisbar, die metaphysischen und dialektischen Schriften in den Horizont der Mündlichkeit zu rücken und diese Schriften jedenfalls vor dem Hintergrund der innerakademischen Lehrtätigkeit neu zu lesen.

Ich möchte hier nicht die einzelnen Beiträge in Erinnerung rufen, die mit dem neuen interpretatorischen, eben an der hiesigen, der Tübinger Universität entstandenen Paradigma verbunden sind – insbesondere das Werk von Krämer (1959) – und die infolgedessen hier wohlbekannt sind. Ich möchte statt dessen die Aufmerksamkeit auf eine Stelle bei Nietzsche lenken, die mit einer genialen Intuition einige wesentliche Züge des neuen Paradigmas vorauseilend vorweggenommen hat.

In einer Stellungnahme, die sich eben gegen die These Schleiermachers wendet, die Schriften seien für Platon ein hinreichendes Mittel, den noch nicht Wissenden zum Wissen zu bringen, insofern sie sich in bestmöglicher Weise der mündlichen Unterweisung annähern, schrieb Nietzsche:

»Die ganze Hypothese (sc. Schleiermachers) steht im Widerspruch zu der Erklärung im Phädrus und ist durch eine falsche Interpretation befürwortet. Plato sagt, nur für den Wissenden als Erinnerungsmittel habe die Schrift ihre Bedeutung. Deshalb solle die vollkommenste Schrift die mündliche Form der Belehrung nachahmen: um also zu erinnern, wie der Wissende wissend geworden ist. ›Ein Schatz von Erinnerungsmitteln für sich und seine philosophischen Genossen‹ soll die Schrift sein. Nach Schleiermacher soll sie das zweitbeste Mittel, den nicht Wissenden zum Wissen zu bringen, sein. Die Totalität (sc. der Schriften) habe also einen eigenen gemeinsamen Lehr- und Erziehungszweck. Aber nach Plato hat die Schrift überhaupt nicht einen Lehr- und Erziehungszweck, sondern nur einen Erinnerungszweck für den bereits Erzogenen und Belehrten. Die Erklärung der Phädrusstelle setzt die Existenz der Akademie voraus, die Schriften sind Erinnerungsmittel für die Mitglieder der Akademie.«[1]

Es handelt sich, wie gesagt, um eine geniale Antizipation des neuen Paradigmas. Unser Ziel in diesem Vortrag ist es nun gerade, das ›Symposion‹ vor dem Hintergrund der Akademie neu zu lesen, wobei wir uns vor allem mit der Rede des Aristophanes beschäftigen wollen, die nach unserem Dafürhalten die am meisten chiffrierte und sinnbildliche ist. Diese Rede ist, wenngleich viel bewundert und gelobt in literarischer und ästhetischer Sicht, tatsächlich philosophisch nicht richtig verstanden worden, und ihre chiffrierten Aussagen wurden von fast allen Gelehrten völlig ignoriert.

---

1 Nietzsche (1913) 239f.

I EINE ERSTE CHIFFRIERTE AUSSAGE IM PROLOG DES ›SYMPOSIONS‹

Bekanntlich besteht im ›Symposion‹ die Darstellung des Gelages, zu dem der Dichter Agathon zur Feier seines Sieges bei der Aufführung seiner ersten Tragödie einlädt, und der entsprechenden Reden der Teilnehmer zu Ehren des Eros nach Inhalt und Aufbau nicht in einer direkten, sondern einer vermittelten Erzählung seitens eines Sokratesschülers namens Apollodor, der nicht am Gelage teilgenommen, jedoch Informationen von einem anderen Sokratesschüler erhalten hatte, der seinerseits persönlich dem Geschehen beigewohnt hatte.

Wir haben es also mit einer Erzählung zweiter Ordnung zu tun oder mit einer Erzählung einer Erzählung.

Aber noch mehr: Die andeutenden Aussagen stehen geradezu in dichter Folge, in Form der Überkreuzung (172a–174a).

Zunächst berichtet Apollodor über das, was bei jenem Gelage geschah und gesagt wurde, einigen Freunden, die ihn darum gebeten haben, wobei er klarlegt, daß er dafür gut vorbereitet ist, da er einige Tage zuvor das gleiche schon seinem Freund Glaukon berichtet hatte, der seinerseits ausdrücklich mit der gleichen Bitte an ihn herangetreten war.

Sodann wird ein besonders aufschlußreicher Umstand herausgestellt, daß nämlich Glaukon Apollodor gegenüber erklärt hatte, er habe schon von einem andern Freund über Verlauf und Reden desselben Gelages berichtet bekommen, aber viel weniger genau. Dieser Gewährsmann war von einem gewissen Phönix informiert worden, der seinerseits Informationen aus derselben Quelle, nämlich von Aristodem, empfangen hatte, die jedoch auf dem Wege über diese Mittelsmänner ihren genauen Sinn verloren hatten.

Warum schreibt Platon einen dramaturgischen Prolog mit einer so komplizierten Handlung, die auf viele moderne Leser verwirrend wirkt?

Unzweifelhaft bezieht sich Platon hier auf das Kommunikationsmittel der Mündlichkeit, das für ihn so wichtig ist. Aber er macht zugleich aufmerksam auf die abweichende Glaubwürdigkeit der verschiedenen Quellen und Kanäle, durch die sich die Mündlichkeit artikuliert und verwirklicht.

Was Platon andeutend, aber so nachdrücklich zur Einsicht bringen möchte, ist nach meinem Dafürhalten das Folgende:

Die Primärquelle für das, was beim Gelage im Haus des Agathon gesagt wurde, ist Aristodem, der unmittelbar am Geschehen teilgenommen hat und eben deswegen glaubwürdig ist. Danach ist seine Erzählung gegenüber Phönix, der sie seinerseits an einen Freund weitergab, der sie fernerhin an Glaukon vermittelt hat, vage und ungenau geworden, und folglich nicht mehr glaubwürdig, offensichtlich aufgrund des ungenügenden Verständnisses der Mittelsmänner (172 bc).

Umgekehrt ist die Erzählung Aristodems gegenüber Apollodor, der sie an Glaukon und dann auch an andere vermittelt, in hohem Grade glaubwürdig, weil Apollodor, nachdem er Aristodem gehört hatte, von Sokrates selbst Erklärungen und Präzisierungen dazu forderte. Und Sokrates bestätigte und bekräftigte den Bericht Aristodems und die Art und Weise, wie Apollodor ihn verstanden hatte (173b). Überdies beachte man die Häufung wiederholender Übung, die für mündliche Mitteilung charakteristisch ist: In kurzem zeitlichen Abstand trägt Apollodor seine Erzählung zweimal vor (173 a und c).

Hier liegt ein deutlicher Verweis Platons auf seine Grundthese vor, wie er sie vor allem im Selbstzeugnis des ›Phaidros‹ zum Ausdruck bringt, daß nämlich allein der Verfasser derjenige ist, der seiner eigenen Rede wahrhaft zur Hilfe kommt, vor allem der geschriebenen Rede, aber offenkundig auch der mündlichen, die von anderen weitergegeben ist.

Uns scheint es insbesondere, daß Platon hier speziell auf die zeitgenössischen Ereignisse um seine ungeschriebenen Lehren anspielt, die er allein seinen innerakademischen Schülern vorbehielt, die aber in verschiedener Weise, und meist in entstellter Form, nach außen drangen. Es scheint also, daß Platon hier das Folgende sagt: Seid vorsichtig gegenüber dem, was Euch berichtet wird, da Ihr Euch von der Glaubwürdigkeit der Quellen Rechenschaft geben müßt. Die letzte Bestätigung kann Euch nicht nur und nicht vornehmlich von dem zuteil werden, der diese Dinge persönlich gehört, sondern vor allem von dem, der sie gesagt hat.

Natürlich wird mancher mir entgegenhalten, daß das, was Platon uns im ›Symposion‹ sagen wird, diese Auffassung Lügen straft, insofern er Sokrates seine eigene (Platons) Lehre in den Mund legt, die bei einem direkten Vergleich mit Sokrates selbst in vielerlei Hinsicht Lügen gestraft würde.

Aber dieser Einwand trifft keineswegs zu, wenn man sich den Umstand vor Augen hält, daß Sokrates in allen Schriften Platons, mit der einzigen Ausnahme der ›Apologie‹, fast ausschließlich als dramatische Figur von außerordentlicher Größe auftritt, die die Gestalt des Philosophen in eminenter Weise repräsentiert, die Platon benutzt, um seine eigenen Gedanken mitzuteilen, nämlich jene Lehren, die er in verschiedener Weise mittels des komplexen und verflochtenen Spiels zwischen Mündlichkeit und Schriftlichkeit ausgedrückt hat.

Eine letzte Bemerkung ist nötig: Eine so verwickelte Handlung wie in diesem Prolog des ›Symposions‹ findet sich in keinem anderen Dialog, ausgenommen den Prolog des ›Parmenides‹. Mag auch der ›Parmenides‹ im Bereich der Ideen- und Prinzipienmetaphysik den fortgeschrittensten Hinweis auf die ungeschriebenen Lehren Platons bieten[2], das ›Symposion‹ ist seinerseits die entwickeltste Andeutung auf dem Feld der Eroslehre und insbesondere der Verbindung dieser Lehre mit den obersten Prinzipien.

Die Botschaft, die uns Platon mit diesem Prolog mitteilen will, wird recht klar, wenn man sie in der dargelegten Weise versteht.

Sehen wir nun zu, in welcher Weise diese Botschaft konkret entfaltet wird.

II Grundriss des ›Symposions‹

Die Figur des Eryximachos, der die Rolle des Koordinators des Gelages übernimmt, macht sich eine mehrfach von Phaidros erhobene Forderung zu eigen, der es beklagt, daß die Dichter zwar den anderen Göttern diverse Hymnen und Päane gewidmet, dem Eros aber, einem so großen und mächtigen Gott, keine Lobreden zugedacht hätten. Er schlägt daher vor, Reden zum Lobe des Eros vorzutragen: Jeder der Gäste müsse, der Reihe nach von links nach rechts, die schönste ihm mögliche Rede zum Lobe des Eros halten (176a–d). Der Ordnung gemäß, die die Gäste beim Bankett einnehmen, hätte die Reihenfolge der Reden (zum mindesten derer, die der Berichterstatter erwähnt) diese sein müssen: Phaidros, Pausanias, Aristophanes, Eryximachos, Agathon, Sokrates.

Man vergegenwärtige sich zunächst, daß nicht nur Sokrates, sondern auch jede andere dieser Figuren von Platon als dramatische Person zur Sprache gebracht wird, nämlich als Sprachrohr jenes kulturellen Milieus, dem sie zugehörten: Phaidros repräsentiert den dilettierenden, aber sehr wachen und intelligenten Rhetor, Pausanias den politischen Redner, Aristophanes die Muse der Komödie, Eryximachos die von der Naturphilosophie inspirierte Medizin, Agathon die Kunst der Tragödiendichtung, Sokrates die Philosophie. Die Rede des Phaidros stellt sich aus den oben angegebenen Gründen zuletzt als die ärmste dar. Auf der Basis von Dichterzitaten präsentiert Phaidros den Eros als den ältesten Gott. Er erregt in den Menschen das Verlangen nach Ehre und ist folglich der Ursprung der Tugend. Auf Eros gründet sich die Gemeinschaft der Menschen und mithin der Staat (178a–180b).

Der Rede des Pausanias gibt Platon großes Gewicht. Sie dient als Ausdruck der Idee des äußerlich glänzenden Athen seiner Zeit. Ihr Kern besteht in der Rechtfertigung der Knabenliebe, und zwar auf der ethisch-kulturellen Ebene. Es gibt zwei Stufen der Liebe: Den allgemeinen Eros, der dem Durchschnittsmenschen zugehört und ohne Wert bleibt, insofern er nur nach Lust strebt; und den himmlischen Eros von göttlicher Natur, der umgekehrt nach der Tugend und dem Glück des Geliebten strebt und als solcher große Bedeutung für die Erziehung und die Politik

2 Vgl. Migliori (1990).

hat. Insbesondere ist die Liebe zu Jungen und deren Hingabe an die Verliebten weder schön noch häßlich; alles hängt vielmehr vom Ziel und der Art und Weise der Realisierung ab. ›Schön‹ ist das Verhältnis nur dann, wenn es vornehmlich die Arete zum Ziel hat. Der Liebhaber muß fähig sein, den geliebten Jungen zur Gescheitheit zu bringen; dieser muß seinerseits Arete erwerben (180c–185c). Dies ist genau die These, die Platon widerlegen möchte.

Was Aristophanes angeht, so ist dafür auf den nächsten Paragraphen zu verweisen.

Eryximachos bringt medizinisch-naturphilosophische Sichtweise zum Ausdruck, die weithin von Heraklit angeregt ist. Es gibt zwei Formen der Liebe, die gute und die schlechte, nicht nur bei den Menschen, sondern im ganzen Kosmos. Die gute Form ist die, die Harmonie zwischen den Gegensätzen bewirkt. Die gute Medizin ist die, die es versteht, den Körpern die guten Liebesregungen einzuflößen: den verschiedenen Teilen und Elementen, die Bestandteil des Körpers und unter einander gegensätzlich sind. Die Medizin läßt mithin Liebe und Eintracht einströmen. Und in entsprechender Weise leisten die übrigen Wissenschaften eine Vermittlung zwischen den Gegensätzen und deren harmonischen Ausgleich (185e–188e).

Die Rede des Agathon, des gefeierten tragischen Dichters, wird mit großer Freiheit vorgeführt. Ein wahres Lob des Eros müßte bei einer Wesensbestimmung des Eros ansetzen, d.h. sie müßte mit der Erklärung beginnen, wer Eros ist, um dann zur Erläuterung seiner Gaben fortzuschreiten. Agathon versteht es zwar, das Problem richtig zu formulieren, kann es aber nicht lösen und webt eine ganze Serie von Bildern ein, manche davon sehr feinsinnig und schön und in ebenso schönen Worten ausgedrückt, aber ohne zu dem Punkt zu gelangen, den er als grundlegend angezeigt hatte (194e–197e).

Die Rede des Sokrates formuliert und löst genau das Problem, von dem Agathon ausgegangen war, und das in einer ungewöhnlichen Weise. Zunächst diskutiert er mit Agathon selber in dialogischer Form (199b–201d); schlägt aber dann in der Auflösung des Problems mit allen seinen Folgerungen einen ganz verschiedenen Weg ein.

Platon legt Sokrates einige seiner großartigsten und höchsten Lehren in den Mund, mit denen verglichen die Reden der übrigen Gäste wenig bedeutend wirken.

Doch ein Sokrates, der solche Lehren in der ersten Person vortrüge, sei es direkt oder im Zwiegespräch mit Agathon (oder mit irgendeiner anderen anwesenden Person), müßte zuletzt die meisten übrigen Teilnehmer dieses Gelages erdrücken und fast zunichte machen, bei denen noch ein besonderer Geist der Ebenbürtigkeit, Freundschaft und Ausgeglichenheit waltet. Zumal im Hause des Siegers des großen Tragödienwettbewerbs wäre dies ganz unpassend und deplaziert, umso mehr, als das

Ende des angesponnenen Dialogs schon mit einem Schachmatt Agathons geendet hatte.

Platon gibt daher vor, Sokrates Lehren in den Mund zu legen, die dieser bei der weissagenden Priesterin Diotima von Mantinea gelernt habe, als ob es hieratische Offenbarungen wären. Zusätzlich gibt er vor, sie, was ihre wesentlichen und abschließenden Folgerungen angeht, mit einer provozierend skeptischen Erklärung der Priesterin darzustellen, die die Fähigkeit des Sokrates betrifft, ihr bis zum Letzten zu folgen (209e–210a).

Man achte aber auf das ungewöhnliche Maskenspiel, das Platon hier in Szene setzt: der Sokrates, der mit Diotima von Mantinea diskutiert, beantwortet die Fragen der Priesterin und diskutiert mit ihr ganz in der Geisteshaltung, die für Agathon charakteristisch ist. Und es spricht der wahre Sokrates (das heißt Platon) unter der Maske der Diotima, während unter der Maske des Sokrates, der mit der Priesterin diskutiert, in gewisser Weise Agathon weiterredet. Damit gewinnt die Warnung der Priesterin ihrem Partner gegenüber und ihr Zweifel an seiner Fähigkeit, ihr bis zum Letzten zu folgen, einen symbolischen Sinn.

Eros wird als Verlangen nach dem dargestellt, dessen man ermangelt, das heißt als Verlangen nach dem Schönen und Guten. Sein Wesen besteht folglich nicht im Schönen und Guten, noch auch im schieren Entzug des Schönen und Guten: Eros ist das Mittelwesen zwischen schön und häßlich, gut und schlecht; er ist daher ein »Mittleres« und ein »Vermittler« zwischen dem Häßlichen und Schönen, dem Schlechten und Guten, dem Sterblichen und Unsterblichen, und folglich nicht ein Gott, sondern ein Dämon.

Diese besondere Natur des Eros wird gut erklärt aus der Vermischung der entgegengesetzten Natur seiner beiden Eltern Penia und Poros. Penia ist der Mangel und die Armut, und Poros die Fähigkeit des Sichverschaffens, der Weg zur Erlangung. Eros, der zwischen diesen beiden Naturen vermittelt, ist daher die Neigung, das Schöne und das Gute in jeder Bedeutung und auf allen Ebenen zu erlangen. Er ist das Verlangen und die Fähigkeit, die Stufenleiter des Schönen hinaufzusteigen bis zur Erlangung des absoluten Schönen. Ausgehend von der Schönheit der Körper, steigt er zur Schönheit der Seelen und zuletzt zur Schönheit in der menschlichen Handlung und den Gesetzen, und danach ebenso zur Schönheit der Wissenschaften, um zuletzt zum Gipfel in der Vision des höchsten Schönen zu gelangen. Und gerade in der Anschauung dieses höchsten Schönen erzeugt die Menschenseele wahre und höchste Tugenden, wird den Göttern lieb und »wenn je ein Mensch, wirklich unsterblich« (212a).

Kaum ist die Rede des Sokrates zu Ende, da stürmt ins Haus Agathons eine Gruppe von Feiernden mit Alkibiades an der Spitze. Dieser wird ein Lob nicht auf Eros, sondern auf Sokrates anstimmen (212c–222b).

Platon hat auf diese Weise nach dem Wesen der Liebe auch das des wahren Liebhabers darstellen wollen. Unter dem, was der betrunkene Alkibiades über Sokrates sagt, ist am wichtigsten, was den Kern des erörterten Problems berührt: daß Sokrates die physische Liebe verschmäht hat, die ihm Alkibiades angetragen hatte, um dafür das Wissen und die Arete des Sokrates einzutauschen, ganz in der Art der Pausaniasrede (184c–185d).

Der Sokrates in den Mund gelegte Satz ist die Antwort Platons an das Athen seiner Zeit: »Mein lieber Alkibiades, Du scheinst in der Tat kein Dummkopf zu sein, wenn das wahr wäre, was Du über mich sagst, und in mir eine Kraft ist, durch die Du besser werden könntest. Da mußt Du ja eine unwiderstehliche Schönheit in mir sehen, die die Wohlgestalt auf Deiner Seite bei weitem übertrifft. Wenn Du also auf sie ein Auge wirfst und mit mir gemeinsame Sache zu machen und Schönheit gegen Schönheit zu tauschen versuchst, so gedenkst Du mich nicht wenig zu übervorteilen: Du versuchst doch, für den bloßen Schein des Schönen sein wahres Wesen zu erwerben und denkst in der Tat ›Gold gegen Erz‹ einzuwechseln. Aber, mein Bester, sieh doch genauer hin, damit Du nicht etwa übersiehst, daß an mir gar nichts ist. Der Blick des Geistes beginnt ja erst dann scharf zu sehen, wenn die Schärfe unserer Augen nachzulassen anfängt. Aber davon bist Du noch weit entfernt« (218d–219a).

III DRAMATURGISCHE HERVORHEBUNG FÜR DIE DARSTELLUNG DER ARISTOPHANES-REDE DURCH PLATON

Was läßt Platon nun zu Aristophanes sagen? Zuvor ist es nötig, das komplexe dramatische Spiel hervorzuheben, das inszeniert wird, um die Rede des Aristophanes selber auszuzeichnen, über die des Sokrates und die des Agathon hinaus, des tragischen Dichters, der um seines Sieges willen, den er mit seiner ersten Tragödie erlangt hat, gefeiert wird. Zunächst läßt Platon Aristophanes nicht zu dem Zeitpunkt sprechen, wo er an der Reihe ist, nämlich gemäß den Regeln des Trinkgelages von links nach rechts, d.h. als dritten. Er läßt ihn einem kräftigen Schluckauf verfallen, der ihn daran hindert, seine Rede zu halten. Vor ihm läßt er den Arzt Eryximachos sprechen, der ihm auch die Therapie anrät, um den Schluckauf zu beenden, nämlich zum geeigneten Zeitpunkt in ein heftiges Niesen auszubrechen (185c–e).

Doch würde das noch nicht genügen, um der Rede des Aristophanes eine Ausnahmestellung zu verschaffen. Man könnte einwenden, daß Platon diese Umstellung vor allem deshalb vorgenommen hat, damit nach einander der komische, dann der tragische Dichter und danach der Philosoph gesprochen hätte, um zu dem Resultat zu gelangen, mit dem der Dialog schließt, daß derselbe Komödien und Tragödien schreiben könne, weil der zünftige Dichter Tragiker und Komiker zugleich sei, und dies sei nach seinem Dafürhalten der Philosoph. Außerdem könnte man auch geltend machen, daß nichts der Person des großen Komödienschreibers angemessener sei als daß ihn wegen zu vielen Essens und Trinkens ein Schluckauf befalle und dann das heftige Niesen.

Platon hat wahrscheinlich auch das im Auge, will aber weit mehr erreichen. In der Tat läßt er die Grundthese der Aristophanes-Rede von keiner geringeren als der Priesterin Diotima von Mantinea in Erinnerung rufen, die auch die notwendige Korrektur andeutet oder besser die richtige Sicht, aus der die Thesen jener Rede verstanden werden müssen, wenigstens vom vorbereiteten Leser, der auf anderem Wege Kenntnis der Dinge besaß, die in einer Reihe von andeutenden Metaphern mitgeteilt werden (205 de).

Aber nicht genug: Sokrates diskutiert mit dem Dichter Agathon (199 b–201 d) und nimmt dann dessen Maske an, um mit Diotima zu diskutieren (= die wahre Maske, unter der er seine eigenen Lehren mitteilt). Umgekehrt diskutiert er mit dem Dichter Aristophanes nicht nur faktisch nicht, sondern überläßt ihm nicht einmal das erbetene Wort, um auf die Einwände der Priesterin von Mantinea zu antworten. In dem Augenblick nämlich, wo Aristophanes das Wort erbittet, läßt Platon Alkibiades mit einer Gruppe von Feiernden in den Saal stürzen und bewirkt so mit ausgesuchter dramatischer Kunst, daß es keinerlei Möglichkeit gibt, ihn reden zu lassen: »Nachdem Sokrates so gesprochen hatte, hätten ihn alle gelobt. Nur Aristophanes habe versucht, etwas zu entgegnen, weil Sokrates in seinem Vortrag auf die von ihm gehaltene Rede angespielt habe. Da wurde plötzlich mit großem Lärm an das Hoftor geklopft, wie von nachtschwärmenden Zechern, und man hörte eine Flötenspielerin blasen« (212 c).

Platon spielt im ›Symposion‹ mit der Maske des Komödiendichters voll ungewöhnlicher Raffinesse: Grade mit der Kunst der Komödie legt er Aristophanes wundervolle Bilder in den Mund, die nur im Munde eines Komödienschreibers angemessene Schätzung erfahren konnten, jedoch um damit auf die eigenen ungeschriebenen Lehren anzuspielen, und zwar in einer Darstellungsform, die ihm erlaubte, diejenigen verlachen und verhöhnen zu können, die sie verlachten.

Ich erinnere daran, daß Platon, nach allgemeinem Zugeständnis der Gelehrten, eine Fähigkeit zur Imitation von Eigenheiten und stilistischen Charakteristika der Gestalten des zeitgenössischen Geisteslebens besessen hat, wie vielleicht kein anderer griechischer Autor. Er besaß die Fähigkeit, was sie sagten, in ihrer Weise auszudrücken, aber auch die Fähigkeit, in ihrer Weise das auszudrücken, was er im Zusammenhang seiner Dialoge erreichen wollte.

Insbesondere, wie gesagt, verstand er es, was die Imitation des Aristophanes angeht, sich dessen komischer Maske zu bedienen, aber es empfiehlt sich zu wiederholen: speziell um seine eigenen tiefsten Thesen in einer Weise auszudrücken, daß sie von niemand hätten verlacht werden können, ohne das Risiko, daß der Spötter selbst seinerseits verlacht worden wäre.

Es ist ferner nicht zu bezweifeln, daß Platon sich des Spiels völlig bewußt war, das er im ›Symposion‹ durchführte, mit allen dramaturgischen und dichterischen Einfällen, die er realisiert. Ebenso wahr ist es, daß er in geeigneter Form und in bestimmtem Grade den Leser darauf aufmerksam macht, indem er ausdrücklich sagt, daß weder Aristodem (die ursprüngliche Quelle der Erzählung) sich an alles das erinnerte, was die Teilnehmer am Gelage gesagt hatten – wie er sich auch nicht an alle Reden erinnert, die vorgetragen wurden –; noch auch Apollodor wiederum an alles das erinnerte, was Aristodem ihm erzählt hatte. Apollodor behauptet daher nur das zu erzählen, was ihm der Erinnerung wert schien, auch wenn es in der Form des Vortrags gesagt wurde, deren sich jeder der Teilnehmer befleißigte (178a, 180c).

Nun aber zur Rede des Aristophanes.

IV AUFBAU DER ARISTOPHANES-REDE

Nachdem der starke Schluckauf in der Folge eines heftigen Niesens vorüber war, das ihm der Arzt Eryximachos angeraten hatte, redet Aristophanes wie gewöhnlich (189c–193e). Unter gewissen Aspekten ist diese Rede die berühmteste und ästhetisch am meisten gefeierte geworden.
Wir glauben nicht fehlzugehen, wenn wir sagen, daß tatsächlich diese Rede die schönste ist, die Platon geschrieben hat, mit dem ganzen Gewebe der Imitation von Bildern und Sprachmitteln der Gestalten des damaligen Geisteslebens. Mancher betrachtete sie geradezu (darin übertreibend) als das schönste Stück des ganzen ›Symposions‹.

Die Frage, ob Aristophanes wirklich entsprechendes gesagt habe, ist völlig nutzlos, da es, auch wenn Platon Bilder und Themen des Aristophanes benutzt hätte (z.B. aus den ›Vögeln‹ 693-703), hier nicht darum geht, daß und wie Aristophanes sie gesagt hatte, sondern wie Platon sie in dieser Rede, die er ihm in den Mund legt, benutzt hat und was er aus jenen Bildern im Rahmen dieser seiner Schrift entnehmen wollte (wie er es im übrigen immer tut, wenn er in seinen Schriften eine Persönlichkeit nachahmt).

Was also hat Platon Aristophanes sagen lassen?

Ursprünglich waren die Menschen kugelgestaltig, mit vier Händen, vier Beinen und einem doppelten Gesicht. Sie bewegten sich äußerst schnell, indem sie kreisend dahinrollten und sich auf die vier Glieder stützten.

Es gab drei Geschlechter: das männliche, das von der Sonne, das weibliche, das von der Erde abstammte, und das mannweibliche, das Mann und Frau verband und dem Mond entstammte. Jeder Einzelmensch, der diese Geschlechtstypen verkörperte, war autark, da er in seiner ursprünglichen Natur die Ganzheit und Fülle besaß und daher keines anderen bedurfte.

Aber vermöge der außerordentlichen Kraft und Macht, die die Menschen mit dieser ihrer ursprünglichen Natur besaßen, versuchten sie geradezu den Himmel zu erstürmen und die Götter anzugreifen. Nach der Beratung mit den anderen Göttern und nach langer Überlegung entschloß sich Zeus, um sich zu verteidigen, jeden Menschen zu halbieren, indem er gemäß der Logik der Zweiteilung eine ganze Reihe von Veränderungen am Bau des Menschen vornahm.

In der Folge sehnte sich jede Hälfte nach ihrer verlorenen anderen Hälfte. Sie suchte sie und, sobald sie sie fand, vereinigte sie sich wieder mit ihr. Doch wenn sie in dieser glücklichen Weise wieder vereinigt waren, starben sie zuletzt vor Hunger und Untätigkeit. Zeus versetzte nun die Geschlechtsorgane nach vorn (zuerst befanden sie sich außen, und die Zeugung erfolgte nicht durch die Verbindung von Mann und Frau, sondern über die Erde, wie angeblich bei den Zikaden), derart, daß die Zeugung durch den Gebrauch dieser Organe stattfände und sich Mann und Frau für die Fortpflanzung verbänden und so eine ganze Reihe damit verbundener Probleme lösten.

Was ist also der Eros? Die Antwort ist einfach: Er ist das auf die Zweiteilung folgende Heilmittel, die Suche nach der anderen Hälfte und die Vereinheitlichung von zweien und der Versuch, so die entzweiende Spaltung der menschlichen Natur zu heilen.

Die maskulinen Menschen wurden in zwei Männer geteilt, und daher sucht jeder von ihnen seine andere Hälfte in einem anderen Mann. Umgekehrt haben die mannweiblichen Menschen, die in einen Mann und eine Frau geteilt wurden, zur Entstehung zweier Geschlechter geführt, die von Natur einander suchen: Der Mann sucht in der Frau seine andere Hälfte und umgekehrt. Die weiblichen Menschen wiederum wurden in zwei Frauen geteilt, und jede von ihnen sucht daher ihre eigene Hälfte in einer anderen Frau.

In der Liebe sucht also jeder das, was ihm gleichartig ist, und sehnt sich so schnell wie möglich mit ihm zu vereinigen.

Und was soll mit dieser Vereinigung erreicht werden? Die Liebenden werden es zwar nicht sagen können, aber was sie suchen, ist das ursprüngliche Ganze, das heißt die Einheit ihrer alten Natur. Und falls je den Liebenden der göttliche Handwerker Hephäst mit seinen Geräten erschiene und sie befragte, ob sie wünschten, daß er sie verbinde und verschmelze, indem er bewirkte, daß sie aus zweien zu einem würden, so würden sie ihm antworten, daß das, was sie seit langem ersehnten, eben dies sei, aus zweien einer zu werden, indem sie sich mit einander verbänden und verschmölzen.

Die letzte Antwort des Aristophanes ist die: Eros ist das Streben zum ursprünglichen Einen und Ganzen; unser Geschlecht wäre glücklich, wenn jeder von uns seinen Geliebten fände und zusammen mit ihm seine alte Natur wiederherstellte.

In dieser in wahrhaft prachtvoller Manier wiedergegebenen Rede, mit jenen künstlerischen Zügen der Nachahmung und des Redens ›nach der Art von ...‹, werden einige Schlüsselbegriffe der ungeschriebenen Lehren Platons präsentiert, doch in mit großem künstlerischen Geschick zurechtgemachten Abbildern.

Da dies, so weit ich sehe, den meisten Interpreten fast gänzlich entgangen ist, ist es nötig, hier die Ausdrücke anzuführen, mit denen Platon auf die ungeschriebenen Lehren in einer wahrhaft ungewöhnlichen Art hinweist.

Man beachte, daß Platon auch an anderen Stellen des ›Symposions‹ auf die ungeschriebenen Lehren hinweist: Insbesondere in der Rede des Eryximachos mit einem Verweis auf das Eine (187a4/5), und dann ausführlich auch in der Diotima-Rede, speziell im großen Mythos von Vater und Mutter des Eros (203b–e), nämlich von Poros und Penia, die sinnbildliche Darstellungen von Reflexen der beiden obersten Prinzipien des Einen und der Zweiheit sind, wie wir in unserem Band ›Zu einer neuen Interpretation Platons‹ bewiesen haben.[3] Doch diesen Stellen wollen wir uns hier nicht erneut zuwenden, um uns auf die wahrhaft durchschlagenden Aussagen der Aristophanes-Rede konzentrieren und bei ihnen verweilen zu können.

V ANALYSE DES WIEDERHOLTEN SPIELS ZWISCHEN ›ZWEI‹ UND ›EINEM‹ ALS VERWEIS AUF DIE ZWEIHEIT UND DIE EINHEIT DER PLATONISCHEN UNGESCHRIEBENEN LEHREN

Wir appellieren zunächst an die Erinnerung des Lesers daran, wie die indirekte Überlieferung uns konvergierend und beständig über die Lehre Platons von den beiden obersten Prinzipien informiert, die in besonderer Weise der dialektischen Mündlichkeit vorbehalten war: dem Einen, dem das Gute entspricht, und der unbestimmten Zweiheit des Großen und Kleinen, der das Schlechte entspricht. Lesen wir noch einmal die beiden Grundtexte in der ›Metaphysik‹ des Aristoteles: »Aus dem Gesagten ergibt sich klar, daß er (Platon) nur von zwei Ursachen Gebrauch gemacht hat: von der Formursache und der Materialursache. Tatsächlich sind die Ide-

3 Reale ([10]1991) 461–477 (Kapitel 15).

en Formursachen der übrigen Dinge, und das Eine ist Formursache der Ideen. Was ferner die Frage betrifft, welches die Materie in der Funktion des Substrats sei, von der im Bereich der wahrnehmbaren Dinge die Ideen und im Bereich der Ideen das Eine ausgesagt werden, so gibt er zur Antwort, daß dies die Zweiheit ist, d.h. das Große und das Kleine. Platon schrieb überdies die Ursache des Guten dem ersten der beiden Elemente (dem Einen) zu und die Ursache des Schlechten dem anderen (der Zweiheit)« (A 6, 988a7–16). »Unter denen, die die Existenz unbewegter Seinsheiten vertreten, behaupten einige, daß das Eine selbst das Gute selbst sei (αὐτὸ τὸ ἓν τὸ ἀγαθὸν αὐτὸ εἶναι); doch sein Wesen war ihnen zufolge vorzugsweise das Eine« (N 4, 1091b13–15).

Liest man nun noch einmal im Licht des Vergleichs die Aristophanes-Rede, so ist man von der ungewöhnlichen Beharrlichkeit beeindruckt, mit der Platon sein dramaturgisches Spiel mit der Zwei und dem Einen treibt. In der ersten Hälfte der Rede wird die dyadische Teilung und folglich die Zwei akzentuiert, von der sich das Übel für den Menschen herleitet. Zeus sagt von den aufrührerischen Menschen: »Ich werde sie entzweischneiden« (190d1: διατεμῶ δίχα ἕκαστον). Und er bekräftigt: Falls sich diese Maßnahmen nicht als zureichend erweisen sollte, »werde ich sie nochmals entzweischneiden« (190d5: πάλιν ... τεμῶ δίχα). Nach diesen Worten schnitt er die Menschen entzwei (ἔτεμνε τοὺς ἀνθρώπους δίχα). Und so »wurde die ursprüngliche Natur des Menschen zweigeteilt« (191a5f.: ἡ φύσις δίχα ἐτμήθη), und in der Folge ersehnt und sucht jede Hälfte die andere, von der sie getrennt war, um sich wieder mit ihr zu verschmelzen. Auch das Insistieren auf dem Ausdruck ›Hälfte‹ wiederholt eben das Spiel der Zwei und der dyadischen Teilung (190d6ff.).

Im zweiten Teil der Rede wird umgekehrt auffallend auf dem Einen insistiert, kraft dessen allein man zum Ganzen zurückkehren, d.h. Einheit wiederherstellen und die ursprüngliche Natur wiedererwerben und folglich das für den Menschen Gute zurückgewinnen kann. Platon sagt ausdrücklich, daß diese Liebe der einen zu den anderen, die die Menschen zur alten Natur zurückführt, »aus zweien eins zu machen sucht« (191d2: ποιῆσαι ἓν ἐκ δυοῖν, vgl. auch d5). Die Ausschaltung der Teilung ist die Wiedergewinnung der Identität, das Identischwerden des einen mit dem andern (ἐν τῷ αὐτῷ ... εἰς τὸ αὐτό). Kurz: Die dyadische Teilung kann lediglich kraft der Einheit und folglich auf Grund des Einswerdens von zweien überwunden werden (192e1: ὥστε δύο ὄντας ἕνα γεγονέναι).

Und hier die beständige Weise, mit der Platon an die Einheit erinnert: Die Liebenden streben »ein Einziges zu werden« (192e2: ὡς ἕνα ὄντα). Darum streben sie danach, »statt zwei eins zu sein« (192e3: ἀντὶ δυοῖν ἕνα εἶναι), »aus zweien einer zu werden« (192e8f.: ἐκ δυοῖν εἷς γενέσθαι). Die Schlußfolgerung, die Aristophanes aus all dem zieht, ist die, daß die Liebe den jeweiligen Geliebten finden und, indem sie die Einheit mit ihm verwirklicht, uns eben zur ursprünglichen Natur zurückkehren läßt. Und »wenn dies das Beste (ἄριστον) ist, ist es notwendig, daß von den gegenwärtigen Dingen das Beste dasjenige ist, das sich ihm am meisten annähert (ἀναγκαῖον τῶν νῦν παρόντων τὸ τούτου ἐγγυτάτω ἄριστον εἶναι). Und dies besteht darin, »einem Geliebten zu begegnen, dessen Wesen unserer eigenen Sinnesart entspricht« (193c5–8).

Für einen Leser, der nicht in unhistorischer und irrationaler Weise die Triftigkeit der indirekten Überlieferung und ihre hermeneutische Unbeweisbarkeit leugnet, ist es einleuchtend, daß diese massive und geradezu hämmernde Insistenz auf der ›Zwei‹ und dem ›Einen‹ keine andere philosophische Erklärung finden kann als mit Hilfe der Anspielungen (die in diesem Fall geradezu sinnbildlichen Charakter haben) auf die beiden ersten und obersten Prinzipien.

Wir können uns hier nicht einmal in allgemeiner Weise auf diese Problematik einlassen und verweisen auf unser Buch ›Zu einer neuen Interpretation Platons‹, in dem wir auf Grund präziser Textbelege zeigen, wie Platon auch in vielen anderen Schriften durch Anspielungen, doch in unbestreitbarer, in einzelnen Fällen sogar provokatorischer Weise, eben dieses sagt. Es bedarf jedoch der Lektüre der platonischen Schriften und des Erwerbs einer angemessenen hermeneutischen Reife, d.h. der Rechenschaft darüber, daß Platon sich mit seinen Schriften nicht in der gleichen Weise Ausdruck verschaffte wie moderne Autoren mit ihren Schriften. Vor allem empfiehlt es sich, die Tatsache festzuhalten, daß die Schrift für unseren Philosophen in weitem Umfang eine hypomnematische (wiedererinnernde) Funktion besaß. In seinen Schriften rief Platon, wenn er an die Grundprobleme rührte, bei ›seinen‹ Lesern Gegenstände in Erinnerung, die sie auf anderem Wege gelernt hatten, insbesondere mit seiner außerordentlichen Kunst der Ironie und des Redens durch Anspielungen und Metaphern.

Das neue Paradigma der Platoninterpretation erfordert aber von Seiten des Lesers die Fähigkeit, in den hermeneutischen Zirkel einzutreten, der die historische Situation einschließt, in der Platon lebte, und der einen erheblich weiteren Radius als derjenige Zirkel hat, in dem die moderne Kultur, die der als verabsolutiertes Kommunikationsmittel verstandenen Schrift entstammt, ihn in gewisser Weise eingeschlossen hält.

Doch es gibt noch einige zentrale Punkte des ›Symposions‹, die Hervorhebung verdienen.

VI Verrätselte Aussagen der Aristophanes-Rede und Rückverweis Diotimas mit Auflösung der verschlüsselten Aussagen der Aristophanes-Rede

Die Vorstellung der Liebe als Heimweh nach dem Einen, die von Aristophanes so gut zur Anschauung gebracht wird, erfährt dennoch ihre letzte Entfaltung erst durch rätselhafte Andeutungen, wie Platon eben den Aristophanes sagen läßt.

Hier die Textstelle: »Wenn nun der Liebende, der Knabenfreund oder wer sonst, seiner anderen Hälfte begegnet, dann sind beide ganz wunderbar entzückt vor Freundschaft, Vertrautheit und Liebe; und sie wollen sozusagen nicht von einander lassen, nicht einmal für einen kurzen Augenblick. Solche Liebenden bleiben zeitlebens beieinander; und sie sind es, die nicht einmal zu sagen wüßten, was sie von einander erwarten. Denn kaum jemand wird meinen, um des gemeinsamen sinnlichen Genusses willen sei der eine mit dem anderen so freudig und mit so großer Leidenschaft zusammen. Offenbar ersehnt doch beider Seele etwas anderes, was sie nicht aussprechen kann – nein, sie erahnt nur, was sie begehrt, und deutet es in Rätseln an (αἰνίττεται)« (192cd).

Das, was die Seele in Rätselform erfaßt, ist eben jene andere Wirklichkeit, die das Körperliche und die Vereinigung des Körperlichen übersteigt und die auf eine andere Ebene und in eine andere Dimension führt.

Doch offensichtlich genügte diese verschlüsselte Botschaft, nämlich das Reden in Rätseln, noch nicht. Tatsächlich konnte eine Rede von solcher künstlerischer Schönheit wie die dem Aristophanes in den Mund gelegte den Leser mit ihren glänzenden Bildern für sich einnehmen und zufriedenstellen (was leider auch in der Geschichte der Interpretation in reichem Maße geschehen ist). Insbesondere konnte sie zu dem Irrtum verführen, die Auffindung der anderen Hälfte auf der physisch-anthropologischen Ebene könne für die Erlangung der ›Einheit‹ und des ›Ganzen‹ ausreichen, die in der Liebe gesucht werden.

Tatsächlich sind das Eine und das Ganze, von denen Platon spricht, nicht die Anfügung einer Hälfte an die andere, also eine bloße Summe von Teilen. Die Überwindung der Zweiheit (der dyadischen Spaltung) verwirklicht sich mithin nicht einfach in der Suche nach der anderen Hälfte, die jedem auf anthropologischer Ebene entspricht, nach einem anderen Individuum, welches das gleiche Bedürfnis empfindet, weil es die gleichen Mangelerscheinungen hat, sondern in der Suche nach etwas Höherem, das heißt dem Guten an sich (dem ›Ersten Befreundeten‹, wie es im ›Lysis‹ formuliert ist, dem ›Ersten Geliebten‹, wie man hier sagen könnte).

Aus zweien einer werden zu wollen bedeutet folglich, das Gute zu suchen, das das transzendente Eine ist, das auf verschiedenen

Ebenen und in verschiedener Weise alles eint, wie Platon gerade mit seinen ungeschriebenen Lehren zeigte.

Hier der Hinweis auf die Aristophanes-Rede, der der Priesterin von Mantinea (der symbolischen Maske des Philosophen Sokrates und des Platon) in den Mund gelegt wird, mit der Anleitung, wie sie gelesen werden muß: »Es geht nun zwar die Rede, daß diejenigen lieben, die ihre eigene Hälfte suchen. Meine Lehre aber lautet, daß Eros weder auf ein Halbes aus ist noch auf ein Ganzes, es sei denn gerade ein Gutes (ἀγαθόν), mein Freund. Lassen sich doch die Menschen sogar ihre eigenen Füße und Hände abschneiden, wenn ihre eigenen Gliedmaßen ihnen von Übel zu sein scheinen. Nicht am Eigenen, meine ich, hängt ein jeder, er nenne denn das Gute sich zugehörig und sein Eigen und das Schlechte sich fremd (εἴ τις τὸ μὲν ἀγαθὸν οἰκεῖον καλεῖ ... τὸ δὲ κακὸν ἀλλότριον). Nichts anderes nämlich lieben die Menschen als das Gute (οὐδέν γε ἄλλο ἐστὶν οὗ ἐρῶσι ἢ τοῦ ἀγαθοῦ)« (205e–206a).

Das, was hier Gutes genannt wird, ist eben dasjenige, was in der Aristophanes-Rede das Eine genannt wird, mit einem verschlüsselten Hinweis auf die ungeschriebenen Lehren, doch ohne daß in der Rede, die dem Komödienschreiber in den Mund gelegt wird, der Übergang zur anderen Sphäre vollzogen würde, den jene Lehren in ihrem Aufbau einschließen.

Im übrigen beachte man, wie Platon Eins und Gutes wohl unterschieden gehalten hat, mit jenem ironisch-maieutischen Spiel, in dem er Meister ist. Wenn er in der Rede des Aristophanes selber auf das Gute hinweist, so tut er es in seiner unscharfen und verstellten Art: Er gebraucht den (absoluten) Superlativ, als ob er vom Besten sprechen wollte, wobei er aber mit dem allgemeinen Sinn spielt, den der Ausdruck in der Umgangssprache hat. Lesen wir die Stelle noch einmal: »... ich behaupte von Männern und Frauen insgesamt, daß nur so unser Geschlecht glücklich werden kann, wenn wir die Liebeserfüllung erlangen und ein jeder den ihm wesenseigenen Geliebten findet und so zurückkehrt zu seiner Ursprungsnatur. Ist dies auch das Allerbeste (ἄριστον), so ist unter den gegebenen Umständen notwendig das am besten, was dem am nächsten kommt (τὸ τούτου ἐγγυτάτω ἄριστον εἶναι), nämlich einen Geliebten zu finden, dessen Wesen der eigenen Sinnesart entspricht« (193c).

Wie wir schon oben herausgestellt haben, verbindet Platon, wenn er das Eine ins Spiel bringt, es terminologisch nicht mit dem Guten, sofern dies nicht implizit geschieht wie im eben zitierten Abschnitt. Wenn er andererseits das Gute ins Spiel bringt, verbindet er es terminologisch nicht mit dem Einen, es sei denn mit metaphorischen Anspielungen und in verstellter Weise. Er vermeidet dies deshalb, weil es ›seinem‹ Leser überlassen bleibt, dies zu tun, nämlich dem Leser, der seine innerakademischen Lehren kannte.

VII Einige abschließende Überlegungen zur Bedeutung der Maske, deren sich Platon im ›Symposion‹ bedient, um auf seine ungeschriebenen Lehren anzuspielen

Im Titel dieses Beitrags haben wir von einer berühmten Formulierung Nietzsches Gebrauch gemacht: »Alles, was tief ist, liebt die Maske.« Nietzsche präzisiert weiterhin: »Jeder tiefe Geist braucht eine Maske: mehr noch, um jeden tiefen Geist wächst fortwährend eine Maske, dank der beständig falschen, nämlich flachen Auslegung jedes Wortes, jedes Schrittes, jedes Lebens-Zeichens, das er gibt«.[4]

Während der Lebenszeit Platons, in der er reifte und zur Vollendung gelangte, fand eine kulturelle Revolution von epochaler Tragweite statt, nämlich der Sieg der Schrift über die Mündlichkeit, der sehr gut die von ihm eingenommene Position erklärt.

Platon bemühte sich um eine Vermittlung zwischen den beiden Instanzen, der der mündlichen und der schriftlichen Kultur, und suchte den Wertprimat der Mündlichkeit festzuhalten, indem er ihr die Schriftlichkeit unterordnete. Diese verstand er als Mittel der Wiedererinnerung, als Medium, Gegenstände ins Gedächtnis zu rufen, die der Leser schon kennen und auf anderem, nämlich mündlichem Wege verstanden haben mußte, worauf schon oben hinzuweisen war (Phaidros 275cd; 276d).

Genau die Mühsal, die aus der Begegnung dieser beiden Kulturen und dem schicksalhaften Niedergang der mündlichen Kultur erwuchs, erklärt Platons Definition der philosophischen Schrift als wundervolles Spiel, aber eben Spiel, und nicht als die letzte Aufgabe, der sich der Philosoph mit seinem höchsten Ernst widmet. Sie erklärt in der Folge die paradoxe und provokatorische Behauptung, daß der, der nicht »Wertvolleres« besitzt im Vergleich mit dem, was er in seinen Schriften niedergelegt hat, kein Philosoph, sondern Dichter, Gesetzgeber und Redenschreiber ist (Phaidros 278c–e). Und sie erklärt restlos, was man im Siebten Brief liest, daß es über diese letzten Gegenstände »keine Schrift von mir gibt noch jemals geben wird« (341c).

4 Nietzsche, Jenseits von Gut und Böse II 40.

Die außerordentliche Begabung Platons als Künstler und Schriftsteller erklärt folgerichtig seine Fähigkeit, Botschaften in verstellter und anspielender Form zu präsentieren, von denen viele wahrhaft sinnbildlich sind.

Um aber alles dies völlig zu verstehen, muß man auch die psychologische Wirkung begreifen, die speziell die Reaktionen auf seine letzten Lehren in ihm hervorgerufen hatten, die Äußerungen der Kritik und der Meinungsverschiedenheit, die ihm sehr zu schaffen machten (vgl. Aristoxenos, Elemente der Harmonik II 38 – 40 Da Rios; Politeia VI 506de).

Um diesen letzten Punkt zu verstehen, ist die Äußerung Nietzsches wahrhaft und in ungewöhnlichem Maße erhellend.

An einer Stelle des Siebten platonischen Briefes heißt es: »... ich glaube nicht, daß eine Behandlung und Mitteilung dieser Themen (nämlich der höchsten Gegenstände) für die Menschen etwas Gutes wäre, außer für einige wenige, die imstande sind, es selbst aufzufinden mit Hilfe eines kleinen Hinweises; von den übrigen aber würde es die einen mit einer unberechtigten Verachtung erfüllen, die der Sache unangemessen ist, die anderen aber mit einem hochfahrenden und aufgeblasenen Dünkel, als hätten sie wer weiß welche erhabenen Wahrheiten gelernt« (341de).

Auf diese Worte wirft, wie gesagt, gerade der oben angeführte Passus bei Nietzsche viel Licht. Tatsächlich wollte sich Platon gegenüber den falschen und oberflächlichen Deutungen seiner Worte und letzten Botschaften verteidigen, indem er jeweils die ihm geeignet erscheinende Maske annahm.

In unserem Fall ist die Maske wahrhaft prächtig: Es ist die Maske des größten Komödienschreibers, die es, wie oben gezeigt, ihm erlaubte, mit schönen Bildern nach Art der Komödie eben auf jene höchsten Gegenstände seiner ungeschriebenen Lehren anzuspielen – Bildern, die nur im Munde eines Komödienschreibers in schätzenswerter Weise mitgeteilt werden konnten. Zugleich machte sich Platon mit der Kunst de Lachens über alle die lustig, die ihn nicht verstanden.

VIII EINE ANTWORT AN HEGEL

Mit unserer Deutung können wir eine Stelle bei Hegel neu interpretieren, die uns in der Vergangenheit lange daran gehindert hat, das neue Paradigma zu akzeptieren. In seinen Vorlesungen ›Über die Geschichte der Philosophie‹ schrieb Hegel: »Eine ... Schwierigkeit soll die seyn: Man unterscheidet exoterische und esoterische Philosophie. Tennemann sagt: ›Plato bediente sich desselben Rechts, welches jedem Denker zusteht, von seinen Entdeckungen nur so viel, als er für gut fand, und nur denen mitzutheilen, welchen er Empfänglichkeit zutraute. Auch Aristoteles hatte eine esoterische und eine exoterische Philosophie, nur mit dem Unterschiede, daß bei diesem der Unterschied bloß formal, beim Plato hingegen auch zugleich material war.‹ Wie einfältig! das sieht aus, als sey der Philosoph im Besitz seiner Gedanken, wie der äußerlichen Dinge. Die Gedanken sind aber ganz etwas Anderes. Die philosophische Idee besitzt umgekehrt den Menschen. Wenn Philosophen sich über philosophische Gegenstände expliciren, so müssen sie sich nach ihren Ideen richten; sie können sie nicht in der Tasche behalten. Spricht man auch mit Einigen äußerlich, so ist die Idee immer darin enthalten, wenn die Sache nur Inhalt hat. Zur Mittheilung, Uebergabe einer äußerlichen Sache gehört nicht viel, aber bei Mittheilung der Idee gehört Geschicklichkeit. Sie bleibt immer etwas Esoterisches, man hat also nicht bloß das Exoterische der Philosophen«.[5]

Abgesehen davon, daß Hegel sich hier auf die Interpretation Tennemanns bezieht (der nicht die Mittel besaß, mit denen allein er sich hätte Respekt verschaffen können), ist an dieser Hegel-Stelle ein ziemlich wichtiger Umstand auszumachen: Es ist (mit Hegel) völlig richtig, daß die Philosophen , wenn sie über philosophische Themen reden, ihre Grundvorstellungen nicht verbergen können, als ob es (physische) Gegenstände wären, und daß, wenn die Sache nur Inhalt hat, in ihren Aussagen auch ihre Gedanken zum Ausdruck kommen.

Doch Platon hat eben dies mit einer ihm eigentümlichen Methode bewerkstelligt.

In seinen eigenen Schriften hat er sich zweier verschiedener Sprechweisen bedient: einer expliziten und deutlichen, für alles das, was auch der großen Menge mitgeteilt werden konnte; und andererseits einer anspielenden, vermittels derer Platon, unter Ausnutzung einer komplexen Metaphorik, seine Botschaften denen anvertraute, die seine ›ungeschriebenen Lehren‹ kannten und daher in der Lage waren, diese Botschaften auch in anderer Dimension und in abweichender Redeweise aufzunehmen und zu verstehen. Gaiser hat einmal geschrieben: »Man kann auf die platonischen Dialoge das anwenden, was Platon vom Gott von Delphi gesagt hat: ›Er behauptet nicht und verbirgt nicht, sondern gibt durch Winke zu verstehen‹.«[6]

Noch wirkungsvoller und geradezu beziehungsreich in der Anwendung auf Platon finden wir einen Vers des Aischylos: »Ich rede für den, der weiß, und schweige für den, der nicht weiß« (ὡς ἑκὼν ἐγὼ μαθοῦσιν αὐδῶ κοὐ μαθοῦσι λήθομαι – Agamemnon 39) – ein Vers, der als Motto über alle Schriften Platons gestellt werden könnte.

5 Hegel, Jubiläumsausgabe ed. Glockner, vol. 18, pp. 179f.

6 Gaiser (1984) 89.

Die von uns vorgelegte Interpretation der Aristophanes-Rede des ›Symposion‹ scheint uns ein beredter Beleg dafür zu sein. Durch die Rede des Aristophanes hat uns Platon in gewisser Weise das Folgende gesagt: Mit der Maske des Lachenden verlache ich die, die über mich lachen; doch wer Ohren zu hören hat, suche zu verstehen, wie ich im Lachen vielleicht gerade auf die Dinge anspiele, die für mich die tiefsten sind. Und dies deshalb – so könnten wir mit der schönen Metapher Nietzsches hinzufügen –, weil aus den genannten Motiven , nämlich um sich gegenüber dem Unverständnis zu verteidigen, alles, was tief ist, die Maske liebt.

IX DIE ABSCHLIEẞENDE BOTSCHAFT DES ›SYMPOSIONS‹ UND DIE ›SIGNATUR DES AUTORS‹, DIE ES ›BESIEGELT‹

Wie einige Gelehrte zu Recht hervorgehoben haben, faßt der Schluß einiger großer Dialoge in wenigen Worten den Geist und bestimmte Grundaussagen des Dialoges selber zusammen.

Am Ende des ›Phaidon‹ beispielsweise läßt Platon Sokrates Folgendes sagen: »Kriton, wir müssen dem Asklepios einen Hahn opfern; spendet ihm den und vergeßt es nicht« (118a). Die Alten pflegten dem Heilgott Asklepios einen Hahn zu opfern, wenn sie von einer Krankheit geheilt wurden. Damit faßt er die Botschaft des Dialogs zusammen, der zeigt, daß der Tod der Übergang zu einem anderen Leben ist, zum wahren Leben, während das Leben der Seelen im Körper ein wenig dem Tod ähnelt.

Am Ende des ›Phaidros‹ wiederum läßt Platon den Sokrates ein Gebet sprechen, welches das Gebet des Philosophen ist (279bc). Der Philosoph aber war im Verlauf des Dialogs als der vorgeführt worden, der allein mit der geeigneten Methode sich an die Wahrheitssuche macht und der als einziger in angemessener Weise Reden über die Wahrheit mitzuteilen weiß und sich mithin über allen andern Redenschreibern plaziert. Hier im ›Symposion‹ führt Platon ein Finale vor, das nicht weniger schlagend und von exzeptioneller Tragweite ist.

Als die Rede des Alkibiades zu Ende ging, drangen in das Haus Agathons weitere trunkene Festgäste ein, und es entstand große Verwirrung. Danach gingen einige weg, andere legten sich zur Ruhe, Aristodem eingeschlossen, der lange schlief und erst bei der Morgendämmerung erwachte, als die Hähne krähten. Er bemerkte, daß lediglich drei Personen wach geblieben waren: Aristophanes, Agathon und Sokrates.

Und hier die abschließende Botschaft Platons: »Sokrates habe mit ihnen ein Gespräch geführt. Worüber sie im übrigen gesprochen hätten, daran, erklärte Aristodem, könne er sich nicht mehr erinnern; denn er sei nicht von Anfang an dabei gewesen und sei überdies zwischendurch eingenickt. In der Hauptsache aber, sagte er, habe Sokrates sie dahin gebracht, zuzugestehen, daß ein und derselbe Mann fähig sein sollte, Komödien und Tragödien zu schreiben, und daß ein Tragödiendichter, der seine Kunst beherrsche, ebenfalls Komödiendichter sein könne. Dies hätten sie zugeben müssen. Aber sie seien nicht mehr so recht gefolgt und eingenickt. Zuerst sei Aristophanes eingeschlafen, schließlich, als es schon tagte, auch Agathon« (223cd).

Es waren also der komische und der tragische Dichter und der Philosoph übrig geblieben. Dieser letzte nötigte die ersten beiden zum Zugeständnis, daß der wahre Dichter, der die poetische Kunst besitzt, mit einem Male komischer und tragischer Dichter sei. Dies bedeutet, daß der wahre Dichter der Philosoph ist, und daß die wahre Kunst die des Wahren ist, die als solche den Komiker und den Tragiker umfaßt und sie in angemessener Weise auszudrücken versteht.

Man beachte, wie an der eben angeführten Stelle hervorgehoben wird, daß Aristophanes und Agathon, obwohl weit entfernt davon, der Rede des Sokrates mit Überzeugung zu folgen, doch genötigt waren, die Ausführungen des Sokrates zu akzeptieren. Dies bedeutet offensichtlich, daß weder Aristophanes in der Lage war, Tragödien, noch Agathon fähig war, Komödien zu schreiben. Demgegenüber besaß Platon die Gewißheit, über die Weisheit zu verfügen, die auf der Grundlage der Wahrheit in der Dimension des Komischen wie des Tragischen ausgedrückt werden konnte.

Platon war demnach davon überzeugt, daß die wahre Kunst diejenige sei, die er gerade realisierte, nämlich die Kunst der philosophischen Dichtung auf der Grundlage der Wahrheit.

Dies ist gleichsam die Signatur des Autors, die Platon mit ausgesuchter Kunst seinem Meisterwerk beifügt, das vielleicht besser als jede andere seiner Schriften die Wahrheit dieser seiner Behauptung belegt.

Es gibt jedoch eine wesentliche Einzelheit, die Platon nicht erkannte, die aber wir gut verstehen können: Er hat mit seiner philosophischen, auf die Wahrheitssuche konzentrierten Kunst den komischen und den tragischen Dichter wirklich übertroffen, indem er sie ›verifizierte‹. Aber dies war ihm nicht nur deshalb möglich, weil er ein großer Philosoph war, sondern auch deshalb, weil er die außerordentliche Begabung des Künstlers besaß, die ihn in der westlichen Kulturgeschichte zu einem Unikum machte und ihn befähigte, alle diejenigen Masken anzunehmen, die er nach und nach brauchte, samt ihren Verknüpfungen und strukturellen Überlagerungen, um die wahrheitserschließenden Botschaften seiner Philosophie auszudrücken, wie die glänzende, von uns behandelte Maske des Aristophanes am besten zeigt. Wir meinen daher, daß Nietzsches Ausspruch »Alles das, was tief ist, liebt die

Maske« keine bedeutungsvollere Bewahrheitung und keine schönere Exemplifikation als diese finden könnte.

LITERATURVERZEICHNIS

Gaiser, K.: Platon als philosophischer Schriftsteller. Neapel 1984.
Krämer, H.-J.: Arete bei Platon und Aristoteles. Heidelberg 1959.
Migliori, M.: Dialettica e Verità. Mailand 1990.
Nietzsche, F.: Nietzsche's Werke, Bd. XIX: Philologica Band III, hrsg. von O. Crusius und W. Nestle, Leipzig 1913.
Reale, G.: Zu einer neuen Interpretation Platons. Paderborn 1993, [2]2000.

Anmerkung: Die deutschen Übersetzungen der platonischen Originaltexte lehnen sich an ›Platon. Das Trinkgelage‹, übertragen von Ute Schmidt-Berger, Insel-Taschenbuch 681, 1985 sowie (für den Siebten Brief) an Platon, Briefe, griechisch-deutsch herausgegeben von W. Neumann und J. Kerschensteiner, Heimeran-Verlag München 1967 an.

Maurizio Migliori

DIALEKTIK UND PRINZIPIENTHEORIE IN PLATONS ›PARMENIDES‹ UND ›PHILEBOS‹*

Die neu entflammte Diskussion um die Quellen hat in Verbindung mit den von der Tübinger Schule ausgehenden Anregungen zu einer weitreichenden Erneuerung der Bemühung um Platon und damit auch zu einer Neuinterpretation der Grundbegriffe der platonischen Philosophie geführt, auch wenn dies von untereinander weit entfernten Standpunkten aus geschah. In diesem Rahmen ist es nach unserer Überzeugung nützlich, zunächst einmal für einige Zeit die einzelnen Dialoge in umfassenden und tiefgreifenden Spezialstudien zu untersuchen, um anschließend in einem immer komplexeren Prozeß die erzielten Ergebnisse auf der analytischen Ebene miteinander zu verknüpfen und schließlich die besonderen Aspekte des platonischen Denkens zu erhellen. Bei einem solchen Vorgehen sollte es möglich sein, auf der Grundlage des aussagekräftigen Materials die verschiedenen Momente dieser Philosophie neu zu formulieren. Mit dem vorliegenden Beitrag möchten wir im Ausgang vom ›Parmenides‹ und ›Philebos‹ einige Überlegungen zur Dialektik zur Diskussion stellen.[1]

* Der Beitrag wurde von K.-H. Stanzel aus dem Italienischen übersetzt.

1 Die in diesem Beitrag entwickelten Thesen finden eine analytische Begründung in zwei langen Kommentaren: Migliori (1990) und Migliori (1993). Darauf sei sowohl für die Gesamtrekonstruktion des Textes als auch für die Diskussion anderer wissenschaftlicher Beiträge verwiesen, mit denen wir uns auseinandergesetzt haben, die wir jedoch nicht anführen, um den ohnehin bereits sehr dichten Text nicht noch unlesbarer zu machen.

A ZU DEN QUELLEN DER DIALEKTIK

I Dialektik und Philosophie

Platon scheint nicht gewillt, das dialektische Moment in seiner Philosophie besonders herauszustellen. Besonders provozierend scheint dies in dem Moment, da Platon die Dialektik präsentiert, ohne indes von dem *terminus technicus* Gebrauch zu machen. So wird weder zu Beginn noch im Verlauf der langen methodologischen Abhandlung des ›Philebos‹ der eigentliche Terminus verwendet.[2] Erst gegen Ende des Abschnitts macht Sokrates deutlich, daß er von der Dialektik redet, die von der Eristik geschieden wird.[3] Noch hintergründiger ist der zweite Anlauf, fast am Ende der Analyse der wissenschaftlichen Disziplinen, nachdem die mathematischen Wissenschaften an die Spitze gestellt wurden. An diesem Punkt versichert Sokrates, daß ›das Vermögen der Dialektik‹[4] sich verweigern würde, falls sie einer anderen Wissenschaft einen höheren Rang als ihr einräumen würden.[5] Die Formulierung, die Sokrates gebraucht, bestätigt, daß er bei der Analyse der Wissenschaften, die er vorlegt, dialektisch verfährt. Sollte man diese Wissenschaft angreifen, könnte sie die Arbeit, die sie vollenden wollte, zuvor abbrechen. Um dies zu vermeiden, ist es erforderlich anzuerkennen, daß die Dialektik den anderen Wissenschaften in dem Maße überlegen ist, daß sie sie zu klassifizieren vermag.

Ihre Überlegenheit gilt sowohl in ontologischer als auch in anthropologischer Hinsicht. Denn sie interessiert sich nicht für den Nutzen, sondern nur für das Verlangen nach der Wahrheit, das der Seele eingeboren ist, weshalb sie auch die Reinheit des Intellekts und der Einsicht besitzt und keine Wissenschaft ihr überlegen ist.[6] Außerdem hat sie zu ihrem Gegenstand eben das, was das wahre Sein besitzt und sich selbst für immer gleich ist.[7] Und genau dies stellt sie auch an die Spitze aller Wissenschaften.[8] Tatsächlich behauptet Parmenides, daß ›das Vermögen der Dialektik‹[9] gefährdet wäre, würde man die Ideen nicht annehmen.

Eine solche Wissenschaft fällt mit der Philosophie zusammen, insofern sie metaphysische Wissenschaft und klassifizierende Methode ist. Sogleich zeigt sich hier

2 Phil. 15d–18d.
3 Phil. 17a.
4 ἡ τοῦ διαλέγεσθαι δύναμις.
5 Phil. 57e6–7.
6 Phil. 58de.
7 Phil. 57e–58a.
8 Phil. 58a2–5.
9 Parm. 135c2: ἡ τοῦ διαλέγεσθαι δύναμις.

jene zweifache Weise der Annäherung an die Dialektik, da sie erste Philosophie und Methode ist, und diese prägt, wie wir sehen werden, das gesamte platonische Denken. Es ist demnach kein Zufall, daß Parmenides zur Rettung der Philosophie[10] dem jungen Sokrates zu einer langen Übung rät, die vielen als eine nutzlose Betätigung erscheint, da ihm andernfalls die Wahrheit entgehen werde.[11] Diese Verknüpfung mit der Wahrheit bestätigt, daß die dialektische Untersuchung nicht technischer Art ist, sondern mit eben dem philosophischen Forschen zusammenfällt, auch wenn sie von einer solchen Art ist, daß die Menge (οἱ πολλοί) in ihr ein rein rhetorisches, wenn nicht sogar ein eristisches Spiel sieht.

II Die Identität Eines-Vieles

Der Grund für diese Vermengung wird klar, wenn man das Problem betrachtet, das zu einer solchen Methode nötigt: die Verknüpfung Eines-Vieles, die zu einer offenbar aporetischen Struktur des Wirklichen führt. Dabei geht es um ein grundlegendes Problem. Auch wenn uns die Wortwahl den Eindruck vermittelt, es handle sich um etwas Einheitliches,[12] haben wir stets mit Formen des Wirklichen zu tun, die die Gegensätze gleichzusetzen scheinen. Dies wird vor allem im Fall der innerhalb der Gattungen anzusetzenden Einheit deutlich, deren Inhalte einander so unähnlich sind, daß sie konträr zueinander sind.[13] Der Versuch, das Problem dadurch zu überspringen, daß man sich auf äußere Faktoren beruft, ist ausgeschlossen.[14] Die Gegensätzlichkeit betrifft nicht äußerliche Aspekte des Wirklichen, die wir untersuchen, sondern innere. Weiß und Schwarz sind Gegensätze gerade, insofern sie Farben sind, sie sind konträr zueinander im Hinblick auf ihre Zugehörigkeit zu einer Gattung, die sie in irgendeiner Weise vereint und zueinander in Beziehung setzt.

Daher ist es nicht möglich, sein Vertrauen in ein Vorgehen zu setzen, das eine einfache Einheit zwischen Gegensätzlichem nur auf der Grundlage der Benennungen behauptet, die die Zugehörigkeit zu einer Gattung anzeigen,[15] ohne gleichzeitig zu bestätigen, daß beispielsweise im Falle der konträren Verhältnisse das in höchstem Maße Verschiedene auch das seinem Unähnlichen Ähnlichste ist.[16] Das einzige Re-

---

10 Parm. 135c5–6.

11 Parm. 135d2–6.

12 Phil. 12c.

13 Phil. 12e; 13e–14a.

14 Protarchos denkt beispielsweise an Prozesse, die die Lüste nicht direkt einschließen (Phil. 12d; 13c).

15 Phil. 13a.

16 Phil. 13d.

sultat eines solchen Ansatzes wäre nicht nur die Feststellung, daß man ohne Einsicht[17] und ohne Erfahrung[18] ist, sondern auch das Ende eben der Möglichkeit der Argumentation.[19] Diese Art des Vorgehens läßt nämlich die Unterschiede verschwinden: wenn man sagt, daß jede einzelne Lust angenehm und daß sie auch gut ist, gelangt man, indem man ihr diesen ›zweiten Namen‹[20] verleiht, dahin, jeglichen Unterschied innerhalb der Gattung zu leugnen;[21] Argumentieren heißt hingegen sowohl Vereinigen als auch Unterscheiden. Die Tatsache, daß Verschiedenes, gerade insofern es verschieden ist, auch ähnlich ist, weil die Verschiedenheit wechselseitig ist,[22] hebt die Unterschiede nicht auf. Unähnliches ist und bleibt stets in geringem Maße ähnlich und in vielfacher Hinsicht unähnlich. Wir müssen also dem Rechnung tragen, daß ebenso wie d a s G a n z e auch eine Gattung und ihre Teile eine einzige Wirklichkeit darstellen, während wir, wenn wir die Teile für sich nehmen, auch zu der Erkenntnis gelangen, daß einige untereinander entgegengesetzt sind und andere viele wechselseitige Unterschiede aufweisen.[23]

Dasselbe Problem begegnet auch bei den Einzeldingen,[24] doch sind die zwei Argumente sehr verschieden. Das erste ist physisch-prädikativer Art: Ein Gegenstand, der seinem Wesen nach einer ist, ist vielfältig aufgrund der Vielheit seiner Prädikationen, weshalb man zu der Aussage gelangen kann, daß die Dinge zugleich ähnlich und unähnlich sind.[25] Der zweite Zugang ist rein physischer Art und basiert auf dem Verhältnis des Ganzen zu den Teilen, wodurch ein Individuum eines und zugleich vielfältig ist, weil es eine rechte und eine linke Seite, ein Oben und ein Unten usw. gibt.[26] Es muß sogleich das Thema der Verbindung Ganzes-Teil herausgestellt werden, dem in Platons Augen einige Bedeutung zukommt, einmal weil es ein philosophisch bedeutsames Problem in sich birgt, dem Platon, wie wir sehen werden, große

---

17 Phil. 12d6: ἀνόητος.

18 Phil. 13d1; 13d6.

19 Phil. 13d6; 14a.

20 Phil. 13ab.

21 Eine zweifache Bestimmung kennzeichnet die einzelnen Begriffe auf identische Weise. Es ist so, wie wenn man auf einer oberflächlichen Ebene vorgeht: Ein Punkt ist, wenn er nur durch ein Maß bestimmt ist, das auf einen anderen Punkt bezogen ist, nicht identifizierbar. Wenn jedoch die Bezugsbegriffe zwei werden, können die Koordinaten des Standortes genau ermittelt werden. In entsprechender Weise können die Lüste, allesamt angenehm, sowohl gut als auch schlecht sein; sind sie hingegegen allesamt angenehm und allesamt gut, kann man nicht mehr verstehen, auf welcher Grundlage sie unterschieden und klassifiziert werden können.

22 Parm. 147c.

23 Phil. 12e–13a.

24 Phil. 13de.

25 Parm. 127e1–4; vgl. Phil. 14cd.

26 Parm. 128cd; Phil. 14e.

Aufmerksamkeit schenkt, zum anderen auch deshalb, weil es die Identität von Einem und Vielem betont. Die Einheit, die die Teile an das Ganze bindet, ist nämlich derart, daß die Hand von Sokrates Sokrates ist; wenn sie geschlagen wird, ist es Sokrates, der getroffen ist. Zugleich ist die Hand jedoch nicht Sokrates in dem Sinne, daß an ihr nicht die Merkmale anzutreffen sind, durch die Sokrates Sokrates ist: der Teil ist das Ganze und er ist es auch wieder nicht.[27]

Doch wenn sich die Einheit eines jeden realen Begriffs in eine nichtreduzierbare Vielzahl von Verschiedenem und Gegensätzlichem aufspaltet,[28] ist es erforderlich, sich mit jener problematischen und erstaunlichen Ansicht auseinanderzusetzen, nach der die Vielen Eines sind und das Eine Vieles.[29] Ein und dasselbe Ding erscheint nämlich verschieden von dem, was es ist: der Unterschied, auf den es in seinem Inneren weist, bewirkt, daß jede Einheit sogleich vielfältig erscheint. Dabei geht es nicht um etwas Unerhebliches, sondern um ein stets gegenwärtiges Moment, das keine einfache Verbindung bestätigt, sondern eine Identität der Gegensätze.[30]

Dieses Problem kann von zwei verschiedenen Punkten aus angegangen werden, die Sokrates auch unterschieden wissen möchte. Die erste Stufe der Aporie ist auf physischer Ebene auflösbar. Es handelt sich um Fragen, die bereits Zenon aufgeworfen hat, die Platon indes als unerheblich ansieht, sowohl weil der Wahrheitsgehalt solcher Aussagen leicht zu erkennen ist, als auch weil die Theorie der Ideen den Schlüssel zur Lösung der Aporie bietet. Die Argumente des Eleaten vermögen dem Wirklichen keine Bedeutung zuzuweisen, und der logische Widerspruch als solcher ist leicht zu beheben, weil der ontologische Übergang, der sich aus dem Bezug auf die Ideen ergibt, zu der Einsicht führt, daß insofern kein Widerspruch vorliegt, als sich die beiden Prädikate auf verschiedene Ebenen des Wirklichen beziehen. Eine

27 Schließlich läßt uns der Umstand, daß die Teile das Ganze bilden und ihrerseits wieder ein Ganzes darstellen, schnell durchschauen, daß die Dinge, wenn sie diesem Mechanismus der Zertrümmerung in Teile überlassen werden, zu einer unendlichen Teilung verurteilt sind. Das Argument des Eristikers, der mit diesen Vorstellungen spielt, führt nämlich zu der Behauptung, daß das Eine Vieles ist und die Vielen Eines (Philebos 14e3–4; vgl. auch die werdenden und unendlichen Dinge, 15b5).

28 Dies bringt die Forderung mit sich, daß man auf den Gebrauch der Bezeichnungen achten muß, die für Platon die erste Ebene der Erkenntnis sind. In der Tat ist eine der entscheidenden Schlußfolgerungen aus dem ›Philebos‹ die, daß wir es mit zwei *eidé* der Lust zu tun haben (Philebos 51e4–6), weshalb die Verwendung einer einzigen Bezeichnung für zwei in ontologischer Hinsicht so unterschiedliche Dinge irreführend ist. Die gewöhnlichen Lüste, die mit dem Schmerz gemischt sind, sind der Götter unwürdig (33b), während jene reinen Lüste göttlich sind (51e11); die ersten sind vom guten Leben der Menschen ausgeschlossen, die zweiten sind dort zugelassen und erscheinen, wenn auch nur an fünfter Stelle, auch in der Schlußaufzählung der Güter (66c).

29 Phil. 14c4–9; vgl. Parm. 129b5–c1.

30 Phil. 15d4–8.

Ähnlichkeit besteht durch die Teilhabe an der Idee des Ähnlichen, eine Unähnlichkeit wiederum durch die Teilhabe an der Idee des Unähnlichen.[31] Darin zeigt sich, daß Platon in seiner dialektischen Grundhaltung nicht vom Satz vom Widerspruch absieht. Der direkte Bezug von zwei konträren Gegensätzen aufeinander bedingt einen Widerspruch, der aufgelöst werden kann, wenn der Nachweis geführt werden kann, daß die beiden Gegensätze zwei verschiedene Anwendungsbereiche haben, welche sich in diesem Fall aus dem Bezug auf zwei unterschiedliche Ideen ergeben. Deshalb sollte man sich nicht allzu lange bei diesen Fragen aufhalten, die die Diskussion unnötig belasten. Es handelt sich um Problemstellungen, die wenig förderlich und inzwischen wohlbekannt sind; außerdem besteht eine Art stille Abmachung darüber, daß man auf Fragen, deren geringe Bedeutung längst erwiesen ist, nicht einzugehen braucht.[32]

Als Tatsache ist mittlerweile anerkannt, daß man auf die gleiche Art der Probleme, sowohl solche prädikativer Art als auch solche, die an die Frage nach dem Zusammenhang von Teil und Ganzem gekoppelt sind, im gleichen Bereich der Ideen stößt; dafür ist es erforderlich, die Dialektik auch auf dieser Ebene zu entwickeln.[33] Wenn wir die Ideen, die Monaden ›Mensch‹, ›Ochse‹, ›Gut‹ und ›Schön‹ vor uns haben, dann führt diese enorme Bemühung um eine Unterteilung, die dazu beiträgt, das Wesen und eben die Bestimmung des analysierten Begriffs zu finden, auf drei verschiedene Probleme: a) zuerst, ob es solche Einheiten gibt; b) wie eine jede von ihnen sie selbst zu sein vermag, indem sie sie selbst bleibt, entzogen dem Werden und dem Vergehen; c) schließlich, ob man für die werdenden und unendlichen Dinge jede Idee zerteilt in ihre Teile ansetzen muß oder ganz und damit von sich selbst getrennt; diese letzte Hypothese erweist sich sofort als unmöglich.[34] Wenn daher einmal die Annahme von Ideen feststeht, eine Annahme, die alles andere als offensichtlich ist, da dies nicht Teil unserer Erfahrung ist, muß der Nachweis geführt werden, daß diese trotz ihrer Natur als ewiger Monaden in der Lage sind, sich wechselseitig zu prädizieren. Dies ist erforderlich, wenn sie zur Explikation der physischen Wirklichkeit herangezogen werden sollen. Schließlich muß man die Art der Verbindung von Ideen und Dingen ermitteln, d.h. die Formen der Teilhabe, indem man der Frage nachgeht, ob die Idee gleichsam in Teile geteilt in den Dingen ist oder ob sie Eines in sich ein Ganzes ist, das sowohl eins als auch in vielem ist. Letzteres erscheint Sokrates gänzlich ausgeschlossen wegen des offensichtlichen logischen Widerspruchs, der die Idee kennzeichnen würde, da sie zugleich in sich und im anderen wäre und

---

31 Parm. 129a4–b1.

32 Phil. 14d.

33 Das ist, was der junge Sokrates sogleich zu Zenon sagt (Parmenides 129e4–130a2).

34 Philebos 15b1–8 [über die Schwierigkeiten, die diesen Text kennzeichnen, vgl. unsere Ausführungen in Migliori (1993) 75 – 88].

damit getrennt von sich selbst. Dabei handelt es sich um eine Hervorhebung, die die Anerkennung des Satzes vom Widerspruch bestätigt.

Daher tauchen aufgrund der Annahme der Ideen, die notwendig ist zur Lösung der Schwierigkeiten im physischen Bereich, erneut, nunmehr jedoch auf einer höheren ontologischen Ebene, sowohl auf der Ebene der vielen Prädikationen als auch auf der der Verbindung von Ganzem und Teilen eine Reihe von Fragen auf, die auf die Aporie Eines-Vieles führen. Doch wenn das Problem analog ist, wird auch der Weg zu seiner Lösung analog sein, wie es Platon bereits im ›Phaidon‹ vorweggenommen hat.

III Ein System von Postulaten zur Lösung des Problems

Platon bietet uns eine Rekonstruktion seines metaphysischen Forschens, die auf historischer Ebene sowie in methodischer und schließlich in inhaltlicher Hinsicht von großem Interesse ist.[35] Die erste Distinktion, die Platon vornimmt, betrifft die zwei wesentlichen Phasen des philosophischen Fragens, die physische und die metaphysische. Sokrates erklärt, daß er sich als junger Mann auf dem Gebiet der Naturkunde betätigt hat, wie es für die naturphilosophischen Systeme seiner Zeit typisch war, daß er sich dabei aber mit unlösbaren Aporien konfrontiert sah. Daher habe er diese Fragestellung beiseitegeschoben, um nach der wahren Ursache des Wirklichen im Bereich des Intelligiblen zu suchen und dabei in einer Weise vorzugehen, die der Verlagerung der Ebenen gerecht würde. Dabei geht es darum, einige Postulate als intelligible Ursache des materiell Wirklichen zu kennzeichnen: die schönen Dinge sind schön mittels der Schönheit, sie sind größer mittels der Größe und kleiner mittels der Kleinheit, und so fort.[36] Dieser Ansatz vermag zur Überwindung der Aporien beizutragen, die im Bereich der naturphilosophischen Betrachtung ohne Antwort geblieben waren.

Das Problem kehrt indes wieder, wenn das Postulat selbst angegriffen wird. In diesem Fall geht es darum, zwei Schritte vorzunehmen. Zuerst ist es erforderlich, alle Konsequenzen klarzumachen, um zu sehen, ob die axiomatischen Grundannahmen

35 Phaidon 96a–102a [in unserer Abhandlung Migliori (1991) haben wir auf die Verbindungen von Kontext und Thema hingewiesen, die es erlauben, im ›Parmenides‹ eine Hilfe-Struktur zu sehen, die auf die Probleme antwortet, die an dieser Stelle aufgeworfen werden].

36 Nunmehr wird verständlich, aus welchem Grund es in keinem Dialog eine Deduktion der Ideen gibt, die stets als eine erwartete und bekannte Tatsache hingestellt werden: Die Deduktion eines Postulats wäre eine *contradictio in terminis*, die einzige mögliche Vorgehensweise besteht in dem Nachweis, daß man zu dem Postulat gelangen ›muß‹ und daß die Argumentation auf dieser Grundlage ihre organisatorische Ordnung erhält.

nicht widersprüchlich sind. Danach muß man, soweit es die Begründetheit der verschiedenen Postulate betrifft, die Frage stellen, ob es nicht eine Prämisse gibt, die noch höher steht, indem man nach und nach zu den höheren Prämissen zu gelangen sucht, bis man schließlich zu der gelangt, über die hinauszugelangen unmöglich ist, und sie gründlich versteht. Wie man sieht, handelt es sich um eine komplexe Untersuchung, die zwei Merkmale aufweist: in methodischer Hinsicht geht man in zwei Richtungen vor, die sich sehr stark voneinander unterscheiden, da man sich nach oben und nach unten bewegt;[37] auf inhaltlicher Ebene dringt man zu den Prämissen vor, und dies bringt ein dauerndes Überschreiten des Anwendungsbereiches der Untersuchung mit sich. Dies ist genau das Bild, das im ›Parmenides‹ erläutert wird. Die erste Ebene der Untersuchung ist die naturphilosophische, an die sich Zenon hält, die Sokrates indes schnell überwindet, indem er die Ideenlehre zuläßt.[38] Indes ist das Ideenpostulat, wenngleich es die Überwindung der Schwierigkeiten auf naturphilosophischer Ebene ermöglicht, seinerseits nicht frei von Schwierigkeiten. Tatsächlich nennt Parmenides zwei Aporien in bezug auf die Ideen.

Die erste Aporie, der wir bereits im ›Philebos‹ begegnet sind, geht von der Frage aus, ob die Dinge an der Idee als ganzer Anteil haben oder einem Teil oder ob es eine dritte Möglichkeit gibt. Sokrates sieht eine solche nicht. Jedoch wäre die Idee, da sie sich als ganze in jedem der Vielen fände, von sich selbst getrennt, während sie sich im zweiten Fall aufspalten müßte und sich so eine Reihe lächerlicher Konsequenzen ergeben würden.[39] Die zweite Aporie ist die, welche auch unter der Bezeichnung ›Dritter Mensch‹ bekannt ist. Wenn die Ideen eine Wirklichkeit darstellen, die neben die Dinge gestellt ist,[40] wenn sich ihre Beziehung gleichsam auf einer horizontalen Ebene darstellen läßt, liegt ein unendlicher Prozeß vor.[41]

Um Mißverständnissen vorzubeugen, erklärt Platon, daß er derlei Einwänden keine eigentliche destruktive Bedeutung beimißt. Bevor Parmenides auf die beiden Aporien hinweist, zeigt er sich nicht nur überzeugt davon, daß es die Ideen gibt, sondern er versichert zugleich, daß diese ohne Ausnahme allen Wirklichkeitsbereichen zuzuordnen seien.[42] Ja, der Meister aus Elea bekräftigt am Ende der kritischen Dis-

---

37 Vgl. Epist. VII 343 e 1–3.

38 Parm. 127d–130a.

39 Parm. 130 e – 131 e. Es ist hinreichend klar, daß man in beiden Dialogen derselben Formulierung für die zwei Möglichkeiten der Teilhabe begegnet.

40 Platon stimmt demnach vollkommen mit Aristoteles überein: Bildet die Verdoppelung des Wirklichen den Ausgangspunkt, wird das Argument vom dritten Menschen eindrücklich bestätigt. Dies zeigt, wie gängig und fortgeschritten die Ideendebatte in der Akademie war, und enthüllt außerdem den Umstand, daß Platon in jener gängigen Debatte behauptete, über eine Antwort auf eine so gelagerte Argumentation zu verfügen, daß Aristoteles diese jedoch als gänzlich unerheblich ansah und seinen Einwand aufrecht hielt.

41 Parm. 131 e–132 b.

kussion noch expliziter, daß man insofern von den Ideen nicht absehen könne, als ein Fundament für alles Werdende erforderlich sei, das sich stets gleich bleibt.[43] An der Position Platons besteht kein Zweifel, und es ergibt sich daraus auch der Grund für die Zugrundelegung der Ideen: nur feste Gegenstände vermögen zu jener sicheren Kenntnis beizutragen, nach der die Philosophie strebt. Wenn daher Aporien auftreten, die die Ideen betreffen, dann geht es darum, zu höheren Postulaten zurück zu gelangen, bis man schließlich auf ein erstes Prinzip stößt, welches nicht mehr hypothetisch ist und allem Wirklichen zugrundeliegt.

IV Die Ursprünglichkeit der Dialektik

Wir sehen uns mit einem grundlegenden Problem konfrontiert, das alle Aspekte des Wirklichen betrifft. Die Identität von Einem und Vielen, die sich in unseren Untersuchungen gezeigt hat, bildet ein hervorstechendes Merkmal all dieser Untersuchungen.[44] Dieser Umstand erklärt auch, warum Platon sagen kann, daß der erste beste wisse, worin das Wesen der Dialektik besteht.[45] Tatsächlich liegt sie jeder Entdeckung[46] zugrunde ebenso wie jeder Fertigkeit, von der Musik[47] bis zur Grammatik.[48] In mythischer Verkleidung wird dies noch unterstrichen: die Leute der Vorzeit kannten die Dialektik, sie war die göttliche Gabe eines Prometheus.[49] Derart endgültige Aussagen können nicht nur unsere Kenntnisse betreffen, sondern sie müssen auch eben die Wirklichkeit miteinbeziehen, und zwar wegen der starken Bindungen, die das Sprechen stets mit dem Denken und dem Sein verknüpfen.[50] Nicht zufällig spricht Sokrates von der Identität von Einem und Vielen,[51] eine Vorstellung, die nicht leicht auf den einfachen Nachweis einer Mehrdeutigkeit der Be-

---

42 Das erste Argument stellt eine Art Prämisse für die gesamte Begründung dar: Sokrates, der die Existenz von Ideen für abstrakte Begriffe zugibt, ist unsicher im Hinblick auf die Ideen für das Physische, während er sich sicher ist, daß es keine Ideen für lächerliche und gewöhnliche Dinge gibt. Es handelt sich um eine Inkonsequenz, die Parmenides in der Form wohlwollend, in der Sache jedoch scharf tadelt, indem er sie mit dessen jugendlichem Alter entschuldigt, das ihn dazu bringt, die Meinung der Menge zu berücksichtigen (Parm. 130 e 1–4).

43 Parm. 135b5–c2.

44 Phil. 15d4–8.

45 Phil. 58a.

46 Phil. 16c.

47 Phil. 17b–e.

48 Phil. 17b; 18b–d.

49 Phil. 16c5, 16e3, 23c.

50 Vgl. Parm. 141d–142a; 155c–e; 161e–162a; 164b.

51 Phil. 15d4: ταὐτὸν ἓν καὶ πολλά.

griffe zurückgeführt werden kann, weil sie es mit sich bringt, daß ein und dieselbe Wirklichkeit unter derselben Bezeichnung als Eines und als Vieles analysierbar sein muß.

Platon entwickelt die These, daß es ein solches ontologisches Fundament gibt: In der Ein-Vielheit eines jeden Elements zeigt sich der Konflikt zwischen einem Peras und einem Apeiron, der nicht ausgelöscht werden kann.[52] Die gesamte Wirklichkeit erscheint wie ein ein-vielfaches Band, das zwischen Einheit und Unendlichkeit gespannt ist; und diese beiden erscheinen abstrakt und doch zugleich gegenwärtig. Auf diesem Wege wird die grundlegende und daher auch wirklich ursprüngliche und göttliche Bedeutung der Dialektik erwiesen.[53] Nur in einer äußerst gegliederten Betrachtung des Wirklichen kann die Erkenntnis tatsächlich wachsen, nur diese Methode ist dem Erfassen einer Wirklichkeit angemessen, die ihrem Wesen nach einvielfach ist. Dies bedingt auch eine Doppelnatur der Dialektik selbst, die sowohl Technik und Methode als auch Philosophie und Metaphysik ist.

B DIE DIALEKTIK ALS METHODE

Im ›Parmenides‹ und ›Philebos‹ bietet Platon uns zwei Darstellungen der dialektischen Methode, die sehr verschieden untereinander zu sein scheinen, wenngleich sie sich in der Substanz decken. Tatsächlich wird die Unähnlichkeit verständlich, wenn man sich die Verschiedenheit der beiden Abhandlungen vergegenwärtigt. Das Thema des ›Philebos‹ ist das gute Leben des Menschen, und das methodische Vorgehen steht in unmittelbarem Zusammenhang mit diesem ethischen Problem,[54] während das Grundproblem des ›Parmenides‹ den Bereich der Metaphysik und methodische Fragen betrifft. Daher kann die unterschiedliche Handhabung und der Unterschied im Vorgehen kaum verwundern: im einen Fall ist dieses ganz und gar anwendungsorientiert, im anderen ist es weit formalistischer.

52 Phil. 16c9–10.

53 Daher bewegt sich jede Technik und jede Wissenschaft, sofern sie logische Hervorbringung ist, notwendigerweise innerhalb dieser Dimension. Die Entdeckung der Methode bringt die These mit sich, daß sie stets allen zur Verfügung steht, da sie die Voraussetzung für jedes Argumentieren darstellt.

54 Und ebenso mit Problemen, die mit diesem verbunden sind, wie dem Problem des Gottes und der Protologie [für diese Verbindung, die eine der neuen Schlußfolgerungen unserer Studien ist, verweise ich auf Migliori (1993) 329 – 333].

I Das Wesen der dialektischen Methode

Die dialektische Methode wurde, wie Platon ausdrücklich anerkennt, in technischer Hinsicht von Zenon erfunden, und zwar zur Verteidigung des eleatischen Monismus: ausgehend von den Konsequenzen, die sich ergeben, greift er den Pluralismus der Gegner seiner Schule an.[55] Dies zeigt, daß das dialektische Vorgehen von Anfang an ›paradigmatisch‹ ist. Die Aufdeckung der Aporien führt dazu, daß die Postulate, die das Modell rechtfertigen, erneut in Frage gestellt werden. Das philosophische Forschen dient zur Aufdeckung des Paradigmas, welches von den vorgeschlagenen am ehesten dazu in der Lage ist, die Probleme zu lösen, oder sogar zur Aufdeckung des Modells, das die geringere Zahl an Aporien mit sich bringt. In der Tat hat Zenon die Einwände, die die Vertreter der Vielheit gegen den Monismus vorgebracht haben, nicht beantwortet, sondern er vermochte nur zu zeigen, daß die Vielheit zu schlimmeren und zahlreicheren Aporien führt.

Und doch erweist sich die methodische Hypothese des Meisters von Elea als in höchstem Maße einfach: er vertritt nämlich die These, daß die bloße Behauptung, daß das Vielfache zu Aporien führt, genüge, um das absolute Eine zu begründen. Indes ist dies keineswegs hinreichend, weil es in allen Bereichen des Wirklichen Eines und Vieles nebeneinander gibt. Wenn man Aporien gegen Aporien stellt, zeigt dies nur, daß die Analyse zu keinem Abschluß gekommen ist und somit ihr Ziel nicht erreicht hat. Daher zwingen jene Widersprüche, die Zenon dazu veranlaßt haben, die Welt der Wahrnehmung zu leugnen, Platon nicht dazu, die Welt der Ideen abzuwerten, sondern veranlassen ihn nur dazu, sie zu verwandeln, indem er so die Möglichkeit sowohl zum Verstehen der wahrnehmbaren Welt eröffnet als auch zum Nachweis einer höheren Ebene der Prinzipien noch jenseits der der Ideen.

Die Dialektikkonzeption Zenons wird somit bewahrt und erneuert: wir befinden uns in einem Prozeß des Aufstiegs, in dem sich aus den Widersprüchen der Konsequenzen Schlüsse ergeben, die die Prämissen betreffen, allerdings in einem neuen Sinn. Indem die dialektische Analyse die Komplexität der Verbindungen des Wirklichen enthüllt, zwingt sie uns, den Schlüssel zu suchen, um die Nicht-Widersprüchlichkeit der scheinbar aporetischen Struktur zu verstehen, und sie zeigt uns den Weg,

---

55 Parm. 128d2–6. Dies erklärt die Komplexität der Beurteilung Zenons durch Platon. Die Bedeutung der ›Erfindung‹ der Dialektik verlangt Lob und Anerkennung, wozu Platon ehrlicherweise durchaus bereit ist; indes stimmt er mit ihm nicht überein in der Entwicklung der Methode in polemischer und negativer Absicht und ebensowenig in der Aufgabe der Metaphysik für eine physische Untersuchung, auch weil solche Entscheidungen den Weg bereitet haben für den destruktiven Gebrauch der Dialektik durch die Sophisten, und hier insbesondere durch Gorgias. Folglich ist Platon bemüht, die Bedeutung der ›Jugendschrift‹ dieses offenkundig überschätzten ›Schülers‹ zu mindern.

die Widersprüche mittels eines ontologischen Überstiegs zu überwinden. Aber dieser Sprung in eine philosophisch höhere Dimension, der den Übergang von der Aporie zur Euporie erlaubt, löst die Aporie nicht auf, sondern erlaubt es uns, sie, indem er sie als solche auf ihrer Ebene beläßt, in eine kohärente und wahre Sicht des Wirklichen einzuordnen. Sokrates ist, für sich betrachtet, wirklich und ohne daß dies reduziert werden könnte, einer und viele, was im Rahmen der Ideentheorie gelesen nur ein Hinweis auf die Komplexität des Wirklichen bleibt, das niemals einfach, sondern stets Eines-Vielfaches ist.

Die Aufgabe des Philosophen scheint zuvörderst die zu sein, die Aporien und Probleme aufzudecken, mit denen man sich dann auseinandersetzen muß. Die Aporie betrachtet Platon als eine vertraute Gefährtin einer jeden philosophischen Untersuchung, zumal sie die logische Voraussetzung für einen Überstieg ist. Daher vermag der Philosoph aus Athen, indem er eine wissenschaftliche Haltung von erstaunlicher Reife zeigt, ein weites System von Aporien zuzulassen, ohne daß dies ein Eingeständnis einer relativistischen Haltung mit sich bringen würde. In diesem Abschnitt wechseln sowohl die Aporie als auch die Dialektik ihre Bedeutung, da sie nicht dazu dienen, das System zu destruieren, sondern vielmehr dazu, es aufzubauen. Es geht nicht darum, etwas abzulehnen, sondern es zu retten. Wenn Zenon die Ideen braucht, brauchen diese die Dialektik, die nicht länger ein Mittel ist, um eine Ansicht zu destruieren, ein Mittel, das aus der eristischen Tradition stammt, die vielmehr zu einem heuristischen Mittel von grundlegender Bedeutung wird.[56] Symbol dieses Wandels ist nicht der Dialektiker aus Elea, der sich einer fatalen Zweideutigkeit schuldig macht, sondern Parmenides, der Lehrer von zwei sehr unterschiedlichen Schülern, Sokrates und Zenon, und zugleich die Synthese beider Positionen, und zwar in einem Maße, daß er nicht mehr der eleatische Lehrer ist, sondern die platonische Philosophie selbst verkörpert.[57]

Wir haben es somit mit einer Untersuchung zu tun, die im streng dialektischen Sinn von einer ›immanenten Kritik‹ lebt: Das Aneinanderreiben der Ideen bildet den inneren Antrieb des philosophischen Fortschreitens, aus dem schließlich die Aufdeckung der Wahrheit entspringt.[58] Auf diesem Wege gelangt man zur platonischen

56 Auch hier wird ein Element entfaltet, das teilweise bereits bei Zenon vorhanden ist, dessen Vorgehen im Unterschied zu dem der Sophisten niemals nur destruktiv ist, sondern auf die Grundlegung eines höheren Systems abzielt.

57 Platon versichert sogleich, daß der Parmenides, den er beschreibt, nicht der Philosoph ist, der tatsächlich in Elea gelebt hat, da er auch die Auseinandersetzung mit der Hypothese des Nichtseins für notwendig erachtet (Parm. 136a): eigentlich ein philosophischer Selbstmord, da man hier nicht von einem Vatermord sprechen kann, weil der Vater selbst spricht. Nicht zufällig ergreift Parmenides anläßlich der Schilderung der langen Übung, durch die man zum Dialektiker wird, Partei für Sokrates gegen Zenon (Parm. 135d8–e4).

Dialektik, die die Aufdeckung der Welt der Ideen und ihrer Struktur bedeutet, die aus der Analyse des kategorialen Systems hervorgeht. Dies bringt die Aufgabe einer statischen Sicht der Ideen mit sich, stattdessen muß man sich auf ihre dialektische Verknüpfung einlassen, indem man alle Hypothesen durchläuft und nicht in einer vorgefaßten Weise danach fragt, ob sie wahr oder falsch sind.

II Die methodische Anleitung

A EINE UNENDLICHE ÜBUNG

Die Art dieser Betätigung wird ausdrücklich bestätigt, mehrmals und stets in bezug auf die Wahrheit:[59] Es geht darum, ein Spannungsverhältnis zwischen allen Konzepten herzustellen, um Vereinbarkeit und Unvereinbarkeit, Lösungen und Aporien zu erweisen. Aus dieser Bemühung entspringen die Fragen, zu deren Beantwortung die Philosophie beitragen muß. Es geht also nicht um ein Spiel um seiner selbst willen, sondern um eine umfassende Aufgabe, die, indem sie die Analyse des Ganzen und damit theoretisch die aller möglichen Bestimmungen einschließt, im eigentlichen Sinn als ›unendlich‹[60] betrachtet werden kann, und dennoch als absolut notwendig, um zur Erkenntnis der Wahrheit zu gelangen, wenn man ihr begegnet. Hier zeigt sich ein klassisches Thema der Dialektik, welches zwei Aspekte hat: Der erste unterstreicht, daß es nicht auf das Unmittelbare, das einzelne, vom abstrakten Intellekt eingebrachte Element ankommt, sondern auf jenes, welche die dialektische Vernunft in der Verflechtung aller Vorstellungen enthüllt. Der zweite Aspekt betrifft das Problem der Aufdeckung der Wahrheit. Nur derjenige, der über eine grundlegende Kenntnis der Probleme, auf die es eine Antwort zu finden gilt, verfügt, erkennt die Lösung, wenn sie ihm auf dem Wege der Forschung begegnet. Die Wahrheit wird nicht abgeleitet, sondern dialektisch konstruiert als ein Fundament einer problematischen Struktur, die nur eine dauernde Übung nach und nach klarer werden läßt.[61]

---

58 Epist. VII 344b1–c1.

59 Parm. 136b6–c5; vgl. Parm. 135d2–6; 136e1–3.

60 Wenn Parmenides seine Angst davor zum Ausdruck7 bringt, sich mit τοσοῦτον πέλαγος λόγων auseinandersetzen zu müssen (Parm. 137a6), fürchtet Sokrates ἀμήχανον … πραγματείαν (Parm. 136c6–7). Es ist nicht nur ein Problem der Länge, sondern auch des Schwierigkeitsgrades, und das betrifft sowohl den Gesprächspartner als auch den Lehrer. Der Gesprächspartner muß über das erforderliche Wissen verfügen und er muß fähig sein, einer umfassenden und aus entfernten Prämissen abgeleiteten Vorstellung zu folgen (133b7–9); noch größer müssen jedoch die Fähigkeiten des Lehrers sein (135a7–b2).

B DIE METHODISCHEN WEGE

Wenn indes die Aufgabe so komplex ist, ist es erforderlich, große Aufmerksamkeit methodischen Fragen zukommen zu lassen, um eine Vermengung von Dialektik und Eristik zu vermeiden. Platon bietet uns daher eine Beschreibung, wie die Methode im Falle einer konkreten Untersuchung angewandt werden muß.[62] Den Ausgangspunkt bildet eine Art Postulat: Jede geordnete Wirklichkeit hat in sich eine Idee, und von dieser muß man ausgehen. Hier scheinen viele Interpreten trotz der Bestätigung der Existenz einer Idee für ein jedes Ding von der Unbestimmtheit des Ausgangspunktes der Untersuchung beeindruckt. Doch ist dieser Eindruck falsch, und Platons Wahl erweist sich als logisch: Wenn das Problem in der Nachzeichnung der komplexen Struktur des Wirklichen liegt, ist der Ausgangspunkt gleichgültig, insofern einzig der Ausgang des Prozesses von Interesse ist. Es ist kein Zufall, daß Platon bekräftigt, daß sich am Problem nichts ändert, ob man nun vom Einen oder vom Unbestimmten ausgeht.[63] Ist diese Idee nachgewiesen, ist es erforderlich, ihre Struktur zu untersuchen, die aus zwei oder mehr Elementen zusammengesetzt sein kann. Für jeden dieser Schritte ist es notwendig, gleich zu verfahren, bis man an den Punkt gelangt, an dem die Komplexität nicht mehr zu bewältigen ist und man zulassen muß, daß sich der Gegenstand in eine unendliche Menge von Begriffen auflöst, die nicht mehr beschreibbar sind.

Doch wenn wir uns auf eine so allgemeine Feststellung beschränken, können wir nicht behaupten, den Gegenstand zu kennen. Die Wissenschaft geht aus dem spezifischen Wissen darum hervor, von welcher Art und wie viele die Elemente sind, aus denen das Analysierte zusammengesetzt ist. Es geht nicht darum, möglichst schnell zu einem Einen zu gelangen, das die Ordnung des Wirklichen gewährleistet, sondern die geordnete Vielheit zu erkennen, die den Gegenstand bestimmt, und damit jenes Konkrete zu kennen, das in der Mitte zwischen den beiden einander entgegengesetzten Extremen des Einen und des Unbestimmten anzusiedeln ist. Genau das Gegenteil tun aber die Eristiker, die ihre Gesprächspartner mitreißen, indem sie die harte Arbeit vermeiden, die notwendig ist, um die Zwischenstruktur zu bestimmen; außerdem vereinigen sie entweder allzu rasch das Vielfältige oder teilen das Eine allzu übertrieben und in einer nicht mehr geordneten Weise, indem sie schnell zwischen der Einheit und der Unendlichkeit hin- und herspringen.[64]

---

61 Vgl. Epist. VII 341c5–d2. Die Versicherung, daß diese Untersuchung in einer Entdeckung gipfelt, die sich dann selbst nährt, zeigt, daß es sich um ein Paradigma handelt, das im folgenden von der dauernden Überprüfung lebt und damit von Bestätigungen oder Zurückweisungen, die es enthält.

62 Phil. 16c–17a.

63 Phil. 18a.

Die Dialektik erweist sich somit als das entscheidende Mittel, um die Komplexität des Wirklichen aufzudecken, in einem Vorgehen, das in einer Hinsicht die Struktur der Erklärungen komplizierter macht, in der anderen sie aber auch vereinfacht. Es vereinfacht sie, da es auf dem Weg hinauf nach und nach zu Prinzipien führt, die einfacher sind und die eine größere Einheitlichkeit gewährleisten, bis es schließlich zur ursprünglichen Polarität führt. Sie werden dadurch komplizierter, weil auf dem Weg hinab die Vieldeutigkeit der Begriffe und Vorstellungen in einer Vielfalt von hermeneutischen Strukturen und Übergängen erwiesen und formalisiert wird. In dieser komplexen Struktur des Vorgehens erfaßt man unter der Voraussetzung, daß man auch den Unterschied erfaßt, die Einheit der im ›Philebos‹ und der im ›Parmenides‹ dargestellten Methode. In beiden Fällen geht es darum, ein Wirkliches zu analysieren, indem man den Blick darauf richtet, was zu den Aporien führt, was einen Rückstoß bewirkt und was zusammenbleibt. Im ersten Fall geht man indes von einer konkreten Idee aus, um zur Erkenntnis ihrer inneren Struktur zu gelangen, in zweiten von einer beliebigen Idee und ihrem Gegenteil,[65] um die Übereinstimmung mit allen anderen zu erweisen, indem man a) die möglichen Aporien aufdeckt, b) die möglichen Lösungen nachweist und c) das Ganze erfaßt, innerhalb dessen die Ideen anzusiedeln sind.[66]

C EINE KOMPLEXE METHODOLOGIE

Gerade wegen einer solchen Vielzahl von Aspekten kann ich den von vielen Gelehrten unternommenen Versuch nicht gutheißen, den dialektischen Prozeß auf ein mechanisches, leicht formalisierbares Verfahren zu reduzieren. Die Dialektik ist so vielfältig wie die Gliederung des Wirklichen, die sie berücksichtigen muß, und sie läßt sich nicht auf die Schemata reduzieren, die zu so vielen Diskussionen Anlaß gegeben haben. Die Dihairesis selbst kann nicht auf ein Verfahren der Zweiteilung beschränkt werden. Das wird im ›Philebos‹ ausdrücklich bestätigt, da eine Teilung der Idee durch zwei ebenso möglich ist wie durch drei oder eine andere Zahl von Komponenten.

Die Analyse der Beispiele, zumal der sprachlichen, erweist die Schwierigkeit, das Vorgehen eindeutig zu verstehen. Was dabei herauskommt, ist ein Prozeß, der die Vereinigung und Teilung so weit führt, daß selbst die Interpreten uneins sind, ob

---

64 Phil. 16e–17a.

65 Wie es der ›Parmenides‹ betont, der vom Sein und vom Nichtsein der Idee und von ihrem Verhältnis zu ihrem Gegenteil spricht (Parm. 136a–c), und wie es auch der ›Philebos‹ anerkennt, wenngleich nur en passant (19b).

66 Was, wie wir in dem der Verbindung Ganzes-Teil gewidmeten Abschnitt sehen werden, bewirkt, daß b) und c) zusammenfallen.

ein Vorgehen als dihairetisch oder als synoptisch anzusehen ist, ein klarer Beleg dafür, daß die Methode komplex und nicht einfach schematisierbar ist.[67] Tatsache ist, daß, anstatt sich daran zu erinnern, daß das dialektische Verfahren auf die gesamte Wirklichkeit angewandt wird, wie es aufgrund der erwiesenen Universalität der Verbindung Eines-Vieles geboten erscheint,[68] die Kritik so vorgeht, daß sie den Prozeß formalisiert, indem sie eine reine und eine abstrakte Unbestimmtheit sowie eine reine und abstrakte Einheit annimmt. So läßt sich ein einheitliches und festes Schema bilden. Wendet man hingegen dieses Vorgehen auf konkrete Gegenstände an, macht das Vorhandensein von nur auf phänomenologischer Ebene zugänglichen Elementen die Untersuchung unberechenbar.[69]

Und doch ist das Vorgehen nicht unbestimmt. Man steigt bewußt zur Einheit auf oder zur Vielheit hinab und man unterscheidet die Überprüfung eines Postulats auf die sich daraus ergebenden Konsequenzen von dem Vorgehen, das von den Problemen aus zur Formulierung einer Hypothese gelangt. Auch auf diesem Gebiet ist der Gegensatz zur eristischen Methodik vollkommen, wie es Platon bereits gegen

---

67 Phil. 17e–18d: (1) Theuth hatte die absolute Unendlichkeit der Laute vor sich; (2) doch es herrschte Übereinstimmung, daß es verschiedene Vokale gab, die sich von anderen Lauten unterschieden; (3) daher gliederte er diese Laute in drei Klassen; (4) innerhalb von ihnen ermittelte er darauf die verschiedenen Zugehörigkeiten, indem er die Buchstaben erkannte; (5) an diesem Punkt bemerkte er, daß diese nur innerhalb einer umfassenden Technik, der Grammatik, erkennbar waren und damit existierten. Die entsprechenden Abschnitte sind daher (1) die Stimme als unbestimmte Unendlichkeit; (2) erste Bestimmung der Laute (A, B, C, etc.); (3) Ordnung der Laute in stumme, stimmhafte und Vokale (4) genaue Bestimmung aller einzelnen Laute innerhalb der stummen, stimmhaften und der Vokale; (5) Strukturierung des grammatischen Bezugs der Abhängigkeit innerhalb der drei Klassen. Daher liegt weder eine reine Trennung, noch eine reine Sammlung, noch eine geordnete Folge des einen Lauts auf den anderen vor, sondern man gelangt von der Unbestimmtheit der Stimme durch eine Teilung (es wäre indes besser zu sagen: durch eine Klassifikation) zu Lauten: diese werden dann in drei Klassen gesammelt; dann verfährt man analytisch und bestimmt die Inhalte der drei Klassen, die darauf in einer höheren Einheit, die die Grammatik ist, gesammmelt (oder besser: verknüpft) werden.

68 Wenn nämlich die Bezugnahmen auf die Ideen in der formalen Darstellung des Vorgehens klar sind, lassen die Beispiele des ›Philebos‹ keinen Zweifel an der empirischen Anwendung der Methode, die zur Klärung des gemischten Lebens mittels einer Strukturanalyse der Lüste und der wissenschaftlichen Disziplinen eingeführt wird. Wenn andererseits das Empirische der Dialektik entzogen würde, welchen Sinn hätte eine Analyse nicht nur des Sophisten, sondern vor allem des Fischers mit der Angel (Soph. 218e–221c).

69 Daher ist es nicht einmal möglich, sie in die Grenzen der Unterscheidung von Gattung und Art zurückzuführen. Dies finden wir nämlich auch nicht in den Beispielen, die der ›Philebos‹ bietet. Die im Dialog entwickelte Behandlung verweist in verschiedenen Augenblicken auf die Beziehung Bestimmbares – Bestimmtes, auf die von Gattung und Art, auf die von Idee und Dingen, doch auch auf die zwischen verschiedenen Formen des Wirklichen, die in irgendeiner Weise verknüpft werden können.

Ende des ›Phaidon‹ vorweggenommen hatte. Es zeigt sich der philosophisch prägnante Sinn der Ankündigung, worin ein typischer Irrtum der Eristiker liegt, zugleich das Prinzip und die Konsequenzen, die aus ihm hervorgehen, in Frage zu stellen.[70] Da Platon die Prinzipien nicht mittels eines einheitlichen übergeordneten Verfahrens begründen kann, glaubt er sie mittels eines dialektischen Vorgehens des aufsteigender Art[71] abstützen zu können und sie mit einem Verfahren deszendenter Art überprüfen zu müssen.

Nicht die menschliche Begrenztheit macht daher den dialektischen Prozeß so komplex und die Fristen und Grenzen seines Gelingens so unvorhersehbar, wie die Vertreter des Standpunktes annehmen, die das Verfahren für problematisch halten und ihm skeptisch gegenüberstehen. Alles hängt von der Art der Untersuchung ab, die die hermeneutischen Möglichkeiten des Systems begründen soll, und dies verlangt eine Struktur strenger Übergänge und eine ontologisch feste Verankerung. Wenn man dann das feste Schema verläßt und die skizzierte Arbeit auf die konkreten Probleme anwendet, die das Individuum in seinem Leben oder den Philosophen während seiner Untersuchung beschäftigen, dann versteht man vollkommen, warum die Dialektik ein Weg ist, den man zwar leicht aufzeigen, dem man aber nur schwer folgen kann.[72] Es handelt sich also um ein definitorisches Verfahren, das auf eine einfache Einheit verzichtet und das stets von der notwendigen Gegenwart des Unendlichen aufgesogen wird.

C DIE DIALEKTIK ALS PHILOSOPHIE

Aufgabe des Dialektikers ist es demnach, die Struktur eines Wirklichen nachzuweisen, das von zwei Prinzipien abhängt, von einem der Bestimmtheit und einem der Unbestimmtheit, und von deren wechselseitiger aktiver und passiver Beteiligung.[73] Häufig wird die Ansicht vertreten, daß man den Prinzipien nur in den indirekten Zeugnissen begegne, da Platon von ihnen in den Dialogen niemals rede. Aber wenn man nicht meint, in den Schriften Platons eine klare und kohärente Darstellung einer solchen Konzeption unter Verwendung der ihr eigentümlichen Terminologie

70 Phaidon 101d3–e3.

71 Es wird nun klarer, warum Platon den Beitrag der zenonischen Dialektik so bedeutend fand: Der Weg des ›Aufstiegs‹ zu den Postulaten ist der einzige, der irgend eine Grundlegung durch ein Prinzip gewährleistet. Auf diese Weise will der athenische Philosoph einen rein hypothetischen Ansatz gerade für die mathematischen Wissenschaften vermeiden (vgl. Politeia 510b–511e).

72 Phil. 16c.

73 Parm. 138b3–5.

zu finden, wie sie uns von Aristoteles bezeugt wird, und wenn man in den Prinzipien vom deskriptiven Gesichtspunkt und von der Frage der Funktion her zwei gegensätzliche und erste Begriffe sucht, denen als solche kein kategoriales Bezugssystem übergeordnet sein kann, dann findet man bedeutende Spuren davon.

I Die Notwendigkeit der polaren Struktur

A DIE NEGATION DES EIN-EINEN

Gerade weil die Methode Platons darin besteht, immer einfachere Postulate aufzustellen, ist es folgerichtig, daß sie die Ursprünglichkeit des polaren Prinzips negativ begründen muß, indem sie den Nachweis führt, daß es unmöglich ist, darüber hinaus zu einem reinen Einen zu gelangen. Genau dies finden wir in der ersten These des ›Parmenides‹, die eben das Ein-Eine betrifft, das Eine, das in der eigentlichen Bestimmung seiner begrifflichen Bedeutung jegliche innere Gliederung und jeden Bezug auf eine Vielheit ausschließt. Unter diesen Voraussetzungen ist, wie Platon versichert, das Ergebnis des Ganzen negativ: Dieses Eine bringt eine Reihe von reinen Negationen mit sich, bis hin zu der Schlußfolgerung, daß dieses nicht ist. Es ist daher nicht einmal Eines, es ist in keiner Weise erkennbar oder benennbar.[74]

Die Struktur der verschiedenen Argumentationsgänge ist sehr unterschiedlich, doch kehrt ein zentraler Gedanke stets wieder: gleich wie man die Frage stellt, das Eine würde zwei werden. Seine monistische Natur blockiert es, hindert es an jeder inneren Gliederung und führt es zur Selbstauflösung. Denn diese Position eröffnet keinerlei Perspektive, weil dieses Ein-Eine, da es jeglichen Bezug auf eine Vielheit ausschließt, keine hermeneutischen Fähigkeiten besitzt. Platon greift diese These nicht nur nicht wieder auf, sondern betont am Anfang der zweiten These den Unterschied der neuen Hypothese über das Eine, die von diesem Moment an entwickelt werden wird, zur vorhergehenden Hypothese, indem er uns so zu verstehen gibt, daß er sie verworfen hat.[75]

Es handelt sich um eine folgerichtige Entscheidung, die dennoch mit Nachdruck erläutert werden mußte, da alle Aussagen, die die Überlegenheit des Einen im Hinblick auf alle Bestimmungen erweisen sollen, als ein Zeichen absoluter Transzendenz gedeutet werden und jene metaphysische Schau ermöglichen können, die ihren besten Ausdruck bei den neuplatonischen Philosophen gefunden hat. Diese Möglichkeit ist Platon nicht entgangen, der die Notwendigkeit verspürte, am Ende seines Ar-

74 Parm. 141d–142a.
75 Parm. 142bc.

gumentationsgangs ein negatives Urteil zum Ausdruck zu bringen. Dies ist aber eine gänzlich unübliche Vorgehensweise. Sokrates fragt nämlich den jungen Aristoteles, ob es möglich sei, daß dies die Bedingung für das Eine sei, und erhält darauf eine deutlich negative Antwort.[76]

Die Antwort des jungen Gesprächspartners, eine der ausgesprochen wenigen bedeutenden Stellen, an denen er ins Gespräch eingreift, dient der Erläuterung des Ergebnisses der Untersuchung aus platonischer Sicht: Ein Eines, über welches keine Aussagen getroffen werden können, das isoliert ist und das nicht mitgeteilt werden kann, ist kaum geeignet, eine Theorie der Ideen zu verteidigen, die notwendig ist, um die Phänomene zu verstehen, vielmehr führt die Annahme eines solchen Ein-Einen zu einer Betonung des Abstands zwischen den verschiedenen Ebenen des Wirklichen. Aus diesem Grund lehnt es Platon ausdrücklich ab. Doch beschränkt er sich nicht darauf, sondern erklärt die Gründe für seine Ablehnung des reinen Monismus. Eine Wirklichkeit kann in ihrer Ganzheit nicht gleichzeitig die doppelte Funktion haben, zu leiden und zu handeln, sonst wäre sie nicht mehr eine, sondern zwei.[77] Nun erweist a) die Abhandlung Platons als ein konstantes Element, das auf allen Ebenen der Wirklichkeit wiederkehrt, das Vorhandensein von zwei Prozessen, einem der Vereinigung und einem der Teilung und Vervielfachung; b) wenn die Wirklichkeit das Einwirken des einen auf ein anderes mit sich bringt, dann ist das reine Eine dazu verdammt, sich zu verdoppeln und damit in Widerspruch zu sich selbst zu geraten; c) wenn es unmöglich ist, daß ein einziges Prinzip beiden einander entgegengesetzten Prozessen zugrundeliegt, besteht die einzige Lösung darin, ein polares Prinzip zuzulassen, ›zwei‹ Prinzipien also, die das Vorhandensein von ›zwei‹ Prozessen rechtfertigen.

B ZWEI PROZESSE FÜR EINE EINZIGE WIRKLICHKEIT

Von Platon wird mehrmals versichert, daß es einen Teilungs- und Vervielfältigungsprozeß gibt. Die Wirklichkeit zeigt sich nämlich in ihrer Unmittelbarkeit, eben durch die Tatsache, daß sie ist und daß sie Eins ist, unendlich gespalten: Das einfache Setzen einer Einheit, die ist, führt zu einem Prozeß der unendlichen Teilung: in Einheiten, die sind, und in Seiende, die eins sind.[78] Zugleich bestätigt sich, daß in jedem einzelnen Teil des Seienden das Eins gegenwärtig ist.[79] Dieses mehrfach wiederholte[80] Spiel macht deutlich, daß wir es mit zwei miteinander verflochtenen Prozessen zu tun haben, die sich anziehen und zugleich abstoßen. Auf der einen Seite bringt

76 Parm. 142a6–8.

77 Parm. 138b3–5; auch in Soph. 247d–248a wird diese Dimension des Handelns und Erleidens als ein besonderes Element, das das Wirkliche kennzeichnet, hervorgehoben.

78 Parm. 142d–143a.

das Entstehen des Einen nämlich das Vergehen der Vielen mit sich und ebenso umgekehrt. Mit diesem Schema verknüpft Platon alle anderen Prozesse, durch die wir auf der einen Seite das Eine haben, das mit der Vereinigung, der Angleichung und dem Einswerden verbunden ist, auf der anderen Seite mit den Vielen, die mit der Teilung, Unterscheidung sowie der Vermehrung und Verminderung verknüpft sind.[81] Auf der anderen Seite jedoch erfordert eben diese Teilung und Vervielfachung eine Tätigkeit, die die Teile im Hinblick auf das Ganze vereinigt und begrenzt.[82]

Dieser Prozeß der Vereinheitlichung hängt nicht von den Anderen ab, die ihrer Natur gemäß, entweder als Teile oder als Ganzes betrachtet, allein nach unendlicher Vielheit streben: In ihnen zeigt sich etwas Verschiedenes, das ihnen eine gegenseitige Begrenzung verleiht.[83] Dieses Verschiedene, das die Einheit der anderen verwirklicht, ist die Idee, in der sich das Prinzip der Einheit offenbart, ohne die das Unendliche überhandnimmt.[84]

II Die ursprüngliche Polarität

Wenn allerdings der Prozeß doppelt ist, bringt uns dieselbe Logik der Argumentation dazu, zwei Gattungen zu konstruieren, welche sowohl die für die Vereinigung als auch die für die Teilung verantwortlichen Elemente enthalten, und dazu, schließlich ein Prinzip zu erweisen, das es verhindert, daß man bei seinem Vorgehen immer weiter ins Unendliche zurückgeht.[85]

---

79 Hier begegnet wieder das typische Problem der Ideen, ob nämlich dieses Eine in allen Dingen, die ihrerseits eins sind, ganz und vollständig gegenwärtig ist oder in Teile geteilt ist (Parm. 144c–d).

80 Ein jedes der Anderen hat am Einen teil; dies bringt es mit sich, daß es nicht Eines, sondern Vieles ist (Parm. 158a); am Einen Anteil zu haben, ist notwendig für es insgesamt und für den Teil (Parm. 158a6–b1).

81 Parm. 156b.

82 Parm. 144e–145a; 158d.

83 Parm. 158d3–6.

84 Parm. 158c5–7. Daß dies das Tätigsein des Einen offenbart, wird klar, wenn das Eine ganz herausgenommen wird und man die reine Vielheit der Anderen im Verhältnis zu den Anderen analysiert; in diesem Fall liegt eine Vielheit vor, die unendlich geteilt und teilbar ist (Parm. 164c8–d4; vgl. auch 165b4–c2).

85 Hätte sich Platon nur der Vorstellung angenähert, eine solche Möglichkeit einzuräumen, dann hätte sich Aristoteles mit einer weit größeren Härte gegen seinen Lehrer gewandt als der, die wir im Zusammenhang mit der Ideenlehre kennen.

A Eines und Nicht-Eines

Das entscheidende Merkmal einer Polarität der ersten Prinzipien ist es, daß sie kein kategoriales Bezugssystem einschließen können. Daher kann a) eben ihr wechselseitiges Verhältnis nicht durch ›andere‹ Begriffe bestimmt werden; sind b) die zwei Begriffe nicht ›zwei‹, weil die Zahl nicht vorausgesetzt werden kann; können c) die ›zwei‹ Begriffe nur für sich im absoluten Sinn genommen werden. Diese Bedingungen ergeben sich in der Argumentation Platons mehrmals. Nachdem Platon gesagt hat, daß die Verschiedenheit notwendig ist, um Eines und Sein zu unterscheiden,[86] schließt er es, als er vom Nicht-Einen spricht,[87] aus, daß es die Verschiedenheit gibt.[88] Eines und Nicht-Eines entziehen sich jeder gegenseitigen Unterscheidung, ohne die es zu ihrer Gleichheit käme, weil in diesem Fall das Nicht-Eine am Einen Anteil hätte.[89] Die Verschiedenheit, die unter Metaideen durchaus Gültigkeit besitzt, besitzt keine solche zwischen Einem und Nicht-Einem, welche auch den Bezug Ganzes-Teile ausschließen.[90] Das Nicht-Eine schließt außerdem die Zahl völlig aus, weil diese die Teilhabe am Einen mit sich bringen würde. Darin gründet darüber hinaus das Fehlen der Verschiedenheit, da diese das Vorhandensein der Zahl voraussetzt.[91]

Dies wird aus der Sicht des Einen bestätigt.[92] Auch in diesem Fall werden die Begriffe im absoluten Sinn genommen,[93] und alle Daten stimmen überein. Die Zahl ist ausgeschlossen, und es wird schließlich versichert, daß das Eine nur Eines ist und nicht zwei sein wird.[94] Das Eine hat keine Berührung mit sich selbst, weil es dann zwei wäre, und ebensowenig mit dem Nicht-Einen, weil dann die Zahl erforderlich wäre, um die Berührungen zu zählen. Die Verneinung der Selbstbezüglichkeit des Einen ist so an seine Natur selbst geknüpft. Ein und dieselbe Notwendigkeit hindert

---

86 Parm. 143b.

87 In einer Weise, die der Argumentation hinsichtlich der Identität von Einem und Anderen gänzlich äußerlich ist.

88 Parm. 146e.

89 Parm. 144a.

90 Parm. 147a8–b3.

91 Parm 143c–144a.

92 Erneut mit einem dem Thema äußerlichen Argument, in diesem Fall dem von Berührung und Nicht-Berührung.

93 In Anbetracht der Tatsache, daß das Eine stets in allen Prozessen gegenwärtig ist, weil nicht nur das Ganze, sondern auch die Teile eins sind (Parm. 153d–154a), nimmt Platon, um Verwirrungen zu vermeiden, ausdrücklich eine Unterscheidung vor: Wenn nämlich die anderen sei es als Ganzes sei es als Teile am Eins Anteil haben, muß man präzisieren, daß sie nicht Eines sind, sofern bestätigt wird, daß nur das Eine Eines ist (Parm. 158a).

94 Parm. 149d1–2. Daher besteht weder die ursprüngliche Polarität aus zwei Begriffen noch kann die Dualität als ›zwei‹ bestimmt werden, da in diesem Fall die Zahl vorausgesetzt würde.

das Eine sowohl daran, zwei zu sein, als auch daran, Kontakt mit sich selbst zu haben[95].

Außerdem widmet Platon einen ganzen Abschnitt den Anderen, in einem absoluten Sinn verstanden,[96] d. h. als Nicht-Eine, entgegengesetzt einem Einen, das keine Teile hat und das nicht ein Ganzes ist, weshalb es einem Einen im absoluten Sinn entspricht. Daß es hier um die Prinzipien geht, wird auch durch die Versicherung nahegelegt, daß es nichts gibt, das sie vereinigen könnte.[97] Es handelt sich also um eine Weise, den Nachweis zu führen, daß es zwei erste Begriffe gibt, über die man nicht zurückkommen kann. Nicht zufällig sind diese Anderen weder Eines noch Viele, weder Ganzes noch Teile, sie haben keine Zahl und auch keine Affekte und gehen insgesamt jedem kategorialen System voraus. Eine solche Folgerung, die eine absolute Transzendenz begründet, wird daher nicht geleugnet, wie es hingegen beim Ein-Einen geschehen ist.

Wir begegnen einer weiteren, möglicherweise noch bedeutenderen Darstellung der Polarität anläßlich der Überführung des Paares Gleiches-Ungleiches in das Paar Gleiches-Größe/Kleinheit durch Platon.[98] Dabei wird nicht nur deutlich, daß es, um von Ungleichheit zu sprechen, notwendig ist, auf die Vorstellungen von Größe und Kleinheit Bezug zu nehmen, sondern die Gleichheit erweist sich auch als ein Mittleres zwischen Größe und Kleinheit. Dies wird schrittweise bestätigt. Das Eine-das-nicht-ist ist den Anderen ungleich, sonst wäre es und wäre ähnlich, was sich beides als unmöglich erweist, da es nicht ist. Aber in diesem Fall hat das Eine an der Ungleichheit Teil und hat demnach Größe oder Kleinheit. Diese zwingen uns also dazu, die Gleichheit zwischen die beiden zu setzen, zumindest um sie zu unterscheiden.[99] Dies bestätigt, daß die Tätigkeit eines Prinzips der Teilung stets eine entgegengesetzte Tätigkeit eines Prinzips der Vereinigung erfordert, weil das Argument von grundsätzlichem Wert zu sein scheint: ohne ein richtiges Maß ist es unmöglich, ein Zuviel oder ein Zuwenig zu erweisen.

B GRENZE UND UNBEGRENZTES

Bei der Behandlung des Problems im ›Philebos‹ zeigt sich auch deutlich, daß die Wirklichkeit nach einem doppelten Schema dieses Typs gelesen werden muß, mit einem Prinzp der Ungleichheit und einem der Gleichheit, das zwischen den beiden Extremen vermittelt, die die indirekte Überlieferung Hen und Dyas des Großen-

95 Parm. 149a2–3.
96 Parm. 159b–160b.
97 Parm. 159bc.
98 Parm. 149e.
99 Parm. 161d4–8.

und-Kleinen nennt. Selbst wenn die höchsten Gattungen in einer hinreichend differenzierten Weise verstanden werden,[100] kann kein Zweifel daran bestehen, daß Grenze und Unbegrenztes konstitutive Prinzipien für alles Wirkliche sind, das sich daher als ein Gemischtes erweist. Diese These ist von solcher Bedeutung, daß Platon mehr als zweimal auf sie zurückkommt.

Das erste Mal dient dem Zweck, die Grundlage der Ein-Vielfachheit des Wirklichen zu entfalten: Was aus einem und aus vielen zusammengesetzt ist, hat in sich Grenze und Unbegrenztes verbunden.[101] Die beiden Paare sind indes nicht auf derselben Ebene angesiedelt. Eines und Vieles sind, wie wir wissen, identisch und zeigen daher nicht zwei Dimensionen eines Gegenstandes, sondern zwei verschiedene Weisen der Anschauung eines einzigen und gleichen Gegenstandes, und sind abhängig von der Gegenwart des Begrenzten und Unbegrenzten als ›inneren Strukturen‹.[102] Dieses Thema wird im Anschluß daran in einer viel umfangreicheren Behandlung entfaltet, die auch die gesamte Struktur der Prinzipien deutlich werden läßt. Sowohl das Ganze[103] als auch jedes einzelne Element des Wirklichen erweist sich als Bestimmung eines Unbestimmten durch Einwirken des Peras auf das Apeiron, während ein Prinzip, das demselben Prozeß äußerlich ist, die Wirkursache dafür liefert.[104]

---

100 Vgl. Phil. 23e–24a; Grenze, Unbegrenztes und Gemischtes sind sie selbst, in einer Hinsicht eines, in einer anderen viele, d.h. sie sind Erscheinungen, Gattungen und Ideen, wie es auch die methodische Abhandlung bestätigt. Diese Vielfalt möglicher Zuweisungen bildet die Grundlage für alle ›Rollenwechsel‹, die im Dialog begegnen: Ein und dasselbe kann unter einem bestimmten Gesichtspunkt gemischt sein, unter einem anderen Grenze und unter einem dritten Ursache usw. Die dadurch hervorgerufenen Verdrehungen haben einen beträchtlichen Teil der Interpreten dazu gebracht, die Existenz der Ideen im ›Philebos‹ zu leugnen, obwohl das Gegenteil der Fall ist. Zu dieser Frage sei verwiesen auf Migliori (1993) 439 – 469.

101 Phil. 16c9–10.

102 Es ist jedoch erforderlich, zwei Bedeutungen von Struktur zu unterscheiden: die, in der eine Idee angesiedelt ist, und jene, nach der sie strukturiert ist. Die Idee des Säugetiers ist im Hinblick auf die Struktur in die der Wirbeltiere eingefügt, und sie ist in weitere Unterarten untergliedert. Während nun die erste die Bedingung der Möglichkeit dafür ist, daß die fragliche Idee gedacht werden kann, und nichts aussagt über ihre innere Struktur, ist die zweite ihre Verwirklichung und Ausformung, sie hat jedoch keinen Einfluß darauf, ob sie gedacht werden kann. Außerdem befindet sich die Grenze innerhalb einer jeden Ebene, sie bleibt aber von der höheren Ebene bestimmt. Die Idee des Säugetiers steht für sich, aber sie ist abhängig von jener des Wirbeltieres usw. (die beiden Prozesse sind natürlich ineinander verwoben: eben sofern sie von einer Grenze bestimmt ist und eben weil sie jene besondere Gattung darstellt, läßt sich jene Idee in jene weitere Arten untergliedern).

103 Daß diese Frage das Ganze betrifft, betont Platon ausdrücklich und wiederholt: Alles, was im Ganzen existiert (23c4); alles, was geschaffen wird, braucht eine Ursache (26e); die ersten drei Gattungen bilden die Dinge, die entstehen, und jene, aus denen sie entstehen (27a11–12); die Erkenntnis aller Dinge und eines jeden einzelnen (63c); vgl. auch 25d, 30b.

Das Unbegrenzte wird sehr klar dargestellt:[105] Die Beispiele erlauben es, die Elemente zu identifizieren, die es kennzeichnen und die in einem solchen Maße bestimmt sind von der absoluten Opposition zur Quantität und zum rechten Maß, daß das Apeiron verschwindet, wenn diese verwirklicht werden. Die Paare, die es zum Vorschein bringen, wie groß und klein, stark und schwach, müssen als eine einzige Wirklichkeit genommen werden, was Platon dadurch besonders betont, daß er von einem Exzeß ohne jeden Gegensatz spricht, oder vom Mehr-und-Weniger, und in diesem einen Fall stets nur einen Artikel gebraucht.[106]

Viel verwickelter hingegen ist der Nachweis desjenigen Elements, welches das Peras kennzeichnet, weil es sich dabei um eine aktive Fähigkeit handelt, nicht eine Wirk-, sondern eine formale Ursache, die im Gemischten als Ordnungselement tätig ist. Dies ist von grundlegender Bedeutung für die Schwierigkeit bei der Darstellung der Grenze: Wenn ihr Wesen darin liegt, daß sie tätig ist, und wenn ihre Funktion die ist, daß sie begrenzt, dann entfaltet sie sich tatsächlich nur im Begrenzten.[107] Daher liegen zwei verschiedene Darstellungen der Grenze vor. Die erste ist knapp und basiert zur Gänze auf einer Entgegensetzung: Auf die Grenze bezieht sich all jenes, das nicht die Merkmale des Unbegrenzten, sondern die gegenteiligen aufweist, also zuerst das Gleiche und die Gleichheit, dann das Doppelte und jede Zahl im Bezug auf eine Zahl und jedes Maß im Bezug auf ein Maß.[108] Wie man sieht, ist das Schema identisch mit jenem, das wir bereits gefunden haben. Der Ungleichheit, die aus zwei Gegensätzen gebildet ist, ist das Gleiche entgegengesetzt, das jenen Gegensatz zwischen Großem und Kleinem und zwischen Mehr und Weniger vermittelt und negiert.

Die zweite Darstellung bestätigt diesen Befund, indem sie vom Gleichen, vom Doppelten und vom Ganzen spricht und damit der wechselseitigen Opposition der Gegensätze ein Ende setzt, indem sie sie mittels der Zahl vergleichbar macht.[109] So betont Platon stärker die Grundeigenschaft der Grenze, das Wirken nämlich, das es

104 Phil. 23c–27c. Dies bestätigt die schon im ›Parmenides‹ klar dargelegte Notwendigkeit, alle traditionellen Interpretationen der platonischen Ideen zu vernachlässigen, da es sich dabei um ein Modell und seine Varianten handelt. Worauf es ankommt, ist die Einwirkung eines Begriffs auf einen anderen und die Wirkung einer Ursache, die dies möglich macht.

105 Phil. 23e–25a.

106 Phil. 24a9; 24b6; 24c2; 24c8; 25c10; 41d8.

107 Seine Bedingung ist daher der des Unbestimmten entgegengesetzt: wenn dieses im Gemischten, das begrenzt ist, ›verschwindet‹, gibt es die Grenze in einem bestimmten Sinn nur im Gemischten; in der Wirklichkeit des Gemischten offenbart der erste Begriff seine strukturelle ontologische Schwäche, der zweite seine bestimmende Stärke.

108 Phil. 25a6–b4.

109 Phil. 25de.

dem Gleichen ermöglicht, sich als Mitte zwischen die Extreme des Ungleichen zu setzen, und zwar mittels der bestimmten Menge und mittels des rechten Maßes.[110]

III Die funktionale Mehrdeutigkeit der Prinzipien

Aber eine richtige dialektische Anschauung muß auch, ebenso wie sie nicht zu einem alles in sich aufsaugenden Einen gelangen kann, eine nicht eindeutige, sondern notwendigerweise mehrdeutige Sicht des Prinzips geben. Dies zeigt sich in der Behandlung Platons, die auch auf diesem Gebiet bestätigt, was wir durch die indirekten Zeugnisse wissen, indem er den ontologischen, axiologischen und erkenntnistheoretischen Wert der Prinzipien nachweist.

A Grenze, Eines und Gutes

Platon liefert den Nachweis sowohl für die funktionale Mehrdeutigkeit einzelner bestimmter Prinzipien als auch für die konzeptuale Einheit der mit verschiedenen Begriffen bezeichneten Wirklichkeiten. Die erste Gleichsetzung ist die von Einem und Grenze. Es ist nicht nur die Gleichheit der einander widersprechenden Funktionen des Einen und Nicht-Einen des ›Parmenides‹ und des Begrenzten und Unbegrenzten des ›Philebos‹, die uns dazu veranlaßt hat, die beiden Paare gleichzusetzen, sondern klare Signale, die man in ein und demselben Text findet. Platon bestätigt zuerst, daß seine Analyse mit vier Begriffen spielt, mit Einem und Vielen, Grenze und Unbegrenztem, reduziert dann aber häufig alles auf eine Trias: Eines, Vieles und Unbegrenztes.[111] Auf diese Weise ist die (ein-)vielfache Wirklichkeit eingespannt in ein Gegensatzpaar, das nicht mehr das von Grenze und Unbegrenztem, sondern das von Einem und Unbegrenztem ist. Das findet seine Bestätigung in einer beträchtlichen Zahl von Fällen, wo Platon den Begriff Peras durch den des Einen ersetzt;[112] dies zeigt, daß Platon Grenze-Begrenztes und Ein-Eines als Synonyme betrachtet.

Denn das Eine spielt im ›Parmenides‹ für eine sonst unbestimmte und unendlich teilbare Wirklichkeit[113] jene bestimmende Rolle, die dem Peras eigen ist, welches

---

110 Phil. 24c. So wird die bereits im Parm. 158d3–8 gemachte Aussage bestätigt: Sich selbst überlassen wären die Dinge zur unendlichen Teilung verurteilt, wenn nicht in ihnen ein anderes zum Vorschein käme, um ihnen eine Grenze zu setzen und sie zu vereinen.

111 Phil. 16d6.

112 Phil. 16e1: die Zahl ist in der Mitte zwischen Einem und Unbegrenztem; 17a2: die Eristiker setzen sogleich nach dem Einen das Unendliche; 17b3–4: der vom Mund hervorgebrachte Laut ist einer und unendliche Vielfalt (vgl. 17b7); das wird mehrmals bei der Wiederaufnahme des Beispiels der Stimme bestätigt (18ab); 18e–19a: Lust und Denken sind eines und vieles und nicht unendlich, doch sie erscheinen so nur am Ende des Prozesses.

als ein Ordnungsprinzip wirkt und durch das Maß gekennzeichnet ist, ohne das es das Gemischte nicht geben könnte. Indem die Grenze das Unbegrenzte begrenzt, verleiht sie der Wirklichkeit alles, worüber sie an Schönem verfügt, vom Wohlergehen der Körper bis zur Musik, den Jahreszeiten, den vielen schönen Dingen, die in der Seele sind: Kenntnisse, Formen der Tüchtigkeit usw.[114] Doch hat die Grenze, sofern sie Ordnungsprinzip ist, auch einen axiologischen Wert: die Göttin, die als Wirkursache eingreift, sieht, daß die unbestimmten Dinge schlecht sind, die Ordnung hingegen gut ist, und sie verwirklicht sie durch das Wirken der Grenze.[115] Es kann daher nicht überraschen, daß eine zweite Gleichsetzung möglich ist, die nämlich von Grenze und Gutem.[116] Die Grenze erscheint nämlich nur im ersten Teil des Dialogs, während das Gute im Schlußteil nicht nur eine entscheidende Rolle spielt,[117] sondern ihn selbst ausfüllt; diesen beschreibt Platon als eine fortschreitende Annäherung an das Haus des Guten,[118] die im Eintritt in die Vorhalle gipfelt.[119]

Gewiß mag die platonische Vorgehensweise, die einerseits im freiwilligen Verzicht darauf besteht, eine Definition des Guten zu bieten, andererseits auch darin, die Begriffe zu vervielfachen, die ein solches Prinzip beleuchten, den Leser leicht verwirren. Man sollte aber nicht außer acht lassen, daß Platon ausdrücklich versichert, daß es erforderlich ist, über eine angemessene Kenntnis des Guten zu verfügen,[120] und daß er aufdecken will, was das Gute im Menschen und im Ganzen ist, und welche Idee wir ihm zuweisen müssen.[121] Wir dürfen uns also aufgrund der Komplexität der Ebenen, die Platon aufzeigt, nicht dazu verleiten lassen, seine Versicherung außer acht zu lassen, daß das Gute eines ist, wie die Lösung, die er finden will, eine ist. Daher zeigt nicht nur die Annäherung an das Haus des Guten, daß es sich um eine einzige Wirklichkeit handelt, sondern eben die Erforschung der Verfassung der Seele, die dazu in der Lage ist, den Menschen ein glückliches Leben zu sichern,[122] ist nur möglich, weil es einen einzigen Begriff des Bezugs gibt.

Dies entfaltet der Text selbst, indem er zugleich die Einheit und die Vieldeutigkeit des Prinzips erweist. So zeigt Platon, daß im Maß und in der Proportion das Gute sichtbar wird, indem er betont,[123] daß sich so das Vermögen des Guten in der

113 Parm. 158d3–6.
114 Phil. 25e–26b.
115 Phil. 26b7–c1.
116 Zu dieser Grundthematik vgl. Migliori (1993) 486 – 498.
117 Das ist offensichtlich in einem Dialog, der dem guten Leben gewidmet ist.
118 Phil. 61ab.
119 Phil. 64c.
120 Phil. 61a.
121 Phil. 64a2–3.
122 Phil. 11d.
123 Phil. 64e.

Natur des Schönen zeigt.[124] Das Gute zeigt sich auch in der Tugend,[125] mit der fast zwangsläufig die Wahrheit verbunden ist, ohne die nichts entsteht und nichts besteht.[126] Es hat fast den Anschein, als hätten wir, anstatt das Gute zu haben, drei verschiedene und getrennte Prinzipien. Aber gerade um ein ähnliches Mißverständnis zu vermeiden, schließt Platon drei endgültige Aussagen an:[127]

Das Gute haben wir nicht mit einer einzigen Idee erfaßt, sondern unter drei verschiedenen Aspekten: Schönheit, Gleichmaß und Wahrheit.[128] Gleichwohl müssen wir diese zusammen nehmen und sie dem Guten zuweisen als einer einzigen Wirklichkeit, die als Ursache wirkt;

Das Gute ist Ursache der Mischung als solcher;

Das Gute ist Ursache des Gutseins der Mischung, die gut ist vermittels dieser Ursache, die das Gute ist.

Demnach ist das Gute ein Eines, und es ist Ursache der Dinge, die, weil es sie gibt, gut sind (und umgekehrt: weil sie gut sind, gibt es sie). Es ist qua Eines ontologische Ursache und qua Gutes axiologische Ursache. Beides gehört zusammen. Denn wenn ein Gemischtes des Maßes beraubt wird – also ein schlechtes Gemischtes wird –, bewirkt es die Zerstörung seiner selbst, aber auch die seiner Bestandteile sowie die der Wirklichkeit, in die es selbst eingefügt ist.[129] Das ist eine Konsequenz, die nicht nur das Gute betrifft, sondern auch das Seiende. Daher ist die ontologische und axiologische Rolle, die das Gute im Gemischten spielt, identisch mit jener, die das Peras in der vorausgehenden Klassifikation spielte. Beide wirken darüber hinaus als formale Ursache.[130]

Die letzte Bestätigung für die Gleichsetzung von Peras und Gutem finden wir in der Feststellung, daß keine Kluft festzustellen ist zwischen der Ebene der Methode und der der Anwendung, da es sich in beiden Fällen um das Gleiche handelt, die Dialektik, welche darüber hinaus, da sie auch Ort der sicheren und höchsten Erkentnisse ist, das Thema der Wahrheit wieder aufgreift. Schließlich wird, weil man diesem letzten Thema immer wieder begegnet, auf das Gute auch die gnoseologische Ursache zurückgeführt. Daß man auch in diesem Fall von einer Gleichsetzung in ei-

124 Das Gute erweist sich als aktives Prinzip, es hat Kraft, während das Schöne wie Wahrheit und Symmetrie eine der Formen ist, in denen es erscheint. Es steht denn auch in der abschließenden Klassifikation der Güter an der zweiten Stelle (Phil. 66b).

125 Phil. 64e7.

126 Phil. 64b; dieser notwendige Zusammenhang wird später, 64e, bestätigt.

127 Phil. 65a.

128 Im folgenden ist daher von Schönheit, Wahrheit und Maß die Rede (Phil. 65b).

129 Phil. 64de.

130 Das Gute wirkt als formale Ursache, wie der Umstand beweist, daß es Ursache sowohl für die Reinheit der reinen Lüste ist, die derart sind, sofern sie bemessen sind (Phil. 52cd), wie auch Ursache für das gemischte Leben.

nem einzigen Prinzip sprechen muß, das beweist die Tatsache, daß die Wahrheit die Bedingung für das Vorhandensein der geschaffenen Dinge darstellt.[131]

B DAS MASS

Die Hauptfunktion des Einen und des Gleichen, welche die verschiedenen Gesichtspunkte miteinander vereint, in denen sich das Prinzip zeigt, besteht darin, daß sie die extremen Gegensätze dadurch abschwächt, daß sie sie zueinander in Beziehung setzt. Dies erklärt die Vorrangstellung des Maßes unter den Merkmalen, in denen sich das Gute-Begrenzende zeigt.[132] Wenn das primäre Kennzeichen des Wirkens der Grenze durch die Einführung des Maßes und des Bemessenen gegeben ist, welche die Anzeichen für das Unbegrenzte zerstören,[133] dann ergeben dieselben Elemente, wie wir gesehen haben, auch die Grundmerkmale des Guten. Aber Platon sagt in der abschließenden Aufzählung der Güter noch deutlicher, daß er an erster Stelle sieht, was sich in der Nähe des Maßes befindet, in der Nähe dessen, was gemessen und passend ist und was, weil es so ist, als ewig angesehen werden muß. Dies zeigt, daß das Maß vornehmlich auf der Ebene der Prinzipien und der Ideen das Grundmerkmal des Guten ergibt, und zwar in einem solchen Maße, daß es nirgendwo in der Aufzählung erscheint, weil dort nur in Erscheinung tritt, was sich in der Nähe des Maßes befindet.[134] Dieses Fehlen stellt uns vor eine Entscheidung: Entweder vertreten wir die Ansicht, daß das Maß fehlt, weil es von geringerem Wert und unwürdig ist, in dieser Aufzählung zu erscheinen – eine völlig unsinnige Ansicht – oder wir sind der Ansicht, daß es fehlt, weil es letztlich mit dem Guten und seinem Wirken zusammenfällt.

Platon liefert uns ein weiteres Argument, um diese Gleichsetzung von Gutem und Maß zu stützen. Wir haben daran erinnert, daß sich das Vermögen des Guten in der Natur des Schönen verbirgt.[135] Das will sagen, daß sich im Wesen des Schönen die Eigenschaft des Guten als Wirkursache zeigt. Das Wesen des Schönen wird nun durch Maß und Proportion bestimmt, d.h. durch jene Begriffe, bei denen sich die kostbarsten Güter zeigen. Maß und Proportion sind daher Anzeichen für das Vermögen des Guten.

---

131 Phil. 64ab. Die Bedeutung der Wahrheit wird auch dadurch bestätigt, daß man ihr in beiden Triaden begegnet, die uns Aufschluß über die Grundeigenschaften des Guten geben (Phil. 65a2; 65b8).

132 Die Gegenwart des Maßes zeigt sich in verschiedenen wichtigen Momenten; insbesondere wenn betont wird, daß die reinen Lüste im Unterschied zu allen anderen durch das Maß gekennzeichnet sind (Phil. 52cd), und nicht zuletzt auch in der Rolle der Quantität und der Zahlen.

133 Daher reiht Platon unter die verschiedenen Formen des πόσον auch τὸ μέτριον ein (Phil. 24c7).

134 Phil 66a6: πρῶτον μέν πῃ περὶ μέτρον.

135 Phil. 64e.

Um diesen Punkt abzuschließen: Wir haben gesehen, daß man die verschiedenen Begriffe, mit denen Platon das Prinzip kennzeichnet, tendenziell sowohl auf funktionaler[136] als auch auf sprachlicher[137] Ebene gleichsetzen kann und daß man sie allesamt auf der Ebene wiederfindet, die vom Maß bestimmt ist, die den Grund gibt für das Seiende, das Schöne und die Wahrheit.[138] Daher ist das Gute, um das es uns zu tun ist, ontologisches, axiologisch-ästhetisches und gnoseologisches[139] Prinzip; dies geht auch aus den indirekten Zeugnissen über die ungeschriebenen Lehren hervor.[140]

---

136 Peras und Gutes werden gleichgesetzt, sofern sie Ordnungsprinzip sind; beide sind formale Ursache; das Gute ist ontologisches Prinzip, wie das Peras axiologischen Wert hat; das Gute ist auch Erkenntnisprinzip, und damit Fundament einer jeden möglichen Wahrheit, die ihrerseits eine unmittelbare ontologische Bedeutung hat.

137 Platon ersetzt den Begriff peras mit Leichtigkeit durch den des Einen; das Gute wird als ein Eines verstanden.

138 Und auch den der Tugend, die hier in den Blick kommt, sofern sie Ausdruck der Harmonie der Seele ist (Phil. 63e).

139 Man könnte sagen, daß wir bei Platon dem Embryo der Transzendentallehre begegnen, auch weil das gleiche Prinzip Prinzip der Ordnung, des Seins, der Erkenntnis und der moralischen Vollkommenheit ist.

140 Es geht über den Rahmen dieses Beitrags hinaus, diesen letzten Teil der Überlegungen zur platonischen Protologie weiterzuführen. Dennoch ist eine Bemerkung auf der Grundlage eines der wichtigsten Zeugnisse aus der ›Metaphysik‹ des Aristoteles, A 6, 987b 18–33, erforderlich: Platon stehe den Pythagoreern ausgesprochen nahe, aber er unterscheide sich von ihnen unter anderem in dem Punkt, daß er anstelle des Unbegrenzten eine Dualität ansetze. Die Frage, die sich hieraus unmittelbar ergibt, ist die, wie es möglich ist, daß Platon im ›Philebos‹ genau die pythagoreischen Termini verwendet hat, von der er sich nach Aristoteles formal abhob. Die Fragestellung ergibt in unseren Augen keinen Sinn, weil sie nur die Wirkung eines Paradigmenwechsels belegt: Hätte Platon von einer Einheit und einer Dyas sprechen können/sollen, hätte er sein System erläutern müssen? Der Verfasser des ›Phaidros‹ und des ›Siebten Briefes‹ hat bereits erklärt, dies nicht tun zu wollen: daher macht Platon insbesondere in dem Moment, in dem er sich den letzten Grundlagen seines Systems nähert, von einer funktionalen Terminologie Gebrauch, mittels der er zu enthüllen, zur gleichen Zeit aber auch zu verbergen vermag. Die Beweislast und damit eine Antwort auf die aufgeworfene Frage fällt daher denen zu, die unsere Ansicht nicht teilen.

D DIE DIALEKTISCHE BETRACHTUNG DES WIRKLICHEN

I Alles ist gemischt

A ALLES HÄNGT VON DER TÄTIGKEIT DER PRINZIPIEN AB

Platon selbst betont die besondere Natur des Gemischten und seine Durchdrungenheit, die es unmöglich macht, präzise und erschöpfende Angaben über seine Art zu machen. Tatsächlich ergibt sich aus den Beispielen nur, daß das Gemischte eine besonders komplexe Gattung ist,[141] weil sie aus all dem zusammengesetzt ist, was von der Einwirkung der Grenze auf das Unbegrenzte abhängt, und daher auf verschiedene Weise je nach den Funktionen, die die erzeugenden Prinzipien ausüben, beschrieben werden kann. Doch kann kein Zweifel daran bestehen, daß die Wirklichkeit von den beiden ersten Prinzipien abhängt, weil Platon vom Ganzen spricht, vom Ganzen, das im Ganzen existiert, als einem von Grenze und Unbegrenztem Abhängigen und daher Gemischten.[142] Dies führt zu einer Reihe von Schwierigkeiten. Die erste besteht darin, daß, wenn das Gemischte ein Ganzes ist, auch Grenze und Unbegrenztes dadurch bestimmt werden und ihre eigene Natur verlieren. Es scheint daher, daß es nur dann möglich ist, für das Gemischte eine spezifische Funktion im Hinblick auf das Wirken der Prinzipien zu bewahren, wenn man es als eine unterschiedliche Wirklichkeit ansieht.

Wenn wir aber an die vertikale Struktur des platonischen Systems denken, erscheint das Problem nicht dramatisch, weil es höhere Formen des Gemischten gibt,

---

141 Platon weist zumindest auf drei verschiedene Paare des Gemischten hin. In einem ersten Sinn müssen wir zwischen einem einfachen Gemischten, das in seiner formalen und metaphysischen Struktur als Beispiel angeführt wird, durch die eine Grenze auf ein Unbegrenztes einwirkt, und einem komplexen unterscheiden, wie es sich im glücklichen Leben und im Kosmos zeigt, in dem sich verschiedene Arten des Gemischten, als Grenze und Unbegrenztes genommen, in einer vielfach gegliederten und dennoch einheitlichen Wirklichkeit vermischen. In einem zweiten Sinn haben wir ein Gemischtes als Ergebnis des Zusammenwirkens von verschiedenen Komponenten, wie es im glücklichen Leben geschieht, und eines aus einem Element Zusammengesetzten, das es selbst bleibt, das jedoch untrennbar mit einem anderen vielleicht gar ihm Entgegengesetzten verbunden ist; dieses läßt es unrein, zweideutig und sogar falsch werden (das deutlichste Beispiel sind die mit Schmerzen verbundenen Lüste, die eine Wirklichkeit schaffen, die als Schmerz wie auch als Lust bestimmt werden kann, je nach dem, welcher der beiden Begriffe gerade überwiegt). Schließlich liegt ein gleichsam statisches oder beständiges Gemischtes sowie ein bereits verwirklichtes vor, mit dem andere Komponenten verbunden werden können: der klarste Fall ist der der Mischung aller Kenntnisse, die die Lüste akzeptieren oder zurückweisen, um das Modell des glücklichen Lebens zusammenzusetzen.

142 Phil. 23c4.

die in einem Gemischten einer niedrigeren Stufe, in dem sich ihre Wirkung zeigt, die Funktion der Grenze und des Unbegrenzten übernehmen. Es ergibt sich so die Möglichkeit/Notwendigkeit einer äußerst differenzierten Betrachtung eines jeden Wirklichen, das sowohl in seiner unendlichen und unbestimmten Form wie auch in seiner bestimmten Form, d.h. im Gemischten, betrachtet werden kann. Das Kalte ist kalt, ob wir nun eine unbestimmte und abstrakte Sicht von ihm haben oder eine Sicht, die in quantitativer Hinsicht von der Temperatur bestimmt ist.

Konkret gibt es jedoch stets nur ein Gemischtes. Das Unbegrenzte an sich gibt es nicht als ein Ding unter den Dingen, sondern nur als einen Bestandteil oder nur als eine abstrakte Anschauung eines Wirklichen, das immer begrenzt ist, welches jedoch durch die Elemente betrachtet wird, die seine Unbegrenztheit betonen. In entsprechender Weise muß auch die Grenze, eben um ihre Funktion erfüllen zu können, begrenzt sein. Dies zeigen auch die Zahlenangaben, die Platon beständig als Hinweis auf die Begrenzung einflicht. Die Zahl ist deshalb bestimmend, weil sie in sich selbst bestimmt ist. Die Tatsache, daß dieser Prozeß nicht bis ins Unendliche fortgesetzt werden kann, sondern bei einer ersten Grenze sein Ende finden muß – diese Grenze ihrerseits stellt den Ursprung für das Vorhandensein von Proportion und Maß im Wirklichen dar und sie ist eben deshalb, weil sie die erste ist, nicht gemischt –, ändert nichts daran, daß in allen anderen Fällen die Grenze als eine Funktion angesehen werden muß, die notwendigerweise ein Gemischtes ist und in einem Gemischten wirkt.[143]

B Gemischtes und Ideen

Daß das Gemischte allen Aspekten des Wirklichen zukommt, ist klar: die Mischung betrifft sowohl den Menschen als auch das Ganze.[144] Und aus der Mischung geht sowohl das Seiende[145] als auch ein jedes körperliche oder geistige Schöne[146] hervor. Den Kosmos selbst kann man als ein Ganzes beschreiben, in dessen Innerem es viel Unbegrenztes, einen hinreichenden Teil der Grenze und eine höhere Ursache gibt.[147] Doch aufgrund eben der Vielfalt der Anwendungsmöglichkeiten stellt das Gemischte für Platon ein schwerwiegendes Problem dar; allerdings vertieft er das Thema nicht weiter, er begnügt sich vielmehr damit, es mittels zwei ausgesprochen

143 Daher liegt den drei Gattungen Grenze, Unbegrenztes und Ursache ein Prinzip zugrunde, das im Falle des Gemischten fehlt, welches, sofern es abhängig ist, nicht anders als immer prinzipiiert werden kann. Grenze, Unbegrenztes und Ursache sind Gattungen und Prinzipien, Gemischtes ist Gattung, nicht Prinzip.

144 Phil. 64b.

145 Phil. 26d; vgl. 53c; 54a.

146 Phil. 26b.

147 Phil. 30c.

allgemeiner Merkmale zu bestimmen: Diese Gattung ist die Gesamtheit alles dessen, was durch die Einwirkung der Grenze auf das Unbegrenzte hervorgerufen wird, und führt zu einer γένεσις εἰς οὐσίαν.[148]

Dies bedingt indes eine weitere gewichtige Frage: ist es möglich, den Ideen das Wesen des Gemischten und das der *genesis* zuzusprechen? Die Antwort fällt positiv aus. Gerade die Formenvielfalt des Gemischten macht die Behauptung möglich, daß die Idee in ihrer reinen Einheitlichkeit der Monade in ontologischer Hinsicht im eigentlichen Sinn gemischt ist, was Platon nicht zufällig in den Vordergrund rückt. Tatsächlich bringt der athenische Philosoph die Existenz der reinen Lüste zur Sprache, welche als solche der Mischung entzogen sind. Ihr Kennzeichen ist daher eben das Maß, weshalb sie unter dem Gemessenen anzusiedeln sind.[149] Sie sind daher zugleich nicht gemischt und gemischt: nicht gemischt, sofern sie keinen Bezug zum Schmerz haben, gemischt, weil sie ontologisch gemessen sind. Indes: Gilt diese Feststellung für die reinen Lüste, so kann auch für jedes andere gelten, daß es eines und rein und zur gleichen Zeit gemischt und vielfältig ist.

Das andere Problem im Zusammenhang mit der Natur des Gemischten ist die Bestimmung des Werdens, die Platon ihm zuweist.[150] Wenn alles aus diesem Prozeß heraus entsteht,[151] dann ist es offensichtlich, daß das Gemischte als Erzeugung hin zum Sein bestimmt werden muß. Das Problem besteht in der Frage, ob dies in Einklang zu bringen ist mit dem Umstand, daß die Ideen ewig und ungeworden sind. Wenn das Gemischte nämlich geschaffen ist, dann entsteht es, und seine Existenz ist zufällig. Aber daß Platon die Ideen auf die Ebene des Werdens bringen würde, ist aufgrund der klaren Aussagen in anderen Werken, die auch in eben diesem Dialog aufgegriffen werden, unvorstellbar.[152] Über einen Passus allerdings lohnt es sich genauer nachzudenken: Nichts zwingt dazu, einen abgeleiteten Prozeß, der sich auch sehr gut zeitlos auffassen läßt, auf der zeitlichen Ebene anzusiedeln.[153] Der platonische Ausdruck schließt nämlich keineswegs das Werden ein, sondern er zeigt nur

---

148 Phil. 26d7–9.

149 Phil. 52cd.

150 Dies erscheint Platon letztlich so bedeutend, daß er es mehrmals innerhalb von wenigen Zeilen wiederholt (Phil. 26d–27b); beispielsweise schließen die drei Gattungen alles ein, was erzeugt wird, und das, aus dem alles erzeugt wird (27a11–12); die demiurgische Ursache ist Ursache der Mischung und der Hervorbringung (27b9); das kann nur besagen, daß beide Begriffe in ihrer Substanz gleichbedeutend sind.

151 Phil. 25e4.

152 Platon betont auch im ›Philebos‹ mit einiger Vehemenz die Überlegenheit des Beständigen und die Grenzen des Werdens. Somit kann die Lust für den Menschen, weil sie wird, nicht gut sein, und was wird, ist im Dienste dessen, was sein will (53c–54e); ebenso klar wird die Beständigkeit der Ideen vertreten: die Dialektik bezieht sich auf die Wirklichkeit, die keine Veränderung erfährt (Phil. 57e–58a; 59a–c).

eine ontologische Abhängigkeit an, indem das Gemischte als ein ontologischer Grundprozeß ausgewiesen wird.

Ein erster Grund für diese These liegt darin, daß Platon beharrlich auf die mit der Definition des Gemischten verbundenen Schwierigkeiten hinweist. Wenn wir diese *genesis* als ein Werden auffassen, gibt es keine Schwierigkeiten mehr: die Bestimmung der nicht weiter reduzierbaren Vielfalt der werdenden Dinge kann kein besonderes Problem darstellen. Die Schwierigkeit wird umgekehrt deutlich, wenn Platon zugleich ein werdendes Gemischtes und ein abgeleitetes, nicht jedoch werdendes Gemischtes bestimmen muß. Auf diesem Gebiet sind auch die indirekten Zeugnisse eine Hilfe, wenn man bedenkt, daß Aristoteles von einer platonischen Erzeugung der Zahlen spricht[154] und Theophrast eine noch gewichtigere Behauptung zu vertreten scheint.[155] Aber Platon gibt uns noch einen weiteren Hinweis, indem er uns zu verstehen gibt, daß er auf eine fundamentale Wesensabhängigkeit, und nicht eine solche zeitlicher Art anspielt. Zuerst identifiziert er nämlich Ursache und Erzeuger, um dies dann dahingehend zu präzisieren, daß der Erzeuger seinem Produkt nicht in zeitlicher Hinsicht, sondern im Hinblick auf das Wesen vorausgeht.[156] Dies ist eine These, die auf der Ebene der physischen Erzeugung wenig Sinn ergibt, während sie sich auf metaphysischer Ebene als bedeutsam erweist.

Es scheint daher deutlich, daß Platon den Ausdruck *genesis* verwendet, um auf eine Abhängigkeit und eine zeitlose Erzeugung hinzuweisen und so zum ersten Mal ein Modell für eine nicht werdende, sondern abgeleitete Erzeugung schafft, ein Modell, dem deshalb ein großes Schicksal bestimmt war, weil es auf die Ideen selbst angewandt werden kann, die daher erzeugt sind, obwohl sie ewig bleiben.

II Sein und Zeit, Werden und Zeitlosigkeit

A DIE WERTLOSIGKEIT EINER DIALEKTIK DES SEINS OHNE DAS EINE

Die Rolle der Protologie zeigt Platon auch in indirekter Weise auf, mittels der Grenzen, die sie der reinen Dialektik des Seins setzt. Es ist unmittelbar einsichtig, daß das Sein keine zentrale Rolle in dieser dialektischen Entwicklung spielt: Denn die Tatsache, daß das Eine und das Sein zugleich in allen Dingen sind, bedingt nicht nur keine Vereinheitlichung des Wirklichen, sondern ist vielmehr Ursprung einer un-

153 Die Behandlung des Augenblicks im Parm. 155e–156c läßt uns denken, daß Platon ihn so gesetzt hat.

154 Vgl. Annas (1992) 80.

155 Theophr., Met. 6b12–16.

156 Phil. 27a5.

endlichen Teilung.[157] Dies weist auf einen davon verschiedenen, äußeren Prozeß, der diese Teilung begrenzt. Gleichzeitig wird dadurch mittels der Verbindung mit einigen Grundelementen der Wirklichkeit, wie der Zeit[158] oder der Erkenntnis,[159] seine Bedeutung betont.

Die Frage erhält in dem Moment Bedeutung, in dem man das Eine negiert und dennoch eine Anschauung des Wirklichen bewahren möchte. Platon läßt uns nämlich so ahnen, daß Erkenntnis, Verschiedenheit und Elementarbestimmungen wie ›dieses‹ und ›jenes‹, selbst wenn sie eine enge Verbindung zum Sein aufweisen, nicht davon abhängen, wenn man bedenkt, daß sie auch einem Eines-welches-nicht-ist zugesprochen werden können, wie mindestens zweimal ausdrücklich und ausführlich versichert wird.[160] Doch wenn das negierte Eine dennoch Gegenstand der Untersuchung und der Erkenntnis ist, ist es in irgendeiner Weise, da man sich sonst darauf beschränken müßte, über ein Nicht-Eines-das-nicht-ist[161] oder über ein Eines-das-ist[162] zu reden, während dieses ein Eines ist, das ist und zugleich nicht ist. Man hat in diesem Bereich mit der Dialektik des Seins zu tun: so entdeckt man, daß es möglich ist, das Nicht-Sein als ein Verschiedenes zu behaupten,[163] und daß es verschiedene Arten der Teilhabe am Sein und am Nicht-Sein gibt. Dabei handelt es sich auf einer rein theoretischen Ebene um acht Arten, vier affirmative und vier negative:

(a) das Sein des Seins-das-ist, d.h. die Bejahung des reinen Seins;

(b) das Sein des Seins-das-nicht-ist, d.h. die relative Bejahung des Werdens und des Scheins;

(c) das Sein des Nicht-Seins-das-nicht-ist, d.h. die Bejahung des reinen Nichts;

(d) das Sein des Nicht-Seins-das-ist;

(e) das Nichtsein des Seins-das-ist, d.h. die Negation des reinen Seins;

(f) das Nichtsein des Seins-das-nicht-ist, d.h. die relative Negation des Werdens;

(g) das Nichtsein des Nicht-Seins-das-nicht-ist, d.h. die Negation des reinen Nichts;

(h) das Nichtsein des Nicht-Seins-das-ist.

---

157 Parm. 142d–143a.

158 Parm. 152a2–5.

159 Parm. 141d–142a; 155de.

160 Parm. 160c–161a. Die Sache ist offensichtlich widersprüchlich, weil dann auch das Prinzip, das diese Bestimmungen gewährleisten müßte, das Eine, eben weil es nicht ist, diese Bestimmungen nicht zu garantieren vermag, die nämlich nicht wirklich gegenwärtig sind.

161 Parm. 160bc.

162 Parm. 161e–162a.

163 Parm. 160b–d.

Von diesen erkennt Platon allerdings nur vier an,[164] nämlich (a), (b), (f) und (e). Der Grund ist verständlich: (d) und (h) sind, wenn wir sie nicht als eine weniger glückliche Version von (b) und (f) ansehen wollen, absurd, weil sie vom Nichtsein im positiven Sinn sprechen. (c) und (g) scheiden sogleich aus, weil sie in sich selbst widersprüchlich sind. Übrig bleiben demnach die beiden Extreme, die Bejahung des reinen Seins und die Negation des reinen Nichts, sowie der Zwischenraum des Wirklichen der Erscheinungen, das ist und nicht ist, also wird. Man kann nämlich nur vom Werden sowohl in positiver als auch in negativer Weise sprechen und so das Sein wie auch das Nichtsein bejahen.

Die Folgerung ist klar: Fehlt das Eine, ist die fundamentale Dialektik die zwischen Sein und Nichtsein, und daher wird alles, abgesehen vom Sein, das bejaht wird, und vom Nichtsein, das negiert wird. Aber wenn das Eine fehlt, läßt sich dieses Werden nicht erklären, da es unmöglich ist, ihm eine kohärente Form zu geben. Das Fehlen des Einen bedingt auch die Möglichkeit zu behaupten, daß sich diese Wirklichkeit bewegt und nicht bewegt, daß sie sich verändert und nicht verändert, daß sie entsteht und nicht entsteht, daß sie vergeht und nicht vergeht.[165] Das Fehlen des Einen macht eine Bestimmung des Werdens unmöglich, das dennoch mit Bestimmtheit das Merkmal dieser Wirklichkeit ist.[166]

B WERDEN UND AUGENBLICK

Platon gibt uns schließlich einen deutlichen Hinweis auf die notwendige Verbindung, die die ontologisch höheren Ebenen der Wirklichkeit mit den tieferstehenden verbindet, indem er die Behandlung des Werdens aufs engste mit der protologischen Dimension verknüpft. Er gelangt anläßlich einer langen Diskussion der Zeit[167] zu einer paradoxen Konsequenz: was altert, wird älter als es selbst, das jünger wird als es selbst.[168] Diese Folgerung ist falsch, und Platon sagt dies ausdrücklich und deut-

---

164 Parm. 162a4–b3.

165 Parm. 162c–163b.

166 Unter allen Thesen ist diese in unseren Augen die einzige, die mit einer wirklichen Aporie schließt, worin sich die Unhaltbarkeit dieser Hypothese zeigt.

167 Platon verknüpft die Frage des Werdens mit der Zeitthematik: was in der Zeit ist, wird. In-der-Zeit-Sein und Werden werden als Synonyme gesetzt.

168 Parm. 141a–d. Wir haben es jedoch nicht mit einem nur eristischen Scherz zu tun, und Platon macht dies deutlich, insofern dies das einzige Argument ist, das in der Zweiten Hypothese durch eine einfache Bezugnahme auf das zuvor bereits entwickelte Argument (152a) wieder aufgegriffen wird. Das Thema verbindet in der Tat zwei sehr ernste Fragen miteinander, die auf das Problem des Bezugspunkts zurückverweisen, auf den ein Prozeß bezogen werden muß. Das Ältere muß nämlich mit seinem Gegenteil, dem Jüngeren, verbunden sein, ohne welches das Mehr-Sein keinen Sinn hätte; entsprechend gilt, daß wenn etwas verschieden wird von einem anderen Begriff, auch jenes seinerseits vom ersten verschieden geworden ist.

lich: wenn gleiche Mengen mit ungleichen Wirklichkeiten verknüpft werden, bleibt die anfängliche Differenz unverändert.[169] Dies trägt jedenfalls zur Verdeutlichung des Problems bei: wie kann der Prozeß des Werdens nicht widersprüchlich beschrieben werden und in welchem Bezugsrahmen kann das Älterwerden gesichert werden, da die Annahme eines wechselseitigen Verhältnisses kaum haltbar ist?

Innerhalb der Zeit zeichnet sich keine Lösung ab: tatsächlich verlangt das Werden einen Übergang von der Vergangenheit in die Zukunft durch die Gegenwart, die keineswegs übersprungen werden kann. Dadurch wird das Problem verschärft: wann und wie wird man angesichts der Tatsache, daß man in der Gegenwart nicht wird, sondern ist, was man geworden ist? Platon versichert sogleich, daß das Werdende zwei Berührungspunkte aufweist, einen mit der Gegenwart und einen mit der Zukunft, durch die ein jedes in einer Zeit zwischen den beiden wird.[170] Dies macht die Schwierigkeit deutlich, da es, wenn die Zeit aus Vergangenheit, Gegenwart und Zukunft zusammengesetzt ist, keine Zeit außerhalb dieser drei Momente geben kann. All dies findet seine Bestätigung, wenn wir uns mit der Frage aus einem anderen Blickwinkel auseinandersetzen. Man wird nicht, weder wenn man sich in Ruhe befindet, noch wenn man in Bewegung ist. Aber in einem genau bestimmten Augenblick ist ein jedes entweder in Ruhe oder in Bewegung. Daher ist die Ansiedlung außerhalb der Zeit erforderlich, in einem außerordentlichen Status, in dem Augenblick, welcher sich zwischen Bewegung und Unbewegtheit befindet.[171]

Es zeichnet sich daher ein außerordentlicher Status ab, der alles betrifft, was sich verändert, sofern er dazu dient, den Übergang von der Unbewegtheit in die Bewegung und umgekehrt zu erklären. Alles Werdende muß einen unmittelbaren Bezug zur außerzeitlichen Wirklichkeit haben, dank des Augenblicks, der den nicht wechselseitigen Bezugspunkt des Werdens ausmacht. Da sich in dieser zeitlosen Dimension auch die Prinzipien befinden,[172] ergibt sich eine ausgesprochen enge Verbindung von Zeit und Zeitlosigkeit, von erster Wirklichkeit und werdender und / oder abgeleiteter Wirklichkeit.

---

169 Parm. 154b1–c3.

170 Parm. 152b–d.

171 Parm. 156d6–e1.

172 Welche deshalb außerhalb des ganzen Kategoriensystems, das mit Sein und Zeit verknüpft ist, stehen und ihm vorhergehen.

III Die Gliederung der platonischen Dialektik, Ganzes und Teil

A Ein dialektisches, aber ungleiches Verhältnis

Die Grundanwendung der platonischen Dialektik begegnet im fortwährenden und beharrlichen Spiel mit dem Verhältnis von Teil und Ganzem, das, wie wir gesehen haben, sich wiederholt bereits in den Aporien zeigt. Der Grund ist ganz einfach: Platon versichert ausdrücklich, daß das Wirkliche ein vollkommenes und aus Teilen bestehendes Ganzes ist.[173] Hierbei handelt es sich um ein Bild, das nicht unter physischen Gesichtspunkten gelesen werden darf, wie man leicht sehen kann angesichts der Darstellung eines Ganzen, das aus Sein und Einem zusammengesetzt ist.[174]

Eben diese Verbindung zwischen Ganzem und Teilen ist dialektisch, da die Begriffe wechelseitig aufeinander Bezug nehmen. Das Ganze ist derart, weil ihm kein Teil fehlt, der Teil ist ein solcher, weil er zu einem Ganzen gehört.[175] Ein Ganzes ohne Teile ist unsinnig und damit das Gegenteil. Darüber hinaus verbindet Platon mit seiner Vorstellung von den Teilen jenes Konzept von der unendlichen Teilung, und mit jenem vom Ganzen die Definition der Grenze.[176] Zur gleichen Zeit haben sowohl das Ganze wie auch der Teil Anteil am Einen, indem sie auf ein Ganzes-Eines führen, von welchem die Teile Teile sind, und auf einen Teil, der, sofern er Teil des Ganzen ist, einer und einzeln sein wird.[177] Daher ist der Teil, als Ganzes gesehen, selbst ›einer‹,[178] ein Ganzes,[179] das daher einer neuen Zergliederung in Teile unterliegt. Man versteht so, weshalb es unmöglich ist, auf ein vollkommen Einfaches zu treffen, und weshalb die Wirklichkeit stets der Möglichkeit einer unendlichen Teilung ausgesetzt ist.

Doch diese beiden Begriffe, welche, da sie wechselseitig aufeinander Bezug nehmen, auf der gleichen Ebene zu sein scheinen, sind dies in einer anderen Hinsicht durchaus nicht. Platon betont nämlich beim wechselseitigen Bezug die Vorrangstellung des Ganzen, welche nicht im Ausgang von den Teilen erklärt werden kann, sondern nur bezogen auf ein höheres Ganzes. Die Teile sind nämlich im Ganzen, aber das Ganze ist nicht in den Teilen, weil es dann auch in einem jedem wäre und das Mehr auch im Weniger.[180] Platon richtet sein Augenmerk auf diese Dynamik, weil er betonen will, daß das Verhältnis des Teils zu den anderen Teilen, wenn das Teil-

173 Parm. 157e4–5.

174 Parm. 142c–143a.

175 Parm. 137c.

176 Parm. 144d–145a.

177 Parm. 156ab.

178 Parm. 144c; vgl. 157e.

179 Daß dem so ist, zeigt sich explizit, insofern von dem ganzen Teil als einem (Parm. 144b) und als einem vollständigen gesprochen wird (150b; vgl. noch 153d).

Eine in den anderen ist, unvereinbar ist mit dem Verhältnis der Teile zum Ganzen (dem Teil-Einen, das in sich als Ganzes ist).[181] Es handelt sich dabei um zwei wechselseitig nicht zurückführbare Prozesse, die nicht gleichzeitig angenommen werden können.

Die Dominanz des Einen-Ganzen wird auch vom Werden her bestätigt. Das Ganze scheint erst am Ende des Vereinigungsprozesses der Teile in den Blick zu treten, und deshalb könnte man zu der Auffassung gelangen, daß zuerst die Teile seien und dann erst das Ganze.[182] Indes macht Platon sogleich klar, daß das Eine notwendigerweise in allen Phasen der Bildung einer komplexen Wirklichkeit präsent ist, weil jeder Teil, der das Ganze bildet, ›eins‹ ist. Der Prozeß besteht nicht aus der Summe der Teile, sondern in ihrer Einheit, die vom Einen ausgeht, und diese Einheit ›vollendet‹ sich zwar am Schluß, ist aber stets gegenwärtig.[183]

Schließlich wird die wechselseitige Beziehung entfaltet. Die Teile sind im Ganzen, das eine Einheit von Vielen und damit von Teilen darstellt, welche indes nicht Teile der Vielen und auch nicht von Allen sind, sondern Teile einer bestimmten Idee und eines bestimmten Einen, das wir Ganzes nennen und das seine Vollkommenheit als Einheit von Allen erreicht: davon wird der Teil Teil sein.[184] Der Grund dafür ist, in einer anderen Begrifflichkeit, derselbe wie eben. Wenn er Teil von Vielen wäre, wäre der Teil Teil eines jeden und daher auch Teil von sich selbst. Das Ganze ist nicht auf die Gesamtheit seiner Teile zurückführbar, sondern sie ist eine den Teilen vorausgesetzte Ganzheit, für die sie der Zweck ist; ihre Vollendung erreicht sie eben in der Vereinigung der Teile. Dieses Ganze hat eine eigene Logik, es ist eine Idee. Damit haben wir ein Gefüge wahrlich unterschiedlicher Beziehungen vor uns: Der Teil befindet sich unter den Teilen, aber er hat keinen Anteil an dieser Vielfalt, hingegen an der Idee, welche die Gesamtheit in ein Ganzes verwandelt, in ein System mit einem eigenen vorzüglichen Merkmal, das nicht auf die Summe der Teile zurückgeführt werden kann. Die Beziehung zwischen einem Teil und den anderen ist horizontal und eineindeutig, während die zwischen den Teilen und dem Ganzen nicht eineindeutig und vertikal ist.

---

180 Parm. 145b–e. Dies ist nicht ohne Konsequenzen: beispielsweise bewegen sich die Teile nicht, weil sie zum Ganzen gehören, während das Ganze sich bewegt (145e–146a).

181 Parm. 148d8–e3.

182 Parm. 153b–d.

183 Parm. 153 d–154a.

184 Parm. 157c–e.

b Konsequenzen aus der Dialektik von Teil und Ganzem

Die Verknüpfung Ganzes-Teil hat uns ins Herz der platonischen Dialektik geführt, vornehmlich auf ontologischer Ebene, was die Aporien der Ideen und das Verhältnis zu den Prinzipien betrifft. Wir haben nämlich gesehen, wie sich ein vertikaler Prozeß abzeichnete, der die absolute Einheit der Ideen garantiert, und zwar im Bezug auf die Ebene, in der sie aufgestellt sind: Jeder Begriff ist er selbst, im strengen Sinn ›einer‹ im Verhältnis zu einer zugrundeliegenden Vielheit, die sich an ihn gerade wegen der Erlangung der Einheit wendet. Andererseits zeigt sich eben dieses Ganze bis zum letzten Übergang als einer der Teile eines anderen Ganzen, welches seine Daseinsberechtigung in einer höheren Einheit hat. Dieses Schema ermöglicht es, die Verbindung zu erfassen, die Platon zwischen höheren und niedrigeren Wirklichkeiten festsetzt. Die Einheit ist eine Einheit des Vielfältigen und die Vielfalt ist ›eine‹, aber beide Begriffe stehen in einer vertikalen Beziehung. Die Idee des Pferdes ist Einheit der wirklich vorkommenden Pferde, so wie eine Metaidee Prinzip der Einheit der Ideen ist, die Zahlen wiederum Prinzip der Einheit der Metaideen und schließlich die Bipolarität Ursprung der Zahlen.

Damit ist klar, warum die Ausgangsfrage von Parmenides, ob die Dinge am Ganzen Anteil hätten oder an den Teilen der Idee, listigerweise falsch war, so daß derselbe Mann fragte, ob es noch eine dritte Möglichkeit neben den beiden vorgeschlagenen gebe.[185] Sokrates, dem eben die lange Übung fehlt, vermag nicht zu sehen, daß die Verbindung zwischen Ideen und Dingen bereits eine Verbindung Ganzes-Teil darstellt, weshalb das Ding weder an der Ganzheit teilhat noch am Teil der Idee, sondern bereits existiert als ein eigener Teil und nur, soweit es im Ganzen ist. Daher teilen sich die Ideen und die Prinzipien nicht in Teile auf, nicht in die vielen Dinge: die Zugehörigkeit der Teile zur Idee besteht im Bezug auf ein einendes Prinzip und verweist nicht auf einen Bezug des einen Teils auf einen anderen, viele oder alle anderen Teile. An zweiter Stellen verfügen wir über eine weitere Klärung auf methodologischer Ebene, da dieses Modell vollkommen dem in der analytischen Abhandlung des ›Philebos‹ beschriebenen formalen Bild entspricht. Wir haben also ein Ganzes vor uns, das in seinem Wesen als die Teile einigendes Element verstanden werden muß, die ihrerseits dazu bestimmt sind, sich zu vervielfältigen, soweit es nützlich und möglich ist, diesem Prozeß zu folgen.

Wir verstehen nun, warum die einfache Identität der Gattung, die durch einen gemeinsamen Namen angezeigt wird, keine Gewähr bietet im Hinblick auf die sie strukturierenden Wirklichkeiten. Die Lust ist der Lust sehr ähnlich, und zwar in dem Sinn, daß die Lust als Ganzes mit sich selbst identisch ist. Indes bringt die Iden-

185 Parm. 131 a.

tität einer Gattung mit sich selbst nicht die Identität eines jeden Elements der Gattung mit einem anderen Element derselben Gattung mit sich, ebenso wie die Identität des Ganzen nichts aussagt über die Beziehungen des einen Teils zu einem anderen Teil.

Es wird uns auch verständlich, warum in der methodolgischen Unterweisung nicht der Ausgangspunkt und noch weniger der Weg des Fortschreitens, sondern nur der Zielpunkt von Bedeutung ist. Es geht darum, ein Ganzes zu rekonstruieren, eine ›Grammatik‹, außerhalb der es unmöglich ist, auch nur einen von den ›Buchstaben‹ zu erkennen.[186] Worauf Platon besteht, ist, daß nur das Ganze dem Teil Sinn gibt, unbeschadet der Tatsache, daß dieses Ganze nicht aus einer absoluten Einheit besteht, sondern eine reiche Gliederung aufweist; daher ist es unmöglich, ohne die Erkenntnis der Teile den Sinn eben dieses Ganzen zu erfassen. Der grundlegende methodische Übergang erscheint also, wie das Grammatikbeispiel des ›Philebos‹ zeigt,[187] als einer von einem undifferenziert gesetzten zu einem deutlich gegliederten Ganzen. Dies rechtfertigt das Wesen der platonischen Methode selbst, die sich im Aufstieg und im Abstieg vollzieht.[188]

All dies führt zu einer dialektischen Anschauung, die als solche nur im Ganzen den Nachweis der Analyse sucht und die unglaubliche Komplexität sowie die große Linearität des platonischen Schrifttums erläutert, sowohl was die einzelnen Dialoge, als auch was die vollständige Struktur seiner Dialoge betrifft, und damit liefert es den Grund für die paradigmatische Methode, welche die Philosophie Platons anwenden will.

---

186 Die Sache ist nicht in dem Sinn gemeint, daß es unmöglich ist, ein A als ein A zu erkennen, sondern in dem Sinn, daß das A jener besondere Vokal nur innerhalb einer Gesamtheit ist, die ihn im Bezug auf alle anderen Laute bestimmt: nur im Bezug auf die anderen Buchstaben ist das A konkret es selbst.

187 Siehe oben Anm. 70.

188 Das kosmologische Bild und das ethische Leben führen ebenfalls zum selben Schluß. Der Kosmos ist nämlich ein Ganzes (Phil. 28 d 5 – 6), nicht eine Summe von Komponenten, sondern eine gefestigte Einheit von miteinander wohlgemischten Komponenten. In entsprechender Weise spricht Platon, wenn er das Bild der ethisch-metaphysischen Prinzipien bestimmen soll, nach denen seiner Ansicht nach unser Leben geführt werden muß, vom kosmos asomatos (Phil. 64 b) und er fordert denjenigen, der sich dieser Ansicht widersetzt, auf, sie konkret zu überprüfen, indem er die verschiedenen Begriffe der Analyse, alle in einer Klasse vereinigten Erkenntnisse und die Lüste zusammennimmt, indem er also dialektisch fortschreitet zur Konstruktion eines verschiedenen Ganzen (Phil. 60 de).

IV Dialektik und Aporien der Ideen

Wenn die zentrale Frage nach der Beziehung der Ideenwelt zur physischen Welt ihre Lösung in der ordnenden Rolle findet, die ein Ganzes spielt, das die Wirklichkeit der Teile einigt und begrenzt, was ergibt sich dann für die beiden anderen Probleme, die die dialektische Anschauung im Zusammenhang mit den Ideen unmittelbar zutage gefördert hat?

In Wirklichkeit hat Platon, was die erste Frage, ob die Ideen existieren, betrifft, keine Zweifel, wie sowohl der ›Parmenides‹[189] als auch der ›Philebos‹[190] zeigen, auch weil der wahre ›Nachweis‹ der Notwendigkeit dieses ›Postulats‹ im Zentrum der philosophischen Schriftstellerei Platons steht. Doch bereichert die in den dialektischen Dialogen geführte Behandlung die Dimension der Ideenwelt selbst, weil der Aufstieg zu höheren Prinzipien eine Art Fundament liefert, das die Existenz der Ideen begründet. Das Merkmal des Postulats gehört in dieser Hinsicht zum Ganzen der Ideenwelt, in dessen Innerem die Ideen im Sinne einer letzten Offenbarung am meisten ›gerechtfertigt‹ und am wenigsten ›postuliert‹ sind.

Das zweite Thema findet seine beste Darstellung im ›Sophistes‹, wo die Dialektik der Gattungen als Beispiel eingeführt wird. Doch zeigt auch der ›Parmenides‹ mit dem dialektischen Beispiel, das der Lehrer aus Elea einführt, die Notwendigkeit des Verzichts auf eine statische und monistische Anschauung der Einheit zugunsten einer Verflechtung der Ideen. In entsprechender Weise zeigt auch der ›Philebos‹ mittels seiner Beispiele, daß es falsch ist, die einzelnen Bestimmungen getrennt von einander und außerhalb der ›Grammatik‹, die ihnen Sinn verleiht, erfassen zu wollen. Die Begründung hierfür wird dann eben in dem Moment geliefert, in dem fast im Sinne einer Manipulation das gemischte Leben entworfen wird: für keine Gattung ist es möglich oder nützlich, allein und für sich zu bleiben.[191]

---

189 Es gibt nämlich Ideen von allen Dingen (Parm. 130 e), und, fehlen die Ideen, wird die Dialektik selbst unmöglich (135 bc).

190 Es gibt eine Idee in einer geordneten Gesamtheit der Dinge (Phil. 16 d).

191 63 b.

E FOLGERUNGEN

I Die platonische Dialektik

Diese Verbindung von Ganzem und Teil läßt uns das verstehen, was das Herz einer jeden Dialektik ist: die Möglichkeit, die Identität der Gegensätze zu behaupten, ohne den Satz vom Widerspruch zu negieren. Wenn man nämlich ein solches Prinzip leugnet – Platon hütet sich davor, dies zu tun –, dann gibt es kein Denken. Doch wenn man sich nicht auf diese Identität verständigt, verschwindet das ›Vermögen der Dialektik‹ und es bleibt nur ein Spiel, das sich darauf beschränkt, Argumente nach verschiedenen Gesichtspunkten zu entwickeln: dies führt nicht zur Bestätigung der Identität Eines-Vieles, sondern zum Gegenteil, der Unterscheidung eines Gesichtspunkts, nach dem die Dinge viele sind, von einem anderen Gesichtspunkt, nach dem sie eins sind.[192]

Stattdessen ist es nach dem Schema Ganzes-Teil möglich, von einer Identität der Begriffe zu sprechen, die verschieden sind und bleiben, indem man zeigt, daß die Hand des Sokrates Sokrates selbst zugleich ist und nicht ist. Es ist nämlich möglich, ein und denselben Gegenstand sowohl als Ganzes als auch als jenen Teil – oder jene Teile – zu betrachten, der mit vollem Recht Teil ist, der also gesetzt ist, weil er Teil des Ganzen ist. Zur gleichen Zeit ist es aber auch möglich, die beiden Begriffe einander gegenüberzustellen, wenn man den Teil als Teil der Teile und nicht als Teil des Ganzen nimmt.

Um von einer uns eher vertrauten Terminologie Gebrauch zu machen: möglich ist eine konkrete Anschauung des Konkreten, indem man das Ganze als jenes Ganze ansieht, das die Teile vereinigt; möglich ist aber auch eine konkrete Anschauung des Abstrakten, indem man die Teile als diejenigen betrachtet, die sie sind, weil sie aus dem Ganzen vereinigt sind. In diesem Bereich kann man von einer Identität sprechen, weil keiner von den beiden Begriffen ohne den anderen sein kann, sondern jeder beständig in den anderen übergeht. Die Entscheidung, entweder das Ganze oder die Teile hervorzuheben, ist nur eine Entscheidung, die die Einheit der Vielen oder die Vielfalt des Einen verdeutlichen will. Zur gleichen Zeit ist auch eine abstrakte Anschauung des Konkreten möglich, die Annahme eines Ganzen nämlich, das als Ein-Eines das Vorhandensein von Teilen ausschließt, ein Ganzes, das der Teile beraubt kein Ganzes mehr ist, ein Eines, das, weil es nichts vereint, kein Eines mehr ist; außerdem ist

192 In diesem Fall hat Aristoteles Recht damit, daß er ihr eine bedeutende unabhängige Stellung abspricht und sie in einer reduzierten Form dem Bereich der rhetorischen Betätigungen zuweist.

eine abstrakte Anschauung des Abstrakten möglich, die Annahme nämlich von Teilen, die, indem sie nur Teile sind, die ein Ganzes ausschließen, nicht mehr jene Teile, keine Teileinheiten mehr sind, sondern ständig unbestimmt bleiben und unendlich und ohne Nutzen zerlegt werden können.

Diese vier Annahmen begegnen tatsächlich in der formalen Analyse, die anhand der acht Thesen des ›Parmenides‹ entwickelt werden.

II Eine Dialektik, die weder zwei- noch dreigliedrig ist

Wenn die Struktur des Wirklichen so stark von einem polaren Prinzip geprägt ist, müssen wir dann daraus folgern, daß das Modell der platonischen Dialektik ganz und gar zweigliedrig ist? Die Antwort lautet gewiß Nein, wenn das heißen soll, daß jede Wirklichkeit, sofern sie zerlegt werden kann, stets und notwendig auf zwei einzelne Begriffe zurückgeführt werden kann. Doch ist das Modell mit Sicherheit dreigliedrig, und zwar in einem doppelten Sinn: zum einen wirkt, wie wir gesehen haben, die Grenze als Gleiches im Hinblick auf das Gegensatzpaar Großes – Kleines; zum anderen ermöglicht das Wirken der beiden Prinzipien stets ein Moment der Synthese im Gemischten. Wenn dieser Sinn der Vereinigung einem dreigliedrigen Schema eigen ist, dann besteht kein Zweifel daran, daß in der platonischen Dialektik der Sinn der Nichtreduzierbarkeit des Wirklichen der ist, der den zweigliedrigen dialektischen Formen eigen ist: das Unendliche ist nicht reduzierbar und es bleibt in einem dauernden Konflikt mit der Grenze. Nichts ist befriedet, nichts gibt es, das wie eine Monade nicht erschüttert werden könnte, da es der dialektischen Spannung enthoben ist.

Andererseits führt die Konkretheit der platonischen Untersuchung zu einer Dialektik, die in ihrer Bemühung, sich dem Wirklichen anzupassen, ausgesprochen offen und vorurteilsfrei erscheint. Daher erscheint das Modell auf allen Ebenen mehr als dreigliedrig. So bleibt auf der Ebene der Prinzipien die Ursache ausgeschlossen und der Dreiheit äußerlich, gleichsam ein viertes und davon unterschiedenes Element,[193] während auf der Ebene der konkreten Analyse, wie wir gesehen haben, Platon durchaus anerkennt, daß es eine Teilung einer Wirklichkeit in zwei, drei oder mehr Elemente geben kann.

---

193 Phil. 23d; 23e; 26e; 27b.

III Dialektische Methode und erste Prinzipien

Wenn indes die platonische Dialektik eine zweifache und gleichermaßen positive Dimension aufweist,[194] wie ist dann die Beziehung zwischen diesen beiden verschiedenen Aspekten strukturiert? Der Gegenstand der Dialektik ist nämlich bestimmt durch Beständigkeit, Einheit und Vollkommenheit, während die Methode die gegenteiligen Merkmale aufzuweisen scheint. Die Dialektik, die die ein-vielfache Verschiedenheit des Wirklichen veranschaulichen soll, indem sie beständig auf jede erdenkliche Weise alle Konzepte zueinander in Beziehung setzt, hat das Beständige und Identische zum Gegenstand. Dies wird im Lichte des besonderen Fortschreitens in der Form eines Aufstiegs, das Platon anzeigt, erklärbar. Die Methode gelangt in dem Moment, in dem sich der unendliche Reichtum des Wirklichen und seiner Gliederungen zeigt, zu ontologisch höheren Dimensionen, und damit ergibt sich sowohl die Möglichkeit, ein Wirkliches zu ordnen, das in dieser Hinsicht fest ist, als auch die, in einer ursprünglichen Polarität den Urgrund eines Allgemeinen zu ermitteln, das durch Teilung und Konflikt bestimmt ist.

Daher erlaubt es gerade die Art der dialektischen Methode, sich auf allen Ebenen, von jener der Protologie bis hin zur infima res, innerhalb eines Horizonts zu bewegen, in dem sich die Einheit in ein Vielfaches gliedert, das seinerseits Einheit verlangt. In dieser Hinsicht sind Dialektik und Prinzipientheorie verbunden. Tatsächlich haben wir e i n Prinzip vor uns, und mit Bestimmtheit nicht z w e i, und doch offenbart dieses selbe Prinzip qua Polarität von Eins und Dyas die Unmöglichkeit eines vollkommen einfachen Einen. Das Wirkliche ist in allen seinen Formen des Übergangs komplex bis hin zu seinem ersten Ursprung. Es ist unmöglich, außer in einer ›abstrakten‹ Anschauung, das Eins allein und die Dyas allein zu setzen.

Andererseits ist diese zweifache Ausformung, die die gesamte Wirklichkeit zeigt, erschöpfend vertreten im Wesen der zwei Prinzipien, deren notwendiger Bezug und deren dialektische Spannung eine polare Wirklichkeit hervorbringen. Der eine Begriff fordert nämlich Einheit und Grenze, während der andere Teilung und Unbegrenztes fordert und wieder dazu führt. Nichts ist einfach, doch nichts entzieht sich dem Prozeß der Einigung. Entsprechend hat alles eine dunkle Seite, die eine weitere Bemühung um Vereinigung und Vertiefung erfordert. Platon bietet uns ein theoretisches Modell an, das den Unterschied als ursprüngliches und stets gegenwärtiges Glied betrachtet, ohne deshalb auf die Vereinigung zu verzichten.[195]

---

194 Als Methode ist sie der Prozeß, der die Erkenntnis des Gesamten (vgl. Politeia 537c7: wer das Gesamte zu sehen vermag, ist der Dialektiker), das Erfassen des Ganzen und demnach eines jeden Elements (Phil. 63c) ermöglicht; als erste Philosophie ist sie Erkenntnis jener Struktur der Protologie, die die Existenz und die Einheit des Ganzen an sich begründet.

In dieser Weise zeigen die Prinzipien selbst zugleich die Einfachheit und die Komplexität des Wirklichen und bilden daher die Grundelemente des gesamten Prozesses, jene nämlich, die Ordnung und Unordnung zu erklären vermögen, Einheit und Vielfachheit, Stabilität und Wandelbarkeit eines jeden, und zugleich eben die Anwendbarkeit jener Dialektik auf alle Sphären der Wirklichkeit, die zur Bestätigung des polaren Prinzips geführt hat: ein vollkommen zirkuläres Verfahren, sowohl nach oben als auch nach unten, im Aufstieg wie auch im Abstieg.[196]

Die Arbeit des Philosophen ist unter diesem Gesichtspunkt formal schnell definiert und materiell stets offen für eine weitere Untersuchung: So gelingt es der dia-

---

195 Wir verstehen nun besser, warum Platon eine Art Schwindel in einem vernünftigen jungen Mann wie Sokrates hervorhebt, der die fehlende Folgerichtigkeit seiner Haltung bemerkt, indem er erkennt, daß es sich um eine Wirkung der Angst vor dem Unendlichen handelt (Parm. 130d5–9).

196 Wir können indes nicht verschweigen, daß die Art, wie Platon eben sein Modell entfaltet, ein Problem mit sich bringt, das seine logischen Grundlagen bedroht. Der Ausgangspunkt ist der, daß Platon eine Dialektik zu konstruieren bemüht ist, die fähig ist, Rechenschaft zu geben über die Einheit und die Unterschiede, und zwar in einem umfassenden Schema, das nicht in einem alles aufnehmenden Einen gipfelt, sondern in einer Polarität, einem Prinzip also, das die Differenz als ursprünglich bestätigt. Sowohl im formalen Schema als auch in inhaltlicher Hinsicht bestätigt die Polarität die Einheit der Gegensätze und die gleichzeitige Anwesenheit von Verschiedenem, das als solches vereint ist. Dieser Annahme bleibt Platon stets treu: Wenn er das Ganze gegenüber den Teilen bevorzugt, geschieht dies nicht zum Schaden seines Modells, sowohl weil der Teil notwendig ist für eben die Definition des Ganzen, als auch weil das Ganze selbst ein Gemischtes ist im Hinblick auf die Prozesse, die es überwinden und die es setzen. Dies ist wahr bis zum letzten Übergang, der das Vorkommen eines nicht mehr definierbaren Gemischten als solchen in der ursprünglichen Polarität bestätigt. Wenn uns darüber hinaus das Wesen unserer Überlegungen dazu veranlaßt hat, der verallgemeinernden Methode den Vorzug zu geben, können wir dennoch nicht außer acht lassen, daß für Platon auch die Methode, die die Elemente berücksichtigt, gleichwohl bedeutend ist [über das Wesen und die Verschiedenheit der platonischen Methoden Krämer (1982/1994^5) 160 – 163 und Reale (1984/1991^{10}) 260 – 265]. Trotzdem bringt das ontologische Wesen der platonischen Analyse in Verbindung mit dem vertikalen Modell, das der Philosoph entwickelt hat, ein hierarchisches Element in diese Logik, das eine ganz schwerwiegende Konsequenz mit sich bringt. Wenn nämlich alles Wirkliche von der Polarität abhängig ist, dann müßte diese das Gute sein, das sich in allem Wirklichen verwirklicht. Hingegen legt die hierarchische Ordnung, indem sie bis ins Wesen der Dinge eindringt, fest, daß nur die Ordnung gut ist im Hinblick auf eine untergeordnete Unordnung, die böse bleibt. Dies führt zu einer Vertikalisierung derselben Polarität, weil die Ordnung von der Grenze abhängig ist. So besteht die Gefahr, daß die Elemente der Polarität, indem sie Gut und Böse werden, tatsächlich als ›zwei‹ erscheinen und damit das gemeinsame Vorkommen innerhalb der ursprünglichen Polarität problematisch erscheinen lassen, die damit einer unerträglichen Spannung ausgesetzt wird: Wenn das Eine Gut ist, ist die Polarität nicht Gut. Wahrscheinlich stoßen wir hier auf eine der Aporien, die es dem platonischen System nicht erlaubt haben, seinen Begründer zu überleben.

lektischen Methode, zur gleichen Zeit Schlüssel für die unendliche Variation und für die Skizzierung eines stabilen Bildes zu sein. Das ist es, was wir in den platonischen Dialogen finden: eine dialektische Position, die die statische Opposition von Dogmatikern und Problematikern überwindet.[197]

LITERATURVERZEICHNIS

Annas, J. E.: Aristotle's Metaphysics, Books M and N, Transl. with introduction and notes. Oxford 1976; Interpretazione dei libri M–N della ›Metafisica‹ di Aristotele. La filosofia della matematica in Platone e Aristotele. Traduzione italiana di E. Cattanei, Introduzione e traduzione dei libri M–N della ›Metafisica‹ di Aristotele di G. Reale. Vita e Pensiero. Milano 1992.

Krämer, H.: Platone e i fondamenti della metafisica. Saggio sulla teoria dei principi e sulle dottrine non scritte di Platone con una raccolta dei documenti fondamentali in edizione bilingue e bibliografia. Traduzione di G. Reale. Vita e Pensiero. Milano 1982, 1994⁵.

Migliori, M.: Dialettica e verità. Commentario filosofico al ›Parmenide‹ di Platone. Vita e Pensiero. Milano 1990, 2000²;

— Il ›Parmenide‹ e le dottrine non scritte di Platone, Istituto Suor Orsola Benincasa. Napoli 1991 (auch in: Verso una nuova immagine di Platone, a cura di G. reale, Vita e Pensiero, Milano 1994², 165–222);

— L'uomo fra piacere, intelligenza e Bene. Commentario storico-filosofico al ›Filebo‹ di Platone. Vita e pensiero. Milano 1993, 1998².

Reale, G.: Per una nuova interpretazione di Platone. Rilettura della metafisica dei grandi dialoghi alla luce delle ›Dottrine non scritte‹. CUSL, Milano 1984. Nuova edizione passata a Vita e Pensiero, più volte riveduta e corretta con aggiunta di nuovi indici, Milano 1997²⁰ (dt. Übersetzung von L. Hölscher, Zu einer neuen Interpretation Platons, Einf. von H. Krämer. Paderborn 1993).

197 Die Verworrenheit der Dialektik erklärt auch, warum Platon so häufig strikt dogmatisch oder strikt problemorientiert erscheint, ganz im Widerspruch zu den offensichtlichen Motiven seines Philosophierens. Tatsache ist, daß eben das Wesen des platonischen Modells, das *in sich* auf metaphysischer und protologischer Ebene geschlossen und bestimmt ist, den Abschluß und die Bestimmtheit *für uns* verhindert: der theoretischen Ausarbeitung, die vor sich die unendlichen Möglichkeiten sieht, die sich der Analyse eröffnen, können keine äußeren Grenzen gesetzt werden. Die Forschung ist auch mit dem Unendlichen konfrontiert und kann ihm weder entgehen noch es verneinen wollen, indem sie es vernichtet, weil es ursprünglich und mit der ersten Wirklichkeit selbst verwandt ist.

Michael Erler

SELBSTFINDUNG IM GEBET

INTEGRATION EINES ELEMENTES EPIKUREISCHER THEOLOGIE IN DEN PLATONISMUS DER SPÄTANTIKE

I

›Sorge um das Selbst‹ ist ein zentrales Anliegen antiker Philosophie. Seit Sokrates wird die unsterbliche Seele als das wahre ›Ich‹ des Menschen verstanden und wird damit zum Objekt einer solchen Therapie, seit Platon ist ihr als Ziel die Angleichung an Gott vorgegeben, soweit dies dem Menschen möglich ist.[1] Im ›Timaios‹ erwähnt Platon zwar die Möglichkeit, daß der Mensch sein Selbst nicht in der unsterblichen Seele, sondern in seinem sterblichen Selbst sieht und nach dessen Perfektionierung strebt, doch wird diese Option einer Selbstsorge von Platon abgelehnt. Denn in diesem Fall kann es nicht um Erkenntnis des Wahren oder um Überwindung der Sterblichkeit, sondern muß es allein darum gehen, mit den Befindlichkeiten und Bestrebungen des Körpers richtig umzugehen. Als Ziel bleibt in diesem Fall nur die Perfektion des sterblichen Zustands des Menschen.[2] Die Pflege des unsterblichen Selbst, die Platon sich wünscht und die zur Angleichung an Gott

1 Vgl. Pl. Phd. 115c–116a, wo Sokrates auf die Frage, wie man ihn bestatten soll, mit dem Hinweis antwortet »wenn ihr mich fassen könnt und ich euch nicht entweiche«. Für unterschiedliche Erkenntnis- oder Empfindungsvorgänge ist zunächst nicht ein Zentralorgan, sondern sind verschiedene Instanzen verantwortlich [νόος, φρήν, μένος u.a., vgl. Claus (1981) 61–68 u. Sullivan (1995)]. Erst allmählich wird die Psyche zum Träger der Persönlichkeit und zum Synonym für ein individuelles ›Ich‹, das verschiedene rationale und irrationale Antriebe in sich verbindet und zum Gegenstand der sokratisch–platonischen Fürsorge für die Seele wird (vgl. Pl. Ap. 29d–e; 30a–b; X. Mem. 1, 2, 4). Sokrates greift mit seiner ›Sorge für die Seele‹ (ἐπιμέλεια τῆς ψυχῆς) vielleicht ein Stichwort zeitgenössischer Diskussion auf und vertieft es [vgl. Sarri (1975)]. Zu Platons Konzept der ›Angleichung an Gott‹ vgl. Pl. Tht. 176a; Ti. 90a–c; Lg. 716c; dazu Merki (1952), Passmore (1970).

führt, bedient sich der Theoria, die mit Hilfe der Vernunft die geistige Struktur der Dinge hinter der Natur im Blick hat. Als weitere wichtige Komponente kommen praktische Moralität und eine Religiosität hinzu, die sich mit angemessener, philosophischer Haltung den Göttern nähert.[3]

Was Platon als ›Sorge für das Selbst‹ thematisiert, ist in der Folgezeit auf verschiedene Weise aufgegriffen und diskutiert worden: Auch Aristoteles versteht in der Nikomachischen Ethik Selbstpflege als ein Streben nach Unsterblichkeit, verengt freilich die Perspektive, indem er nur in reiner Theoria einen angemessenen Weg zu diesem Ziel sieht.[4] Im Hellenismus ist auch im Bereich der ›Selbstpflege‹ eine wichtige Änderung zu beobachten. In den beiden wichtigsten Schulen, dem Kepos und der Stoa ändert sich infolge ihres materialistischen Ansatzes der Bezugspunkt. Jetzt tritt die von Platon angesprochene, aber abgelehnte Alternative in den Vordergrund: Epikur und dem Epikureismus z.B. geht es nicht mehr um Unsterblichkeit und das unsterbliche Selbst, sondern um die Pflege des ›sterblichen Selbst‹. Mit Platon könnte man sagen, ihnen geht es darum, ihr sterbliches Selbst zu perfektionieren.[5]

Unterscheidet sich also der Epikureismus in dieser Zielvorgabe diametral von Platon, so sind in der Frage, was für Mittel hierzu hilfreich sind, Konvergenzen zu Platon zu beobachten. Wie Platon preist Epikur Theoria, moralische Praxis und wohlverstandenes, religiöses Verhalten an, um für das sterbliche Selbst als Quelle von Affekten und Vorstellungen zu sorgen. Richtige Pflege führt zwar nicht zu Unsterblichkeit, wohl aber zu Eudaimonie, wohingegen falscher Umgang Unruhe und damit Unglück bewirkt. Im Epikureismus, aber auch in der Stoa wurden daher Techniken entwickelt, die den sterblichen Menschen für eine angemessene Handhabung seiner Bedürfnisse und generell für ein zuträgliches und glückliches Leben rüsten sollten.[6]

Es ist nun zu konstatieren, daß diese Konvergenz der Mittel trotz anderer Zielvorgaben und Methoden auch im kaiserzeitlichen Platonismus zu beobachten ist. Auch jetzt noch, in einer Zeit, in der hellenistische Philosophie obsolet geworden

---

2 Ti. 90a–c, bes. 90b: τῷ μὲν οὖν περὶ τὰς ἐπιθυμίας ἢ περὶ φιλονικίας τετευτακότι καὶ ταῦτα διαπονοῦντι σφόδρα πάντα τὰ δόγματα ἀνάγκη θνητὰ ἐγγεγονέναι, καὶ παντάπασιν καθ' ὅσον μάλιστα δυνατὸν θνητῷ γίγνεσθαι. Zur Problematik des ›Selbst‹: Long (1992).

3 Mit unterschiedlicher Gewichtung der Rolle der ›Natur‹ betonen den Aspekt der ›Theoria‹ Pl. Tht. 176a und Ti. 90a–c, den praktischen und religiösen Aspekt Lg. 716, dazu vgl. Morrow (1993) 399ff.

4 Sedley (1997).

5 Dazu vgl. Erler (2001); zum Epikureischen Selbst vgl. auch Long (1997).

6 Vgl. Rabbow (1954); wichtig Hadot (1991); zur Stoa: Newman (1989) 1473–1517; zu meditativen Elementen in der Literatur der griechisch-römischen Kaiserzeit: Erler (1998) 361–381; speziell zu Lukrez: Schrijvers (1965) und Schrijvers (1970) 128ff.; Erler (1997).

zu sein scheint, bedient sich der Platonismus Techniken der Selbstpflege, die aus dem Kontext hellenistischer Philosophie – nicht selten des Epikureismus – stammen, integriert sie in sein System und funktionalisiert sie um zu einer Art praeparatio Platonica. Denn es geht ihm dabei vorrangig um den Bereich jener Dispositionsbildung, die gleichsam als Propaedeuticum Philosophiebereitschaft erst schafft, d.h. den Menschen für platonische Philosophie erst aufschließt.[7]

Dieser Prozeß von Integration und Funktionalisierung hellenistischer Elemente läßt sich gut bei Gebrauch und Einschätzung des Gebets im philosophischen Kontext nachzeichnen: Denn auch das Gebet, das bei Platon noch als konkrete Bitte an die Götter fungiert, wird im Epikureismus und in der Stoa zu einem Mittel der Selbstfindung und der Selbstsorge und damit zu einem meditativen Element. Es läßt sich nun zeigen, daß das philosophische Gebet in dieser Funktion im spätantiken Platonismus übernommen und in jenes Gesamtkonzept des philosophischen Gebets integriert wird, das uns bei Porphyrios, Jamblichos und vor allem bei Proklos begegnet.[8]

Meine These ist also, daß wir in der neuplatonischen Gebetstheorie mit Ingredienzien hellenistischer Vorstellungen konfrontiert sind, die zu einem integralen, wenn auch untergeordneten Bestandteil neuplatonischer Auffassung von den Aufgaben eines Gebets geworden sind. Diese Beobachtung hilft, manche Eigentümlichkeit der neuplatonischen Selbstpflege im Gebet besser zu verstehen.

Ich möchte deshalb im Folgenden auf einige Bemerkungen in Proklos' Timaioskommentar hinweisen, deren Bedeutung bisher, so scheint mir, noch nicht hinreichend ausgeschöpft worden sind. Es geht um die Frage, welche Funktion dem Gebet in philosophischem Kontext zukommt. Der Epikureer Hermarchos hatte in diesem Zusammenhang auf eine Aporie hingewiesen, die im Platonismus offenbar lebendig diskutiert wurde.[9] Proklos bietet in seinem Kommentar zum platonischen Timaios eine Lösung an, die zu seiner Gesamtkonzeption des Gebets paßt, die aber von einer Auffassung ausgeht, die in hellenistischer Philosophie von Epikureismus und Stoa vertreten wurde. Wenden wir uns also zunächst Proklos zu, analysieren sei-

7 Dazu: Hadot (1996) 50ff. in der Einleitung zu ihrer Edition von Simplikios' Kommentar zu Epiktets Encheiridion, sowie Erler (im Druck).

8 Gebet als konkrete Bitte bei Platon z.B. Lg. 801 a. Über Hymnus und Gebet grundlegend Norden (1913). Informativ immer noch Schmidt (1908); mit weiterer Literatur vgl. jetzt Pulleyn (1997), Lattke (1991). Zu den spätantiken Gebetstheorien vgl. Esser (1967). Über Literarische Gebete in paganer und christlicher Literatur der Kaiserzeit vgl. Berger (1984) 1149ff.

9 Procl. in Ti. 1, 216, 18ff. Diehl = Hermarchos frg. 37 Krohn = Ermarco 48 Longo Auricchio (1988) 48 mit Kommentar 171–173. Hilfreich auch Festugière (1967) 37ff.

nen Lösungsvorschlag, stellen dies in den Kontext einer kleinen Funktionsgeschichte des Gebets sowie in den philosophischen Kontext der ›Sorge für das Selbst‹.

II ZU PROKLOS

Eine wichtige Rolle bei der Seelsorge des Menschen kommt seit jeher dem Gebet zu. Von dessen Funktion innerhalb neuplatonischer Seelentherapie handelt Proklos in seinem Kommentar zum Platonischen ›Timaios‹.[10] Anlaß für seine Ausführungen sind einige Bemerkungen des Sokrates im platonischen ›Timaios‹. In diesem Dialog wünscht Sokrates, daß Timaios für seine Ausführungen über die Entstehung der Welt ›der Sitte gemäß‹ den Beistand der Götter erfleht.[11] Timaios reagiert auf Sokrates' Ansinnen mit den Worten:

»Das tun doch alle, wenn auch nur ein wenig Besonnenheit ihnen zuteil ward: Sie rufen wohl stets beim Beginn eines jeden Unternehmens, ob es groß oder klein sei, Gott an«.[12] Beides, Sokrates' Aufforderung und Timaios' Antwort, haben in der antiken Kommentartradition offenbar Anlaß zu lebhafter Diskussion über die Funktion von Gebeten in philosophischem Kontext gegeben, eine Diskussion, deren Nachklänge bei Proklos noch greifbar sind. In diesem Zusammenhang setzt sich Proklos nämlich mit einem Problem auseinander, auf das der Epikureer Hermarchos – vermutlich seinerseits in einer Arbeit über den platonischen ›Timaios‹ – aufmerksam gemacht hatte. Hermarchos hat offenbar Anstoß an der Antwort des Sokrates genommen. Sein Problem ist das folgende: Wenn es notwendig ist, bei jeder Unternehmung (ὁρμή) ein Gebet zu sprechen, wie Timaios insinuiert, dann gilt dies auch für das jeweilige Gebet selbst: auch bei diesem handelt es sich um eine Horme (ὁρμή), ein Unternehmen. Um das Gebet sprechen zu können, ist infolgedessen ein weiteres Gebet notwendig. Denn zu beten ist ebenfalls eine Unternehmung. Ist dies aber so, dann führt dies zu einem infiniten Prozeß. Denn auch für dieses ›Gebet für das Gebet‹ bedarf es wiederum eines anderen Gebets.[13] Dies ist ein bemerkenswerter Einwand, der – wie aus Proklos Ausführungen hervorgeht –, offenbar viel diskutiert worden ist. Proklos trägt nämlich zunächst einen Vorschlag des Porphyrios vor, wie Hermarchos' Aporie zu lösen sei. Porphyrios habe darauf

10 In Ti. 1, 207, 21ff. Diehl; dazu Festugière (1967) 40ff.; Beierwaltes (^{2}1979) 329; 391–394; Esser (1967) 76–108.

11 Ti. 27b: σὸν οὖν ἔργον λέγειν ἄν, ὦ Τίμαιε, τὸ μετὰ τοῦτο, ὡς ἔοικεν, εἴη καλέσαντα κατὰ νόμον θεούς.

12 Ti. 27c: 'Αλλ', ὦ Σώκρατες, τοῦτό γε δὴ πάντες, ὅσοι καὶ κατὰ βραχὺ σωφροσύνης μετέχουσιν, ἐπὶ παντὸς ὁρμῇ καὶ σμικροῦ καὶ μεγάλου πράγματος θεὸν ἀεί που καλοῦσιν· dazu Procl. in Ti. 1, 214, 17ff. Diehl.

hingewiesen, daß man einen Impuls (ὁρμή) nur für eine Sache, aber nicht für einen Impuls selbst benötige. Deshalb ergebe sich kein regressus und damit keine Aporie.[14] Man sieht sofort: Porphyrios macht sich eine Zweideutigkeit in der Bedeutung des Wortes (ὁρμή) zunutze, das einmal Unternehmung, aber auch Impuls heißen kann. Und es ist evident, daß Porphyrios das Wort anders versteht als Hermarchos. Proklos ist mit Recht von dem Vorschlag des großen Platonikers und seines Lehrmeisters auch in Fragen des philosophischen Gebets nicht überzeugt.[15] Er bietet einen anderen, offenbar eigenen Lösungsvorschlag:

Demnach ist es besser zu sagen, wer bete, sage zuerst Gott dafür Dank, daß er von ihm die Kraft zur Rückkehr zu ihm habe; sodann müsse man sagen, daß bei anderen Dingen das Gute wegen des Gebets gleichsam von außen hinzugefügt werde; beim Gebet sei dies aber nicht der Fall: beim Gebet ergebe sich nämlich das Gute wegen des Gebets, d. h. aus dem Gebet selbst.[16] Proklos argumentiert also, daß bei allen anderen Dingen das Gute eine von außen kommende Folge des Gebets sei, daß beim Gebet selbst der Nutzen aber im Gebet selbst zu suchen sei. Ist dies aber so, dann liegt die Folgerung auf der Hand: Wenn das Gebet anders als andere Dinge das, was es erstrebt, in sich selbst hat und in seinem Vollzug schon erwirbt, dann ist für ein Gebet kein weiteres Gebet mehr notwendig. Der von Hermarchos befürchtete regressus ad infinitum ist gemieden.

Proklos' These ist bemerkenswert: Denn er bietet eine angemessene Antwort auf Hermarchos' Aporie, die freilich auf einer Auffassung vom Gebet basiert, die ihrerseits erklärungsbedürftig ist. Was ist damit gemeint, daß das Gebet das Gute in sich selbst hat? Offenbar wird der Nutzen des Gebets hier nicht vorrangig in der Hinwendung zu einem anderen, zu Gott, gesehen, sondern zielt auf den Betenden

---

13 Vgl. Procl. in Ti. 1, 216, 18ff. Diehl = Hermarchos frg. 37 Krohn = Ermarco 48 Longo Auricchio ἀλλά πῶς, φησὶν ὁ Ἐπικούρειος Ἕρμαρχος, οὐκ εἰς ἄπειρον πρόϊμεν, εἰ ἐπὶ παντὸς ὁρμῇ καὶ σμικροῦ πράγματος εὐχῆς δεόμεθα; καὶ γὰρ ἵνα εὐξώμεθα, πάλιν ἄλλης εὐχῆς δεήσει, καὶ οὐδαμοῦ στησόμεθα.

14 Zu Porphyrios vgl. Procl. in Ti. 1, 216, 22ff. Diehl: λυτέον δὴ τὴν ἀπορίαν ὡς Πορφύριος, ὅτι οὐκ εἴρηται ἐπὶ παντὶ πράγματι δεῖν εὔχεσθαι, ἀλλ᾽ ἐπὶ παντὸς ὁρμῇ πράγματος· ἐπὶ πράγματα μὲν οὖν ὁρμῶμεν, ἐπὶ δὲ ὁρμὰς οὐχ ὁρμῶμεν, ὥστε οὐκ ἐπ᾽ ἄπειρον ἡ ὁδός.

15 In Ti. 216, 25ff. Diehl: ἢ ἔτι μένει τὸ ἄπορον; καὶ γὰρ ἐπὶ τὴν εὐχὴν ὁρμῶμεν, ὥστε καὶ ἐπὶ ταύτῃ δεήσει πάλιν εὐχῆς καὶ ἐπὶ τῇ ταύτης αὖθις ὁρμῇ καὶ εἰς ἄπειρον.

16 Procl. in Ti. 1, 216, 28ff. Diehl: κάλλιον οὖν λέγειν, ὅτι ὁ περὶ ὁτουοῦν τῶν πραγμάτων εὐχόμενος ὑπὲρ αὐτοῦ τούτου πρῶτον ὁμολογήσει τοῖς θεοῖς χάριν, ὅτι δύναμιν ἔλαχε παρ᾽ αὐτῶν τῆς πρὸς αὐτοὺς ἐπιστροφῆς, καὶ ὅτι τοῖς μὲν ἄλλοις πράγμασι τὸ ἀγαθὸν διὰ τὴν εὐχὴν παραγίνοιτο ἄν, τῇ δὲ εὐχῇ δι᾽ ἑαυτήν. οὐδὲν οὖν ἄλλης εὐχῆς δεήσεται ἐν ἑαυτῇ τὸ ἀγαθὸν συλλαβοῦσα καὶ τὴν πρὸς τὸ θεῖον παρέχουσα κοινωνίαν. Dazu vgl. Longo Auricchio (1988) 171–173.

selbst: Das Gebet wird nicht als Mittel gesehen, Nutzen herbeizuholen, wie es traditioneller Auffassung entspricht; sein Nutzen liegt vielmehr in seinem Vollzug. Nur dann ist Proklos' Gegenargument stichhaltig.

Das Gebet hat einen Nutzen in seinem Vollzug: Wie paßt dies zu Vorstellungen vom Gebet bei Proklos und denen der anderen Neuplatoniker wie Porphyrios oder Jamblich, die sich um den Aufstieg der Seele zum Einen und um Unterstützung durch die Götter für diese Rückkehr zum Ursprung bemühen und dabei auf Unterstützung durch die Götter hoffen dürfen? Platon selbst sieht im Gebet eine Bitte an die Götter, und auch der Platonismus versteht das Gebet zunächst als einen Ruf um Hilfe für den Aufstieg der Seele zu ihrem Ursprung und für ihre Rückkehr zu Gott, d.h. das Gebet hat das Gute nicht in sich, sondern will – wie traditionell jedes Gebet – einem Manko Abhilfe schaffen.[17]

Doch eben dies gilt, wenn man Proklos' Argumentation folgt, für das Gebet gerade nicht. Die Funktion des Gebetes, auf die Proklos rekurriert, erinnert vielmehr an jene meditative Auffassung des Gebetes, die von hellenistischen Philosophen, insbesondere Epikureern und Stoikern vertreten wird: Gebet als Pflege des Selbst und Mittel, eine besondere Disposition der menschlichen Seele zu bilden. Ist das so, dann schlüge Proklos hier den Epikureer mit eigenen Waffen. Jedoch, und dies ist ein weiterer, wichtiger Aspekt, läßt sich Proklos' Lösungsvorschlag auch aus neuplatonischer Sicht durchaus rechtfertigen. Um dies zu verstehen, muß man sich den Funktionswandel vergegenwärtigen, den das Gebet im philosophischen Kontext des Hellenismus durchgemacht hat. Gehen wir dem etwas nach.

III

In den ›Nomoi‹ fordert Platon, daß man keine Gebete an die Götter richten soll, in denen es um nur scheinbare Güter geht.[18] Diese Forderung verbindet Traditionelles mit neuen Aspekten. Traditionell ist die Intention des Gebetes, einem Desiderat Abhilfe zu schaffen, etwas zu bekommen oder zu erreichen, was ohne fremde Hilfe nicht erreichbar, gleichwohl aber begehrenswert und deshalb gut scheint. Zu diesem Zweck wird der Gott oder die Göttin um Beistand angefleht,[19] Wünsche also, von denen der Betende annimmt, daß ihre Erfüllung wirklich gut für ihn ist. Dabei ist man bereit, mit den Göttern in eine Art Tauschgeschäft einzutreten, wie dies exemplarisch im Gebet des Chryses im ersten Gesang der Ilias geschieht.[20] So war z.B.

17 Lg. 801 a, vgl. Morrow (1993) 355.
18 Adkins (1969).
19 Vgl. zu Platon und das Gebet Meijer (1981) 234ff.

Übel von sich weg auf andere, vor allem auf Feinde zu lenken, eines der zahlreichen Anliegen der Betenden, bei Griechen wie auch bei Römern. In Sophokles' ›Ödipus Rex‹ betet man darum, daß die Göttin Athene den furchtbaren Ares, d. h den Krieg, lieber anderswo, weit vom Vaterland weg sein Unwesen treiben lassen möge (190f.). Und wenn Catull in carmen 63, 92f. sich von Kybele wünscht: »fern von meinem Hause bleibe, o du Herrin, all dein Wahn,/ treibe andre in den Irrsinn, hetze andre in Raserei«, folgt dies ebenso dem St. Floriansprinzip. Neu scheint die Vorgabe für den Inhalt, den Wunsch, auf dessen Erfüllung das Gebet zielt. Bitten um Gesundheit und materiellen Wohlstand für sich selbst, der Wunsch, daß die eigene Partei siegen möge oder daß andere Vorhaben gelingen mögen, ja sogar der Wunsch nach Unglück für den anderen: dies waren traditionelle Inhalte von Gebet und Hymnus.[21] Lebensklug konstatiert noch Epikur, daß die Menschheit zugrunde ginge, würden alle ihre Gebet erfüllt.[22]

Eben diese Inhalte aber wurden im philosophischen Kontext spätestens seit Xenophanes zum Problem, der in der ›Symposium-Elegie‹ fordert:

»Zuerst müssen frohgestimmte Männer den Gott preisen/ mit ehrfurchtsvollen Erzählungen und r e i n e n T h e m e n,/ unter Spenden und mit der Bitte, das Rechte/ verwirklichen zu können«.[23]

›Reine Themen‹: Allein die Bitte, gut handeln zu können, ist ein dem Gott gegenüber angemessener Wunsch. Xenophanes' Kritik und seine Forderung hat viele andere beeinflußt. Auch Sokrates und Platon schließen sich ihm an.[24] Bei ihnen wird die Frage zu einem Problem der Erkenntnis. Da die Götter infolge ihrer Allwissenheit nämlich den Kern der Sache kennen, die Menschen aber nicht, soll man – so Sokrates in den ›Memorabilien‹ Xenophons – am besten den Göttern die Entscheidung darüber überlassen, was für die Menschen gut ist.[25] Bezeichnend ist Sokrates' Auffassung im pseudoplatonischen Dialog ›Alkibiades Minor‹:

20 Vgl. Il. 1, 39ff.; Gebet als Tauschgeschäft, vgl. zuletzt Burkert (1996) 129ff. Von Platons Sokrates im ›Euthyphron‹ als solches kritisiert (14d–e); Platons Sokrates geht es um eine Mitwirkung der Menschen am Werk Gottes (13d–e).

21 Zum ›Floriansprinzip‹ beim Gebet vgl. »Es steht ein Gewitter über der Erd', wenn's nur in's Württemberg'sche fährt« oder den Introitus des 9. Sonntags nach Pentekost: averte mala inimicis; dazu Weinreich (1929); zu dieser Haltung generell Blundell (1989).

22 Vgl. frg. 388 Us.; zu Gebet im Epikureismus vgl. Hadzits (1908); Festguiere (1968) 71–100; vgl. Philodem, de pietate 737–8 Obbink mit Obbink (1996) 396–8; Schmid (1951). Zur Rolle des Gebetes bei Gottesferne vgl. Magris (1990).

23 Xenophanes Frg. 1, 13ff. Heitsch. Die Fragmente. Herausgegeben, übersetzt und erläutert von E. Heitsch: χρὴ δὲ πρῶτον μὲν θεὸν ὑμνεῖν εὔφρονας ἄνδρας εὐφήμοις μύθοις καὶ καθαροῖσι λόγοις σπείσαντάς τε καὶ εὐξαμένους τὰ δικαια δύνασθαι πρήσσειν (Übersetzung Heitsch).

24 Vgl. die eindrückliche, wenn auch nicht unumstrittene Interpretation von Gaiser (1989) (mit weiterer Literatur); ähnlich das Gebet Symp. 220d, wozu Rosenmeyer (1962).

»Wenigstens scheint mir, Alkibiades, jener Dichter ein vernünftiger Mann gewesen zu sein, welcher, wie ich denke, manch unverständige Freunde hatte und der, weil er sie das tun und das beten sah, was in Wahrheit zwar nicht das Beste war, es ihnen gleichwohl aber zu sein schien, ein für diese alle passendes Gedicht dichtete, welches etwa folgendermaßen lautet: Zeus Obwalter, das Gute gewähr' uns, ob wir's erflehen/ Oder ob nicht – und ob wir's erflehen, das Böse versag' uns!«[26]

Erbeten werden soll also nur noch abstrakt das, was gut ist. Man erkennt den Einfluß des Xenophanes, erkennt aber auch: das Gebet wird auf diese Weise – in philosophischem Kontext – gleichsam zur Leerformel. Eines jedoch bleibt: Immer drückt sich im Gebet ein Desiderat aus, soll durch das Gebet etwas hinzugewonnen werden, und wenn es sich nur um die Unterstützung des Gottes bei einer schwierigen Darlegung handelt, wie z.B. beim Schiffskatalogs in Homers Ilias, oder bei der Kosmologie im ›Timaios‹.[27] Nach wie vor soll also das Gute von außen hinzutreten, umstritten ist nur, was man unter dem Guten zu verstehen hat.

IV HELLENISMUS

Dies jedoch ändert sich in der Folgezeit. Jetzt steht das Gebet nicht nur inhaltlich, sondern auch in seiner Funktion auf dem Prüfstand. Ursache ist die gewandelte Einstellung zu den Göttern. Denn mehr und mehr werden die Götter als den Menschen überhoben empfunden. Die negativen Folgen einer solchen Götterferne deuten sich bereits bei Euripides an, der in den ›Troerinnen‹ (1280f.) Hekabe die Götter zwar anrufen, jedoch sofort hinzufügen läßt: »Doch warum zu Göttern flehn? Sie hören ja schon lange nicht mehr meinen Ruf«. Zweifel wird an der Fürsorge der Götter geäußert, wie etwa von Onesimos, der in Menanders ›Schiedsgericht‹ sagt:

»Im ganzen gibt es / an Städten etwa tausend. Dreißigtausend Bewohner jedesmal. Und jeden einzelnen / vernichten und retten da die Götter? Wie? / Da führen sie ein kummervolles Leben«.[28]

---

25 X. Mem. 1, 3, 1–4, dazu Gigon (1953) 96ff.; dort Hinweis auf weitere Stellen wie D. L. 6, 42; Plu. Mor. 239A; D. S. 10, 9, 7–8; Arist. EN 1129b4f. Bei Xenophon wird das Wissen um das wahre Agathon der Mantik verdankt, bei Platon dem Wissen des Guten.

26 Ps.-Pl., Alc. 2, 142e.

27 Vgl. Hom. Il. 2, 484ff.; Pl. Ti. 27c; 48de; R. 432c; Euthd. 275d.

28 Men. Epit. 1084ff.: οἴει τοσαύτην τοὺς θεοὺς ἄγειν σχολὴν ὥστε τὸ κακὸν καὶ τἀγαθὸν καθ' ἡμέραν νέμειν ἑκάστῳ, Σμικρίνη; Σμ. λέγεις δὲ τί; Ον. σαφῶς διδάξω σ'. εἰσὶν αἱ πᾶσαι πόλεις, ὅμοιον εἰπεῖν, χίλιαι· τρισμύριοι οἰκοῦσ' ἑκάστην. καθ' ἕνα τούτων οἱ θεοὶ ἕκαστον ἐπιτρίβουσιν ἢ σῴζουσιν, dazu vgl. Gaiser (1967), bes. 26–30.

Ein kummervolles Leben aber ist mit dem göttlichen Bereich nicht vereinbar. Diese Auffassung nun hat Epikur im ersten seiner Hauptlehrsätze philosophisch radikalisiert. Was glückselig und unvergänglich ist, hat nach Epikur weder selbst Sorgen noch bereitet es anderen solche.[29] Epikur bringt mit seiner These also ein Zeitgefühl philosophisch zum Ausdruck: Zwar existieren die Götter, doch kümmern sie sich nicht um menschliche Belange. Dann jedoch stellt sich die Frage nach dem Sinn von kultischer Verehrung und vor allem des Gebets. Wenn die Götter den Menschen kein Gehör schenken, ist von ihnen auch nicht die Erfüllung eines Desiderats zu erwarten.

Es ist nun bedeutsam, daß trotz dieser Rahmenbedingungen das Gebet wie generell der Kult nicht als sinnlos abgelehnt, sondern weiterhin als hilfreich angesehen wird, dies freilich unter Änderung seiner Funktion. Der Epikureer Philodem bestätigt, daß Epikur das Gebet befürwortet : »Es wird sich zeigen«, so Philodem, »daß Epikur alle Einzelheiten der Kultübung gewissenhaft befolgt und ihre Befolgung seinen Freunden anempfohlen hat, nicht nur wegen der Gesetze, sondern auch aus Motiven, die der Physis entsprechen. Epikur bezeichnet nämlich in der Schrift ›Über die Lebensrichtungen‹ das Beten als eine dem Weisen gemäße Haltung, nicht als ob die Götter unwillig würden, wenn wir es unterließen, sondern in der Erwägung, wie sehr uns die göttlichen Naturen an Macht und Bedeutung überlegen sind«.[30]

Das Beten wird als ein für den Menschen natürliches Verhalten empfunden. Wie der Eid dokumentiert oder schafft sogar das Gebet eine Disposition des Menchen. Zwar sind Götter keineswegs auf Gebete angewiesen und auch haben die Menschen aus dem Gebet keinen Nutzen zu erwarten. Doch bleibt es sinnvoll, wenn es in richtiger innerer Haltung vollzogen wird.[31] Philodem bietet in ›De pietate‹ geradezu eine Litanei von Epitheta, welche den Göttern zukommen, und die man sich vorsprechen soll, um dadurch die richtige Vorstellung von den Göttern zu bewahren.[32] Denn trotz Götterferne gibt es Segen und Schaden von den Göttern. Freilich kommen diese nicht von den Göttern direkt. Sie werden nicht von den Göttern selbst hervorgerufen. Die Menschen bereiten sich diese selbst, insofern sie sich von ihren falschen oder richtigen Vorstellungen leiten lassen, und deshalb in Furcht oder in Sicherheit geraten. Programmatisch kommt dies zum Ausdruck im

29 Vgl. KD 1, dazu vgl. Lucr. 2, 646ff.

30 Phld. Piet. 110 p. 128 G. = frg. 13 Us.

31 Zur Rolle des Eides bei den Epikureern vgl. Phld. Piet. 821f. Obbink mit Obbink (1996) 425f. (und den Vorwurf Ciceros an den Epikureer Trebatius (fam. 7, 12, 2): quomodo autem tibi placebit Iovem Lapidem iurare, cum scias Iovem iratum esse nemini posse; dazu Erler (1992); vgl. auch Lucr. 6, 68–78).

32 Vgl. Phld. Piet. 1288 f. Obbink, dazu Obbink (1996) 503.

Satz: ›Die Verehrung des Weisen ist ein großes Gut für den, der verehrt‹.[33] Man sieht: Der eigentliche Adressat und Nutznießer des Gebets ist nicht der angesprochene Gott, sondern der Betende selbst.

Das aber heißt: Das Gut kommt beim Gebet nicht mehr von außen, sondern liegt in seinem Vollzug. Entscheidend ist nicht die Gegengabe, sondern die angemessene Vergegenwärtigung des göttlichen Vorbildes oder eigenen Verhaltens in früheren Zeiten. Diese Vergegenwärtigung führt nämlich zu einer besonderen, furchtfreien Disposition des Betenden. Man sieht: Das Gebet erhält eine neue Aufgabe und seine Teile eine neue Funktion: Das ›*argumentum*‹ mit Aretalogie der Gottheit und Hinweisen auf eigenes positives Verhalten dem Gott gegenüber, das ursprünglich der Überredung der angesprochenen Gottheit diente, um von ihr etwas zu erhalten, gerät zu einer bloßen Vergegenwärtigung der eigenen Situation des Betenden, wird zu einer Meditation und bewirkt dadurch eben jene Disposition im Betenden, die für das erstrebte Glück notwendig ist, d.h. das bislang von außen erstrebte Gut verschafft sich der Betende im Verlauf des Gebetes selbst.[34] Wir erinnern uns an Epikurs Satz: Die Verehrung eines Gottes ist in der Tat ein großes Gut für den Verehrenden.

Halten wir fest: Im Epikureismus fordern Hymnus und Gebet zum Nachdenken über eine richtige Haltung gegenüber dem Göttlichen auf, sind nicht einfache Anrede an Gott, sondern dienen der Analyse der Welt, fördern weniger ein Gespräch mit Gott als eine Meditation über ihn und die Welt. Traditionelle Topoi erhalten eine neue Funktion: Sie dienen der Vergegenwärtigung und Selbstvergewisserung. Gefördert wird eine angemessene Disposition, eine subjektive Befindlichkeit, welche im Leben zu bestehen weiß. Das Gebet dient nicht dem Zugewinn, sondern das Gute liegt im Gebet selbst.

Dieser Funktionswandel des Gebetes ist auch bei der großen Konkurrentin des Epikureismus, der Stoa, zu beobachten. Wenn der Stoiker Kleanthes Zeus' Macht als Herrscher über die Natur (2) und als Schöpfer aller Dinge feiert und in der Aretalogie ausführt (7ff.), wie alles auf Zeus' Befehl hört, dann bedeutet auch dies Vergegenwärtigung der Weltregeln und Vergegenwärtigung der eigenen Rolle.[35] Auch hier geht es nicht darum, etwas von anderen zu erlangen, sondern sich selbst in eine Disposition zu bringen, die mit den Weltgesetzen zurechtzukommen hilft. Der

---

33 Vgl. GV 32 Arr.²: ὁ τοῦ σοφοῦ σεβασμὸς ἀγαθὸν μέγα τῷ σεβομένῳ ἐστίν. Man gewinnt magnitudo animi; vgl. Metr. frg. 37 Körte = GV 10; dazu Erler (1997) 88 mit Anm. 39 und weiterer Literatur.

34 Vgl. zu Gebet als Meditation Erler (1998), bes. 369ff.; Newman (1989) 1501.

35 Der Text des Hymnus in SVF I frg. 537 v. Arnim, dazu Steinmetz (1994) 578 (mit weiterer Literatur); zum Gebet als meditativem Elemente in der Stoa Erler Reflexe (1998) 377; vgl. z.B. Epict. 1, 6.

Zweck des Betens ist die Homologie, die Zustimmung zur Weltordnung. Für den Epikureer wie für den Stoiker gilt also: Das Gebet ist nicht mehr »eine Bitte um Nicht-Gegenwärtiges«, sondern »ein Gespräch (ὁμιλία καὶ διάλεκτος) mit den Göttern über das Gegenwärtige«, wie es später Maximus aus Tyros formuliert (5, 8 Hohbein).

Das Gebet als Meditation: Aus der Anrufung an Gott ist ein Mittel der Pflege des Selbst geworden. Diese Auffassung bestätigt auf willkommene Weise Epiktet:[36] In den ›Dissertationes‹ bietet Epiktet nicht nur Mustergebete für seine Schüler, sondern liefert gleichzeitig noch Gebrauchsanweisungen mit und beschreibt Funktion und Wirkung, die er vom Gebet erwartet. Dabei werden die oben gemachten Beobachtungen bestätigt. Was im traditionellen Hymnus ›argumentum‹ war, Hinweis des Betenden auf früheres Verhalten gegenüber Gott oder Gottes Verhalten ihm gegenüber, dient nun nicht mehr der Überredung göttlicher Instanzen, sondern der Vergewisserung und dem Aufbau des eigenen Selbst: Es geht um die Souveränität und Seelenstärkung des Betenden. Das Gebet wird zu einem Selbstgespräch unter Erinnerung an eigene Fähigkeiten. Es soll als schulmäßige Übung dienen und als meditative Übung die Seele stärken. Sowohl für die Stoa wie für den Kepos liegt das Gute des Gebets in der richtigen Einschätzung äußerer Umstände. Dieses ›Gute‹ gewinnt man nicht von außen, sondern durch richtige ›Pflege des Selbst‹. Zu dieser aber gehört das meditative Gebet.

V

Das Gebet hat also infolge der geänderten philosophischen Grundlage in hellenistischen Schulen eine neue Funktion erhalten. Aus einem fordernden Gespräch mit Gott wird eine vergegenwärtigende Meditation des Betenden mit sich selbst, eine Meditation, die der Sammlung und dem Erkenntnisgewinn dient. Kehren wir nun zu Proklos zurück, dann erinnern wir uns: Genau mit diesem Aspekt der Selbstgenügsamkeit eines Gebetes, das anders als andere Dinge das Gute in sich selbst hat, suchte Proklos die von Hermarchos aufgewiesene Aporie zu meiden. Wir erkennen jetzt zweierlei:

a) Der Epikureer Hermarchos hat offenbar gegen Platons Auffassung vom Gebet polemisiert, indem er auf eine Schwierigkeit hinwies, die seine eigene epikureische Auffassung vom Gebet meiden kann.

36 Vgl. Epict. Diss. 3, 5, 7–11. Eine Dissertation von Frau B. Wehner (Freiburg), die auch diese Thematik behandelt, wird demnächst erscheinen.

b) Zur Rechtfertigung und Abweisung der Aporie bedient sich Proklos eben jener Auffassung des Gebetes als Pflege des ›Selbst‹ und meidet damit die Aporie.

Doch wildert er damit keineswegs auf fremdem Gebiet. Blickt man nämlich auf Proklos' eigene Gebetstheorie, dann ergibt sich, daß Proklos ganz orthodox-platonischer Gebetstheorie folgt. Es zeigt sich aber auch, daß in dieser Theorie epikureische Ingredienzien integriert sind.

Vergegenwärtigen wir uns deshalb kurz Proklos' Theorie des Gebetes, wie er sie im Timaioskommentar entwickelt:

Zunächst wird man sich daran erinnern, daß im Platonismus der Kaiserzeit innerhalb der Gebetstheorie ein Aspekt in den Vordergrund tritt, der Proklos' Argumentation gegen Hermarchos wenig hilfreich zu sein scheint. Gemeint ist der anagogisch-soteriologische Aspekt. Aufgabe des Gebetes ist es jetzt, die Seele des Menschen bei der von ihr ersehnten Rückkehr zu ihrem Ursprung zu unterstützen. Nach platonischer und neuplatonischer Vorstellung hat sich die Seele von ihrem Ursprung getrennt und ist nach einem Abfall vom Bereich des Geistes in die Welt des Werdens geraten. Hier versucht sie, umzukehren und zu ihrem Ursprung zurückzufinden. Für die Einschätzung der Rolle, die das Gebet in diesem Prozeß spielen kann, ist die Frage, ob und wie die erstrebte Rückkehr der Seele möglich ist, von Bedeutung. Nach Überzeugung Plotins ist diese Rückkehr der Seele aus eigenen Mitteln möglich. Daher spielen Kult und Gebet für ihn eine untergeordnete Rolle. »Die Götter sollen gefälligst zu mir kommen, nicht ich zu ihnen«, ließ er einen seiner Schüler selbstbewußt wissen.[37] In der Folgezeit jedoch schwindet dieses Vertrauen infolge der als immer größer empfundenen Kluft zwischen Gott und Mensch. Aufgrund des mangelnden Selbstvertrauens wenden sich die Philosophen nun wieder verstärkt an die Götter und erhoffen sich Unterstützung für die Rückkehr ihrer Seele. Deshalb gewinnen Praktiken, die diese Hilfe der Götter bewirken sollen wie Theurgie oder theurgische Gebete immer mehr an Bedeutung, ist sogar von der helfenden Hand Gottes die Rede.[38] Das Gebet versucht, sich des guten Willens, der ἀγαθὴ βούλησις der Götter zu vergewissern.[39]

Jamblich formuliert die Aufgabe des Gebets dahingehend, daß die in den Gebeten verweilende Beschäftigung unseren Geist nährt, die Fähigkeit unserer Seele, die Götter aufzunehmen, erweitert, den Menschen für die Berührung mit den Göttern bereit macht und das Göttliche in uns zu dem Höchsten hinaufführt.[40] Hier wird der soteriologische Aspekt des Gebets deutlich. Mit Blick hierauf unterscheiden

37 Porph. Plot. 10, 36f. ἐκείνους δεῖ πρὸς ἐμὲ ἔρχεσθαι, οὐκ ἐμὲ πρὸς ἐκείνους. Vgl. Zintzen (1965).

38 Vgl. Synesios, Hymn. 9, 123; Prol. H. 6, 8; 6, 11; 7, 45f.; dazu vgl. Vollenweider (1985) 51 mit Anm. 172, ein freilich auch früher schon bekanntes Motiv, vgl. Sen. epist. 73, 15.

39 Vgl. Zintzen (1983).

Neuplatoniker wie Porphyrios, Jamblichos oder Proklos mit jeweils unterschiedlicher Nuancierung verschiedene Phasen des Gebets: Sammlung, Verknüpfung, Einigung.

Es ist nun von großem Interesse, daß im Rahmen dieser Funktionsbeschreibung der meditative Aspekt hellenistischer ›Selbst-Pflege‹ keineswegs in Vergessenheit gerät, sondern in das neuplatonische Konzept integriert und dort funktionalisiert wird.

VI

Schon Porphyrios[41] verlangt als erste Stufe des Gebetsprozesses die Reinigung der eigenen Vorstellungen, deren Resultat eine richtige Einschätzung des göttlichen Bereiches und die Affektlosigkeit sein müssen. Bevor das eigentliche Gebet Wirkung zeigen kann, muß man die eigene Gesinnung Gott angleichen. Vor den theoretischen Tugenden müssen die reinigenden Tugenden gepflegt werden. Durch Philosophie werde der Mensch von hiesigen Begierden befreit. So heißt es im Brief an Marcella, daß nach Porphyrios jedes Bemühen der Philosophen als leer anzusehen ist, das nicht einen Affekt des Menschen heilt. Nur wer sich von falschen Urteilen freihält, so Porphyrios, macht sich selbst Gott wohlgefällig.[42] Diese Bemerkungen des Porpyhrios, die die Aufgaben der ersten, sammelnden Grundstufe des Gebets beschreiben, sind bemerkenswert. Denn es fallen Stichwörter wie ›Dispositionsbildung aus eigener Kraft, Vergegenwärtigung des göttlichen Bereiches, Freiheit von falschen Meinungen über den göttlichen Bereich, dadurch Reinigung und Voraussetzung für den Aufstieg der Seele‹, in denen wir leicht diejenigen Komponenten erkennen, welche sich als zentral für die Auffassung des Gebetes als Meditation im Epikureismus ergeben haben. Mehr noch: Als ob er diesen Bezug andeuten will, beschreibt Porphyrios diese Stufe, indem er ein Cento epikureischer Zitate oder Anspielungen auf Epikur in seinen Text einbaut, natürlich ohne deren epikureische Herkunft zu erkennen zu geben.

---

40 Iambl. Myst. 5, 26 (238, 15–239, 13); zur Verbindung von Philosophie und Theurgie bei Jamblich vgl. Nasemann (1991).

41 Vgl. Porphyrios' Gebetstheorie bei Procl. in Ti. 1, 207, 23–209, 1 Diehl mit Esser (1967) 46–54.

42 Porph. Marc. 32. Epikureische ›Tupfer‹ [Schmid (1951) 144ff.] finden sich schon Kap. 17; besonders in den Kapp. 27–31 [vgl. fontes bei des Places (1982) 121–124] bedient sich der als Cento zu verstehende Brief in einem Kontext, in dem es um Askese geht [Pötscher (1969) 97–99], epikureischen Materials, wobei er aus einer Sammlung schöpfen mag, die Pythagoreisches mit Epikureischem mischt [Schmid (1951) 149 mit Anm. 135].

Diese Parallelen sind von besonderem Interesse. Denn sie bestätigen: Auf der Grundstufe des Gebets, bei der es um Sammlung und die Bildung jener Disposition geht, auf der dann die Rückkehr der Seele in den weiteren Phasen aufbauen kann, bedienten sich neuplatonische Philosophen wie Porphyrios auch hellenistischer Vorstellungen von der Funktion des Gebetes: Freihalten von irrigen Meinungen, Kontrolle der Begierde, kurz alles, was bei Epikur zur Pflege des sterblichen Selbst gehörte, und was Platon als Pflege des ›sterblichen Selbst‹ eigentlich ablehnte, wird hier aufgenommen, dabei aber zu einer Vorstufe des eigentlichen Gebetes degradiert: aus epikureischem Gebet wird ein *propaedeuticum*, die Pflege des Selbst dient der Überwindung des Körperlichen, wird eine praeparatio für das platonische Gebet.[43]

VII

Was Porphyrios hier ausführt, hat Proklos systematisiert und in sein System aufgenommen. Auch für ihn ist Ausgangsbasis innerhalb des Gebetes die Anerkennung der göttlichen Dimension (In Ti. 1, 211, 9–11 Diehl), d.h. die richtige Auffassung von der Struktur des göttlichen Bereiches.[44] Diese sammelnde Phase ist Ausgangspunkt für die weiteren Schritte innerhalb des Gebetsprozesses, der bei richtiger Disposition hinaufführt zu Transzendenz des Selbst und Einung mit dem Einen (In Ti. 1, 211, 24–28 Diehl). Auch bei ihm also ist die Pflege des Selbst, verstanden als reinigender Rückzug der Seele auf sich selbst, eine wichtige Stufe auf dem Weg zu Gott. Auch bei ihm macht diese Selbstpflege philosophiebereit. Das Gebet ist ein wichtiges Element seiner philosophischen Methode. Es fügt sich in die Situation des Menschen, der zwar von seinem Ursprung getrennt ist, aber weiterhin in ihm gegründet ist und zu ihm zurückkehren muß. Über Philosophiebereitschaft und richtige Meinung über die Götter führt der Weg zu Hinwendung der Seele und Aufstieg zur Gottheit. Man sieht: Gebet als Dispositionsbildung ist Teil jenes Prozesses, der sich im Gebet vollzieht, nicht Voraussetzung für das Gebet. Schließlich geht es dem Platonismus nicht um Vernichtung, sondern um Steigerung des Selbst.[45]

---

43 Erler (1999) 105–122; dieser Weg wird illustriert durch die Komposition von Raffaels ›Schule von Athen‹, Erler (2000) 273–294.

44 Zu Proklos' Gebetstheorie vgl. Beierwaltes (1979) 329; 391–394; Esser (1967) 76–108; Erler (1987).

45 Beierwaltes (1979) 391–394.

Hieraus ergibt sich: Wenn Proklos die Aporie des Hermarchos löst, als vertrete er eine epikureische Auffassung von der Funktion des Gebets, dann geschieht dies nicht, weil er sich von Platons Lehre abwendet. Vielmehr argumentiert er als guter Platoniker und Vertreter einer Lehre, die epikureische Ingredienzien auf einer unteren Stufe längst integriert und funktionalisiert hat. Man könnte sagen: In Proklos' Gebetstheorie sind Vorstellungen der epikureischen Pflege des Selbst eingegangen. Auf diese Weise spielen Elemente hellenistischer Selbstfindung auch in der Spätantike weiterhin eine Rolle als *praeparatio Platonica*. Auch als solche verdienen sie Beachtung.

LITERATURVERZEICHNIS

Adkins, A. W. H.: εὔχομαι, εὐχωλή and εὖχος in Homer. In: CQ 19, 1969, 20–33.
Auricchio, F. L.: Ermarco: Frammenti. Edizione, traduzione e commento a cura di F. L. A., Neapel 1988.
Beierwaltes, W.: Proklos. Frankfurt a. Main ²1979.
Berger, K.: Hellenistische Gattungen. In: ANRW II 25. 2 (hrsg. v. W. Haase). Berlin– New York 1984, 1149ff.
Blundell, M. W.: Helping friends and harming enemies. A study in Sophocles and Greek ethics. Cambridge 1989.
Burkert, W.: Creation of the sacred. Tracks of biology in early religions. Cambridge–London 1996.
Claus, D. B.: Toward the soul. An inquiry into the meaning of psyche before Plato. New Haven 1981.
Erler, M.: Interpretieren als Gottesdienst. Proklos' Hymnen vor dem Hintergrund seines Kratylos-Kommentars. In: Proclus et son influence. Actes du Colloque de Neuchatel Juin 1985. Zürich 1987, 179–217;
— Cicero und ›orthodoxer‹ Epicureismus. In: Anregung 38 (1992) 307– 322;
— Physics and Therapy. Meditative Elements in Lucretius' De rerum natura. In: Lucretius and His Intellectual Background, hrsg. v. K.A. Algra u.a. Oxford–New York–Tokio 1997, 79–92;
— Reflexe mündlicher Meditationstechnik in der Kaiserzeit. In: Gattungen wissenschaftlicher Literatur in der Antike, hrsg. v. W. Kullmann, J. Althoff, M. Asper. Tübingen 1998, 361–381;
— Hellenistische Philosophie als ›Praeparatio Platonica‹ in der Spätantike (am Beispiel von Boethius' ›Consolatio Philosophiae‹). In: Th. Fuhrer–M. Erler (Hgg.): Zur Rezeption der hellenistischen Philosophie in der Spätantike. Stuttgart 1999, 105–122;
— Epikur in Raffaels ›Schule von Athen‹? In: M. Erler (Hg.): Epikureismus in der späten Republik und der Kaiserzeit. Stuttgart 2000, 273–294;
— The perfection of one's mortal self. Epicurean Homoiosis theoi in Lucretius' ›De rerum natura‹ and its platonic background (im Druck) (2001).
Esser, H. P.: Untersuchungen zu Gebet und Gottesverehrung der Neuplatoniker. Diss. Köln 1967.
Festguiere, A.–J.: Epicure et ses dieux. Paris ²1968;
— Proclus. commentaire sur le Timée. Paris 1967.
Gaiser, K.: Menander und der Peripatos. In: AuA 13 (1967) 8–40;
— Das Gold der Weisheit. In: Rh. Mus. 132 (1989) 105–140.
Gigon, O.: Kommentar zum ersten Buch von Xenophons Memorabilien. Basel 1953.
Hadot, I.: Simplicius. Commentaires sur le Manuel d' Epictète. Introduction et édition critique du texte grec par I. H. Leiden 1996.
Hadot, P.: Philosophie als Lebensform. Geistige Übungen in der Antike. Berlin 1991.
Hadzits, G. D.: The significance of worship and prayer among the Epicureans. In: TAPA 39 (1908) 73–88A.
Lattke, M.: Hymnus. Materialien zu einer Geschichte der antiken Hymnologie. Göttingen 1991.
Long, T.: Finding oneself in Greek philosophy, Tijdschrift voor Filosofie 54 (1992) 255–279;
— Lucretius and the Epicurean self. In: Lucretius and his Intellectual background, hrsg. v. K.A. Algra, M.H. Koenen. P.H. Schrijvers . Amsterdam–Oxford–New York–Tokyo 1997, 125–139.
Magris, A.: ›A che serve pregare, se il destino e immutabile?‹ un problema del pensiero antico. In: Elenchos 11 (1990) 51–76.
Meijer, A.P.: Philosophers, Intellectuals and Religion in Hellas. In: H. Versnel (Hg.), Faith, Hope and Worship. Leiden 1981, 234ff.

Merki, H.: Ὁμοίωσις θεῷ. Von der platonischen Angleichung an Gott zur Gottähnlichkeit bei Gregor von Nyssa. Freiburg 1952.
Morrow, G. R.: Plato's Cretan city. A historical Interpretation of the Laws. With a new foreword by Charles H. Kahn. Princeton 1993.
Nasemann, B.: Theurgie und Philosophie in Jamblichs de mysteriis. Stuttgart 1991.
Newman, R. J.: Cottidie meditare. Theory and practise of the Meditatio in Imperial Stoicism. In: ANRW II 36. 3. Berlin–New York 1989, 1473–1517.
Norden, E.: Agnostos Theos. Untersuchungen zur Formgeschichte religiöser Rede. Leipzig–Berlin 1913. ND [6]1956.
Obbink, D.: Philodemus: On Piety. Part 1, critical text with commentary, ed. by D. O. Oxford 1996.
Passmore, J.: The perfectibility of Man. London 1970.
des Places, E.: Porpyre, Lettre a Marcella. Paris 1982.
Pötscher, W.: Porphyrios: ΠΡΟΣ ΜΑΡΚΕΛΛΑΝ. Griechischer Text. Herausgegeben, übersetzt, eingeleitet und erklärt von W.P. Leiden 1969.
Pulleyn, S.: Prayer in Greek religion. Oxford 1997.
Rabbow, P.: Seelenführung. Methoden der Exerzitien in der Antike. München 1954.
Rosenmeyer, T. D.: Plato's prayer to Pan (Phaedrus 279b8–c3). In: Hermes 90 (1962) 34–44.
Sarri, F.: Socrate e la genesi storica dell' idea occidentale di anima. 2 Bde. Rom 1975.
Schmid, W.: Götter und Menschen in der Theologie Epikurs. In: Rh. Mus. 94 (1951) 97–156.
Schmidt, H.: Veteres philosophi quomodo iudicaverint de precibus. RVV IV 1. Gießen 1908.
Schrijvers, P. H.: Horror ac divina voluptas. Etudes sur la poetique et la poesie de Lucrece. Amsterdam 1970;
— Éléments psychagogiques dans l'oeuvre de Lucrèce. In: Actes du VIIIe Congr. Ass. G. Bude. Paris 1965, 370–376 [= Probleme der Lukrezforschung, hrsg. v. C. J. Classen. Hildesheim–Berlin–New York 1986, 375–381].
Sedley, D.: ›Becoming like god‹ in the Timaeus and Aristotle. In: T. Calvo und L. Brisson (Hgg.), Interpreting the Timaeus–Critias. St. Augustin 1997, 327–339.
Steinmetz. P.: Die Stoa. In: Grundriß der Geschichte der Philosophie. Die Philosophie der Antike, hrsg. v. H. Flashar, Band 4, 2. Basel 1994, 495–1272.
Sullivan, S. D.: Psychological and ethical ideas. Leiden 1995.
Vollenweider, S.: Neupatonische und christliche Theologie bei Synesios von Kyrene. Göttingen 1985.
Weinreich, O.: Gebet und Wunder. 1. Abhandlung: Primitiver Gebetsegoismus (Ein Beitrag zu Terenz, Andria 232f.). In: Genthliakon Wilhelm Schmid (hrsg. v. J. Mewaldt u.a.). Stuttgart 1929, 169– 199.
Zintzen, C.: Die Wertung von Mystik und Magie in der Neuplatonischen Philosophie. In: Rh. Mus. 108 (1965) 71–100 [= Die Philosophie des Neuplatonismus, hrsg. v. C. Zintzen, Darmstadt 1977, 391–426];
— Bemerkungen zum Aufstiegsweg der Seele in Jamblichs De mysteriis. In: Platonismus und Christentum (FS H. Dörrie), hrsg. v. H.–D. Blume und Fr. Mann (JAChr erg. 10), 1983, 312–328.

Karl Albert

PLATONISCHES BEI LOUIS LAVELLE

Louis Lavelle ist ein in Deutschland bedauerlicherweise viel zu wenig beachteter französischer Philosoph. Er ist 1883 geboren, im selben Jahr also wie Karl Jaspers und José Ortega y Gasset, und im Jahre 1951 ist er gestorben. Man könnte ihn als den französischen Heidegger bezeichnen, denn wie dieser (und sogar schon vor ihm) hat er das von den Griechen seit Parmenides und dann von Platon in Gang gebrachte philosophische Nachdenken über das Sein wieder aufgenommen. Bereits im Vorwort zur ersten Auflage seiner 1921 erschienenen Arbeit ›La dialectique du monde sensible‹ schreibt Lavelle: »La notion de l'être pur est l'object primitif de la méditation philosophique«. Lavelles Buch ›De l'Etre‹ kam zuerst 1928 heraus, also fast gleichzeitig mit Heideggers' ›Sein und Zeit‹ aus dem Jahre 1927. Eine Zeitlang war Lavelle der bekannteste Philosoph Frankreichs, Nachfolger Bergsons und Le Roys auf dem berühmten philosophischen Lehrstuhl des ›Collège de France‹.[1] Da in Deutschland das philosophische Interesse sich fast ganz auf Heidegger konzentrierte und in Frankreich nach dem Zweiten Weltkrieg der Schriftsteller Jean-Paul Sartre gerade auch mit seiner existentialistischen Philosophie die allgemeine Aufmerksamkeit auf sich gezogen hatte, geriet die Lavellesche Philosophie selbst in ihrem Heimatland immer mehr in Vergessenheit (zumal überhaupt in Frankreich die intellektuellen Moden sich ständig abwechseln).

Ich möchte hier, wo wir in Hans Krämer einen bedeutenden Platon-Interpreten und Moralphilosophen ehren wollen, den französischen Spiritualisten Louis Lavelle in seinen Beziehungen zur Platonischen Philosophie darstellen. Lavelle war aber weder Platonspezialist noch überhaupt Philosophiehistoriker. Ihm ging es allein um die Vertiefung unserer Erkenntnis hinsichtlich der Sache der Philosophie, nicht um ihre Geschichte. In der Bemühung um die Sache der Philosophie scheint er mir aber in die Reihe der Denker zu gehören, die in der Tradition des Platonismus stehen.

1 Vgl. dazu Albert (1975) sowie Albert (1997).

I

Das ist auch schon von anderer Seite bemerkt worden. So hat der französische Neuscholastiker A.D. Sertillanges im Jahre 1938 Lavelle den »Platon unserer Zeit« genannt: »Louis Lavelle ce Platon d'aujourd'hui«.[2] Für Lavelle selbst ist die Philosophie Platons die »wohl bedeutendste aller philosophischen Lehren, die seit mehr als zweitausend Jahren nicht aufgehört hat, die metaphysische Spekulation anzutreiben und zu nähren«.[3] In einem Brief an M.F. Sciacca charakterisiert Lavelle seine eigene Philosophie folgendermaßen: »Wir bemühen uns um die Aufrechterhaltung oder die Wiederbelebung einer Philosophie, die als eine Philosophie Platonischen oder Cartesischen Geistes betrachtet werden kann und in welcher der Zusatz des Christentums die Hauptsache ist«.[4] Dreierlei möchte Lavelle also zusammenbinden: Platonismus, Cartesianismus und Christentum. Wir halten uns im Blick auf unser Thema hier vornehmlich an das Platonische Moment, soweit es sich von den beiden anderen Momenten trennen läßt.

In einer Betrachtung über das Buch von Joseph Moreau, ›La construction de l'idéalisme platonicien‹ (1940), stimmt Lavelle dem Verfasser zu, der Platon als den »Begründer der Philosophie«, als den »fondateur de la philosophie« dargestellt hatte, und fügt dann hinzu: »Daher kann man denken, daß niemand philosophiert, wenn er nicht platonisiert«.[5] Allerdings ist der Lavellesche Philosophiebegriff von besonderer Art. Ich möchte hier zeigen, daß er mit dem Platonischen Begriff der Philosophie in wesentlichen Punkten übereinstimmt, wobei hinsichtlich des Platonischen Philosophiebegriffs schon vorweg betont werden soll, daß er anders zu verstehen ist, als er gewöhnlich verstanden wird.

II

Das waren also einige Hinweise darauf, daß bei Lavelle die Philosophie Platons höchste Wertschätzung hatte. Das wirkt sich nun auch im einzelnen aus. Der auf-

---

2 In: Les nouvelles littéraires (19.2.1938).

3 Lavelle: Panorama des doctrines philosophiques (1967) 74: »La plus grande sans doute de toutes les doctrines philosophiques qui n'a pas cessé d'inspirer et de nourrir la spéculation métaphysique et religieuse depuis plus de vingt siècles.«

4 Veröffentlicht von Sciacca (1952) 487: »Nous nous efforçons de maintenir ou de ranimer une philosophie qui peut être considerée comme d'inspiration platonicienne et cartésienne et dans laquelle l'apport du christianisme est capitale.«

5 Lavelle: Psychologie et spiritualité (1967) 23: »Aussi peut-on penser que nul ne philosophe, s'il ne platonise.«

fälligste Hinweis darauf scheint mir in der Übernahme des Platonischen Methexisbegriffs zu bestehen, in der Übernahme des Begriffs der Partizipation. Man hat daher schon früh die Lavellesche Philosophie als eine »philosophie de la participation« zu charakterisieren versucht.[6] Bei Lavelle ist dieser Begriff unmittelbar verbunden mit dem für seine eigene Philosophie grundlegenden Begriff der ›Erfahrung des Seins‹, der ›expérience de l'être‹. Zu Beginn der Lavelleschen Schrift ›La présence totale‹, welcher Titel in der deutschen Übersetzung nicht ganz glücklich mit ›Die Gegenwart und das Ganze‹ wiedergegeben worden ist (wobei zugleich ein zentrales Cartesisches Moment wirksam wird), heißt es:

»Es gibt eine erste Erfahrung, die in allen anderen Erfahrungen eingeschlossen ist und ihnen ihren Ernst und ihre Tiefe verleiht: die Erfahrung der Gegenwart des Seins. Die Erkenntnis dieser Gegenwart bedeutet zugleich auch die Erkenntnis der Teilhabe des Ich am Sein«.[7]

Oder, wie es im ersten Band des auf fünf Bände geplanten Lavelleschen Hauptwerks ›La dialectique de l'éternel présent‹, in ähnlicher Weise zum Ausdruck gebracht ist: »durch die Ich-Erfahrung entdecke ich das Ganze des Seins, an dem das Ich teilhat«.[8]

Es gibt allerdings, wie sich hier schon andeutet, zwischen dem Platonischen und dem Lavelleschen Begriff der Partizipation auch erhebliche Unterschiede, denn die Philosophie Lavelles ist einerseits durch das »Cogito, ergo sum« des Descartes bestimmt, andererseits durch den Gottesbegriff des Christentums. Das Gemeinsame beider Partizipationsbegriffe aber besteht darin, daß jeweils das einzelne Seiende nicht abgetrennt ist vom schlechthinnigen Sein. Was bei Platon als das ›Gute selbst‹ oder das ›Schöne selbst‹ oder, wie in der ›ungeschriebenen Lehre‹, als das ›Eine‹ erscheint, an welchem alles Seiende, in besonderer Weise aber das Ich, teilhat. Ein weiterer Unterschied liegt darin, daß bei Lavelle das Sein Aktcharakter hat.[9] Aufgrund des Teilhabebegriffs kann Lavelle jedenfalls im Sinne Platons sagen: »Es gibt nur zwei Philosophien, zwischen denen man wählen muß: die des Protagoras, nach welcher der Mensch das Maß aller Dinge ist, ... und die Platons, die zugleich auch die des Descartes ist, daß Gott das Maß aller Dinge ist und keineswegs der Mensch, jedoch ein Gott, der den Menschen an sich teilhaben läßt« (vgl. Nomoi 716c).[10] Hier

6 Vgl. etwa de Waelhens (1949), Pucelle (1957).

7 Lavelle (^{3}1962) 27: »Il y a une expérience initiale qui est impliquée dans toutes les autres et qui donne à chacune sa gravité et son profondeur: c'est l'expérience de la présence de l'être. Reconnaître cette présence, c'est reconnaître du même coup la participation du moi à l'être.«

8 Lavelle (^{2}1947) 199: »c'est par l'expérience du moi que je découvre le tout de l'être dont le moi fait partie.«

9 Vgl. dazu Schönberger (1988).

verbinden sich also bei Lavelle wieder Platonismus und Cartesianismus mit dem Gottesgedanken des Christentums.

III

In den Platonischen Dialogen erscheint die höchste Idee, die Idee der Ideen, meist als ›Idee des Guten‹ oder als ›das Gute selbst‹. Lavelle versteht den Platonischen Begriff des Guten als Identität von Sein und Wert. Die Wertphilosophie des frühen 20. Jahrhunderts hatte dagegen Sein und Wert voneinander getrennt. Lavelle stellt sich in diesem Punkt auf die Seite Platons:

»Die Identität des Wertes und des Seins ist mit großer Kraft von Platon aufgewiesen worden, obwohl er in einem berühmten und vielzitierten, aber auch viel mißbrauchten Text, das Gute noch über das Sein setzt, denn das Sein, um das es sich dort handelt, muß allein von der Realität und der Existenz verstanden werden«.[11] Lavelle unterscheidet nämlich in seiner ›Einführung in die Ontologie‹ das Sein, die Existenz und die Realität. Die Realität besteht aus der Vielheit der Dinge, des Seienden. Die Existenz ist das im Bewußtsein erfahrene Dasein des Menschen. Das Sein aber steht über Realität und Existenz, verleiht ihnen ihren Sinn, ihren Gehalt, ihren Bestand. Wenn also Platon sagt, das Gute stehe noch über dem Sein, so ist in diesem Fall für Lavelle nur das reale Sein gemeint, die Realität, nicht das überreale Sein. Das überreale Sein Platons ist mit dem Guten selbst identisch und dadurch zugleich der höchste Wert.

IV

In Platons ›Symposion‹ ist bekanntlich die Sokratesrede die philosophisch wichtigste. In ihr geht es um den Aufstieg zur einen letzten und höchsten Erkenntnis. Dieser Aufstieg verläuft in drei Schritten und auf drei Stufen, die später auch als Stufen der mystischen Erkenntnis beschrieben worden sind, wobei sie ganz allgemein auch

---

10 Lavelle (^{2}1947) 35: »Il n'y a que deux philosophies entre lesquelles il faut choisir: celle de Protagoras selon laquelle l'homme est la mesure de toutes choses ... et celle de Platon qui est aussi celle de Descartes que la mesure de toutes choses, c'est Dieu et non point l'homme, mais un Dieu qui se laisse participer par l'homme.«

11 Lavelle (1950) I 305: »L'identité de la valeur et de l'être est marquée avec une grande force par Platon, bien qu'il mette le bien au-dessus de l'être, dans un texte célèbre et que l'on a cité, mais dont on a souvent abusé: car l'être dont il s'agit ici doit être entendu seulement de la réalité et de l'existence.«

Stufen im Gang von Kulthandlungen darstellen. Es sind die Stufen der Reinigung (Katharsis), der Erläuterung (Photismos) und der Vollendung (Teleiosis) oder Vereinigung (Henosis). Im ›Symposion‹ erscheinen sie erstens als Widerlegung Agathons, zweitens als mythologische Erläuterung zum Wesen des Eros, drittens als die den philosophischen Erkenntnisweg vollendende Schau (im Platonischen Höhlengleichnis kann man einen ähnlichen Stufengang feststellen). Lavelle hat in einer Betrachtung über das Buch von A.J.Festugière, ›Contemplation et vie contemplative selon Platon‹, die philosophische Erkenntnis, deren letzte und höchste Stufe für ihn die Kontemplation ist, so beschrieben, daß man in seiner Interpretation die drei Erkenntnisstufen recht gut erkennen kann.

Die erste Stufe auf dem Weg zur philosophischen Letzterkenntnis ist die einer ›inneren Läuterung‹ (›purification intérieure‹). Dazu heißt es bei Lavelle: »Es gibt ein kontemplatives Leben, das eine ständige Anlage der Seele voraussetzt, auf das wir uns durch innere Läuterung vorbereiten müssen«.[12] Das bedeutet zugleich, daß die äußerste philosophische Erkenntnis, die Schau, immer schon in uns angelegt ist und nur in uns freigelegt werden muß.

Die zweite Stufe, die des Photismos, schreitet dann auf dem Wege der ›Dialektik‹ weiter fort in Gestalt einer »Reise durch die Welt der Ideen«, wie Lavelle in Anknüpfung an Platonische Formulierungen festhält: »La dialectique devient alors un voyage à travers le monde des idées«.[13]

Auf der dritten Stufe ist das Ziel des Erkenntnisaufstiegs erreicht: »Aber die Dialektik genügt nicht sich selbst: sie muß endigen in der Ruhe des kontemplativen Aktes, der uns jenseits aller Ideen den gemeinsamen Herd entdeckt, von dem sie alle abhängen und den Platon das Eine oder das Gute nennt, das aber ebenso das absolute Sein ist«.[14]

Zu diesen Sätzen ist mehreres hervorzuheben. Zunächst wird bei Lavelle das Gute ohne weiteres mit dem Einen gleichgesetzt, was wir in dieser Weise nur aus den antiken Berichten über Platons ›ungeschriebene Lehre‹ kennen (auf die seit dem Ende der fünfziger Jahre die Tübinger Platonforschung so eindringlich wieder aufmerksam gemacht hat). Zweitens steht das Eine bei Lavelle über allen anderen Ideen (wie es ja auch bei Aristoteles in der Metaphysik dargestellt wird: »die Ideen sind nämlich für die übrigen Dinge Ursache des Was, für die Ideen aber ist dies das

12 Lavelle: Panorama des doctrines philosophiques (1967) 82: »Il y a une vie contemplative, qui suppose une disposition permanente de l'âme à laquelle nous devons nous préparer par une purification intérieur.«

13 Ebda. 79.

14 Ebda.: »Mais la dialectique ne se suffit pas à elle-même: elle doit aboutir au repos de l'acte contemplatif, qui nous découvre, au-delà de toutes les idées, le foyer commun dont elles dépendent toutes et que Platon appelle l'Un ou le Bien, mais qui est aussi l'être absolu.«

Eine«).[15] Es wird also bei Platon ein erheblicher Unterschied gemacht zwischen den Ideen und dem Einen. Das hat Krämer schon in seiner Doktorarbeit betont: »Die Idee gehört nicht primär zum Bestand der platonischen Ontologie, sondern tritt erst nachträglich zwischen den Seinsgrund, das Eins, und das einzelne, individuell Seiende ein. Sie ist, genetisch betrachtet ... gegenüber beiden sekundär, ihrem ontischen Rang nach aber von jeher der Eins untergeordnet«.[16] Ferner erscheint drittens bei Lavelle (wie bei Platon) mit der Erkenntnis des Einen eine neue Weise des Denkens. Wenn es um die Erkenntnis des Einen geht, genügt letztlich die ›Dialektik‹, d.h. das rationale Denken nicht mehr. Es muß vielmehr in einem schauenden Denken überschritten werden. Außerdem endet viertens der das Eine erschauende Erkenntnisprozeß in dem, was Lavelle die Ruhe (repos) des kontemplativen Aktes nennt. Ebenso hatte Platon in seinen Erläuterungen zum Höhlengleichnis zum Ausdruck gebracht, daß auf der letzten Stufe des Erkenntnisaufstiegs das Ziel der Reise (telos tes poreias) und ›Ruhe‹ (532de: anapaula) erreicht wird.[17] Weiter interpretiert Lavelle fünftens das erkannte Eine oder Gute als das absolute Sein. Die Erkenntnis dieses Einen ist, wie aus dem Höhlengleichnis sowie aus der Sokratesrede des Symposion und dem Phaidrosmythos ersichtlich ist, eine schauende, eine ›noetische‹ Erkenntnis. Hinsichtlich dieser schauenden Erkenntnis des Einen fügt Lavelle nun noch sechstens hinzu: »Dieses Eine oder dieses Gute, das der Ursprung alles Seienden ist, ist selber kein Seiendes. Die Kontemplation übersteigt hier die Erkenntnis: sie hebt die Zweiteilung auf, die von ihr (nämlich der rationalen Erkenntnis, K. A.) untrennbar ist. Sie verwirklicht diese vollkommene innere Sammlung, diese vollkommene Einheit unserer Seele, die allein die Gegenwart des Einen uns schenken kann«.[18] Was aber unter dieser die rationale Erkenntnis übersteigenden Schau zu verstehen ist, wird von Lavelle siebtens und letztens folgendermaßen beschrieben: »das Wesen der Kontemplation ist, vermittels der Schönheit die Hochzeit der Seele mit dem Einen zu verwirklichen«.[19] In Lavelles Beschreibung dieser letzten Erkenntnisstufe ist die Subjekt-Objekt-Trennung überwunden. Sie wird dabei mit Ausdrücken beschrieben, die an Beschreibungen der ›unio

15 Met. A c. 6.

16 Krämer (1959) 517.

17 Vgl. dazu auch Albert (1989) 31ff.

18 Lavelle: Panorama des doctrines philosophiques (1967) 79f.: »Cet Un ou ce Bien, qui est l'origine de toutes les essences, n'est plus lui-meme une essence: la contemplation ici transcende la connaissance: elle abolit le dédoublement qui en est inséparable. Elle réalise cette parfaite concentration intérieure, cette parfaite unité de notre âme que seule peut nous donner la présence même de l'Un.«

19 Ebda. 80f.: »le propre de la contemplation, c'est réaliser le mariage de l'âme et de l'Un par intermédiaire de la Beauté.«

mystica‹ erinnern. Man sollte jedoch das Mystische bei Platon nicht überinterpretieren. Es wird aber zweifellos unterinterpretiert, wenn man (wie z.B. Heitsch oder Ferber meinen) den Weg des philosophischen Erkennens bei Platon als endlos, uferlos und bloßes Unterwegssein auffaßt.

Lavelle gehört also zu den Interpreten, die die Philosophie Platons von seiner innerakademischen, der ›ungeschriebenen‹ Lehre her verstehen, insofern das Gute mit dem Einen identifiziert wird. Mit dieser Feststellung soll übrigens nicht die Leistung der Tübinger Platonforschung geschmälert werden. Deren Verdienst besteht ja nicht darin, etwas völlig Neues entdeckt zu haben, sondern darin, etwas schon seit Aristoteles Bekanntes in seiner Bedeutung erkannt und in seinen Konsequenzen deutlich gemacht zu haben. Das ist aber viel, und zwar gerade im Sinne philosophischer Platondeutung, wohingegen die ›Dialogtheorie‹ der unbelehrbaren Gegner der Tübinger Schule auf das eigentlich Philosophische bei Platon verzichtet.

V

Die Platonische Philosophie stand in engster Nachbarschaft zur Religion.[20] So hat vor allem Paul Natorp im wichtigen Anhang seines Buches über ›Platos Ideenlehre‹ bemerkt, bei Platon sei das Ganze seiner Philosophie von Religion »nicht bloß durchsetzt, sondern damit völlig eins«.[21] Im gleichen Sinn schreibt Werner Jaeger: »Es kann kein Zweifel daran bestehen, daß die Schüler, wie die Altarelegie des Aristoteles beweist, in Platos Verkündigung des Guten als des Urgrunds der Welt die Stiftung einer neuen Religion gesehen haben«.[22] Diese Nähe zum Religiösen findet sich nun auch bei Lavelle.

Wir haben schon eingangs auf einige Texte hingewiesen, in denen die enge Beziehung zwischen der Lavelleschen Philosophie und der christlichen Religion unmißverständlich ausgesprochen wurde. So hatte Lavelle an Sciacca geschrieben, seine Philosophie suche Platonisches mit Cartesischem zu verbinden, doch sei dabei das christliche Moment die Hauptsache. In der Einleitung seines Buches über das Sein hatte er betont, es gebe nur zwei Arten von Philosophie: die eine sei die des Protagoras, nach der der Mensch das Maß aller Dinge sei, die andere die Philosophie Platons, und nach ihr sei das Maß aller Dinge Gott. Es ist daher durchaus charakteristisch für Lavelle, daß er nicht nur als Metaphysiker, sondern auch als Moralist und geradezu als religiöser Schriftsteller hervorgetreten ist, insbesondere mit seinem

20 Vgl. dazu Albert (1980).
21 Natorp (1921) 509.
22 Jaeger (1936) 21. Vgl. ferner Jaeger (1927) 14.

Buch ›Vier Heilige‹ (›Quatre saints‹) über Franz von Assisi, Johannes vom Kreuz, Therese von Avila und Franz von Sales. Es geht Lavelle dabei um das Wesen der Heiligkeit, das er als Metaphysiker vom Seinsgedanken her zu verstehen sucht.[23]

LITERATURVERZEICHNIS

Albert, K.: Zur Metaphysik Lavelles. Bonn 1975;
— Griechische Religion und Platonische Philosophie. Hamburg 1980 (jetzt in: Platon und die Philosophie des Altertums. Dettelbach 1998, 13–208);
— Über Platons Begriff der Philosophie. St. Augustin 1989;
— Lavelle und die Philosophie des 20. Jahrhunderts. Dettelbach 1997.
Jaeger, W.: Aristotle's Verses in Praise of Plato. In: Classical Quarterly 21 (1927) 13–17;
— Paideia Bd. I. Berlin 1936.
Krämer, H. J.: Arete bei Platon und Aristoteles. Heidelberg 1959.
Lavelle, L.: De l'Etre. Paris ²1947;
— Traité des Valeurs. Paris Bd. I 1950, Bd. II 1955;
— La présence totale. Paris ³1962 (Deutsch: Die Gegenwart und das Ganze. Düsseldorf 1952);
— Rez. zu Joseph Moreau, La construction de l'idéalisme platonicien (1940). In: Psychologie et spiritualité. Paris 1967;
— Panorama des doctrines philosophiques. Paris 1967.
Natorp, P.: Platos Ideenlehre. Leipzig 1921.
Pucelle, J.: Une philosophie de la participation: Louis Lavelle. In: Tableau de la philosophie contemporaine. Paris 1957, 269–273.
Schönberger, R.: Louis Lavelle: Die Erfahrung des Seins als Akt. In: Philosophisches Jahrbuch 95 (1988) 354–361.
Sciacca, M.F.: Dal mio carteggio con Louis Lavelle. In: Giornale di metafisica 7 (1952) 486–500.
Waelhens, A. de: Une philosophie de participation. L'actualisme de Lavelle. In: Revue néoscolastique de Louvain 42 (1949) 213–229.

23 Bei dem vorstehenden Text handelt es sich um die in einigen wenigen Punkten korrigierte Fassung meines Tübinger Vortrags vom 29. April 1994. Eine erweiterte Darlegung des Themas, die auch auf mein in der Zwischenzeit entstandenes neues Lavellebuch eingeht [Albert (1997)], erscheint im Herbst 2000 in den ›Perspektiven der Philosophie‹.

Wilhelm Schwabe

DER GEISTCHARAKTER DES »ÜBERHIMMLISCHEN RAUMES«

ZUR KORREKTUR DER HERRSCHENDEN AUFFASSUNG VON PHAIDROS 247 C–E

EINLEITUNG 184

I Die Entstehung dieser Arbeit 184

II Der Zusammenhang mit den Forschungen von H. J. Krämer und F.-P. Hager 185

III Der Geistcharakter der platonischen Ideenwelt als Zumutung – und Herausforderung – für die modernen Interpreten 190

VORUNTERSUCHUNG: INDIZIEN DES GEISTCHARAKTERS DER IDEENWELT SCHON VOR DEM ›PHAIDROS‹ UND VOR DEM SATZ PHDR. 247 DE 193

I Vor dem ›Phaidros‹: ganz kurz zu ›Phaidon‹, ›Politeia‹ und ›Symposion‹ 193

II Im ›Phaidros‹ vor der Schilderung des »überhimmlischen Raumes« (Indizien 1–3) 194

III In den zwei ersten Sätzen der Schilderung (Indizien 4 u. 5) 196

A ZUM AUFBAU DER SCHILDERUNG UND ZUR TEXTKRITIK 196

B SATZ 1 (INDIZ 4) 199

Zwischenbemerkung: Nicht Schleiermacher, sondern Otto/Grassi/Plamböck 199

C SATZ 2 (INDIZ 5) 208

HAUPTUNTERSUCHUNG: SATZ 3 (247 D 5–E 2): PLATONS ›UMRISSZEICHNUNG‹ DES TRANSZENDENTEN GEISTES 221

I Text und wörtliche Übersetzung 221
II Die folgerichtige Deutung, ihre spekulativen Implikationen und die Möglichkeit, diese Deutung zu beweisen 225
III Platons erklärender Nachsatz über die ideelle Episteme 233
A DIE GLIEDERUNG DES NACHSATZES UND ERSTE FOLGERUNGEN 233
Anmerkung im Januar 2000 236
B DIE HERRSCHENDE AUFFASSUNG DES NACHSATZES 238
i *Vorbemerkungen und tabellarischer Überblick* 238
ii *Der Befund im 19. Jahrhundert* 240
iii *Der Befund im 20. Jahrhundert* 249
iv *Die Gründe für die heute herrschende Auffassung* 251
v *Ergänzung: Das unausgesprochene moderne Vorurteil (am Beispiel von C.J. Rowe)* 261
C WIDERLEGUNG DER HERRSCHENDEN AUFFASSUNG 265
i Εἶναι ἔν τινι *bezeichnet nie den Objektbezug eines Wissens als solchen. Hier bezeichnet es (hauptsächlich) dessen Inhärenz in intelligenten Lebewesen.* 265
1 Das negative lexikalische Faktum 265
2 Positiver Gegenbeweis 268
a Die Bedeutung von ἔν τινι in dem Satzteil A 2 (empirische Ebene) 268
Grundsätzliche Klärung 268
Vier weitere Fragen 275
Parallelstellen im ›Phaidros‹ 289
Die angebliche Parallele Phd. 83b2f. 295
b Die zu folgernde Bedeutung von ἔν τινι in dem Satzteil B 1 (ideelle Ebene) 297
Anmerkung: Das Verhältnis zu Symp. 211ab 300
ii *Es geht hier nicht um den Gegensatz von Episteme und Doxa, sondern um den von urbildlicher und abbildhafter Episteme qua Ideenerkenntnis – also um die ontologischen Voraussetzungen der* φιλο-σοφία. 302
1 Weitere Gründe gegen die Deutung der Episteme von A 2 als Doxa 303
2 Die Zeitlichkeit der abbildhaften Ideenerkenntnis: φιλο-σοφία als Hintergrundthema 306
SCHLUSS 312
I Das Ergebnis 312

II Einige Präzisierungen bezüglich der Vollkommenheit des transzendenten Geistes 313
III Verbleibende Probleme 318

DIE ÜBERSETZUNGEN VON PHDR. 247 D 7–E 2, DES ERKLÄRENDEN NACHSATZES ÜBER DIE EPISTEME 324

LITERATURVERZEICHNIS 327

EINLEITUNG

I Die Entstehung dieser Arbeit

»Doch Alles geht so.«
Hölderlin

Das Symposion »Platonisches Philosophieren« zu Ehren von Hans Joachim Krämer gab mir zunächst den Anlaß, eine kritische Sichtung und Abrundung der Arbeiten von Hans Krämer und Karl Albert zu Platons Philosophiebegriff zu versuchen. Eine Skizze dieses Projekts habe ich am 30.4.1994 in Tübingen vorgetragen. Bei der Ausarbeitung zeigte sich aber – definitiv leider erst im August 1995 –, daß dieses Vorhaben nur in einer Monographie zu bewältigen ist. Für den vorliegenden Band habe ich deshalb Anfang September 1995 in Absprache mit Thomas A. Szlezák ein klar begrenzt erscheinendes Teilthema aus jener größeren Untersuchung herausgenommen: die Auswertung des Satzes Phaidros 247 d 5 – e 2 für Platons Philosophiebegriff, die – wie ich schon 1994 erstaunt bemerkt hatte – sowohl bei Krämer wie bei Albert fehlt. Während der gesonderten Bearbeitung hat sich aber auch dieses Thema erweitert und verändert: Es erwies sich als notwendig, die fast ausnahmslose Fehldeutung dieses Satzes – und damit der ganzen Beschreibung des »überhimmlischen Raumes« – durch die modernen Übersetzer und Kommentatoren zurückzuweisen und vor der näheren Auswertung für den Philosophiebegriff erst einmal zu sichern, daß die Ideenwelt an dieser Stelle als ein transzendenter göttlicher Geist beschrieben wird. Damit verlagerte sich das Hauptgewicht des Themas in ein anderes Forschungsgebiet von Hans Krämer: in das von Platons Geistmetaphysik, und die Verbindung der Stelle mit Platons Philosophiebegriff wurde zu einem untergeordneten Aspekt. Wenn schließlich auch diese Arbeit fast den Umfang einer Monographie erreicht hat, so lag das an meinem Bestreben, das herrschende Mißverständnis einer so zentralen Partie der platonischen Dialoge schlüssig zu widerlegen.

Zu diesem Zweck erschien es ratsam, den genannten Satz 247 d 5 – e 2 nicht aus seinem Kontext zu isolieren, sondern den wohlbedachten Schritten zu folgen, mit denen Platon zu der Aussage dieses Satzes hinführt. Denn schon ab 246 c und verdichtet ab 247 c 3 finden sich Indizien für den Geistcharakter der Ideenwelt, die man nicht überlesen sollte.[1] Ich habe diese Indizien relativ ausführlich interpretiert, weil nur so gezeigt werden kann, daß die Behauptung jenes Satzes der bewußt vorbereitete und konsequent gesetzte Höhepunkt des ganzen Abschnitts ist. Für sich genommen, sind diese Indizien freilich noch nicht beweisend. Wer nach ›härteren‹

Argumenten fragt und sofort *in medias res* gehen will, der möge seine Lektüre mit dem Kapitel ›Widerlegung der herrschenden Auffassung‹ (S. 265ff.) beginnen; denn darin wird gleichsam die entscheidende Schlacht meiner Beweisführung geschlagen. Aber auch in den anderen Kapiteln der Arbeit war es ein Kampf um den klaren und vollständigen Sinn von Platons Wortlaut, der mich bis zuletzt in Atem gehalten hat.

Den anderen Beitragenden dieses Bandes, die wegen mir ungewöhnlich lange auf die Publikation ihrer Arbeiten warten mußten, Thomas A. Szlezák als dem Herausgeber und Herrn Professor Krämer als dem Zu-Ehrenden danke ich für ihre große Geduld.[2]

Wien, im März 1997 *W. S.*

II Der Zusammenhang mit den Forschungen von H. J. Krämer und F.-P. Hager

Die Verbindung der beiden Themen ›Platons Begriff der Philo-sophie‹ und ›Platons Lehre vom transzendenten Geist‹ zeigte sich für Krämer schon in der ersten Hälfte der 60er Jahre: Es ist kein Zufall, daß er in seiner Habilitationsschrift ›Der Ursprung der Geistmetaphysik. Untersuchungen zur Geschichte des Platonismus zwischen Platon und Plotin‹ (Amsterdam 1964, ²1967) auch einen kurzen Abschnitt über Platons Philosophiebegriff schrieb (218—220) und diese Bemerkungen in dem gleichzeitig erschienenen Aufsatz ›Die platonische Akademie und das Problem einer systematischen Interpretation der Philosophie Platons‹ durch einen vollständigen Grundriß der Aspekte dieses Begriffs ergänzte [s. Krämer (1964b) 96–98]. Denn wenn Platon – wie Krämer in jenem Buch aus den bekannten Hinweisen in den Dialogen (v. a. Soph. 248 e ff. u. Tim. 30 c ff.) und aus Aristoteles, De anima I 2, 404 b 18 ff. entnimmt – den ganzen Ideenkosmos als einen transzendenten Geist aufgefaßt hat, der das höchste Zu-Denkende, die Ideen, absolut erkennt, weil er damit identisch ist, dann muß dieses absolute göttliche Erkennen jene gött-

1 Ich muß freilich zugeben: Es waren nicht primär diese Indizien, die mich zu der neuen Auffassung von 247 d 5 – e 2 geführt haben, sondern es waren die sprachlichen und sachlichen Anstöße in jenem Satz, die mir die Augen auch für die Indizien in seinem Vorfeld geöffnet haben. Der platonische Text hat hier eine Hintergründigkeit, die dem Leser, jedenfalls dem modernen, nur langsam aufgeht.

2 Herrn Professor Szlezák und seinem Mitarbeiter, Herrn Sung-Chol Rhim, danke ich auch sehr für die mehrmalige schnelle Zusendung benötigter Unterlagen. Herrn PD Dr. K.-H. Stanzel, der mit den zahllosen editorischen Problemen meines überlangen Beitrages ringen mußte, kann ich die investierte Zeit und Kraft leider nicht erstatten.

liche Sophia sein, von der Platon das menschliche Erkennen als bloße Philo-sophia absetzt. Statt auf vage volkstümliche Vorstellungen vom höheren Wissen ›des Gottes‹ ist Platons Begriff der φιλο-σοφία dann auf eine ontologisch bestimmte und revolutionierend neue Lehre vom göttlichen Erkennen bezogen; sowohl die Defizienz der menschlichen Philo-sophia wie die Möglichkeit ihrer Approximation an die göttliche Sophia sind von dorther grundlegend definiert. Hierauf weist Krämer nicht nur an den beiden oben genannten Stellen hin, sondern er mahnt diesen Punkt noch 1990 in seiner sonst völlig zustimmenden Rezension von Karl Alberts Arbeiten zu Platons Philosophiebegriff ein.[3]

Aber es ist bis heute nicht allgemein anerkannt, daß Platon schon wie Plotin eine solche Lehre von einem transzendenten, mit der Gesamtheit der Ideen dekkungsgleichen Geist hatte. Gerade der wesentliche Zug, daß in jenem Geist das Denkende und das Gedachte identisch sind, läßt sich bei Platon nicht explizit belegen, sondern nur als Implikat erschließen. So hakte denn auch nach meinem erwähnten Tübinger Vortrag, in dem ich Krämers Hauptaussagen über Platons Philosophiebegriff referiert hatte, Werner Beierwaltes genau an diesem Punkt ein: Ob es denn als ein Faktum erwiesen sei, daß Platon einen *intellectus divinus* mit der Struktur von Plotins Hypostase Nus bereits so klar konzipiert hat?!

In dieser Situation muß man bedauern, daß Krämer zwei weitere Stellen in Platons Dialogen, wo diese Lehre ebenfalls deutlich durchscheint, nicht zur Absicherung seiner These vom Ursprung der Geistmetaphysik bei Platon herangezogen hat: Phaidros 247 c–e und Parmenides 134 a–e. Am meisten zu bedauern ist die Nicht-Behandlung der Stelle im ›Phaidros‹, weil dort (wie wir sehen werden) nicht nur eindeutig von dem transzendenten göttlichen Wissen die Rede ist, sondern auch von seiner Differenz gegenüber dem menschlichen Wissen und von seiner Stellung als Ur- und Vorbild des letzteren – also von den Grundsachverhalten der platonischen φιλο-σοφία. Auf meine Frage, warum er diese beiden Stellen ausgelassen habe, antwortete Professor Krämer (im April 1995), daß ihm der Rückschluß auf den *intellectus divinus* damals dort weniger sicher schien als an den anderen Stellen – was er heute aber nicht mehr so sehe.

Die vorliegende Arbeit versucht also, wenigstens hinsichtlich der Phaidros-Stelle die Platon-Darstellung von Krämer (1964a) zu ergänzen. Daß die Interpretation dieser einen Stelle bereits so umfangreich geworden ist, bestätigt gewissermaßen Krämers damalige Scheu, sich auf diese Stelle zu berufen: bedurfte es doch intensiver und z.T. weitläufiger Argumentationen, um die seit dem 19. Jahrhundert gewohnte Verbiegung des Sinnes dieser Stelle rückgängig zu machen. Ob damit frei-

---

3 Krämer (1990) 89.

lich die platonische Noologie als ein Faktum erwiesen ist – mir scheint es so –, muß die Fachwelt entscheiden.

Das andere Werk, mit dem sich die vorliegende Arbeit eng berührt, ist Fritz-Peter Hagers Habilitationsschrift »Der Geist und das Eine. Untersuchungen zum Problem der Wesensbestimmung des höchsten Prinzips als Geist oder als Eines in der griechischen Philosophie« (Bern und Stuttgart 1970). Bei weitgehender thematischer Überschneidung mit Krämer (1964a) ist die Intention dieses Werkes doch eine andere: Mehr systematisch als historisch orientiert, versucht Hager nicht, wie Krämer, die ganze Entwicklung von Platon bis Plotin mit allen Zwischenstufen zu rekonstruieren, sondern er hält sich an die herausragenden und bestdokumentierten Positionen von Platon, Aristoteles und Plotin, um deren Lehren über das höchste Prinzip ausführlich nachzuzeichnen und zu vergleichen. Seine Platondarstellung (1970) 5–156 ist darum länger und geschlossener als die Krämers. Dabei hat er auch die Stelle Phaidros 247 c–e als Beleg für Platons »Begriff vom göttlichen Geist« herangezogen und ausgewertet [(1970) 60f.].

Hager hat die Stelle mit Otto/Grassi/Plamböck richtig übersetzt – v. a. das ἐν in 247 e 1f. – [4] und hat diese Übersetzung auch sachlich richtig, wenngleich nicht vollständig gedeutet. Er beschränkt sich fast ganz auf die – in der Tat prominente – Rolle der ἐπιστήμη an dieser Stelle, und seine Hauptthese ist, daß Platon in dieser Beschreibung des überweltlichen Bereichs besonders deutlich dargestellt habe, daß »die Ideen ... als das vollkommen erkennbare wahre Sein mit dem vollkommenen Erkennen des göttlichen Geistes selbst notwendigerweise ewig und immer verbunden« sind [(1970) 60]. Schon in 247 c 6 – d 1, wo es von dem »wahrhaft seienden Wesen« heißt: »um welches her das Geschlecht der wahrhaften Wissenschaft ist« komme diese Verbindung zum Ausdruck (ebd.), und sie werde dann vor allem in dem Satz 247 d 5 – e 2 näher gekennzeichnet. In Bezug auf diesen – wie wir sehen werden – entscheidenden Satz schreibt Hager: »Auch wenn man annimmt, daß an dieser Stelle vor allem von den Ideen selbst, d.h. also von den Ideen der Gerechtigkeit, Besonnenheit und Weisheit die Rede ist, wird man doch nicht

4 Hager zitiert dort nämlich die von Otto / Grassi / Plamböck revidierte Übersetzung Schleiermachers, die bis heute in der Platon-Ausgabe des Rowohlt-Verlages (auch in der Neuausgabe von 1994) zu lesen ist. Zum Ausmaß der Revision gerade an der vorliegenden Stelle vgl. unten S. 200f. Einen Druckfehler dieser Ausgabe – das in 247 e 2 »wahrhaft_Wissenschaft« ausgefallene »e« – hat Hager stillschweigend korrigiert, so daß der entscheidende dritte Satz des Passus bei ihm folgendermaßen lautet: »In diesem Umlauf nun erblicken sie die Gerechtigkeit selbst, erblicken sie auch die Besonnenheit und die Wissenschaft, nicht die, welche eine Entstehung hat, noch welche eine andere ist in einem andern von den Dingen, die wir jetzt seiend nennen, sondern die in dem, was wahrhaft ist, befindliche wahrhaft seiende Wissenschaft.« (61) In seinen Paraphrasen bzw. Teilübersetzungen dieses Satzes auf S. 61 und S. 64 hat Hager »Wissenschaft« durch »Erkennen/Erkenntnis« und »befindliche« durch »seiende« ersetzt.

behaupten dürfen, daß die vollkommene Erkenntnis, welche hier als im wahrhaft Seienden seiend beschrieben wird (so Hagers eigene, streng wörtliche Übersetzung von 247 e 1f. – meine Hervorhebung) nur eine bestimmte Idee neben anderen sein soll. Vielmehr ist hier daran gedacht, daß die vollkommene göttliche Erkenntnis, welche sich als Idee auf alles unvollkommene Denken ursächlich und vorbildlich auswirkt, mit dem ganzen Bereich des wahren Seins aller Ideen notwendigerweise verbunden ist (auch Gerechtigkeit und Besonnenheit sind ja als Tugenden in Erkenntnis gegründet), ...« [(1970) 61]. Wenn er die in dem genannten Satz enthaltene negative Charakteristik dieser ideellen Episteme (247 d 7 – e 1)[5] wie folgt paraphrasiert: »mit ... niemals entstehender und niemals in werdenden Objekten befindlicher Erkenntnis« (ebd.), so ist er weit entfernt, hier wie die meisten modernen Interpreten einen Erkenntnisbezug auf werdende Objekte – d. h. eine Doxa – negiert zu finden.[6] Auf S. 64, wo er noch einmal kurz auf diese Phaidros-Stelle zurückkommt, entnimmt er speziell dieser negativen Charakteristik, daß Platon hier das Fürsichbestehen, »d. h. jenes nicht in einem sinnlich Wahrnehmbaren als in einem Andern Sein«, das von anderen Stellen her als Wesensmerkmal der Ideen bekannt ist, »mit Nachdruck dem den Bereich des wahren Seins der Ideen erfüllenden vollkommenen Erkennen zugesprochen« habe. Mit Recht merkt Hager (1970) A. 74, S. 398 an: »Es ist erstaunlich, daß die Stelle Phaidros 247 c 3–e 6 selbst von jenen, welche die Identität der wahrhaft erkennbaren allgemeinen Ideen und des vollkommen erkennenden göttlichen Geistes vertreten oder ihr doch nahekommen (wie K. Gaiser und H. J. Krämer) noch nie zum Beleg dieser These benützt worden ist.«

Bis auf ein Detail[7] halte ich diese Deutung von Phaidros 247 c – e für richtig, und meine eigene nachstehende Interpretation desselben Textes könnte demnach als überflüssig erscheinen. Daß dem nicht so ist, kann man sich mit Hilfe einer platonischen Lehre klarmachen: mit der Unterscheidung von richtiger Meinung (ὀρθὴ δόξα) und Erkenntnis (ἐπιστήμη). Denn obwohl Hagers Deutung richtig ist, ist sie noch nicht durch eine hinreichende Begründung[8] als historische Erkenntnis des Sinns dieses Textes gesichert.[9] Hager erwähnt überhaupt nicht, daß rund 80 % der

5 Es handelt sich um den von uns »Teil A« genannten Abschnitt des erklärenden Nachsatzes über die ἐπιστήμη, vgl. unten S. 235 und S. 237.

6 Vorher auf derselben Seite und auf S. 64 verwendet er für ὄντων von 247 e 1 statt des mißverständlichen Ausdrucks »Objekte« mit Schleiermacher das Wort »Dinge«. Er hat auch verstanden, was Platon hier konkret meint, denn schon auf S. 60 schreibt er über die nichtvollkommene Erkenntnis: »z. B. die der an einen Körper gebundenen menschlichen Seele«.

7 Daß die Verbindung des Seins der Ideen mit dem vollkommenen göttlichen Erkennen notwendig sei, läßt sich der Stelle m. E. nicht entnehmen.

8 Vgl. Menon 98 a 3f.: αἰτίας λογισμός.

modernen Übersetzer und Kommentatoren des ›Phaidros‹ diesen Text an beiden zitierten Stellen anders übersetzen und anders verstehen. Und er tut nichts, um seine Übersetzung und Deutung gegenüber diesen Alternativen als die richtige zu erweisen. Mag er in dem zitierten Passus von S. 61 die Auffassung, die ἐπιστήμη sei an dieser Stelle »nur eine bestimmte Idee neben anderen«, zurückweisen, so stützt er sich dabei auf eine wörtliche Bedeutung von ἔν τινι und auf einen neuen, erweiterten Sinn von »Idee«, die beide von den anderen Gelehrten gerade bestritten werden. Auf einen kritischen Leser kann Hagers Interpretation deshalb den Eindruck machen, als ob hier ein allzu spekulativer Platoninterpret seine Lieblingsvorstellung auch in diesen Text hineinprojiziere.

Außer diesem Grundmangel hat Hagers Deutung aber auch noch den Mangel der Unvollständigkeit: Diese Gipfelstelle des ›Phaidros‹-Mythos, wo Platon jedes Wort mit Bedacht gesetzt hat, wird nicht eingehend genug interpretiert. In der Folge der drei zentralen Sätze über den »überhimmlischen Raum« (247 c 6 – e 2) hat Hager den mittleren Satz ausgelassen, so daß noch nicht deutlich herauskommt, daß der entscheidende dritte Satz 247 d 5 – e 2 in Hagers Auffassung – und nur in dieser – als der bewußt vorbereitete Höhepunkt der ganzen Schilderung verständlich wird. In diesem dritten Satz wiederum hat er die vor der ἐπιστήμη genannten Ideen (?) der Gerechtigkeit und Besonnenheit fast völlig beiseitegelassen – bis auf die zitierte Bemerkung in der Klammer. Da Platon jene drei erschauten ›Gegenstände‹ aber grundsätzlich gleichordnet – vgl. das dreimalige καθορᾷ –, müßte geklärt werden, in welchem Sinne auch die ideellen Tugenden Gerechtigkeit und Besonnenheit dem »ganzen Bereich des wahren Seins aller Ideen« zukommen können. Schließlich hat Hager die Stelle nicht ausdrücklich, geschweige denn ausführlich für Platons Philosophiebegriff ausgewertet – obwohl die erwähnte negative Charakteristik die göttlich urbildliche von der menschlich abbildhaften ἐπιστήμη abhebt und obwohl der ganze Kontext zeigt, daß es hier wesentlich um die φιλοσοφία der zeitlichen Seelen geht.

Trotz Hagers Vorarbeit ist also noch einiges zu tun, um den Sinn dieser zentralen Platon-Stelle sicher und möglichst vollständig zu erfassen.[10]

9 Dabei wird vorausgesetzt, daß es in der philosophiehistorischen Interpretation in der Regel durchaus um eindeutige Wahrheit im Sinne der Adäquationstheorie geht: Das möglichst adäquat Zu-Erfassende ist die Intention des Autors. Mit diesen Grundfragen der Hermeneutik der historischen Wissenschaften, über die einige Verwirrung herrscht, befaßt sich H. Krämer gegenwärtig.

III Der Geistcharakter der platonischen Ideenwelt als Zumutung – und Herausforderung – für die modernen Interpreten

Auch abgesehen von Platons mehr oder weniger expliziten Hinweisen liegt schon im allgemeinen Aufriß der platonischen Seinsordnung ein zwingender Grund, der Ideenwelt im ganzen Geist zuzusprechen: Wenn schon der sichtbare Kosmos insgesamt beseelt ist und in seiner Seele Vernunft (Nus) hat, wie es der ›Timaios‹ lehrt, dann müssen auch die diesem Kosmos vorgeordneten Ideen – die nach dem Zeugnis der drei Gleichnisse in ›Politeia‹ VI u. VII (und nach deutlichen Hinweisen an vielen anderen Stellen) ebenfalls ein geordnetes Ganzes, einen höheren Kosmos bilden – insgesamt mit Seele und Vernunft (freilich höherer Art) begabt sein. Denn das ontologisch Höhere kann nicht unvollkommener sein als das Niedrigere, von ihm Abgeleitete.[11] Der expliziteste Hinweis auf den Geistcharakter der Ideenwelt, den Platon gegeben hat, Sophistes 248 e / 249 a, enthält denn auch als Kern eben diesen Gedanken: Es wäre »schlimm« (δεινός – man könnte auch übersetzen »absurd«), wenn das »vollkommen Seiende« – die der Genesis vorgeordnete Usia (248 a7), also die Ideenwelt – »weder leben noch denken würde, sondern hehr und heilig[12], ohne Vernunft unbewegt dastünde«.

Ebenso zwingend erscheinen den meisten modernen Interpreten aber die Gründe, die Vorstellung einer selbst (und primär auch sich selbst) denkenden Ideenwelt abzulehnen: Wie kann das, was bei Platon das Erkennbare und Zu-Erkennende par excellence ist, zugleich selber erkennen, wie können die Ideen als das ewig unveränderliche Seiende zugleich Leben und Bewegung haben?! Für den wissenschaftlichen Verstand vieler moderner Interpreten ist dies eine Zumutung, der sie sich verweigern. Wenn sie überhaupt einen Geist in der platonischen Tran-

---

10 Klargestellt sei noch, daß mir der Sinn dieser Phaidros-Stelle unabhängig von Hager bei der Beschäftigung mit Platons Philosophiebegriff aufgegegangen ist (s.o. S. 184). Auch die erste, noch jenem Thema untergeordnete Fassung meiner Interpretation habe ich im März 1995 ohne Kenntnis von Hagers Behandlung geschrieben. Erst als im September desselben Jahres diese Stelle zum Hauptthema wurde, habe ich Hagers Buch auf sie hin durchgesehen – leider ohne die Hilfe eines »index locorum«. Das Fehlen des letzteren muß man bei diesem reichhaltigen und gründlichen Werk besonders bedauern.

11 Im ›Timaios‹ ist auch tatsächlich von einem transzendenten Nus als Ursache dieser Welt die Rede (47 e / 48 a, vgl. 46 d 7–9), der – wenn man die systematisch tragenden Stellen zusammenschaut – mit dem Ganzen der Ideenwelt gleichgesetzt wird (s. das kollektive ὄν in der Aufzählung von 52 d 3). Indirekt ist damit auch die Gleichsetzung mit dem παντελὲς ζῷον von 30 b 1 (vgl 39 e 1) vollzogen. Vgl. den Schluß von Anm. 14.

12 Diese Wörter sind hier, wie der Kontext zeigt, nur noch eine Parodie ihrer selbst; zu vergleichen ist unsere Rede von »Säulenheiligen«.

szendenz ansetzen – was die Figur des Demiurgen, assoziiert mit dem Begriff νοῦς, ja sehr nahe legt und was man bis zur Mitte unseres Jahrhunderts überwiegend noch tat –, identifizieren sie diesen entweder wie schon die Kirchenväter nach Maßgabe der christlichen Gottesvorstellung mit dem Agathon (= Hen), so daß dieses metaphysische Prinzip zu einem personalen Gott wird und die einzelnen Ideen zu seinen Gedanken,[13] oder sie setzen mit Berufung auf Platons Schilderung im ›Timaios‹ den demiurgischen Nus unterhalb der Ideen, aber oberhalb der Weltseele an, als eine geistige Instanz, die zwischen den zeitlosen Musterbildern und dem raum-zeitlichen Kosmos vermittelt.[14] In diesem letzteren Falle wird der transzendente Geist zu einer den Ideen nachgeordneten und von ihnen getrennten Sonderhypostase – deren Existenz im platonischen τόπος νοητός freilich nirgends klar bezeugt ist und deren Trennung von den Ideen sachlich nicht befriedigt. In den letzten Jahrzehnten geht man der ganzen Frage denn auch lieber aus dem Wege, als könnte die platonische Ideenlehre auch ohne das spekulative Lehrstück vom transzendenten Geist völlig ausreichend behandelt werden.[15] Der Antipode all dieser neueren Ausleger ist Plotin: jener antike Interpret, der sich mit kongenialer spekulativer Kraft jahrzehntelang in Platons metaphysischem Denken übte und der auch die Lehre von der den Ideen eigenen Vernunft konsequent und wohlbegründet fand.[16]

Für schwierig und nicht jedermann begreiflich zu machen hielt freilich auch Platon selbst diese Lehre; sonst hätte er sie in seinen Dialogen offen und thematisch

---

13 Dies ist die Position von Tennemann, Ast, Cousin, Ritter und Hildebrandt, vgl. unten S. 244, S. 248 Anm. 165, S. 251 u. S. 257. Auch Eduard Zellers Gleichsetzung der demiurgischen Vernunft mit der Idee des Guten ist von dieser christlichen Sicht noch stark beeinflußt, obwohl Zeller die anderen Ideen nicht als Gedanken dieses Gottes betrachtet und obwohl er einräumt, daß dessen Personalität nicht deutlich ausgebildet ist. Vgl. Zeller (1922) II 1, 710–718, speziell 711 u. 724. W.K.C. Guthries Position ist im wesentlichen noch die von Zeller, vgl. Guthrie (1978) 255 (»Plato's persistent theism«), 262 u. 442.

14 Diese Position ist vorbereitet bei Hackforth (1936); denn Hackforth deutet Platons Demiurgen zwar als einen transzendenten Nus, läßt aber die Frage nach dessen Verhältnis zur Idee des Guten und zu den Ideen überhaupt offen. Für die obengenannte Deutung plädieren dann entschieden T. M. Robinson, Luc Brisson und Giovanni Reale – alle drei leider ohne Auseinandersetzung mit den betreffenden Arbeiten von Krämer und Hager. Vgl. Robinson (1995^2) XXI f. u. 134–136, Brisson (1994) 31f., 83f., 105f. und Reale (1986) = (1993) vierter Teil, bes. 20. Kap. [(1993) 523–539]. Es ist ein Verdienst dieser Gelehrten, die Existenz des transzendenten demiurgischen Geistes bei Platon in einer Zeit betont zu haben, die dieser Frage kaum noch Interesse entgegenbringt. Ob sie aber mit ihrer Berufung auf den Wortlaut der anschaulichen Schilderung des Demiurgen (Blick auf die von ihm getrennten Ideen) gut beraten waren, muß man sehr bezweifeln: Die genaue Entsprechung der in Timaios 48 a 1 f. und 52 d 3 angegebenen ontologischen Grundfaktoren Nus und Ananke einerseits und On und Chora andererseits zeigt m. E. deutlich, daß der demiurgische Nus mit dem Ideenkosmos identisch ist. Vgl oben Anm. 11.

dargelegt, statt sich auf spärliche Andeutungen zu beschränken. Das entschuldigt jedoch nicht die Ignorierung dieser Andeutungen durch die meisten zeitgenössischen Interpreten; denn seit 1964 bzw. 1970 liegen die beiden schon genannten Standardwerke vor, in denen der Geistcharakter von Platons Ideenwelt ausführlich untersucht wird: ›Der Ursprung der Geistmetaphysik‹ von H. J. Krämer und ›Der Geist und das Eine‹ von F.-P. Hager. Gerade auch die dem neuzeitlichen Denken fremdartig erscheinende selbstbezügliche Substanzialität des göttlichen Geistes der griechischen Metaphysik wird in diesen Werken, wenn nicht restlos erklärt (so daß sie für uns Moderne nachvollziehbar würde), so doch ausführlich beschrieben und als philosophiehistorisches Faktum außer Frage gestellt.[17] Sowohl Krämer wie Hager zeigen dabei – unter verschiedenen, komplementären Aspekten –, inwiefern Platon die kosmologische Geistspekulation der Vorsokratiker fortsetzt und zu einer Geistmetaphysik steigert.[18] Wir können diese grundlegenden Klärungen hier nicht in extenso referieren; aber wir werden im Text von Phaidros 247 c–e auf die gleiche sachliche Konzeption stoßen.[19] Das Faktum dieser antiken Geist-Konzeption wird damit weiter erhärtet werden. Und wenn auch wir die Zumutung dieser Konzep-

---

15 Zum Beleg dieser Einstellung kann man z. B. die Bücher von Gottfried Martin (1973) und Andreas Graeser (1975) über ›Platons Ideenlehre‹ heranziehen. Bei Martin (1973) findet sich zwar ein Kapitel ›Die Ideen und der Nous‹ (§ 20, 233–239) in dem neben der idealistischen Platondeutung Natorps auch die expliziten Hinweise des ›Sophistes‹ zur Sprache kommen. Aber die relevanten Stellen werden nicht vollständig berücksichtigt und die Erörterung – in der Plotin sowie Krämer und Hager gar nicht erwähnt werden – endet sehr bald aporetisch. Übrigens hat Martin (1973) 233f. und 236f. dabei völlig verkannt, daß gerade Phdr. 247c–e eine Bestätigung des Hinweises von Soph. 248ef. enthält. Graeser (1975) geht noch einen Schritt weiter: Er erklärt schon in seiner Vorbemerkung, daß ihm der »sog. ›ganze Platon‹« ein Rätsel bleibe und klammert in seiner auf logische und sprachphilosophische Probleme konzentrierten Darstellung die Frage nach einem transzendenten Nus völlig aus. – Vorbereitet ist diese Haltung u. a. schon bei Cornford (1937) 38f. und 197, sofern dieser die Frage nach dem systematischen Ort des demiurgischen Nus zunächst offen läßt und dann der Identifikation mit dem Nus der Weltseele das Wort redet.

16 Wobei Plotin aber auch Sätze der aristotelischen Nuslehre und sonstige Elemente der Tradition mit Platon verbindet. Die einfache Berufung auf Plotin ist dem heutigen Platonforscher darum natürlich verwehrt, vgl. die differenzierten Analysen bei Szlezák (1979). Aber man sollte auch beachten, daß Plotin sich zu seiner Nus-Spekulation letztlich durch Hinweise bei Platon selbst legitimiert sah, gerade auch durch die Stelle Phaidros 247 de, vgl. V 8, 4, 47–55 (schon V 8, 4, 3 und auch ebdt. 5, 7–9 u. 6, 10–13 und VI 6, 15, 16–20) sowie Szlezáks (1979) Interpretation 133f. Ich kann auf Plotins Verständnis der Phaidros-Stelle leider nicht ausführlich eingehen, vgl. aber unten S. 222 Anm. 93 u. S. 289 Anm. 266.

17 Die betreffenden Stellen findet man bei Krämer (1964a) am schnellsten über den Sachindex s.v. »Denken«, »Ideenlehre«, »Logos« und »Nus« und bei Hager über das Inhaltsverzeichnis.

18 Krämer (1964a) A. 140, S. 62–64, 220f. u. 386–388; Hager (1970) 57–59, 61, 78 u. ö.

tion an das moderne sachliche Verstehen letztlich noch nicht beheben können, so liegt darin eine umso dringlichere Aufgabe für weitere Forschung.[20]

VORUNTERSUCHUNG: INDIZIEN DES GEISTCHARAKTERS DER IDEENWELT SCHON VOR DEM ›PHAIDROS‹ UND VOR DEM SATZ PHDR. 247 DE

I Vor dem ›Phaidros‹: ganz kurz zu ›Phaidon‹, ›Politeia‹ und ›Symposion‹

Wenn, wie wir sahen, aus Platons hierarchisch gestufter Seinsordnung notwendig folgt, daß die Ideenwelt Geist besitzt, dann kann man erwarten, daß Platon dort, wo er thematisch über das Ideenreich als ganzes spricht, diesen Sachverhalt wenigstens andeutet. Tatsächlich hat er dies, entgegen der gängigen Meinung, auch stets getan: Im ›Phaidon‹ bleibt es zwar sehr implizit, ist aber durchaus mitgesagt, wenn die Ideen als das »Göttliche und Unsterbliche« bezeichnet werden, das »herrscht und regiert« und dem die menschliche Seele ähnlicher ist als dem Körperlichen (80 ab), und wenn die Nus-Lehre des Anaxagoras begrüßt und als noch unzureichend kritisiert wird (97 b ff.). – Auch in der ›Politeia‹ können die Andeutungen leicht überlesen werden, besonders von uns Menschen der Neuzeit und Gegenwart. Denn wir unterlegen z. B. dem Höhlengleichnis unser mechanistisches Weltbild und denken nicht daran, daß die Welt außerhalb der Höhle, die im Gleichnis die Ideenwelt veranschaulicht, für den antiken Menschen ein lebendiges und göttlich beseeltes Ganzes war, jener Kosmos-Gott, dessen Wesensaufbau Platon im ›Timaios‹ – von den Prinzipien seiner Lehre her, aber in Übereinstimmung mit der allgemeinen Überzeugung – erläutert. Besonders der Himmel war für Platon und seine meisten Zeitgenossen noch der wirkliche Wohnbereich der Götter, zu dem man betend die Hände erhob. Also impliziert das Höhlengleichnis die Beseeltheit und Geistigkeit

19 Terminologisch sei noch angemerkt, daß das deutsche Wort »Geist« als Übersetzung von griechisch νοῦς gemeint ist. Bei Aristoteles und Plotin ist also die Rede von einer »Geistmetaphysik« durch den originalen Wortgebrauch voll gedeckt. Bei Platon kann man sich v. a. auf Sophistes 248e–249a und Timaios 47 e / 48 a, im Sinne einer kosmologischen Vorstufe aber auch auf Phaidon 97 bc und Philebos 28c–e u. 30c berufen. An der Stelle Phaidros 247 c–e verwendet Platon für den seelisch-geistigen Charakter der Ideenwelt zwar auch einmal νοῦς (247 d 1), sein Hauptterminus ist hier aber ἐπιστήμη. Vgl. dazu unten S. 196.

20 Vgl. unten S. 318f., Abschnitt *i*.

der Ideenwelt. Dasselbe gilt dann auch vom Sonnengleichnis, wo ja ebenfalls Wesenszüge der Ideenwelt am sichtbaren Kosmos als ihrem Abbild veranschaulicht werden. Außerdem geht es dort speziell um das Erkennen, und die Parallelität der beiden Bereiche impliziert dort eindeutig, daß es i m Ideenreich, ermöglicht durch das Agathon, Erkenntnis gibt (ἐπιστήμη, γνῶσις, 508 e), so wie es im körperlichen Kosmos, ermöglicht durch die Sonne, das Sehen gibt. Platon verhüllt diese Konsequenz freilich dadurch, daß er vordergründig nur vom Erkennen der menschlichen Seele spricht (508 d). – Im ›Symposion‹ kommt das Reich der einzelnen Ideen dagegen vergleichsweise nur flüchtig zur Sprache. Im Stufenweg des philosophischen Eros entspricht diesem Reich wohl in etwa die Stufe der »Wissenschaften« (ἐπιστῆμαι, 210 c 6), die mit den Ausdrücken »Schönheit der Wissenschaften« (ἐπιστήμων κάλλος, 210 c 7) und »weites Meer des Schönen« (τὸ πολὺ πέλαγος τοῦ καλοῦ, 210 d 4) nur vage umschrieben, der aber das »unerschöpfliche« (oder »neidlose«) »Streben nach Weisheit« (ἄφθονος φιλοσοφία, 210 d 6) zugeordnet wird. Die Darstellung konzentriert sich dann ganz auf die Schau des Schönen selbst als des letzten Ursprungs der Ideen und alles Schönen überhaupt. Beachtet man aber, daß ἐπιστήμη bei Platon nicht wie das heutige Wort »Wissenschaft« primär für Lehrbücher und Lehrsätze steht, sondern sowohl den Gegenstand wie die Verfassung (und den Akt) echten Wissens bezeichnet – im ›Symposion‹ wenig vorher sogar primär die Wissensverfassung, s. 207 d–208 a –, dann ist mit dem Ausdruck ἐπιστῆμαι auch hier angedeutet, daß die Ideenwelt selber Geist hat.

II Im ›Phaidros‹ vor der Schilderung des »überhimmlischen Raumes« (Indizien 1–3)

Im Seelenmythos des ›Phaidros‹ ist nun, komplementär zum ›Symposion‹, gerade die Schau der in sich noch gegliederten Ideenwelt, und nicht eigentlich die ihres absolut einfachen letzten und höchsten Prinzips, das Thema. Darum dürfen wir hier besonders deutliche Hinweise auf die Geistigkeit des Ideenkosmos erwarten. Und die finden sich wirklich.

1. Die homerischen Götter, deren Ideenschau der Abschnitt 247 c–e schildert, werden von Platon schon in 246 c 6–d 3 als eine unangemessene Vorstellung verworfen. Platon kritisiert die anthropomorphe Körperlichkeit dieser Götter, und wenn er sich trotzdem dieser Vorstellung anschließt, so versteht man, daß er darin nur Symbole sieht für rein seelische göttliche Wesen auf der Ebene der Weltseele (s. 246 b 6–c 2 und 246 e 4–6 u. 247 a 5f.). Diese harte Kritik einer sinnlich-körperlichen Gottesvorstellung erinnert implizit aber auch daran, daß für Platon als den Entdecker der übersinnlich-transzendenten Ideenwelt auch die unkörperliche

(Welt-)Seele noch nicht die höchste Art von Gott sein kann.[21] Der eigentliche Gott kann bei dem Metaphysiker Platon nur in der Ideenwelt beheimatet sein, wie immer das genau zu deuten ist. Schon diese Überlegung bringt die Ideen mit jener Geistigkeit in Verbindung, die für den Begriff eines Gottes konstitutiv ist.

2. In 246 d 8 / e 2 heißt es, das Göttliche (τὸ θεῖον), von dem sich das Seelengefieder am meisten ernähre – gemeint sind eindeutig die Ideen –, sei καλόν, σοφόν, ἀγαθόν, καὶ πᾶν τὸ τοιοῦτον. Hier werden die Ideen also auch »weise« genannt, und die Reihe der drei Adjektive liest sich ganz wie der Lobpreis eines Gottes. Das bestätigt unsere Überlegungen von Punkt 1. Man kann einwenden, daß das Adjektiv σοφός auch bei Sachen stehen kann; das Platon-Lexikon von Des Places bringt dazu etliche Beispiele. Aber diese Beispiele zeigen, daß die Sachen dann als Produkte eines klugen oder weisen Verstandes gesehen sind und daß in diesem Sinne besonders der kluge oder weise Gedanke – also ein geistiger Inhalt oder auch Akt – σοφός oder τὸ σοφόν genannt werden kann. Vgl. Phdr. 273 b 3 τοῦτο ... σοφὸν εὑρὼν ἅμα καὶ τεχνικόν, Prot. 312 c 7 τὸν τῶν σοφῶν ἐπιστήμονα, Symp. 175 c 8 τοῦ σοφοῦ ... σοῦ ..., ὅ σοι προσέστη. Mögen also auch die Ideen hier als weise Gedanken gesehen sein, so doch sicher nicht als Gedanken, die die menschliche oder eine andere zeitliche Seele produziert. Die ewigen Ideen können nur die Gedanken eines ewigen göttlichen Geistes sein.[22] Also deutet das Epitheton σοφόν darauf hin, daß hier die Ideen insgesamt – denn τὸ θεῖον faßt sie kollektiv zusammen – als der »weise« Inhalt eines transzendenten göttlichen Geistes verstanden werden.

3. Das Postulat eines Hymnos auf den »überhimmlischen Bereich«, sc. der Ideen, mit dem Platon seine Beschreibung dieses Bereiches einleitet (vgl. ὕμνησε und ὑμνήσει in 247 c 3f.), schließt sich konsequent an. Denn ὕμνοι sind im alten Griechenland fast immer Loblieder auf Götter, wie man auch aus Platon reichlich belegen kann (s. wieder Des Places). Also hat »das Göttliche«, das göttliche Ideenreich, das Platon hier symbolisch jenseits des Firmaments lokalisiert, wahrscheinlich auch Züge eines personalen Gottes, der mit Lobgesängen gefeiert werden sollte.[23] Die notwendige Bedingung personaler Züge, ihre unverzichtbare condicio sine qua non, ist aber der Besitz denkenden Bewußtseins, sowohl von Gegenständen wie von sich selbst: Denn nur mit solchem Bewußtsein, solcher Geistigkeit, verdient die Ideensphäre einen Hymnos – wäre sie doch sonst nur jene Parodie göttlicher Heiligkeit, die Platon in Soph. 248 e / 249 a hypothetisch, zum Zwecke einer reductio ad absurdum, vor Augen stellt.

---

21 Vgl. Phaidon 79 a - 80 b und das Verhältnis von Demiurg und Weltseele im ›Timaios‹.

22 Sie sind darum auch nur in einem zeitlosen, höheren Sinne ›Produkte‹ dieses Geistes.

23 In welchem Sinne dies zutreffen kann, muß freilich noch präzisiert werden, vgl. Schluß, III *iii* (S. 320–323).

Solch ein intelligentes Bewußtsein kann Platon mit verschiedenen Ausdrücken bezeichnen: In Soph. 248 e / 249 a sind es v. a. φρόνησις und φρονεῖν, aber auch νοῦς, ebenso wie in Polit. 269 d 1 und Tim. 71 d 5 einerseits und in Tim. 30 b andererseits. In Phileb. 13 e 4 finden wir die drei Ausdrücke φρόνησίς τε καὶ ἐπιστήμη καὶ νοῦς, und in Krat. 411 a 8 die Reihe φρόνησις καὶ σύνεσις καὶ γνώμη καὶ ἐπιστήμη – in der allenfalls noch νοῦς und σοφία fehlen. An unserer Phaidros-Stelle begegnet nun tatsächlich, wie wir gleich sehen werden, einer dieser Ausdrücke immer wieder: ἐπιστήμη, in 247 d 1 aufs engste assoziiert mit νοῦς.

All diese Ausdrücke – mit Ausnahme der σοφία, die immer einen höchsten Wert darstellt – bezeichnen aber entweder ethisch neutral das intelligente Bewußtsein als solches oder dieses Bewußtsein als optimal erfülltes, d. h. als die Tugend bestmöglichen Wissens oder Erkennens. An unserer Stelle, wo nach Platons Worten eigentlich ein Hymnos – sc. auf den transzendenten Gott – am Platze wäre, darf man erwarten, daß ἐπιστήμη die Bedeutung einer Tugend hat und somit dasselbe bedeutet wie σοφία.

III In den zwei ersten Sätzen der Schilderung (Indizien 4 u. 5)

A ZUM AUFBAU DER SCHILDERUNG UND ZUR TEXTKRITIK

Jetzt beginnt die eigentliche Schilderung des »überhimmlischen Bereichs«. Bevor wir auch hier weitere Indizien der Geistigkeit hervorheben, sei die Struktur dieses Abschnitts, dessen dritter Satz uns dann bis zum Schluß dieser Arbeit beschäftigen wird, kurz im ganzen erläutert.

Platons Beschreibung jenes Bereiches soll zwar den fehlenden dichterischen Hymnos ersetzen, beschränkt sich aber in sehr nüchterner und genauer Sprache darauf, einige Hauptzüge des Ideenreiches und deren Wirkung auf die schauenden (Götter-) Seelen zu umreißen. Trotzdem ist die Schilderung gerundet: In drei relativ langen Sätzen (3, 4 u. 4 Zeilen des Burnet-Textes) steigt sie zum Höhepunkt an – d. h. zur konkretesten Erklärung des Geschauten – und klingt dann in einem nur halb so langen vierten Satz (2 Zeilen) aus (247 c 6–e 4).[24] Satz 1 und 3 sprechen streng objektiv über den transzendenten Bereich als ganzen und die darin geschauten einzelnen Züge, Satz 2 und 4 dagegen sprechen mehr von dem Erleben und Tun der Seelen. Die Sätze 1 bis 3 enthalten, syntaktisch ebenso verschachtelt wie gedanklich gedrängt, die Hauptaussagen dieses Abschnitts: Angaben von höchster ontologischer und erkenntnistheoretischer Relevanz; Satz 4 bringt dagegen außer dem allgemeinen Hinweis, daß die Seelen »ebenso auch das andere seiend Seiende«

schauen und außer der Wiederholung des Bildes vom Festmahl keine weiteren Angaben dieser Art. Die folgende Interpretation konzentriert sich deshalb auf die Sätze 1 bis 3.[25]

Der Text dieser drei Sätze ist in den heute maßgeblichen Ausgaben – von Burnet (1901), Robin (1930) und Moreschini (1985) – nicht mehr ernstlich kontrovers. Die Unterschiede der drei Ausgaben beschränken sich in diesem Textbereich auf die in der letzten Anmerkung genannte Interpunktionsfrage, die den Inhalt von Satz 3 nicht tangiert, und auf die Alternative zwischen ὅσῃ ἂν μέλῃ (Burnet und Robin) und ὅσῃ ἂν μέλλῃ (Moreschini) in Satz 2 (d 2). Auch diese letztere Alternative verändert den Sinn nicht wesentlich, weshalb ich auf sie nicht weiter eingehe.

Näher betrachten müssen wir aber eine bei den Herausgebern des 19. Jahrhunderts übliche Teilung des Satzes 1 in nahezu zwei Hauptsätze, die damals das Verständnis der ganzen Schilderung des »überhimmlischen Raumes« beeinflußt haben mag. Ausgelöst wurde diese Zweiteilung durch ein in T und W hinter νῷ (c 8) überliefertes χρῆται, das bis zu Bekker (1816) und Ast (1819)[26] von den neuzeitlichen Herausgebern beibehalten wurde. Zusammen mit der ebenfalls in T und W – und sogar in B – überlieferten Akzentuierung θεατῇ ergab sich so für den ersten Teil von Satz 1 der Sinn: »Das farblose, gestaltlose, stofflose, wahrhaft seiende Wesen hat nur der Seele Führer, die Vernunft, zum Beschauer« – eine verdächtig geschrobene Ausdrucksweise –, und der Rest des Satzes wurde zu einem einzigen parataktisch angeschlossenen Relativsatz: »um welches her das Geschlecht der wahrhaften Wissenschaft jenen Ort einnimmt.« (beides Schleiermachers Übersetzung) In der zweiten Auflage seiner separaten Ausgabe des ›Phaidros‹ (1830) eliminierte Ast zwar das χρῆται und las statt θεατῇ mit Clemens, Damaskios, Proklos und Origenes θεατή – worin man ihm bis heute folgt –, behielt aber die gewohnte Zweiteilung des ersten

24 Der vierte Satz rundet auch in einem weiteren Sinne die Schilderung ab, da er, als Pendant zum »Hinausfahren auf den Rücken des Himmels« (247bc), vom »Wiedereintauchen ins Innere des Himmels« berichtet. Dazu gehört auch der nächste Satz, der nur noch mythisch die Versorgung der Seelenrosse schildert und keine Aussagen über den Ideenbereich mehr enthält. Man kann den vierten und den fünften Hauptsatz deshalb auch zusammen, nur durch einen Hochpunkt (das Kolon) getrennt, als den letzten Satz dieser Schilderung rechnen. Dann ergibt sich auch hier die Länge von vier Zeilen. Robin und Moreschini setzen in diesem Sinne hinter ἦλθεν in e 4 einen Hochpunkt, Burnet dagegen einen Punkt.

25 Es empfiehlt sich deshalb sehr, hinter den Satz 3 unserer Zählung, also hinter οὖσαν in e 2, wie einst Stephanus einen vollen Punkt zu setzen – gegen die von Heindorf (1804) bis Burnet (1901) reichende Tradition eines bloßen Hochpunktes an dieser Stelle. Auch die erwähnte Symmetrie der Satzlänge spricht für diese Interpunktion, die denn auch von den jüngsten Herausgebern (Robin und Moreschini) wieder gewählt wird.

26 In der lateinischen Übersetzung, die er dieser Ausgabe beigegeben hat, hält Ast sich trotzdem schon an die Lesart θεατῇ νῷ (ohne χρῆται), die er später explizit empfiehlt.

Satzes bei: d. h. er betrachtete τοῦτον ἔχει τὸν τόπον nach wie vor als das Prädikat des Relativsatzes. Später im 19. Jahrhundert setzte man hinter νῷ sogar wieder jenen Hochpunkt, den Bekker hinter χρῆται gesetzt hatte[27] – wodurch der Teil von περὶ ἣν bis τόπον vollends zu einem relativisch angeschlossenen zweiten Hauptsatz wird.

Wäre diese Lesart richtig, dann enthielte Satz 1, genau wie bei der Lesung mit χρῆται, in seiner zweiten Hälfte nicht nur ein Indiz für den Geistcharakter der Ideenwelt, sondern sogar die offene, direkte Aussage, daß die ideelle Substanz von einem ebenso ideellen, absoluten Wissen, das gleichsam die äußere Zone des »überhimmlischen Raumes« einnimmt, um- und erfaßt wird.[28] Das widerspricht aber dem schwebend-andeutenden Stil, den Platon hier bisher gewählt hat, und auch der in Satz 3 folgenden bestimmten Aussage, daß das transzendente Wissen dem wahrhaft Seienden inhäriert – also den ganzen transzendenten ›Raum‹ erfüllt.[29] Für die Textkritik muß aber m. E. schon die folgende logische Überlegung den Ausschlag geben: Nach der Ankündigung von 247 c 3f. – sc. daß im folgenden gewagt werde, die Wahrheit über den überhimmlischen Bereich zu sagen – darf der erste Satz nicht primär nur von der Erkennbarkeit des ideellen Seins für den Nus reden und in einem relativischen Nachsatz nur das Wissen von jenem Sein im überhimmlischen Bereich ›lokalisieren‹. Das so wuchtig an den Anfang gestellte »farblose ... wahrhaft seiende Wesen« muß vielmehr selbst mit jenem Bereich verbunden werden. Τοῦτον ἔχει τὸν τόπον muß also das Hauptprädikat des ganzen Satzes 1 sein, so daß der Teil von περὶ ἣν bis γένος als hypotaktischer Relativsatz – mit dem zu ergänzenden Prädikat ἐστίν – dem übergreifenden Hauptsatz unter- und eingeordnet bleibt. Dann ist Platons Sprache, wie wir sehen werden, auch in diesem Relativsatz schwebend-andeutend, und auch sonst gewinnt der Satz stilistisches Format: Vom gleich eingangs genannten Subjekt ἡ ... οὐσία bis zu dem am Ende stehenden Prädikat τοῦτον ἔχει τὸν τόπον spannt sich dann ein Gedankenbogen, in den alles übrige als zwar wesentliche, aber untergeordnete Ergänzungen eingefügt wird. Erst mit dieser Architektonik steht Satz 1 gedanklich und stilistisch auf demselben Niveau wie die beiden folgenden Sätze – was er doch muß. Also darf hinter νῷ nur ein Komma (kein Hochpunkt) und muß hinter γένος ein zweites Komma gesetzt werden.

Bei der Bedeutung, die dieser Interpunktionskorrektur zukommt, muß man sich wundern, wie beiläufig und stillschweigend sie vorgenommen wurde und sich durchgesetzt hat. Soviel ich sehe, war es G. Stallbaum in der zweiten Auflage seines

27 Zuerst Stallbaum (1832), danach Baiter, Orelli u. Winckelmann (1839), Hermann (1851) und Hirschigius (1856).

28 Vgl. die Bemerkung von G. Stallbaum in der ersten Auflage seiner kommentierten Edition (IV 1, 1832, 87): »Circa hanc οὐσίαν fingit etiam absolutam scientiam et cognitionem habitare.«

29 Hieraus folgt die Subjekt-Objekt-Identität des transzendenten Nus, s. u. S. 315, die im andern Falle nicht gegeben wäre.

auf lateinisch kommentierten Textes (1857)[30], der als erster die genannten Kommata gesetzt hat: stillschweigend und also ohne explizite Begründung.[31] Ebenso stillschweigend wurde die neue Konstruktion des ersten Satzes von Thompson (1868), Schanz (1882) und allen maßgeblichen Herausgebern des 20. Jahrhunderts übernommen. In der editio Teubneriana, mit dem Text von C.F. Hermann – Platonis dialogi, vol. II, zuerst 1851, nachgedruckt zuletzt (?) 1950 – blieb die alte Interpunktion aber bis in unser Jahrhundert präsent, und bis in die 50er Jahre haben einzelne Übersetzer den ersten Satz entsprechend konstruiert und übersetzt.[32]

b Satz 1 (Indiz 4)

Nach Beseitigung jenes Fehlers, von dem gerade die Rede war, lautet der erste Satz im Griechischen folgendermaßen: ἡ γὰρ ἀχρώματός τε καὶ ἀσχημάτιστος καὶ ἀναφὴς οὐσία ὄντως οὖσα, ψυχῆς κυβερνήτῃ μόνῳ θεατὴ νῷ, περὶ ἣν τὸ τῆς ἀληθοῦς ἐπιστήμης γένος, τοῦτον ἔχει τὸν τόπον. Ich füge gleich die revidierte Schleiermacher-Übersetzung der Rowohlt-Ausgabe an, die von den mir bekannten die wörtlichste ist:[33] »Das farblose, gestaltlose, stofflose,[34] wahrhaft seiende Wesen, beschaubar allein für der Seele Führer, die Vernunft, um welches her das Geschlecht der wahren Wissenschaft ist, hat nämlich jenen Ort inne.« (247 c 6 – d 1) Die undurchsichtige Autorschaft der zitierten Übersetzung erfordert freilich die folgende

Zwischenbemerkung: Nicht Schleiermacher, sondern Otto/Grassi/Plamböck

Wohl jeder Leser der 1957 – 59 erschienenen Rowohlt-Ausgabe »Platon, Sämtliche Werke. Nach der Übersetzung von Friedrich Schleiermacher« vertraut zunächst darauf, daß er den originalen Schleiermacher-Text in Händen hält. Es wird ihm nicht auffallen, daß »n a c h der Übersetzung von« nicht unbedingt heißt »i n der Übersetzung von«. Auch wird er nicht sofort jene kleingedruckte editori-

30 C. Badham in seiner separaten Ausgabe des ›Phaidros‹ von 1851 hat noch die alte Lesart θεατῇ νῷ χρῆται, vgl. Platonis Phaedrus, recensuit Carolus Badham, Londini 1851, 28.

31 Stallbaum ändert nur die in Anm. 28 zitierte Bemerkung folgendermaßen ab: »ad quam οὐσίαν absoluta scientia et cognitio pertinet« (95).

32 Vgl. unten S. 206f.

33 Platon, Sämtliche Werke, Bd. 4, Hamburg 1958 u. ö., S. 29; unverändert wieder abgedruckt in der Neuausgabe, Reinbek bei Hamburg 1994, Bd. 2, S. 568.

34 Schleiermacher übersetzte ἀναφής (wörtlich: »unberührbar«) in beiden Auflagen mit »stofflos«. In der Rowohlt-Ausgabe von 1958 (und in all ihren zahlreichen Nachdrucken) ist »stofflose« aber ausgefallen; auch in der Neugestaltung der Ausgabe durch U. Wolf (1994, Bd. 2) wurde das ausgefallene Wort nicht ergänzt.

sche Bemerkung lesen, die (nur) in den Bändchen 4 – 6 unten auf der sonst leeren Rückseite des Blattes nach dem inneren Titelblatt steht und die besagt, daß die Übersetzung »einer Durchsicht unterzogen« wurde. Primär an den Gedanken Platons interessiert, werden die meisten Leser wohl nur die Übersetzung selbst lesen, und hier stoßen sie nirgends auf einen Hinweis, daß diese an etlichen Stellen nicht von Schleiermacher stammt, sondern von Walter F. Otto (?), Ernesto Grassi und Gert Plamböck, den Herausgebern dieser Rowohlt-Ausgabe.[35]

Diese unbefriedigende Situation gilt auch für den in Band 4 abgedruckten ›Phaidros‹. Selbst wenn der Leser die kleingedruckte editorische Notiz beachtet, erfährt er nicht, an welchen Stellen die »Durchsicht« von Schleiermachers Text zu Änderungen geführt hat. Wollte er sich darüber Gewißheit verschaffen, müßte er sich das Original jener Übersetzung – sei es in einer der historischen Ausgaben, sei es in einem wortgetreuen Nachdruck – danebenlegen und den Text Satz für Satz vergleichen – wozu der normale Leser keine Zeit hat. Also bleibt ihm nur das vage Wissen, eine auch im zeitlichen Sinne »nach Schleiermacher »angefertigte Übersetzung zu lesen. Auch die von Ursula Wolf besorgte, begrüßenswerte Neuauflage hat diesen Mangel leider nicht behoben.[36]

In der vorliegenden Arbeit geht es freilich nur um ein kurzes Stück des Textes, so daß der Vergleich mit der originalen Schleiermacher-Übersetzung relativ leicht

35 Als der den ›Phaidros‹ enthaltende Band 4 erschien, im August 1958, war Walter F. Otto »nach längerer schwerer Krankheit nahezu erblindet, aber im vollen Besitz seiner geistigen Kräfte«; er starb im Herbst 1958. Vgl. die Mitteilungen von E. Grassi in: W. F. Otto, Die Wirklichkeit der Götter, <Hamburg> 1963, 9 u. 155. Es ist also nicht sicher, ob Otto an der Durchsicht von Schleiermachers Phaidros-Übersetzung noch teilgenommen hat. Auch Ernesto Grassi ist inzwischen verstorben, und ob Gert Plamböck noch lebt (und wenn ja, wo?), konnte mir bisher niemand sagen. Auch der Rowohlt-Verlag hat keine Unterlagen mehr über die damalige Redaktion des Schleiermacher-Textes. Deshalb wissen wir derzeit nicht, wie diese Redaktion damals durchgeführt wurde, v. a. auch nicht, ob bestimmte Dialoge vielleicht nur von einem bestimmten Herausgeber durchgesehen wurden.

36 U. Wolf schreibt zwar in ihrem Vorwort: »Es liegt ihr (sc. der Neuausgabe) daher nach wie vor die deutsche Übertragung von Schleiermacher zugrunde – mit den in der Ausgabe von 1957 ff. vorgenommenen sprachlichen Anpassungen und kleineren Korrekturen«(7); auf den Titelblättern heißt es aber einfach: »Übersetzt von Friedrich Schleiermacher«. Vor allem: Jede Kennzeichnung der (z. T. ganz wesentlichen!) Korrekturen – und sei es nur durch Schrägdruck oder dgl. – ist unterblieben. Natürlich hätte das Kosten verursacht; für den meistgelesenen deutschsprachigen Platontext wären diese aber gerechtfertigt gewesen. Leider pflanzen sich auch Druckfehler der alten Auflage (hoffentlich nicht alle!) in der neuen fort: In unserem Phaidros-Abschnitt ist in Satz 1 das Wort »stofflose« nach wie vor ausgefallen (s. o. Anm. 34), und in Satz 3 steht noch immer der unverständliche Ausdruck »befindliche wahrhaft Wissenschaft« statt Schleiermachers »befindliche wahrhafte Wissenschaft«. Im ›Phaidon‹ fehlt noch immer die Übersetzung des Passus 74 c11 – d 3.

zu bewältigen war.[37] Das Ergebnis ist wichtig genug:[38] Im Bereich unserer drei Sätze sind, von Kleinigkeiten abgesehen, zwei wesentliche Korrekturen vorgenommen worden, und zwar gerade an zwei für den ganzen Abschnitt entscheidenden Stellen, wo nach unserer folgenden Interpretation alles auf die wortgetreue Übersetzung und Auffassung ankommt. Das Lob der verläßlichen Genauigkeit gebührt an diesen Stellen nicht Schleiermacher, sondern Otto (?), Grassi und/oder Plamböck! Die erste Stelle ist jener Passus in Satz 1, den Schleiermacher, wie schon zitiert, noch im Sinne der alten Lesart θεατῇ νῷ χρῆται und der daraus folgenden Verselbständigung des Relativsatzes περὶ ἣν ... übersetzt hat, s. oben S. 197f. Die genannten Herausgeber halten sich hier an die neueren, heute maßgeblichen Ausgaben, also an den Text θεατὴ νῷ mit Kommata hinter νῷ und γένος. Daraus resultiert die oben angeführte Übersetzung, die die Architektonik des ersten Satzes richtig wiedergibt: eine echte und notwendige Verbesserung. Die andere Korrektur liegt in Satz 3; sie ergibt sich nicht aus einer anderen Lesart, sondern allein aus dem Streben nach wörtlicher Genauigkeit: Die Formulierung von 247 d 7f., οὐδ' ἥ ἐστίν που ἑτέρα ἐν ἑτέρῳ οὖσα ὧν ἡμεῖς νῦν ὄντων καλοῦμεν, die Schleiermacher besonders im ersten Teil relativ frei und mehrdeutig übersetzt hatte – »noch welche wieder eine andere ist, für jedes andere von den Dingen, die wir wirkliche nennen« – wird von Otto / Grassi / Plamböck streng wörtlich mit »noch welche eine andere ist in einem anderen von den Dingen, die wir jetzt seiend nennen« wiedergegeben. Wie entscheidend das wörtliche »in« für Satz 3 und den ganzen Abschnitt ist, werden wir sehen.[39] Beide Änderungen bestätigen also, daß es den Herausgebern mit ihrer Absicht, »nicht dem Buchstaben Schleiermachers, wohl aber seinem rastlos forschenden Sinn zu dienen und Platons Text so getreu wie möglich wiederzugeben« (s. den Schlußsatz der erwähnten editorischen Notiz), wirklich Ernst war.

Der durch die Redaktortätigkeit von Otto / Grassi / Plamböck aus der Schleiermacherschen Übersetzung entstandene deutsche Platontext der Rowohlt-Ausgabe zählt also – das zeigt diese Stichprobe – gewiß zu den besten. Er braucht auch den Vergleich mit der unter der Leitung von Gunther Eigler in der Wissenschaftlichen Buchgemeinschaft herausgegebenen revidierten Schleiermacher-Übersetzung nicht zu scheuen. Dietrich Kurz, der dort den ›Phaidros‹ bearbeitet hat (1983), korrigiert zwar in Satz 1 ebenfalls nach den neuen Textausgaben, läßt dabei aber inkonsequenterweise Schleiermachers »hat zum Beschauer« (nach θεατῇ χρῆται) stehen. Und in

37 Aber vorher erlag ich über ein Jahr lang dem falschen Eindruck, das Textstück in der Rowohlt-Ausgabe stamme wörtlich von Schleiermacher, und zog daraus falsche Folgerungen. Darum diese Beschwerde.

38 Im folgenden führe ich die Unterschiede der Rowohlt-Ausgabe von der zweiten Auflage von Schleiermachers Übersetzung des ›Phaidros‹ an (Berlin 1817).

39 Vgl. unten S. 265ff.

Satz 3 behält er die freie Übersetzung von ἐν ἑτέρῳ οὖσα bei – ein konservatives Vorgehen, das hier fehl am Platz war.[40]

Danach kehren wir zur Interpretation von Satz 1 zurück: Die Architektur dieses Satzes ist, wie schon erwähnt, durch den Gedankenbogen bestimmt, der von dem gewichtig an den Anfang gesetzten Subjekt bis zu dem Prädikat τοῦτον ἔχει τὸν τόπον am Schluß des Satzes reicht. Der Subjektsausdruck klingt fast wie eine *contradictio in adiecto*: Etwas völlig Farb- und Gestaltloses, das man auch nicht berühren oder greifen kann, soll doch die »wahrhaft seiende Substanz« sein. Genauso paradox ist auch die davon prädizierte Aussage, daß dieses ungreifbare Sein den – sc. ganzen – überhimmlischen Raum einnehme. Offenbar muß jener Raum von ganz anderer Art sein als der des sichtbaren Kosmos. Dieses Paradoxon des gegenüber unserer gewohnten Welt transzendenten eigentlichen Seins war die große Entdeckung der antiken »Achsenzeit« (Jaspers). Aber so monumental Platon dieses Paradoxon hier auch formuliert – für seinen Leser ist die Rede von der übersinnlichen Substanz nicht eigentlich mehr neu, denn sie entspricht der Charakteristik der Ideen, die ihm aus dem ›Phaidon‹ und der ›Politeia‹ schon bekannt sind. Dasselbe gilt für die erste der beiden weiteren Angaben, die in die durch Subjekt und Prädikat gebildete Klammer eingefügt sind: ψυχῆς κυβερνήτῃ μόνῳ θεατὴ νῷ.[41] Aber es folgt ja noch der Zusatz: περὶ ἣν τὸ τῆς ἀληθοῦς ἐπιστήμης γένος (sc. ἐστίν oder dgl.). Zum ersten Mal begegnet dabei der Ausdruck ἐπιστήμη, auf den wir schon hingewiesen hatten; und wegen der räumlichen Nuance von περί klingt dieser Zusatz wie eine zweite Antwort auf die Frage, was sich im überhimmlischen Raum befindet.[42] Wenn das stimmt, würde hier das wahre Sein (= die Ideen) schon in seinem eigenen Bereich – und nicht erst durch das Erkennen der zeitlichen Seelen – mit wahrem Wissen[43] verbunden.

Das wäre eine weitere Andeutung des Geistcharakters der Ideenwelt, jetzt auch in der thematischen Beschreibung dieses Bereiches. Bevor wir das behaupten, muß freilich die Art dieses wahren Wissens und die Art seiner Verknüpfung mit dem Sein näher untersucht werden. Um welche ἐπιστήμη es sich in 247 c 8 (primär) handelt und welches Verhältnis zum Sein sie demgemäß hat, ist nämlich keineswegs von vornherein klar. Hagers Behauptung, daß sich bereits hier die Verbindung aller

---

40 Darum ist auch mit einer unveränderten Neuauflage der Schleiermacher-Übersetzung, wie sie 1984–87 im Berliner Akademie-Verlag und 1991 im Insel Taschenbuch-Verlag vorgenommen wurde, dem adäquaten Verständnis Platons nicht unbedingt gedient.

41 Neu ist hier nur das Bild vom Steuermann, mit dem Platon das in diesem Kontext vorher und nachher gebrauchte Bild des Wagenlenkers variiert.

42 Insofern hatte man bei der alten Zweiteilung von Satz 1 – wonach τοῦτον ἔχει τὸν τόπον zum Prädikat des Relativsatzes wurde, s. oben S. 197f. – keinen völlig falschen Eindruck. Aber so offen und simpel spricht Platon hier nicht.

Ideen mit dem transzendenten *intellectus divinus* »sehr deutlich« zeige [(1970) 60], kann also nicht überzeugen.

Was das Wissen betrifft, so kommen hier drei Arten in Frage: 1. das Ideenwissen der (göttlichen oder menschlichen) innerzeitlichen Seelen, 2. die Einzelidee des Wissens, 3. das dem ganzen Ideenkosmos eigene ideelle Wissen. Die erste Art, die wir aus den Dialogen am besten kennen und die deshalb auch von einigen Übersetzern favorisiert wird,[44] kann Platon aber nicht primär gemeint haben. Denn der Ausdruck ἡ ἀληθὴς ἐπιστήμη kann sich bei Platon primär nur auf ein ideelles Musterbild des Wissens beziehen und allenfalls sekundär auch auf das Ideenwissen zeitlicher Seelen; denn das letztere ist im Vergleich mit anderen Erkenntnisarten dieser Seelen zwar schon »wahres, eigentliches« Wissen, im Vergleich mit jenem ideellen Musterbild aber nur ein defizientes Abbild des Wahren. Daß Platon diese sekundäre Art mitgemeint haben könnte, wird dadurch nahegelegt, daß er von der »Gattung« (γένος) des wahren Wissens spricht: Darin könnte eine Differenzierung mitgedacht sein; aber sicher ist dieser Schluß nicht.[45]

Das ideelle Musterbild des Wissens ist aber seinerseits noch doppeldeutig im Sinne der Möglichkeiten 2 und 3 – obwohl die meisten heutigen Interpreten das vermutlich bestreiten. Für sie gibt es in Platons Ideenwelt nur Einzelideen und nicht solche ideellen Gesamtstrukturen wie das Wissen der ganzen Ideenwelt (qua Subjekt und Objekt). Wir werden das Wesen dieser ideellen Gesamtstrukturen bei Satz 3 anhand weiterer Beispiele erläutern (S. 229–233) – ohne freilich alle damit zusammenhängenden Probleme behandeln zu können; denn uns geht es in dieser

43 Schleiermachers Übersetzung von ἐπιστήμη mit »Wisssenschaft« ist an dieser Stelle (und an vielen anderen) heute mißverständlich, vgl. oben S. 194; ich übersetze deshalb mit »Wissen«. Zu Schleiermachers Zeit konnte auch das Wort »Wissenschaft« noch sowohl die objektive wie die subjektive Seite eines systematischen Wissens bezeichnen, d. h. neben den Inhalten auch die Akte und die zugrundeliegende seelische Verfassung. Diese subjektive Seite des Wortes ist in Fichtes »Wissenschaftslehre« mitgemeint, und auch bei Goethe klingt sie mehrfach deutlich an, vgl. z. B. seinen bekannten Spruch: »Wer Kunst und Wissenschaft besitzt, der hat auch Religion; ...« Auch einzelne deutsche Mundarten kannten (und kennen?) das entsprechende Wort in dieser subjektiven Bedeutung, vgl. die von Theodor Storm zitierte nordfriesische Grabinschrift: »Dat is de Dot, de allens fritt,/ Nimmt Kunst un Wetenschop di mit, ...« (›Der Schimmelreiter‹, etwa in der Mitte der Novelle).

44 Vgl. Rudolf Kassner, der frei übersetzt: »denn nur um dieses große Sein bemüht sich das wahre Wissen« (38) – bemühen muß sich natürlich nur die innerzeitliche Seele –, und Christopher Rowe, der kommentierend schreibt: »... the knowledge referred to in c 8 and d 1, i. e. the knowledge possessed by the knowing mind – which will be a particular ›imitating‹ or ›sharing in‹ the Form ...« (180) (Die Ausgaben der hier und im folgenden zitierten Übersetzungen und Kommentare sind am Schluß des Beitrags aufgelistet.)

45 Denn γένος kann wie εἶδος und ἰδέα die einzelne Idee bezeichnen (s. Des Places s. v. γένος 4) oder kann periphrastisch verwendet sein. De Vries deutet unsere Stelle als Periphrase.

Arbeit hauptsächlich darum, das faktische Vorkommen dieser ideellen Gesamtzüge bei Platon zweifelsfrei nachzuweisen. Hier genügt es vorläufig, sich klarzumachen, daß solche Züge ontologisch noch höher stehen müssen als die betreffende Einzelidee. Denn die letztere schreibt nur allgemein vor, was zum Wesen der betreffenden Sachen gehört; die ideelle Gesamtstruktur dagegen – wenn es sie gibt, denn es kann sie nur zu besonderen einzelnen Ideen geben – ist die optimale Erfüllung dieser Vorschrift: Sie vollzieht in ideellem ›Material‹, was jene nur vorschreibt. So ist anzunehmen, daß die Idee der ἐπιστήμη die allgemeine Bestimmung enthält, daß alle Ideen adäquat und sicher erfaßt werden müssen.[46] Diese Forderung wird aber nicht von dieser Einzelidee erfüllt – denn die allgemeine Struktur des Wissens kann nicht selber wissen oder erkennen[47] –, sondern nur von einer Seele und deren Nus, die an dieser Idee teilhaben. In abbildhafter Form ist dies der Fall bei den innerzeitlichen Seelen, in urbildhafter vollkommener Weise aber nur bei der überzeitlichen Seele des Ideenkosmos selbst. Darum ist das dem ganzen Ideenreich eigene Wissen noch über der Einzelidee des Wissens das höchste Musterbild von ἐπιστήμη.

Es könnte also sein, daß Platon mit dem Ausdruck ἡ ἀληθὴς ἐπιστήμη hier primär diese höchste, schlechthin optimale Realisation von Wissen meint, und nicht die Einzelidee. Die letztere wäre dann nur ähnlich sekundär mitgemeint, wie auch hier noch das menschliche Ideenwissen mitgemeint sein dürfte.

Eine Entscheidung zwischen den Bedeutungen 2 und 3 ist allein aufgrund des Ausdrucks τὸ τῆς ἀληθοῦς ἐπιστήμης γένος aber nicht möglich: Dem Attribut ἀληθής würde zwar das gerade erläuterte höchste Musterbild – also die Bedeutung 3 – am meisten entsprechen; aber mit diesem Zusatz kennzeichnet Platon bekanntlich oft auch die einzelnen Ideen. Und γένος c. genit. kann zwar eine Einzelidee bezeichnen,[48] könnte aber auch im Sinne von »Gattung, Klasse« für beide Arten des

46 Hierzu sind sowohl die aporetischen Definitionsversuche des ›Theaitetos‹ wie die diversen positiven Angaben zur Dialektik (in Politeia VI u. VII, ›Phaidros‹, ›Sophistes‹ und ›Philebos‹) zu vergleichen – obwohl dort meistens einseitig die m e n s c h l i c h e Ideenerkenntnis im Blick steht.

47 Obwohl Platon eben dies in Parm. 134 b 6–8 ausdrücklich sagt: Γιγνώσκεται δέ γέ που ὑπ' αὐτοῦ τοῦ εἴδους τοῦ τῆς ἐπιστήμης αὐτὰ τὰ γένη ἃ ἔστιν ἕκαστα; Ναί. Aber die dortige Darstellung soll in eine mehrfache Aporie führen – die jedoch nach Platons betonter Schlußbemerkung sehr wohl gelöst werden kann (135 ab). Zu den absichtlichen Fehlern der Argumentation gehört m.E. gerade auch das Fehlen einer Unterscheidung zwischen der Einzelidee des Wissens und deren Erfüllung im Wissensvollzug des transzendenten Nus der Ideenwelt, der in dem »Gott, der das genaueste Wissen hat« (134 c 11) gleichwohl präsent ist. Natürlich wird hier die ganze Diskussion über die Selbstprädikation der Ideen relevant – auf die ich hier aber nicht eingehen kann.

48 Vgl. Parm. 134 c 6: εἴπερ ἔστιν αὐτό τι γένος ἐπιστήμης. Meistens steht γένος im Sinne von »Idee« aber absolut.

ideellen Wissens stehen – und dann primär für 3 – oder könnte periphrastisch verwendet sein, sei es für 2 oder für 3. Immerhin hat die Auffassung von γένος als »Klasse« den Vorteil die einseitige Festlegung auf nur eine Bedeutung von ἐπιστήμη zu vermeiden, und in diesem Falle wäre, wie gesagt, die Bedeutung 3 (das dem ganzen Ideenkosmos eigene Wissen) die primäre.

Als nächstes betrachten wir, wie diese drei Arten von ἐπιστήμη mit dem idellen Sein verknüpft sind, und prüfen dabei auch gleich, ob vielleicht der präpositionale Ausdruck περὶ ἣν ... (sc. ἐστίν oder dgl.) die Identifizierung des faktisch Gemeinten erlaubt. Das Ideenwissen der innerzeitlichen Seelen (1), das, wie gesagt, wohl nur sekundär mitgemeint sein dürfte, bezieht sich quasi von außen auf die Ideen als seine Objekte. Diesen Bezug kann περί c. acc. in seiner übertragenen Bedeutung »bezogen auf, gerichtet auf« ausdrücken; auch Platon bezeichnet mit περί c. acc. in diesem übertragenen Sinne ziemlich häufig den intentionalen Objektbezug einer ἐπιστήμη oder τέχνη.[49] Aber auch die räumliche Grundbedeutung von περί: »um herum«, kann bei dieser Art des Wissens mit hineinspielen; denn die innerzeitlichen Seelen, die schauend dieses Wissen erwerben, umkreisen nach Platons mythischem Bild ja gewissermaßen das ganze Ideenreich.[50]

An dieses räumliche Bild denkt vermutlich Rufener, der – mit grammatisch bedenklicher Vertauschung des Subjekts – übersetzt: »und um sich das Geschlecht des wahren Wissens schart«. Mit der gleichen Vorstellung übersetzt Buchwald: »Mittelpunkt des Geschlechts des wahren Wissens«. Diese Übersetzer versuchen m. E. zu Recht, das Zugleich von symbolisch-räumlicher und übertragener Bedeutung, das bei Platon hier vorzuliegen scheint, im Deutschen nachzubilden. Außerdem lassen sie, ebenfalls zu Recht, die Möglichkeit offen, daß hier mehrere Arten von wahrem Wissen gemeint sein könnten, also außer und vor dem abbildhaften auch (mindestens) ein urbildliches.

Die Einzelidee des Wissens (2) schreibt, wie wir annahmen, vor, daß wahres Wissen in dem adäquaten und sicheren Erfassen aller Ideen besteht. Dadurch wird von einer einzelnen Stelle des Ideenreiches ein logischer Bezug auf das Ganze dieses Reiches hergestellt. Dieser Bezug kann zweifellos mit περί c. acc. in übertragener Bedeutung bezeichnet werden; aber die räumliche Bedeutung schwingt in diesem Falle nicht mit. Denn die Einzelidee des Wissens bezieht sich zwar auf alle anderen Ideen, umfaßt sie aber nicht eigentlich, weder substanziell noch erkennend.[51] Die

49 Vgl. die Abschnitte Gorg. 449dff. und 451aff., auf die De Vries hinweist, und bes. die von Thompson (zu 247d7) angeführte Stelle Phil. 58a2f.: τὴν γὰρ περὶ τὸ ὂν καὶ τὸ ὄντως καὶ τὸ κατὰ ταὐτὸν ἀεὶ πεφυκὸς (ἐπιστήμην oder γνῶσιν).

50 Genau genommen umkreisen sie aber nur den kugelförmigen sichtbaren Kosmos; denn die Ideenwelt liegt nach diesem Bild außerhalb des Firmaments und erstreckt sich dort, wenn nicht ins Unbegrenzte, so doch nach allen Seiten ein Stück weiter hinaus.

meisten Übersetzer des 20. Jahrhunderts haben die Verknüpfung von Sein und Wissen, von der unser Relativsatz handelt, anscheinend primär als diese Beziehung zur Einzelidee des Wissens aufgefaßt[52] und deshalb περί c. acc. nur in seiner übertragenen Bedeutung übersetzt. Vgl. Fowler: »with which all true knowledge is concerned« (477)[53]; Hackforth: »and all true knowledge is knowledge thereof« (78); Vicaire: »celle enfin, qui est l' objet de la veritable science« (37); Rowe: »and to which the class of true knowledge relates« (63); und Heitsch: »allein Gegenstand wahrer Erkenntnis« (32). Wo hier von »allem« wahren Wissen oder von dessen »Klasse« die Rede ist, will der Übersetzer offenbar das Ideenwissen der zeitlichen Seelen mit einbeziehen. Nicht einbezogen ist aber in all diesen Übersetzungen das dem ganzen Ideenreich eigene Wissen (3); denn sonst hätte man nicht darauf verzichtet, die räumliche Symbolik des περί herauszustellen.

Das dem Ideenreich eigene Wissen als der schlechthin optimale Erkenntnisvollzug umfaßt nämlich sowohl erkennend wie substanziell[54] dieses ganze Reich, so daß die räumliche Konnotation von περί hier so sinnvoll erscheint, daß man sie nicht unterdrücken darf. Man kann vergleichen, wie Platon im ›Timaios‹ das Verhältnis der Weltseele zum Körper der Welt räumlich veranschaulicht: Die Seele sei von der Mitte aus nach allen Seiten durch den Körper des Kosmos bis zu seinem Rand hindurchgeflochten und umhülle ihn von außen ringsum (κύκλῳ ... περικαλύψασα, 36e). In analoger Bildlichkeit kann Platon sich das Verhältnis des transzendentgöttlichen Wissens zum übersinnlichen Ideenkosmos vorgestellt haben, wählt er doch hier wie auch sonst zur Veranschaulichung jener transzendenten Sphäre räumliche Bilder.[55]

Die beiden – außer F.-P. Hager – einzigen modernen Übersetzer, bei denen man zweifelsfrei erkennen kann, daß sie das ἐν τῷ ὅ ἐστιν ὄν von Satz 3 richtig als Inhärenz des vollkommenen Wissens im vollkommenen Seienden verstehen – E. Salin und K. Hildebrandt, s. u. S. 239 u. S. 250f. –, bringen denn auch die räumliche Nuance des περί von Satz 1 voll zur Geltung. Salins Formulierung: »um das alles echte Wissen kreist« (38), läßt freilich noch zu einseitig an die kreisende Fahrt der schauenden Seelen denken. Und Hildebrandts Übersetzung: »Den Raum um jenes

51 Manche Interpreten – darunter vielleicht Schleiermacher, Rufener und Buchwald – mögen freilich dieser Einzelidee (m. E. fälschlich) Erkenntnis zusprechen. Dann würde schon sie das ganze Ideenreich erkennend umfassen. Aber auch dann bleibt sie ihrer Substanz nach nur ein Punkt dieses Reiches.

52 Wie auch in Satz 3 die meisten Interpreten die ἐπιστήμη αὐτή als Einzelidee verstehen.

53 Vgl. schon Jowett (1871): »with which true knowledge is concerned« (453).

54 Das letzte Substrat (oder ›Subjekt‹) dieses Wissens ist ja der Ideenkosmos selbst, vgl. dazu unten S. 299 u. S. 315.

55 Zu einem Unterschied, der diese Parallele einschränkt, vgl. den übernächsten Absatz.

herum nimmt das Geschlecht des wahren Wissens ein« (45), beruht nicht nur auf der richtigen Auffassung von Satz 3, sondern auch auf der alten, im 19. Jahrhundert vorherrschenden Konstruktion von Satz 1: τοῦτον ἔχει τὸν τόπον wird in den Relativsatz hineingezogen und dieser dann zu einem zweiten Hauptsatz gemacht. Wir haben schon gezeigt, daß diese Konstruktion von den Herausgebern unseres Jahrhunderts mit Recht eliminiert wurde.[56] Wenn Hildebrandt trotzdem auf sie zurückgreift, dann vielleicht deshalb, weil durch sie die ihm wichtig erscheinende räumliche Bedeutung des περί am stärksten herauskommt – oder / und weil er sich noch an die alte (bis 1950 nachgedruckte) Teubner-Ausgabe von C. F. Hermann hielt.[57] So bleibt am Ende die ganz wörtliche Wiedergabe, die Otto /Grassi/Plamböck in ihrer Korrektur der Schleiermacher-Übersetzung gewählt haben, die beste:[58] »um welches her das Geschlecht der wahren Wissenschaft ist«.

Ein Unterschied zu der herangezogenen Timaios-Stelle ist freilich, daß die Seele gegenüber dem Körper eine höhere Seinsstufe darstellt, während das Wissen des Ideenreiches nicht über diesem steht, sondern ihm als geistiger Vollzug wesentlich angehört. In Satz 3 werden wir sehen, daß Platon das Verhältnis dieses Wissens zum Ideenreich als εἶναι ἐν bezeichnet und daß dieses »Darinsein« eindeutig als Inhärenz zu verstehen ist. Wenn er schon in Satz 1 auf dieses transzendent-göttliche Wissen hinweisen wollte, warum hat er dann nicht geschrieben: ἐν ᾗ ...? Der Rekurs darauf, daß περί c. acc. in seltenen Fällen auch heißen kann »round or about a place, and so in« (LSJ) kann diesen Einwand schwerlich entkräften. Die Antwort dürfte vielmehr sein, daß Platon die beiden anderen Arten wahren Wissens hier nicht ausschließen wollte und überhaupt primär die intentionale bzw. logische Beziehung auf die Ideen herausstellen wollte, die ja auch – und sogar in vollkommenster Form – jenem göttlichen Wissen zukommt. Περί c. acc. hat also auch bei diesem höchsten Wissen voll den Sinn der übertragenen Bedeutung – aber die räumliche Symbolik spielt wesentlich mit. Im übrigen wollte Platon hier wohl noch nicht so eindeutig

56 Vgl. oben S. 197–199.

57 Aus denselben Gründen mag C. Ritter nach der alten Konstruktion übersetzt haben: »um dasselbe wohnt an diesem Ort das Geschlecht des wahren Wissens« (60). Auch Ritter war überzeugt, daß Platons transzendente Sphäre insgesamt der göttliche Geist ist – wobei er aber, wie schon Tennemann und Ast und wie noch Hildebrandt, eine christliche Umdeutung vornahm, vgl. unten S. 244, S. 251 u. S. 257f.

58 Bis auf den Ausdruck »Wissenschaft«: Denn wie schon erwähnt (S. 194), beziehen wir das Wort »Wissenschaft« heute fast nur noch auf ein objektives System von Erkenntnissen, das in Lehrbüchern als ein System von Sätzen niedergelegt ist. Platon dagegen bezeichnet mit ἐπιστήμη, wie gerade erörtert, neben den Wissensinhalten wesentlich auch die subjektive Wissensverfassung und deren Aktualisierung im Vollzug. Zu Schleiermachers Zeit konnte auch das Wort »Wissenschaft« noch diese subjektive Seite bezeichnen, vgl. oben S. 203 Anm. 43.

über das transzendente Wissen sprechen wie in Satz 3, in dem die Eröffnungen dieser Schilderung kulminieren.

Unser Ergebnis lautet denn auch, daß, solange man nur den Satz 1 ins Auge faßt, der Relativsatz περὶ ἣν τὸ τῆς ἀληθοῦς ἐπιστήμης γένος nur ein relativ schwaches Indiz für den Geistcharakter des Ideenreichs darstellt. Im Rahmen des ersten Satzes können wir lediglich feststellen, daß die Bedeutungsmöglichkeiten der Ausdrücke ἀληθὴς ἐπιστήμη, γένος und περί c. acc. wesentlich voller zum Tragen kommen, wenn die allgemein gehaltene Formulierung auf eine ganze Stufenfolge des wahren Wissens hindeutet, mit dem vollkommenen Sich-selbst-Erkennen der Ideenwelt an der Spitze. Das ist natürlich noch kein Beweis für Platons wirkliche Intention. – Liest man aber weiter, so findet man in Satz 2 ein gleichsinniges, aber erheblich eindeutigeres Indiz und in Satz 3 – wenn man sich so gründlich damit auseinandersetzt, wie Platon es von seinen Lesern fordert – die unzweifelhafte Aussage, daß die ideelle ἐπιστήμη der ganzen Ideenwelt inhäriert. Blickt man von dort noch einmal auf Satz 1 zurück, dann (und freilich erst dann) wird es zur Gewißheit, daß Platon schon dort, eben mit jenem Relativsatz, bewußt auf das »wahrhafte Wissen« als einen Wesensaspekt der ganzen Ideensphäre hinweist. Mit dem Ausdruck ἀληθὴς ἐπιστήμη knüpft er ja auch an die Themenstellung περὶ ἀληθείας von 247 c 5 an: Das Thema ἀλήθεια wird hier also nach zwei Richtungen entfaltet, erstens als das wahre Sein (οὐσία ὄντως οὖσα) und zweitens als das wahre Wissen (ἀληθὴς ἐπιστήμη). Hierin liegt der besondere Akzent und die eigentliche Pointe dieser ganzen Schilderung des »überhimmlischen Bereichs«. Die philosophische Bedeutung dieses Sachverhalts, der bis zu Hegel vorausweist, braucht nicht eigens betont werden.

C SATZ 2 (INDIZ 5)

Der zweite Satz der Schilderung des überhimmlischen Bereiches spricht, wie schon bemerkt, nicht eigentlich über diesen selbst, sondern über das Verhältnis der Seelen zu diesem Bereich. Insbesondere wird gesagt, was die Schau des Ideenreichs für die göttlichen und menschlichen Seelen bedeutet: Eine jede freut sich über den Anblick des Seienden (ἀγαπᾷ, 247 d 3), nährt sich davon (τρέφεται, d 4) und befindet sich wohl (εὐπαθεῖ, d 4). Die metaphorische Darstellung der Ideenschau als ein festliches Sich-Nähren wird in Satz 4 wiederholt (θεασαμένη καὶ ἑστιαθεῖσα, e 3) und beherrscht ja auch im weiteren Umkreis die Schilderung. Damit ist, obwohl das Wort nicht fällt, die φιλο-σοφία der Seelen dargestellt: in Satz 2 und 4 speziell in der Phase der Erfüllung. Denn das Sich-Nähren von den offenbar gewordenen Ideen bedeutet die Erfüllung des wesensgemäßen ›erotischen‹ Strebens dieser Seelen nach Weisheit.[59]

Der Leser, den der Relativsatz gegen Ende von Satz 1 hat aufhorchen lassen und der mit der Möglichkeit rechnet, daß Platon hier dem ganzen Ideenreich Wissen zuschreibt, findet nun gleich am Anfang von Satz 2 ein bestätigendes Indiz. Dieser Satz beginnt nämlich: ἅτ' οὖν θεοῦ διάνοια νῷ τε καὶ ἐπιστήμῃ ἀκηράτῳ τρεφομένη, καὶ ἁπάσης ψυχῆς ὅσῃ ἂν μέλῃ τὸ προσῆκον δέξασθαι, ... Dasjenige, wovon die Seelen der olympischen Götter und die besten anderen Seelen »sich ernähren« wird hier als »reiner Geist und reines Wissen« bezeichnet.[60] Die »Nahrung« für die zeitlichen Seelen dürfte aber wohl, da diese πρὸς δαῖτα καὶ ἐπὶ θοίνην zum überhimmlischen Raum hinaufgezogen sind (247 b 8 ff.), in diesem Bereich selber liegen; sie muß mit der »farblosen, gestaltlosen und unberührbaren Substanz«, von der Satz 1 gesprochen hat, identisch sein, d.h. mit den Ideen. Demnach wären es die Ideen in ihrer Gesamtheit, die hier als νοῦς τε καὶ ἐπιστήμη ἀκήρατος bezeichnet werden. Mit dieser Deutung stimmt auch der nach dem Partizipialausdruck folgende Hauptteil des Satzes genau überein: ἰδοῦσα διὰ χρόνου τὸ ὂν ἀγαπᾷ τε καὶ θεωροῦσα τἀληθῆ τρέφεται καὶ εὐπαθεῖ, ... Denn hier wird aus Anlaß der aktuellen Schau das geistige Sich-Nähren einer zeitlichen Seele noch näher beschrieben, und an derselben Stelle neben τρέφεσθαι, wo vorher stand νῷ τε καὶ ἐπιστήμῃ, haben wir jetzt die Angaben ἰδοῦσα τὸ ὂν und θεωροῦσα τἀληθῆ. Das Wovon des Sich-Nährens wird also innerhalb desselben Satzes völlig äquivalent einmal als »Vernunft und Wissen« und das andere Mal als »das Seiende« und »das Wahre« benannt. Damit ist, wie es scheint, die doppelte Natur des Ideenreiches, ihr Seins- und zugleich Geistcharakter, auch hier ausgesprochen, und bereits wesentlich deutlicher als in Satz 1.

»Wie es scheint«, sagte ich, weil auch andere Auffassungen möglich sind. Die Gelehrten des 20. Jahrhunderts übersetzen τρέφεσθαι c. dat. in 247 d 1 f. zwar meist ebenfalls mit »sich nähren von« bzw. »to be nourished on« oder »se nourrir de«. Aber da die meisten dieser Gelehrten weit davon entfernt sind, der platonischen Ideenwelt Geist zuzuerkennen, müssen sie den Sinn dieses Textes anders verstehen: νῷ τε καὶ ἐπιστήμῃ in d 1 beziehen sie wahrscheinlich nur auf die Erkenntnisvermögen und -akte der zeitlichen Seelen, nicht aber auf solche der Ideenwelt.[61] Die Denkkraft (διάνοια, d 1) dieser Seelen »nährt« sich dann von ihrer eigenen Vernunft und ihrem eigenen Wissen – was besonders für die Zeiten zwischen den Phasen der unmittelbaren Schau zuzutreffen scheint, die in d 1 hauptsächlich gemeint sein

59 Vgl. Pol. VI 490 b, wo Platon in bezug auf dieselbe Phase neben τρέφεσθαι (b 6) die Ausdrücke ἀπολήγειν τοῦ ἔρωτος (b 2) und λήγειν ὠδῖνος (d 7) gebraucht. Weiter zu dieser Stelle unten S. 212 f. – Es entspricht der konzentrierten Präzision dieser ersten Schilderung des überhimmlischen Bereichs, daß Platon auch die Erfüllung des philo-sophischen Eros hier sehr verhalten und sachlich beschreibt. Erst 250 b–c, wo von der in jenem Bereich geschauten Schönheit die Rede ist, folgen mit dem Bild der Mysterieneinweihung eigentlich hymnische Töne.

60 Das Attribut ἀκηράτῳ steht wahrscheinlich ἀπὸ κοινοῦ.

können. Wie erklären diese Interpreten aber die Tatsache, daß Platon in d4 auch von der unmittelbar die Ideen schauenden Seele sagt: θεωροῦσα τἀληθῆ τρέφεται? Hier steht doch, wie wir interpretierten, »das Wahre«, also die der Seele vorgegebene Ideenwelt, genau an jener das Wovon des Sich-Nährens angebenden Stelle, wo vorher »Vernunft und Wissen« standen – was gegen die intrapsychische Auslegung der letzteren spricht. Um trotzdem dem Rückschluß auf den Geistcharakter der Ideenwelt zu entgehen, müssen die modernen Gelehrten sich den Sachverhalt wohl folgendermaßen erklären: Wenn eine Seele die Ideen schaut, dann entstehen in ihr Vernunft und Wissen; und durch diese letzteren – nicht unmittelbar durch die Ideen – wird die Seele »ernährt«. Νοῦς τε καὶ ἐπιστήμη in d 1 und τὸ ὄν und τἀληθῆ in d 3 u. 4 stehen demnach nur scheinbar genau analog, und die Ideen werden nicht mehr selber als »Vernunft und Wissen« bezeichnet. Diese Erklärung läßt sich auch auf die anamnetische Ideenschau übertragen; denn im ganzen hiesigen Leben bildet sich die menschliche Vernunft ja an dieser bloß erinnerten Schau.

Wer so interpretiert, darf freilich nicht behaupten, daß die Ideen bei Platon nicht als die Nahrung der Seele dargestellt würden. Die ganze Schilderung hier im ›Phaidros‹ läßt keinen Zweifel, daß die eigentliche und ursprüngliche Nahrung für den obersten Seelenteil die Ideen sind – in Entsprechung zu der mythischen Götterspeise Ambrosia und Nektar, die Platon hier auf die Ebene der beiden unteren Seelenteile herabrückt (247 e 4–6). In 248 b 7–c 2 wird dies sogar ausdrücklich gesagt: ἥ τε δὴ προσήκουσα ψυχῆς τῷ ἀρίστῳ νομὴ (»Weide«, hier gleichbedeutend mit »Nahrung«) ἐκ τοῦ ἐκεῖ λειμῶνος τυγχάνει οὖσα (sc. aus der »Ebene der Aletheia«, b 6, d.h. dem Ideenreich), ἥ τε τοῦ πτεροῦ φύσις, ᾧ ψυχὴ κουφίζεται, τούτῳ τρέφεται. Da der zweite, vom Seelengefieder redende Teil dieses Zitats in mythischem Bilde dasselbe sagt wie der erste Teil, haben wir mit τούτῳ τρέφεται hier ein grammatisch völlig gleiches Gegenstück zu νῷ τε καὶ ἐπιστήμῃ ἀκηράτῳ τρεφομένη in 247 d 1f. – wobei der instrumentale Dativ τούτῳ die Ideenwelt bezeichnet! Auch aus der Phaidon-Stelle 84 ab: τὸ ἀληθὲς καὶ τὸ θεῖον καὶ τὸ ἀδόξαστον θεωμένη καὶ ὑπ᾽ ἐκείνου τρεφομένη (gesagt von der menschlichen Denkseele), ist klar, daß Platon die Ideen selbst als die eigentliche ›Nahrung‹ der Seele versteht.

61 Nachweisbar an Nuancen der Übersetzung oder kommentierenden Bemerkungen ist dies bei Müller und Rowe. Vgl. H. Müller, 119: »Da nun die Denkkraft, als der Gottheit und jeder für das Rechte empfänglichen Seele angehörig, in der Vernunft und dem lauteren Wissen ihre Nahrung findet, genügt es der Seele von Zeit zu Zeit das Seiende zu schauen ...« (Mit dieser Auffassung des ἀγαπᾷ steht Müller allein.) Und Rowe schreibt S. 180, die ἐπιστήμη von d 1 (und also auch der dortige νοῦς) sei nicht die Idee des Wissens, sondern »a particular ›imitating‹ or ›sharing in‹ the Form«.

Die Position der modernen Interpreten, die wir hier hypothetisch verfechten, läßt sich aber mit einem recht plausiblen Hinweis noch immer halten: Anknüpfend daran, daß es in dem zitierten Satz Phdr. 248 bc heißt: ἥ τε δὴ προσήκουσα ψυχῆς τῷ ἀρίστῳ νομὴ ἐκ τοῦ ἐκεῖ λειμῶνος τυγχάνει οὖσα, können jene darauf hinweisen, daß es, wie die körperliche, so auch die geistige Speise in zweierlei Form gibt: erstens als außen vorliegende und zweitens als in den Leib oder die Seele aufgenommene, welche letztere immer einem gewissen Prozeß der Umgestaltung und Anverwandlung unterliegt. Die Ideen in ihrem überhimmlischen Bereich seien nun die gleichsam außerhalb[62] der Seele liegende geistige Nahrung und als solche bloße Gegenstände des Erkennens ohne eigenes Bewußtsein. Erst die in die zeitliche Seele aufgenommenen Ideen würden dort auch mit Bewußtsein verbunden und könnten dann als Nus und Episteme bezeichnet werden. In 247 d 1f. sei deshalb nur von der geistigen Nahrung in dieser sekundären, aufgenommenen Form die Rede, nicht von den Ideen an sich.

Für ihre bloß intrapsychische Deutung von νοῦς und ἐπιστήμη in d 1 können die modernen Interpreten sich schließlich noch darauf berufen, daß Platon kaum zwei Zeilen vorher vom Nus in einer Weise gesprochen hat, die allein an die zeitlichen Seelen denken läßt. In 247 c 8 hieß es nämlich, daß die transzendente Usia »nur durch den Steuermann der Seele, den Nus, schaubar« sei (ψυχῆς κυβερνήτῃ μόνῳ θεατὴ νῷ). Das Bild vom Steuermann variiert offenbar das des Wagenlenkers (246 a 7, 247 b 5, 248 a 3 u. ö.), so daß der instrumentale Dativ νῷ hier ausschließlich das innerseelische Vermögen der Ideenerkenntnis bezeichnen dürfte.[63] Die äußerlich gleichen instrumentalen Dative νῷ τε καὶ ἐπιστήμῃ in d1 könnten also ebenfalls bloß die Vermögen des geistigen Sich-Nährens bezeichnen[64] – einige moderne Interpreten scheinen diese Sicht zu präferieren[65] –, oder diese Dative stehen sowohl für die Erkenntnisvermögen wie für die damit gewonnene innerseelische ›Nahrung‹. In jedem Falle würde in d1 nicht den Ideen – als der geistigen Nahrung in der ›externen‹, urprünglichen Form – Vernunft zugesprochen.

---

62 Da die Ideen nach Platon überhaupt nicht im Raum sind (was ja die Metapher ὑπερουράνιος τόπος besagt, vgl. Tim 52b3–c1), ist diese räumliche Ausdrucksweise ein – freilich unvermeidlicher – Notbehelf.

63 Dafür spricht auch, daß der transzendente Nus die Ideen nicht eigentlich »schaut«: Er ist gewissermaßen mit ihnen identisch, vgl. unten S. 315.

64 Bei τρέφεσθαι ist der instrumentale Dativ also doppeldeutig: Denn »Mittel« des Sich-Nährens sind sowohl die Nahrung – vgl. unser Wort »Lebensmittel« – wie auch gewisse Organe, mit denen die Nahrung aufgenommen und verarbeitet wird.

65 Das läßt sich überall dort vermuten, wo τρέφεσθαι c. dat. in d 1 als »sich nähren m i t « oder » d u r c h « übersetzt ist, vgl. Lehrs (30), Ritter (60), Kassner (38) und Hübscher (199). Das englische »to be nourished by« ist ebenso doppeldeutig wie τρέφεσθαι c. dat., s. Hackforth (78) und Rowe (63).

Die Entscheidung zwischen den vorgeführten alternativen Interpretationen von Satz 2 läßt sich objektiv treffen: aufgrund von weiteren Textstellen, wo Platon die Erkenntnis der Ideen als seelische Ernährung veranschaulicht (1) und im Hinblick auf die platonischen Grundgedanken, um die es bei dieser Bildersprache geht (2).[66] Übrigens wird aber nicht eine dieser beiden Interpretationen allein recht behalten, sondern die Lösung liegt in einer bestimmten Synthese von beiden.

1. Daß Platon sich die geistige Nahrung tatsächlich, genau wie die leibliche, in zwei Formen oder Instanzen vorgestellt hat: erstens an sich seiend außerhalb der Seele und zweitens als von der Seele aufgenommen und diese füllend, zeigt wohl am deutlichsten die Stelle Pol. VI 490 ab. Dort wird geschildert, wie der wahre Philosoph sich mit heftigem Eros an das Seiende herankämpft, bis er es »berührt«, und zwar mit dem »verwandten« Teil oder Vermögen seiner Seele. Anschließend heißt es wörtlich: πλησιάσας καὶ μιγεὶς τῷ ὄντι ὄντως, γεννήσας νοῦν καὶ ἀλήθειαν, γνοίη τε καὶ ἀληθῶς ζῴη καὶ τρέφοιτο καὶ οὕτω λήγοι ὠδῖνος, πρὶν δ' οὔ. Bis auf den Unterschied, daß das Ideenreich (τὸ ὂν ὄντως) hier nicht unmittelbar, sondern in der Anamnesis der eingekörperten Seele geschaut wird, haben wir hier die gleiche Situation wie an der Phaidros-Stelle. Hier wird aber zusätzlich gesagt, daß die Denkseele bei diesem Kontakt mit den Ideen »Vernunft und Wahrheit erzeugt« – sc. als innerseelische Phänomene, denn die transzendenten Ideen – die bei Platon ebenfalls Aletheia (und auch Nus!) heißen können – kann und braucht das menschliche Denken nicht erzeugen. Wenn es dann weiter heißt, daß die Seele (sc. durch diese Akte) »erkennt und wahrhaft lebt und sich nährt« – drei hier im Grunde synonyme Ausdrücke –, dann ist das Wovon der Ernährung hier in zweifacher Gestalt präsent: einmal als die Ideen selbst, die unveränderlich in sich verharren, und zum

66 Vorweg sollten wir uns klarmachen, daß die Metapher der geistigen Nahrung von Platon an unserer Stelle nicht aufgrund eines momentanen Einfalls verwendet wird und erst recht nicht aufgrund einer momentanen ›poetischen‹ Stimmung. Dagegen spricht nicht nur ihre sorgfältige Entfaltung im weiteren Kontext, sondern auch die damit übereinstimmende, durch besondere Akzentuierungen das Bild bereichernde Verwendung in anderen Schriften Platons. Vgl. außer den oben folgenden Stellen auch Prot. 313c–314b, Phileb. 52ab und Tim. 90a. Diese Metapher ist für Platon kein äußerlicher Schmuck, sondern hat ihre sachliche Notwendigkeit. Sie gehört zu seinem wohlüberlegten generellen Verfahren, die unsinnlichen seelisch-geistigen Verhältnisse anhand von leiblich-körperlichen Analogien zu veranschaulichen. Da diese Analogien auf realen Strukturentsprechungen beruhen, haben auch solche Metaphern einen echten Erkenntniswert. Darum ist es gewiß kein Zufall, daß die entsprechende Metapher der heilbringenden Speise und/oder des heilgebenden Trankes sich – wie schon eine kleine Wortkonkordanz zeigt – von den Büchern Mose (II 16, 13ff.,V 8, 3) bis zur Offenbarung des Johannes (21, 6) durch die ganze Bibel zieht. Vgl. zu diesem Thema: Bremer (1980) sowie die moderne dichterische Gestaltung des Motivs der »vom Himmel kommenden« seelisch-geistigen Nahrung in Franz Kafkas Erzählung »Forschungen eines Hundes«.

andern als die in der Seele erzeugte »Vernunft und Wahrheit«, in denen die Ideen abbildhaft enthalten sind.[67] Das Sich-Nähren von den Ideen selbst geschieht in dem Zeugen von Nus und Aletheia in der Seele, die ihrerseits – als aufgenommene geistige Nahrung – die Seele nähren. Die Erwähnung des Eros und die Metapher des Zeugens schlägt übrigens eine Brücke zur Sokrates-Rede des ›Symposions‹: Die dortige »Zeugung« bzw. »gebärende« Hervorbringung von wahrer Arete beim Anblick des Schönen selbst (212a) ist offenbar gleichbedeutend mit einem Sich-von-den-Ideen-Nähren.[68]

Diese differenzierte Sicht wird bestätigt durch Pol. IX 585 a–e, wo aber primär die aufgenommene, die Seele ›füllende‹ Form der geistigen Nahrung im Blick steht. Platon will dort nämlich den Vorrang der Lust des obersten Seelenteils beweisen und arbeitet schon, wie später im ›Philebos‹, mit der Theorie, daß die Anfüllung, sei es des Körpers, sei es der Seele, mit dem »von Natur Angemessenen« Lust bedeutet (d 11). Wenn er dort schreibt: Οὐκοῦν πλήροιτ᾽ ἂν ὅ τε τροφῆς μεταλαμβάνων καὶ ὁ νοῦν ἴσχων; (b 6f.), so könnte man zwar aus der Parallelität der Ausdrücke schließen, daß auch der Nus, wie die Nahrung des Leibes, von außen in den Menschen hereingenommen wird. Für das gewöhnliche Bewußtsein gibt es aber keine außerhalb vorgegebene Vernunft, die der Mensch wie eine Nahrung aufnehmen könnte,[69] so daß νοῦν ἴσχειν im Griechischen gewöhnlich nur heißt: vernünftig werden, in sich selber Vernunft ausbilden. Und diese Auffassung genügt Platon hier für seine Betrachtung der verschiedenen Anfüllungen. Darum redet er zweifellos von Phänomenen innerhalb der menschlichen Seele, wenn er das Gegenstück zur Nahrung des Leibes in b 14 / c 1 folgendermaßen verdeutlicht: τὸ δόξης τε ἀληθοῦς εἶδος καὶ ἐπιστήμης καὶ νοῦ καὶ συλλήβδην αὖ πάσης ἀρετῆς. Aber auf den Zusammenhang dieser innerseelischen geistigen Nahrung mit den ›außen‹ ewig bestehenden Ideen weist er auch hier ausdrücklich hin: Diese Phänomene sind nämlich τὸ τοῦ ἀεὶ ὁμοίου ἐχόμενον καὶ ἀθανάτου καὶ ἀληθείας καὶ αὐτὸ τοιοῦτον ὂν καὶ ἐν τῷ τοιούτῳ (sc. in der unsterblichen Denkseele) γιγνόμενον (c 1–3). Man kann aus dem »Anhaften« (ἐχόμενον) der seelischen Vermögen an den Ideen und aus der Gleichbeschaffenheit (τοιοῦτον) der beiden Relata auch folgern, daß die Ideen die

67 Vgl. dazu die im folgenden herangezogene Stelle Pol. IX 585a–c, bes. b14 und die noch systematischere Angabe in ep. VII 342 a–d, wo die innerseelischen Phänomene ἐπιστήμη καὶ νοῦς ἀληθής τε δόξα deutlich als Abbilder des »Fünften«, d. h. der transzendenten Idee, herausgestellt werden. Hier hat Platon erste Ansätze zu einer Theorie des Begriffs.

68 In Symp. 212 a 5f.: τεκόντι δὲ ἀρετὴν ἀληθῆ καὶ θρεψαμένῳ, hat τρέφεσθαι aber die speziellere Bedeutung der »Aufzucht« der bereits »geborenen« Tüchtigkeit.

69 Obwohl den Vorsokratikern mit ihrer Lehre von der feinstofflichen kosmischen Vernunft eine solche Vorstellung nicht fremd war, s. bes. Heraklit, Parmenides (Doxa-Teil), Anaxagoras und Diogenes.

ursprüngliche Form dieser geistigen Nahrung sind, so daß sogar die Frage auftaucht, ob auch jene gemäß dieser Gleichheit Bewußtsein und Vernunft haben[70] – aber Platon redet hier nicht über die Ideenwelt als solche, geht es ihm doch, wie gesagt, um die Erfüllung der menschlichen Seele und die daraus entstehende Lust. Insofern wird die geistige Nahrung hier einseitig in ihrer aufgenommenen, innerseelischen Form thematisiert.[71]

Kehren wir von dort zu unserem Phaidros-Abschnitt zurück, so finden wir hier die zu der Stelle in Pol. IX entgegengesetzte Akzentuierung: Von der ersten Einführung des Bildes vom Sich-Nähren der Seele bzw. ihres Gefieders in 246 de bis zur vorläufig letzten Verwendung dieser Metapher in 248 bc geht es thematisch um die Schau der Ideen, ja sogar um die unmittelbare, nicht bloß erinnerte Form dieser Schau.[72] Das Bild des Sich-Nährens steht für die noetische Ideenerkenntnis – und wohl auch für den Erwerb weiterer Aretai – während dieser Schau, und demgemäß wird die geistige Nahrung hier primär in ihrer ursprünglichsten Form gedacht: als die der Seele vorgegebenen, an sich bestehenden Ideen. Erst in 251 b–252 b, wo Platon zur Erklärung der erotischen Gefühle – also mit ähnlicher Zielsetzung wie in Pol. IX – das Bild des Sich-Nährens wieder aufgreift, kommt er bei der Schilderung der Ernährung des ›Seelengefieders‹ auch thematisch auf die in die Seele hineingehende Form der Nahrung und deren dortige Wirkung.[73]

So ist auch in Satz 2 des zentralen Passus 247 c–e, wo die unmittelbare Ideenschau erstmals beschrieben wird, gewiß primär von der außerseelisch vorgegebenen Seelennahrung die Rede. Bei der Formulierung von d 3: θεωροῦσα τἀληθῆ τρέφεται, ist dies evident, aber auch die vorausgeschickte allgemeine Feststellung: ἅτ' οὖν θεοῦ διάνοια νῷ τε καὶ ἐπιστήμῃ ἀκηράτῳ τρεφομένη, muß sich in diesem Kontext primär auf die vorgegebene Nahrung beziehen – so daß tatsächlich die Ideen hier als »reine Vernunft und reines Wissen« bezeichnet werden. Der Prozeß der geistigen Ernährung impliziert aber notwendig die Aufnahme der Nahrung in die Seele, was Platon auch hier beachtet: τὸ προσῆκον δέξασθαι (d 2f.) bedeutet ja eben dieses Von-außen-Nehmen der Nahrung – sc. zur ›Einverleibung‹ – und auch die Formulierung ἐκ τοῦ ἐκεῖ λειμῶνος in 248 b 7f. deutet auf diesen Vorgang der Aneignung

70 Vgl. unten S. 217.

71 Damit mag es zusammenhängen, daß Platon es hier vermeidet, νοῦς, ἐπιστήμη usw. geradezu als »Nahrung« zu bezeichnen: stellt man sich eine solche doch als etwas vor, das zuerst und an sich außerhalb des Zu-Ernährenden liegt – wie es bei der Nahrung des Leibes anschaulich der Fall ist.

72 Nur hier in seinem ganzen Werk hat Platon die vorgeburtliche Ideenschau der leibfreien Seele thematisch geschildert.

73 In sehr konkreter Veranschaulichung, vgl. z. B. 251 c 6–8: ἐκεῖθεν μέρη ἐπιόντα καὶ ῥέοντ' – ἃ δὴ διὰ ταῦτα ἵμερος καλεῖται – δεχομένη ἄρδηταί τε καὶ θερμαίνηται.

hin. Darum bezeichnen νοῦς τε καὶ ἐπιστήμη hier sekundär auch die gewöhnlich so genannten innerseelischen Phänomene als die aufgenommene geistige Nahrung. Bei allgemein gehaltener Ausdrucksweise hat Platon also mehrere Aspekte und Instanzen der bezeichneten Sache zugleich im Blick, wie wir es uns auch an dem Relativsatz περὶ ἣν τὸ τῆς ἀληθοῦς ἐπιστήμης γένος in Satz 1 klarmachten. Das Gemeinte ist also komplex und bedeutungsträchtiger, als es dem flüchtigen Leser scheint. Platons enorme Kraft, einen komplexen Sachverhalt als ganzen zu umfassen, zeigt sich auch an dieser (im echten Sinne) »prägnanten«, d. h. eine wesentliche sachliche Differenzierung andeutend einschließenden Sprechweise.[74]

Wendet man ein, der Bezug von νοῦς τε καὶ ἐπιστήμη auf den Geistcharakter der Ideenwelt sei bei Platon ungewöhnlich, wie doch der Vergleich mit Pol. VI 490 b und IX 585 b,c zeige, so ist zu antworten, daß dieser Sprachgebrauch, was νοῦς betrifft, auch an anderen Stellen zu belegen ist,[75] und daß er hier im ›Phaidros‹ durch jene vier Indizien vorbereitet wird, die wir im Vorigen besprochen haben. Zudem enthält das vierte Indiz – der genannte Relativsatz in Satz 1 – schon das Wort ἐπιστήμη in derselben metaphysischen Bedeutung, die Platon hier auch dem erweiterten Ausdruck νοῦς τε καὶ ἐπιστήμη gibt. Und wie dort das Attribut ἀληθής auf die höchste, metaphysische Bedeutung der ἐπιστήμη hinweist, so hier genau entsprechend das Attribut ἀκήρατος, »ungemischt, rein« – das sich, wie gesagt, ἀπὸ

---

74 Auf den Begriff »prägnant« – den man gemäß seiner Ableitung von lateinisch »praegnans« weder mit »präzise« noch mit »geprägt, markant« verwechseln darf – kommt in einer Untersuchung von Platons Schreib- und Lehrweise auch Steinthal (1996) zu sprechen. Platons Lehre in den Dialogen sei gekennzeichnet durch ein »›Gemisch‹ von Problematik und Prägnanz« (16 u. 20), wobei »prägnant« zutreffend erklärt wird als »gewichtig, gehaltvoll« (19). Zwar sei es denkbar, »daß ein inhaltlich gehaltvolles Wissen zugleich präzise ist«, aber man müsse beachten, daß »bei demjenigen Wissen von Gott, der Welt und dem Menschen, nach dem Platon strebt,« Prägnanz und Präzision »gewöhnlich auseinanderklaffen«. Und Platon sei in diesem Dilemma »offensichtlich nicht gewillt, der Präzision ohne weiteres die Priorität einzuräumen.« (19)
Wenn man diese letztere Einschätzung – obwohl zögernd, vgl. Pol. VI 504 de u. Polit. 284 d 1–3 – grundsätzlich für richtig hält, muß man umso mehr den obigen Befund würdigen, auf den wir in der vorliegenden Arbeit noch wiederholt stoßen werden: prägnante, einen differenzierten Sachkomplex übergreifende Formulierungen, hinter denen zugleich ein durchaus präzises Wissen um alle relevanten Einzelstrukturen steht. Daß Platon die zugehörige sachliche Differenzierung kennt und bewußt im Blick hat, läßt sich – wie wir oben sahen – sowohl aus Nuancen der prägnanten Formulierung wie aus anderen Stellen, wo ein spezieller Aspekt deutlich heraustritt oder sogar die ganze Differenzierung explizit erörtert wird, hinreichend sicher erschließen. (Übrigens kann ich manchen Aussagen in Steinthals Aufsatz nicht beistimmen, darunter auch seine Bemerkung zu Phdr. 247 d, die a. die Prägnanz dieser Stelle und b. ihre assertorische Gültigkeit als Lehre Platons verkennt, s. S. 11.)

75 Vgl. Soph. 248 e–249 a und Tim. 47 e–48 a (s. oben S. 193 Anm. 19).

κοινοῦ auch auf νοῦς bezieht. Natürlich kann auch ein innerseelisches Vernunftwissen bei Platon »rein« genannt werden – man denke an die Forderung der Reinigung der (Denk-)Seele im ›Phaidon‹ (82 d ff.) und an die kathartische Funktion der sokratischen Elenktik (Soph. 230 a–e); aber im strengsten Sinne rein ist bei ihm nur das Transzendent-Ideelle.[76]

Das Adjektiv ἀκήρατος in Verbindung mit νοῦς führt uns auch zu der sowohl wörtlich wie sachlich sehr ähnlichen Stelle Kratylos 396 b 3–7. Dort entwickelt Platon die folgende Etymologie des Namens »Kronos«: »Daß er (sc. Zeus) aber ein Sohn des Kronos sei, das dürfte einem als frevelhaft vorkommen, wenn man es so unvermittelt hört, und doch hat es einen guten Sinn, daß Zeus der Abkömmmling eines großen Denkens (μεγάλης τινὸς διανοίας) ist. Denn ›Krónos‹ bedeutet nicht ›Knabe‹ (kóros), sondern das ›Saubere‹ und ›Unvermischte‹ seiner Einsicht (τὸ καθαρὸν αὐτοῦ καὶ ἀκήρατον τοῦ νοῦ).«[77] Als Sohn des Kronos soll Zeus von einem »großen Denken« abstammen. Das entspricht sachlich der Darstellung in ›Phaidros‹, ›Philebos‹ und ›Timaios‹: Denn Zeus wird im ›Phaidros‹ vage (246 e4, cf. b6–c2)[78], im ›Philebos‹ aber bestimmt (30 d) als eine mythische Personifikation der Weltseele behandelt, welche letztere nach Tim. 34 b ff. von dem Demiurgen, d. h. dem transzendenten Nus, hergestellt ist.[79] An unserer Phaidros-Stelle erblickt Zeus also, indem er das Reich der Ideen sieht, jenen transzendenten Geist, von dem er abstammt.[80] Wenn aber auch im ›Kratylos‹ die Reinheit dieses Geistes betont wird, sogar mit demselben Adjektiv ἀκήρατος, dann ist das eine sachliche und wörtliche Parallele zu dem Ausdruck νῷ τε καὶ ἐπιστήμῃ ἀκηράτῳ in Satz 2 – sc. in unserer obigen Deutung.[81]

Für die allein intrapsychische Deutung dieses Ausdrucks bleibt demnach nur noch die Berufung auf die Tatsache, daß der gleiche instrumentale Dativ νῷ zwei Zeilen vorher (c 7f.) eindeutig die Vernunft der zeitlichen Seelen bezeichnet, nämlich als deren höchstes Erkenntnisvermögen, das allein die Ideen erschauen kann. Vgl. oben S. 202. Warum soll nicht in d 1f. dasselbe gemeint sein – zumal Platon

---

76 Vgl. Phaid. 79 d 2 u. 83 e 2 und bes. Symp. 211 e 1, die Bestimmung des Schönen selbst als εἰλικρινές, καθαρόν, ἄμεικτον.

77 Übersetzung von R. Rufener.

78 Vgl. oben S. 194.

79 Demgemäß referiert Platon die traditionelle Genealogie der olympischen Götter nur mit größten Vorbehalten, s. Tim 40 d–41 a.

80 Dasselbe gilt nach Tim. 41 c–42 a grundsätzlich auch für die menschlichen Denkseelen.

81 Die systematische Bedeutung der Kratylos-Stelle und ihren Bezug auf den Phaidros-Mythos hat auch Schwabl (1978) in seinem RE-Artikel »Zeus. Teil II« bemerkt, vgl. Sp. 1336–1338, bes. 1336, 64–1337, 24. Ohne den Geistcharakter der Ideenwelt zu erörtern, bemerkt Schwabl dabei noch eine weitere Parallele: Auch im Mythos des ›Politikos‹ wird die Transzendenz, d. h. das Ideenreich, mit dem Gott Kronos gleichgesetzt, s. Sp. 1337, 53–68.

die Metapher des Sich-Nährens der Seele auch auf den innerseelischen Nus beziehen kann (s. Pol. VI 490 b)?

Aber wir müssen festhalten, daß das seelische Sich-Nähren in diesem Kontext primär auf die der Seele quasi außen vorgegebene Nahrung bezogen ist. Dann sehen wir, daß der Nus als Vermögen der Ideenerkenntnis in d 1 hauptsächlich durch den Ausdruck θεοῦ διάνοια bezeichnet wird.[82] Schon mit diesem Ausdruck knüpft Platon an νῷ in c 7f. an, während νῷ τε καὶ ἐπιστήμῃ eine Erweiterung des Begriffes ἐπιστήμη in c 8 ist. Bei dem Nus als Vermögen der Ideenerkenntnis geht es ja zunächst nur um die bloße Potenz des obersten Seelenteils, die Ideen zu erschauen, während der voll entfaltete innerseelische Nus, der in νῷ τε καὶ ἐπιστήμῃ nach unserer Deutung sekundär mitgemeint ist, erst bei der aktuellen Schau entsteht, s. eben Pol. VI 490 b.[83] Wir haben also in νῷ von c 7f., wiederaufgenommen in θεοῦ διάνοια von d 1, den Nus der zeitlichen Seelen als das Subjekt der Erkenntnis und in dem gleich anschließenden νῷ τε καὶ ἐπιστήμῃ ἀκηράτῳ primär den transzendenten Nus als Objekt der Erkenntnis – eine Äquivokation, die Platon nicht vermeidet, weil sie für ihn einen tiefen sachlichen Sinn hat. Sie weist nämlich hin auf seinen erkenntnistheoretischen Grundsatz, daß Gleiches nur durch Gleiches erkannt wird. Dieser Grundgedanke, den Platon oft herausstellt,[84] wird hier verbildlicht als eine Ernährung des Gleichen durch das Gleiche.

Wir können uns hier klarmachen, daß allein aus diesem platonischen Grundgedanken bereits auf den Geistcharakter der Ideenwelt zu schließen ist: Wenn das Gleiche durch das Gleiche erkannt wird, die Ideenwelt aber nur durch den Nus der zeitlichen Seelen geschaut werden kann – s. die gerade behandelte Stelle 247 c7f. –, dann muß auch jene Welt im ganzen Nus haben, wenn auch auf höherer, überzeitlicher Stufe.

Bestätigt wird diese Überlegung durch einen weiteren Grundgedanken Platons, der hier ebenfalls zugrundeliegt: seine Forderung der »Angleichung (sc. des Menschen) an Gott« (ὁμοίωσις θεῷ). In der φιλο-σοφία der zeitlichen Seelen, deren Erfüllungsphase Satz 2 darstellt, ist dieser Gedanke voll präsent. Ausdrücklich

82 Für die Austauschbarkeit von νοῦς und διάνοια, im Unterschied zu ihrer Entgegensetzung im Liniengleichnis (Pol. VI 511 a 1 u. d–e), vgl. Krat. 396 b 5 u. 7.

83 Auch der voll entfaltete Nus ist natürlich nichts anderes als das voll aktualisierte Vermögen der Ideenerkenntnis. Auch in νῷ τε καὶ ἐπιστήμῃ ist also der Nus als innerseelisches Erkenntnisvermögen mit angesprochen – aber eben nur sekundär und gänzlich implizit.

84 Z. B. auch an den beiden vorhin herangezogenen Stellen aus der ›Politeia‹, vgl. VI 490 b3f.: ᾧ προσήκει ψυχῆς ἀφάπτεσθαι τοῦ τοιούτου – προσήκει δὲ συγγενεῖ, und die oben (S. 213f.) zitierte Stelle IX 585 c 1f. Aristoteles bemerkt zu Recht, daß auch der Komposition der Weltseele im Timaios das Prinzip γιγνώσκεσθαι γὰρ τῷ ὁμοίῳ τὸ ὅμοιον zugrundeliegt, s. De an. I 2, 404 b 16–18.

kommt die Forderung der Angleichung an Gott zwar erst 252 c–253 c zur Sprache und das göttliche Vorbild, dem der Liebende sich selbst und den Geliebten anzugleichen trachtet, sind dort nur die olympischen Götter. Aber diese polytheistischen Göttergestalten haben dabei nur eine vermittelnde Funktion: Diesen Göttern folgen heißt letztlich, nach dem Transzendent-Göttlichen streben, wie es Satz 2 und 248 a deutlich zeigen.[85] Daß der eigentliche, höchste Maßstab für die ὁμοίωσις θεῷ in der Transzendenz liegt, geht auch aus den beiden Hauptbelegen für diese Forderung klar hervor: aus Tht. 176 a–177a und Pol. VI 500 b–d (und weiter bis 501 c). Denn das singuläre »göttliche Musterbild« von Tht. 176 e 3f. kann nur der Ideenkosmos sein (oder/und das noch über diesem stehende Prinzip Hen/Agathon); und in Pol. VI 500 b - d wird ausdrücklich der Ideenkosmos als jenes göttliche Vorbild genannt, dem die philosophierenden Herrscher sich nachahmend angleichen. Da dieses transzendente Musterbild aber nicht nur θεῖος (Pol. 500c9, Tht. 176c4), sondern auch geradezu θεός genannt wird (Tht. 176b1 u. 8, vgl. Pol. X 613b1), muß es gemäß der personalen Gottesvorstellung der Griechen Bewußtsein und Geist besitzen.[86] Dasselbe folgt auch hier aus dem Begriff der Gleichheit: Denn wenn die Angleichung an diesen transzendenten Gott darin besteht, daß der Mensch in seiner Seele Nus erzeugt (Pol. VI 490b5), d. h. seine Nus-Anlage voll entfaltet, dann muß jener Gott ebenfalls Nus besitzen, und zwar in paradigmatisch-urbildlicher Form.

Man kann sich das Transzendenzverhältnis des Menschen, das Platon hier vorschwebt, durch folgendes Schema veranschaulichen:[87]

85 Vgl. bes. 248a1f.: ἡ μὲν ἄριστα θεῷ ἑπομένη καὶ εἰκασμένη ὑπερῆρεν εἰς τὸν ἔξω τόπον τὴν τοῦ ἡνιόχου κεφαλήν, ...

86 Freilich nicht in der zeitlichen und vermenschlichten Weise der olympischen Götter: Platons transzendenter Gott ist nur noch in einem analogen und sublimen Sinne personal, vgl. unten S. 320–323.

87 In der jüdisch-christlichen Religion entspricht dieser Struktur die Lehre, daß der Mensch als Ebenbild Gottes geschaffen sei (1. Mose 1, 27): Auch diese Ebenbildlichkeit ist dem Menschen zugleich gegeben und moralisch aufgegeben (vgl. Matth. 5, 48).

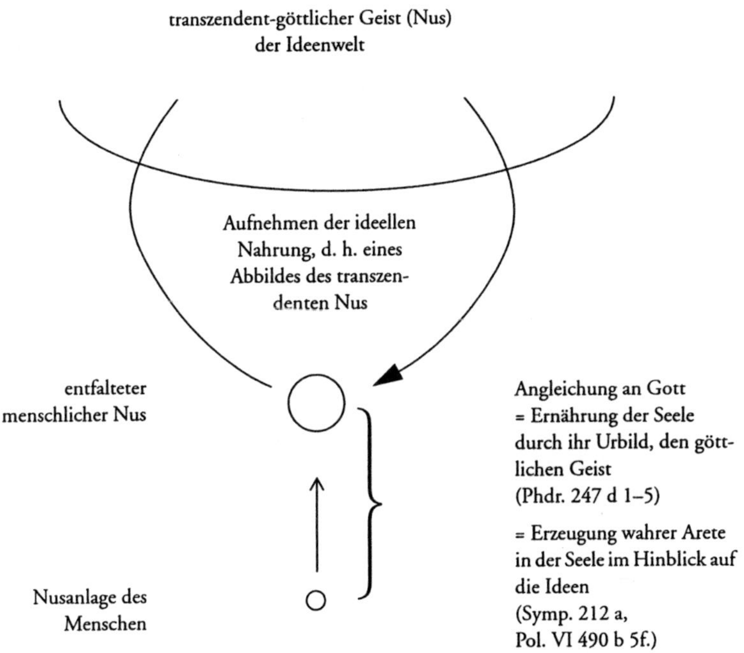

Wie das Schema zeigt, kommt in dieser Struktur der Nus in drei verschiedenen Bedeutungen vor: als Urbild, als voll entfaltetes Abbild und als dessen Anlage. All diese Bedeutungen sind im Text von Satz 1 und 2 identifizierbar, wenn man berücksichtigt, daß Nus, Episteme und Dianoia hier synonym verwendet werden. Für den Begriff der Episteme, der aufs ganze gesehen in der Beschreibung des »überhimmlischen Raumes« vorherrscht, bleibt die Unterscheidung von Urbild und Abbild zwar noch in den erläuterten prägnanten Formulierungen verborgen; aber Satz 3 wird diese Unterscheidung gerade an der Episteme thematisch explizieren!

Die Erkenntnis, daß das Sich-Nähren der Seelen in Satz 2 den Sachverhalt der *homoiosis theoi* darstellt, kann uns auch noch in anderer Hinsicht auf Satz 3 vorbereiten. Diese Angleichung hat nämlich, wie aus den genannten Hauptbelegen hervorgeht, sowohl eine intellektuelle wie eine ethische Seite:[88] Sie betrifft also nicht nur das Wissen der menschlichen Seele (= die Tugend der Sophia / Episteme / Phronesis), sondern auch ihre Gerechtigkeit und alle anderen Tugenden. Man muß also annehmen, daß die Seele, wenn nicht alle, so doch die grundlegendsten dieser Tugenden als Eigenschaften des transzendent-göttlichen Geistes erschaut, wenn

88 Dies hat zu Recht auch Szlezák (1993) 157 u. 116 betont.

anders ihre eigene Bildung eine Angleichung an diesen Gott ist. Diese urbildlichen Aretai des transzendenten Geistes werden uns aber an keiner der Stellen, die explizit von der ὁμοίωσις θεῷ handeln, umfassend vorgeführt. Der deutlichste Beleg, Pol. VI 500 b–d, spricht nur über die Gerechtigkeit des Ideenkosmos als ganzen – d. h. immerhin von der alle sonstigen Aretai zusammenfassenden Gesamttugend. In Satz 3 unserer Phaidros-Stelle jedoch werden tatsächlich drei der aus der ›Politeia‹ bekannten Haupttugenden genannt: Gerechtigkeit, Besonnenheit und Wissen, und komplementär zu Pol. VI 500 b–d wird hier nicht die Gerechtigkeit, sondern das Wissen der ideellen Sphäre näher erläutert. Es legt sich also die Vermutung nahe, daß diese drei Aretai als Vollkommenheiten des transzendent-göttlichen Geistes zu verstehen sind, denen sich die zeitlichen Seelen im Sinne der *homoiosis theoi* anzugleichen streben. Die *interpretatio recepta* sieht das freilich anders, und es wird ausführlicher Widerlegungen bedürfen.

HAUPTUNTERSUCHUNG: SATZ 3 (247 D 5–E 2): PLATONS ›UMRISSZEICHNUNG‹ DES TRANSZENDENTEN GEISTES

I Text und wörtliche Übersetzung

Der griechische Text dieses Satzes lautet: ἐν δὲ τῷ περιόδῳ καθορᾷ μὲν αὐτὴν δικαιοσύνην, καθορᾷ δὲ σωφροσύνην, καθορᾷ δὲ ἐπιστήμην, οὐχ ᾗ γένεσις πρόσεστιν, οὐδ' ἥ ἐστίν που ἑτέρα ἐν ἑτέρῳ οὖσα ὧν ἡμεῖς νῦν ὄντων καλοῦμεν, ἀλλὰ τὴν ἐν τῷ ὅ ἐστιν ὂν ὄντως ἐπιστήμην οὖσαν.[89] Eine annähernd wörtliche deutsche Übersetzung bietet wieder der Text der Rowohlt-Ausgabe, der aber gerade in diesem Satz nicht mehr als die Übersetzung Schleiermachers bezeichnet werden kann. Ich sagte schon, daß die Herausgeber dieser Ausgabe, W. F. Otto, E. Grassi und G. Plamböck, den für die Interpretation entscheidenden zweiten Teil dieses Satzes wesentlich genauer wiedergeben als jener.[90] Obwohl Schleiermachers Wortmaterial großenteils beibehalten wurde, muß man die Übersetzung von Satz 3 in der vorliegenden Form als die von Otto/Grassi/Plamböck bezeichnen. Sie lautet folgendermaßen: »In diesem Umlauf nun erblicken sie die Gerechtigkeit selbst, erblicken sie auch die Besonnenheit und die Wissenschaft, nicht die, welche eine Entstehung hat, noch welche eine andere ist in einem anderen von den Dingen, die wir jetzt seiend nennen, sondern die in dem, was wahrhaft ist, befindliche wahrhafte Wissenschaft.«[91]

Der Reihe nach vermerken wir nun die eventuell relevanten Punkte, an denen auch diese Übersetzung vom griechischen Text abweicht: Καθορᾷ ist nur zweimal, nicht dreimal übersetzt; Schleiermacher übersetzte es gar nur einmal. Platon gab dem Satz durch das dreimalige καθορᾷ aber gewiß absichtlich einen dezent erhabenen Klang – wie es der Erhabenheit des von den Seelen Geschauten entspricht. Vgl. dazu unten S. 323. 'Επιστήμη sollte, ebenso wie in Satz 1, heute nicht mehr mit »Wissenschaft«, sondern mit »Wissen« übersetzt werden, vgl. oben S. 194 und S. 203 Anm. 43. Das indefinite Pronominaladverbium που in d 7 ist nicht wiedergegeben, ebenso wie bei Schleiermacher und den meisten anderen Übersetzern.[92] Das ist wahrscheinlich legitim; denn Platon verwendet dieses Wörtchen fast aus-

89 Mit Robin und Moreschini (1985) setze ich am Ende dieses Satzes einen Punkt, vgl. oben S. 197 Anm. 25.

90 s. oben S. 201.

91 Nach Schleiermachers Übersetzung von 1817 korrigiere ich »wahrhaft_ Wissenschaft« im Rowohlt-Text zu »wahrhafte Wissenschaft«. Vgl. oben S. 200 Anm. 36.

nahmslos im übertragenen Sinn einer leichten und urbanen, für uns kaum hörbaren Einschränkung der Aussage: »wohl, gewissermaßen, irgendwie«; vgl. die über 100 Belege im Word-Index von L. Brandwood. Natürlich kann man auch im Deutschen mit H. Müller und Prantl ein »irgend« oder mit Lehrs ein »etwa« einflechten; man kann πον in diesem übertragenen (modalen) Sinne aber ebensogut unübersetzt lassen.

Der Fall πον wäre damit erledigt, würde Platon dieses Wörtchen nicht an ein paar Stellen in der eigentlichen, räumlichen Bedeutung »irgendwo« verwenden, vgl. bes. Symp. 211a8 und Tim. 52b4 u. 5. Dort bekommt πον geradezu das Gewicht einer ontologischen Kategorie – die es bei Aristoteles bekanntlich auch wurde: Denn an jenen Stellen geht es darum, daß jede Erscheinung einer Idee notwendig »irgendwo« im Raume ist, indem sie sich »anklammert« (Tim. 52b4f.) an ein räumlich-körperliches Substrat. Diese Stellen und diese Lehre dürfte Ficino im Blick gehabt haben, als er den betreffenden Teil von Satz 3 übersetzte: »nec qua alia a l i c u b i sit in alio« (meine Hervorhebung).[93] Es stellt sich also die Frage, ob πον hier statt »irgendwie« »irgendwo« heißt und in dieser Bedeutung eine wichtige ontologische Bestimmung darstellt, die man nicht auslassen darf.

Von der Sache her ist die Bedeutung »irgendwo« hier durchaus nicht sinnlos. Wenn man das ἐν an dieser Stelle streng beachtet und demgemäß findet, daß der Ausdruck ἐν ἑτέρῳ οὖσα ὢν ... von der Inhärenz der Abbilder der ideellen Episteme in verschiedenen empirischen Lebewesen (freilich nur in intelligenten) redet,[94] i m p l i z i e r t das ἐν ἑτέρῳ immer auch ein πον im Sinne von »irgendwo im Raume«. Aber nicht alles, was zur in Rede stehenden Sache gehört, muß auch jeweils ausgesprochen und / oder bewußt vom Autor gemeint sein. Über das letztere kann der Leser nur anhand der faktischen Formulierung und ihrer Nuancen

92 Wenn manchmal übersetzt wird: »wieder eine andere« (Schleiermacher) oder »immer« (Georgii u. Hildebrandt), »stets« (Hübscher), »jeweils ein anderes« (Buchwald, vgl. Heitsch), so bezieht sich das nicht auf πον, sondern auf die in dem Ausdruck ἑτέρα ἐν ἑτέρῳ οὖσα liegende Unbegrenztheit der Variation.

93 Das »qua« in der zitierten Phrase erklärt sich durch die Lesart ᾗ statt ἥ, die auch H. Stephanus bietet. Ich vermute, daß Ficinos Übersetzung folgendermaßen zu verstehen ist: »noch durch welches (d. h.: noch durch eine solche Art des Wissens, bei welchem) das Wissen als ein (sc. von den Ideen) verschiedenes irgendwo in einem anderen (sc. Ding oder Gebilde) ist.« Wahrscheinlich ist Ficino hier nämlich durch Plotin beeinflußt, der – vielleicht ebenfalls im Hinblick auf die Stellen in ›Symposion‹ und ›Timaios‹ – das ἑτέρα ἐν ἑτέρῳ οὖσα der ἐπιστήμη als ›vertikale‹ Verschiedenheit und Getrenntheit des abbildhaften Ideenwissens (z. B. eines Menschen) von seinen Gegenständen, den Ideen, deutet, vgl. Enn. V 8, 4, 51–54 und ebendort 5, 7–9 u. 6, 10–13 sowie VI 6, 15, 17–20. Plotin selbst beruft sich aber nicht auf πον; in seinem Gedächtniszitat der Phaidros-Stelle kommt dieses Wort nicht vor.

94 Vgl. unten S. 265ff.

begründet urteilen. Und diese Formulierung spricht hier eher für »irgendwie« als für »irgendwo«, wie man durch den Vergleich mit den genannten beiden anderen Stellen erkennt: In Symp. 211 a 8 heißt es: οὐδέ που ὂν ἐν ἑτέρῳ τινί, οἷον ἐν ζῴῳ ...,[95] und in Tim. 52 b 4: ἀναγκαῖον εἶναί που τὸ ὂν ἅπαν ἔν τινι τόπῳ .... Beide Male wird που also unmittelbar ergänzt durch eine Art Ortsangabe,[96] d. h. durch eine Erklärung, die es außer Zweifel stellt, daß dieses Pronominaladverb in räumlicher Bedeutung gemeint ist. Dergleichen fehlt an der Phaidros-Stelle: Ficino erreicht seine Übersetzung deshalb nur dadurch, daß er die griechischen Wörter umstellt, als ob dastünde οὐδ' ἣ ἑτέρα οὖσα πού ἐστιν ἐν ἑτέρῳ. In Wahrheit heißt es aber: οὐδ' ἥ ἐστίν που ἑτέρα –, und das nachgestellte ἐν ἑτέρῳ οὖσα erläutert primär nur die Aussage ἐστὶν ἑτέρα, nicht das που. Dabei spielt auch wesentlich mit, daß die gemeinte Verschiedenheit (das ἕτερον εἶναι) hier gleichsam in der Horizontalen liegt – zwischen verschiedenen Erscheinungen, die gleichermaßen im Raume sind –, und nicht wie im ›Symposion‹ und ›Timaios‹ in der ›Vertikalen‹, d. h. zwischen Idee und Erscheinungen, wo das που εἶναι einen ontologischen Unterschied macht.[97] Im Ganzen von Satz 3 geht es freilich sehr wohl auch um die vertikale Verschiedenheit – sie ist angesprochen in d 7 mit οὐκ und οὐδέ, in e 1 mit ἀλλά –, und der Leser, der dies bedenkt, kann in που auch einen Hinweis auf das εἶναι ἔν τινι τόπῳ im Sinne des ›Timaios‹ entdecken. Das wäre wieder ein Beispiel für die Prägnanz von Platons Sprechweise.[98] Aber im Vordergrund steht hier eindeutig die Bedeutung »irgendwie«.[99]

Das drittletzte Wort der Rowohlt-Übersetzung: »befindliche«, klingt nicht nur etwas altertümlich, sondern wird heute auch meistens in einem Sinne verstanden, der vielleicht für den griechischen Text nicht zutrifft. Otto/Grassi/Plamböck haben »befindliche« von Schleiermacher übernommen, und man muß zunächst fragen, was damit übersetzt wird. Die Antwort ist: ein Teil der Bedeutung von οὖσαν am Ende des griechischen Satzes. Denn dieses οὖσαν steht in Platons verschränkt knapper Formulierung ἀπὸ κοινοῦ: Es schließt einerseits, zusammen mit ἐπιστήμη,

95 Zur Schreibung ζῴῳ statt der in den maßgeblichen Ausgaben bevorzugten Lesart ζώῳ vgl. unten S. 245 Anm. 157.

96 ʼΕν ζῴῳ ist freilich keine bloße Ortsbestimmung, sondern die Angabe eines Substrats, dem ein Ideenabbild inhäriert, s. unten S. 271 Nr. 4 mit Anm. 222. Sogar der reine Ort (τόπος) wird von Platon im ›Timaios‹ als Stelle in einem untersten stofflichen Substrat ausgelegt.

97 In dieser Hinsicht wird auch Plotin dem Wortlaut der Phaidros-Stelle nicht gerecht, vgl. oben Anm. 93 und unten S. 289 Anm. 266 u. S. 315.

98 Vgl. oben S. 214f. mit Anm. 74.

99 Im Deutschen läßt sich das hintergründige ontologische Gewicht des που mit einem einzelnen Wort nicht wiedergeben, wohl aber im ›Österreichischen‹: Denn hier wird umgangssprachlich »irgendwo« oft in der Bedeutung von »irgendwie« verwendet – genau wie im Griechischen das που.

den Objektsausdruck τὴν ἐν τῷ ὅ ἐστιν ὄν, und es gehört zugleich in dem anderen Objektausdruck (τὴν) ὄντως ἐπιστήμην οὖσαν als – durch ὄντως ergänztes – participium coniunctum zu ἐπιστήμη. Im ersten Falle hat οὖσαν die Funktion der Kopula zu dem Prädikatsausdruck ἐν τῷ ὅ ἐστιν ὄν, im zweiten Falle dagegen die Bedeutung einer Existenzaussage.[100] Es ist nun allein die Kopulafunktion von οὖσαν im ersten Objektsausdruck, die mit »befindliche« übersetzt wird.[101]

Die Seinsbedeutung der Kopula variiert aber – wir wissen es seit Aristoteles – κατὰ τὰ σχήματα τῆς κατηγορίας. Demnach geht es hier um ein ἔν τινι εἶναι, ein In-etwas-Sein. Davon gibt es aber wiederum mehrere Arten, und das Wort »befindlich« ist insofern einseitig, weil es heute fast nur noch für eine bestimmte Art gebraucht wird: für das relativ äußerliche In-etwas-Sein eines abgegrenzten und selbständigen Dinges in einem Raum, einem räumlichen Gebilde oder einer Gegenstandsmenge. So wird z. B. in G. Wahrigs ›Großem deutschen Wörterbuch‹ (Gütersloh 1966) als einziges Beispiel der Verwendung von »befindlich« angeführt: »die in unserer Bibliothek befindlichen Bücher«. Daneben gibt es aber eine viel engere und subtilere Beziehung des In-etwas-Seins, die wir z. B. meinen, wenn wir sagen, in den Armen sei Kraft, in einem Baum Leben oder in den Augen eines Menschen Freude. Das ist das Verhältnis der Inhärenz, bei dem dasjenige, was in einem anderen ist, kein selbständiges Ding ist, sondern ein nur gedanklich abgrenzbares Moment: eine Eigenschaft oder Struktur in oder an einem Substrat. Die Wörter »sich befinden« und »befindlich« können nun zwar u. U. auch heute noch für Inhärenzverhältnisse gebraucht werden – man kann z. B. sagen: »In dem alten Baumstumpf befindet sich noch Leben«, und so konnte F.-P. Hager seine auf Inhärenz hinauslaufende Deutung der Phaidros-Stelle anhand der Rowohlt-Übersetzung jedenfalls verstehbar machen.[102] Aber meistens verwenden wir jene Wörter heute für die oben genannten äußeren Relationen; insofern suggerieren sie schon eine ganz bestimmte Auslegung des In-etwas-Seins unserer Stelle.

Da die bloße Übersetzung aber nicht beweisen kann, welches In-etwas-Sein Platon hier meint, sollte sie möglichst neutral bleiben und keine verfrühte Festlegung enthalten. Dies ist umso mehr zu beachten, als, wie wir sehen werden, von der richtigen Auffassung dieses ἔν τινι εἶναι die Gewißheit über die eigentliche Pointe dieser

100 Zur näheren Begründung dieser grammatischen Analyse vgl. unten S. 233f., aber auch S. 236f.

101 Denn die Existenzbedeutung, die οὖσαν im zweiten Objektsausdruck hat, wird in der Rowohlt-Übersetzung (wie bei Schleiermacher) mit »wahrhafte« übersetzt; Hager bringt die Existenzaussage durch »wahrhaft seiende« noch deutlicher heraus. Vgl. oben S. 187 Anm. 4.

102 Hager (1970) 61, vgl. unser Referat oben S. 187f. In seiner eigenen Übersetzung derselben Stelle hat Hager aber bezeichnenderweise das Wort »befindlich« durch »seiend« – die wörtliche Übersetzung von οὖσαν – ersetzt: »sondern die in dem, was wahrhaft ist, seiende wahre Erkenntnis.« (64)

ganzen Schilderung abhängt. Die einfachste und authentischste Lösung wäre es, Platons verschränkte Formulierung im Deutschen wörtlich nachzubilden – und das ist folgendermaßen möglich: »sondern das in dem, was (wahrhaft) ist, wahrhaft seiende Wissen«.

II Die folgerichtige Deutung, ihre spekulativen Implikationen und die Möglichkeit, diese Deutung zu beweisen

Unter der folgerichtigen Deutung von Satz 3 verstehe ich eine solche, die auf dem Befund der fünf Indizien, die wir im vorhergehenden Text nachgewiesen haben, aufbaut – besonders auf den Indizien von Satz 1 und 2 – und die die darin erkennbare Akzentsetzung Platons konsequent weiter verfolgt. Ich skizziere diese Deutung hier in Form einer Interpretationshypothese, erörtere dann ihre spekulativen Implikationen und deren Belegbarkeit in Platons Werk und zeige schließlich, wie unsere Hypothese über den vorliegenden Satz 3 an diesem Satz verifiziert werden kann.

Die Akzentuierung des der Ideenwelt selbst eigenen Wissens (ἐπιστήμη), die wir in Satz 1 und 2 beobachtet haben, setzt sich, wie man schon äußerlich sieht, auch in diesem dritten Satz fort. Ja, sie erreicht hier ihren Höhepunkt und Abschluß; denn von den drei (um es vorsichtig zu sagen) Gegenständen des Ideenreichs, die Platon hier nennt, hat er allein die ἐπιστήμη näher erläutert. Wird sie aber – wie die gängige Auffassung voraussetzt – nur als eine von drei Einzelideen erläutert, als einer der Punkte oder Elemente im Art-Gattungsgefüge der Ideen, wie wir es von Platons Dihairesislehre her kennen? Nach den Indizien, die wir im Vorstehenden aufgewiesen haben, war das nicht Platons Absicht; denn diese Indizien deuten hin auf den Geistcharakter der Ideenwelt im ganzen, und damit auch auf ein Wissen der ganzen Ideenwelt (gen. subi.), das zugleich ein Wissen von der Ideenwelt (qua Objekt) ist, d. h. ein Sich-selbst-Wissen.[103] Gilt dies von der ἐπιστήμη, dann können aber auch δικαιοσύνη und σωφροσύνη in diesem Satz keine Einzelideen sein – jedenfalls nicht primär; auch sie müssen primär als Wesenszüge des ganzen Ideenreiches gemeint sein.

---

103 Ich schließe nicht aus, daß die Ideensphäre qua *intellectus divinus* auch die Erscheinungen so vollständig und genau kennt, wie es die Sache zuläßt. Denn in ihrer demiurgischen Funktion muß sie diese Kenntnis haben, und der ausschließliche Selbstbezug des ideellen Wissens, den Platon in Parm. 134 a ff. entwickelt, ist ja als eine *reductio ad absurdum* gemeint. Aber der primäre Gegenstand des »wahrhaften Wissens« ist sicherlich die Gesamtheit der Ideen, vgl. Phdr. 247 c 8.

Damit kommen wir vielleicht der metaphysischen Intuition auf die Spur, die Platon hier mit sparsamen, wohlerwogenen Worten andeutet. Die drei genannten ›ideellen Gegenstände‹ sind jene Hauptwesenszüge der ganzen Ideensphäre, die gerade bei einem das Ganze ins Auge fassenden Blick auf diese Sphäre, wie er hier geschildert wird, besonders hervorleuchten: Es sind die Kardinaltugenden des transzendenten göttlichen Geistes.[104] Wie bei der menschlichen Seele die Kardinaltugenden die Momente und Indikatoren des Gutseins der ganzen Seele sind,[105] so zeigen die entsprechenden Kardinaltugenden hier das Gutsein, d. h. die Vollkommenheit, des transzendenten göttlichen Geistes. Dazu paßt auch genau der Sachverhalt, auf den wir in Satz 2 stießen (S. 217–220), nämlich daß es für die schauenden Seelen hier um die φιλο-σοφία in dem umfassenden Sinne einer ὁμοίωσις θεῷ geht: Die drei genannten Aretai des transzendenten Geistes sind die höchsten maßgebenden Ziele für dieses Streben. Und natürlich gehört auch zur Form des religiösen Hymnos (Indiz 3, S. 195) inhaltlich das Preisen der Vorzüge des betreffenden Gottes. All das deutet darauf, daß Platon in diesem – philosophisch verhaltenen – Hymnus auf den überhimmlischen Raum die Hauptvollkommenheiten seines neuen, metaphysischen Gottes nennt und am Beispiel der obersten Tugend Episteme ontologisch erläutert. Mit wenigen Strichen zeichnet er also gleichsam einen Umriß des transzendenten göttlichen Geistes.

Auch hiermit ist der Gehalt dieses Satzes aber noch nicht vollständig erfaßt. Denn die Bestimmung des transzendenten Geistes, die den Akzent und Schwerpunkt des Satzes bildet, gibt Platon hier, indem er jenes höchste göttliche Wissen von jedem bloß abbildhaften Wissen abhebt, d. h. indem er es als *intellectus archetypus* von jedem, auch dem menschlichen, *intellectus ektypus* unterscheidet. Damit wird dieser Satz zu einer zentralen Aussage über die unmittelbaren ontologischen Voraussetzungen von Platons Begriff der φιλο-σοφία (im engeren, rein intellektuellen Sinne): ein zentraler Beleg, der bisher weder erkannt noch ausgewertet wurde!

---

104 Noch ›augenfälliger‹ ist freilich die – auch mit diesen Tugenden verbundene – geistige Schönheit des überhimmlischen Raumes, vgl. 250b5f.: κάλλος δὲ τότ' ἦν ἰδεῖν λαμπρόν, und 250 c–e. Daß Platon diese Schönheit erst später nennt, dürfte seinen Grund darin haben, daß er sie – die auch in sinnlichen Abbildern besonders hervorleuchtet – erst bei der thematischen Erklärung des wesentlich auf sie bezogenen Eros mit behandeln wollte, s. 249dff. Wenn Plotin sagt, daß diese Schönheit erst als letzte geschaut werde, weil sie die Erkenntnis vieler Einzelideen voraussetze (V 8, 10, 16–25, 31, 67 u. 68), dann gilt das weniger von der Schönheit des Ideenreiches als von dem noch darüber stehenden »Schönen selbst« (vgl. Symp. 210 de).

105 Sie stellen sicher und zeigen, daß in der ganzen Seele die Vernunft herrscht. Diese besondere Funktion, und nicht etwa der Anspruch, alle unzähligen Lebenssituationen auf vier zurückzuführen, ist der Grund für die Auszeichnung gerade der vier Tugenden (Lebens-) Weisheit, Besonnenheit, Tapferkeit und (zusammenfassend) Gerechtigkeit (qua Gutsein insgesamt) – was freilich ausführlicher gezeigt werden müßte.

Soweit unsere Interpretationshypothese. Sie ist zwar durch unsere Auslegung des voranstehenden Textes schon ein wenig abgestützt, muß aber noch gegen etliche Einwände seitens der heute herrschenden Auffassung verteidigt und am Text als die überlegene Auffassung verifiziert werden. Am Schluß wird der geklärte Sinn dieses Satzes seinerseits (und entscheidend) unsere Interpretation des Vorigen bestätigen.

Eine Stärke unserer Interpretation ist sicher, daß durch sie erstmals einsichtig wird, warum Platon zur Verdeutlichung dessen, was die Seelen jenseits des Firmaments erschauen, gerade die drei Tugenden Gerechtigkeit, Besonnenheit und Wissen nennt. Hätte er diese drei als Einzelideen gemeint, erschiene ihre Auswahl willkürlich; denn es leuchtet nicht ein, warum die schauenden Seelen in der Fülle der sich ihnen darbietenden ideellen Strukturen gerade diese drei mit der Idee der Seele zusammenhängenden ethischen Ideen als erste erspähen. Als Wesenszüge des ganzen Ideenreiches dagegen, d. h. genauer: als Haupteigenschaften des transzendenten göttlichen Geistes, haben diese drei Kardinaltugenden ihre Notwendigkeit.[106] Sie vermitteln eine zwar sehr allgemeine, aber durchaus adäquate Vorstellung von der g a n z e n Ideensphäre.[107] Auch sonst beschreibt Platon die seelisch-geistige Vortrefflichkeit der Götter – ebenso wie die von Menschen – durch die Kardinaltugenden, sei es spielerisch wie in Agathons Rede über den Eros (Symp. 196 b–197 b), sei es in ernster Argumentation wie in des »Atheners« Widerlegung der Annahme, die Götter kümmerten sich nicht um die Menschen (Nom. X 900 c–905 d).[108]

Allerdings sind dies nur zeitimmanente Götter auf der Ebene der Weltseele. Darum gibt es gegen die vorgeschlagene Deutung ernstzunehmende Einwände. Ein naheliegender erster Einwand: warum denn hier die Tapferkeit als die vierte Kardinaltugend fehle, läßt sich freilich ziemlich leicht entkräften. Es ist ja evident, daß dem transzendenten Geist eine Tapferkeit im gewöhnlichen menschlichen Sinne nicht zukommt, weil er sie nicht braucht: Wovor denn sollte er sich fürchten? Wohl könnte ihm eine allgemeinere und jener gewöhnlichen nur analoge Tapferkeit

106 Auf das Fehlen der vierten gehe ich gleich ein (S. 227f.).

107 Der Anfang des vierten Satzes der Beschreibung: καὶ τἆλλα ὡσαύτως τὰ ὄντα ὄντως θεασαμένη … (247e2–4, s. o. S. 196f.) kann freilich, bei äußerlicher Auffassung, den Eindruck erwecken, als erschauten die Seelen nichts als eine Reihe von Einzelideen, die zufällig mit den drei Tugenden beginnt. Aber Platons Ideenreich ist mehr als eine Ansammlung oder Kette von Einzelideen. Die Formulierung καὶ τἆλλα ὡσαύτως läßt vielmehr schließen, daß es noch weitere bedeutsame Gesamtgestaltungen dieser Sphäre gibt, die die Seelen sukzessive in ihrer Eigenart erkennen – man denke z. B. an die durchgehende Verflechtung von Sein und Nichtsein. Auch wichtige Teilbereiche sind gewiß gemeint – etwa die zehn Ideenzahlen oder die Gruppe der μέγιστα γένη des ›Sophistes‹ –, und schließlich – mit ihrer systematischen Einbindung in das Ganze – auch die Einzelideen.

108 Die Gerechtigkeit wird nicht ausdrücklich genannt, aber in dem ganzen Abschnitt 903b–905d geht es um die göttliche Gerechtigkeit.

zukommen, nämlich die Fähigkeit und Bereitschaft, das geistig als richtig Erkannte immer und überall durchzusetzen. Diese Tüchtigkeit beträfe aber das Verhältnis des höchsten Geistes zu den ontologisch nachgeordneten Schichten, also die demiurgische und vielleicht auch weltlenkende Funktion dieses Geistes – von der Platon in diesem Kontext aber anscheinend absieht. Der transzendente Geist dürfte nach Platon also zwar alle vier Kardinaltugenden besitzen, aber nicht in dem gewöhnlichen Sinne wie die im Leib lebende, den sinnlichen Empfindungen, Begierden und Ängsten ausgesetzte Seele des Menschen. Sonst könnte jene offensichtlich auch nicht besonnen sein, da die σωφροσύνη im gewöhnlichen Sinne ja das Maßhalten gegenüber den sinnlichen Begierden ist. In welchem höheren Sinne der Ideenwelt, im Verhältnis zu sich selbst, Besonnenheit zukommt, werden wir am Schluß dieser Arbeit noch kurz besprechen.[109] Auch das Wissen als die oberste Tugend hat im *intellectus divinus* eine wesentlich andere Struktur als in einer menschlichen und überhaupt einer zeitlichen Seele. Darauf weist ja Krämer gegenüber Albert hin, und wir werden es durch den vorliegenden Satz bestätigt finden.[110]

Ins Grundsätzliche gehen zwei andere Einwände: Erstens[111] kann gefragt werden, ob Platon neben den Einzelideen überhaupt jene allgemeinen Wesenszüge der ganzen Ideenwelt kennt, die hier angenommen werden, und ob er auch sie mit dem Zusatz αὐτός (bzw. αὐτή, αὐτό) bezeichnen kann, den er sonst doch terminologisch von den Einzelideen gebraucht.[112] Daß Platon diese αὐτός-Formel im vorliegenden Satz verwendet – d 6: αὐτὴν δικαιοσύνην, welches αὐτὴν sinngemäß auch auf σωφροσύνην und ἐπιστήμην zu beziehen ist –, ist natürlich ein Hauptgrund für die Überzeugung, daß hier lediglich von drei Einzelideen die Rede sei. Aber weshalb sollte Platon dieses Kennzeichen nicht in weiterem Sinne auch bei anderen Arten und Formen des Ideellen gebrauchen? Im Falle des obersten Seinsprinzips aller Einzelideen und ihres ganzen Kosmos – sc. des Agathon bzw. Kalon – tut er dies zweifellos.[113] Und auch der Ausdruck αὐτὸ τὸ ζῷον, den Aristoteles aus Platons mündlicher Lehre referiert (De an. A 2, 404 b 19f.), bezeichnet nachweislich nicht die Einzelidee des Lebewesens, sondern entweder die Tetraktys als oberstes Weltmodell oder wie τὸ παντελὲς ζῷον im ›Timaios‹ das ganze Ideenreich.[114] Der Ausdruck αὐτὸ τὸ ζῷον impliziert aber die Erlaubtheit der Bezeichnung αὐτὴ ἡ ζωή für die

109 Vgl. unten S. 317f.
110 Vgl. oben S. 186 und unten S. 314f.
111 Der zweite Einwand folgt unten S. 231.
112 Vgl. bes. Phaidon 74aff., 75 cd, 78 cd, 100 c und Pol. V 476 a–c, 479 e–480 a.
113 Vgl. Pol. VI 506 d 8f., (507 b 5), VII 534 c 4 und Symp. 211 b 1, c 7–d 1, d 3, e 1 u. 3.
114 Tim. 31 b 1, cf. 39 e 1. In 39 e 8 kann τὸ ὅ ἐστιν ζῷον auch speziell die Einzelidee des Lebewesens bedeuten.

metaphysische Lebendigkeit der Ideensphäre – womit wir bei einem Wesenszug des ganzen Ideenreiches angelangt sind.

Daß Platon wiederholt solche Gesamteigenschaften des Ideenreiches herausstellt, ist eine Tatsache. Im ›Phaidros‹ geschieht das zweifellos bei der Schönheit (κάλλος), die später, bei der Erklärung des Eros, in den Vordergrund rückt (249 d ff.). Platon redet dort ja weder, wie im ›Symposion‹, von dem Kalon als Seinsprinzip noch von einer Einzelidee des ästhetisch Schönen, sondern von jener Schönheit, die sich – als Ausfluß jenes Seinsprinzips – im ganzen Ideenkosmos ausbreitet[115] und die auch im ›Symposion‹ als ἐπιστήμων κάλλος erwähnt wird (210 c 7). Mit diesem κάλλος ist nicht nur gemeint, daß jede Idee für sich genommen schön ist,[116] sondern auch, daß dem Ideenreich in seiner gegliederten Gesamtheit Schönheit zukommt. Schönheit ist dabei primär Maßhaftigkeit im Sinne einer Teilhabe an dem Seinsprinzip Hen / Agathon / Kalon als dem »genauesten Maß«. Ein Beleg für diese Deutung ist Phileb. 64 e 6f., wo es heißt: μετριότης γὰρ καὶ συμμετρία κάλλος δήπου καὶ ἀρετὴ πανταχοῦ συμβαίνει γίγνεσθαι.

Man beachte, daß an dieser Philebos-Stelle unmittelbar neben dem κάλλος auch die ἀρετή als Resultat der Maßhaftigkeit genannt wird. Denn auch in Phaidros 249 d ff. stehen – trotz des Unterschieds, daß sie nicht sinnlich erscheinen – die seelischen ἀρεταί bei der Erläuterung des κάλλος stets mit im Blick. Es werden hier sogar dieselben Tugenden genannt wie in dem Satz 247 de: δικαιοσύνη und σωφροσύνη (250 b 1f.) sowie φρόνησις (250 d 4), die der ἐπιστήμη jenes Satzes entspricht. Das ist ein Hinweis darauf, daß im Ideenreich (= dem göttlichen Geist) diese Tugenden kaum weniger hervorleuchten als die Schönheit – weshalb Platon zunächst (in 247 de) allein sie als Inhalte der Schau nennen konnte. Also dürfte er an beiden Stellen auch diese Tugenden, genau wie die Schönheit, als durchgehende Wesenszüge der ganzen ideellen Sphäre verstehen. Für die Besonnenheit wird dies etwas später durch die ausdrückliche enge Assoziation mit der ideellen Schönheit bestätigt, vgl. den Satz 254 b 5–7: ἰδόντος δὲ τοῦ ἡνιόχου ἡ μνήμη πρὸς τὴν τοῦ κάλλους φύσιν ἠνέχθη, καὶ πάλιν εἶδεν αὐτὴν μετὰ σωφροσύνης ἐν ἁγνῷ βάθρῳ βεβῶσαν.[117] Zwei-

115 Vgl. 246 de: τὸ δὲ θεῖον καλόν, σοφόν, ἀγαθόν, … Das μετ' ἐκείνων ἔλαμπεν ὄν in 250 d 1 ist also distributiv bzw. allumfassend zu verstehen, nicht im Sinne des Dazugehörens als Element einer Menge. Im Grunde handelt es sich auch hier um Inhärenz, vgl. unten S. 271, S. 272 Anm. 222 u. S. 297.

116 Denn die Einzelidee ist, wie ihre Bestimmung nach der dihairetischen Methode zeigt, in sich bereits ein gegliedertes und geordnetes Ganzes.

117 Schönheit und Besonnenheit sind hier freilich personifiziert, was wieder die Auffassung als Einzelideen nahelegen kann. Aber das ἁγνὸν βάθρον ist nicht notwendig als die Basis eines (aus zwei Statuen bestehenden) Götterbildes vorzustellen, sondern kann auch den ὑπερουράνιος τόπος als ganzen bezeichnen. Schleiermacher und Rufener übersetzen deshalb »auf heiligem Boden«.

fellos ist es die Maßhaftigkeit, was die Schönheit und die Besonnenheit im Ideenreich so eng verbindet.

Daß aber auch die Gerechtigkeit eine die Totalität der Ideen durchziehende Struktur ist, brauchte Platon im Phaidros nicht näher ausführen, weil er es an einer zentralen Stelle der Politeia schon getan hatte. Es war Hans Krämer, der uns die Bedeutung dieser Stelle (Pol. VI 500 bc) erstmals gezeigt hat, vgl. Krämer (1959) 106–118 [sowie (1964a) 198f.]. An dieser »neben dem Höhlengleichnis wichtigsten Stelle der ›Politeia‹« (ib., 110) deckt Platon »die innere Struktur des reinen Seins in einem Grade auf wie nirgends sonst« in diesem Werk (ib., 106): nämlich den Sachverhalt, daß die Ideenwelt als ganze einen höheren, wahren Kosmos darstellt, eine vollkommene Ordnung im Sinne ewiger Einheit in der Vielheit, worin sich überall das Seinsprinzip »Eins« (ἕν) manifestiert. Darin liegt auch, daß in jener Welt vollkommene Gerechtigkeit herrscht: Die philosophischen Herrscher, die im Hinblick auf jenen Kosmos den Staat gestalten, sehen in jenem οὔτ' ἀδικοῦντα οὔτ' ἀδικούμενα ὑπ' ἀλλήλων, κόσμῳ δὲ πάντα καὶ κατὰ λόγον ἔχοντα (500 c 4f.). Sie sehen also im gegliederten Ganzen der Ideenwelt – die hier ebenso ganzheitlich geschaut wird wie in Phaidros 247 c–e – die Wesenszüge vollkommener Gerechtigkeit. Daß Platon diesen Sachverhalt völlig zutreffend mit καθορᾶν αὐτὴν δικαιοσύνην benennen konnte, dürfte einleuchten.

Die Idee der Gerechtigkeit[118] gibt es bei Platon also gewissermaßen in zweierlei Fassung: als einzelne Idee und als ideelle Struktur des ganzen Ideenreiches. Das allgemeine Wesen der Gerechtigkeit – das nach Pol. IV darin besteht, daß alle Teile oder Kräfte eines gegliederten seelischen oder sozialen Gebildes das Ihre tun[119] – muß nach der Ideenlehre in strenger raum- und zeitloser Allgemeinheit als Einzelidee ewig existieren, eng verbunden mit der Idee der Tugend überhaupt, der Seele, der Gemeinschaft usw. Zugleich muß sich diese Einzelidee aber auch in der Ordnung des gesamten Ideenreiches manifestieren, wie es in Pol. VI 500 c geschildert ist; denn sonst würde diesem Reich die Vollkommenheit fehlen. Dies ist ein besonderer Fall der im ›Sophistes‹ 254bff. exemplarisch vorgeführten wechselseitigen Implikationen unter den Ideen. Da das ›Material‹, an dem die Idee der Gerechtigkeit hier ›erscheint‹, die ewigen Ideen sind, ist auch diese ihre erste Manifestation vollkommen; ja, in gewissem Sinne noch vollkommener als die Einzelidee, weil das, was in dieser nur allgemeines Programm ist – das Tun des Seinigen –, in der Gerechtigkeit des ganzen Ideenreiches auch bereits ›konkret‹ erfüllt ist. Insofern gibt es in Platons Ideenreich tatsächlich zwei Versionen wahrer Gerechtigkeit. Da jenes Reich nicht räumlich ist, hängen sie beide unmittelbar zusammen, ›spiegeln sich‹ und wir-

---

118 und entsprechend die der Besonnenheit, des Wissens und dgl.

119 Vgl. 433 ab, 441 de, 443 c–444 a.

ken ineinander, ohne jedoch ineinander zu verfließen. Auch als Wesenszug des ganzen Ideenreiches kann die ideelle Gerechtigkeit natürlich als Paradigma fungieren, wie es die Stelle in der ›Politeia‹ deutlich zeigt; und sogar an der ursächlichen Funktion der Ideen hat diese Gesamtgerechtigkeit teil, wenn anders das ganze Ideenreich als Demiurg fungiert.[120] Gegenstand der Definition bleibt aber die ›normale‹ Idee der Gerechtigkeit in ihrer Allgemeinheit – die auch den gesteigerten Sinn, den die Gerechtigkeit im transzendenten Geist hat, noch mitumfaßt.

Entsprechendes gilt auch für die Idee der Besonnenheit und die des Wissens bzw. der Weisheit – nicht aber für jede Idee überhaupt. Denn daß sich z. B. das allgemeine Wesen des Feuers oder des Haares (s. Parm. 130 c–e) am Ganzen des Ideenreiches manifestieren sollte, ergibt keinen Sinn – wie es ja bereits keinen Sinn ergibt, dem transzendenten Geist die Kardinaltugenden in ihrer gewöhnlichen, menschlichen Form zuzuschreiben.

Schon längst drängt sich aber ein z w e i t e r, noch grundsätzlicherer Einwand auf; er hängt zusammen mit jenem gesteigerten Sinn, den die Kardinaltugenden im transzendenten Geist haben sollen: Mag es nämlich Strukturen der Maßhaftigkeit geben, die das Ganze der Ideenwelt durchziehen, so können diese – scheint es – doch gar nicht Tugenden im eigentlichen Sinne des Wortes sein. Die Rede von einer Gerechtigkeit oder Besonnenheit des ganzen Ideenreiches, bezogen auf solche Strukturen, kann doch nicht mehr sein als eine Metapher! Denn hält man sich an die Definitionen der Kardinaltugenden in der ›Politeia‹, dann setzen diese Tugenden, um vorliegen zu können, notwendig eine Seele oder eine Mehrzahl beseelter Wesen voraus;[121] und wo gäbe es dergleichen im Ideenreich, das ontologisch eindeutig ü b e r der Stufe der Seele (Weltseele und göttliche und menschliche Einzelseelen) steht?

Diesen Einwand sehr ernst nehmend, schlage ich folgende terminologische Regelung vor: Die Rede von seelischen Tugenden, wie es die vier Kardinaltugenden sicherlich sind,[122] soll – auch bei eminenter Steigerung gegenüber ihrer menschlichen Form – solange als eigentlich gelten, wie dasjenige, dem sie zugesprochen werden, wirklich eine Seele hat. Was aber unbeseelt und somit leblos ist, soll keine dieser Tugenden im eigentlichen Sinne haben können. Das Problem reduziert sich dann auf die Frage, ob der überhimmlische Raum Seele hat, ob er lebendig beseelt ist.

---

120 Vgl. dazu Hager (1970) 61 u. ö.

121 Ausdrücklich gesagt ist das in Soph. 247 b 1 –3.

122 Es gibt in Platons Sprachgebrauch bekanntlich auch ἀρεταί von unbeseelten Gegenständen, z. B. die eines Messers, s. bes. Pol. I 352d–353d und Gorgias 506de, vgl. 503d–504b. Zum Begriff der seelischen Tugend vgl. Phdr. 250 b 2: ὅσα τίμια ψυχαῖς.

Wenn wir hierbei freilich die Seele in jedem Falle als ein zeitliches Wesen verstehen, ist diese Frage sofort negativ zu beantworten. Denn der ü b e r h i m m l i s c h e Raum der Ideen steht auch über der Zeit, wie wir im ›Timaios‹ deutlich sehen. Ein zeitliches Wesen wie die Weltseele und alle innerkosmischen Einzelseelen kann die Seele des Ideenreiches also nicht sein. Daß Platon aber auch eine höhere, überzeitliche Art von Seele kennt, darauf deutet ebenfalls im ›Timaios‹ der mehrfach für die Ideenwelt als ganze gebrauchte Ausdruck »das – alle intelligiblen Lebewesen in sich umfassende, vollkommene und ewige – Lebewesen (ζῷον)«.[123] Auch Platons Ausdruck für die überzeitlich-ewige Dauer jenes Reiches: αἰών, deutet auf dessen Beseeltheit; denn αἰών heißt ja ursprünglich »Lebenszeit«. Und noch ein drittes sprachliches Indiz, das man meines Wissens noch nicht beachtet hat, kann aus dem ›Timaios‹ angeführt werden: der Ausdruck φύσις, den Platon an mehreren Stellen mit bewußter Paradoxie gerade auf die ü b e r physische Sphäre der Ideen bezieht:[124] siehe v. a. Tim. 52 b 6f. τὴν ἄυπνον καὶ ἀληθῶς φύσιν ὑπάρχουσαν und vgl. 46 d 8 τὰς τῆς ἔμφρονος φύσεως αἰτίας (wo auch die Weltseele mitgemeint sein kann) sowie den Ausdruck (δι-)αἰώνιος φύσις in 37 d 3, 38 b 8 u. 39 e 2.[125] All diese Ausdrücke setzen eine überzeitliche Seele voraus. Daß diese (sc. überzeitlich) »ewige« und »schlaflose« Seele ein spekulativer Begriff ist, von dem wir uns keine adäquate Vorstellung machen können, ist kein Einwand gegen die Tatsache, daß Platon mit diesem Begriff arbeitet. Auch in Sophistes 248 e–249 b, wo Platon aus der unumgänglich anzunehmenden Vernunft des Ideenkosmos folgert, daß ihm dann, als Substrat des Nus, auch Seele zukommen muß, kann nur diese unvorstellbare überzeitlich ewige Seele gemeint sein.[126] An dieser Stelle redet Platon also explizit von einer ψυχή des ideellen Bereiches. Dieser Gebrauch von »Seele« ist nicht »bloß metaphorisch«, obgleich auch er aus einer Übertragung resultiert; denn wie bei dem gesteigerten Sinn der Kardinaltugenden handelt es sich hier um eine Rede von der Form der später so genannten *analogia entis*: Der gewöhnliche Gebrauch

123 Vgl. Tim. 30 c–31 b, 37 d 1 u. 3 und 39 e 1. Dazu kommt der von Aristoteles (De an., A 2, 404 b 19f.) überlieferte Ausdruck αὐτὸ τὸ ζῷον, aus dem wir schon oben (S. 228f.) schlossen, daß es möglich gewesen sein muß, mit αὐτὴ ἡ ζωή die Lebendigkeit des ganzen platonischen Ideenreiches zu bezeichnen.

124 Und zwar auf diese Sphäre i m g a n z e n ; ich meine hier nicht Ausdrücke wie αὐτοῦ ... τοῦ καλοῦ τὴν φύσιν (Pol. V 476 b 7) oder ἡ θατέρου φύσις (Soph 256 de), wo φύσις die logisch-formale Bedeutung »Wesen, essentia« hat und manchmal fast periphrastisch gebraucht wird.

125 An den drei letzten Stellen hat φύσις freilich die Bedeutung »Verfassung, Konstitution« und nähert sich damit schon der formalen Bedeutung »Wesen«. – Der Bezeichnung der Ideenwelt als »wahre Natur« entspricht der Ausdruck ἐν τῇ φύσει für die Zugehörigkeit zur Ideenwelt, vgl. bei Des Places φύσις 2 c. Den oben vorgeführten Sprachgebrauch des ›Timaios‹ hat Des Places aber nicht als solchen registriert.

126 Dies hat F.-P. Hager klar gesehen, vgl. (1970) 71 mit A. 86 (S. 399).

der Wörter wird nach strenger Strukturanalogie ins Metaphysisch-Absolute gesteigert. Das heißt aber für Platon: ins Eigentliche.[127]

Also kann Platon grundsätzlich von seelischen Tugenden der Ideensphäre sprechen. Ob er es aber auch in dem vorliegendem Satz tut, oder ob er hier doch nur von ethischen Einzelideen spricht, ist damit noch nicht entschieden. Wir konnten bisher nur Indizien für das erstere anführen, die trotz ihrer Vielfalt und Konsistenz noch keinen zwingenden Beweis ergeben. Und da die δικαιοσύνη und die σωφροσύνη im vorliegenden Satz nur genannt, aber nicht erläutert werden, ist an diesen beiden hier keine Demonstration möglich. Ein zwingender Beweis für unsere Auffassung kann, wenn überhaupt, nur an der ἐπιστήμη geführt werden, da Platon die Seinsweise, mit der sich diese Tugend im überhimmlischen Raum darbietet, in einer gegliederten und wohldurchdachten Aussage von 2 1/2 Zeilen erläutert hat (247 d 7–e 2). Sollte es sich zeigen lassen, daß die ἐπιστήμη nach dieser Aussage nur als ein Wesenszug der gesamten Ideensphäre, d. h. aber – da Wissen ohne Seele nicht möglich ist – als eine seelische Tugend von ihr, verstanden werden kann, dann ist es so gut wie sicher, daß auch δικαιοσύνη und σωφροσύνη in diesem Satz ebenso zu verstehen sind. Zumal im Hinblick auf die erwähnte Assoziation aller drei Kardinaltugenden mit der Schönheit der ganzen Ideenwelt (250 b–e und 254 b) muß dies dann als erwiesen gelten.

III Platons erklärender Nachsatz über die ideelle Episteme

Es geht um folgenden erklärenden Nachsatz (s. Auszeichnung): … καθορᾷ δὲ ἐπιστήμην, οὐχ ᾗ γένεσις πρόσεστιν, οὐδ' ἥ ἐστίν που ἑτέρα ἐν ἑτέρῳ οὖσα ὧν ἡμεῖς νῦν ὄντων καλοῦμεν, ἀλλὰ τὴν ἐν τῷ ὅ ἐστιν ὂν ὄντως ἐπιστήμην οὖσαν.

A Die Gliederung des Nachsatzes und erste Folgerungen

Als erstes können wir uns an sicheren Kennzeichen klarmachen, daß diese Aussage chiastisch gegliedert ist, was oft übersehen wird: Deutlich ist ja, daß die ideelle Episteme zuerst negativ und dann, nach ἀλλά, positiv charakterisiert wird; und da die negative Charakteristik deutlich aus zwei Gliedern besteht, eingeleitet durch οὐ und οὐδέ, sollte man erwarten, daß auch der positive Abschnitt zwei Glieder enthält. Diese sind freilich nicht auf den ersten Blick zu erkennen; denn dem οὐ – οὐδέ entspricht kein (καί –) καί oder μέν – δέ. Außerdem fehlt im positiven Abschnitt eine

127 Hat doch nach der Logik von Platons gestufter Seinsordnung diese überzeitliche Seele mehr Seinsgehalt als die innerkosmischen, zeitlichen Seelen.

Gliederung durch Prädikate, wie sie im negativen durch die Relativsätze gegeben sind: Der ganze Abschnitt ist – jedenfalls auf den ersten Blick – ein einziger zusammenhängender Objektsausdruck zu καθορᾷ in d 6. Achtet man aber nur etwas auf den Inhalt, dann sieht man die Entsprechung: Nachdem im zweiten Glied des negativen Abschnittes relativ ausführlich vom ἐν ἑτέρῳ εἶναι die Rede war, lesen wir im positiven Abschnitt gleich zu Anfang: ἀλλὰ τὴν ἐν τῷ ὅ ἐστιν ὄν (sc. οὖσαν ἐπιστήμην). Was dieses ἔν τινι εἶναι hier bedeutet, ist freilich noch ausführlich zu erörtern. Soviel können wir aber schon äußerlich feststellen, daß der Begriff des In-etwas-Seins diese beiden Glieder kennzeichnet und – trotz eines damit hier vermutlich herausgestellten Gegensatzes – verbindet. Dieser Eindruck wird zur Gewißheit, wenn wir die restlichen beiden Phrasen betrachten: der ἐπιστήμη, ᾗ γένεσις πρόσεστιν, wird offenbar das ideelle Wissen als ὄντως ἐπιστήμη οὖσα gegenübergestellt – im Sinne des Gegensatzes von Werden (und Vergehen) einerseits und ewigem Bestehen andererseits.[128]

Diese Gliederung impliziert, entgegen der Auffassung etlicher Herausgeber, Übersetzer und Kommentatoren, daß ὄντως nicht zu dem davorstehenden ὄν gezogen werden und auch nicht ἀπὸ κοινοῦ sowohl mit ὄν wie mit ἐπιστήμην οὖσαν verbunden werden darf.[129] Bezieht man ὄντως – sei es ausschließlich, sei es auch – auf ὄν, so entsteht der hybride Ausdruck ἐν τῷ ὅ ἐστιν ὄν ὄντως: hybrid deshalb, weil die Formel αὐτὸ ὃ ἐστιν ἕκαστον nach Platons terminologischen Bemerkungen in Phd. 75d2, 92e1 und Pol. VI 507b7 und nach seinem tatsächlichen Sprachgebrauch vollauf genügt, um ein Prädikatwort (für das die Variable ἕκαστον steht) zu einer Ideenbezeichnung zu machen.[130] Auf der anderen Seite steht demnach mit ὄντως ... οὖσαν eine andere Formel, mit der Platon ebenfalls Wörter als Ideenbezeichnungen kennzeichnet und die er gerade hier im Phaidros mehrfach verwendet: s. 247 c 7 οὐσία ὄντως οὖσα, 247 e 3 τὰ ὄντα ὄντως und 249 c 4 τὸ ὂν ὄντως. Der Beginn des Folgesatzes: καὶ τἆλλα τὰ ὄντα ὄντως ... nimmt offenbar die Formel ὂν ὄντως aus dem unmittelbar davor genannten Beispiel ὄντως ἐπιστήμην οὖσαν auf:

---

128 Zuzugeben ist freilich, daß im positiven Abschnitt die beiden Glieder syntaktisch verschränkt sind, weil ἐπιστήμην οὖσαν zu b e i d e n gehört, also ἀπὸ κοινοῦ steht, vgl. oben S. 223f. und unten S. 235 Anm. 131. Deshalb kann die Zweigliedrigkeit hier leicht übersehen werden. Aber was syntaktisch verschränkt ist, läßt sich gedanklich klar unterscheiden.

129 Ὄντως wird ausschließlich mit dem ὄν verbunden von: Heindorf, Schleiermacher (1804), Ast (1817) u. (1819) Georgii, Müller, Lehrs, Fowler, Kassner, Robin, Salin und Buchwald. Ungefähr ebenso viele Übersetzer beziehen das Wort auf ἐπιστήμην οὖσαν. So s c h e i n t es ausgewogen geurteilt, wenn De Vries 138 und Rowe 180 kommentierend bemerken, dieses Adverb stehe ἀπὸ κοινοῦ.

130 Vgl. bes. Phd. 75b1 τοῦ ὃ ἔστιν ἴσον, Pol. X 597a2 ὃ ἔστι κλινή und Tim. 39e8 τῷ ὃ ἔστι ζῷον. Weitere Stellen bei Des Places unter εἶναι 2. Nach diesen Beispielen müßte übrigens auch im ›Phaidros‹ akzentuiert werden: ἐν τῷ ὃ ἔστιν ὄν.

Das ist ein weiterer Grund dafür, daß ὄντως nicht zu ὂν gezogen werden darf und ὄντως ἐπιστήμην οὖσαν ein eigenes Glied darstellt.[131] Die Sperrung ὄντως ... οὖσαν ist freilich ungewöhnlich, erklärt sich aber sehr sinnvoll aus dem inhaltlichen Anschluß an das davorstehende ὅ ἐστιν ὂν: Weil diese Episteme in dem wahrhaft Seienden ist, ist sie selber seiend seiende Episteme. Ein sinnvolles Lesen dieses positiven Abschnittes wird sowohl ὂν wie ὄντως betonen, dazwischen aber eine hörbare Pause machen, die die Grenze zwischen den beiden Gliedern markiert.[132]

Wir erhalten also die folgende chiastische oder konzentrische Gliederung:

A. negativer Teil:
1. οὐχ ᾗ γένεσις πρόσεστιν
2. οὐδ' ἥ ἐστίν που ἑτέρα ἐν ἑτέρῳ οὖσα ὧν ἡμεῖς νῦν ὄντων καλοῦμεν
B. positiver Teil:
1. ἀλλὰ τὴν ἐν τῷ ὅ ἐστιν ὂν
2. ὄντως ἐπιστήμην οὖσαν

Man sieht, daß die Phrase am Anfang von A 2: οὐδ' ἥ ἐστίν που ἑτέρα, kein ausdrückliches positives Gegenstück hat. Die strenge Entsprechung läßt aber sicher vermuten, daß der Leser sich dieses Gegenstück – etwa von der Art ἣ ἀεί ἐστι ἡ αὐτή – selber ergänzen soll.[133] Dabei setzen wir wie schon im vorigen voraus – was vom Wortlaut her ja auch evident ist –, daß die positiven Formulierungen (B) von der ideellen Episteme reden, die in d 7 genannt wurde und auf die sich die ganze Erläuterung bezieht, während die negative Formulierung (A) dieses ideelle, urbildliche Wissen offenbar von einer anderen, nur abbildhaften Episteme absetzen, die dem Bereich des Werdens und der Vielheit angehört. Was dies heißt, ist frei-

131 Ἀπὸ κοινοῦ steht in diesem positiven Abschnitt nicht ὄντως, sondern ἐπιστήμην οὖσαν, womit der ganze zweigliedrige Objektsausdruck sich schließt. Vollständig müßte es nämlich heißen: ἀλλὰ τὴν ἐν τῷ ὅ ἐστιν ὂν [οὖσαν ἐπιστήμην, τὴν] ὄντως ἐπιστήμην οὖσαν. Das erste οὖσαν kann sich der Leser aber auch aus ἐν ἑτέρῳ οὖσα in e 1 ergänzen.

132 Schleiermachers Übersetzung von 1817, die für diesen Teil von Grassi und Plamböck beibehalten wurde, bringt – trotz oder gerade wegen des heute problematischen »befindlich« (s.o. S. 224) – jedenfalls diese Gliederung richtig zum Ausdruck: »sondern die in dem, was wahrhaft ist, befindliche wahrhafte Wissenschaft«. Die sprachliche und sachliche Tonstelle von Platons Formulierung hat aber Kurt Hildebrandt noch besser nachgebildet: »sondern die im wirklichen Wesen wesende Erkenntnis« (45). Auch Rowe stellt trotz seines erwähnten falschen Urteils über ὄντως (s.o. Anm. 129) in seiner Übersetzung die beiden Glieder deutlich nebeneinander: »but that which is in what really is and which is really knowledge« (63). – Ein Beispiel für die Verschleifung der beiden Glieder findet man bei Robin: »mais le Savoir qui s'applique à ce qui est réellement une réalité« (39) Daß die Formulierung damit hybrid wird, sieht man deutlich bei Fowler: »but that which abides in the real eternal absolute« (477) und Kassner: »die Wissenschaft von dem, was wahrhaft und ewig da ist« (38). Robin und Kassner machen außerdem das ἐν c. dat. zu einer Angabe des Objekts der Episteme – was als nächstes korrigiert werden muß.

133 Vgl. Näheres unten S. 313f. (und S. 236f.).

lich noch zweideutig, wie wir in der Auseinandersetzung mit der herrschenden Auffassung der Stelle sehen werden. Jedenfalls sollte es nicht kontrovers sein, wenn wir bei A von der (sc. negierten) empirischen und bei B von der ideellen Ebene sprechen.[134]

Jene Auseinandersetzung läßt sich allein durch diese formale Analyse nicht entscheiden. Aber eine wichtige Folgerung über die Bedeutung des ἔν τινι εἶναι auf der ideellen Ebene können wir schon hier ziehen: Würde das εἶναι ἐν hier nur das äußerliche In-einer-Menge-Sein bezeichnen – so wie einer von vier Äpfeln in dieser Menge aus vier Elementen ist –, dann wäre das Verhältnis von B 1 und 2 tautologisch. Denn daß diese Episteme (sc. als eine Einzelidee) zur Menge der Ideen gehört (B 1) – ὃ ἔστιν ὄν steht offenbar kollektiv für alle Ideen –, besagt nichts anderes, als daß sie eine ὄντως οὖσα ἐπιστήμη ist (B 2). Der Sinn von B 1 würde sich auf den von B 2 reduzieren – was aber nicht wahr sein kann, da der von A 1 und der von A 2 sich deutlich unterscheiden. Also muß das ἔν τινι εἶναι hier etwas anderes bedeuten als die genannte bloße Zugehörigkeit zu einer Menge. Man sollte annehmen, daß man seine Bedeutung klären kann, indem man die Aussage A 2, wo das ἔν τινι sich auf empirische Verhältnisse bezieht, näher untersucht.

Anmerkung im Januar 2000

Inzwischen sind mir Bedenken gekommen, ob die obige Gliederung die Struktur des Nachsatzes über die ἐπιστήμη in allen Teilen richtig erfaßt. Diese Struktur scheint noch um einen Grad kunstvoller zu sein. Den Anstoß für diese Revision gab mir der Ausdruck ὄντως ἐπιστήμην οὖσαν, d. h. B2 nach der obigen Gliederung: Kann dieser Ausdruck sich wirklich allein oder primär auf die ewige Existenz der ideellen Episteme beziehen? Der allgemeine Ausdruck τὸ ὄντως ὄν kann zwar gewiß übersetzt werden: »das wahrhaft Existierende«; denn das Partizip ὄν ist hier substantiviert und steht absolut (vgl. 247e3 und 249c4). Aber da sich an der vorliegenden Stelle zwischen ὄντως und οὖσαν die spezielle, inhaltliche Angabe ἐπιστήμη einschiebt, hat das Partizip hier die Funktion der Kopula mit ἐπιστήμη als Prädikatsnomen. Der Ausdruck ὄντως ἐπιστήμην οὖσαν bezeichnet demnach das wahrhafte (= vollkommene) Wissen-Sein.[135] Darin liegt zunächst und primär die Vollkommenheit des Was-Seins (*essentia*): daß dieses Wissen keine Beimengungen von Unwissen hat und daß es sich nicht aufspaltet in verschiedene Varianten, wie es vorher

134 Versteht man – wie es die meisten heutigen Interpreten zu tun scheinen – den ganzen erklärenden Zusatz als dihairetische Bestimmung der Einzelidee »Ideenerkenntnis«, dann liegt freilich auch die negative Charakteristik qua ideendialektische Bestimmung auf der ideellen Ebene. Aber der Inhalt der Bestimmung gehört auch dann der empirischen Ebene an.

135 Vgl. Phdr. 260a3: τὰ ὄντως ἀγαθά und Polit. 301b5: τίς ἄρα ἐπιστήμων ὄντως ὤν.

von dem Wissen auf der empirischen Ebene gesagt ist.[136] Aber Essenz und Existenz sind bei Platons Ideen letztlich untrennbar: Die Vollkommenheit des Wissens schließt auch jede zeitliche Veränderung und damit jedes Entstehen und Vergehen aus – d. h. zu ihr gehört auch die ewige Existenz.[137] Also ist dieser Ausdruck ὄντως ἐπιστήμην οὖσαν das Gegenstück sowohl zu οὐδ᾽ ἥ ἐστίν που ἑτέρα als auch zu οὐχ ᾗ γένεσις πρόσεστιν.[138]

Hält man dies fest, dann erweisen sich die beiden dazwischen stehenden Ausdrücke, die vom ἔν τινι εἶναι der ἐπιστήμη reden, als ein zweiteiliges Mittelstück: Zunächst wird angegeben, worin die empirische Episteme ist – als Erklärung ihrer ἑτερότης –, und dann wird dagegen gestellt, daß die ideelle Episteme im wahrhaft Seienden ist – woraus sich ihre Vollkommenheit erklärt, die im letzten Kolon betont wird. Die Ausdrücke mit dem ἔν τινι εἶναι sind also eine Erläuterung in der Erläuterung: Sie bilden das Zentrum des erklärenden Nachsatzes und sind auch, wie unsere Untersuchung zeigen wird, sein interessantester und gehaltvollster Teil.

Die Gesamtstruktur des Nachsatzes sehe ich also jetzt folgendermaßen:

A. negativer Teil:
1. οὐχ ᾗ γένεσις πρόσεστιν
2. οὐδ᾽ ἥ ἐστίν που ἑτέρα
2.1 = M1 ἐν ἑτέρῳ οὖσα ὧν ἡμεῖς νῦν ὄντων καλοῦμεν
B. positiver Teil:
1.1 = M2 ἀλλὰ τὴν ἐν τῷ ὅ ἐστιν ὂν
1. ὄντως ἐπιστήμην οὖσαν

M = Mittelstück

Mit Nachdruck möchte ich feststellen, daß diese neue Gliederung meine Beweisführung gegen die herrschende Auffassung dieses Satzes nicht beeinträchtigt. Zwar kann man jetzt noch nicht allein aus der formalen Struktur schließen, daß τὴν ἐν τῷ ὅ ἐστιν ὂν sich nicht auf das Elementsein der ἐπιστήμη in der Ideenwelt bezieht; denn dieses Glied (M2) ist jetzt nicht mehr mit B1 (vorher = B2) gleichgeordnet. M2 ist jetzt einzig das Gegenstück zu M1 und vor allem mit diesem zu

136 Diese Vervielfältigung impliziert für Platon wohl unvermeidlich auch die Beimischung von Ungenauigkeit und Irrtum.

137 Zum ganzen obigen Absatz vgl. die Erläuterung des terminologischen »es selbst« der platonischen Ideen bei Tugendhat (1958) 7f. Die Kennzeichnung der Idee durch den Zusatz αὐτός (αὐτό) – die wir Phdr. 247d6 ja haben –, entspricht nämlich genau der Formel ὄντως (irgendein Prädikat) ὄν.

138 Und zwar in der genannten Reihenfolge: Die chiastische Gesamtstruktur des Nachsatzes macht sich auch hier bemerkbar. In beiden Fällen hat Platon den Gegensatzbezug aber nicht explizit formuliert; der Leser muß ihn aus der Vollkommenheit des ideellen Wissens erschließen.

vergleichen. Eben dieser Vergleich schließt aber, wie sich zeigen wird, die Bedeutung »Element in einer Menge sein« für ἔν τινι in M2 eindeutig aus. Schon die formale Struktur fordert jetzt diesen Vergleich; denn die beiden Audrücke mit ἔν τινι rücken jetzt noch enger als in der ersten Gliederung als ein Gegensatzpaar zusammen. Dadurch ist es nach der neuen Gliederung noch klarer, daß die Art des Darinseins in beiden Fällen die gleiche sein muß: Denn sonst könnte der Unterschied dessen, worin die ἐπιστήμη ist, der in M1 und M2 herausgestelllt wird, nicht relevant sein. Eben hierauf – auf der Gleichheit der Art des Darinseins – beruht aber meine folgende Beweisführung.

B DIE HERRSCHENDE AUFFASSUNG DES NACHSATZES

i Vorbemerkungen und tabellarischer Überblick

Die einmütige und zugleich fragwürdige Auffassung des erklärenden Nachsatzes über die ἐπιστήμη ist mir zuerst an den maßgeblichen Übersetzern und Kommentatoren unseres Jahrhunderts aufgefallen. Eine nähere Bestandsaufnahme, die außer dem 20. auch das 19. Jahrhundert einbezog, bestätigte für unser Jahrhundert den ersten Eindruck, förderte aber auch beachtenswerte einzelne Dissidenten zutage. Im 19. Jahrhundert bot sich, aufs ganze gesehen, noch ein unentschiedenes Bild, dessen nähere Untersuchung aber wesentlich half, die Genese der heute herrschenden Auffassung zu durchschauen. Obwohl ich mich auf die drei Sprachen Deutsch, Englisch und Französisch beschränke und auch die darin erschienenen Übersetzungen und Kommentare des ›Phaidros‹ nicht vollständig berücksichtigt habe, erscheint mir das Ergebnis repräsentativ. Ich gebe zunächst in Form einer Tafel eine Übersicht der Übersetzungen seit Schleiermacher; darin ist auch das wahrscheinliche sachliche Verständnis der Übersetzer, soweit es sich herausfinden ließ, vermerkt. All diese Übersetzungen sind am Schluß dieser Arbeit chronologisch im Wortlaut aufgelistet.

Tafel 1: Übersetzung und Verständnis des ἐν in Phaidros 247 d 7–e 2*

Übersetzer	Jahr	2 mal ›in‹	nur in A	nur in B	2 mal ohne ›in‹
Schleiermacher	1804/17			⊗ ◊	
Ast	1817			$◊_2$	
Cousin	1831	◊ ⊗			
Anoymus	1846			×	

Tafel 1: Übersetzung und Verständnis des ἐν in Phaidros 247 d 7–e 2*

Übersetzer	Jahr	2 mal ›in‹	nur in A	nur in B	2 mal ohne ›in‹
Georgii	1853				$\Diamond \otimes$
Müller	1854				$\Diamond_1$
Prantl	1855			$\times$	
Lehrs	1869		$\otimes \Diamond$		
Jowett	1892			$\otimes \cup$	
Fowler	1913			$\times$	
Ritter	1914/22				$\Diamond_1$
Kassner	1922				$\Diamond_1$
Nestle	1931				$\Diamond \otimes$
Robin	1933				$\Diamond_4$
Hübscher	1950			$\cup \otimes$	
Hackforth	1952				$\Diamond_3$
Salin	1952	$\otimes_1$			
Hildebrandt	1953	$\otimes_4$			
Rufener	1958				$\Diamond_1$
Otto et al.	1958	$\cup \otimes$			
Buchwald	1964			$\times$	
Chambry	1964				$\Diamond_1$
Vicaire	1985				$\Diamond_3$
Rowe	1986	$\times$			
Brisson	1989				$\Diamond_1$
Heitsch	1993				$\Diamond_3$

* Zur Erklärung der Tafel:
Vier Hinsichten sind zu unterscheiden, vor allem I, der Übersetzungstyp, und II, das Verständnis der Übersetzer. Mit den Hinsichten III und IV wird die Deutlichkeit dieses Verständnisses näher bestimmt.

I. Zuordnung zu den Übersetzungstypen:
durch die Belegung einer Spalte mit den entsprechenden Symbolen

II. wahrscheinliches Verständnis der mit ἐν bezeichneten Beziehung in Teil B. (Das Verständnis in Teil A ist meistens, aber nicht immer, gleich.):
- als Inhärenz: ⊗
- als Mengenzugehörigkeit, sc. der Einzelidee »Wissen« zur Menge aller Ideen: ∪
- als gnoseologische Objektbeziehung: ◊

III. Ein- oder Mehrdeutigkeit dieses Verständnisses (primär für den Leser der Übersetzung; manchmal aber wohl auch für den Übersetzer selbst):
a. Läßt sich ein bestimmtes Verständnis eindeutig erkennen, findet sich nur das betreffende Symbol in der Spalte
b. Wenn zwei Deutungen des Wortlauts ungefähr gleich nahe liegen, sind die beiden betreffenden Symbole in die Spalte gesetzt. (Die Deutung gemäß dem voranstehenden Symbol liegt dabei nach meinem Eindruck um Nuancen näher.)
c. Wenn alle drei obigen Deutungen möglich scheinen (und noch weitere), ist nur ein Kreuz gesetzt.

IV. Quelle der Eindeutigkeit für den Leser:
Indexzahlen (1–4) rechts neben dem Verständnissymbol bezeichnen die folgenden Quellen:
1. allein der Wortlaut der Übersetzung
2. allein sonstige Äußerungen des Übersetzers
3. die Kombination des Wortlauts mit sonstigen Äußerungen oder / und mit signifikantem Schweigen
4. sowohl der für sich schon eindeutige Wortlaut wie gleichsinnige andere Äußerungen

Schon ein erster Blick auf diese Tafel zeigt, daß insgesamt, und besonders im 20. Jahrhundert, die freie, von dem »in« ganz oder teilweise abgehende Übersetzung weit überwiegt und daß – offenbar in Entsprechung dazu – das ἐν auf Ebene B elfmal eindeutig als Objektbeziehung verstanden wird, und nur zweimal eindeutig anders, nämlich von »in« her als Inhärenz. Dieser Befund, den die Tafel zusammenfaßt, muß freilich noch viel genauer untersucht und, wenn möglich, erklärt werden.

ii Der Befund im 19. Jahrhundert

Wir beginnen unsere Erläuterung mit Schleiermacher und Ast, weil bei diesen beiden Gelehrten schon die meisten Hauptmotive der Übersetzung und Deutung faßbar sind, die noch heute den Umgang mit der vorliegenden Stelle bestimmen. Warum hat Schleiermacher, dem es doch um eine möglichst wortgetreue Wiedergabe ging, den Teil A 2 des vorliegenden Zusatzes nicht wörtlich übersetzt? Warum schreibt er frei paraphrasierend: »noch welche w i e d e r eine andere ist f ü r j e d e s a n d e r e von den Dingen, die wir wirkliche nennen«? (Hervorhebungen von mir) Offenbar meinte er, den Sinn des griechischen Originals so besser herauszubringen als durch die wörtliche Übersetzung »noch welche eine andere ist in einem anderen von den Dingen, die wir jetzt seiende nennen«. Platons Formulierung in A 2 ist nämlich tatsächlich einigermaßen rätselhaft (»puzzling«) – nicht wegen der Attraktion von ὧν und ὄντων, die sich eindeutig auflösen läßt,[139] sondern weil hier so allgemein von ὧν ἡμεῖς νῦν ὄντων καλοῦμεν gesprochen wird. Diese »Dinge« sind zwar nicht alles Seiende überhaupt – denn die wahren ὄντα, die Ideen, sind ausgeschlossen –, wohl aber ganz generell die abbildhaften, sinnlich wahrnehmbaren ὄντα: also alle Erscheinungen, zumindest alle stofflich-körperlichen Gebilde, denn diese gelten dem gewöhnlichen Bewußtsein (wie »wir«, d. h. alle Menschen, es »jetzt«, d. h. im hiesigen Leben, meistens haben) als das allein und eigentlich Seiende.[140] Was kann es aber heißen, daß die Erkenntnis der Ebene A »in« diesen körperlichen Gebilden ist? Wollte man – im Sinne unserer bisherigen Deutung des ἐν in B 1 – an die Inhärenz in einem Substrat denken, kämen als solche Substrate doch nicht alle möglichen Körper in Frage, sondern nur die beseelten Leiber intelligenter Lebewesen – also (wie es scheint) nur die Leiber von Menschen. Platon sagt aber nicht »in einem andern Menschen«, sondern ganz allgemein »in einer anderen sinnlichen Erscheinung«.

Man sieht, daß es hier nahelag, dieses »in« als Bezeichnung des Erkenntnisbezuges der Episteme auf sinnliche Dinge als Objekte zu deuten. Denn als Objekte der empirisch-sinnlichen Erkenntnis (Doxa) kommen natürlich alle sinnlichen Dinge, alle Erscheinungen, in Frage.[141] Diesen Objektbezug dürfte schon Schleiermacher mit seiner Übersetzung »für jedes andere von den Dingen« gemeint haben. Zwar schreibt er nicht »Objekte«, sondern gebraucht das allgemeine Wort »Dinge«, das auch Subjekte bezeichnen kann. Und auch in der Präposition »für« könnte man die Bezeichnung einer Gegebenheit für ein wahrnehmendes Bewußtsein sehen, so daß die ἐπιστήμη also doch den Dingen inhärierte. Aber daß Schleiermacher es nicht so meint, geht aus dem Wort »jedes« hervor: Denn längst nicht jedes körperliche Gebilde ist bei Platon Träger einer ἐπιστήμη,[142] wie Schleiermacher natürlich wußte. Also versteht Schleiermacher hier die »Dinge« tatsächlich als die Objekte der sinnlichen Erkenntnis und versteht bei seiner Übersetzung mit »für« das griechische ἐν ἑτέρῳ als die Bezeichnung des Bezuges dieser Erkenntnis auf ihr jeweiliges Objekt: ein gewagter und folgenschwerer Schritt.

---

139 Ohne Attraktion ist offenbar folgendermaßen zu lesen: ἐκείνων, ἃ ἡμεῖς νῦν ὄντα καλοῦμεν. Schon Stephanus hat dies richtig gesehen (zitiert bei Heindorf, 255 und Ast, Annotationes, 420).

140 Vgl. dazu unten S. 268f.

141 Auch empirische Tatsachen als Sachverhalte im Bereich der Körper.

142 Die anorganischen Elemente sind es nicht, und auch Pflanzen und Tiere haben noch nicht die Episteme, auch nicht im Sinne bloßer Doxa!

Eine unmittelbare Folge ist nämlich, daß man nun annehmen sollte, daß Platon auch in B 1 das ἐν in demselben ungewöhnlichen Sinne gebraucht. Wenn Schleiermacher in B 1 trotzdem bei der wörtlichen Übersetzung mit »in« bleibt, so kann das mehrere Gründe haben: Erstens legt Platons Formulierung den Gedanken an einen gnoseologischen Objektbezug dort nicht so (scheinbar) ausschließlich nahe wie in A 2: τὸ ὅ ἐστιν ὄν, die kollektiv bezeichnete Gesamtheit der Ideen läßt sich auch mit ἐν im Sinne der Inhärenz oder der Mengenzugehörigkeit verbinden. Zweitens zog Schleiermacher wie alle Platonforscher bis zu Stallbaums Edition von 1857, das Prädikat des ersten Satzes: τοῦτον ἔχει τὸν τόπον, noch in den Relativsatz περὶ ἣν ..., so daß es schien, als lokalisiere Platon dort mit handgreiflicher räumlicher Verbildlichung das wahre Wissen i m überhimmlischen Bereich.[143] Man konnte also das ἐν von B 1 räumlich verstehen und mit dem räumlich gedeuteten περί in 247 c 8 verknüpfen.[144] Drittens verstand Schleiermacher, wie man seinen Vorlesungen über die »Geschichte der Philosophie« entnehmen kann,[145] das platonische Ideenreich durchaus spekulativ – und, wie ich meine, richtig – als einen *intellectus divinus*, in dem Sein und Erkennen zusammenfallen. Er sagt darin nämlich: »Wie nun in dem Urbildlichen Sein und Erkennen dasselbe, und eben diese Selbigkeit sein Wesen ist ...« (14), und kurz vorher: »Diese Einheit der Gegensätze stellt er auch als eine absolute Einheit auf, als das als θεός und ἀγαθόν über der οὐσία und ἐπιστήμη Schwebende« (13, Hervorhebung von mir).[146] Nach seinem Gesamtverständnis Platons kann Schleiermacher das ἐν von B 1 also auch als Inhärenz der transzendenten ἐπιστήμη in der idellen οὐσία gedeutet haben.[147]

Wie er B 1 wirklich verstanden hat, ist nicht eindeutig festzustellen, da wir keine ausdrückliche sachliche Erläuterung Schleiermachers zur vorliegenden Stelle

143 Vgl. oben S. 197–199. Wir sagten dort schon, daß das so konkret-räumlich verstandene περί eigentlich aber eine gewisse Trennung der ideellen Episteme von ihren Objekten nach sich zieht, die nicht sinnvoll scheint.

144 Diese räumliche Auffassung des ἐν von B 1, die in der ersten Hälfte des 18. Jahrhunderts gelegentlich mitspielen mag, haben wir in der obigen Tafel nicht eigens berücksichtigt.

145 Vgl. die dankenswerte Ausgabe: Friedrich Daniel Ernst Schleiermacher, Über die Philosophie Platons (1996) 3–20 (Vorlesungen über Sokrates und Platon, zwischen 1809 und 1823).

146 Οὐσία und ἐπιστήμη – die beiden Ausdrücke könnten unserer Phaidros-Stelle entnommen sein! – sind die Momente des erkannten Seins und des erkennenden Bewußtseins, die die innere Polarität des platonischen intellectus divinus ausmachen. Darüber steht die »absolute Einheit« des Agathon oder Hen, aus der die Zwei-Einheit des intellectus divinus als Entfaltung hervorgegangen ist, vgl. das Sonnengleichnis. Mit Schleiermacher bin ich überzeugt, daß man Platon so »plotinisch« interpretieren muß.

147 Aus demselben Grunde ist auszuschließen, daß er dieses ἐν als bloß äußerliches Zugehören zur Menge der Einzelideen verstanden haben könnte – obwohl sein Ausdruck »befindlich« nach h e u t i g e m Sprachgebrauch in diese Richtung weist, vgl. oben S. 224.

haben.[148] Die Beurteilung wird weiter dadurch erschwert, daß auch ein den Ideen inhärierender *intellectus divinus* sich natürlich erkennend-intentional auf das ideelle Sein bezieht – um so mehr, als er dieses Sein unmittelbar bei sich hat und nahezu damit identisch ist. Da das deutsche »in« jedoch keine Objektbeziehung eines Wissens bezeichnen kann, nehme ich an, daß Schleiermacher mit dieser wörtlichen Übersetzung eher das Inhärenzverhältnis meint.[149] Stimmt diese Vermutung, dann unterstellt er Platon freilich, trotz der Parallelität von A und B den Sinn des ἐν geändert zu haben.

Friedrich Ast, der zehn Jahre jüngere Zeitgenosse Schleiermachers, hat sich seit seiner Jugendschrift »De Platonis Phaedro« (Jena 1801) immer wieder mit diesem Dialog befaßt. Zur vorliegenden Stelle geben neben seiner Übersetzung von 1817 die beiden Auflagen seiner kommentierten Ausgabe (1810 und 1830) sowie die »Annotationes« zu seiner griechisch-lateinischen Gesamtausgabe Platons (zum ›Phaidros‹ in Band 10, 1829) Auskunft.[150] Asts Auffassung der Stelle hat sich vermutlich in diesen 20 Jahren nicht geändert; eindeutig mitgeteilt hat er sie aber erst 1830.

Ast übersetzt den erklärenden Nachsatz wie folgt: »nicht jene, an der die Entstehung haftet, oder die verschieden ist nach Verschiedenheit der Gegenstände, die wir jetzt das Wirkliche nennen, sondern die in dem, was das wahrhaft Wahre ist, befindliche Wissenschaft« (37). Wie bei Schleiermacher ist das ἐν also in A 2 frei und in B[151] wörtlich wiedergegeben. Der Formulierung »nach Verschiedenheit der G e g e n s t ä n d e« kann man aber viel leichter entnehmen, daß das ἐν ἑτέρῳ οὖσα von A 2 als gnoseologische Beziehung auf O b j e k t e der Erscheinungswelt verstanden ist. Wie Ast aber seine wörtliche Übersetzung von B inhaltlich meint, ist aus ihr selbst nicht klar. Es fällt jedoch auf, daß er schon in Satz 1, bei dem (fälschlich) verselbständigten Relativsatz περὶ ἣν ..., das περί mit »in« übersetzt hat: »und in ihr (sc. der transzendenten οὐσία) hat die wahrhafte Wissenschaft ihren Sitz« (37). Hier läßt es sich also fassen, was wir schon bei Schleiermacher vermutet haben (s. S. 242 unter »zweitens«), daß jener Relativsatz von Satz 1 damals als eine Art Vorwegnahme des Teiles B von Satz 3 gesehen wurde. Und wenn »ist befindlich in« dasselbe

---

148 Auch nicht in seinen Anmerkungen zur Übersetzung.

149 Dieser Schluß ist nicht sicher, wie das Beispiel Asts zeigt, das wir anschließend erläutern: Ast übersetzt ἐν in B ebenfalls mit »in«, versteht darunter aber – gegen den deutschen Sprachgebrauch! – eine gnoseologische Objektbeziehung – in die er von 247c8f. her die räumliche Bedeutung hineinspielen läßt. (Dieses Ergebnis sei vorausgeschickt, damit der Leser sich in der folgenden Untersuchung von Asts verschiedenen Äußerungen zur Stelle besser zurechtfindet.)

150 In den Anmerkungen zu seiner Übersetzung geht Ast auf 247de nicht ein.

151 B 1 und 2 sind verschliffen, d. h. der Chiasmus ist verkannt.

bedeuten soll wie »hat ihren Sitz in«, liegt es nahe anzunehmen, daß in beiden Fällen das Verhältnis der Inhärenz der Episteme im Ideenreich gemeint ist.

Daß es nach Ast bei Platon einen transzendenten Geist gibt, geht denn auch aus seinem 1816 erschienenen Buch ›Platons Leben und Schriften‹ klar hervor. In seiner Interpretation des ›Timaios‹ stellt er die Bedeutung des Nus für die Weltbildung gebührend heraus, identifiziert ihn allerdings mit dem Agathon: »denn der νοῦς ist das höchste Gute selbst, also das Urbild alles Lebens und Seyns: das, wonach die Welt geformt ... ist« (368f.). Hier scheint mir ein Einfluß Tennemanns vorzuliegen, auf dessen ›System der Platonischen Philosophie‹ (4 Bde., 1792–95) Ast sich schon in seiner erwähnten frühen Schrift ›De Platonis Phaedro‹ mehrfach beruft. Denn Tennemann lehnt die Meinung »einiger Kirchenväter« – faktisch geht es um das vom Neuplatonismus her bekannte Modell –, wonach der göttliche Nus u n t e r dem höchsten Prinzip (Agathon, Hen) steht und von diesem erzeugt wurde, für Platon entschieden ab (Bd. 3, 149–152).[152] Er deutet das Agathon des Sonnengleichnisses als »vollkommene Intelligenz« (143), setzt demgemäß auch den Nus des ›Timaios‹ mit dem Agathon gleich (158) und legt die Gesamtheit der Ideen, die intelligible Welt, in das Denken dieses theistisch vorgestellten Höchsten: »daß das Ideal der Welt in Gott ist, daß es der Inbegriff der Ideen seiner Vernunft ist« (157f.). Man beachte, daß nach dieser Deutung, die offensichtlich von der christlichen Gottesvorstellung herkommt, nicht Nus und Episteme den Ideen inhärieren, sondern umgekehrt diese dem göttliche Nus![153] Mit dieser unhistorischen Auffassung des platonischen *intellectus divinus* ist also die Inhärenzbedeutung des ἐν in Teil B unseres Nachsatzes gerade n i c h t vereinbar.[154]

Ast vertritt die Inhärenzdeutung des ἐν aber auch gar nicht, wie man erschließen kann, wenn man seine Kommentare zur Stelle mit seiner Übersetzung vergleicht. Wir betrachten zunächst die beiden Kommentare von 1810 und 1829. Darin führt Ast zur Erläuterung von οὐδ' ἥ ἐστίν που ἑτέρα ἐν ἑτέρῳ οὖσα ... (Teil A 2 nach unserer Benennung) und letztlich des ganzen Nachsatzes hauptsächlich zwei Platonstellen an, die er voll ausschreibt: Symp. 211 a und Phil. 61 d.[155] Die erste Stelle

152 »Einige Kirchenväter«, schreibt Tennemann tadelnd (a.O., 149), wollten auf diesem Wege, indem sie auch noch die göttliche Weltseele hinzurechneten, bei Platon »eine Art von Trinität« finden. Aber Tennemanns eigene Identifikation von Agathon und Nus, zusammen mit seiner eminent theistischen Auslegung dieses Prinzips, läuft auf eine nicht minder gewaltsame christliche Umdeutung der platonischen Metaphysik hinaus.

153 Vgl. hierzu unten S. 299f. mit Anm. 293.

154 Denn τὸ ὅ ἐστιν ὄν (247e2), gleichbedeutend mit οὐσία ὄντως οὖσα (c7), ist (jedenfalls primär) der Kosmos der Einzelideen und nicht dessen Prinzip, das Agathon – was jedoch einige Vertreter der Inhärenzdeutung annehmen dürften. Vgl. unten S. 248 mit Anm. 165 und S. 250f.

zitiert er genau wie Heindorf und wohl im Anschluß an diesen[156] folgendermaßen: οὐ φαντασθήσεται (τὸ καλὸν) – οὐδέ που ὂν ἐν ἑτέρῳ τινί, οἷον ἐν ζώῳ[157] ἢ ἐν γῇ ἢ ἐν οὐρανῷ ἢ ἔν τῳ ἄλλῳ, ἀλλὰ αὐτὸ καθ' αὑτὸ μεθ' αὑτοῦ μονοειδὲς ἀεὶ ὄν. Dies ist in der Tat eine wörtlich an A 2 anklingende Stelle – wir waren bei der Erörterung des που schon auf sie gestoßen[158] –, die den Sinn des ganzen Nachsatzes über die Episteme erhellen kann. Wir sahen aber auch schon, daß man die Aussage dieser Stelle nicht einfach mit der von A 2 gleichsetzen darf. Gleichwohl kann man aus ihr lernen, daß das ἐν ἑτέρῳ εἶναι in beiden Fällen die Inhärenz in einem räumlich-körperlichen Substrat bedeutet; denn davon redet ja der Satz im ›Symposion‹: Das Schöne selbst wird abgehoben von seinen Erscheinungen »in irgendwelchem Verschiedenem, wie z. B. in einem Lebewesen oder in der Erde oder im Himmel oder in irgendetwas anderem«. Ist nämlich ein Lebewesen schön, dann inhäriert ihm ein Abbild des Schönen selbst, das, als bloßes Abbild, nicht mehr selbständig besteht wie jenes, sondern eines Körpers oder körperlich-räumlichen Gebildes als haltgebender Grundlage bedarf.[159] Ebenso muß in A 2 – wenn man es im Lichte von Symp. 211 a versteht – das ἕτερον ὧν ἡμεῖς νῦν ὄντων καλοῦμεν ein empirisch-körperliches Substrat sein, in dem – auf eine freilich kompliziertere und nicht mehr sinnliche Weise – ein Abbild der ἐπιστήμη αὐτή inhärierend erscheint. Ἔν τινι εἶναι bedeutet demnach auch hier Inhärieren. So mag Heindorf die Heranziehung der

155 Im Anschluß an die Philebos-Stelle verweist Ast in beiden Kommentaren (und auch 1830) noch auf »Plotin, Ennead. V, 8.4 p. 545 A«. Das ist, wenn ich die Stelle richtig identifiziere, der Anfang des Kapitels 4 der Schrift Περὶ τοῦ νοητοῦ κάλλους, wo Plotin mit einem Zitat aus unserer Phaidros-Stelle schreibt (sc. über die Götter im überhimmlischen Bereich): καὶ ὁρῶσι τὰ πάντα, οὐχ οἷς γένεσις πρόσεστιν (sic), ἀλλ' οἷς οὐσία. Anscheinend meint Ast, daß auch Plotin damit (wie er selber) Phdr. 247 de im Sinne des Gegensatzes von Doxa und Episteme auslegt, also im Sinne der Philebos-Stelle. Plotins Gedächtniszitat von A 2: οὐδ' ἥτις ἐστιν ἄλλη ἐν ἄλλῳ, mit dem im selben Kapitel die ganz andere Auslegung der Phaidros-Stelle durch Plotin beginnt, zitiert Ast nur in den »Annotationes« (419) und nur als Beleg für die lexikalische Gleichwertigkeit von ἑτέρα ἐν ἑτέρῳ mit ἄλλη ἐν ἄλλῳ (!). Auch die Stelle Phd. 83 b 2: ἐν ἄλλοις ὂν ἄλλο zitiert Ast dort zu diesem Zweck. Zur Beweiskraft dieser Phaidon-Stelle vgl. unten S. 295f.

156 Heindorfs Textausgabe (1802) ist mit ausführlichen Anmerkungen versehen, die z.T. auch den Inhalt verdeutlichen. Das Zitat aus dem Symposion (255, zu A 2) wird freilich nicht weiter erläutert.

157 Ast schreibt ζώῳ statt ζῴῳ, und bis heute bevorzugen die Herausgeber allein an dieser Stelle in Platons ganzem Werk – gegen 11 Belege für ζῴῳ, vgl. Brandwoods »Word Index to Plato« – diese Lesart, die vermutlich die spätantike Aussprache wiedergibt. Da mir diese Entscheidung nicht einleuchtet, schreibe ich in m e i n e n Zitaten dieser Stelle ζῴῳ.

158 Vgl. oben S. 222f.

159 »Grundlage« und »Substrat« sind Übersetzungen des aristotelischen Terminus ὑποκείμενον. Den entsprechenden Begriff hat auch schon Platon, vgl. unten S. 272 Anm. 222.

Symposion-Stelle gemeint haben; denn er verweist allein auf diese Parallele. Was Ast aber meint, ist zunächst völlig unklar, weil er mit Phil. 61 d eine angebliche zweite Parallele danebenstellt, die für das ἐν in A 2 und B 1 eine ganz andere Deutung erfordert.

Ich zitiere diese Stelle (Phil. 61 d 10–e 4) genauso vollständig wie Ast 1810 (304) und 1829 (419), dazu auch seine einleitende Bemerkung von 1810, die 1829 um den Nebensatz gekürzt ist: »Nimirum duplex est scientia, ut duplex rerum genus, Phileb. p. 61 D: καὶ ἐπιστήμη δὴ ἐπιστήμης διάφορος· ἡ μὲν ἐπὶ τὰ γιγνόμενα καὶ ἀπολλύμενα ἀποβλέπουσα, ἡ δ' ἐπὶ τὰ μήτε γιγνόμενα, μήτε ἀπολλύμενα, κατὰ ταὐτὰ δὲ καὶ ὡσαύτως ὄντα ἀεί. ταύτην δὲ ἐπὶ τὸ ἀληθὲς ἐπισκοπούμενοι ἡγησάμεθα ἐκείνης ἀληθεστέραν εἶναι.« Ast erläutert die Konsequenzen der Heranziehung dieser Stelle nicht weiter, denn sie sind evident. Was Platon hier als zwei Arten der Episteme bezeichnet, sind offenbar die Doxa qua Erscheinungserkenntnis[160] und die Episteme im engeren Sinne der Ideenerkenntnis. Wie auch sonst – vgl. bes. das Ende von Pol. V und das Liniengleichnis – unterscheidet er diese beiden hier durch die Angabe der ontologisch verschiedenen Objektbereiche, auf die sie sich beziehen: die Erscheinungen einerseits und die Ideen andererseits – »ut duplex rerum genus«, wie Ast richtig sagt. Wenn diese Stelle eine Parallele zu dem Nachsatz über die Episteme in Phdr. 247 de ist, dann werden auch dort Doxa und Episteme durch ihren verschiedenen Objektbezug unterschieden, und dann muß das εἶναι ἐν sowohl in A 2 wie in B 1 gleichbedeutend sein mit ἀποβλέπειν ἐπί. Das ist aber ein gnoseologisch-intentionaler Objektbezug und nicht Inhärenz.

Die beiden von Ast herangezogenen angeblichen Parallelen schließen einander also aus, und man weiß aufgrund seiner Kommentare von 1810 und 1829 nicht, wie er die Stelle wirklich versteht. Aber wir haben auch noch seine Übersetzung von 1817 und seinen Kommentar von 1830. In seiner oben (S. 243) zitierten Übersetzung ist das ἐν ἑτέρῳ οὖσα von A 2, wie schon bemerkt, eindeutig als gnoseologische Beziehung der Doxa auf wechselnde sinnliche Objekte ausgelegt, also nicht als Inhärenz in sinnlichen Substraten, wie es Symp. 211 a fordert – welche Stelle Ast speziell zu A 2 zitiert! In Wahrheit hält er sich also auch bei A 2 an Phil. 61 de; und da er diese Stelle mit dem Hinweis: »Nimirum duplex est scientia, ut duplex rerum genus«, offensichtlich auf den ganzen Nachsatz über die Episteme bezieht, muß er auch das ἐν von Teil B als Objektbeziehung verstehen. Daß Ast mit Symp. 211 a 8 nicht viel anzufangen wußte, bestätigt auch sein »Lexicon Platonicum« von 1835–38, in dem die Relation der Inhärenz weder im Artikel ἐν noch bei εἶναι ἐν oder ἐνεῖναι, ἐγγίγνεσθαι und ἐμφύεσθαι erwähnt wird. Vor allem aber bestätigt der

160 Denn Doxa heißt bei Platon in einem weiteren Sinne auch jede nicht sicher begründete Erkenntnis. Dazu gehört ein entsprechend formaler Begriff von Episteme.

Befund seines Kommentars von 1830 unsere Deutung: Die Symposion-Stelle ist weggelassen, während die Philebos-Stelle mit dem gleichen Einleitungssatz wie 1810 zitiert wird (77)![161] Was Ast dazu veranlaßte, bei A 2 die Deutung nach Philebos 61 de der nach Symp. 211a vorzuziehen, ist nicht schwer zu sehen. Es war offenbar dieselbe Allgemeinheit der Formulierung von A 2 – besonders das ὧν ἡμεῖς νῦν ὄντων καλοῦμεν –, die schon Schleiermacher verleitete, das ἐν ἑτέρῳ hier als Objektbeziehung der sinnlichen Erkenntnis, also der Doxa, zu verstehen. Ist aber einmal die Episteme von A 2 als Doxa gedeutet, dann muß im Lichte von Phil. 61 de der ganze Nachsatz von Phdr. 247 de nach dem Schema der Entgegensetzung von Doxa und Episteme – sc. gemäß ihren verschiedenen Objektbereichen – verstanden werden. Im Hinblick auf die Philebos-Stelle gibt es dann kein Entrinnen mehr vor der gewagten Auffassung des ἔν τινι als Objektbeziehung auch in B 1.

Warum hat Ast aber trotzdem das ἐν von B 1 wörtlich übersetzt? Beweist nicht nach wie vor seine Übersetzung des (falsch konstruierten) Schlußteiles von Satz 1 – »und in ihr (sc. der wahren Wesenheit) hat die wahrhafte Wissenschaft ihren Sitz« –, daß Ast auf der ideellen Ebene (B) das ἔν τινι als Inhärenz versteht oder mindestens als Mengenzugehörigkeit und / oder ›Lokalisation‹?[162] Auch hier schafft erst der Vergleich mit den Kommentaren Klarheit. Zu der Stelle in Satz 1 schreibt Ast nämlich in seinen »Annotationes« von 1829: »περί τι εἶναι est versari in aliquo, tractare aliquid ...« (417), und in der kommentierten Ausgabe von 1830 paraphrasiert er den ganzen Relativsatz folgendermaßen auf Lateinisch: »in qua (int. contemplanda) versans, quodcumque est verae scientiae, hunc (super coelum positum) tenet locum.« Die zitierte Übersetzung des Schlusses von Satz 1 (»und in ihr hat ... ihren Sitz«) ist für Ast also nur eine bildhafte Umschreibung dafür, daß sich jene Wissenschaft auf die Ideen als ihre Objekte r i c h t e t. Offenbar versteht er nicht nur das griechische εἶναι ἐν, sondern auch das deutsche »sein bzw. den Sitz haben in« nach Analogie des lateinischen »versari in aliqua re«, welcher Ausdruck tatsächlich auch den intentionalen Objektbezug eines Wissens als solchen – und nicht nur, wie es ursprünglich gemeint ist, das Verhalten eines Menschen – bezeichnen kann. Mit

161 Warum hat Ast Symp. 211a dann in seinen Kommentaren von 1810 und 1829 überhaupt angeführt? Wenn man ihm nicht Gedankenlosigkeit oder sachlich-logische Inkompetenz unterstellen will, muß man wohl annehmen, daß sein philologisches Gewissen es ihm verbot, eine so auffällig anklingende Stelle zu verschweigen – obwohl er sie sachlich nicht integrieren konnte.
Möglich ist aber auch noch eine zusätzliche Erklärung: Ast mag sich das ἐν ἑτέρῳ εἶναι des καλόν der Symposion-Stelle so weit ausgelegt haben, daß es – wie das lateinische »versari in aliqua re«, vgl. unten S. 247f. – auch den Objektbezug eines Wissens mitumfaßt. Wer sich an die faktischen Bedeutungen von ἐν im Griechischen hält (s. unten S. 265–267), kann ihm auf einem solchen Wege freilich nicht folgen.

162 Vgl. oben S. 243f.

diesem »versari in« paraphrasiert Ast darum 1830 auch den Teil A 2 von Satz 3; als Subjekt ist jeweils ἐπιστήμη zu ergänzen: »Verba ἕτερα ἐν ἑτέρῳ, alia in alio, est diversa s. modo haec modo illa, pro eo quod nunc in hoc, nunc in illo versatur.« (77)[163] Im Deutschen hat Ast aber nicht in A 2, sondern nur in B das οὖσα ἐν wörtlich mit »befindlich in« übersetzt. Dies ist wohl damit zu erklären, daß er aufgrund der falschen Konstruktion des Schlusses von Satz 1 annahm, Platon habe dem ἐν hier vor allem auf der ideellen Ebene eine gewisse bildhaft-räumliche Anschaulichkeit lassen wollen.

Nach Ast hielt man es hiermit anders, wie unsere Tafel zeigt: Wer das ἐν der ideellen Ebene eindeutig als Objektbeziehung verstand – was dieselbe Deutung auf der empirischen Ebene impliziert –, der geht in beiden Fällen von der wörtlichen Übersetzung ab – zumal ja spätestens im 20. Jahrhundert die falsche Konstruktion von Satz 1 in den maßgeblichen Editionen überwunden ist.[164] Der erste, der sich so konsequent zur Umdeutung des ἐν bekannte, war H. Müller, der 1854 den fraglichen Passus übersetzte: »noch die, welche irgend eine verschiedene ist, auf ein Verschiedenes gerichtet von dem, was wir jetzt seiend nennen, sondern die auf das wirklich seiende Sein gerichtete Erkenntnis.«

Bei den Übersetzern des 19. Jahrhunderts herrscht diese Deutung aber noch nicht vor, obwohl sie die einzige zu sein scheint, die damals eindeutig vertreten wurde (von Ast und Müller). Daneben hat man aber nach unserem Material (s. Tafel) auch die Inhärenzdeutung fünfmal ernsthaft erwogen.[165] Die meisten Übersetzer fühlten sich in der Auffassung der Stelle offenbar nicht sicher. So kehrt 1831, unmittelbar nach dem Erscheinen von Asts letztem Kommentar (1830) – und vielleicht noch ohne dessen Kenntnis –, Cousin zur streng wörtlichen Übersetzung auf beiden Ebenen zurück, obwohl sein Ausdruck »objets« in A 2 erkennen läßt, daß er zumindest auf der empirischen Ebene mit der Auslegung des ἐν als Objektbeziehung sympathisierte. Umgekehrt ist es bei Georgii (1853), der sowohl in A wie in

163 Auch die Verlagerung der Verschiedenheit des Wissens in die zeitliche Sukzession (»nunc – nunc«) folgt aus der Deutung des ἐν als Objektbezug. – Weil Ast das griechische εἶναι ἐν des Nachsatzes über die Episteme im Sinne des lateinischen »versari in« verstand, konnte er in seiner lateinischen Übersetzung von 1819 das ἐν beide Male wörtlich mit »in« wiedergeben, ohne von seiner Deutung abzugehen. Diese lateinische Übersetzung beweist also keineswegs, daß Ast die Inhärenzdeutung des ἐν ernsthaft erwogen hätte.

164 Vgl. dazu oben S. 198f.

165 Das bedeutet übrigens nicht, daß alle betreffenden Übersetzer die ἐπιστήμη wie Plotin dem Ideenkosmos inhärieren lassen: Es kann auch die Inhärenz im Agathon gemeint sein – obwohl an der Phaidros-Stelle von den Ideen insgesamt und nicht speziell von ihrem Prinzip die Rede ist. Denn im 19. Jahrhundert ist jene christlich-theistische Platon-Deutung verbreitet, die wir gerade bei Tennemann und Ast gefunden haben. Vgl. oben S. 244. Sicher faßbar ist die christliche Umdeutung auch bei Cousin, s. Manasse (1976) 10–12.

B das εἶναι ἐν mit »haften an« übersetzt. Vielleicht wollte er damit den ungewöhnlichen Gebrauch des ἐν qua Objektbeziehung im Deutschen annähernd nachbilden. Man hat aber den Eindruck, daß er sich durch die Zweideutigkeit des Verbums »anhaften« zugleich eine Hintertür zur Deutung des ἐν als Inhärenz offen halten wollte. Auch Lehrs (1869), der A 2 ungewöhnlich konstruiert (das zu ergänzende ἐκείνων als Objekt der Episteme), scheint diese beiden Möglichkeiten zu erwägen. Jowett dagegen, der den griechischen Text allzu verknappt in moderner Diktion wiedergibt, trotzdem aber die Zweigliedrigkeit von B herausbringt – »but knowledge absolute in existence absolute« –, kann das ἐν auf beiden Ebenen als Inhärenz verstanden haben. Auf der empirischen Ebene ist das aber gar nicht deutlich, so daß man auf der ideellen zweifeln muß, ob nicht bloß äußerlich die Zugehörigkeit zur Menge aller Einzelideen gemeint ist. [166]

iii Der Befund im 20. Jahrhundert

Im 20. Jahrhundert ändert sich der Befund insofern signifikant, als die meisten Übersetzer – und gerade die vom philologischen oder philosophischen Fach – entschieden sowohl in A wie in B von der wörtlichen Übersetzung abgehen und meistens schon durch ihre Formulierung klarstellen, daß sie das ἐν auch auf der ideellen Ebene allein als Objektbeziehung verstehen. Wenn ich dreimal – bei Hackforth, Vicaire und Heitsch – angemerkt habe, daß dieses Verständnis des ἐν erst aus der Kombination des Wortlauts der Übersetzung mit sonstigen Äußerungen oder Nicht-Äußerungen des betreffenden Interpreten eindeutig hervorgehe, dann deshalb, weil die Formulierungen:

»but the veritable knowledge o f Being that veritably is« (Hackforth),

»mais celle qui est vraiement science d e c e qui est la vraie réalité« (Vicaire) und

»sondern die wirkliche Erkenntnis d e s s e n , was wahrhaft ist« (Heitsch),[167] grundsätzlich auch im Sinne eines Genitivus subiectivus gelesen werden können, was die Deutung als Inhärenz des ideellen Wissens im wahren Sein zur Folge hätte. Aber dies ist eine etwas übertriebene Vorsicht, weil diese Formulierungen bei der Erklärung der platonischen Philosophie so gut wie immer die Erkenntnisbeziehung auf die Ideen als Objekte bezeichnen, zumal wenn – wie hier in der Übersetzung von A 2 – gerade eindeutig von der Objektbeziehung einer Erkenntnis die Rede war. Zur völligen Gewißheit wird diese Beurteilung freilich erst, wenn man zusätz-

---

166 Die philosophisch anspruchsvollere Deutung der Stelle ist Jowett jedenfalls zuzutrauen, war doch sein Platon-Verständnis vom deutschen Idealismus geprägt. Vgl. wieder Manasse (1961) 18f.

167 Hervorhebungen von mir hinzugefügt.

lich feststellt, daß diese drei Interpreten in ihren Kommentaren (Hackforth und Heitsch) bzw. in ihren kommentierenden Anmerkungen (Vicaire) die Möglichkeit eines *intellectus divinus* im Ideenreich mit keiner Silbe erwähnen. Der Schluß *e silentio* ist in diesem Falle – wo schon die Übersetzung fast eindeutig auf der Linie der genannten Auffassung liegt – zweifellos erlaubt.

Proportional zu dem neuen Mut, sich zu der ungewöhnlichen Auffassung des ἐν in A und B zu bekennen, ist im 20. Jahrhundert die Zahl derer, die nur in B wörtlich mit »in« übersetzen, auf drei geschmolzen (s. Spalte 3). Ein klares Verständnis des Inhalts ist bei keinem von ihnen zu erkennen. Am nächsten an die spekulative Auffassung (Inhärenz im Ideenreich) scheint Hübscher zu kommen; aber wie bei Jowett weiß man nicht sicher, ob nicht vielleicht die bloße Mengenzugehörigkeit gemeint ist. Umso wichtiger ist die Tatsache, daß vier Übersetzer trotz des vorherrschenden Trends das ἐν sowohl in A wie in B noch immer mit »in« wiedergeben. Diese Interpreten legen Zeugnis dafür ab, daß die herrschende Auffassung dieser Stelle (s. Spalte 4 im 20. Jhdt.) problematisch und sogar unakzeptabel erscheinen kann.[168] Bei Otto / Grassi / Plamböck ist freilich – bis auf die wahrscheinliche Ablehnung der Deutung als Objektbezug – das sachliche Verständnis nicht eindeutig erkennbar; und Rowe bekundet in seinem Kommentar, wie wir sehen werden, seine Ratlosigkeit bezüglich des Sinnes von B 1.

Es bleiben noch Edgar Salin und Kurt Hildebrandt, zwei Platon-Interpreten aus dem Kreis um Stefan George. Salin übersetzt: »... noch jene, die anders ist je nach der Erscheinung in dem, was wir jetzt als Wirklichkeit bezeichnen, sondern die Erkenntnis, die im wesenhaften Sein selbst west.« (39) Und Hildebrandt: »... noch die, welche immer eine andre ist in andern Dingen, die wir jetzt wirklich nennen, sondern die im wirklichen Wesen wesende Erkenntnis.« (45)[169] Hier finden sich deutliche Indizien dafür, daß die Übersetzer das εἶναι ἐν als Inhärenzverhältnis verstanden haben: »Erscheinung in«, wie Salin in A 2 übersetzt, ist das Darinsein eines Abbildes der Idee in etwas Raum-Zeitlichem, also ein Inhärieren;[170] und auch die Formulierung in Teil B: »im wesenhaften Sein wesend«, deutet, meine ich, viel eher auf die Inhärenz eines Wissensvollzugs als auf die bloße Mengenzugehörigkeit der Einzelidee des Wissens.[171] Letzteres gilt genauso für Hildebrandts Formulierung »im wirklichen Wesen wesend«; und wenn Hildebrandt in A 2 einfach wörtlich

168 Das gilt natürlich auch für F.-P. Hager, der in unserer Tafel nur deshalb nicht aufscheint, weil er nicht den ganzen ›Phaidros‹ übersetzt hat.

169 Zu Hildebrandts Übersetzung von Teil B s. schon oben S. 235 Anm. 132.

170 Vgl. die von Ast herangezogene, aber nicht respektierte Stelle Symp. 211 a (oben S. 244–246 und unten S. 254f. u. S. 300–302).

171 Mit Schleiermachers »befindlich sein in« kann dagegen diese Mengenzugehörigkeit genauso gut gemeint sein wie die Inhärenz.

übersetzt: »eine andre ist in andern Dingen«, so ist im Deutschen jedenfalls klar, daß dies nur Inhärenz sein kann, und weder Mengenzugehörigkeit noch gar ein (sc. wechselnder) Objektsbezug.[172]

Im Falle von Kurt Hildebrandt kann man sich auch dessen versichern, daß dieser Interpret tatsächlich einen *intellectus divinus* in Platons Transzendenz annimmt: Zwar nicht aus der Einleitung zu seiner Phaidros-Übersetzung, wohl aber aus seinem Buch ›Platon. Logos und Mythos‹ (Berlin 1959)[173] geht hervor, daß Hildebrandt die Idee des Guten gleichsetzt mit dem Demiurgen des ›Timaios‹ und daß er diesem metaphysischen Höchsten auch einen Geist zuerkennt, der alle Ideen umfaßt. Zwischen dem so verstandenen Demiurgen und dem Wirken der Ideen innerhalb des Kosmos hat die Welt an sich bestehender Ideen nach Hildebrandt nur virtuellen oder didaktisch veranschaulichenden Charakter.[174] Obwohl dies – wie bei Tennemann und Ast – eine Angleichung an die christliche Gottesvorstellung bedeutet,[175] ist hier richtig erkannt, daß die ideelle Episteme bei Platon (mindestens auch) der lebendige Wissensvollzug in einem *intellectus divinus* sein muß. Die Übersetzung des οὖσαν unserer Stelle mit »wesend« soll vermutlich diesen Vollzugscharakter ausdrücken.

Salin und Hildebrandt sind also – zeitlich schon vor Hager, der hier natürlich ebenfalls zu nennen ist – die eigentlichen Dissidenten gegenüber der herrschenden Auffassung des Nachsatzes über die Episteme. Als George-Schüler wurden diese beiden freilich von der Zunft der Platonforscher niemals voll anerkannt – ähnlich wie F.-P. Hagers Votum für »den Geist und das Eine« bei Platon von dieser Zunft nicht ganz ernst genommen wird. Die Zunft ist also in unserem Jahrhundert fast einmütig der Ansicht, daß das εἶναι ἐν der vorliegenden Phaidros-Stelle beide Male als gnoseologischer Objektbezug verstanden werden muß.

iv Die Gründe für die heute herrschende Auffassung

Worauf gründet sich aber diese einmütige Überzeugung, die im 19. Jahrhundert noch nicht gegeben war? Um das zu erfahren, müssen wir unser Studium der Motive und Argumente, das wir bei Schleiermacher und Ast begonnen haben, weiter fortsetzen. Am authentischsten finden wir die Gründe für die heute herrschende

---

172 Obwohl Salin und Hildebrandt nicht absolut eindeutig mit »inhärieren« übersetzen, zweifle ich also nicht, daß sie Inhärenz meinen.

173 ›Zweite durchgesehene und durch ein Nachwort ergänzte Auflage‹. Die erste Auflage (Berlin 1933) trug den Untertitel ›Der Kampf des Geistes um die Macht‹. Ich zitiere nach der zweiten Auflage.

174 Vgl. a. O., 176. 350, 352f., 232f., 297 und 263 (zur vorliegenden Stelle im ›Phaidros‹).

175 Aber auch der Idealismus Natorps hat Hildebrandt beeinflußt, vgl. a. O., 370–372 (im Nachwort).

Auffassung gewiß in den Kommentaren zum ›Phaidros‹, soweit diese auf die vorliegende Stelle eingehen. Die Übersetzer waren ja entweder selber Kommentatoren oder haben an schwierigen Stellen Kommentare zu Rate gezogen. Wieder halten wir uns an die einschlägigen Arbeiten in deutscher, englischer und französischer Sprache und beziehen auch wieder das 19. Jahrhundert mit ein. Nur so können wir die Entwicklung vom 19. zum 20. Jahrhundert erkennen, wobei es sogar möglich ist, daß der entscheidende Wandel der Argumentation schon in jenem stattgefunden hat, sich aber erst in diesem voll auswirkt.

Bevor wir die den Kommentaren entnehmbaren Gründe im einzelnen darstellen und beurteilen, wollen wir in einer zweiten Tafel aber schon die Stellungnahmen der Kommentatoren überblicken, die aus jenen Gründen resultierten. Insofern die meisten Kommentatoren zugleich Übersetzer waren, zeigt diese zweite Tafel nur einen – freilich interessanten – Ausschnitt der ersten. Aber drei Namen sind neu: Stallbaum, Thompson und de Vries; diese Kommentatoren haben den ›Phaidros‹ nicht übersetzt, haben aber das Verständnis dieses Dialoges entscheidend mitbestimmt. Insofern komplettiert die zweite Tafel die erste.

Tafel 2: Die Stellungnahme der Kommentatoren zu Phaidros 247 d7 – e2*

Autor	Jahr	Diskussion	Deutung des ἐν auf der ideellen Ebene: Inhärenz	Mengenzugehörigkeit	Objektbeziehung	unentschieden
Ast	1810					×
Ast	1829/30	ja			◊	
Stallbaum	1832/57	ja	(⊗)			
Thompson	1868	ja			◊	
Ritter	1913/22	nein			◊	
Robin	1933	ja			◊	
Hackforth	1952	nein			◊	
de Vries	1969	ja			◊	
Rowe	1986	ja				×
Brisson	1989	nein			◊	
Heitsch	1993	(ja)			◊	

* Um den Bezug auf die vorige Tafel augenfällig zu machen, kennzeichne ich die verschiedenen Arten des Verständnisses hier nicht nur durch verschiedene Spalten, sondern auch durch die vorher verwendeten Symbole. – Klammern bedeuten, daß der betreffende Befund nicht explizit und eindeutig vorliegt. – Bei allen Kommentatoren, die auf den Satz nicht (oder nicht explizit) eingehen, ist die Stellungnahme trotzdem aus ihren Übersetzungen klar ersichtlich.

Im großen und ganzen bestätigt dieser Überblick den Befund von Tafel 1, wobei auch hier ein deutlicher Unterschied zwischen dem 19. und dem 20. Jahrhundert zu bemerken ist: In jenem steht gegen zwei Befürworter der Objektbeziehung immerhin ein ›halber‹ der Inhärenz. Nur halb kann man Stallbaums Gegenstimme rechnen, weil sie implizit und dunkel bleibt, wie wir gleich sehen werden. In diesem Jahrhundert dagegen haben wir sechs Pro-Stimmen und statt einer (noch so schwachen) Gegenstimme nur eine Stimmenthaltung. Denn Rowe gesteht in Bezug auf das ἐν der ideellen Ebene seine völlige Ratlosigkeit.[176] Wenn drei Kommentatoren des 20. Jahrhunderts (Ritter, Hackforth und Brisson) auf die Stelle gar nicht eingehen, ist dieses Schweigen keine Stimmenthaltung, sondern das Akzeptieren der gängigen Argumentation, die hier schon als selbstverständlich vorausgesetzt wird. Dieser Schluß *e silentio* bleibt nicht unsicher, weil die Übersetzung der Stelle durch die genannten drei Gelehrten klar beweist, daß sie die gängige Deutung übernehmen. Die in unserem Jahrhundert herrschende Einigkeit der philologischen Zunft – für die ja gerade die Kommentatoren stehen – wird hier also noch einmal eindrucksvoll deutlich.

Wir wollen aber, wie gesagt, die Gründe studieren, auf denen diese Einigkeit beruht. Da über Ast oben schon referiert wurde, beginnen wir hier mit Stallbaum. Diesem Gelehrten verdanken wir wahrscheinlich die richtige Konstruktion von Satz 1: In der zweiten Auflage seiner kommentierten Edition des ›Phaidros‹ hat er sie – anscheinend als erster – stillschweigend eingeführt.[177] Seine auf jenen Relativsatz bezüglichen Bemerkungen dürften aber auch für seine Auffassung des Nachsatzes von Satz 3 relevant sein. In beiden Auflagen entnimmt er nämlich dem Ausdruck περὶ ἣν τὸ τῆς ἀληθοῦς ἐπιστήμης γένος, daß es im Ideenreich eine absolute Erkenntnis gibt. In der zweiten Auflage formuliert Stallbaum das folgendermaßen: »ad quam οὐσίαν absoluta scientia et cognitio pertinet«. (95) Besonders interessant ist in dieser Formulierung die Ergänzung des Wortes »scientia« durch »cognitio«. Sie deutet m. E. darauf, daß Stallbaum keine Einzelidee ἐπιστήμη meint, sondern den lebendigen Vollzug absoluten Wissens. Wie er diesen Vollzug im Ideenreich verankert, erfahren wir leider nicht; es läßt sich aber auch nicht ausschließen, daß Stallbaum an eine Inhärenz im Ganzen jenes Reiches gedacht hat.

Ähnlich unbestimmt bleibt sein eigentlicher Kommentar zu dem Nachsatz über die Episteme in Satz 3. In beiden Auflagen (1832 und 1857) besteht dieser Kommentar nur in dem folgenden kleinen Absatz: »οὐχ ᾗ γένεσις – καλοῦμεν] Nam quae sub sensus subjecta sunt, ea oriuntur, mutantur, pro varia, quae cum aliis rebus continentur, necessitudine, alia atque alia evadunt, denique sicuti originem

176 Vgl. unten S. 263f.
177 Vgl. oben S. 198.

habuere, ita etiam occidunt et intereunt. Longe aliter habent, quae in se sunt absoluta atque aeterna. conf. Sympos. p. 210 E sqq.« Es ist deutlich, daß sich der erste Satz auf Teil A, der zweite auf Teil B des Zusatzes über die Episteme bezieht. Inhaltlich erläuternd ist aber nur der erste Satz; bei B begnügt Stallbaum sich mit dem formalen Hinweis, daß für »absolute Gegenstände« das Gegenteil gilt. Im ersten Satz redet er davon, daß die sinnlichen Erscheinungen entstehen und vergehen und je nach den jeweiligen Bedingungen verschieden ausfallen. Das bezieht sich zwar offensichtlich auf A 1 und 2, nur wird der Sinn des griechischen Textes damit nicht wirklich erhellt: Denn die ἐπιστήμη, um die es in A 1 und 2 geht, ist ja nicht selber eine sinnliche Erscheinung, und Stallbaum sagt mit keiner Silbe, wie er sich ihren Bezug auf diese Erscheinungen denkt.[178] Auch der zweite Satz klärt das Verhältnis nicht auf, weil auch er nicht speziell von der ἐπιστήμη spricht. Hinzukommt in diesem Satz der Wechsel von »in re« zu »in se« – wenn das »se« der neu gesetzten zweiten Auflage kein Druckfehler ist. So gibt der zitierte Absatz anscheinend gar keine Antwort auf unsere Fragen. Aber Stallbaums wichtigste Aussage zu jenem Nachsatz folgt noch; es ist der ganz am Schluß gegebene Stellenverweis: »conf. Sympos. 210 E sqq.«

Das Besondere an diesem Hinweis ist erstens, daß er überhaupt gegeben wird – denn nach Stallbaum verschwindet Symp. 210 e ff. aus den Kommentaren zu diesem Passus – und zweitens, daß allein diese Symposion-Stelle angeführt wird, und nicht außerdem Phil. 61 de. Denn wir erinnern uns: Ast hat in seinen Kommentaren von 1810 und 1829 diese beiden Stellen als angebliche Parallelen zu Phdr. 247 de angeführt – obwohl sie als Parallelen dieser Stelle einander ausschließen –, hat sich in seiner Übersetzung aber nur an die Philebos-Stelle gehalten, die er 1830 denn auch (endlich) allein, ohne die Symposion-Stelle zitiert.[179] Stallbaum kennt und erwähnt häufig Asts Kommentare von 1810 und 1829; ob er den von 1830 noch herangezogen hat, ist nicht sicher.[180] Sein Verweis auf Symp. 210 e ff. und nur auf diese Stelle bedeutet also eine implizite kritische Stellungnahme zu dem *ad locum* widersprüchlichen Befund in jenen beiden Kommentaren von Ast.

Was A 2 betrifft, ist Stallbaums Hinweis ein Votum für die Inhärenz-Bedeutung des ἐν ἑτέρῳ, denn bei dem wörtlich gleichen ἐν ἑτέρῳ von Symp. 211 a 8 zeigen ja

178 Vielleicht wollte er den Gedanken vermitteln, daß die abbildhafte ἐπιστήμη, einem Sinnesding inhärierend, grundsätzlich dieselben ontologischen Mängel hat wie die sinnlichen Erscheinungen. Aber deutlich entnehmbar ist dies seiner Formulierung nicht.

179 Vgl. oben S. 244–247.

180 Im Verzeichnis der benutzten Literatur hat er ihn auch 1857 nicht genannt, vgl. dort CXXXIX, und ich sehe keine deutliche Bezugnahme. Da Ast den Kommentar seiner Edition von 1830 als Kurzfassung seiner »Annotationes« von 1829 bezeichnet (s. die Praefatio), hat Stallbaum jenen vielleicht nicht mehr näher eingesehen.

die Beispiele eindeutig, daß Inhärenz in verschiedenen stofflichen Substraten (und damit auch Lokalisation) gemeint ist.[181] Will man entsprechend auch das ἐν von B 1 als Inhärenz verstehen, so macht die Beziehung auf die Symposion-Stelle aber gewisse Schwierigkeiten. Das αὐτὸ τὸ καλόν, das dort der ἐπιστήμη ὄντως οὖσα von B entspricht, soll ja gerade nicht – in gar keiner Weise – ἐν ἑτέρῳ τινί sein! Daß Stallbaum das »Wissen selbst« von Phdr. 247de mit dem »Schönen selbst« von Symp. 210eff. in Beziehung setzt, ist klar, wenn man den zweiten Satz des zitierten Absatzes – »longe aliter se habent quae in se (oder: re) sunt absoluta atque aeterna« – mit dem unmittelbar folgenden Stellenverweis zusammennimmt. Die genannte Schwierigkeit wird durch diesen Satz aber nicht gelöst, ob man nun »in re« liest (nach B 1) oder »in se« (nach αὐτὸ καθ' αὐτὸ μεθ' αὐτοῦ in Symp. 211b1). Es hätte dazu eines expliziten sachlichen Vergleichs der beiden Stellen bedurft, den Stallbaum hier nicht durchführt. Wir entnahmen seiner Bemerkung zum Schluß von Satz 1, daß er eine Inhärenz der absoluten Episteme im ganzen Ideenreich angenommen haben mag – was der Aussage des Symposions über das absolute Kalon nicht unbedingt widerspricht.[182] Aber Stallbaum bleibt eine klare Antwort schuldig. Seine ganze Alternative zu Asts Kommentierung des bewußten Nachsatzes bleibt darum letztlich halbherzig und unzureichend.

Wesentlich klarer – inhaltlich aber konträr – ist die Stellungnahme von Thompson. Mit drei Bemerkungen geht er auf unser Problem ein; die erste bezieht sich, wie bei Stallbaum, auf die Erwähnung der ἐπιστήμη in Satz 1, also implizit auch auf den erklärenden Zusatz von Satz 3: »For the sense compare Phileb. 62 E [irrtümlich für 61 de] ἐπιστήμη ἐπιστήμης διάφορος, ...« (50, Sp. 1), welche Stelle wie bei Ast vollständig zitiert wird. Während Ast aber, wie wir wissen, 1810 und 1829 neben dieser Philebos-Stelle auch Symp. 211 a ausführlich zitiert hatte und diese letztere Stelle erst 1830 wegließ, zitiert Thompson von vornherein allein die Philebos-Stelle. Er entscheidet sich also wie Ast 1830 und konträr zu Stallbaum. Im Hinblick auf Phil. 61de ist klar, daß er den Unterschied der beiden ἐπιστῆμαι in Satz 3 als den von Doxa und (wahrer) Episteme versteht und daß er das ἐν beide Male als Objektbezug deutet. Seine Bemerkungen zu Satz 3 bestätigen dies: »οὐχ ᾗ γένεσις πρόσεστιν] The o b j e c t of the highest science is not the phenomenal, but the real – not the concrete, but the abstract. This highest and truest science is, in Plato's view, Dialectic. Comp. Phileb. 57 E, ἡμᾶς ... γνῶσιν.« (50, Sp. 2, meine Hervorhebung, auch diese zweite Philebos-Stelle ist voll zitiert) Interessanterweise erklärt diese Bemer-

181 Trotzdem stellt Stallbaums erster, auf Teil A bezogener Satz (s. o.) aber nicht klar, daß es dort um eine (sc. mittelbar) in sinnlichen Körpern inhärierende Episteme geht. Das ist einigermaßen seltsam.

182 Vgl. unten S. 300f.

kung explizit nur die ideelle Episteme: Daß die Episteme der empirischen Ebene die Doxa ist, mit den Erscheinungen als ihren Objekten, wird als evident vorausgesetzt – weil Platons Formulierung in A 2 diese Auffassung tatsächlich nahelegt. Thompson geht sogar so weit, auch A 1 aus dem Objektbezug der Doxa zu erklären, stellt er doch A 1 seiner Bemerkung als Lemma voran. Der empirischen Erkenntnis soll demnach nur deshalb »Entstehung zukommen«, weil sie sich auf Objekte bezieht, die entstehen und vergehen. Entsprechend wird in der dritten Bemerkung die wahre und ewige Existenz der Episteme von B nur aus ihrem Objektbezug abgeleitet: »(sc. 247) E. ἐπιστήμην οὖσαν][183] This science is said to be r e a l (οὖσαν) as the ὄν which it contemplates. Other sciences have to do with the οὐσίας μετέχοντα, which are called ὄντα in virtue of this μέθεξις, but have no independent reality. ...« (50f., Sp. 2 bzw. 1). Der letzte Satz läßt wieder erkennen, wie Thompson Platons Formulierung von A 2 versteht.

Was Thompson hier von der »höchsten Wissenschaft« sagt, gilt aber genauso von dem höchsten Wissen d e s M e n s c h e n – wie denn auch die Dialektik an der zweiten Philebos-Stelle primär das höchste m e n s c h l i c h e Erkennen ist. Platon meint in Teil B des bewußten Zusatzes aber eindeutig ein Wissen, das auf der Ebene der Ideen existiert – in welchem Sinne auch immer. Diesen ideellen Charakter der ἐπιστήμη αὐτή hat Thompson nicht aufgeklärt; und wenn man nicht unterstellt, daß er vom menschlichen Ideenerkennen spricht – womit der Sinn von B grob verfehlt wäre –, weiß man nicht, wovon er eigentlich redet.[184] Dieselbe Unklarheit besteht bei den meisten späteren Vertretern der herrschenden Auffassung – außer bei Ritter und Robin, auf die wir gleich eingehen werden.

Noch gravierender ist, daß Thompson die ungewöhnliche Auffassung des ἐν nicht lexikalisch rechtfertigt. Freilich wäre durch diesen Versuch sichtbar geworden, wie schwierig, um nicht zu sagen: unmöglich, eine solche Rechtfertigung ist.[185] Gerade die Ignorierung dieses Problems bei Thompson mag wohl die Durchsetzung der referierten Auffassung in unserem Jahrhundert begünstigt haben.

Denn den Einfluß von Thompsons Kommentar auf die spätere gelehrte Beschäftigung mit dem ›Phaidros‹ kann man kaum überschätzen. Bis über die Mitte

---

183 Man vermißt in diesem Lemma ὄντως, das von Thompson demnach falsch auf das voranstehende ὄν bezogen wurde, vgl. oben S. 234f.

184 In Frage kommen: 1.) die Einzelidee des Wissens – aber h a t die selber das höchste Wissen? –, 2.) der Wissensvollzug der Idee des Guten wie bei Tennemann und Ast – eine christlich-metaphysische Umdeutung von Platons metaphysischer Theologie – und 3.) ein dem Ideenreich inhärierender intellectus divinus – den Thompson schwerlich angenommen hat, denn nichts in seinem Kommentar deutet darauf hin.

185 Einzig de Vries von allen Kommentatoren der obigen Tafel hat diesen Versuch unternommen, vgl. unten S. 260 u. S. 266.

unseres Jahrhunderts bot jenes Werk die ausführlichste Erläuterung dieses Dialoges, geschrieben in modernem, leicht lesbarem Englisch anstatt in ›verstaubtem‹ Latein. Was die Erklärung unseres Passus 247de betrifft, hat Thompson sich auch weder solche Widersprüchlichkeit noch solche Dunkelheit gestattet, wie Ast bzw. Stallbaum. Da er Phil. 61de eindeutig in den Mittelpunkt stellte und Symp. 211a gar nicht erwähnte, konnte der Eindruck entstehen, durch diese ›Parallele‹ sei der Sinn des Zusatzes über die Episteme, und damit der des zweimaligen ἐν, definitiv geklärt. Daß Thompson das lexikalische Problem einfach überging, hat diesen Eindruck vermutlich noch verstärkt.

Es muß in der Tat der prägende Einfluß von Thompson gewesen sein, der bewirkt hat, daß die Symposion-Stelle, die Heindorf, Ast (außer 1830) und Stallbaum bei der Erklärung von Phdr. 247de als unübergehbar betrachtet hatten, in den späteren Kommentierungen dieses Passus nie mehr begegnet. Sehr zum Schaden des Verständnisses des Textes. Denn obwohl auch Symp. 211a keine genaue inhaltliche Parallele zu A 2 oder dem ganzen Nachsatz ist,[186] hätte diese Stelle doch den Blick schärfen können für den Sachverhalt der Inhärenz in einem Substrat, um den es in dem Nachsatz (auf beiden Ebenen) wesentlich geht.

Nur als Wirkung von Thompsons Kommentar kann man es auch verstehen, daß Ritter und Robin, die beide in je verschiedener Weise einen transzendenten intellectus divinus bei Platon annehmen, den besagten Zusatz anscheinend fraglos im Sinne der Unterscheidung von Doxa und Episteme ausgelegt haben. Ritters Übersetzung: »nicht jenes (sc. Wissen), dem ein Entstehen anhaftet, noch das anders ist, wenn es ein anderes von den Dingen zum Gegenstand hat, die wir jetzt als seiend bezeichnen; sondern das wirkliche Wissen, dessen Gegenstand das wirkliche Sein ist« (60), läßt an Deutlichkeit nichts zu wünschen übrig; und diese Auslegung war für Ritter anscheinend ein so klarer oder doch geklärter Fall, daß er sie gar nicht mehr begründen zu müssen glaubte. Mit Ritters Vorstellung vom *intellectus divinus* bei Platon war diese Interpretation freilich auch relativ leicht vereinbar: Ritter versteht die Idee des Guten als Platons höchsten Gott und die Ideen als »Zweckgedanken« dieses Gottes, nach denen er die Welt hervorbringt.[187] Damit sind die Ideen zwar im Geiste Gottes, »in der Wirklichkeit seines geistigen Wesens beschlossen«[188]; aber das denkende Subjekt und das gedachte Objekt bleiben in diesem Geiste deutlich getrennt. Darum war es für Ritter – im Unterschied zu Thompson – nicht allzu schwierig, der Formulierung »das wirkliche Wissen, dessen

186 Vgl. die Begründung unten S. 300–302.

187 Vgl. Ritter (1931) 101f. u. 317–321. Es handelt sich um die gleiche christliche Zurechtlegung von Platons metaphysischer Theologie wie bei Tennemann und Ast, s. oben S. 244 u. S. 251.

188 a.O., 317f.

Gegenstand das wirkliche Sein ist« einen sachlichen Sinn zu geben, der die ideelle Episteme nicht auf das Ideenerkennen der Menschen reduzierte.

Robins Vorstellung von dem platonischen *intellectus divinus* ist wahrscheinlich historisch richtiger. Schon 1918 – zwölf Jahre vor seinem Phaidros-Kommentar – und wieder 1935 hat Robin aufgrund der bekannten Hinweise in ›Sophistes‹ und ›Timaios‹ sich dafür ausgesprochen, daß Platons Ideenreich – als Gesamtheit der Einzelideen, ohne die Idee des Guten – ein göttlicher Intellekt sei wie die zweite Hypostase Plotins.[189] Er bezieht auch das von Aristoteles überlieferte platonische oder akademische Wort von der Seele als τόπος εἰδῶν (De an. III 4, 429 a 27) auf den »überhimmlischen Raum« des ›Phaidros‹, da dieser eine (sc. überzeitliche) seelische Bewegung habe, nämlich »das absolute Denken, das mit den absoluten intelligiblen Wesenheiten, die seine Objekte sind, identisch ist.«[190] In dieser Identität von Subjekt und Objekt läßt sich der Bezug des göttlichen Denkens auf die Ideen als Gegenstände nicht so leicht fassen wie nach der Deutung Ritters; er ist aber doch darin enthalten, wie Robins Formulierung »die seine Objekte sind« zu Recht klarstellt. Denn diese Identität ist ja gemeint als das unüberbietbare Optimum objektiven geistigen Vernehmens. Auch Robin konnte die Deutung des ἐν als Objektbeziehung, zu der er sich in seiner freien, von »in« abgehenden Übersetzung entschieden bekennt (s. Anhang), also mit seiner sachlichen Auffassung von Platons Lehre vereinen.[191]

Aber hätte Robin nicht allen Grund gehabt, die Inhärenzdeutung zu bevorzugen, weil er dann einen weiteren authentischen Beleg gewonnen hätte, der die Existenz jener auf Plotin vorausweisenden Nus-Lehre bei Platon bezeugt?! Daß Robin diese andere Deutung nicht einmal erwägt, zeigt m. E. die große Überzeugungskraft, die Thompsons Argumentation mit dem Doxa-Episteme-Schema für ihn hatte. Seine Anmerkung zur Übersetzung des bewußten Zusatzes bestätigt das: »Opposition de l'être et de l'apparence, et, corrélativement, du savoir dont les objets sont éternels, invariable dans leur constitution intrinsèque comme dans leur rapports mutuels, et de la connaissance sensible, dont les objets naissent, périssent, changent sans cesse; fondement ruineux de l'opinion (cf. note suivante).«[192] Zwar wird Thompson hier nicht genannt; aber die Anmerkung liegt voll auf dessen Linie. Aus ihr geht nämlich hervor, daß Robin, ebenso wie Thompson, auch A 1 (und virtuell B 2) aus dem Objektbezug der betreffenden Episteme erklärt: Diese Erkennt-

189 Vgl. Robin (1918) 376f. und (1935) 154.

190 Vgl. beide in der vorigen Anmerkung genannten Belege; das Original des Zitats steht in der erstgenannten Arbeit, 377 A. 29. [Ich zitiere aus der auszugsweisen deutschen Übersetzung dieser Abhandlung bei Wippern (1972) 289.]

191 Darum konnten wir diese Deutung auch bei Schleiermacher nicht ausschließen, s. oben S. 242.

192 Die folgende Anmerkung Robins bezieht sich auf den Ausdruck τροφῇ δοξαστῇ in 248 b 5.

nis ist mit dem Werden verbunden, nicht weil sie selbst entsteht, sondern nur weil ihre Objekte entstehen und vergehen.[193] Nun ist die Unterscheidung der Erkenntnisstufen Doxa und Episteme gewiß eine Hauptlehre Platons, die dieser mehrfach und an prominenten Stellen entwickelt hat.[194] Aber war es eben deshalb für den Leser nicht längst selbstverständlich, daß die absolute Episteme keine Doxa ist?!

Hackforth übersetzt den Nachsatz im Sinne derselben Auffassung, ohne dies noch zu begründen: Er schließt sich also stillschweigend – wie schon Ritter – der bei Ast (1830), Thompson und Robin vorliegenden Begründung an. Genauere Rechenschaft gibt dagegen noch einmal de Vries, dessen Kommentar den von Thompson an Gründlichkeit erreicht und nicht selten übertrifft. In der Auffassung unserer Stelle weicht de Vries aber von der mittlerweile etablierten *communis opinio* um keinen Millimeter ab. Er bedient sich auch weitgehend der zuerst von Ast und / oder Thompson gebrachten Argumente – ohne jene Gelehrten hier zu nennen.

Denn schon gleich zu Beginn seiner Erläuterung, bei dem als Lemma zitierten ersten Glied des Nachsatzes (A 1), schreibt de Vries lapidar: »cp. Phil. 61 de.« (137) Diese uns schon bekannte Philebos-Stelle wird damit der Deutung des ganzen Nachsatzes über die Episteme zugrundegelegt. Seit Thompson betrachtet man diese Stelle offenbar als eine Art Kronzeugen, der grundlegende und endgültige Klarheit darüber schafft, was in Phdr. 247de mit der Unterscheidung der beiden ἐπιστῆμαι gemeint ist – nämlich der Unterschied von Doxa und Episteme i.e.S. Daß de Vries diese Stelle schon bei A 1 anführt, zeigt außerdem, daß er – wie Thompson und Robin – auch die Zeitunterworfenheit der empirischen Episteme allein von ihren Objekten her erklärt. Daß jener Nachsatz hier aber wirklich als ganzer nach Phil. 61 de gedeutet wird, sieht man an de Vries' Bemerkung zu dessen beiden letzten Gliedern (B 1 u. 2). Er lehnt dort den Vorschlag Vollgraffs, das Wort ὄν in B 1 auszulassen, mit folgender Begründung ab: »..., but the contrast with ὧν ἡμεῖς νῦν ὄντων καλοῦμεν is better marked by reading ὄν. Science is defined by its object;...« (137f.) Sowohl ἐν τῷ ὅ ἐστιν ὄν (in B 1) wie ἐν ἑτέρῳ οὖσα ὧν ... (in A 2) werden also als Angaben der Objekte der betreffenden Episteme gedeutet, wie es dem Doxa-Episteme-Schema von Phil. 61de entspricht. Nach jenem Schema gilt in der Tat: »Science is defined by its object.« Aber wird ein Wissen nicht auch durch sein Substrat, seinen Träger, qualifiziert, und kann Platon nicht auch diesen Aspekt beachtet haben? Dafür spricht die sprachlich hier viel näherliegende Auffassung des ἐν als Inhärenz – die de Vries im Banne des Doxa-Episteme-Schemas nicht einmal erwägt.

---

193 Die entsprechende Auslegung von B 2 bleibt bei Robin insofern virtuell, als er, wie seine Übersetzung zeigt, die Zweigliedrigkeit von B nicht beachtet.

194 Vgl. bes. den Schluß von Pol. V (ab 476d), das Liniengleichnis (Pol. VI 509dff., bes. 510a8 – b1, 511de und VII 533e – 534a), den ›Theaitetos‹ (ab 187b) und Tim. 27d5 – 28a4, 28bc u. 37bc – und freilich auch Phil. 61de.

Aber de Vries ist sich bewußt, daß das Abgehen von den gewohnten Bedeutungen des ἐν ein Problem darstellt. Darum nennt er zu dem Ausdruck ἑτέρα ἐν ἑτέρῳ οὖσα die schon von Ast – in ›Annotationes‹ 419, aber nur unter linguistisch-formalem Aspekt – angegebene Parallelstelle Phaid. 83b2: ἐν ἄλλοις ὂν ἄλλο, und führt speziell zur Verteidigung des ἐν als Objektbeziehung eine weitere Platonstelle – Tht. 158 e [= 159 a 1]: ταὐτόν τι ἔχειν ἢ ἐν δυνάμει ἢ ἐν ἄλλῳ ὁτῳοῦν – und den Absatz A I 7 des Artikels ἐν bei Liddell-Scott-Jones ins Feld. Die Beweiskraft dieser Hinweise werden wir prüfen.[195] Vorerst vermerken wir nur, daß hier erstmals zugegeben ist, daß ein beträchtliches *onus probandi* auf den Vertretern der herrschenden Auffassung lastet.

Trotzdem blieb die Herrschaft dieser Auffassung bis heute ungebrochen. Rowe setzt zwar einige Fragezeichen, die wir uns noch ansehen müssen; aber für Brisson und Heitsch ist die Deutung des bewußten Nachsatzes offenbar wieder eine längst im Sinne des Doxa-Episteme-Schemas entschiedene Sache. Brisson kommentiert die Stelle zwar nicht speziell, übersetzt Teil B aber fast wörtlich wie Robin: »mais celle (sc. science) qui s'applique à ce qui est réellement la réalité.« (120)[196] Er dürfte also auch die Begründung für die Wiedergabe von εἶναι ἐν mit »s'appliquer à« von Robin übernehmen.[197] Auch Heitsch widmet dem Nachsatz keine ausdrückliche Erläuterung; aber sowohl aus seiner Übersetzung wie aus einer Anmerkung zu seinem Referat des ganzen Abschnitts (110 A. 205)[198] geht klar hervor, daß er darin den Gegensatz von wahrem Wissen und bloßer Meinung ausgedrückt findet. Auch Heitsch interpretiert die Stelle also nach Maßgabe des Liniengleichnisses und der sonstigen Belege für diese platonische Standardlehre; die angebliche Parallele Phil. 61 de dürfte ihm aus Thompson und de Vries bekannt gewesen sein.

Wir können deshalb an dieser Stelle, obwohl wir auf Rowe noch näher eingehen wollen, schon folgendes Fazit ziehen: Seit Thompson setzt sich bei allen Kommentatoren – auch Rowe macht darin keine Ausnahme – die Überzeugung durch, daß die Erläuterung der ideellen Episteme im Nachsatz von Satz 3 im Sinne der Entgegensetzung von Doxa und wahrer Episteme zu verstehen sei. Die Stelle Phil. 61 de, die schon Ast herangezogen hatte, dient dabei als beweiskräftige Parallele, weil an

---

195 Vgl. unten S. 266f. u. S. 295f.

196 Die Zweigliedrigkeit von B ist – wie bei Robin – verkannt.

197 Brissons Auffassung des platonischen τόπος νοητός ist freilich ganz anders als die Robins; sie macht es ihm aber besonders leicht, den Objektbezug der ideellen Episteme als ein lebendiges Erkennen zu denken: Wie sein Buch ›Le Même et l'Autre dans la Structure Ontologique du *Timée* de Platon‹ (1974) zeigt, deutet Brisson nämlich den platonischen Demiurgen als einen u n t e r den Ideen stehenden transzendenten Nus, der bei seiner Gestaltung der sinnlichen Welt auf jene als Vorbild blickt. Vgl. die Stellenangaben oben S. 191 Anm. 14.

198 Darum das eingeklammerte »ja« bei Heitsch in der obigen Tafel 2.

ihr tatsächlich unter dem Oberbegriff ἐπιστήμη die Doxa und die eigentliche Episteme voneinander abgehoben werden. Unterschieden werden sie aber dort wie auch an vielen anderen Stellen nach ihren ontologisch verschiedenen Objekten, so daß man sich berechtigt glaubte, das ἔν τινι in A 2 und B 1 des Zusatzes als Objektbeziehung der betreffenden Episteme zu deuten. Warum konnte man aber so merkwürdig unbefragt annehmen, daß das in A beschriebene Wissen der empirischen Ebene die Doxa sei? Hier ist neben der oberflächlichen Ähnlichkeit mit Phil. 61 de und neben dem psychologischen Umstand, daß die Interpreten an die platonische Standard-Unterscheidung von Episteme und Doxa gewöhnt waren, noch ein gewichtiger objektiver Textbefund zu nennen: Es sind, wie wir schon bei Schleiermacher sahen, Platons eigene Formulierungen in Teil A, die eine solche Deutung nahelegen. Denn A 1 und A 2 enthalten anscheinend eine ganz allgemeine ontologische Charakteristik der Erscheinungen als solcher; alle Erscheinungen können aber nur als Gegenstände mit einer Episteme verbunden werden, und die letztere muß dann die Doxa sein. Platons Formulierungen von Teil A – besonders das ὧν ἡμεῖς νῦν ὄντων καλοῦμεν von A 2 – waren und sind also das *primum movens* für die heute herrschende Auffassung.

Auffällig ist, daß nur einer von allen Kommentatoren – de Vries – explizit versucht, die ungewöhnliche Übersetzung des ἔν τινι lexikalisch zu rechtfertigen.[199] Man scheint zu ahnen, aber sich nicht eingestehen zu wollen, daß die Übersetzung des ἐν der schwächste Punkt der ganzen Deutung ist: ihre Achillesferse.

Hier muß denn auch unser Versuch der Widerlegung ansetzen, muß weiter Platons Formulierung in A 2 ohne lexikalische Gewaltsamkeiten plausibel erklären und muß darum auch eine Alternative aufweisen zu der Überzeugung, es gehe in dem ganzen Nachsatz um den Unterschied von Episteme und Doxa.

v Ergänzung: Das unausgesprochene moderne Vorurteil (am Beispiel von C. J. Rowe)

Unter den Gründen für die herrschende Auffassung, die wir bisher aufgedeckt haben, kann man jenen Grund vermissen, auf den wir schon in der Einleitung hinwiesen: die Weigerung der meisten modernen Interpreten, ernstlich mit der Möglichkeit zu rechnen, daß schon Platon eine ähnlich spekulative Geist-Lehre hatte wie später Plotin. Ich nenne diese Einstellung hier kurz »das moderne Vorurteil«. Hat diese sachliche Vormeinung bei der referierten fragwürdigen Deutung der bewußten Phaidros-Stelle durch so viele Gelehrte faktisch keine Rolle gespielt? So kann es scheinen, wenn man daran denkt, daß auch ein prominenter Verfechter je-

---

199 Implizit gibt Ast eine gewisse Rechtfertigung, indem er das εἶναι ἔν τινι mit dem lateinischen »versari in aliqua re (sc. contemplanda)« gleichsetzt. Vgl. dazu oben S. 247 und unten S. 267.

ner spekulativen Platon-Interpretation – Léon Robin – diese Stelle nach demselben Doxa-Episteme-Schema gedeutet hat, auf das auch die anderen sich berufen. Aber es gibt immerhin die Gegenbeispiele Hager und Krämer, denen das gleiche ›plotinische‹ Platonverständnis die Augen für den Sinn dieser Stelle geöffnet hat.[200] Ich möchte darum behaupten, daß die herrschende Auffassung gar nicht zur Vorherrschaft hätte kommen können, wenn alle Interpreten zumindest die Möglichkeit eines *intellectus divinus* im Ideenreich Platons ernsthaft erwogen hätten.

Daß es einen die ganze Ideenwelt erfüllenden *intellectus divinus* bei Platon nicht geben kann, wird in den kommentierenden Bemerkungen zu unserer Stelle (und überhaupt in diesen Kommentaren) aber nicht ausgesprochen, sondern – zumeist wohl unbewußt – als selbstverständlich vorausgesetzt. Diesen Gelehrten ist deshalb auch gar nicht bewußt, daß ihnen ihre gewagte Übersetzung des ἔν τινι εἶναι nicht zuletzt auch wegen dieses modernen Vorurteils legitim und plausibel scheint. Unausgesprochene Prämissen lassen sich nur selten sicher nachweisen. Aus den Bemerkungen von C. J. Rowe zu unserer Stelle, in denen er ehrlich sagt, welche Probleme er mit ihr hat, kann man aber sowohl die Tatsache jenes verborgenen Vorurteils wie dessen Stärke sicher erschließen. Das soll im folgenden noch vorgeführt werden. Außerdem werden bei diesem (vorläufig) letzten Kommentator, der auf unsere Stelle detailliert eingegangen ist, auch die übrigen Gründe der fragwürdigen herrschenden Auffassung noch einmal deutlich.

Rowe stützt sich, besonders in linguistischen Fragen, auf den Kommentar von de Vries.[201] So scheint er sich – obwohl er dies nicht ausdrücklich sagt – durch de Vries' linguistische Hinweise auch legitimiert zu fühlen, εἶναι ἐν in beiden Fällen als Objektbeziehung zu deuten (180). Wenn er trotzdem wörtlich mit »to be in« übersetzt (63), dann beweist das noch keinen Zweifel an de Vries' Argumenten, sondern erklärt sich daraus, daß er dem »greekless reader« eine möglichst adäquate Vorstellung des griechischen Wortlautes geben will, mit »as little interpretation as possible«(15). Trotzdem setzt er in seinem Kommentar zu Teil B zwei Fragezeichen, die – ohne daß er es selbst zu merken scheint – die Fragwürdigkeit der herrschenden Auffassung bloßlegen.

In bezug auf die ἐπιστήμη (sc. αὐτή) von 247d7, von der auch der Teil B des Nachsatzes positive Aussagen macht (e1f.), schreibt Rowe zunächst: »this knowledge ought strictly to be a Form (the Form of Knowledge), like the other items in the list, rather than the knowledge referred to in c8 and d1, i. e. the knowledge pos-

200 Denn auch Krämer hat sich der herrschenden Auffassung der Phaidros-Stelle nicht angeschlossen. Er sah aber – mit Recht – keine Möglichkeit, die spekulative Deutung ohne großen Aufwand zu beweisen. Vgl. oben S. 186.

201 Vgl. sein »Preface«, wo er schreibt: »My chief debt, then, is to de Vries.« (VIII)

sessed by the knowing mind – which will be a particular ›imitating‹ or ›sharing in‹ the Form, not the Form itself ...« (180). Er betont hier also, daß es bei der zu erläuternden Episteme um die Idee des Wissens geht und nicht um ein Abbild dieser Idee. Soviel ist vom griechischen Text her ja auch evident – wenn man Rowes Satz allgemein genug versteht. Die Probleme beginnen erst bei der Bestimmung des Begriffs »Idee« für diese Stelle, und hier legt Rowe sich stillschweigend in einer Weise fest, die vermutlich der Ansicht der meisten heutigen Interpreten entspricht und die auf das besagte moderne Vorurteil schließen läßt. In Klammern fügt er nämlich hinzu: »the soul catches sight of Knowledge, and so understands what it is to know something in the true sense?« Es ist das Wort »something«, aus dem hervorgeht, daß Rowe sich unter der Idee des Wissens nur eine Einzelidee vorstellen kann, und nicht einen urbildlichen Wissensvollzug der Ideensphäre als ganzer, dessen Möglichkeit bei Platon wir oben schon ein wenig erläutert haben.[202] Denn die Einzelidee des Wissens kann nur allgemein das Wesen des Wissens erklären – sc. daß wahres Wissen Ideen erfassen muß –, kann also nur allgemein vorschreiben, »what it is to know something in the true sense«. Zugleich verrät das Fragezeichen, das Rowe hinter diese Erläuterung setzt, daß ihn die Leistung der Einzelidee im Falle der ἐπιστήμη nicht ganz befriedigt. Und in der Tat: Sie ist nicht befriedigend. Denn ein im vollen Sinne urbildliches und für den Menschen vorbildliches Wissen müßte nicht nur eine allgemeine Wesensbestimmung enthalten, sondern müßte diese Vorschrift auch erfüllen. Es müßte der schauenden Seele zeigen, was es heißt, alles adäquat zu wissen, müßte also selber der Vollzug des vollkommenen Wissens sein. Rowe nähert sich hier also faktisch dem Postulat eines transzendenten *intellectus divinus* – der indessen, wie das Weitere zeigt, für ihn doch ganz undenkbar bleibt.

Denn Rowe fährt fort: »The expression in e 1–2, however, seems to tell the other way: ›the knowledge which is in that which really is‹ would be a slightly odd description of the Form; better: ›the knowledge that resides in (sc. and so comes from) what really is (i. e. the Forms)‹?«[203] Um sich klarzumachen, was hier passiert ist, muß man beachten, daß Rowe mit »to tell the other way« auf die »knowledge possessed by the knowing mind« verweist, die er eingangs der (Einzel-) Idee des Wissens gegenübergestellt hat und die nach seiner (irrtümlichen) Meinung nur ein empirisches Abbild dieser Idee sein kann. Er redet also in seinem alternativen Übersetzungsvorschlag von einem abbildhaften Wissen – darum schreibt er jetzt know-

202 Vgl. S. 203f. u. S. 228–233. Auch die Deutung der ideellen Episteme als das Wissen der Idee des Guten von allen Einzelideen – die wir bei Ast, Ritter und Hildebrandt fanden – liegt Rowe offenbar fern. Diese theistisch-christliche Deutung verfälscht zwar das eigentümliche Gepräge der griechischen Metaphysik, hat aber ein grundsätzlich adäquates spekulatives Niveau.

ledge, und nicht Knowledge –, das aufgrund des εἶναι ἐν in den Ideen »wohnen«, d. h. von ihnen kommen soll. Natürlich kann sich auch das abbildliche, innerzeitliche Wissen auf die Ideen beziehen; im Phaidros-Mythos wird dies gerade beschrieben, und wir werden zeigen, daß dies die defiziente Episteme ist, die Platon in Teil A des vorliegenden Nachsatzes meint. Aber daß die Episteme von Teil B, also das ideelle Wissen, das die Seelen im überhimmlischen Raum erschauen, nur ein abbildhaftes Ideenwissen sein soll, wie es die schauenden Seelen selber besitzen, ist schlechthin absurd. Es war Untertreibung, hier nur ein Fragezeichen zu setzen.

Für Rowe erscheint sein Vorschlag nur deshalb nicht als absurd, weil er fest von der Grundannahme der herrschenden Deutung überzeugt ist, daß hier wie in Phil. 61 de und im Liniengleichnis die Episteme von der Doxa unterschieden werde. Diese Überzeugung erlaubt ihm nämlich, bei der ἐπιστήμη von e 1 f. – wenn auch nur versuchsweise – auf die empirische Ebene zu gehen: Denn eine bloß von der Doxa abgehobene Episteme könnte ja, wie im Liniengleichnis, auch das menschliche (und überhaupt das abbildhafte) Ideenerkennen sein. Die Absurdität, die das im vorliegenden Kontext gleichwohl bedeutet, spricht aber entschieden gegen jene Annahme.

Wie sehr Rowe das Opfer der genannten Vormeinungen ist, können wir uns noch folgendermaßen vergegenwärtigen: Mit der zitierten Formulierung »knowledge possessed by the knowing mind« hält Rowe ja bereits die richtige Deutung für das εἶναι ἐν der ἐπιστήμη auf beiden Ebenen in der Hand.[204] Aber er weiß damit nichts anzufangen: Auf der ideellen Ebene hindern ihn, wie gezeigt, beide Vorurteile, gerade auch das besagte »moderne«, die Inhärenz des ideellen Wissens im Ganzen des Ideenreiches auch nur zu erwägen; und auf der empirischen Ebene ist es die übliche Deutung als Doxa, die ihn verkennen läßt, daß mit ἐν ἑτέρῳ οὖσα ὧν ἡμεῖς νῦν ὄντων καλοῦμεν gerade die abbildhafte Ideenerkenntnis, die vom erkennenden Geist »besessen wird« – also in ihm ist – beschrieben wird. Rowes Erläuterung von Teil A des Nachsatzes steht nämlich ohne jedes Fragezeichen auf seiten der herr-

203 Auch in diesen Aussagen ist das antispekulative Vorurteil, daß das ideelle Wissen bei Platon nur eine Einzelidee sein könne, nachweislich vorausgesetzt. Denn warum hält Rowe Platons Formulierung von B 1 für »an odd description of the Form« (sc. of Knowledge)? Weil er e r s t e n s das ἔν τινι εἶναι allein als lebendige Erkenntnisbeziehung zu einem Objekt versteht – so wie er diesen griechischen Ausdruck auch auf der empirischen Ebene (A) deutet, im Hinblick auf Platons dortige Formulierung und im Vertrauen auf de Vries' lexikalische Rechtfertigung – und weil er z w e i t e n s die »Form of Knowledge« nur als Einzelidee versteht, bei der es wirklich »odd«, d. h. seltsam wäre, ihr eine solche lebendige Erkenntnisbeziehung (sc. auf alle anderen Ideen) zuzuschreiben.

204 Denn der Inhärenz eines Seinsmoments in einem Substrat entspricht auf der Seite des letzteren ein »Haben« oder »Besitzen« jenes Moments. Auf diese notwendige Korrespondenz von ἔν τινι εἶναι und ἔχειν hat schon Aristoteles hingewiesen, vgl. Metaph. V 23, 1023 a 23–25.

schenden Auffassung: »i. e. knowledge of physical things, which change (›come to be‹ something else), and which exhibit what we label as the same features (cf. 250 e 3) in confusingly different ways. ...« (180) Man muß ja auch zugeben, daß Platon in A 2 nicht ausdrücklich vom »possessing mind« spricht – wofür man Wörter wie νοῦς, διάνοια oder ψυχή erwarten müßte –, sondern (wenn man die Attraktion fortläßt) von ἃ ἡμεῖς νῦν ὄντα καλοῦμεν. Hier stoßen wir also wieder auf das ›primum movens‹ der herrrschenden Auffassung. Diese Formulierung Platons, die schon Schleiermacher beirrte, lenkt offenbar noch heute die Interpreten in die falsche Richtung.

C Widerlegung der herrschenden Auffassung

i Εἶναι ἔν τινι *bezeichnet nie den Objektbezug eines Wissens als solchen. Hier bezeichnet es (hauptsächlich) dessen Inhärenz in intelligenten Lebewesen.*

1 Das negative lexikalische Faktum.

Die normalen Ausdrucksmittel, mit denen im Griechischen bei den Substantiven ἐπιστήμη, γνῶσις, σοφία, νοῦς, διάνοια, σύνεσις und dgl. das Objekt, bzw. der Objektbereich des Wissens angegeben werden kann, sind der genitivus obiectivus, περί c. gen. und (seltener) c. acc., ἐπί c. dat., πρός c. acc. (? LSJ: Lys. 33,7, fort. περί), selten εἰς c. acc. (s. Platon, Nomoi III 701 a6) und natürlich ein qualifizierendes Adjektiv wie ἰατρικός oder verbale Erklärungen wie ἀποβλέπειν ἐπί τι (Platon, Phil. 61 de) oder θεωρεῖν τι (Aristoteles, Metaph. IV 1, 1003 a 21). Ausführlicher als das allgemeine Lexikon von Liddell-Scott-Jones geben das Platon-Lexikon von Des Places und der »Index Aristotelicus« von Bonitz s. v. ἐπιστήμη usw. hierüber Auskunft. Ἐν c. dat. kommt in dieser Liste nicht vor.[205] Wenn die Interpreten der vor-

205 Warum das so ist, brauchen wir nicht erklären. Aber man kann vermuten, daß der Vollzug des Wissens, sofern er dem Menschen bewußt wird, immer auch das Bewußtsein einer Gegenüberstellung zu dem gewußten Objekt impliziert. Ἐν c. dat. würde dieser klaren Gerichtetheit des Wissensaktes nicht gerecht. Nicht ohne Grund ist die ἐπιστήμη darum bei Platon und Aristoteles ein Musterbeispiel für die Kategorie des Relationalen (πρός τι), vgl. Platon, Parm. 133 c 8 f., 134 a ff.; Aristoteles, Kateg. 7, 6 b 3–5. Auch ἐπί c. dat. – wozu man bekannte Stellen bei Platon vergleichen kann, bes. die Parallelisierung der Seins- und der Erkenntnisstufen am Schluß von Pol. V und im Liniengleichnis – widerspricht dem nicht, weil der Grieche sich hierbei vermutlich vorstellte, daß das Wissen auf der gewußten Sache aufruht als ein von ihr getragenes und determiniertes Epiphänomen. Vgl. den aristotelischen Satz: τὸ γὰρ ἐπιστητὸν τῆς ἐπιστήμης πρότερον ἂν δόξειεν εἶναι, Kateg. 7, 7 b 23 f. Das wirft ein bedeutendes Licht auf das Verhältnis von Sein und Denken (qua Erkennen und Wissen) in der griechischen Philosophie. Vgl. dazu unsere letzten Folgerungen aus der vorliegenden Stelle, unten S. 299 f. mit Anm. 293 u. S. 314 f.

liegenden Phaidros-Stelle trotzdem behaupten, daß ἔν τινι dort den Objektbezug der ἐπιστήμη bezeichne, dann liegt das *onus probandi* offensichtlich bei ihnen.

Der einzige, der dieser Beweispflicht explizit nachzukommen versucht, ist, wie schon erwähnt, de Vries. »For ἐν«, schreibt er, solle man vergleichen: »Theaet: 158 e ταὐτόν τι ἔχειν ἢ ἐν δυνάμει ἢ ἐν ἄλλῳ ὁτῳοῦν, LSJ ἐν A I 7.« An der Theaitetos-Stelle wird gesagt, es sei unmöglich, daß zwei völlig verschiedene Dinge »etwas Identisches haben, sei es hinsichtlich des Vermögens oder in anderer Hinsicht«. Man könnte auch übersetzen »in der Kategorie des Vermögens«, denn ἐν bezeichnet hier in einem übertragenen Sinne den Bereich, in dem etwas (τι) sich befindet. Aber vom O b j e k t bereich einer ἐπιστήμη ist hier gar nicht die Rede; die Stelle ist also irrelevant. Wie de Vries auf diese Stelle kam, zeigt der kleine Abschnitt aus dem Artikel ἐν bei LSJ, auf den er hinweist. Es handelt sich um »A. With dat., I of place«, Nr. 7: »in respect of, ἐν πάντεσσ' ἔργοισι δαήμονα φῶτα Il. 23. 671; ἐν γήρᾳ σύμμετρός τινι in point of age .., S. OT 1112; ἐν ἐμοὶ θρασύς in my case, towards me, Id. Aj. 1315; ἐν θανοῦσιν ὑβριστής ib. 1092; ἡ ἐν τοῖς ὅπλοις μάθησις Pla. La. 190 d; also οὐδὲν δεινὸν μὴ ἐν ἐμοὶ στῇ stop with me, Id. Ap. 28 b«. Für die Stelle aus dem ›König Ödipus‹ gilt genau das gleiche wie für die Theaitetos-Stelle; und die Belege aus dem ›Ajas‹ und der ›Apologie‹ reden zwar von einem menschlichen Handeln, aber ebenfalls nicht von einer ἐπιστήμη. Genauer zu prüfen sind also nur die Ilias- und die Laches-Stelle. Die letztere scheidet aber sofort aus, wenn man bemerkt, daß ἐν τοῖς ὅπλοις μάθησις nichts anderes bedeutet als μαθεῖν ἐν ὅπλοις μάχεσθαι, s. 179e, 181c, 182b und 185c. Hier liegt also eine – auf Kleidung aller Art bezogene – konkret räumliche Bedeutung vor; die Stelle gehört gar nicht in diese Rubrik, sondern in I 3 »in, within, surrounded by«.

Bleibt also noch der erste Beleg (Il. 23, 670 f.), der vollständig lautet:

οὐδ' ἄρα πως ἦν
ἐν πάντεσσ' ἔργοισι δαήμονα φῶτα γενέσθαι.

J.H. Voß übersetzt:

Traun, ja unmöglich
könnt in jeglichem Werk ein Sterblicher Kunde gewinnen.

Dieser Beleg ist mit Ausdrücken des Typs: »Mein Wissen in Botanik ist begrenzt«, eng verwandt. Die πάντα ἔργα sind hier nämlich s e l b e r ein praktisches Wissen oder Können, an dem der »gelehrige Mann« teilhat; genannt werden der Faustkampf und das Kriegshandwerk. Hier wird also nicht von einer Wissenschaft oder Disziplin rein als solcher der Objektbereich angegeben, sondern die Wissens- und Könnensdisziplin stellt selber den Bereich dar, »in dem«, d. h. hinsichtlich dessen, ein Mensch oder sein Wissen und Können bestimmt wird.[206] Das Verhältnis ist also in übertragenem Sinne lokativ und oft dabei partitiv, nicht aber gnoseologisch wie bei der Beziehung eines Wissens als solchen auf seine Objekte. De Vries hat also keinen Beleg dafür gebracht, daß ἔν τινι diesen gnoseologischen Bezug bezeichnen kann – und es gibt dafür auch vermutlich in den altgriechischen Texten keinen einzigen Beleg.[207]

Auch Ast bleibt jeglichen Beleg schuldig, wenn er implizit unterstellt, das griechische εἶναι ἐν könne die Bedeutung des lateinischen »versari in aliqua re« (sc. »indaganda, cognoscenda« oder dgl.) haben.[208] Immerhin ist diese lateinische Ausdrucksmöglichkeit interessant: Auch dort wurde mit »versari in« c. abl. ursprünglich das Sich-Beschäftigen eines Menschen in und mit einem Bereich bezeichnet, wobei der Bereich auch eine Kunst, ein Wissen und Können, sein kann, vgl. z. B. »opifices omnes in sordida arte versantur«, Cicero, De off. 1, 42, 150 (id., Ad fam. 4, 3, 4). Das entspricht dem ἐν πάντεσσ' ἔργοισι δαήμων φῶς der obigen Iliasstelle und (noch genauer) dem διατρίβειν ἐν φιλοσοφίᾳ. Derselbe Ausdruck wird dann aber gelegentlich auch auf abstrakte Subjekte übertragen, so daß auch von einer Kunst oder einem Wissen selbst gesagt werden kann: »versatur in ...«. Vgl. »dicendi omnis ratio in hominum more et sermone versatur«, Cicero, De or. 1, 3, 12, und »quae omnes artes in veri investigatione versantur«, ders., De off. 1, 6, 19.[209] Hier bezeichnet »in« c. abl. tatsächlich den Objektbezug eines Wissens. Aber das lateinische »versari in« ist eben nicht das griechische εἶναι ἐν: Erstens kann man schon im Lateinischen »versari« in diesem Ausdruck, wenn das Subjekt ein Wissen ist, nicht durch »esse« ersetzen,[210] und zweitens kann im Griechischen nicht einmal das genaue Pendant – διατρίβεσθαι ἐν – von einem abstrakten Subjekt ausgesagt werden, also auch von keinem Wissen als solchen. An unserer Phaidros-Stelle steht aber auch (drittens) gar nicht διατρίβεσθαι, sondern das *participium praesentis* von εἶναι.

---

206 Viele Beispiele aus der Schüler- und Studentensprache lassen sich anführen: »in Geschichte beschlagen sein«, »in Philosophie ein Kolloquium ablegen« usw. Vgl. Platon, Tht. 173c7: τούς γε φαύλως διατρίβοντας ἐν φιλοσοφίᾳ, und Hipp. m. 363a5: τῆς ἐν φιλοσοφίᾳ διατριβῆς. Nur implizit werden hier mit ἔν τινι auch die eigentlichen Objekte eines Wissens angegeben.

207 Auch Herrn Dr. Paul Raimund Lorenz vom Wiener Institut für Klassische Philologie, den ich hierzu befragte, ist kein entsprechender Beleg bekannt. Diese Auskunft des besten Kenners der griechischen Sprache hier am Ort wiegt viel.

208 Vgl. oben S. 247.

209 Die Stellen entnehme ich dem »Latin Dictionary« von Lewis and Short.

210 Zwar kann man von einem Menschen oder dgl. auch mit »esse in« aussagen, daß er sich mit etwas als Objekt beschäftigt, vgl. z. B. Horaz, epist. I 1, 11: »Quid verum atque decens, curo et rogo et omnis in hoc sum« – wobei der indirekte Fragesatz im Grunde aber wieder eine Disziplin (nämlich die Philosophie) umschreibt. Aber eine Übertragung auf abstrakte Subjekte wie bei »versari in« hat es hier, soviel ich sehe, nicht gegeben. Wenn vielleicht ein Satz wie: »Astronomia est in stellarum motibus indagandis« vorkommen kann, so ist es doch allein das attributiv verwendete Gerundivum von indagare, das den gemeinten Objektbezug deutlich macht. Und im Griechischen wird das sonst dem lateinischen Gerundivum entsprechende Verbaladjektiv auf -τέος niemals attributiv verwendet, s. Schwyzer (1939) 810.

2 Positiver Gegenbeweis

Wenn keinen Objektbezug, was bedeutet ἔν τινι an unserer Phaidros-Stelle aber dann? Hier ist der Punkt, wo wir jenen Plan wiederaufgreifen, den wir wegen des Referates über die Meinungen der Interpreten zurückgestellt haben: nämlich den Teil A näher zu betrachten, weil dort, auf der empirischen Ebene, auch ἔν τινι ein empirisches Verhältnis bezeichnen muß, das vermutlich eindeutig zu identifizieren ist. Wir haben dort ja auch die ausführlichere Angabe: οὐδ' ἥ ἐστίν που ἑτέρα ἐν ἑτέρῳ οὖσα ὧν ἡμεῖς νῦν ὄντων καλοῦμεν. Aber eben diese Formulierung war es, wie jenes Referat uns gezeigt hat, die die meisten Interpreten seit Schleiermacher zur falschen Deutung des ἔν τινι verleitet hat. Wir haben also jetzt doppelten Grund, die Formulierung von A 2 auf ihren wahren Sinn hin zu untersuchen.

a Die Bedeutung von ἔν τινι in dem Satzteil A 2 (empirische Ebene)

Grundsätzliche Klärung. Wir können wieder mit der wörtlichen Übersetzung beginnen: »noch welche eine andere ist in einem anderen von den Dingen, die wir jetzt seiend [oder: Seiende] nennen«.[211] Die relativische Attraktion ist hier (wie auch bei den anderen Interpreten) zu Recht so übersetzt, als ob dastünde: ... ἐκείνων [sc. χρημάτων oder dgl.] ἃ ἡμεῖς νῦν ὄντα καλοῦμεν.[212] Welches sind aber die hiermit umschriebenen »Dinge« oder »Seienden« (ὄντα), von denen mit ἕτερον ein unbestimmt bleibendes Beispiel herausgegriffen ist? »Wir« sind offenbar alle Menschen in ihrem gewöhnlichen, nicht-philosophischen Bewußtsein,[213] und »jetzt« bezieht sich demgemäß auf das hiesige, diesseitige Leben. Demnach sind jene »Dinge, die wir jetzt seiend nennen«, die sinnlich wahrnehmbaren körperlichen Gebilde, die in ihrer Gesamtheit – zu der auch ihre Eigenschaften, Prozesse und Relationen gehören – die Erscheinungswelt bilden. Die etwas spätere, sprachlich und sachlich anklingende Stelle 249c3: ὑπεριδοῦσα ἃ νῦν εἶναί φαμεν, bestätigt diese Deutung; denn was die Seele während der vorgeburtlichen Ideenschau (von der dort die Rede ist) »geringschätzig übersieht«, ist zweifellos die ganze Erscheinungswelt. Eine weitere Bestätigung gibt das Höhlengleichnis, wo Platon mit dem Bild der Schatten an der Höhlenwand das gewöhnlich für wirklich Gehaltene zwar noch weiter analysiert und herabstuft,[214] wo aber die körperlichen Gebilde außerhalb der Höhle nur deshalb für die Ideen stehen können, weil wir Menschen in unserem alltäglichen Bewußtsein, allgemein gesprochen, diese körperlichen Dinge für das einzig und ei-

211 Bis auf die Einfügung des Substantivs »Seiende« stammt die Übersetzung von Otto/Grassi/Plamböck, s. oben S. 201 u. S. 221.

212 Vgl. dazu oben S. 241 mit Anm. 139.

213 Vgl. die ἄνθρωποι bzw. θνητοί und ihr ὀνομάζειν bei Parmenides, eine Beziehung, auf die Natorp (1922) 74 zu Recht hinweist.

gentlich Seiende halten. Dasselbe gewöhnliche »Seinsverständnis« bezeugt Aristoteles am Anfang von Metaph. VII 2: Δοκεῖ δ' ἡ οὐσία ὑπάρχειν φανερώτατα μὲν τοῖς σώμασιν ... Vgl. ib. XII 1, 1069 a 30–32.[215]

So weit sind wir mit den Vertretern der herrschenden Auffasung noch einer Meinung. Da ἔν τινι aber keinen gnoseologischen Objektbezug bezeichnen kann, engt sich der Umfang der in Frage kommenden ὄντα von 247e1 für uns jetzt wesentlich ein: Für jene handelt es sich um alle nur irgend möglichen Objekte der empirischen Doxa-Erkenntnis, also sowohl um alle sinnlich-körperlichen Substanzen – seien sie unbelebt oder belebt, mit Geist begabt oder nicht – wie um deren (ebenfalls sinnliche) Momente und Relationen wie auch um (nur in Sätzen aussagbare) Sachverhalte im Bereich dieser sinnlichen Gegenstände.[216] Für uns dagegen kommen die beiden letzten Klassen, also alle irgendwie abstrakten Gegenstände, nicht mehr in Frage: Denn wenn das ἔν τινι der ἐπιστήμη kein gnoseologischer Bezug ist, muß es ein ontologischer sein;[217] und dann muß das Worin der ἐπιστήμη ein konkretes Gebilde sein, also ein Körper oder mindestens ein ›physikalisch‹-realer Raum.[218]

Also, könnte man folgern, kann das ἔν τινι εἶναι hier ja nur die ganz gewöhnliche räumliche Bedeutung haben: bloß räumliches Darinsein in einem Raum oder körperlich-räumlichen Gebilde – so wie Wolken im Himmelsraum oder Menschen

---

214 Denn diese Schatten repräsentieren bloße Abbilder der körperlichen Gegenstände, d. h. unsere perspektivisch verzerrten und mit irrealen sekundären Qualitäten versehenen Wahrnehmungen von jenen.

215 Schon hier sei eine Präzisierung angemerkt, die im Laufe dieses Kapitels noch wichtig werden wird: Die für allein wirklich gehaltenen Dinge beschränken sich nicht auf anorganische Körper. So redet Aristoteles an der zitierten Stelle in Metaph. VII 2 zwar von σώματα, erläutert das aber folgendermaßen: διὸ τά τε ζῷα καὶ τὰ φυτὰ καὶ τὰ μόρια αὐτῶν οὐσίας εἶναί φαμεν, καὶ τὰ φυσικὰ σώματα, οἷον πῦρ καὶ ὕδωρ καὶ γῆν ... (1028b9–11). An erster Stelle werden also die Lebewesen genannt, d. h. organische, beseelte Körper – zu denen auch der Mensch als ζῷον λόγον ἔχον zu rechnen ist. (Ähnlich Metaph. XII 1, 1069a30–32) In Platons Höhlengleichnis sind die Menschen sogar der Prototyp des gewöhnlich angenommenen wahren Seienden: Denn die ersten Schatten an der Höhlenwand, die Platon erwähnt, sind die der dort sitzenden Menschen (Pol. VII 515a5–8), und auch außerhalb der Höhle werden nach den nicht weiter spezifizierten σκιαί gleich die folgenden Erkenntnisgegenstände genannt: ἐν τοῖς ὕδασι τά τε τῶν ἀνθρώπων καὶ τὰ τῶν ἄλλων εἴδωλα, ὕστερον δὲ αὐτά (516a7f). Platon berücksichtigt hier anscheinend die psychologische Tatsache, daß für den Menschen – auf einer freilich ganz unreflektierten Ebene – die anderen Menschen die vertrautesten Wesen sind, an deren Existenz er am wenigsten zweifelt.

216 Daß die Doxa sich auch auf empirische Sachverhalte bezieht, wird im Höhlengleichnis an mehreren Stellen deutlich, s. Pol. VII 515 b 8–10 u. 516 c 8–d 7 u. e 8 f. Vgl. auch die Beispiele für das δοξάζειν im ›Theaitetos‹.

217 Denn auch die übertragene Bedeutung von LSJ »ἐν« A I 7 scheidet hier aus.

218 Der für Platon ebenfalls, schon in seiner Urform als χώρα, stofflich war.

in einem Haus oder Perlen in einer Schachtel sind. Das macht bei der ἐπιστήμη aber Schwierigkeiten, weil ein Wissen kein konkreter, selbständiger Gegenstand ist, den man genauso problemlos lokalisieren könnte wie die genannten Beispiele. Offenbar bedarf es hier einer genaueren Differenzierung des ontologischen Darinseins, dahingehend, daß das gewöhnliche, bloß räumliche In-etwas-Sein nur eine mögliche Art neben anderen ist. Die allgemeinen Lexika des Griechischen lassen uns in dieser Hinsicht im Stich: Sie kennen als nicht-übertragene Bedeutung von ἐν nur die räumliche. Aber auch die Speziallexika zu Platon (Ast und Des Places) bieten explizit überhaupt nichts bzw. viel zu wenig. Ein schwerer Mangel.[219] Also müssen wir selber versuchen, die für unsere Stelle relevanten oder wenigstens mit hineinspielenden sachlichen Relationen zusammenzustellen.

Dabei brauchen wir aber nicht das ganze Sachgebiet neu erschließen, sondern können uns auf Unterscheidungen berufen, die sämtlich schon von Platon und Aristoteles gemacht wurden. Denn die Analyse der konkreten empirischen Substanzen in ihre abstrakten, aber konstitutiven Momente und Relationen war einer ihrer wesentlichen Fortschritte über die Vorsokratiker hinaus und stand im Zentrum ihres Interesses. Eine thematische Differenzierung des In-etwas-Seins (ποσαχῶς ἄλλο ἐν ἄλλῳ λέγεται) ist uns freilich nur bei Aristoteles überliefert.[220] Für Aristoteles haben wir in dem vorbildlichen »Index Aristotelicus« von H. Bonitz ja auch einen Artikel »ἐν«, der unseren Bedürfnissen ungefähr gerecht wird. Freilich wird darin nur das aristotelische Belegmaterial sachlich aufgeschlüsselt; aber die meisten Unterscheidungen gelten der Sache nach auch für Platon, von dem sie letztlich kommen. Ich referiere im folgenden jedoch weder die ganze aristotelische Differenzierung, noch versuche ich eine entsprechende Gliederung des gesamten platonischen Materials, sondern ich beschränke mich auf die für das Verständnis der vorliegenden Formulierung nötigen Unterscheidungen.

Wie kann etwas i n einem realen Raum oder räumlich-körperlichen Gebilde sein? Alle im folgenden unterschiedenen Möglichkeiten sind im weiteren Sinne

219 Ast hat zwar einen langen Artikel »ἐν« (I 700–703); aber eine Differenzierung des ontologischen Darinseins sucht man darin vergeblich. So wird auch das Verhältnis der Inhärenz, das, wie schon mehrfach gesagt, für das Verständnis von Phdr. 247de grundlegend ist, nirgends erwähnt, geschweige denn erklärt, auch nicht unter εἶναι ἐν im Artikel »εἶναι« (I 623). – Des Places hat gar keinen Artikel »ἐν«; aber in den Artikeln »εἶναι« (unter εἶναι ἐν), »ἐνεῖναι« und »ἐγγίγνεσθαι« findet man wenigstens einige wichtige Belege zum Inhärenzverhältnis zusammengestellt – wenn auch dieser Terminus nicht verwendet wird. Richtig ist auch bei ἐνεῖναι die Angabe: »être dans (pour exprimer l' immanence des Idées).«

220 Phys. IV 3, 210 a 14–24. Damit zu vergleichen sind die beiden erhaltenen Differenzierungen der Kategorie ἔχειν, Kat. 15 und Metaph. V 23; denn das In-etwas-Sein ist in all seinen Modi ein notwendiges Gegenstück des Habens. Vgl. den letzten Satz von Metaph. V 23: καὶ τὸ ἔν τινι δὲ εἶναι ὁμοιοτρόπως λέγεται καὶ ἑπομένως τῷ ἔχειν (1023 a 23–25).

räumlich, haben also zumindest einen räumlichen Aspekt. Sie implizieren also alle in irgendeiner Weise eine Lokalisation. Aber außer im Falle von 1 gehen sie in der bloß räumlichen Relation nicht auf. Nur 1 – ja eigentlich nur 1 a – ist also eine bloße Lokalisation.

Unmittelbares Darinsein
(sc. in einem Raum, einer Körpermenge, einem einzelnen Körper oder einem stofflich-körperlichen Substrat)

1. als Körper (bzw. körperliches Gebilde oder Lebewesen, das einen Körper hat) in einem Raum: eigentliche Lokalisation
   a. ohne spezifische Affinität zu diesem Raum
      z. B. Äpfel im Straßengraben, Bücher in einer Transportkiste u. dgl.
   b. mit spezifischer Affinität zu diesem Raum
      z. B. Vögel in der Luft, Fische im Wasser, Menschen in einer Stadt, Wasser im Brunnen (Es gibt verschiedene Grade der Affinität.)
2. als Körper in einer Menge irgendwie gleichartiger Körper
   z. B. Steine in einem Steinhaufen, Menschen in einer zufälligen Menschenansammlung[221]
3. als spezifisch zugehöriger (körperlicher oder nicht mehr körperlicher) Teil in einem aus solchen Teilen konstituierten ganzheitlichen Körper
   z. B. Türen und Fenster in einem Haus, Organe in einem Lebewesen u. dgl.
   Zu diesem Typ rechnet Platon grundsätzlich auch das Verhältnis der Seele zu dem aus Körper und Seele ›zusammengesetzten‹ Lebewesen – obwohl die Seele kein sinnlich wahrnehmbarer Teil dieses Ganzen ist wie ein körperliches Organ, vgl. Phdr. 246c3–6 mit Phd. 79b und Nom. X 898d.
4. als inhärierendes Moment in einem physikalischen Substrat gleich welcher Art
   z. B. mathematische Strukturen im bloßen, aber schon selbständigen Raum, physikalisch-chemische Eigenschaften oder Kräfte in unbelebten oder belebten Körpern (oder auch in einer Menge solcher Körper)
   Für Platon ist dies das Erscheinen des Abbilds einer Idee in der reinen χώρα oder in bzw. an einem schon körperlichen Substrat.[222]

Im Hinblick auf die Phaidros-Stelle fragen wir also jetzt, wie speziell ein Wissen in einem Raum oder Körper sein kann. Läßt sich dieses besondere In-etwas-Sein einer der oben unterschiedenen Arten zuweisen? Hier ist sofort klar, daß die Arten 1 – 3 nicht in Frage kommen. Denn sie setzen voraus, daß dasjenige, was unmittelbar in einem Raum, einer Körpermenge oder einem einheitlich gefügten Gesamtkörper sein soll, selber etwas Konkret-Selbständiges ist – im einfachsten Fall:

221 Der heutige logisch-mathematische Mengenbegriff ist ein formalisiertes Analogon dieser konkret-physischen Mengenvorstellung.

ein Körper. Wissen kann aber nicht selbständig für sich bestehen; es braucht ein Substrat, dessen Wissen es ist (im Sinne eines genitivus possessivus oder subjectivus).[223] Kommt also vielleicht Nr. 4 in Frage? Kann ein Wissen als abstraktes Moment einem physikalischen Raum oder Körper unmittelbar inhärieren? Etliche antike und moderne Philosophen antworten hier mit »ja«, andere dagegen mit einem entschiedenen »nein«. Für die Interpretation der Phaidros-Stelle ist natürlich entscheidend, wie Platon dieses Problem beurteilt hat; und zum Glück haben wir eindeutige Aussagen von ihm hierzu, Aussagen, die zugleich zeigen, wie bewußt er über das ontologische Verhältnis der Inhärenz nachgedacht hat. Es handelt sich v. a. um die Stellen Soph. 249a, Phil. 30c und Tim. 30b.

In Tim. 30b – einer Partie, die die Herstellung der Weltseele vorbereitet – läßt Platon den Demiurgen bedenken, daß ein möglichst schönes Werk aus sinnlich-körperlichem Material auch Vernunft haben muß, und läßt ihn erkennen: νοῦν δ᾿ αὖ χωρὶς ψυχῆς ἀδύνατον παραγενέσθαι τῳ. Der Nus – für den wir auch die Epi-

---

222 Vgl. bes. die Stelle Symp. 211a8f., deren Bedeutung wir schon bei der Besprechung von Ast, Stallbaum und Thompson betont haben, s. oben S. 244–247, S. 254f. u. S. 257; Platon charakterisiert dort die sinnlichen Abbilder des »Schönen selbst« als που ὂν ἐν ἑτέρῳ τινί, οἷον ἐν ζῴῳ ἢ ἐν γῇ ἢ ἐν οὐρανῷ ἢ ἔν τῳ ἄλλῳ. Vgl. weiter Tim. 52 a 4–7 und b 3–5, c 2–5. — Das Seinsverhältnis der »Inhärenz und Subsistenz« – unter dieser Bezeichnung noch bei Kant eine der zwölf Kategorien – wurde von Platon entdeckt und erstmalig definiert. Die thematischste Behandlung in seinem schriftlichen Werk ist Tim. 52a–d. Die dortige Erklärung: ὡς εἰκόνι μὲν, ..., διὰ ταῦτα ἐν ἑτέρῳ προσήκει τινὶ γίγνεσθαι, οὐσίας ἁμωσγέπως ἀντεχομένην, ἢ μηδὲν τὸ παράπαν αὐτὴν εἶναι (52c2–5), nimmt die aristotelische Definition von Kateg. 2, 1 a 24f.: ἐν ὑποκειμένῳ δὲ λέγω ὃ ἔν τινι μὴ ὡς μέρος ὑπάρχον ἀδύνατον χωρὶς εἶναι τοῦ ἐν ᾧ ἐστίν mit aller Genauigkeit vorweg. Auch für den aristotelischen Terminus ὑποκείμενον – dessen lateinische Übersetzung »Substrat« ich in dieser Arbeit verwende – hat Platon im ›Timaios‹ schon genaue Äquivalente, vgl. 49a6 u. 51a5: γενέσεως ὑποδοχή, 50d2f.: τὸ δεχόμενον, 50d1 u. 6: τὸ ἐν ᾧ. Den zuletzt zitierten Ausdruck »das Worin« gebraucht ja auch Aristoteles am Schluß der obigen Definition. Diese Befunde und überhaupt die Kategorie der Inhärenz bei Platon und Aristoteles verdienten schon längst eine speziellere Untersuchung. Die Erinnerung an die Stelle in der Kategorienschrift verdanke in übrigens Herrn Dr. Paul Raimund Lorenz. Sie fiel ihm ein, als ich ihm aus Anlaß der oben (S. 267 Anm. 207) erwähnten Frage meine Inhärenz-Interpretation von Phdr. 247de unterbreitete. In H. Bonitz' »Index Aristotelicus« steht diese Definition ziemlich versteckt im Artikel ὑποκεῖσθαι, ὑποκείμενον (798 b 26–29); man sollte sie schon im Artikel ἐν, gleich hinter der Überschrift 1. b. εἶναι ἐν ὑποκειμένῳ, erfahren.

223 Kurz und nebenbei sei vermerkt, daß dieses Ergebnis ein früheres Ergebnis bestätigt. Aus der Zweigliedrigkeit von Teil B des Nachsatzes hatten wir geschlossen, daß ἐν τῷ ὅ ἐστιν ὄν dort jedenfalls nicht die bloße Zugehörigkeit zur Menge der Ideen bedeuten könne, vgl. oben S. 236. Das bestätigt sich jetzt in Teil A; auch dort kann keine Mengenzugehörigkeit gemeint sein: Denn als etwas Abstraktes und darüber hinaus Seelisches kann ein Wissen nicht Bestandstück einer Menge von körperlichen Gegenständen sein. Außerdem gibt es keinen Hinweis darauf, daß die einzelnen ὄντα, für die ἕτερον steht, überhaupt die Struktur einer Menge haben.

steme einsetzen können – kann also nach Platon nicht unmittelbar in etwas Räumlich-Körperlichem sein, da er »getrennt von einer Seele« gar nicht existieren kann. Ganz im gleichen Sinn ist dies auch in Phil. 33c9f. ausgesprochen: σοφία μὴν καὶ νοῦς ἄνευ ψυχῆς οὐκ ἄν ποτε γενοίσθην. Damit ist erstens gesagt, daß Vernunft bzw. Weisheit / Wissen ein abstraktes Seinsmoment ist (ein Vermögen und / oder eine Tätigkeit), das notwendig einem anderen – sc. als seinem Substrat – inhäriert, und zweitens, daß dieses Substrat, jedenfalls zunächst, eine Seele sein muß. Diese Erkenntnis ist Platon so wichtig, daß er sie im ›Timaios‹ am Ende der ganzen Behandlung der Weltseele noch einmal wiederholt: τούτω (sc. νοῦς ἐπιστήμη τε) δὲ ἐν ᾧ τῶν ὄντων ἐγγίγνεσθον, ἄν ποτέ τις αὐτὸ ἄλλο πλὴν ψυχὴν εἴπῃ, πᾶν μᾶλλον ἢ τἀληθὲς ἐρεῖ (37c3–5). Hier haben wir auch ἐν c. dat. zur Bezeichnung des inhärierenden Darinseins und zugleich des zugehörigen Substrats.[224]

Das unmittelbar notwendige Substrat von Vernunft und Wissen ist nach Platon also die Seele. Auch in Soph. 249a6–8 hat er dies ausgesprochen, und dieses Verhältnis von Wissen und Seele scheint geradezu ein Schulbeispiel für das ontologische Verhältnis der Inhärenz eines unselbständigen Moments in einem Substrat geworden zu sein. Denn auch Aristoteles führt im Zusammenhang mit seiner Definition des ἐν ὑποκειμένῳ εἶναι in Kat. 2[225] zweimal dieses Beispiel an: οἷον ἡ τὶς γραμματικὴ ἐν ὑποκειμένῳ μέν ἐστι τῇ ψυχῇ (1a25f.) und οἷον ἡ ἐπιστήμη ἐν ὑποκειμένῳ μέν ἐστι τῇ ψυχῇ (1b1f.).

Über die Seele als ihr Substrat können Nus und Episteme aber mittelbar auch in einem Körper sein. Gleich im Anschluß an die erste zitierte Stelle beschreibt Platon dieses indirekte Verhältnis deutlich genug (in bezug auf das Weltganze): διὰ δὴ τὸν λογισμὸν τόνδε νοῦν μὲν ἐν ψυχῇ, ψυχὴν δ' ἐν σώματι συνιστὰς τὸ πᾶν συνετεκταίνετο, ... (30b4f.). Beide Male verwendet Platon hier ἐν, als ob es sich in beiden Fällen um dieselbe Relation handelte. Man könnte darum meinen, daß das Wissen mittelbar auch dem Körper i n h ä r i e r e.[226] Aber dieser Eindruck täuscht, denn, genauer betrachtet, handelt es sich nur im Verhältnis von Wissen und Seele um Inhärenz, im Verhältnis der Seele zum Körper dagegen um die Konstituierung eines Ganzen aus mehreren spezifisch zugehörigen, konkreten Teilen. Das Im-Körper-Sein des Wissens ist bei Platon also aus den oben unterschiedenen Arten 3 und

224 Den Ausdruck ἐν ᾧ kann Platon auch substantivieren – vgl. Tim. 50d1 τὸ δ' ἐν ᾧ γίγνεται (s. auch d5f.) –, so daß ein Äquivalent zu dem aristotelischen Terminus ὑποκείμενον gegeben ist. Vgl. oben S. 272 Anm. 222.

225 Zitiert oben S. 272 Anm. 222. Die Formulierung des Schlußteils: ... ἀδύνατον χωρὶς εἶναι τοῦ ἐν ᾧ ἐστίν, klingt übrigens wörtlich an Tim. 30 b 3 und 37 c 3 an.

226 Denn das Inhärenzverhältnis kann »transitiv« sein, wie z. B. in folgender Reihe: Glanz – Farbe – Fläche – Körper. Der Glanz einer Farbe und die Farbe selbst inhärieren mittelbar einem Körper.

4 des In-etwas-Seins *zusammengesetzt*. Man kann hier deshalb zwar von einem mittelbaren Darinsein, nicht aber von einem mittelbaren Inhärieren sprechen.

Einfacher stellt sich dasselbe Verhältnis dar, wenn man daran denkt, daß das Ergebnis der Synthese von Seele und Körper bei Platon ein Lebewesen ist, unter bestimmten Bedingungen auch ein intelligentes Lebewesen wie der Mensch. Im Hinblick auf einen Menschen bedeutet aber der Satz: »In ihm ist Wissen«, daß diesem auch (aber nicht nur) körperlichen Gebilde das Wissen *unmittelbar* inhäriert. Denn der Begriff »Mensch« bezeichnet das beseelte Ganze aus Körper *und Seele*, und was dem seelischen Teil dieses Ganzen inhäriert, das inhäriert logischerweise auch dem Ganzen – wenn auch nur partiell, nämlich in diesem Teil. Nur deshalb kann Platon mit der Umgangssprache sagen, ein Mensch *habe* Wissen oder sonstige seelische Vorzüge bzw. er *sei* weise, besonnen, gerecht u. dgl. Denn diese Ausdrucksweisen entsprechen dem Sachverhalt, daß diese seelischen Bestimmungen dem betreffenden Menschen zu eigen sind, ihm also inhärieren.[227] Gelegentlich drückt die Umgangssprache den letzteren Sachverhalt selbst ja auch annähernd aus,[228] können wir doch sagen: »*In* Onkel Franz war eine große Weisheit« oder »*In* Emil stecken noch viele Talente« u. dgl.[229] Gerade bei Platon begegnet diese Rede vom Darinsein seelischer Eigenschaften in einem Menschen relativ häufig.[230] Da nun zu dem, was im hiesigen Leben gewöhnlich »das Seiende« genannt wird, ganz fraglos die Menschen gehören, darf man annehmen, daß Platon auch in A 2 nicht zuletzt an verschiedene Menschen als die Substrate der Episteme denkt und daß er demgemäß das erläuterte Verhältnis unmittelbarer Inhärenz gemeint hat.

---

227 Den verschiedenen Bedeutungen des Habens korrespondieren ebensoviele Bedeutungen des In-etwas-Seins, wie schon Aristoteles explizit feststellt; vgl. den oben S. 264 Anm. 204 zitierten Schlußsatz von Metaph. V 23 (τὸ ἔχειν). In Kat. 15, wo ebenfalls die Kategorie »Haben« differenziert wird, entspricht gleich die erste Bedeutung dem Inhärieren einer Eigenschaft in einem Substrat: ἢ γὰρ ὡς ἕξιν καὶ διάθεσιν ἢ ἄλλην τινὰ ποιότητα, – λεγόμεθα γὰρ ἐπιστήμην ἔχειν καὶ ἀρετήν, und in Metaph. V 23 wird diese Bedeutung sogar mit dem Ausdruck ὑπάρχειν ἔν τινι erläutert: ἕνα δ' ἐν ᾧ ἄν τι ὑπάρχῃ ὡς δεκτικῷ, οἷον ὁ χαλκὸς ἔχει τὸ εἶδος τοῦ ἀνδριάντος καὶ τὴν νόσον τὸ σῶμα (1023 a 11–13). Die Beispiele in dem Zitat aus der Kategorienschrift betreffen überdies genau das Verhältnis seelischer Bestimmungen zum Substrat Mensch, das wir oben erörtern. – Selbstverständlich können die Eigenschaften, die ein Substrat hat, von dem letzteren auch mit der Kopula prädiziert werden.

228 Den Terminus ›Inhärenz‹ kann man natürlich von der Umgangssprache nicht fordern.

229 Bei dieser umgangssprachlichen Redeweise schließen wir freilich nicht erst logisch vom Inhärieren im seelischen Teil des Ganzen auf das (sc. begrenzte) Inhärieren im Ganzen, sondern beziehen uns auf das einheitliche Phänomen eines mit Seele und Geist begabten körperlichen Wesens, das der Mensch für uns darstellt.

Damit ist die Bedeutung des ἔν τινι in A 2 grundsätzlich geklärt: εἶναι ἔν τινι hat hier die spezielle Bedeutung der Inhärenz, und das zugehörige Substrat sind – soviel wir bisher sehen – einzelne Menschen. Dadurch schränkt sich der Umfang des mit ἃ ἡμεῖς νῦν ὄντα καλοῦμεν Gemeinten nochmals wesentlich ein: Weder anorganische Körper noch Pflanzen oder vernunftlose Tiere können gemeint sein; denn die auf die Ideen bezogene Episteme kann nur einem intelligenten Lebewesen wie dem Menschen inhärieren.[231]

Vier weitere Fragen. Diese grundlegende Klärung genügt aber noch nicht. Da die Formulierung von A2 durch zwei Jahrhunderte hindurch immer wieder die modernen Interpreten irregeleitet hat, müssen wir den griechischen Wortlaut von unserem neuen Ansatz her möglichst vollständig und möglichst zweifelsfrei erklären. Dieser Wortlaut wirft nämlich noch eine Reihe von Fragen auf – mindestens vier; und erst wenn wir diese Fragen befriedigend beantwortet haben, kann der Sinn und Grund der ›seltsamen‹ Formulierung völlig durchsichtig werden.

1. Wenn Platon meinte: »anders in einem anderen Menschen«, warum hat er das dann nicht so konkret gesagt? Warum gebraucht er statt dessen einen allgemein umschreibenden Ausdruck, den wir auf alle Körper und sogar auf körperlich-räumliche Bezirke des sinnlichen Kosmos beziehen können? Diese Allgemeinheit des Ausdrucks ὧν ἡμεῖς νῦν ὄντων καλοῦμεν verleitete ja die modernen Interpreten zu ihrer Doxa-Deutung.

Die Antwort auf diesen Einwand liegt in der universalen Tragweite des erklärenden Zusatzes über die Episteme, die im unmittelbaren Kontext ja auch anschaulich vor Augen geführt ist. Denn jener Zusatz macht die Absolutheit der im transzendenten Ideenreich gegebenen Erkenntnis dadurch ahnbar, daß er sie von jeder innerkosmischen, d. h. bloß abbildhaften Episteme (sc. im Sinne von Ideenerkenntnis) abhebt. Er vergleicht also hinsichtlich der darin vorkommenden Episteme den ganzen jenseitigen mit dem ganzen diesseitigen Kosmos. Dabei

230 Vgl. bes. Prot. 352b5f.: ἐνούσης πολλάκις ἀνθρώπῳ ἐπιστήμης, und weiter Men. 73a1–3: ἡ ἀρετὴ … ἐάντε ἐν παιδὶ ᾖ ἐάντε ἐν πρεσβύτῃ, ἐάντε ἐν γυναικὶ ἐάντε ἐν ἀνδρί, Pol. VI 501b6: ἐν τοῖς ἀνθρώποις ἐγγιγνόμενον θεοειδές τε καὶ θεοείκελον (sc. alle Tugenden), Phdr. 237d6: ὅτι ἡμῶν ἐν ἑκάστῳ δύο τινέ ἐστον ἰδέα (sc. ἔμφυτος ἐπιθυμία und ἐπίκτητος δόξα), ep. VII, 327b6–c3: μὴ μόνον ἐν αὑτῷ (sc. Dion) ποτ᾽ ἂν γενέσθαι ταύτην τὴν διάνοιαν, …, ἐγγιγνομένην δὲ αὐτὴν καὶ ἐν ἄλλοις …γιγνομένην δ᾽ οὖν ἔν τισιν, ….

231 Daraus folgt, daß die Übersetzung »auch nicht, welche anders ist in (oder: bei) jedem anderen von den Dingen …« – die sich im Gefolge der Doxa-Deutung manchmal findet (Schleiermacher, Nestle, Hübscher, Rowe) –, nicht zulässig ist. Denn Platons Formulierung : ἑτέρα ἐν ἑτέρῳ οὖσα ὧν …, besagt: Das Ideenwissen auf empirischer Ebene ist »anders, wenn es in einem anderen von den Dingen ist, die …«. Daß in jedem Lebewesen oder gar in jedem Körper intelligentes Wissen wäre, wird damit nicht behauptet. Das stünde auch im Widerspruch zu seiner expliziten Aussage in 249 b5 – c4.

durfte Platon natürlich die Episteme der innerkosmischen Götter nicht vergessen, um so weniger, als er an unserer Stelle ja primär die Ideenschau der innerkosmischen göttlichen Seelen beschreibt. Nach der mythischen Darstellung sind dies die Seelen der olympischen Götter. Aber es fehlt nicht an eingestreuten Hinweisen, daß die Realität, die für Platon hinter dieser traditionellen Gottesvorstellung steht, die Weltseele und die mit dieser eng assoziierten Gestirnseelen sind. Der erste und expliziteste Hinweis ist die Tatsache, daß der Unsterblichkeitsbeweis (245c – 246a) – der noch von jeder mythischen Bildlichkeit frei ist – die Seele primär als kosmisches Bewegungsprinzip einführt, d. h. als Weltseele, vgl. 245c8f. u. bes. d8 – e2. Überhaupt ist das verborgene eigentliche Thema des ganzen Abschnitts 245c – 247e (mit Ausnahme der Angaben über die menschlichen Seelen) das Verhältnis jener beiden Lenkinstanzen (ἀρχαί), in die sich das den ganzen Kosmos durchwaltende Vernunftprinzip der Vorsokratiker – ich meine v. a. Heraklits Logos, die Daimon des Parmenides und den Nus des Anaxagoras – bei Platon differenziert und sozusagen spaltet: der immanenten Weltseele (mitsamt den einzelnen Gestirnseelen) einerseits und des transzendenten göttlichen Geistes andererseits.[232] Auch diese historische Entwicklungslinie läßt übrigens darauf schließen, daß Platons Ideenwelt im ganzen Geist haben bzw. ein Nus sein muß.

Daß die den Himmelsraum durchziehenden homerischen Götter des Phaidros-Mythos eine poetisch-mythische Verbildlichung von Platons kosmisch-astraler Psychologie sind, ist bei den Kommentatoren nicht kontrovers. Hackforth wertet die allgemeine Aussage über die Fürsorge der Seele für alles Unbeseelte im Kosmos (246b) und die entsprechende Aussage über Zeus (246e) als »the earliest intimation of the central doctrine of Plato's theology, a doctrine common to the myth of the *Timaeus* and the rational exposition of *Laws* X.« (71) Und Rowe stellt zu 246e4ff. fest: »In this speech the gods retain at least some of their traditional features: ... But they are also unmistakably the souls which move the heavenly bodies ...: why else should they spend their time travelling and ›turning‹ (247 a5) through the heavens – ...?« (178) Auch Heitsch stellt fest, daß die Darstellung sich hier zugleich auf der Ebene der Mythologie und Poesie und auf der der kosmologischen Spekulation bewegt, und verweist, noch ausführlicher als Rowe, auf die sonst aus astronomischen Zusammenhängen bekannten Ausdrücke, mit denen Platon hier die Bewegung der Seelen beschreibt (102 mit A. 177).[233] Vermissen kann man gleichwohl den Hinweis auf Phil. 30d1–4, wo Platon den ganzen Himmelsraum als Zeus

232 Im ersten Teil des ›Timaios‹ (27c–48a) wird dieses Verhältnis freilich viel expliziter erörtert. Dort wird auch klar – durch abstrakte Aussagen (29d–30b, 46de, 47e–48a) wie durch das Bild des Demiurgen –, daß der transzendente Nus auch eine aktiv gestaltende Funktion hat.

benennt und dessen »königliche Seele und königliche Vernunft« als diejenige Ursache identifiziert, die »die Jahre, Jahreszeiten und Monate ordnet« (30c5–7),[234] vermissen auch die Anführung von Tim. 41a3f.: ὅσοι τε περιπολοῦσι φανερῶς (= die sichtbaren Gestirngötter!), als beweiskräftige Parallele für die Bedeutung von περιπολεῖν in 246b7.[235]

Konnte Platon in A 2 aber die Ebene der mythischen Bilder – wo auch die göttlichen Seelen in anthropomorphen Leibern sind – einfach überspringen und sich allein auf die Ebene seiner rationalen kosmischen Psychologie beziehen – wo als das Worin von Weltseele und Gestirnseelen nur bestimmte kosmologische Gegebenheiten in Frage kommen? Ja: Er mußte es sogar, weil nur dies im Einklang steht mit seiner in Satz 3 gewählten Sprechweise. Der sogenannte Seelenmythos des ›Phaidros‹ ist nämlich dadurch gekennzeichnet, daß die bildhaft-mythische Sprechweise mehrmals von kurzen Passagen mit völlig rationaler Doktrin unterbrochen wird. Auch Hackforth hat diese Eigentümlichkeit erkannt; er sieht darin eine entfernte Ähnlichkeit mit dem Mythos des ›Timaios‹: »The *Timaeus* ... gradually sheds its mythical character, and sets forth undisguised doctrine in physics and physiology: the *Phaedrus* myth is mythical to the end, and yet (as we shall see) is interrupted by occasional ›parentheses‹ of rational doctrine such as that at 249 B–C.« (72 A. 2) Daß die ganze Schilderung des überhimmlischen Raumes – die Sätze 1 – 3 in ihrer konzentrierten Sachlichkeit – zu diesen rationalen Einschüben gehört, stellt Hackforth freilich nicht fest,[236] und erst recht nicht, daß der Zusatz über die Episteme in Satz 3 die abstrakteste und verdichtetste dieser rationalen ›Parenthesen‹ überhaupt ist.[237] Da dem aber wirklich so ist, muß auch und gerade in A 2 beachtet werden, was für all diese Stellen mit rationaler Sprechweise gilt: Maßgeblich für ihren

233 Es handelt sich v. a. um περιπολεῖν (246b7, 252c5), διέξοδος (247a4) und ἐπιστρέφεσθαι (247a5, von Rowe beachtet, s. loc. cit., von Heitsch ausgelassen). Zur Verknüpfung von ἐπιστρέφεσθαι mit διέξοδος im acc. graec. (»sich die Bahn entlang drehen«) vgl. Pol. X 616c5 u. Epin. 977b4. Die von Heitsch außerdem angeführten Ausdrücke περίοδος (247d5), περιφορά (247c1, 248a4) und συμπεριφέρεσθαι (248a3 u. 8) beziehen sich hier freilich nicht auf die Eigenbewegung der Seelen, sondern auf die der Fixsternsphäre, die nach Platons Schilderung die auf ihr stehenden Seelengespanne aus eigener Kraft herumträgt. Im ›Timaios‹ bezeichnen aber gerade περίοδος und περιφορά »die Umläufe der Vernunft am Himmel« (47bc u. 90cd).

234 Vgl. H. Schwabl (1978) Sp. 1337, 24–52; s. auch Sp. 1338, 1–14 allgemein zur Deutung der Götter im Phaidros-Mythos.

235 Man muß sich auch klarmachen, daß das aus lauter vortrefflichen Pferden gebildete Flügelgespann, das Platon den Götterseelen hier gibt, den griechischen Leser besonders an die volkstümlich-mythische Vorstellung des Helios, d. h. eines Astralgottes, erinnerte. Belege für diese Vorstellung s. bei Heitsch, 98f.

Sinn ist nicht Platons (im weiteren Kontext entfaltete) verbildlichende Phantasie, sondern allein seine sachliche Überzeugung.

Also meint Platon mit der Formulierung von A 2, soweit sie das Worin der innerkosmischen göttlichen Episteme betrifft, nicht die anthropomorphen Leiber der Olympier, sondern die ganze von den vier Elementen dicht gefüllte Weltkugel und die größtenteils aus Feuer bestehenden Kugeln der einzelnen Himmelskörper. Denn diese sind nach seiner rationalen Lehre der Leib – oder jedenfalls das körperlich-räumliche Worin – der Weltseele und der Gestirnseelen. Zugleich mußte die Formulierung aber auch die Leiber der sonstigen intelligenten Lebewesen – also v. a. der Menschen – mitumfassen. Daher der so allgemeine, vage scheinende Wortlaut: ... ἐν ἑτέρῳ οὖσα ὧν ἡμεῖς νῦν ὄντων καλοῦμεν.

Daß zu dem, was die Menschen gemeinhin als das Seiende betrachten, damals wie heute auch die Himmelskörper und der ganze Himmelsraum gehören, zeigt deutlich Platons Höhlengleichnis – wo, wie gesagt, die sinnliche Welt für die Ideenwelt steht und wo in jener die Gestirne und der Himmel eigens genannt werden (Pol. VII 516a8–c2) – und zeigen die Formulierungen in Symp. 211a8f. und Tim. 52b u. c, die schon als Kardinalbelege für Platons Verständnis der Inhärenzbedeutung des ἐν heranzuziehen waren. Zur weiteren Bestätigung kann man wieder Aristoteles, Metaph. VII 2 zitieren, wo dieser unter den Körpern als den offenkundigsten Substanzen am Schluß auch die folgenden himmlischen Körper aufzählt: οἷον ὅ τε οὐρανὸς καὶ τὰ μόρια αὐτοῦ, ἄστρα καὶ σελήνη καὶ ἥλιος (1028 b 12f.).[238]

2. Wie immer Platon bei der Weltseele und den Gestirnseelen das Verhältnis zum zugehörigen Körper letztlich bestimmen mag,[239] er redet in A 2 nach unserer Deutung vom körperlichen oder körperlich-räumlichen Worin der innerkosmi-

---

236 Zwar unterscheidet Hackforth richtig zwischen der rein mythischen Schilderung der Emporfahrt und Rückkehr der Götter und der Schilderung dessen, was sie »außerhalb des Himmels« sehen. Von der letzteren gibt er aber nur zu: »Allegory is indeed present in the description of the ὑπερουράνιος τόπος with its content of colourless, shapeless and intangible Being: ...« (80). Dies ist entschieden zuwenig gesagt. Denn die Beschreibung des Inhalts der Schau (Sätze 1 und 3) und auch die ihrer emotionalen Wirkung auf die schauenden Seelen (Satz 2) sind nicht bloß Allegorie, sondern Platons rationale Lehre über das Ideenreich – freilich in äußerster Verdichtung. Zu dieser höchst anspruchsvollen Dichte, die übrigens an allen rationalen Einschüben in diesen Mythos zu beobachten ist, vgl. unten S. 288f. (Nr. 4).

237 Außer der Beschreibung des »überhimmlischen Raumes«, die in dem genannten Zusatz gipfelt, und der von Hackforth angeführten Stelle 249b6–c4 zählt v. a. noch der Satz 246b6f. zu den rationalen ›Parenthesen‹. Dieser Satz ist übrigens auch inhaltlich eine Parallele zu A 2, vgl. unten S. 289–293.

238 Für Aristoteles bestehen diese Gebilde aus Äther, dem unvergänglichen und immer bewegten fünften Element.

239 Dies müssen wir wegen der skeptischen Vorbehalte von 246c6–d3 als dritte Frage näher untersuchen, vgl. unten S. 284–288.

schen Episteme. Dies ist aber in einem Kontext, wo die Ideenschau der – wie es scheint – völlig körperfreien göttlichen und menschlichen Seelen beschrieben wird, keineswegs selbstverständlich. Auch im weiteren Kontext unserer Stelle, in dem ganzen Abschnitt 245c–249d, ist »die Natur der Seele, der göttlichen wie der menschlichen«, (245c2) das Thema. Weshalb beruft sich Platon dann für die Verschiedenheit (qua Variationsbreite) der innerkosmischen Episteme nicht direkt auf die Verschiedenheit der leibfreien Seelen? Derselbe Einwand läßt sich auch noch direkter gegen unsere Deutung wenden: Wenn Platon in A 2 die mangelnde Eindeutigkeit der innerkosmischen Episteme nicht anhand ihrer nie gleichen Objekte, sondern anhand ihrer verschiedenen Substrate (modern gesprochen: Subjekte) zeigen wollte, warum spricht er dann nicht von den leibfreien Seelen als den unmittelbaren Substraten dieser Erkenntnis? Auch dieses Nicht-Aufscheinen von Seelen in der Formulierung von A 2 hat zweifellos dazu beigetragen, daß so viele Interpreten den Ausdruck ἃ ἡμεῖς νῦν ὄντα καλοῦμεν auf die – großenteils unbeseelten – Objekte der Doxa-Erkenntnis bezogen haben. Diese Frage erfordert zunächst eine Präzisierung unserer Vorstellung von der Körperentbundenheit einer Seele bei Platon (a) und eine Ergänzung unserer bisherigen Auslegung des ἐν ἑτέρῳ οὖσα von A 2 (b). Erst danach können wir die eigentliche Frage beantworten (c).

a. Die Seele als solche – paradigmatisch die Weltseele und alle ihr substanzgleichen Denkseelen – hat bei Platon eine ontologische Mittelstellung zwischen der sinnlichen Körperwelt und der übersinnlichen Welt der Ideen. Zu diesem Status gehört es, daß die Seele schon in ihrer inneren Struktur auf eine gewisse Gemeinschaft mit dem Körperlichen angelegt ist, geht doch auch das »bei den Körpern werdende teilbare Sein« in ihre Substanz ein (Tim. 35a2f.) und kann die Weltseele doch wie ein lineares Band und wie eine flächige Membran oder Hülle beschrieben werden.[240] Aber die Seele kann die Verbindung mit dem dreidimensionalen Raum nicht nur haben, sondern sie hat sie faktisch auch immer, wenn auch in verschiedenem Grade. Denn jede zeitliche Seele befindet sich faktisch immer irgendwo im Raum des Kosmos, sei es bloß lokal – wobei aber zu einem Ort längeren Verweilens immer eine besondere Affinität besteht –, sei es als mitkonstituierender Bestandteil in einem Lebewesen. Ein ›Hinausfahren‹ von Seelen aus den Grenzen der Kosmoskugel in die Sphäre der übersinnlichen Ideen, wie es der Phaidrosmythos schildert, gibt es also in Wirklichkeit nicht; diese Schilderung verbild-

240 Die Bedeutung dieser Zuordnung zu den mathematischen Dimensionen Linie und Fläche hat K. Gaiser von der mündlichen Lehre her überzeugend erforscht. Vgl. Gaiser (1963) 52 – 60: ›Der mathematische Aspekt der platonischen Seelenlehre‹.

licht nur räumlich die (nur zu bestimmten Zeiten mögliche?) völlige Hinwendung der Seelen des Himmelsbereiches zu den Ideen und deren geistiger Schau.

Darum befinden sich auch die nach dem Tode von ihren irdischen Leibern gelösten menschlichen Seelen noch im Raum des sichtbaren Kosmos: die aufgrund ihres Verhaltens zu strafenden an unterirdischen Orten, die zu belohnenden in oberen, himmlischen Zonen. Die genauen Einzelangaben hierüber bleiben für Platon natürlich bestenfalls ein εἰκὼς μῦθος; aber die grundsätzliche räumliche Lokalisation der leibfreien menschlichen Seelen, wie sie in den Schlußmythen des ›Phaidon‹ und der ›Politeia‹ und, bis auf die Hinausfahrt, auch im ›Phaidros‹ (249a1–b1) geschildert wird, muß man als seine ernstliche Überzeugung respektieren.

b. Daraus folgt, daß unsere bisherige Deutung des ἔν τινι εἶναι der ἐπιστήμη von A2 zu ergänzen ist. Bisher haben wir dieses ἔν τινι allein als Inhärieren in intelligenten Lebewesen erklärt, auch dann, wenn das Worin dieser Inhärenz ein (sc. stofflich-realer) Raum war.[241] Jetzt zeigt sich aber, daß die Episteme der leibfreien menschlichen Seelen, die mit den kosmischen Göttern in den Himmelssphären die Ideen erkennen, keinem Körper und keinem Raum inhäriert, auch nicht mittelbar. Denn diese Seelen sind ja aus ihren irdischen Leibern herausgetreten, sind nicht mehr Teil eines Lebewesens. Trotzdem ist aber auch diese Episteme noch in einem körperlichen Raum: Sie ist mittelbar und in zusammengesetzter Weise[242] (sc. der Seele inhärierend, im Raum vermittels der Seele aber nur örtlich) in jenen Himmelssphären. Das Darinsein der Episteme im Körperlichen läßt sich hier nur so diffizil beschreiben, weil zwischen der sie besitzenden Seele und dem betreffenden (sc. körperlichen) Himmelsbereich keine feste Verbindung besteht.[243] Trotzdem ist dieser Aufenthaltsort der leibfreien menschlichen Seele aber nicht gleichgültig oder fremd; im Gegenteil: Diese Sphäre entspricht ihrem innersten Wesen, soweit dieses noch unversehrt – bildlich: noch befiedert – geblieben ist. Das bloß örtliche Darinsein, um das es hier letztlich geht, entspricht also der oben unterschiedenen Art 1 b.

Diese grundsätzliche Affinität zwischen der Seele und ihrem (dauernden oder jeweiligen) Worin läßt sich aber nicht nur bei der leibfreien Seele beobachten, sondern ist ein allgemeines Gesetz, das auch da gilt, wo die betreffende Seele und der betreffende Körper oder körperliche Raum ein Lebewesen bilden. Für die menschlichen Seelen ist dies der detaillierten »Satzung der Adrasteia« klar zu entnehmen (s.

---

241 s. bes. das Verhältnis der Weltseele zum Himmelsraum bzw. zum kugelförmigen Gesamtkörper des Kosmos.

242 Gemeint ist die Addition von v e r s c h i e d e n e n Arten des In-etwas-Seins, vgl. oben S. 273f.

243 Beides ist nicht zu e i n e m Lebewesen verbunden.

bes. 248 c2 – d2 u. 249 a1 – c1), und für die göttlichen Seelen ist es 246 d 6f. implizit gesagt: … ἄνω …, ᾗ τὸ τῶν θεῶν γένος οἰκεῖ, ….

Ob auch die Episteme der göttlichen Seelen, deren Ideenschau die Sätze 2 und 3 ja primär schildern, nur in dem genannten, letztlich örtlichen Sinne in den Gestirnsphären ist, oder ob man dort doch von Inhärenz in einem körperlichen Gebilde (= Lebewesen) sprechen kann, werden wir im nächsten Abschnitt untersuchen. Das Gesagte genügt, um vorher die obige zweite Frage zu beantworten.

c. Die zweite Frage lautet: Warum hat Platon die Diversifikation der abbildhaften Ideenerkenntnis nicht an den Seelen selbst demonstriert, warum verweist er dafür auf das körperlich-räumliche Worin der Seelen? Dazu ist aufgrund des unter a und b Gesagten jetzt folgendes festzustellen:

1. Alle zeitlichen Seelen[244] sind immer irgendwo im körperlichen Raum des sichtbaren Kosmos. Sie haben also immer ein bestimmtes körperlich-räumliches Worin; dieses Worin ist ihr Ort.

2. Zwei an verschiedenem Ort befindliche Seelen (sei es bloß räumlich, sei es als Teil eines körperlichen Lebewesens) sind zumindest numerisch verschieden. Also ist auch ihre Erkenntnis sowohl als Akt wie als Habitus numerisch verschieden.

3. Wie es in der Erscheinungswelt (= im räumlich und zeitlich ausgedehnten sichtbaren Kosmos) keine zwei vollkommen gleiche Hölzer gibt (vgl. Phaid. 74 b, c und d), so gewiß auch keine zwei völlig gleiche Seelen.[245] Auch die Erkenntnis der verschiedenen Seelen kann darum niemals vollkommen gleich sein. Haben zwei Seelen einen verschiedenen Ort, so sind sie selbst und ihre Erkenntnis also nicht nur numerisch, sondern auch inhaltlich-qualitativ verschieden. Das gilt schon dann, wenn die beiden Seelen ontologisch und intellektuell auf derselben Stufe stehen, umso mehr aber, wenn in diesen Hinsichten ein Stufen- oder Rangunterschied vorliegt.

4. Da zwischen dem ontologisch-epistemologischen Rang einer Seele und ihrem körperlich-räumlichen Worin eine Korrespondenz besteht, kann man an den Stufenunterschieden dieses Worin – d. h. vor allem an dem Grad der Reinheit und Feinheit der betreffenden Körper – die Rangunterschiede der Seelen und ihrer Erkenntnisse ablesen. Im sog. Seelenmythos des ›Phaidros‹ werden hauptsächlich die folgenden vier Rangstufen von Seelen im Kosmos vorgeführt; gekennzeichnet

---

244 Ich rechne auch mit einer überzeitlichen Seele des transzendenten Ideenreiches, vgl. S. 232f., S. 298f. u. S. 318f.

245 Dies folgt m. E. aus dem störenden Einfluß der regellos bewegten Chora, der sich im körperlichen Kosmos nirgends ganz ausschließen läßt, vgl. Tim. 47e–48a u. 52de. Er wirkt über das körperliche Worin auch individualisierend auf die Seelen. Wesentlicher wird die Individualität jeder intelligenten Seele aber durch ihren freien Willen bestimmt.

sind sie außer durch das bloße räumliche Worin auch durch die Dauer ihres Darinseins:

1. die Weltseele und die Gestirnseelen, die immer (und räumlich weitaus überwiegend) im Himmelsraum sind;
2. leibfreie menschliche Seelen, die als Lohn für ein gutes irdisches Leben für eine gewisse Zeit im Himmelsraum weilen (je nach ihrer Tüchtigkeit in der Ideenschau eventuell auch dauernd);[246]
3. für die Dauer des irdischen Lebens auf der Erde in einen sterblichen Leib eingekörperte Seelen, je nach Lebenswahl in den eines Menschen oder eines Tieres;
4. leibfreie menschliche Seelen, die zur Strafe eine gewisse Zeit an unterirdischen Orten leben müssen.

Nach dieser Aufstellung können wir hinreichend verstehen, warum Platon in A 2 die Seelen als die unmittelbaren Substrate der Episteme gar nicht genannt hat: Denn nach seiner Lehre kann man die Unterschiede der innerkosmischen Episteme an den Unterschieden ihres körperlich-räumlichen Worin einfacher und anschaulicher zeigen. Nicht nur entspricht einem anderen solchen Worin notwendig auch die numerische und inhaltliche Andersheit der Erkenntnis – auch die hauptsächlichen Rangstufen der innerkosmischen Episteme lassen sich an den Grundarten des Worins sicher und anschaulich ablesen. Zu dieser Anschaulichkeit trägt die Tatsache bei, daß, wie die individuelle Variation der Erkennntnis,[247] so auch ihre Differenzierung nach Rangstufen z. T. durch den kausalen Einfluß des betreffenden körperlichen Worins bedingt ist – worauf Platon im ›Phaidon‹ genügend hingewiesen hat.[248] Die Differenzierung der Seelen selbst hätte dagegen hier eine unanschauliche bloße Behauptung bleiben müssen, da Platon in diesem Satz einerseits rational spricht, andererseits aber die θεία καὶ μακρὰ διήγησις (246a4f.) – die außer der Struktur der Seele auch ihre Unterschiede betrifft – hier nicht bringen konnte. Also konnte Platon die faktisch gegebene Verschiedenheit der innerkosmischen Ideenerkenntnis in der Kürze gar nicht treffender und konkreter bezeichnen, als er es in A2 getan hat.

246 Die räumliche Differenz zwischen dem Himmelsraum und dem »Rücken des Himmels« (247 b 7f.) als Ort der Ideenschau betrachte ich dabei als mythisch.

247 Vgl. oben Anm. 245.

248 Vgl. auch Phdr. 249d5–8 u. 250c4–6 sowie die drastische Schilderung in Tim. 43a–44c. Grundsätzlich sind die Rangstufen der Seelen aber unabhängig von diesem körperlichen Worin vorgegeben, sei es durch das Wirken des Demiurgen (s. bes. Tim. 35aff. u. 41d) oder sei es durch die jenseitige »Verlosung und Wahl« der Lebensformen (Phdr. 249b2, vgl. Pol. X 617dff.). Das Verhältnis zum Körper ist dabei schon mitbestimmt bzw. mitgewählt.

Es ist übrigens keine unerlaubte Rückprojektion einer aristotelischen Unterscheidung, wenn wir das ἑτέρα von A 2 sowohl im Sinne von numerischer wie in dem von inhaltlich-qualitativer Verschiedenheit auslegen.[249] Denn erstens wußte natürlich schon Platon, daß die umgangssprachlichen Wörter ἕτερος und ἄλλος – genau wie die deutschen Wörter »verschieden« und »anders« – als typische πολλαχῶς λεγόμενα beide Bedeutungen enthalten.[250] In Parm. 161 a 7 f. hebt er die zweite ausdrücklich von der ersten ab: τὰ γὰρ ἄλλα τοῦ ἑνὸς ἕτερα ὄντα ἑτεροῖα καὶ εἴη ἄν. – Ναί. – Τὰ δ' ἑτεροῖα οὐκ ἀλλοῖα; – Πῶς δ' οὔ; Er weist hier durch das stammverwandte, selten gebrauchte Adjektiv ἑτεροῖος aber zugleich darauf hin, daß er etwas heraushebt, was meistens schon in ἕτερος allein liegt. Und zweitens lassen an der Phaidros-Stelle der unmittelbare und der weitere Kontext keinen Zweifel, daß Platon zusammen mit der numerischen auch die inhaltlich-qualitative Verschiedenheit meint: Unmittelbar vor A 2 steht ja A 1 mit dem Wortlaut: οὐχ ᾗ γένεσις πρόσεστιν, und beide Satzglieder zusammen bezeichnen, einmal in zeitlicher, das andere Mal in räumlicher Hinsicht, das Nicht-gleich-Bleiben der innerkosmischen Episteme: So wie diese sich zeitlich ändert, weil ihr γένεσις zukommt, so hat sie auch simultan sehr viele qualitative Unterschiede, weil sie an ganz verschiedenen Orten bzw. in verschiedenen Körpern und Räumen des Kosmos vorkommt.

Das letztere wird im weiteren Kontext denn ja auch anschaulich genug geschildert, geht es dort doch durchaus thematisch, wie unter Punkt 4 schon skizziert, um die dem körperlich-räumlichen Worin entsprechenden Rangunterschiede der Seele: Der Grundgegensatz ist der zwischen den göttlichen Seelen und den leibfreien menschlichen Seelen im Himmel und den eingekörperten menschlichen Seelen unten auf der Erde. Durch das Bild des Federnverlustes leibfreier menschlicher Seelen und ihres dadurch ausgelösten Falles auf die Erde wird dieser ontologisch-epistemologische Gegensatz eindringlich ausgemalt. Aber auch innerhalb dieser beiden durch die Lokalisation geschiedenen Gruppen von Seelen werden Rangunterschiede sichtbar, die wenigstens teilweise schon am Rang des körperlich-räumlichen Worins der betreffenden Seelen ablesbar sind. Bei den menschlichen Seelen ist das besonders deutlich, wenn eine von ihnen bis zur Verkörperung in einem Tier absinkt (249 b 3–5).[251] Aber auch die Stufenfolge der neun menschlichen Inkorporierungen, vom Philosophen bis zum Tyrannen (248 de), bedeutet ja, daß die Episteme der betreffenden Seelen dann in intelligenten Lebewesen (sc. Menschen)

---

249 Bei Aristoteles vgl. bes. Metaph. V 9, 1018 a 9–15 und X 3, 1054 b 14–18.

250 Vgl. Liddell-Scott-Jones s.v. ἕτερος: »II without Art., another, of many, with a sense of difference« und »III of another kind, different«. Zum deutschen Wort »verschieden« vgl. die Bedeutungsangabe in G. Wahrig, Das große deutsche Wörterbuch, Gütersloh 1966: »unterschiedlich, ungleich, andersartig; <Pl.> mehrere«.

verschiedenen intellektuell-ethischen Ranges ist. Unser erster Eindruck, daß A 2 von der Inhärenz der Episteme in verschiedenen Menschen spricht, wird durch diese explizite Unterscheidung von neun Menschentypen – deren Rang vom Quantum ihrer vorgeburtlichen Ideenerkenntnis abhängt – klar bestätigt.[252] Bei den göttlichen Seelen haben wir auf der mythischen Ebene natürlich ebenfalls menschengestaltige intelligente Wesen von charakteristisch verschiedener Pesönlichkeit; und Platon deutet ja eine gewisse Entsprechung der menschlichen Lebensformen zu diesen Göttern an.[253] Fragen wir aber nach den Unterschieden der eigentlich gemeinten kosmisch-astralen Seelen, so ist auf jeden Fall, wie längst gesagt, der zwischen der Weltseele (Zeus) und den Gestirnseelen (die übrigen Olympier) klar zu fassen; und diese Namen (auch die griechischen) enthalten ja bereits den Hinweis auf einen evidenten Unterschied des körperlich-räumlichen Worins.[254]

Indem Platon in 247d7f. (= A 2) auf das Anderssein der innerkosmischen Episteme gemäß ihrem körperlich-räumlichen Worin hinweist, erinnert er also in sehr einfacher Form, und zugleich ontologisch präzise und umfassend, an die ganze Skala des abbildhaften Ideenwissens, die im weiteren Kontext recht konkret und detailliert zur Sprache kommt. Richtig verstanden, vermittelt die Formulierung von A 2 also eine große, synoptische Anschauung von dem vielfältigen Vorliegen intelligenten Wissens im Kosmos. Zugleich knüpft Platon damit an den Schluß des erwähnten rational-kosmologischen Satzes von 246b6f. an: ἄλλοτ' ἐν ἄλλοις εἴδεσι γιγνομένη (gesagt von der ψυχὴ πᾶσα). Daß dieser Ausdruck sprachlich und sachlich eine genaue Parallele zur ›seltsamen‹ Formulierung von A 2 ist – und durch die Nennung der ψυχή eine klärende Ergänzung – muß freilich noch erst gezeigt werden.[255]

3. Offen geblieben ist bisher noch die Frage, ob nach der Lehre des ›Phaidros‹ die göttlichen Seelen – d. h. die Weltseele und die Gestirnseelen – als konstituierende Teile in bestimmten Körpern wohnen – wie die menschlichen Seelen in ihrem

251 Das ist eine Ausnahme von der oben (S. 275) konstatierten Regel, daß die Episteme von A 2 nur in intelligenten Lebewesen sein könne. Wie ernst auch immer Platon dies gemeint haben mag: In seiner Seelenwanderungslehre kommt es jedenfalls vor, daß eine menschliche Seele für ein Erdenleben in ein Tier wechselt. Daneben gibt es die eigentlichen, sterblichen Tierseelen.

252 Der intellektuell-ethische Rang ist hier freilich nicht immer schon äußerlich an der Beschaffenheit des Leibes ablesbar. Eine gewisse Korrespondenz zwischen Seele und Leib besteht nach Platon aber gewiß auch bei diesen internen Abstufungen des irdischen Menschseins.

253 Vgl. 252 c – 253 c.

254 Auch bei seiner Bemerkung über Hestia (247a1f.) denkt Platon vermutlich an die eigentümliche Lokalisation einer bestimmten seelischen Potenz im Kosmos (vielleicht in der Mitte der Erdkugel).

255 Vgl. unten S. 289–293.

irdischen Leib – oder ob sie nur räumlich und ohne feste Bindung darin sind. Diese Frage hat zwar kein entscheidendes Gewicht mehr für die Bedeutung des ἔν τινι von A 2; denn daß dort neben der Inhärenz in intelligenten Lebewesen auch ein mittelbares, letztlich räumliches Darinsein gemeint ist, haben wir im Hinblick auf die leibfreien menschlichen Seelen bereits festgestellt. Der schnelle Leser kann den vorliegenden Abschnitt also überschlagen. Aber wenn wir dieser dritten Frage nachgehen, verstehen wir besser, wie Platon sich die Sachverhalte im Himmelsraum vorstellt, und wir können dann auch die genannte Parallele von A 2 (246b6f.) sicherer beurteilen.

Aufgeworfen wird dieses Problem vor allem durch Platons (sehr bald nach jener Stelle folgende) Distanzierung von der traditionellen Vorstellung, die Götter seien unsterbliche Lebewesen, gebildet aus einer Seele und einem Körper, die für alle Zeiten zusammengewachsen sind (246c6 – d3). Denn es wird nicht klar, ob Platon damit nur die anthropomorphe Leiblichkeit der homerischen Götter ablehnt oder ob er die Begriffe »Lebewesen« (ζῷον) und »Körper, Leib« (σῶμα) von den innerkosmischen Göttern überhaupt – also auch von seinen astralen Gottheiten – fernhalten will.[256] Ersteres wäre mit der expliziten astralen Theologie des ›Timaios‹ vereinbar, letzteres dagegen nicht; denn im ›Timaios‹ ist nicht nur das Weltganze ein »wahrnehmbarer Gott« (92 c7) und als solcher ein Lebewesen aus Leib und Seele, auch alle einzelnen Himmelskörper sind dort ζῷα θεῖα ὄντα καὶ ἀίδια (40b5). In Nomoi X läßt Platon es dagegen ausdrücklich dahingestellt sein, wie die einem Himmelskörper zugeordnete Seele diesen Körper bewegt: ob »ihm innewohnend« (ἐνοῦσα ἐντός) wie bei den irdischen Lebewesen oder »irgendwoher von außen« (ποθεν ἔξωθεν) mit Hilfe von Feuer oder Luft, »wie manche behaupten«, oder selber körperlos (αὐτὴ ψιλὴ σώματος οὖσα) mit unbekannten, erstaunlichen Kräften (898 e – 899a). Die zweite dieser Möglichkeiten kommt in dieser Form freilich für Platon nicht ernstlich in Frage, weil sie in der stofflichen Naturerklärung der Früheren befangen bleibt.

Nun ist der ›Timaios‹ Platons große, thematische Abhandlung der Kosmologie, während der ›Phaidros‹ und die ›Nomoi‹ dieses Thema von ihren ethisch-praktischen bzw. politischen Hauptanliegen her nur relativ kursorisch und in relativ

---

256 ἀθάνατον δὲ οὐδ' ἐξ ἑνὸς λόγου λελογισμένου (sc. ἔσχεν ἐπωνυμίαν, 246c6f.) bezieht sich eigentlich nur auf das gerade vorher erläuterte i r d i s c h e ζῷον, das aus einer wegen Federverlustes vom Himmel herabgefallenen menschlichen Seele und einem σῶμα γήϊον entstanden ist. Dasselbe gilt von der Formulierung ἀλλὰ πλάττομεν οὔτε ἰδόντες οὔτε ἱκανῶς νοήσαντες θεόν, … (246c7f.), denn mit »wir bilden (i. S. v. fingieren)« sind alle Griechen gemeint, insofern sie sich die Götter traditionell in Menschengestalt vorstellen. Aber was dann folgt: ἀθάνατόν τι ζῷον, ἔχον μὲν ψυχήν, ἔχον δὲ σῶμα, τὸν ἀεὶ δὲ χρόνον ταῦτα συμπεφυκότα, klingt doch so, als seien die Begriffe ζῷον und σῶμα bei den Göttern überhaupt fehl am Platz.

populärer Darstellung mit einbeziehen. Darum ist Platons eigentliche Antwort auf die obige dritte Frage im ›Timaios‹ zu erwarten, während die zitierten Bemerkungen aus dem ›Phaidros‹ und aus ›Nomoi‹ X auf Probleme hinweisen, die im Rahmen dieser Dialoge nicht ausreichend behandelt werden können. Dies ist einmal das Problem, ob und in welcher Weise es im vorliegenden Kosmos unsterbliche, aus Seele und Körper gebildete Lebewesen gibt, und zum andern die Frage, wie die einzelnen Himmelskörper durch zugeordnete Seelen bewegt werden.

Tatsächlich hat Platon zu diesen beiden Problemen im ›Timaios‹ sehr detailliert und durchdacht Stellung genommen. Die Frage, wie das Weltganze und die einzelnen Gestirne körperliche und doch unsterbliche, göttliche Lebewesen sein können, ist von 30 b bis 40 b, d. h. in dem Abschnitt, der die Herstellung des Makrokosmos schildert, sogar eines der Hauptthemen. Die Analogie, die die vier Elemente zur Einheit zusammenbindet (31a–32c), die kugelförmige Gestalt des Weltganzen und der Gestirne, die, in betontem Gegensatz zur Gestalt der sterblichen irdischen Lebewesen, die Autarkie der himmlischen Lebewesen zeigt (33b–34a, s. 33d2 αὔταρκες, und 40a4), die besondere Art der Verbindung dieser Körper mit ihren Seelen – daß nämlich die Seele sie von außen umhüllt und zusammenhält (34b3f., 36e2f., vgl. 38e5: δεσμοῖς τε ἐμψύχοις σώματα δεθέντα) und schließlich der Wille des Demiurgen, diese von ihm selbst geschaffenen »sichtbaren Götter« (40d4) – die grundsätzlich auflösbar sind – niemals der Auflösung preiszugeben (41a6–b6): all das sind Mittel Platons, um dem Begriff unsterblicher körperlicher Lebewesen den Anschein der Unmöglichkeit zu nehmen. Die Kritik von Phaidros 246c6–d2, daß »wir«, die Griechen, »ohne auch nur einen überlegten Grund uns in der Phantasie einen Gott bilden als ein unsterbliches Lebewesen aus Seele und Körper«, trifft also nicht diese Lehre des ›Timaios‹. Denn dort entwickelt Platon gerade eine alternative, durch sinnliche Wahrnehmung und vernünftige Überlegung wohlbegründete Vorstellung von Göttern, die einen Körper besitzen.[257]

Daß die göttliche Seele diesen Körper von außen umhüllt, bedeutet offenbar ein wesentlich anderes Im-Körper-Sein als bei der irdisch-eingekörperten menschlichen Seele: Für jene ist der Körper nicht Grab und Gefängnis wie für diese, sie bleibt seinem Einfluß stets überlegen und kann ihn souverän beherrschen.[258] Darum kann Platon geradezu sagen, daß der Weltkörper und die Körper der einzelnen Gestirne in die Weltseele bzw. in bestimmte Teile von ihr hineingebaut

257 In Phdr. 246d1 dürfte σῶμα demnach die engere Bedeutung »organischer Leib eines irdischen Lebewesens« (oder noch spezieller: »des Menschen«) haben. Auch in 264c3–5 verwendet Platon σῶμα in diesem speziellen Sinne.

258 Es ist wohl nur ein Gedankenexperiment, wenn Platon im Mythos des ›Politikos‹ eine Weltseele annimmt, die auf die Dauer unweigerlich vom Einfluß des Weltkörpers korrumpiert wird (s. bes. 273a – e).

werden (36d9f., 38c7f., 40a4f.): Das ist die Umkehrung der gewöhnlichen Vorstellung, wonach die Seele eines (sc. irdischen) Lebewesens in dem betreffenden Körper ist. Als vom Zentrum bis zur Peripherie allseits hindurchgeflochten (34b3f., 36e2f.), sind die göttlichen Seelen freilich auch in diesen kosmischen Körpern, und Platon gebraucht deshalb auch bei ihnen die gewohnte Sprechweise (z. B. 30b4f.). Im ›Phaidros‹ können wir gewiß nur die letztere erwarten.

Damit haben wir auch schon wichtige Angaben zu dem Problem von Nomoi X 898e–899a: Die kosmischen Seelen sind mit den betreffenden Himmelskörpern zusammengewachsen, bilden mit ihnen ein Lebewesen – aber von höherer Art als die sterblichen irdischen Lebewesen. Das zeigt sich noch einmal daran, wie die göttliche Seele ihren Himmelskörper bewegt. So wird die Rotation der Gesamtkugel des Kosmos – als deren einzige Bewegung – z. T. auch von außen verursacht, sofern die Weltseele diesen Körper ja auch außen umhüllt. Trotzdem kann man diese Art des Bewegtwerdens m. E. noch dem ersten der an der Nomoi-Stelle unterschiedenen drei Typen zuordnen. Genauso ist es bei der Rotation, die Platon den Fixsternen, den fünf Planeten und Sonne, Mond und Erde zuspricht. Aber diese einzelnen Himmelskörper – außer der Erde – haben zusätzlich auch noch eine Translationsbewegung: die Fixsterne mit der Peripherie des Kosmos »nach rechts«, und die anderen sieben Himmelskörper mit den inneren Zonen des Kosmos in verschiedener Weise »nach links«, wobei das Bewegende hier Seelen sind, die die ganze betreffende Kugelschale erfüllen (und umhüllen), vgl. 36cd und 40a4f. u. 38c7–d1. Diese Seelen wiederum sind aber nichts anderes als die beiden Hälften der Weltseele: der »Kreis des Selben«, der den ganzen Kosmos umschließt, und der »Kreis des Anderen«, der, in sieben Teile gespalten, das Innere des Kosmos, bis hin zum Mond, ausfüllt.[259] In diese beiden »Kreise« – die offenbar als die Querschnitte von Kugelschalen zu verstehen sind – werden nämlich einerseits die Fixsterne und andererseits die fünf Planeten sowie Sonne und Mond hineingesetzt; aus diesen Teilen der Weltseele stammen offenbar auch die Gestirnseelen, die mit diesen einzelnen Himmelskörpern verbunden werden, s. die schon genannten Stellen 40a4f. u. 38c7–d1.

Es ist hier nicht der Ort, diese Theorie, die bereits wesentliche Züge der aristotelischen Sphärentheorie vorwegnimmt, näher zu erläutern. Soviel dürfte aber klar sein, daß die Translationsbewegung der einzelnen Himmelskörper auf eine außerhalb von ihnen, in der ganzen betreffenden Sphäre wohnende Seele zurückgeht – von der jedoch die dem Gestirn innewohnende Seele nicht getrennt werden kann. In gewissem Sinne kann man auch diese Sachlage der ersten in Nomoi X 898 e–899 a genannten Möglichkeit zuordnen;[260] denn die ganze Sphäre, der ein Himmels-

---

259 Auch die hierbei nicht berücksichtigte Erde ist beseelt und dreht sich in derselben Richtung wie der »Kreis des Anderen«, vgl. Tim. 40b8–c3 und den betreffenden Kommentar von Cornford.

körper angehört, wird ja von einer innewohnenden Seele bewegt. Aber relativ zu dem sichtbaren einzelnen Himmelskörper liegt das Bewegende doch größtenteils außerhalb.[261] Die Verhältnisse sind also in Wahrheit noch komplizierter als die Aufgliederung von ›Nomoi‹ X erkennen läßt.

Was die Ausgangsfrage betrifft, können wir also jetzt antworten, daß die Weltseele und die Gestirnseelen durchaus als konstituierende Teile in kosmisch-körperlichen Lebewesen wohnen, ohne dabei aber dem Einfluß des Körpers so unterworfen zu sein wie irdische Lebewesen.[262] Die Weltseele und ihre Teile erfüllen dabei zwar Gebilde, die man gewöhnlich als Räume bezeichnet: die Weltkugel im ganzen bzw. deren äußerste Schale und die sich nach innen anschließenden engeren Kugelschalen, bis hin zur Erde (?); aber auch diese Gebilde sind nach der Lehre des ›Timaios‹ aus Elementen aufgebaute Körper, und jene Seelen sind nicht bloß räumlich darin, sondern als wesentlich zugehörige Organe. Die Gestirnseelen sind solche seelischen Organe für die deutlich abgegrenzten einzelnen Himmelskörper, wobei aber ein Inklusionsverhältnis besteht zwischen dem »Kreis des Selben« der Weltseele und den Seelen der Fixsterne und dem »Kreis des Anderen« und den Seelen der übrigen Himmelskörper. Von der Seite der Gestirnseelen ist dies eine Partizipation an diesen Teilen der Weltseele. All diese Verhältnisse, und dazu noch das nur räumliche Im-Himmel-Sein der leibfreien menschlichen Seelen sowie deren verschiedene Einkörperungen in Leibern irdischer Menschen, hat Platon im Blick, wenn er in Phdr. 247d7f. (= A 2) von der abbildhaften Episteme sagt: ἥ ἐστίν που ἑτέρα ἐν ἑτέρῳ οὖσα ὧν ἡμεῖς νῦν ὄντων καλοῦμεν. Hätte er das Gemeinte konkreter bezeichnen wollen, hätte er also schreiben können: ἐν ἑτέρῳ οὖσα τῶν τόπων ἢ φρονίμων ζῴων τοῦδε τοῦ κόσμου.

4. Wenn Platon sich aber so eindeutig hätte ausdrücken können – und damit die Fehldeutung seines Textes durch viele ehrlich bemühte Interpreten hätte vermeiden können, – warum hat er es dann nicht getan? Erstens wohl deshalb nicht, weil er mit jenem Ausdruck allzu offen seine kosmisch-astrale Theologie ausgesprochen hätte, die er hier im Hintergrund lassen will, weil er sie – als der philosophische Dichter, der um die Wahrheit weiß[263] – in das mythische Bild der den Himmel durchzie-

260 Daß es in Nomoi X primär (oder ausschließlich) um die Translationsbewegung der Himmelskörper geht, folgt aus dem populären Charakter der dortigen Darstellung und aus der Tatsache, daß man nur die Translationsbewegungen der Himmelskörper mit bloßem Auge sehen kann.

261 Ohne deshalb aber – gemäß der zweiten und dritten Möglichkeit von Nomoi X – andere Körper oder völlig unbekannte Kräfte zur Bewegung des Gestirns einsetzen zu müssen.

262 Es sind ja auch fast ausschließlich die feinen Elemente Luft und Feuer, die die himmlischen Körper aufbauen, und diese Elemente liegen dort außerdem in reinerer Form vor als auf der Erde (s. Phil. 29b – d).

263 Vgl. Pol. X 599ab.

henden olympischen Götter gekleidet und transponiert hat. Vor allem der Hinauffahrt der Götter zum ›Mahle‹ der Ideenschau widerspricht die faktische Bindung der kosmisch-göttlichen Seelen an Räume und Gestirne;[264] darum erwähnt Platon diese letztere hier nur in solch allgemeinen Umschreibungen, wie die Formulierung von A 2 eine ist.[265] Die mit seiner Lehre schon Vertrauten, nahm Platon wohl an, würden sich diese knappen Hinweise auf das eigentlich Gemeinte zu ergänzen wissen.[266]

Im Sinne derselben Zurückhaltung wirkte aber noch ein anderes Motiv, das man nicht unterschätzen darf: Platon will – wie auch sonst, so erst recht an solchen Gipfelstellen eines ganzen Dialogs – keinen wortreichen Kommentar schreiben,[267] sondern einen gültig verdichteten Urtext. Darum legt er das Gemeinte nicht aufzählend auseinander, sondern faßt es in eine knappe Formulierung zusammen, die zugleich mit dem Bezug auf sinnlich wahrnehmbare Räume und Körper auch die entsprechende ontologische Wertung zum Ausdruck bringt. Die Prägnanz dieser Formulierung kann man nur bewundern; und daß sie den gemeinten Sinn durchaus eindeutig vermittelt, sollte die obige Interpretation gezeigt haben.

Parallelstellen im ›Phaidros‹. Damit ist die Reihe der vier Fragen beantwortet und der Sinn von A 2 hoffentlich überzeugend geklärt. Um das Ergebnis noch weiter zu festigen, bespreche ich jetzt drei Parallelstellen zu der Formulierung ἑτέρα ἐν ἑτέρῳ

264 Vgl. die treffende Bemerkung von Rowe zu 246e4ff. (178): » ... But this identification (sc. der hier geschilderten Götter mit den Seelen der Gestirne, s. das Zitat oben S. 276) is left blurred and inexplicit, in order to allow the introduction of those elements from the traditional theology which are necessary for the story. In particular, the gods have to be free to travel to their feast (247 a 8ff.).«

265 Eine zweite findet sich in 246 b7, worauf wir S. 289ff. eingehen.

266 Plotin hat Platons Intention richtig verstanden, wenn er in V 8, 4, 53f. nach einem Gedächtniszitat der vorliegenden Phaidros-Stelle – aus A 2 wird dabei: οὐδ' ἥτις ἐστὶν ἄλλη ἐν ἄλλῳ – anmerkt: »wie das aber zu verstehen sei, hat er uns zu erforschen und auszufinden überlassen, wenn wir denn unseres Namens (Platoniker) würdig sein wollen.« (übersetzt von R. Harder) Nur geht Plotins eigene, im Kontext vorgetragene Deutung – wonach ἄλλη ἐν ἄλλῳ, verstanden als ›vertikale‹ Verschiedenheit und Getrenntheit des menschlichen Ideenwissens von seinen Gegenständen (s. o. S. 222 Anm. 93), das negative Gegenstück zur Identität von Erkennendem und Erkanntem sein soll, die die transzendente Episteme auszeichnet – allzu direkt auf eine spekulative Lehre los, die allenfalls eine Folgerung aus dem Sinn des ganzen Nachsatzes über die Episteme sein kann. Vgl. dazu unten S. 314f. Daß sich A 2 auf die Diversifikation der innerkosmischen Episteme nach Rangstufen und (mehr oder weniger) gleichrangigen Varianten bezieht, hat Plotin verkannt – nicht zuletzt wohl deshalb, weil er die Stelle nicht genau im Gedächtnis behalten hatte. Hätte er den vollständigen Wortlaut von A 2: ἑτέρα ἐν ἑτέρῳ οὖσα ὧν ἡμεῖς νῦν ὄντων καλοῦμεν vor Augen gehabt, hätte er den Bezug auf die verschiedenen intelligenten Lebewesen des sichtbaren Kosmos schwerlich übersehen.

267 Was ich hier notgedrungen tun muß.

οὖσα, die sich im ›Phaidros‹ finden. Inhaltlich handelt es sich im ersten Falle um ein voll adäquates Gegenstück zu A 2, in den beiden anderen Fällen um nur partielle, aber höchst interessante Parallelen.

1. Die erste Stelle ist der Schlußteil des schon oben (S. 278 Anm. 237 u. S. 284) erwähnten Satzes von 246b6f., der hier zunächst als ganzer zitiert sei: ψυχὴ πᾶσα παντὸς ἐπιμελεῖται τοῦ ἀψύχου, πάντα δὲ οὐρανὸν περιπολεῖ, ἄλλοτ᾽ ἐν ἄλλοις εἴδεσι γιγνομένη. Als ganzer ist dieser Satz, wie wir oben schon feststellten, insofern eine Parallele zu den drei Sätzen über den ὑπερουράνιος τόπος, als auch er, wie jene, zu den streng rationalen Aussagen gehört, die Platon in diesen philosophischen Kunst-Mythos eingeflochten hat. Ist dies eine formale Ähnlichkeit, so besteht zugleich noch eine sehr wichtige inhaltliche Beziehung gerade zu dem Nachsatz von Satz 3, der uns hier beschäftigt: In 246b6f. erklärt Platon allgemein und grundsätzlich die Funktion und das Vorkommen der Seele im vorliegenden sinnlichen Kosmos; in 247d7–e2 hebt er dagegen, ebenso kurz und bedeutungsträchtig, die absolute Episteme der Ideensphäre von jeder innerkosmischen Episteme ab. Da die letztere notwendig den innerkosmischen Seelen inhäriert, von denen in 246b6f. die Rede ist, setzt die spätere Stelle die frühere voraus und schließt unmittelbar daran an. Wenn man berücksichtigt, daß auch jene absolute Episteme nach Platon nur in einer – freilich überzeitlichen – Seele existieren kann,[268] darf man sogar sagen: Der Nachsatz von Satz 3 vergleicht hinsichtlich des Wissens dort und hier die Beseeltheit des ganzen übersinnlichen Kosmos mit der des ganzen sinnlichen Kosmos; und da die letztere in dem Satz 246b6f. knapp, aber umfassend erläutert wird, knüpft jener inhaltlich an diesen an.

Daß es sich aber auch um eine b e w u ß t e Anknüpfung handelt, dafür spricht entschieden die sprachliche und sachliche Parallelität zwischen dem unterstrichenen Schlußteil des zitierten Satzes und dem Teil A 2 des Nachsatzes über die Episteme. Sprachlich ist ἑτέρα ἐν ἑτέρῳ οὖσα offensichtlich eine Abwandlung derselben grammatischen Figur, die auch bei ἄλλοτ᾽ ἐν ἄλλοις εἴδεσι γιγνομένη zugrundeliegt. Daß es in beiden Fällen aber auch um denselben kosmologisch-psychologischen Sachverhalt geht, muß freilich erst gezeigt werden.

Was ist mit dem Ausdruck ἄλλοτ᾽ ἐν ἄλλοις εἴδεσι γιγνομένη sachlich gemeint? Durch Parallelstellen gesichert ist der Bezug auf wechselnde Einkörperungen menschlicher Seelen, vgl. Phaidon 73a1: πρὶν ἐν τῷδε τῷ ἀνθρωπίνῳ εἴδει γενέσθαι, 76c7: πρὶν εἶναι ἐν ἀνθρώπου εἴδει, χωρὶς σωμάτων und im ›Phaidros‹ selbst 249a8–b1: ἀξίως οὗ ἐν ἀνθρώπου εἴδει ἐβίωσαν βίου. Εἶδος hat demnach hier seine Grundbedeutung »sichtbare äußere Gestalt« bzw. konkreter »gestaltetes körperliches Gebilde«;[269] in diesem Sinne ist Phdr. 246b8 bei Des Places zu Recht

268 Vgl. Soph. 248 e 6 – 249 a 8 und oben S. 232f.

eingeordnet (159). Übersetzen kann man demnach wie C. Ritter: »bald in diese, bald in jene Form eingehend«.

Aber in dem Bezug auf die irdischen Einkörperungen der menschlichen Seelen kann die Bedeutung des Ausdrucks sich nicht erschöpfen. Der Satz 246b6f. spricht von der Fürsorge der Seele für alles Unbeseelte, und unmittelbar vor dem Schlußteil des Satzes (= dem zu erläuternden Ausdruck) heißt es: πάντα δὲ οὐρανὸν περιπολεῖ, »sie (sc. die Seele) umwandelt den ganzen Himmel«. Auch und gerade der Himmelsraum wird also von der Seele durchwaltet, wobei der Ausdruck περιπολεῖ eine unmißverständliche Beziehung auf die dort ihre Bahn ziehenden Gestirne herstellt.[270] Die beiden folgenden Sätze sprechen dann ja auch gesondert von den beiden Hauptarten von Seele im Kosmos: der göttlichen, die »in der Höhe wandelt« (μετεωροπολεῖ) und die Ordnung des ganzen Kosmos aufrechterhält, und der ›entfiederten‹ menschlichen, die auf die Erde fällt und dort in irdischen Leibern eingekörpert wird. Der voranstehende allgemeine Satz muß sich also noch auf beide Arten gleichermaßen beziehen, gerade auch in seinem allgemein formulierten Schlußteil ἄλλοτ' ἐν ἄλλοις εἴδεσι γιγνομένη, der den ebenso allgemeinen Anfangsteil ergänzt: Wie dieser nämlich ganz generell die Funktion der Seele für das Unbeseelte erklärt, so stellt jener doch wohl ebenso generell fest, daß sie den verschiedensten körperlichen Gebilden innewohnen kann.[271]

Trotzdem läßt sich der Wortlaut des Schlußteiles nicht ganz so problemlos auf die göttlichen Seelen beziehen wie auf die menschlichen. Keine Schwierigkeiten macht indessen das Wort εἴδη. Dieses Wort kann sich, wie auf die Gestalten von Mensch und Tier, so auch auf strenger geometrische Formen beziehen.[272] Also kann Platon damit hier auch all jene kugel- oder kugelschalenförmigen Gebilde meinen, die wir bei der obigen dritten Frage als die Körper der Weltseele und der Gestirnseelen identifiziert haben.[273] Die dem »Kreis des Anderen« der Weltseele und je einem Himmelskörper zugehörigen kugelschalenförmigen Zonen im Innern des Kosmos sind zwar für unsere Augen nicht sichtbar, aber sie sind trotzdem klar begrenzte körperliche Gebilde.

---

269 Vgl. bes. auch Tim. 87d5, wo εἶδος ohne weiteren Zusatz bereits »(menschlicher) Körper« bedeutet (s. d3: σῶμα).

270 Vgl. oben S. 277 zu dem wörtlichen Anklang an Tim. 41a3f.

271 Der Mittelteil des Satzes erläutert die Fürsorge der Seele für das Unbeseelte jedoch nur an der Tätigkeit der kosmisch-astralen Seelen.

272 Vgl. Pol. VI 510d4 (von denen, die Geometrie treiben): τοῖς ὁρωμένοις εἴδεσι προσχρῶνται, und Tim. 53c6: τὸ ... τοῦ σώματος εἶδος πᾶν καὶ βάθος ἔχει. Weitere Belege bei Des Places, εἶδος 2°.

273 Vgl. S. 288.

Es ist vielmehr die – zumindest *prima facie* – von ἄλλοτε ... γιγνομένη hervorgerufene Vorstellung eines zeitlichen Wechsels, die ein gewisses Problem darstellt. Für die wechselnden Einkörperungen der menschlichen Seelen paßt sie zwar genau; aber für das Verhältnis der kosmisch-göttlichen Seelen zu ihren Körpern paßt die Vorstellung eines Wechsels streng genommen nicht: Denn diese Seelen bleiben ja für alle Zeiten mit demselben Körper bzw. körperlichen Raum verknüpft. Da es aber – aus den genannten Gründen – sehr wahrscheinlich ist, daß Platon auch diese konstanten Verhältnisse des Darinseins durch dieselbe Formulierung mit bezeichnen wollte, ist zu prüfen, ob die letztere sich nicht auch in diesem Sinne verstehen läßt. Was γιγνομένη betrifft, ist das ohne weiteres möglich; denn γίγνεσθαι ἔν τινι heißt nicht nur »irgendwo ankommen, irgendwohin kommen«, sondern oft auch »sich irgendwo befinden, irgendwo verweilen«.[274] Schwieriger ist es bei ἄλλοτε, das eben rein zeitlich bedeutet: »ein anderes Mal«. Für die Verhältnisse bei den kosmisch-astralen Seelen würde man stattdessen aber erwarten ἄλλοθι: Sie sind nicht b a l d in diesem, b a l d in jenem Gebilde, sondern h i e r in diesem, d o r t in jenem. Aber kann nicht vielleicht, wenn das Epsilon, wie in diesem Satz, elidiert ist, ἄλλοτ' auch die Bedeutung des fast lautgleichen ἄλλοθ' mit übernehmen? Mag dies unsicher bleiben, so ist doch nicht zu bestreiten, daß die Wendung »bald – bald« sich auch auf verschiedene s i m u l t a n e Dinge oder Sachverhalte beziehen kann: dann nämlich, wenn daran gedacht ist, daß die an sich simultanen Objekte einem Betrachter sukzessiv bewußt werden.[275]

So ist es nur eine sehr geringe sprachliche Härte, die Platon hier in Kauf nimmt, um mit demselben knappen sprachlichen Ausdruck sowohl das wechselnde Hineinkommen von Seelen in irdische Leiber wie das dauernde Darinsein anderer Seelen in verschiedenen kosmischen Gebilden zu umgreifen. Da er die gemeinten kosmologischen Sachverhalte hier ohnehin nicht behandeln konnte, erlaubte er sich eine leichte Vagheit des Sprechens, die jeder Kenner seiner kosmologischen Theologie leicht durchschauen würde.

Also ist der Ausdruck ἄλλοτ' ἐν ἄλλοις εἴδεσι γιγνομένη auch inhaltlich ein voll äquivalentes Gegenstück zu der Formulierung von A 2 : ... ἑτέρα ἐν ἑτέρῳ οὖσα ὧν ἡμεῖς νῦν ὄντων καλοῦμεν. Beide Ausdrücke beziehen sich auf die gesamte Stufenleiter des Innewohnens intelligenter Seelen – bzw. mittelbar: des ihnen eigenen Wissens – in den verschiedenen Körpern und Räumen des sinnlichen Kosmos. Eine sachlich erhellendere Parallele zu A 2 kann man sich gar nicht wünschen. Denn was wir zu A 2 aus dem Kontext erschlossen haben: daß auch dort die Seelen als unmit-

---

274 Vgl. z. B. Menge-Güthling, Griechisch – Deutsch (1913), s. v. γίγνομαι.

275 So kann es etwa heißen: »Die Häuser an der Straße waren bald mit roten, bald mit grünen Wimpeln geschmückt« – nur weil sie dem Betrachter sukzessiv vor Augen treten.

telbare Substrate der Episteme mitgemeint sind, daß sie aber nicht genannt werden brauchen, weil es zwischen jeder Seele und ihrem körperlich-räumlichen Worin eine strenge Korrespondenz gibt, wird hier nahezu ausgesprochen. Der Ausdruck ἄλλοτ' ἐν ἄλλοις εἴδεσι γιγνομένη redet ja von den verschiedenen Arten[276] des Worins d e r S e e l e; und wenn man die beiden folgenden Sätze hinzunimmt, die den allgemeinen Ausdruck am Beispiel der beiden Hauptarten von innerkosmischer Seele, der göttlichen und der menschlichen, erläutern, dann ist auch das Gesetz der Korrespondenz zwischen einer Seele und ihrem Worin hier ausgesprochen: Die »vollkommenen«, d. h. die göttlichen Seelen »wandeln in der Höhe«, d. h. im Himmel als ihrem angestammten Bereich, und die »entfiederten« menschlichen Seelen müssen hinunter auf die Erde, in irdische Leiber.

Aber die Formulierung von A 2 ergänzt und erhellt umgekehrt auch die von 246 b 7, vor allem dadurch, daß sie den Sachverhalt der vielfältigen intelligenten Beseelung des Kosmos an einem höheren Maßstab, am absoluten Wissen des transzendenten *intellectus divinus*, mißt. In dieser metaphysischen Sicht werden die vorher neutral als εἴδη bezeichneten körperlichen Gebilde, die Seele besitzen, zu bloßen ἃ ἡμεῖς νῦν ὄντων καλοῦμεν abgewertet, und die an sich bewundernswerte Vielheit und Verschiedenartigkeit von Seele und Wissen im Kosmos wird zu einem Mangel, von dem das absolute Wissen frei ist.

2. Die anderen beiden Parallelen stehen in der Schriftkritik gegen Ende des ›Phaidros‹. Da sie einander sehr ähnlich sind, ja in variierender Formulierung denselben Sachverhalt ausdrücken, können wir sie zusammen behandeln. Die Stellen lauten:

277a1–3: ..., ὅθεν ἄλλοι (sc. λόγοι) ἐν ἄλλοις ἤθεσι φυόμενοι, τοῦτ' ἀεὶ ἀθάνατον παρέχειν ἱκανοί, ...

278a6–b2: ..., πρῶτον μὲν τὸν ἐν αὑτῷ (sc. λόγον), ἐὰν εὑρεθεὶς ἐνῇ, ἔπειτα εἴ τινες τούτου ἔκγονοί τε καὶ ἀδελφοὶ (sc. λόγοι) ἅμα ἐν ἄλλαισιν ἄλλων ψυχαῖς κατ' ἀξίαν ἐνέφυσαν·

Beide Male geht es um die vom »Wissenden« (276 a 8 u. 5, e 7) »mit dialektischer Kunst« (276e5f.) in einer geeigneten Seele mündlich ›gepflanzten‹ Reden (λόγοι) »über das Gerechte, Schöne und Gute« (278a3f.); die erste Stelle beschreibt deren ›Fortpflanzung‹ von den Schülern eines Philosophen auf seine Enkelschüler und so immer weiter; an der zweiten wird unmittelbar vorher gesagt, daß nur jene Reden »echte Söhne« (sc. des Lehrenden = des Philosophen) genannt werden dür-

276 Diese abstrakte Bedeutung von εἶδος ist bekanntlich eine sachliche Konsequenz der hier vorliegenden anschaulichen Bedeutung: Jedenfalls dann, wenn zwei körperliche Gebilde erheblich verschieden gestaltet sind, repräsentieren sie verschiedene Arten. Dies ist die enorm anschauliche Basis von Platons Ideenlehre.

fen, und es folgt die zitierte Aufzählung. Daß an beiden Stellen wie in A 2 des Satzes 247 de die grammatische Figur »aliud in alio« verwendet bzw. abgewandelt wird (s. die hervorgehobenen Teile), ist evident und braucht nicht weiter erläutert werden. Wir konzentrieren uns auf die inhaltliche Entsprechung.

Als erstes ist festzustellen, daß die λόγοι dieser beiden Stellen der ἐπιστήμη von A 2 genau entsprechen. Denn in diesen λόγοι wird ja die höchste menschliche Erkenntnis ausgedrückt und mitgeteilt, konkret: Platons eigene metaphysische Ideenerkenntnis. Die hier gemeinten Logoi sind also nichts anderes als die menschliche Episteme von den Ideen in ihrer sprachlichen Manifestation.[277] Es geht also wie in A 2 um abbildhaftes, innerkosmisches Ideenwissen, freilich nicht um alle Stufen und Arten seines Vorkommens im Kosmos, sondern nur um sein reinstes Vorkommen bei den Menschen, d. h. um das Ideenwissen platonischer Philosophen. Auch in diesem speziellen Bereich gilt nun offenbar das in A 2 Gesagte: Die ἐπιστήμη ist ἑτέρα ἐν ἑτέρῳ οὖσα. Gleich fünfmal haben wir hier das ἐν – wenn man an der zweiten Stelle ἐνῇ und ἐνέφυσαν mitzählt –, und der Sinn ist eindeutig Inhärenz bzw., bei der Weitergabe des Wissens, eine Inhärenz *in statu nascendi* (ἔν τινι (ἐμ-)φύεσθαι). Als Substrate erscheinen hier aber nicht, wie es A 2 genau entsprechen würde, die verschiedenen Menschen, sondern mit den ἄλλα ἤθη und den ἄλλαι ἄλλων ψυχαί werden die zunächstliegenden, rein seelischen Substrate der ἐπιστήμη genannt. Die im Kontext selbstverständliche Tatsache, daß die verschiedenen Charaktere und Seelen wiederum in verschiedenen Menschen sind, klingt nur am Rande mit an: An der zweiten Stelle ist der Begriff Mensch impliziert in den Pronomina ἑαυτῷ und ἄλλων.

Platon spricht hier offenbar aus seiner langjährigen Erfahrung als Lehrer seiner eigenen metaphysischen Philosophie: Von Menschen verschiedenen Charakters wird diese Lehre verschieden aufgenommen und angeeignet; und sogar – darf man der zweiten Stelle entnehmen – wenn zwei Menschen demselben Charaktertyp angehören, unterscheidet sich das Ideenwissen des einen inhaltlich von dem des anderen, einfach weil es jeweils in einer anderen individuellen Seele ist: ἐν ἄλλαισιν ἄλλων ψυχαῖς.[278] Wohl nicht zufällig erwähnt Platon hier mit ἄλλων – implizit, wie gesagt – auch die verschiedenen Menschen als Besitzer der Seelen und somit der Logoi: Schon an der leiblichen Verschiedenheit zweier Menschen wird augenfällig, daß auch ihre Seelen sowohl numerisch wie qualitativ verschieden sein müssen.[279] Für die verschiedenen Charaktertypen hat Platon hier zwar keine korrespondieren-

277 Vgl. 276 e 6f.: φυτεύῃ τε καὶ σπείρῃ μετ' ἐπιστήμης λόγους.

278 Vgl. unsere obige Argumentation (S. 281, Ziffer 3 und S. 283f.), daß nach Platon, wie bei den Körpern, so auch bei den Seelen die numerische Verschiedenheit immer mit einer (mehr oder weniger großen) qualitativen Verschiedenheit verbunden ist.

279 Vgl. wieder oben S. 281, Ziffer 3 und S. 283f.

den leiblichen Unterschiede angedeutet; aber wir wissen, daß er grundsätzlich auch bei jenen eine solche Korrespondenz annahm.[280]

Also lassen sich die beiden Stellen aus der Schriftkritik vollinhaltlich der allgemeinen Formel von A 2: (sc. ἐπιστήμη ἐστὶν) ἑτέρα ἐν ἑτέρῳ οὖσα ὧν ἡμεῖς νῦν ὄντων καλοῦμεν, subsumieren. Sie bestätigen jenen allgemeinen Satz höchst interessant an Unterschieden des Ideenwissens, die auch bei der bestmöglichen, verantwortungsvollsten Weitergabe dieses Wissens – sc. beim mündlichen Unterricht in der Akademie – unvermeidlich auftreten. Man kann hier belegen, was wir in unserer Deutung des ἕτερος in A 2 schon vermutet haben: nämlich daß Platon bei jener allgemeinen Formel nicht nur auf ›vertikale‹ Rangstufen des Wissens, sondern auch auf ›horizontale‹ Varianten blickt, die auf derselben Stufe nebeneinander stehen. Denn gemesssen an der im »Gesetz der Adrasteia« festgelegten Stufenfolge (248 c – e), liegen die Wissensunterschiede, von denen die beiden Sätze aus der Schriftkritik reden, alle auf der höchsten menschlichen Stufe, der des Philosophen. Mit κατ' ἀξίαν (278 b 1) wird freilich auch hier noch eine Rangordnung angedeutet.

Das sind sehr wichtige und noch nicht ausgewertete Angaben zu Platons Begriff der Philo-sophie.[281] Zugleich sind es aber Strukturen, die schon bei der Formulierung von A 2 in 247de mit im Blick standen und die erstaunliche Prägnanz dieser Formulierung noch einmal erhöhen. So konkretisieren die beiden Parallelen in der Schriftkritik das in A 2 Gemeinte, während umgekehrt A 2 das allgemeine Gesetz formuliert, von dem der an diesen beiden Stellen beschriebene Sachverhalt ein empirisch klar gegebener und sehr relevanter Fall ist.

Die angebliche Parallele Phd. 83b2f. Als Folie für die Beweiskraft der drei besprochenen Parallelstellen kann jene ›Parallele‹ dienen, die Ast (1829) 419 und de Vries 137 zu derselben Formulierung ἑτέρα ἐν ἑτέρῳ οὖσα anführen. Es handelt sich um Phaidon 83b2f.: ἐν ἄλλοις ὃν ἄλλο. Daß der formale sprachliche Typ »aliud in alio« vorliegt, ist auch hier evident. Aber wie sieht es inhaltlich aus? Im Kontext geht

280 Vgl. bes. Tim. 86b–87a. Sogar in jenen pathologischen Fällen, wo Platon eine Asymmetrie zwischen Leib und Seele feststellt, bleibt nach seiner Darstellung das leibliche Worin von größter Bedeutung für alle seelischen Funktionen, s. Tim. 87c–88b.

281 Interessant sind sie v. a. im Hinblick auf die Frage, ob für Platon das höchste, metaphysische Wissen definitiv feststand oder noch verschiedene Ausarbeitungen zuließ. Platons Toleranz gegenüber den mehr oder weniger abweichenden Positionen seiner Schüler illustriert das hier im ›Phaidros‹ Gesagte. – Unter diesem Gesichtspunkt waren mir diese Stellen aufgefallen und hatte ich während des Symposions »Platonisches Philosophieren« auch Herrn Prof. Krämer auf sie aufmerksam gemacht. Als ich ihm im Juli 1995 (zur Zeit seiner Wiener Gastprofessur) meine neue, nicht-plotinische Deutung der Formulierung von A 2 vortrug – denn vorher hatte ich noch Plotins Deutung (s. o. S. 289 Anm. 266) für richtig gehalten –, war es dann Krämer, dem jene beiden Stellen in der Schriftkritik wieder einfielen und der diese Stellen als Parallelen zu A 2 identifizierte.

es um die Empfehlung, nur dem zu glauben, was die Seele »für sich selbst von dem Seienden selbst gemäß ihm selbst geistig wahrnimmt« (b 1f.), dasjenige aber, was sie durch anderes betrachtet (sc. durch die Sinnesorgane) für nichts Wahres zu halten, »weil es in dem einen Ding so und in dem andern anders ist« (b2f., der von Ast und de Vries angeführte Ausdruck).[282] Dazu ist folgendes zu sagen:

1. Für die herrschende Auffassung von ἑτέρα ἐν ἑτέρῳ οὖσα – vgl. z. B. Heitsch, 32: »die sich ändert mit ihren jeweiligen Gegenständen« – ist Phd. 83b2f. gar keine inhaltliche Parallele. Denn ἐν ἄλλοις bedeutet hier offensichtlich die Inhärenz von Abbildern einer Idee in verschiedenen körperlichen Dingen, nicht den Gegenstandsbezug der Doxa. Nur für die neue Auffassung jenes Ausdrucks ist die Phaidon-Stelle also eine echte Parallele; und gerade die Relevanz der Inhärenzbedeutung des ἔν τινι hätte man aus ihr lernen können! Daß weder Ast noch de Vries es tat, zeigt die Stärke ihrer Überzeugung, in Phdr. 247de würden, wie auch sonst, Episteme und Doxa nach ihren verschiedenen Objekten voneinander unterschieden.[283]

2. Auch für die neue Auffassung von ἑτέρα ἐν ἑτέρῳ οὖσα ist diese Phaidon-Stelle aber nur eine allgemeine und entfernte Parallele, keine spezifische und nahe wie die drei Stellen im ›Phaidros‹. Denn was nach Phd. 83b2f. in verschiedenen körperlichen Substraten vorkommt und dabei abgewandelt wird, sind sinnlich wahrnehmbare Bestimmungen von Körpern, als Objekte einer sinnlichen Erkenntnis. In Phdr. 247 d 7f. geht es dagegen um die Inhärenz und Lokalisation des Wissens von den Ideen in verschiedenen Räumen und Körpern des Kosmos. Das bekannte platonische Gesetz der Diversifikation einer Idee in den Erscheinungen wird hier also nicht, wie meistens sonst, an gegenständlichen Strukturen demonstriert, sondern an einem Wissen, und zwar an dem höchsten Wissen.[284] Mit dieser originellen Anwendung jenes Gesetzes haben Ast und de Vries offenbar überhaupt nicht gerechnet. Sonst hätten auch sie statt der Phaidon-Stelle vielleicht die spezifischen Parallelen im ›Phaidros‹ selbst bemerkt, die vollinhaltlich dasjenige verdeutlichen, was in A 2 des Nachsatzes über die Episteme gemeint ist.[285]

---

282 Es handelt sich also um die Gegenüberstellung von Episteme und Doxa in der menschlichen Seele. Wieder sieht man, woran die herrschende Auffassung sich orientiert.

283 Zur vollständigen Widerlegung dieser Prämisse vgl. das nächste Kapitel.

284 Die Episteme des Ideenkosmos von sich selbst ist die höchste Form des Wissens. Das Hen (Agathon, Kalon) ist zwar dem Ideenkosmos noch vorgeordnet, aber es steht, wie jenseits des Seins, so auch jenseits des Wissens, vgl. Pol VI 508e–509c.

b Die zu folgernde Bedeutung von ἔν τινι in dem Satzteil B 1 (ideelle Ebene)

Nachdem der Sinn des ἔν τινι in A 2, d. h. auf der empirischen oder jedenfalls innerkosmischen Ebene, geklärt ist, können wir abschließend jetzt auch die Folgerungen für die ideelle Ebene ziehen, d. h. für die Bedeutung von ἔν τινι in B 1, das nach der chiastischen Gliederung jenes Nachsatzes das genaue Gegenstück zu A 2 darstellt.[286] Aufgrund dieser Parallelität ist vor allem zu folgern, daß ἔν τινι in B 1 im wesentlichen die gleiche Bedeutung hat wie in A 2. Was heißt das aber, und gibt es einen guten Sinn?

1. In A 2 bezeichnet das ἔν τινι der ἐπιστήμη vor allem – nämlich im Hinblick auf das beseelte Weltganze, die beseelten Gestirne und die Menschen hier auf der Erde – die Inhärenz in einem intelligenten Lebewesen. Nur bei den leibfreien menschlichen Seelen bedeutet es das mittelbare, letztlich bloß örtliche Darinsein in einem wesensverwandten Raum, sei es der göttlich beseelte, lichte Himmelsraum, seien es dunkle Strafräume im Innern der Erde. Dieser Befund erlaubt den sicheren Schluß, daß in B 1 allein die Inhärenz in einem intelligenten Lebewesen gemeint ist. Denn die leibfreien menschlichen Seelen haben eine Ausnahmestellung, zu der es im Ideenreich kein Pendant gibt. In jener Sphäre wird mit τὴν ἐν τῷ ὅ ἐστιν ὄν (sc. ἐπιστήμην οὖσαν) ja offensichtlich nur e i n e einzige Episteme angesetzt, deren Worin jenes g a n z e Reich ist.[287] Das nächste innerkosmische Gegenstück dieser ideellen Episteme ist offenbar das Wissen der Weltseele, d. h. das dem sichtbaren Kosmos als einem umfassenden intelligenten Lebewesen inhärierende Wissen. Wie in A 2 (sc. neben den genannten partikulären Gebilden) der ganze sinnliche Kosmos, so ist in B 1 der ganze übersinnliche Kosmos als ein einziges intelligentes Lebewesen vorgestellt.

Auch die Tatsache, daß Inhärenz eine wesentlich engere und festere Zugehörigkeit bedeutet als ein bloß räumliches Darinsein, schließt die letztere Bedeutung für das ἐν von B 1 aus. Denn die Verhältnisse auf der ideellen Ebene (B) müssen vollkommener sein als die auf der empirischen (A). – Zwar nennt Platon das Ideenreich gerade hier im ›Phaidros‹ ὑπερουράνιος τόπος, wie er auch in der ›Politeia‹ vom νοητὸς τόπος spricht (508c1, 509d2 und 517b5). Aber der veranschaulichende Ausdruck darf nicht darüber hinwegtäuschen, daß jener Bereich für ihn gänzlich

---

285 In Phdr. 246b6f., 277a2 und 278b1f. wird freilich nicht gesagt, daß die Arten intelligenter Seelen bzw. die Stufen und Varianten des Ideenwissens, von denen dort die Rede ist, die Diversifikation eines in ihnen erscheinenden transzendenten Urbilds darstellen. Dies wird aber klar, wenn man diese Stellen als Parallelen zu A 2 erkennt und mit dem ganzen Nachsatz über die Episteme (247de) zusammenschaut.

286 Vgl. oben S. 235f. und auch S. 237f.

287 Wie schon mehrfach gesagt, bezeichnet τὸ ὅ ἐστιν ὄν kollektiv die ganze Ideensphäre.

un- und überräumlich ist (s. Tim. 52bc). Auch aus diesem Grunde gibt ein letztlich bloß räumliches Darinsein hier keinen Sinn. – Übrigens wird mit dem Begriff τόπος nicht einmal die sinnliche Welt adäquat bezeichnet: Die Einheit der sinnlichen Phänomene ist nicht nur die räumliche der Zugehörigkeit zu demselben Raum, sondern, wie der ›Timaios‹ klar genug lehrt, die organische und teleologische Einheit eines allumfassenden Lebewesens. *A fortiori* muß also auch die übersinnliche Welt sich zu einem einzigen Lebewesen zusammenschließen.

Im ›Timaios‹ bezeichnet Platon die als Paradigma der vorliegenden Welt fungierende Ideenwelt denn ja auch ausdrücklich als »das vollkommene Lebewesen« (τὸ παντελὲς ζῷον, 31 b 1, cf. 37 d 1 u. 3 und 39 e 1). Daß dieses Lebewesen auch intelligent sein muß, ist von seinem Paradigma-Charakter her selbstverständlich, wird aber überdies durch Soph. 248 e – 249 a explizit gemacht: Denn das παντελὲς ὄν (248 e 7 f.), dem Platon dort νοῦς zuerkennt, muß identisch sein mit dem παντελὲς ζῷον von Tim 31 b 1. Drittens bezeugt auch Aristoteles, daß Platon das nach der Tetraktys strukturierte Weltmodell als αὐτὸ τὸ ζῷον bezeichnete und auf die vier Zahlen der Tetraktys (= die vier ersten Ideenzahlen) unter anderem auch die vier Erkenntnisvermögen zurückgeführt hat (De an. I 2, 404 b18–27 = Test. Plat. 25 A Gaiser).[288] Diese Stellen bestätigen unsere Deutung von B 1 des Nachsatzes über die Episteme, werden aber auch ihrerseits durch diese Phaidros-Stelle bestätigt. Denn obgleich Platon den Begriff des intelligenten Lebewesens in B 1 nicht ausspricht, ist dieser Begriff doch, wie in A 2, eindeutig impliziert.[289]

2. Wenn, wie sich ergab, die ideelle Episteme dem ganzen Ideenreich als einem (sc. transzendent-göttlichen) intelligenten Lebewesen inhäriert, dann ist noch eine zweite Folgerung zu ziehen: Jenes Reich muß eine – sc. überzeitliche – Seele haben, weil der Begriff eines Lebewesens hier sonst nicht angewendet werden könnte und weil Wissen und Vernunft nach einem mehrfach von Platon ausgesprochenen Gesetz (vgl oben S. 272f.) als nächstliegendes und eigentliches Substrat immer eine Seele erfordern. Daß Platon die Existenz einer solchen überzeitlichen, uns Menschen unvorstellbaren Seele annimmt, haben wir schon oben (S. 232f.) aus den – z. T. gerade wieder erwähnten – terminologischen Indizien des ›Timaios‹ entnommen und in Soph. 248 e – 249 b sogar ausgesprochen gefunden. Auch in dieser Hinsicht

---

288 Diese Rückführung bedeutet m. E., daß schon dem *intellectus divinus* alle vier Erkenntnisstufen zukommen. Wie das im Falle von δόξα und αἴσθησις möglich ist, stellt freilich ein Problem dar; aber offensichtlich muß jener *intellectus* in seiner demiurgischen Funktion auch das Sinnliche erkennen. K. Gaiser ist in seiner Interpretation von Test. Plat. 25 A diesem Problem nicht nachgegangen, vgl. Gaiser (1963) 485f. und 44–46.

289 Da Platon im ›Phaidros‹ schon auf der kosmisch-astralen Ebene seine Lehre von unsterblichen göttlichen Lebewesen zurückgehalten hat – vgl. oben S. 288f. –, mußte er dies auf der überkosmisch-ideellen Ebene erst recht tun.

bestätigt also die Phaidros-Stelle jene schon bekannten Belege. Aber auch diese hochspekulative Lehre läßt Platon hier implizit; nur der genau mitdenkende Leser kann ihr Vorausgesetztsein erschließen. Explizit handelt der sogenannte Seelen-Mythos des ›Phaidros‹ nur von den zeitlichen, innerkosmischen Seele.

Bestimmtere Angaben über die zeitlose Seele des Ideenreiches sind uns auch sonst nicht überliefert; vermuten kann man aber einen Zusammenhang mit der in Test. Plat. 25 A Gaiser bezeugten Tetraktys-Struktur des »Lebewesens selbst«. Auch die Angabe von Soph. 248de, daß das Erkennen und das Erkanntwerden schon Bewegungen seien, deutet die Richtung an, wie die überzeitliche, also zeitlich unbewegte Lebendigkeit dieser zeitlosen Seele gedacht sein mag. Anders als die Seele der innerkosmischen Lebewesen ist jene Seele demnach kein abtrennbarer, substanziell-selbständiger Teil eines Ganzen, sondern ›nur‹ eine besondere, dem ganzen metaphysischen Reich inhärierende Beschaffenheit.

Damit hängt es zusammen, daß von einem eigentlichen Leib-Seele-Dualismus bei jenem transzendent-göttlichen Lebewesen keine Rede sein kann: Die Ideen einerseits als die inhaltlichen Grundformen des Seins und die sie erkennend vernehmende zeitlose Seele andererseits stehen einander nicht als zwei ontologisch verschiedene Stufen gegenüber, sondern sind zwei komplementäre Aspekte oder Strukturen von einer und derselben metaphysischen Realität. Das hat Folgen für die Inhärenz des Wissens in diesem transzendenten Lebewesen: Während bei den innerkosmischen Lebewesen nicht gesagt werden kann, daß ihrem Körper als solchem Wissen inhäriere – weil das eigentliche Substrat des Wissens nach Platon nur die Seele ist, der Körper als solcher aber keine Seele hat[290] –, macht es bei der Idensphäre als dem intelligiblen Lebewesen wahrscheinlich keinen wesentlichen Unterschied, ob man sagt, die Episteme sei in dem wahren Seienden, oder, präzisierend, sie sei in der Seele dieses wahrhaft Seienden. Denn dieses Seiende steht ja ontologisch noch über der zeitlichen Seele und ist von rein geistiger Art.[291] Darum ist es durchaus möglich, daß Platon die ganze transzendente Ideensphäre (mit Ausschluß ihrer beiden Prinzipien) schon wie Plotin als νοῦς bezeichnet hat.[292]

Fernzuhalten ist aber auf jeden Fall die Vorstellung von einer Generierung der Seinsformen aus einem ihnen vorgeordneten Denken wie in der neuzeitlichen Philosophie des Subjekts. Die Formulierung von B 1: ἀλλὰ τὴν ἐν τῷ ὅ ἐστιν ὄν (sc. ἐπιστήμην οὖσαν), so allgemein sie im übrigen bleibt, setzt in dieser Hinsicht doch einen wichtigen Akzent. Sie besagt, daß das wahrhaft Seiende das Substrat des wahren Wissens ist, und nicht etwa umgekehrt dieses das Substrat von jenem.[293] Damit

290 Vgl. dazu oben S. 272f.

291 Man darf wohl schon vorausdenken an die »coincidentia oppositorum« des Nikolaus von Kues.

292 Vgl. oben S. 193 Anm. 19.

korrigiert die Aussage unserer Stelle auch jene christlich beeinflußte Interpretation von Tennemann, Ast, Hildebrandt und Ritter, wonach alle Einzelideen die Gedanken eines höchsten Geistes sind, der mit der Idee des Guten (dem Agathon als dem Seinsprinzip) identifiziert wird.[294]

Anmerkung: Das Verhältnis zu Symp. 211 ab

Hieran läßt sich noch ein letztes Problem dieses Kapitels anschließen: die Frage, ob und in welchem Sinne auch Symp. 211 ab eine Parallele zu A 2 und dem ganzen Nachsatz von Phdr. 247 de ist. Heindorf, Ast und v. a. Stallbaum haben dies noch angenommen, während Thompson die Weiche stellte für die alleinige Orientierung an Phil. 61 de.[295] In Symp 211 ab – schon ab a 1 – hebt Platon das »Schöne selbst« – das Seinsprinzip αὐτὸ τὸ καλόν, s. 211 c 7 f. u. e 1 u. 3 – von allen nachgeordneten Stufen und Arten des Schönen ab. Dazu gehört auch die Unterscheidung von allem Schönen, das innerhalb des sichtbaren Kosmos vorkommt – genau wie in Phdr. 247 de das ideelle »Wissen selbst« von all seinen innerkosmischen Abbildern unterschieden wird. Wir haben inzwischen nachgewiesen, daß Platon bei den letzteren nicht nur an das Wissen in verschiedenen Menschen, sondern auch an das in verschiedenen Himmelskörpern und im Ganzen der sichtbaren Welt denkt. Dem entspricht die Formulierung von Symp. 211 a 8 – b 1: οὐδέ πoυ ἐν ἑτέρῳ τινί, οἷον ἐν ζῴῳ[296] ἢ ἐν γῇ ἢ ἐν οὐρανῷ ἢ ἐν τῳ ἄλλῳ, erstaunlich genau. Das »irgendwo« (πoυ) im empirischen Kosmos inhärierende Schöne kann nicht das Schöne selbst sein, genausowenig wie ein Wissen, das irgendeinem körperlichen Gebilde dieses Kosmos inhäriert, das Wissen selbst sein kann. So weit handelt es sich zweifellos um eine nicht nur sprachliche, sondern auch inhaltliche Parallele zu dem ganzen Nachsatz über die Episteme.

Als Abweichung der beiden Stellen voneinander bemerkten wir aber schon bei der Besprechung des πoυ der Phaidros-Stelle, daß die Verschiedenheit des ἐν ἑτέρῳ εἶναι im ›Symposion‹ ›vertikal‹, zwischen Idee und sinnlichem Stoff, zu sehen ist, während sie im ›Phaidros‹ (jedenfalls primär) ›horizontal‹, zwischen verschiedenen Erscheinungen des Wissens – die gleichermaßen innerkosmisch sind –, gesehen werden muß.[297] Und bei der Besprechung von Stallbaum stießen wir auf den weiteren, vielleicht noch gravierenderen Unterschied, daß Platon bei dem Schönen

293 Ein Vergleich mit dem Verhältnis von νοεῖν und εἶναι (bzw. ἐόν) bei Parmenides drängt sich auf: Auch dort hat letztlich das Seiende den Primat.

294 Vgl. oben S. 244, S. 251 u. S. 257f.

295 Vgl. oben S. 244–247, S. 254f. u. S. 255–257.

296 Burnet und Robin schreiben hier ζώῳ: Vgl. dazu oben S. 245 Anm. 157.

297 Vgl. oben S. 223.

selbst in Symp. 211ab das Sein »irgendwo in einem anderen« nachdrücklich verneint, während er das wahre Wissen in Phdr. 247e1 doch gerade als das bestimmt, das »im wahrhaft Seienden« ist (s.o. S. 255).

Der erste Unterschied ist aber nur einer der Hervorhebung notwendig verbundener Aspekte oder Momente: Denn wie das Verschiedensein der Episteme in verschiedenen (sc. intelligent beseelten) körperlichen Gebilden notwendig auch ein »Irgendwo-im-Raum-Sein« impliziert,[298] so impliziert das Erscheinen des Schönen »irgendwo« im sinnlich-räumlichen Stoff, daß es an verschiedenen Orten verschieden erscheinen wird.[299] Hier sind die beiden Aussagen also noch grundsätzlich äquivalent, aber es steht jeweils der andere von zwei untrennbaren Aspekten im Vordergrund. Auch der zweite Unterschied ist kleiner, als es zunächst scheint: Denn dasjenige, dem das »Wissen selbst« nach Phdr. 247e1f. (= B 1) inhäriert, ist ja nicht von räumlich-stofflicher Art; als das »wahrhaft Seiende«, d. h. die Ideenwelt, ist es genauso unräumlich und ideell wie die darin gegebene ἐπιστήμη αὐτή. Insofern ist auch das »Wissen selbst« gar nicht in etwas anderem. Dem entspricht der gerade aufgezeigte Sachverhalt, daß es einen eigentlichen Leib-Seele-Dualismus in der Ideensphäre nicht gibt.

Es bleibt aber ein durchaus wesentlicher Unterschied: Obwohl das ideelle Wissen weder in einem Körper noch in einer zeitlichen Seele ist, ist es doch als ein strukturelles Moment im Ganzen des Ideenkosmos als des »vollkommenen Lebewesens« (Tim. 31b1). Insofern ist es doch »in etwas anderem«, d. h. mit einer Vielheit anderer, grundsätzlich gleichrangiger Momente verflochten, und steht nicht im absoluten Sinne autark für sich. Eben das lehrt Platon aber von dem »Schönen selbst« als dem höchsten und letzten Seinsprinzip – das bekanntlich mit dem Agathon der ›Politeia‹ und dem Hen der mündlichen Lehre zu identifizieren ist. Dieses Prinzip steht »jenseits des Seins« (Pol. VI 509b9), d. h. noch über dem Kosmos der Einzelideen, der bereits das wahrhaft Seiende ist, und es ist als das absolut »Eine« über jegliche Vielheit, auch die der beseelten und geistbegabten Ideenwelt, erhaben. Im ›Symposion‹ drückt Platon diese Abgehobenheit u. a. dadurch aus, daß er unmittelbar vor der hier erörterten Formulierung schreibt: οὐδέ τις λόγος, οὐδέ τις ἐπιστήμη.[300] Wenn dieses Kalon oder Agathon oder Hen noch i n etwas ist, dann nur in sich selbst.

Die Stelle Symp. 211a1–b2 ist also eine echte Parallele zum ganzen Nachsatz über die Episteme in Phdr. 247de. Denn in beiden Fällen – nicht aber in Phil. 61de!

298 Vgl. oben S. 222.

299 Vgl. Symp. 211 a 4: οὐδ' ἔνθα μὲν καλόν, ἔνθα δὲ αἰσχρόν.

300 Abbildhafte und urbildliche Episteme bleiben in dieser Aussage ungeschieden. Der Inbegriff der urbildlichen schönen ἐπιστῆμαι ist aber auch in der Ausdrucksweise des ›Symposions‹ das Ideenreich, s. oben S. 193f.

– wird die Vollkommenheit eines Urbildlich-Ideellen durch den Kontrast zu seinen Abbildern demonstriert, welche letzteren beide Male durch die Inhärenz in räumlich-körperlichen Substraten gekennzeichnet sind. Aber sowohl bei den Abbildern wie beim Urbild geht es doch primär um andere Sachverhalte, einfach weil das Schöne selbst und das Wissen selbst zwei erheblich verschiedene ideelle Gegenstände sind. Darum bleibt die Parallele allgemein und ist keineswegs eine vollinhaltliche Bestätigung oder gar Wiederholung. Man darf auch nicht erwarten, daß Platon an den sparsam gesetzten Gipfelstellen seines Werkes einfach nur das gleiche sagt, indem er aus seiner früheren Darstellung abschreibt. Er konzentriert sich vielmehr jeweils auf andere Hauptaspekte jenes übersinnlichen Höchsten, das er verdeutlichen will, und gibt so einander ergänzende Hinweise auf den Reichtum und die Tiefe der gemeinten metaphysischen Wirklichkeit.

ii Es geht hier nicht um den Gegensatz von Episteme und Doxa, sondern um den von urbildlicher und abbildhafter Episteme qua Ideenerkenntnis – also um die ontologischen Voraussetzungen der φιλο-σοφία.

Der Grundgedanke der herrschenden Auffassung des Nachsatzes von Satz 3, aus der die falsche Übersetzung des εἶναι ἔν τινι erst folgt, ist die Annahme, an dieser Stelle würden anhand ihrer unterschiedlichen Objekte Episteme und Doxa voneinander abgehoben.[301] Als den ›Kronzeugen‹ für diese Deutung betrachtet man dabei die angebliche Parallele Phil. 61 de.[302] Wenn aber, wie wir bewiesen haben, ἔν τινι niemals den Objektbezug eines Wissens bezeichnet, dann bricht jene Annahme zusammen, weil ihr eine *conditio sine qua non* entzogen wird. Dann beweist auch Phil. 61 de – wo mit ἀποβλέπειν ἐπί allerdings von Objektbezügen gesprochen wird – für diese Phaidros-Stelle nichts mehr: Es handelt sich gar nicht um eine Parallele!

Wir haben im vorigen Kapitel aber nicht nur dieses negative Ergebnis erzielt, sondern haben auch positiv gezeigt, daß ἔν τινι hier – auf der empirischen Ebene sicher und auf der ideellen Ebene höchstwahrscheinlich entsprechend – die Inhärenz in intelligenten Lebewesen bedeutet. Schon durch diese Korrektur der Übersetzung des ἔν τινι haben wir erkannt, daß hier nicht Episteme und Doxa, sondern die eine, dem Ideenreich qua *intellectus divinus* inhärierende, urbildlich-vollkommene Episteme und ihre vielen, mehr oder weniger mangelhaften Abbilder in den innerkosmischen intelligenten Lebewesen einander gegenübergestellt werden. Damit ist grundsätzlich auch schon das Gesamtschema deutlich geworden, nach

---

301 Vgl. oben S. 260f.

302 Vgl. oben S. 246f., S. 255f., S. 257 u. S. 260f.

dem der Nachsatz korrekterweise verstanden werden muß: Es ist der Gegensatz von urbildlicher und abbildhafter Episteme.

Bisher haben wir uns aber darauf beschränkt, den wortgetreuen Sinn der Satzteile A 2 und B 1 zu klären, ohne thematisch zu demonstrieren, daß das aus der korrekten Übersetzung des ἔν τινι folgende sachliche Gesamtschema für den ganzen Nachsatz über die Episteme und für den näheren und weiteren Kontext wesentlich besser paßt als das Doxa-Episteme-Schema. Dies soll ergänzend in diesem Kapitel geschehen. In seinem ersten Teil (1) werden wir zeigen, daß, auch abgesehen von der Bedeutung des ἐν, eine Reihe von Gründen dafür spricht, daß die ἐπιστήμη in diesem Nachsatz beide Male die strenge Bedeutung »Erkenntnis der Ideen« hat, und nicht einmal bloß die der Erkenntnis von Erscheinungen, also der Doxa. In dem anderen Teil (2) werden wir zunächst darlegen, daß auch die Satzteile A 1 und B 2 – die in der chiastischen Gliederung des Nachsatzes einander entsprechen – sich dem Urbild-Abbild-Schema, und nur diesem, sinnvoll einfügen. Anschließend läßt sich zeigen, wie eng und konsequent auch die Aussage von A 1 mit dem gesamten Kontext verbunden ist. Zugleich führt uns diese Untersuchung immer konkreter auf einen weiteren, systematisch sehr bedeutenden Bezug des Nachsatzes über die Episteme: auf seine enorme Relevanz für Platons Begriff der Philo-sophie.

1 Weitere Gründe gegen die Deutung der Episteme von A 2 als Doxa

Nach der neuen Auffassung hat ἐπιστήμη sowohl auf der ideellen wie auf der empirischen Ebene die strenge und enge Bedeutung »Erkenntnis der Ideen«. Man muß aber zugeben, daß Platon dieses Wort bisweilen auch in dem weiten und unbestimmten Sinn von »Wissen irgendwelcher Art« verwendet, der auch die Doxa mitumfaßt. Hierauf stützen sich ja die Vertreter der herrschenden Auffassung, indem sie als Beleg ihren ›Kronzeugen‹ Phil. 61de verweisen.[303] Aber da ἔν τινι keinen Objektbezug bezeichnet, gibt es keinen Grund mehr, in A 2 diesen weiten Sinn von ἐπιστήμη anzunehmen. Im Gegenteil: Mehrere Gründe sprechen klar dafür, daß nur die strenge Bedeutung des Wortes hier folgerichtig und sinnvoll ist.

1. Da auf der ideellen Ebene (B) von einer urbildlichen Episteme die Rede ist, die (zumindest primär) die vollkommene Erkenntnis d e r I d e e n sein muß, sollte entsprechend auf der Ebene der Erscheinungen (A) von abbildhafter I d e - e n erkenntnis die Rede sein, und nicht von einer lediglich auf empirische Objekte

303 Vgl. Ast (1829) 419 u. 1830, 77, Thompson 50 und de Vries 137. Mit diesem weiten Gebrauch von ἐπιστήμη knüpft Platon an die traditionelle, vorphilosophische Bedeutung des Wortes an, wie Des Places zu Anfang seines betreffenden Artikels richtig feststellt: »›science‹ 1° en gén. (alors prise d'ordinaire au sens traditionel et parfois peu différente de τέχνη, sinon d' ἐμπειρία)«. Dort auch weitere Belege.

bezogenen Erkenntnis. Sonst wäre diese andere Episteme nicht das eigentliche ὁμώνυμον zu der auf der ideellen Ebene (vgl. Tim. 52a5).[304] Zwar ist in gewisser Weise auch die Doxa ein Abbild der transzendenten urbildlichen Episteme; aber nur mittelbar, als Abbild des Abbilds: Denn weil ihre Objekte nur Abbilder der Ideen sind, ist die Doxa ein (sc. getrübtes) Abbild der menschlichen Episteme (im engeren Sinne), die sich zwar auf die Ideen richtet, selber aber nur ein Abbild jener transzendenten Episteme ist, die die Seelen nach Phdr. 247de im überhimmlischen Raum erschauen.[305] Um die Vollkommenheit der letzteren Episteme zu zeigen, mußte Platon sie aber vor allem von ihren nächsten und eigentlichen Abbildern abheben.

2. a. Was die schauenden Seelen beim Anblick der ἐπιστήμη αὐτή lernen, ist nach der herrschenden Auffassung dies, daß wahres Erkennen sich auf die Ideen zu richten hat, und nicht, wie die Doxa, auf die Erscheinungen. Man denkt dabei zumeist an eine Einzelidee »Wissen«, die diese Vorschrift enthält.[306] Aber die Seelen, deren Schau des überhimmlischen Raumes in 247de geschildert wird, wußten längst, daß wahre Erkenntnis die der Ideen ist. Sonst wären sie nicht, die menschlichen Seelen, mit leidenschaftlicher Anstrengung bis zum Rand des Kosmos hinaufgefahren, um das Reich der bloßen Doxa (cf. 248b5) hinter sich zu lassen. Außerdem hat Platon dem Leser in 247c8 gerade gesagt, daß »um« das ideelle Sein »herum« das Geschlecht des wahren Wissens sei, womit (auch) ausdrücklich gesagt ist, welche Objekte dieses Wissen hat.[307] Man sollte in 247de also nicht bloß die Wiederholung dieser Aussage erwarten.

b. Auch bei Ritter und Robin, die die ἐπιστήμη αὐτή vermutlich als den Wissensvollzug des transzendenten Geistes verstehen, gibt es keinen Sinn, diesen Voll-

---

304 Die – zur herrschenden Auffassung gehörende – falsche Annahme würde sich decken mit der einen der beiden fragwürdigen Prämissen der aporetischen Darstellung von Parm. 134a–e: Dort wird nämlich vorausgesetzt, daß sowohl die ideelle wie die abbildhafte Episteme ihre Objekte nur im eigenen Bereich hat, die letztere also nur in den Erscheinungen, s. 133cd u. 134ab. Dann wäre die abbildhafte Episteme aber kein unmittelbares Abbild der I d e e n erkenntnis, s. oben das Folgende. Wie man aus jener Darstellung nicht schließen kann, daß der Mensch niemals die Ideen erkennt, so sollte man aus ihr aber auch nicht entnehmen, daß der *intellectus divinus* nur sich selbst erkennt und nicht die menschlichen Dinge: Durch die unakzeptablen Folgen werden b e i d e Prämissen *ad absurdum* geführt.

305 Auch sonst gibt es bei Platon viele Stufenfolgen immer trüberer (bzw. nach ›oben‹ immer klarerer) Abbilder. Vgl. z. B. Pol. X 597e: der Dichter als »dritter von dem Könige und dem wahren Wesen ab«, oder Phd. 111ab: die Elemente Äther, Luft und Wasser als Abstieg vom Reinen und Feinen zum immer Trüberen und Gröberen, und ähnlich noch vielfach. Hier haben wir den platonischen Ursprung des aristotelischen Denkschemas der »Reihe« (τὸ ἐφεξῆς).

306 Vgl. Rowe, 180: »... the soul catches sight of Knowledge and so understands what it is to know something in the true sense?« (Hierzu schon oben S. 263).

307 Vgl. oben S. 202 u. S. 205–208.

zug dem Doxa-Wissen von den Erscheinungen entgegenzustellen. Daß jenes vollkommene Wissen keine solche Doxa ist, ist ja von vornherein klar. Die Gegenüberstellung von Episteme und Doxa hat nur Sinn, wenn beide Erkenntnisstufen demselben seelischen Substrat angehören, sei dies die menschliche Seele, sei es die Weltseele oder sei es – *per extrapolationem* – die Seele des Ideenreichs.[308] Besonders angebracht ist die Gegenüberstellung bei der menschlichen Seele, weil diese die höhere Erkenntnis oft gänzlich vernachlässigt und aus ihr, wenn sie sie erreicht hat, immer wieder in die niedere zurückfällt. So wird denn auch im Phaidros-Mythos der Gegensatz von Episteme und Doxa an den menschlichen Seelen vorgeführt: Denjenigen von ihnen, die – mindestens ab und zu – den Kopf ihres Wagenlenkers in den »Raum draußen« erheben können, stehen diejenigen gegenüber, denen dies trotz aller Anstrengung nicht gelingt und die »unteilhaftig der Schau des Seienden ... sich an bloß meinbare (oder: meinungsartige) Nahrung halten« (τροφῇ δοξαστῇ χρῶνται, s. 248 a 1 – b 5). Auch wo Platon außerhalb des ›Phaidros‹ den Unterschied von Episteme und Doxa darlegt – am Schluß von Pol. V, im Liniengleichnis (Pol. VI 509dff., bes. 510a8 – b1, 511de und VII 533e – 534a), im ›Theaitetos‹ (ab 187b) und im ›Timaios‹ (27d5 – 28a4, 28bc u. 37bc), übrigens auch in Phil. 61de![309] –, handelt es sich immer um zwei Erkenntnistufen der jeweils selben innerzeitlichen (meistens menschlichen) Seele.

c. Wenn die schauenden Seelen jedoch erfahren, daß und worin das Wissen des *intellectus divinus* ihr eigenes Ideenwissen stets übertrifft, dann ist das gegenüber 247c8 neu und ergibt auch einen guten Sinn: Zugleich mit der Vollkommenheit von jenem wird die Defizienz des letzteren demonstriert. Es liegt auf der Hand, daß diese Unterschiedsbestimmung für Platons Begriff der φιλο-σοφία höchst relevant ist.

Die Vertreter der herrschenden Auffassung hatten offensichtlich, zusammen mit der angeblichen Parallele Phil. 61 de, all die bekannten Abschnitte im Gedächtnis, wo Platon Episteme und Doxa gemäß den Gegenstandsbereichen Ideen und Erscheinungen einander gegenüberstellt, und haben nach dem Schema dieser platonischen Standardlehre auch Phdr. 247de gedeutet. In der irrtümlichen Meinung, auch hier nur das Altbekannte wiederzufinden, haben sie nicht gemerkt, daß das

---

308 Abgesehen von der sehr abstrakten Andeutung in Test. Plat. 25 A Gaiser (s. dazu oben S. 298 Anm. 288) hören wir nichts von einer Doxa des *intellectus divinus*, während wir von der Doxa der Weltseele deutlich hören (Tim. 37b6–8). Aber – wie a. a. O. schon gesagt – in seiner demiurgischen Funktion muß jener göttliche Intellekt auch das Werdende adäquat erfassen, muß also nach Platons Erkenntnislehre über δόξαι ἀληθεῖς verfügen. Für die Phaidros-Stelle ist dies aber nicht relevant. Hier hat Platon diesen Sachverhalt offenbar gänzlich ausgeblendet.

309 Auf dieselben Stellen habe ich schon S. 259 Anm. 194 hingewiesen.

Schema hier gar nicht paßt und daß Platon hier etwas Neues und sehr Interessantes zu sagen hat.

2 Die Zeitlichkeit der abbildhaften Ideenerkenntnis: φιλο-σοφία als Hintergrundthema

Die Andersheit des Gegensatzes, den Platon hier meint, kann man noch unter einem weiteren Aspekt deutlich zeigen. Wir hatten ja schon mehrfach erwähnt, daß die Vertreter der herrschenden Auffassung nach dem Schema von Episteme und Doxa nicht nur A 2 und B 1, sondern auch A 1 und B 2 des vorliegenden Satzes mißdeuten. Auch der Gegensatz von Werden und Sein der Episteme wird also statt auf das Wissen auf dessen Objekte bezogen. Bei Thompson, Robin, de Vries und Rowe läßt sich das explizit nachweisen,[310] und genauso verstehen vermutlich auch die meisten anderen die Ausdrücke A 1 und B 2. Aber in Phdr. 247de wird der Gegensatz von Werden und Sein ausdrücklich gerade nur von der Episteme selbst ausgesagt! Wieder wendet Platon hier nämlich ein bekanntes Gesetz seiner Ideenlehre – daß die Idee ewig besteht, ihr Abbild dagegen entsteht und vergeht[311] – ungewöhnlich an: statt auf objektive Strukturen auf ein Wissen, dessen Objekt identisch bleibt. Die Sachlage ist dieselbe wie bei dem Gesetz der Diversifikation der Idee in den Erscheinungen, s. oben S. 296, und auch hier haben die Interpreten mit einer so neuartigen Anwendung nicht gerechnet. Dabei hätte man aus einem nicht weniger ungewöhnlichen Absatz der Sokrates-Rede im ›Symposion‹ wissen können, daß Platon tatsächlich von einem Werden und Vergehen der Episteme selbst – d. h. hier des Wissenszustandes und -aktes in der Seele – gesprochen hat.

Es handelt sich um Symp. 207e5 – 208a7: Zur Begründung der These, daß ein sterbliches Wesen nur durch Zeugung und Fortpflanzung in der Zeit an der Unsterblichkeit teilhaben kann, weist Platon dort auch auf die stete Erneuerung hin, die der Mensch an Leib und Seele während seines ganzen Lebens benötigt. Dem leiblichen Stoffwechsel entspricht ein analoger Wechsel der seelischen Verfassungen, Erlebnisse und Akte (207e1–5), der auch vor den ἐπιστῆμαι nicht haltmacht. »Noch viel merkwürdiger ist es indes mit unseren Kenntnissen: nicht nur, daß auch sie teils entstehen, teils vergehen und wir demnach nicht einmal an Kenntnissen je dieselben sind, sondern es geschieht sogar dasselbe mit jeder einzelnen Kenntnis. Denn die sogenannten Wiederholungsübungen gibt es, weil die Kenntnis schwinden kann; Vergessen ist nämlich Erkenntnisschwund. Die Wiederholungsübung hingegen setzt wieder eine neue Erinnerung an die Stelle der entweichenden alten und erhält die Kenntnis, so daß der Eindruck entsteht, es sei die-

310 Vgl oben S. 256, S. 258f., S. 259 u. S. 264f.

311 Vgl. Pol. VI 485b1–3, Tim. 27d5 – 28a4 u. bes. 52a1–7.

selbe.« (Übersetzung von Ute Schmidt-Berger in: Platon, Das Trinkgelage, Frankfurt am Main 1985, 76) In diesem ganzen Absatz geht es um Wissen (ἐπιστήμη) in einem sehr allgemeinen Sinn: aristotelisch gesagt, sowohl um das praktische wie das poietische und das theoretische Wissen. Die Übersetzung mit »Kenntnis« ist insofern richtig. Den Wandel dieses Wissens in der menschlichen Seele zeigt Platon nun in zwei Stufen: In dem ersten, mit »nicht nur« (μὴ ὅτι) eingeleiteten Teil blickt er auf das ganze Leben eines Menschen und stellt heraus, daß darin jeweils die einen Kenntnisse (αἱ μέν) entstehen und die anderen (αἱ δέ) vergehen, sc. weil je nach Alter und Zielsetzung des Menschen jeweils andere Kenntnisse aktuell werden. In dem anderen, mit »sondern« (ἀλλὰ καί) eingeleiteten Teil faßt er dagegen jene Zeitspanne ins Auge, wo eine bestimmte Wissensverfassung anscheinend als dieselbe erhalten bleibt. Er weist mit spezieller Analyse nach, daß auch diese noch aus zeitlichen Phasen von »Gedächtnis« (μνήμη) aufgebaut ist, von denen die jeweils alternde und ins Vergessen absinkende durch Wiederholungsübungen (μελέται) aufgefrischt und erneuert werden muß, wenn der Mensch dieses Wissen behalten will. Auch hier bleibt der Begriff ἐπιστήμη so generell, daß man z. B. an einen musikalischen Virtuosen denken kann, der sein Können nur durch regelmäßiges Üben erhalten kann. Aber ebenso genau paßt diese Analyse auf das Bewahren von theoretischen Erkenntnissen, und es ist offensichtlich die eigene Erfahrung als Forscher und Lehrer der Philosophie, aus der Platon hier spricht. Hinsichtlich dieser in besonderem Maße implizierten philosophischen Bedeutung von ἐπιστήμη gewährt uns diese Stelle also Einblick in das Lehren und Lernen in der Akademie[312] und betrifft die für Platon höchste Art des Wissens: das Wissen von den Ideen!

Damit haben wir in Symp. 208 a 2–7 als einen der sicher im Blick stehenden Fälle dasselbe Thema wie in A 1 von Phdr. 247 de, und es wird dort sogar konkreter behandelt: Während im ›Phaidros‹ nur die abstrakte Formel (sc. ἐπιστήμη) ᾗ γένεσις πρόσεστιν verwendet ist, gibt uns die Symposion-Stelle mit den Begriffen λήθη, μελέτη und μνήμη ἀπιοῦσα bzw. καινή eine generelle sachliche Analyse. So allgemein diese Analyse auch bleibt, läßt sie doch schon deutlich jene zyklische Bewegungsstruktur der platonischen φιλο-σοφία erkennen, die K. Albert v. a. an der mythischen Darstellung des Eros qua φιλό-σοφος in Symp. 202d–203a und 203b–204b (bes. 203e) herausgearbeitet hat – leider ohne die Beziehung auf 208a2–7 zu sehen.[313] Es geht an dieser Stelle freilich auch nicht um den Philosophiebegriff selbst; aber es geht – in nicht-mythischer, rationaler Sprache – um die

312 Wie es unter inhaltlichem Gesichtspunkt und noch wesentlich thematischer auch bei dem methodischen Stufenweg des philosophischen Eros der Fall ist (210a–212a). Dort ist ἐπιστήμη offenbar von vornherein im engeren Sinne von »theoretische und v. a. philosophische Erkenntnis« gemeint, s. 210c6–e2.

313 Albert (1989) 21–23 u. 24–28; vgl. schon Albert (1974) 51–55.

allgemeine zeitliche Grundstruktur menschlichen Wissens, auf der Platons Begriff der φιλο-σοφία basiert.[314] Und keinen Augenblick brauchen wir bezweifeln, daß Platon sich dieses systematischen Zusammenhangs bewußt war. Im ›Symposion‹ ist das nach der obigen Interpretation hoffentlich evident, und im ›Phaidros‹ ist es nicht weniger klar, wenn man den Zusatz über die ἐπιστήμη nach Kontext, Wortlaut und Beziehungen im Dialog angemessen versteht.

Daß Platon im Kontext des Satzes 247de auch die φιλο-σοφία, das Streben der Seelen nach Weisheit, darstellt, haben wir bei dem fünften der vor diesem Satz stehenden Indizien für den Geist-Charakter der Ideenwelt, d. h. bei dem unmittelbar voraufgehenden Satz 2, schon vermerkt, s. oben S. 208: Die Freude der Seelen über die wieder erreichte Schau des Wahren gehört folgerichtig zu ihrem philo-sophischen Streben, das hier – vorübergehend – ans Ziel gekommen ist. Im weiteren Kontext unserer Stelle spricht Platon aber nicht nur von diesem Ans-Ziel-Kommen, sondern auch von dem – für die menschlichen Seelen mühsamen – Aufstieg zu diesem Ziel und von dem unvermeidlichen Ende der Schau, das wieder bei den menschlichen Seelen dramatischere Formen haben kann als bei den göttlichen, wo es einfach mit dem Ende der einen Umdrehung des Firmaments (247d4f.) zusammenfällt. Es wird also die gesamte zyklische Bewegung der φιλο-σοφία vorgeführt, in mythischer Darstellung wie in Symp. 203e, aber freilich in anderer mythischer Darstellung. Der ganze Abschnitt 246d–249b (und weiter bis e) handelt von der Philo-sophie als dem wesenseigenen Streben jeder zeitlichen Seele als solcher – auch der göttlichen Seelen der Olympier, die hier, wie gesagt (S. 276f.) für die Weltseele und die Seelen der Gestirngötter stehen. Daß auch diese Götter nach der Schau der Ideenwelt streben und ihrer nur zeitweilig teilhaftig werden, ist übrigens ein weiteres Indiz dafür, daß die wahre σοφία – als der höchste und letzte Maßstab für die φιλο-σοφία – in der Transzendenz liegen muß.[315]

Für die hier also in extenso vorgeführte zyklisch-zeitliche Bewegungsstruktur gibt Platon in 247de mit der äußerst knappen rationalen Bestimmung: ᾗ γένεσις πρόσεστιν – in bezug auf die abbildhafte Episteme, von der die urbildliche abgehoben wird –, die ontologische Voraussetzung an: Weil diesem abbildhaften Wissen Werden zukommt – und also auch Vergehen, wenn nicht eine periodische Erneuerung, wie Symp. 208a3–7 sie zeigt, entgegenwirkt –, darum hat das Ideenerkennen

314 Das Verhältnis ist etwa so zu denken: Der zyklische Wechsel von »entweichendem« und durch geistige Übung »erneuertem Gedächtnis« ist bei jedem Wissen gleich welcher Art während seines Vorliegens in der Seele zu beobachten. Bei Platons Philosophie ist die ›Amplitude‹ dieser sinusförmigen Bewegung aber besonders groß, weil jene gekennzeichnet ist durch den Gegensatz zwischen einer nach mühsamem »Aufstieg aus der Höhle« erreichten Schau der Ideen – als einem exzeptionellen Zustand – und dem Wiederabfallen in das gewöhnliche Bewußtsein, dem diese Schau verschlossen ist.

der göttlichen und menschlichen Seelen die im Kontext geschilderte Bewegungsstruktur. Der Satz 247de enthält in A 1 also den argumentativen Schlußstein (θριγκός) für das ›Gewölbe‹ der ganzen umgebenden Darstellung.

Vor diesem Hintergrund der durch das Werden affizierten, d. h. stets gefährdeten Episteme hebt sich dann auch der Ausdruck von B 2: ὄντως οὖσαν ἐπιστήμην überzeugend ab: ὄντως εἶναι bedeutet hier zunächst und primär jene ewig unveränderliche Existenz, die allem innerzeitlichen Ideenwissen versagt ist. Erst sekundär (aber unmittelbar und durchaus betont) folgt aus dem Ausdruck, daß allein das ideelle Wissen auch in seinem Wesen (*essentia*) wahrhaftes Wissen ist – eben weil es dieses Wesen nie verliert.[316]

Zu den Mängeln der abbildhaften Episteme gehört neben ihrem steten zeitlichen Anderswerden noch ihre simultane Diversifikation im Raum. Darauf bezieht sich in 247de der Teil A 2, über dessen Bedeutung und Verhältnis zum Kontext im vorigen Kapitel ausführlich gesprochen wurde. Wir brauchen deshalb hier nur an ein dortiges Ergebnis erinnern: Auch der Ausdruck von A 2 bringt dasjenige, was im weiteren Kontext detailliert und teils in mythischer Verbildlichung vorgeführt wird – nämlich die Verschiedenheit und graduelle Abstufung des innerkosmischen Ideenerkennens gemäß seinem räumlich-körperlichen Worin – auf eine äußerst knappe, rational-ontologische Formel. Es ist somit ganz sicher, daß der ganze Teil A zusammenfassend von der abbildhaften Episteme spricht und daß diesem Abbild in Teil B das ideelle Urbild gegenübergestellt wird: die transzendent-göttliche σοφία als Ziel der φιλο-σοφία.[317]

Handelt somit der ganze Abschnitt 246d–249d (wesentlich auch) von der φιλο-σοφία der Seelen bzw. von den Fakten, die dieses Streben nötig machen, und setzt Platon mit dem Nachsatz von Satz 3 den ontologisch-epistemologischen Schlußstein, so kann man eines dabei doch vermissen: Es fehlt eine ausdrückliche Erläuterung des Terminus φιλοσοφία bzw. φιλόσοφος, es fehlt schon die Verwen-

315 Der Einbezug dieser Götter in die Bewegungsstruktur der φιλο-σοφία scheint freilich der Aussage von Symp. 204a1: θεῶν οὐδεὶς φιλοσοφεῖ ..., zu widersprechen. Zwar betont Platon auch im ›Phaidros‹ den Rangunterschied zwischen diesen immanenten Göttern und den menschlichen Seelen: erstens durch die Leichtigkeit, mit der diese Götter zur Ideenschau hinauffahren (247b1–3) und zweitens durch die Vollständigkeit ihres Hinausgelangens auf den »Rücken des Himmels« (b6–c2), die auf die Vollständigkeit ihrer Schau schließen läßt. Aber diese Auszeichnung der Götter ist nur eine graduelle; darum kann mitten in der Beschreibung der Ideenschau der Götter auf das grundsätzlich gleiche Erleben der besten menschlichen Seelen hingewiesen werden (247d2f.)! Wir müssen dies Problem hier auf sich beruhen lassen.

316 Die Vollkommenheit (ὄντως) des Wesens der ideellen Episteme beruht außerdem auf dem Umstand, daß dieses Wissen »in« seinen ideellen Gegenständen ist, d. h. ihnen untrennbar inhäriert. Vgl. unten S. 314f. Wieder umgreift Platons Ausdrucksweise prägnant die verschiedenen Aspekte. (Zur Reihenfolge der Aspekte vgl. jetzt aber oben S. 236f.)

dung des Wortes σοφία.[318] Aber dieses Vermissen läßt den Leser im Dialog Umschau halten, bis er das Fehlende findet: Gegen Ende des ›Phaidros‹, am Schluß der Schriftkritik, folgt die zu erwartende terminologisch-erkenntnistheoretische Reflexion doch noch, in kurzer, aber gewichtiger Formulierung: »Jemand einen Weisen (σοφός) zu nennen, o Phaidros, dünkt mich etwas Großes zu sein und Gott allein zu gebühren; aber einen Freund der Weisheit (φιλόσοφος) oder dergleichen etwas möchte ihm selber angemessener sein und auch an sich schicklicher« (278 d 3-6, übersetzt von Schleiermacher).[319]

Kommt man also von dem Satz in 247 de zu dem in 278 d, so verweist der letztere auch umgekehrt auf den ersteren: Denn *warum* der Name des Weisen allein dem Gotte gebührt, wird in 278 d gar nicht gesagt. Fragt sich der Leser aber, wo im Vorigen diese fehlende Begründung vielleicht schon stehen könnte, dann muß (oder sollte) ihm nicht nur das Verhältnis der göttlichen und der menschlichen Seelen im Mythos der großen Sokrates-Rede einfallen – denn wir sahen, daß auch jene immanenten Götter letztlich noch der zeitlichen Struktur der φιλο-σοφία unterliegen[320] –, sondern darüber hinaus der erklärende Zusatz über die Episteme in 247 de – dessen Stellung am Höhepunkt der Schau des überhimmlischen Raumes ja prominent genug ist. Hat doch dieser Zusatz nicht nur die transzendente ἐπιστήμη αὐτή erläutert, sondern zugleich ihre Differenz von dem abbildhaften Ideenwissen der immanenten Lebewesen: Worin das letztere, also auch das beste menschliche Wissen, hinter dem transzendent-göttlichen immer und unvermeidlich zurückbleibt, ist hier in aller Kürze und doch mit aller begrifflichen Klarheit gesagt. Im gei-

317 Vgl. oben S. 281–284, bes. S. 284. – Es sei noch angemerkt, daß die verschiedenen Grade der Ideenerkenntnis, auf die sich A 2 im weiteren Kontext bezieht, bis auf das Niveau der bloßen Doxa hinunterreichen: Denn von den neun Rangstufen menschlicher Lebensformen, die in 248 de unterschieden werden, kommt ja nur der obersten, d. h. der des Philosophen, ein eigens angestrebtes und voll bewußtes Ideenerkennen zu; die anderen Lebensformen bewegen sich mehr oder weniger ausschließlich im Medium bloßer Meinungen (im Sinne von Pol. V 476cff., vgl. aber Phdr. 249b5–c4). Die Formulierung von A 2 bezieht sich also letztlich *auch* auf die Doxa als eine niedrige, nur implizite Form des Wissens von den Ideen; sie bezieht sich aber weder primär noch gar – wie es die Vertreter der herrschenden Auffassung annehmen – allein auf diese niedere Erkenntnisstufe. Vgl. oben S. 304: die Doxa als Abbild des Abbilds.

318 Warum spricht Platon in der ganzen Beschreibung des überhimmlischen Bereiches nicht von σοφία, sondern von ἐπιστήμη? Vielleicht deshalb, weil umgangssprachlich σοφία noch immer – trotz der neuen Verwendung bei den Vorsokratikern – stark auf die *praktische* Lebensweisheit festgelegt war, während das Wort ἐπιστήμη durch Platons eigenen Sprachgebrauch schon relativ fest mit der *theoretischen* Erkenntnis der Ideen verknüpft war.

319 Nach ihrem religiösen Grundton und im Hinblick auf Platons ›Apologie des Sokrates‹ bezeichne ich diese Reflexion als eine »delphische«. Das müßte noch näher begründet werden, wozu hier nicht der Ort ist.

320 Vgl. oben S. 308 mit Anm. 315.

stigen Beziehungsgeflecht dieses Dialogs gehören also diese beiden Stellen – die je in ihrem Kontext den Höhepunkt markieren – unmittelbar zusammen. Platon erwartet vom mitdenkenden Leser die Synopse solcher Stellen.[321]

321 Durch den wechselseitigen Bezug dieser beiden Stellen verbindet Platon über eine beträchtliche Distanz hinweg auch den beiderseitigen näheren Kontext, d. h. die beiden umgebenden, nächst-größeren Texteinheiten. Das ist bei dem Nachsatz über die Episteme die ganze Schilderung des überhimmlischen Raumes, v. a. die von uns interpretierten drei Sätze, und bei der ›delphischen‹ Reflexion auf die Bezeichnung φιλό-σοφος der ganze Abschnitt 278b6–e4, d. h. die Botschaft des Sokrates an Lysias, die als ganze mit der (zwar hypothetisch formulierten, in der Sache aber) definitiven Abhebung des Philosophen von den bloßen Schriftstellern den Gipfel und Abschluß der Schriftkritik bildet. Mit gutem Grund hat H. Krämer diesen zweiten Abschnitt seiner epochemachend Platons mündliche Lehre rehabilitierenden Dissertation (1959) als Motto vorangestellt. Vgl. dazu auch Krämer (1989) 59 – 69. Wir sehen jetzt, daß diese spätere Gipfelpassage durch die im Seelen-Mythos (als dem eigentlichen Zentrum des ›Phaidros‹) stehende frühere wesentlich ergänzt wird: Schon formal betrachtet, wegen ihrer enormen hintergründigen Bedeutungsfülle, sind die beiden Passagen einander so ähnlich und nahe wie keine zwei anderen Textstücke im ›Phaidros‹. (Hier kann man wirklich vom »tieferen Logos Platons« sprechen – aber ganz anders als Helmut Meissner in seinem Buch von 1978!) Darüber hinaus aber besteht eine höchst wichtige inhaltliche Komplementarität: nicht nur hinsichtlich der Unterscheidung von σοφός und φιλόσοφος, sondern auch hinsichtlich der Aussage, daß der seines Namens würdige Philosoph – also zumindest Platon selbst – gegenüber seinen Schriften »Wertvolleres« (τιμιώτερα) hat, das er nur mündlich mit dialektischer Kunst an geeignete Gesprächspartner tradiert (278d8f., cf. c4–7 und 276e–277a). Läßt nämlich die spätere Passage die inhaltliche Natur dieses »Wertvolleren« offen – weshalb die Kontroverse darüber bis heute anhält –, so läßt die frühere keinen Zweifel, in welcher Richtung das Gemeinte im Falle Platons zu suchen ist: Es muß sich um die höchsten und schwierigsten Lehren über jene metaphysische Ideensphäre handeln, deren Schau in 247c–e geschildert wird. Ja, in Satz 3 dieser Schilderung – der uns v. a. beschäftigt hat – wird sogar eine jener Lehren genannt, ein Thema, dessen Behandlung Platon in seinen Dialogen offensichtlich ausgespart hat: nämlich der Geistcharakter der Ideenwelt, der in dem Nachsatz über die transzendente Episteme eindeutig behauptet wird. Denn genauere Ausführungen über diesen transzendenten Geist finden wir – von ähnlich thesenhaften Stellen abgesehen – in den Dialogen nicht.

SCHLUSS

I Das Ergebnis

Die Widerlegung der herrschenden Auffassung des erläuternden Nachsatzes über die ἐπιστήμη ist damit abgeschlossen, und ich darf beanspruchen, daß sie definitiv ist. Denn mag ein Vertreter jener Auffassung gegenüber den Indizien, die wir im Vorfeld des betreffenden Satzes hervorgehoben haben (Voruntersuchung 2 u. 3), vielleicht noch skeptisch bleiben, weil es z. T. scheinen kann, als würde damit Platons – angeblich bloß – poetische Ausdrucksweise allzu wörtlich genommen: Hier steht er vor dem Faktum, daß seine Deutung des – für den Sinn dieser ganzen Schilderung des Ideenreiches grundlegenden – Nachsatzes lexikalisch und sachlich-kontextuell unhaltbar ist. Das sollte Anlaß geben, diese Auffassung zu revidieren. Quod erat demonstrandum.

Zugleich ist damit bewiesen, daß Platons Ideenwelt auch nach der Aussage des ›Phaidros‹ Geist hat bzw. ein transzendenter Geist ist. Der ›analytisch‹ am Wortlaut des Textes geführte Beweis dokumentiert im Ergebnis dieses spekulative Theorem. Die Grundthese der genannten Bücher von Krämer und Hager (s. o. S. 185 und S. 187) wird also durch diese Phaidros-Stelle bestätigt. Der ›Phaidros‹ fügt sich damit ein in die vom ›Phaidon‹ bis zum ›Timaios‹ reichende Reihe der großen Dialoge, die deutliche implizite Hinweise auf diesen Sachverhalt oder gar seine explizite Behauptung enthalten.[322] Wenn es aber die Ideenwelt selber ist, die ἐπιστήμη = νοῦς = σοφία besitzt, dann kann der transzendente Geist bei Platon weder mit dem Agathon identifiziert werden, wie es die oben genannten Vertreter einer christlich-theistischen Deutung wollen (s. S. 244, S. 251 u. S. 257f.), noch kann er im Sinne von Hackforth, Robinson, Brisson und Reale einen von den Ideen getrennten und ihnen ontologisch nachgeordneten bloß demiurgischen Nus darstellen (s. S. 190f. mit Anm. 14). Sondern wie bei Plotin ergibt sich die metaphysische Stufenordnung: Hen/Agathon/Kalon – von Nus erfüllte Ideensphäre – zeitliche Seelen.

Zum Geistcharakter der Ideenwelt gehört aber nicht nur die intellektuelle Tugend des Wissens bzw. der Weisheit. Der Satz 3 der Beschreibung des überhimmlischen Raumes redet außerdem von der Gerechtigkeit selbst und der Besonnenheit

---

322 Ähnliche Andeutungen, wie wir sie oben (Voruntersuchung 1) aus ›Phaidon‹, ›Politeia‹ und ›Symposion‹ entnommen haben, lassen sich leicht auch in ›Theaitetos‹, ›Politikos‹ und ›Philebos‹ nachweisen. Die Angaben im ›Sophistes‹ werte ich als explizit. Im ›Phaidros‹ und im ›Timaios‹ ist der Sachverhalt im Grunde ebenfalls explizit behauptet, aber so knapp und abstrakt, daß nur der intensiv mitdenkende Leser es versteht.

selbst, die wir oben als weitere Kardinaltugenden des transzendent-göttlichen Geistes gedeutet haben (Hauptuntersuchung II). Daß diese i. e. S. ethischen Vorzüge nicht bloß metaphorisch der Ideenwelt zugesprochen werden, ist jetzt, wie geplant, anhand des Nachsatzes über die Episteme bewiesen worden: Denn wenn der Ideensphäre tatsächlich der lebendige Vollzug höchsten Erkennens innewohnt, dann sind auch jene anderen Tugenden hier weder Einzelideen noch seelenlose Ordnungsstrukturen der ganzen Ideenwelt, sondern wirkliche ethische Tugenden jenes transzendenten, überzeitlich beseelten »Lebewesens selbst«, dem auch die Episteme inhäriert. Unsere Interpretationshypothese von Hauptuntersuchung II, daß Platon hier mit den wichtigsten Wesenszügen eine Art Umriß des transzendenten Geistes zeichnet, hat sich also bewahrheitet.

Natürlich sind diese spekulativen Lehren hiermit noch nicht hinreichend erklärt und verstanden; das Hauptziel dieser Arbeit war der Beweis ihres faktischen Vorliegens. Trotzdem wurde zu ihrem sachlichen Sinn bei Platon oben schon einiges gesagt (S. 203f., S. 229–233 u. S. 298–300); und jene Bemerkungen sollen hier abschließend noch ein wenig ergänzt werden. Erstens bietet es sich an, die Struktur der ideellen Episteme aufgrund des jetzt endlich klar verständlichen Nachsatzes noch genauer zu bestimmen (*i*), und zweitens wollen wir versuchen, auch das Wesen der beiden anderen hier genannten Tugenden des transzendenten Geistes – v. a. das noch ganz ungeklärte der Besonnenheit – präziser zu fassen (*ii*).

II Einige Präzisierungen bezüglich der Vollkommenheit des transzendenten Geistes

i

Es war unser Ergebnis, daß der Nachsatz über die Episteme nach dem ontologischen Schema von ideellem Urbild und empirischem Abbild zu verstehen ist. Was die Vertreter der herrschenden Auffassung verkannt haben, ist die Tatsache, daß dieses Schema hier originellerweise auf die ›Sache‹ Wissen angewendet wird – wobei der von diesem Wissen (mehr oder weniger genau) erkannte Gegenstand in beiden Fällen derselbe bleibt: die Ideen. Ungewöhnlich ist weiter, daß das ideelle Wissen hier nicht (jedenfalls nicht primär) die Einzelidee des Wissens ist, sondern der dem ganzen lebendig beseelten Ideenreich inhärierende Wissensvollzug. Im übrigen finden wir hier aber dieselben ontologischen Bestimmungen, mit denen Platon auch sonst eine Idee und ihre Erscheinungen voneinander abhebt: erstens den Gegensatz von unaufhörlichem Werden und ewigem Sein (A 1 und B 2) und zweitens den von Vielheit und qualitativer Verschiedenheit einerseits (A 2) und Einheit (im Sinne von Einzigkeit) und absoluter Selbigkeit andererseits (impliziert in B 1). Die letzten beiden Bestimmungen sind in B 1 zwar nicht ausdrücklich genannt, und auch in A 2 kommt der Begriff der Vielheit nicht ausdrücklich vor. Aber wo das Wissen »anders ist in einem anderen (sc. Lebewesen)«, dort muß es viele verschiedene Manifestationen von Wissen geben. Und wenn diesen Abbildern das Wissen ἐν τῷ ὅ ἐστιν ὄν gegenübergestellt wird, dann folgt daraus die Einheit und Selbigkeit dieses ideellen Wissens. Platon hat diese Folgerung dem Leser überlassen, denn für den mitdenkenden Leser ist sie evident: Dem Mangel der Vielheit und Verschiedenheit auf der Seite der empirischen Abb ilder korrespondiert nach platonischer Lehre der Vorzug der Einheit und Selbigkeit auf der Seite des ideellen Urbilds.[323] Zu dieser Folgerung gelangen wir aber auch inhaltlich: Wenn schon das Wissen des körperlichen Kosmos als eines großen Lebewesens ein einziges ist (sc. das der Weltseele), muß erst recht das des ideellen Kosmos durch Einzigkeit ausgezeichnet sein.[324] Und die Demonstration der Einzigkeit, die Platon in Tim. 31 a für die (als Paradeigma der sinnlichenWelt dienende) intelligible Sphäre gibt, läßt sich mit logischer Stringenz auch auf das dieser Sphäre inhärierende Wissen übertragen: Zwar gibt es in jenem »vollkommenen Lebewesen« (31 b 1) »Teile« (30 c 6 u. 31 a 6), die ihrerseits bereits intelligible Lebewesen sind und wohl auch ihr auf Sektoren konzentriertes eigenes Wissen haben.[325] Aber viel enger als die Lebewesen in der körperlichen Welt, nämlich mit logischer Notwendigkeit, schließen sich alle intelligiblen Zoa zu e i n e m umfassenden Zoon zusammen (31 a), so daß auch das zugehörige Wissen sich organisch-systematisch zu e i n e m umfassenden Ganzen zusammenschließt. Und als dieses Einzige ist es notwendig ein und d a s s e l b e: Eine Vervielfachung und Variation des Wissens nach räumlich getrennten Substraten gibt es auf der ideellen Ebene nicht.

Also hat der Wissensvollzug des transzendenten *intellectus divinus* die Bestimmungen des ewigen Bestehens, der Einzigkeit und der Selbigkeit, d. h. die Vollkommenheitsmerkmale, die auch jede Einzelidee gegenüber ihren Abbildern hat.[326]

Ist damit die Vollkommenheit dieses ideellen Wissens aber schon hinreichend erklärt? Muß seine Vollkommenheit a l s W i s s e n nicht vor allem in einem besonders adäquaten Erfassen seiner Objekte bestehen? In der Tat. Und gerade die-

323 Es handelt sich hier um eine e l l i p t i s c h e N o t i e r u n g v o n G e g e n s a t z p a a r e n, die trotzdem voll verständlich ist, weil der Leser das hier oder da fehlende Gegenstück logisch eindeutig erschließen kann. Solch eine Notierung dient der Kürze und Prägnanz und läßt sich z. B. auch bei Parmenides nachweisen, vgl. B 8. 55 – 59.

324 Vgl. oben S. 190.

325 Vgl. dazu auch unten S. 316.

326 Vgl. oben S. 230: Die ideelle Gerechtigkeit und dgl. gibt es gewissermaßen in zweierlei Fassung.

ser spezifische *Wissens*vorzug ist aus der Formulierung von B 1 des Nachsatzes unschwer zu entnehmen.

Denn wenn die ideelle Episteme der ganzen Ideenwelt inhäriert, dann ist sie ja mit allen Ideen, d. h. mit dem Totum der höchsten Erkenntnisgegenstände, aufs engste und ewig verbunden. Die zeitlose Seele, die als das nächstliegende Substrat dieser Erkenntnis noch mit im Spiel ist, hebt die Unmittelbarkeit dieser Verbindung nicht auf, denn sie ist keine gesonderte Substanz, sondern selber nur eines jener Strukturmomente, die im ideellen Sein einander durchdringen.[327] Ein Wissen, das derartig unmittelbar mit der Totalität der ideellen Gegenstände verbunden ist, stellt aber offenbar das absolute Optimum des Erkennens dar und als solches die absolute Norm für jedes abbildhafte Wissen. Auch diese höchst wichtige sachliche Folgerung spricht Platon an dieser Stelle nicht aus, sondern er überläßt es wieder dem mitdenkenden Leser, sie zu bemerken. F.-P. Hager hat sie aufgrund der richtigen Übersetzung des Nachsatzes bemerkt und hat sie in seiner Deutung der Stelle ganz ins Zentrum gerückt.[328]

Blickt man auf diesen zu folgernden Sachverhalt, dann bekommt die Gegenüberstellung von ἐν ἑτέρῳ οὖσα ὧν ἡμεῖς νῦν ὄντων καλοῦμεν (A 2) und ἐν τῷ ὅ ἐστιν ὄν (B 1) einen hintergründigen erkenntnistheoretischen Sinn, den Platon vielleicht bewußt mit intendiert hat: Dem vollkommenen Wissen, das allen seinen ideellen Gegenständen inhäriert und ihnen deshalb absolut adäquat ist, steht das unvollkommene Wissen als dasjenige gegenüber, das »*in anderem*« ist, also außerhalb seiner Gegenstände und ihnen darum nicht voll adäquat. So hat Plotin die Formulierung von A 2 aufgefaßt:[329] auf der grammatischen Ebene zu Unrecht, auf der Ebene dessen, worum es sachlich im Grunde geht, aber doch mit gewissem Recht.[330]

Diese der Phaidros-Stelle entnehmbare Auszeichnung der transzendent göttlichen Episteme – nämlich in ihren Gegenständen zu sein und nicht außerhalb von diesen wie das Ideenerkennen aller zeitlichen Seelen – entspricht offenbar dem, was H. Krämer die Subjekt-Objekt-Identität des platonischen *intellectus divinus* nennt, also jenem Theorem, für das W. Beierwaltes auf dem genannten Symposion den Beleg bei Platon noch vermißte.[331]

327 Vgl. oben S. 299: Im Ideenreich als dem »Lebewesen selbst« gibt es keinen eigentlichen Leib-Seele-Dualismus.

328 Vgl. Hager (1970) 60f. sowie die oben, S. 187f., daraus zitierten Sätze.

329 Vgl. oben S. 192 Anm. 16, S. 222 Anm. 93 u. S. 289 Anm. 266.

330 Vgl. oben S. 223 u. S. 300f.: Sachlich sind die ›horizontale‹ und die ›vertikale‹ Bedeutung des ἐν ἑτέρῳ notwendig verbunden.

331 Vgl. oben S. 186.

ii

Auch bei den anderen beiden Tugenden des transzendenten Geistes, die in 247 d5–7 genannt sind – Gerechtigkeit und Besonnenheit – zeigt eine genauere Betrachtung, daß ihre gewöhnliche, aus der menschlichen Seele bekannte Struktur auf der Ebene jenes Geistes zu absoluter Vollkommenheit gesteigert ist.

Für die »Gerechtigkeit selbst« ist das, wie schon in Hauptuntersuchung II gesagt, v. a. der Stelle Pol. VI 500 bc zu entnehmen.[332] Die vollkommene Ordnung, die Platon dort als Wesen der Gerechtigkeit des Ideenreiches herausstellt, hat Krämer mit Berufung auf Aristoteles, De an. A 2, 404 b 18ff. überzeugend auf die innerakademische Lehre von der Tetraktys bzw. der zehn Ideenzahlen und von den ideellen geometrischen Größen »nach den Zahlen« zurückgeführt. Die Tetraktys, die zehn Ideenzahlen und die ideellen geometrischen Größen (d. h. die Ideen der geometrischen Grundformen) bilden die in sich geschichtete ›Spitze‹ des Ideenreiches und begründen den zahlenhaften und geometrisch proportionalen Charakter auch aller anderen Ideen.[333] Wie in der Seele des Einzelmenschen und im guten Staat die Gerechtigkeit eine allumfassende Ordnung ist, so auch im Ideenkosmos, zu höchster Vollkommenheit gesteigert. Und ebenso wie die Ordnung in der zeitlichen Seele dadurch definiert ist, daß alle konstituierenden Teile »das Ihrige« tun, so muß die intelligible Ordnung als das Resultat einer entsprechenden Tätigkeit der – überzeitlich beseelten – Schichten, Teilkomplexe und Einzelelemente des Ideenreichs verstanden werden. Diese spekulative Deutung wird voll gedeckt durch die Aussage von Tim. 30 c 5–8, wonach das »vollkommene Lebewesen« (s. 31 b 1), nach dessen Vorbild der sichtbare Kosmos gestaltet wurde, alle »intelligiblen Lebewesen« καθ' ἓν καὶ κατὰ γένη als »Teile« (μόρια) umfaßt. »Nach Gattungen« muß sich auf Gruppen von Ideen beziehen, worunter auch ganze Zonen und Schichten des Ideenreiches wie die Tetraktys, die zehn Ideenzahlen oder die »größten Gattungen« des ›Sophistes‹ verstanden werden können. »Einzeln« muß sich dagegen auf jede einzelne Idee beziehen, die, wie ihre dihairetische Definition zeigt, bereits einen (freilich nur quasi) lebendigen Kosmos darstellt. Platon sah hier vermutlich eine genaue Analogie zum Aufbau der eingekörperten menschlichen Seele aus Schichten verschiedenen Ranges – die je ihre eigenen Akte und/oder Erlebnisse haben – und (besonders) zum Aufbau des Staates aus einzelnen Menschen und hierarchisch einander über- und untergeordneten Ständen.[334]

---

332 Vgl. oben S. 230.

333 Vgl. Krämer (1964a) 198f. u. 202–207.

334 Die Analogie geht vielleicht noch weiter: Denn einiges spricht dafür, daß die Gerechtigkeit des transzendenten Geistes sich wie die von Mensch und Staat auch nach außen hin (πρὸς ἄλλον) manifestiert. Vgl. unten S. 322.

Was kann aber mit der Besonnenheit (σωφροσύνη) des transzendenten Geistes, also der ganzen Ideenwelt, gemeint sein? Wie schon S. 228 gesagt, sicher nicht die Beherrschung sinnlicher Begierden, wie diese Tugend landläufig verstanden wurde (s. Pol. IV 430e); denn jener Geist hat keine derartigen Begierden. Weiter führt gewiß der Wesenszug der Maßhaftigkeit, den wir S. 229f. daraus entnahmen, daß die Besonnenheit in Phdr. 254b5–7 sehr eng mit der ideellen Schönheit assoziiert ist. Aber er bleibt zu generell; das Spezifische der Besonnenheit ist damit noch nicht genau erfaßt. Hören wir deshalb, wie Platon selber diese Tugend in Pol. IV 432a7–9 definiert: »des von Natur Besseren und Schlechteren Übereinstimmung (ξυμφωνία) darüber, welches von beiden herrschen soll ...« Diese Definition ist in der Tat spezifisch, stellt sie doch klar, daß die Besonnenheit in einem bestimmten Zusammenwirken seelischer Faktoren besteht; trotzdem bleibt sie aber so allgemein und formal, daß sie, wie die der Gerechtigkeit, auch für den transzendenten Geist noch gelten kann. Man muß sich auch klarmachen, daß die σωφροσύνη nach den Definitionen der ›Politeia‹ eine Teilstruktur der δικαιοσύνη ist: Denn wo in einem hierarchisch geschichteten seelischen Gebilde jeder Teil das Seine tut, stimmen auch das von Natur Bessere und Schlechtere in diesem Gebilde hinsichtlich des Herrschens und Beherrschtwerdens miteinander überein. Da wir gerade gesehen haben, daß es im Ideenreich als dem transzendenten Geist verschiedene, nach dem Seinsrang abgestufte Schichten gibt, muß dieses Inklusionsverhältnis auch dort bestehen.[335]

Daß sich die konkreteren Schichten von den allgemeineren Ideen und letztlich von der Tetraktys als dem metaphysisch-mathematischen Weltmodell gestalten, d. h. bemessen lassen, ist demnach ›dort oben‹ die Besonnenheit. Und da dies dort ausnahmslos und ewig geschieht, ist es die absolute Besonnenheit, d. h. die schlechthin vollkommene »Übereinstimmung des von Natur Besseren und Schlechteren hinsichtlich der Herrschaft« – mitten im »Meer des« (sc. unvergänglichen intelligiblen) »Schönen« (Symp. 210d4) – während die richtige Herrschaftsordnung der menschlichen Seele schon durch ein vergängliches sinnliches Abbild des Schönen umge-

335 Das deutet Platon im 6. Buch der ›Politeia‹ auch an. Denn gleich nachdem er die ideelle Gerechtigkeit, auf die die philosophierenden Herrscher hinblicken, als die umfassende und vollkommene Ordnung des Ideenreiches erläutert hat, sagt er, daß die Herrscher nach diesem Vorbild die Sitten der Menschen »zu Besonnenheit und Gerechtigkeit ... und zu jeder volksmäßigen Tugend« bilden werden (500d). Und etwas später, im Zuge des Malervergleichs, wird auch das ideelle Vorbild selbst umschrieben als τὸ φύσει δίκαιον καὶ καλὸν καὶ σῶφρον καὶ πάντα τὰ τοιαῦτα (501b). In Fortführung von 500bc dürfte hier primär von der Gerechtigkeit und den darin eingeschlossenen Tugenden des ganzen geistbegabten Ideenreiches die Rede sein, und nicht von den speziellen Ideen der menschlichen Gerechtigkeit u.s.w. Das Vorbild, auf das der philosophisch-politische »Maler« hinblickt, ist also der transzendente Geist in seiner Gesamtheit – wie in Phdr. 247de!

stürzt werden kann, s. Phdr. 254a – e.[336] Wie die Gerechtigkeit des transzendenten Geistes ist auch diese seine Besonnenheit freilich nur noch ein höheres Analogon der Besonnenheit im gewöhnlichen Sinne – das aber gleichwohl (s. Pol. VI 501b und Phdr. 254b6 – c3) der ethischen Erziehung und Bemühung des Menschen als Vorbild dient.

Auch das mit seinen Gegenständen untrennbar verbundene Wissen der Ideensphäre (gen. subi. et obi.) ist dem Wissen der zeitlichen Seelen, wie wir sahen, nur analog und letztlich inkommensurabel. Alle in 247de genannten Tugenden des transzendenten Geistes sind also paradoxerweise darum der absolute Maßstab für die entsprechenden menschlichen Tugenden, weil es ein gemeinsames Maß für jene und diese eigentlich nicht gibt.

III Verbleibende Probleme

Die wichtigsten Fragen bezüglich des transzendenten Geistes, die diese Arbeit offen läßt, seien zur Orientierung und Abrundung hier wenigstens aufgezählt. Ganz kurz deute ich auch die Richtung an, in der eine Antwort auf diese Fragen liegen könnte.

i

Die eingangs erwähnte Zumutung (s. S. 190) scheint nicht behoben: Wie kann das Erkenntnis o b j e k t – und sei es auch kollektiv, ja als ein Kosmos verstanden – zugleich das Erkenntnis s u b j e k t sein? Der von der neuzeitlichen Philosophie herkommende Interpret vermißt hier das wahre Subjekt, nämlich das seiner selbst bewußte, aber von seinen Gegenständen unterschiedene denkende Ich. Das systematische Pendant zu diesem Ich bei Platon ist wahrscheinlich der Begriff einer der Ideensphäre zukommenden – also wieder im erkannten Sein liegenden! – überzeitlich-ewigen Seele. Aber gerade hierüber haben wir keine genaueren Ausführungen: Obwohl dieses seelische ›Subjekt‹ des höchsten Erkennens im ›Sophistes‹ genannt

---

336 In diesem Zusammenhang ist die Entdeckung von Konrad Gaiser interessant, daß nach der Lehre des ›Phaidros‹ die seelische Ordnung des Menschen auch durch die geistige (philo-sophische) Leidenschaft der Ideenerkenntnis gefährdet werden kann. Vgl. Gaisers letzte Abhandlung: Gaiser (1989), bes. Kap. IV ›Die Besonnenheit als Bedingung der größten Weisheit‹, 124–138. Genau genommen müßte diese Kapitelüberschrift nämlich lauten: ›...der größten m e n s c h l i c h e n Weisheit‹. Denn der transzendent-göttliche Geist, der das absolute Maximum der Weisheit besitzt, braucht dazu keine Besonnenheit, jedenfalls nicht im Sinne der Beherrschung von Wissensbegierde. Denn er, der schon vollkommen weise ist, hat und braucht keinen philo-sophischen Eros (vgl. Symp. 204a1f.). Er ist auch über diese geistige Begierde erhaben.

und im ›Timaios‹ aus terminologischen Indizien erschließbar ist,[337] fehlen uns darüber konkrete und sachlich befriedigende Angaben.

Da wir aber einen ähnlichen Befund bei Heraklit und Parmenides sowie bei Aristoteles und Plotin vor uns haben – auch dort scheint das Erkennende im göttlichen Geist in seine erkannten geistigen Gegenstände hinein verflüchtigt[338] –, handelt es sich hier wohl weniger um einen Überlieferungsmangel, als um ein generelles Defizit der antiken gegenüber der neuzeitlichen Metaphysik: Die Dimension des um sich selbst wissenden, denkenden und wollenden Ichs wurde beim göttlichen wie beim menschlichen Geist anscheinend noch nicht genügend thematisiert und durchdacht.

Daß aber trotzdem schon Platon und Aristoteles das Selbstbewußtsein als philosophisches Problem entdeckt und erstmals thematisiert haben, hat Klaus Oehler in mehreren Untersuchungen überzeugend gezeigt.[339] Um das Rätsel der Subjektivität des platonischen Ideen-Nus noch irgend weiter aufzuhellen, bedarf es deshalb der Heranziehung und genauen Auswertung dieser Forschungen: Zwar untersucht Oehler die Lehre vom göttlichen Nus fast ausschließlich am Beispiel des aristotelischen Unbewegten Bewegers, und es fragt sich, wie weit die Struktur von dessen νόησις νοήσεως Rückschlüsse auf die Nus-Theologie Platons erlaubt. Aber auch wenn man annimmt, daß jene göttliche Noesis keine Pluralität von Gegenständen, sondern nur sich selbst denkt – womit Aristoteles sich nach Oehler von der platonischen Nus-Spekulation absetzt[340] –, könnte die Struktur ihres Selbstbewußtseins noch immer grundsätzlich der Lehre Platons und seiner akademischen Nachfolger entsprechen. Denn Wachheit und Selbstbewußtsein hat Platon dem transzendenten göttlichen Geist zweifellos zuerkannt; er brauchte dafür nicht den aristotelischen Begriff der ἐνέργεια: Schon die Tatsache, daß es in Phdr. 247c3f. heißt, der überhimmlische Raum müsse eigentlich mit einem Hymnus, also wie ein Gott, gepriesen werden, läßt auf jene Eigenschaften schließen;[341] und bestätigend kann man v. a. auf Tim. 52b6f. (ἄυπνον) und, im Lichte dieser Stelle, auf Soph. 249a1 (φρονεῖν) verweisen.[342] Hier liegt also eine Aufgabe für weitere Forschung.

---

337 Vgl. oben S. 232 u. S. 298.

338 Vgl. dazu die deutliche Abhebung von der »intentio obliqua der modernen Reflexionsbewegung« bei Krämer (1964a) 415.

339 Vgl. Oehlers jüngste, zusammenfassende Darstellung Oehler (1997) und vgl. seine früheren Bücher Oehler (1962) und (1984).

340 s. Oehler (1997) 57f. Nach Krämer richtet sich die νόησις νοήσεως dagegen auf die 55 Sphärenbeweger, als das Gegenstück zu den 10 platonischen Ideenzahlen, s. Krämer (1964a) Kap. II 4, 159–173.

341 Vgl. oben S. 195.

ii

Die geisterfüllte Ideensphäre ist für Platon nicht das höchste Göttliche: Darüber steht noch das schlechthin über jede Vielheit erhabene Ur-Eine, das sich ›nach unten‹ dennoch sowohl als Hen wie als Agathon und Kalon zeigt und auswirkt. Wie sich diese beiden transzendent-göttlichen Instanzen zueinander verhalten, wie sie sich unterscheiden und wie sie zusammenhängen, habe ich nicht behandelt. Ich kann auch hier nur thesenhaft sagen: Das Verhältnis ist eines der Explikation (nach ›unten‹) und Implikation (nach ›oben‹), ähnlich wie bei Plotin, obwohl bei Platon die Entfaltung nicht die Form der Emanation, sondern der gestaltenden Unterwerfung eines entgegenstehenden Materieprinzips hat. Die beiden göttlichen Instanzen sind darum für Platon gewissermaßen dasselbe, zuerst wie auf einen Punkt komprimiert und dann zu einem vollkommen geordneten geistigen Kosmos entfaltet. In der sichtbaren Welt empfand Platon offenbar das Verhältnis der Sonne zu allen übrigen Dingen als ein Abbild jenes Verhältnisses von Hen und Nus in der intelligiblen Welt (s. Pol. VI, 509 d 1–4). Die Äquivalenz der beiden Instanzen zeigt sich auch darin, daß die noetische Schau, das Ziel und der Höhepunkt der φιλοσοφία, im ›Symposion‹ als die des Urprinzips (Kalon), im ›Phaidros‹ aber als die des Ideen-Geistes geschildert wird, beide Male mit denselben Metaphern aus der Mysteriensprache.

iii

Offen geblieben ist schließlich noch die Frage nach der Personalität des transzendenten Geistes. Personalität ist noch mehr als die bloße Ichhaftigkeit von Punkt a; denn ein gewisses reflexives Selbstbewußtsein ist nur die *conditio sine qua non* von Personalität.[343] Hier geht es vielmehr darum, ob jener göttliche Geist sich nur mit seinen ideellen Gehalten beschäftigt, als ein reiner, in sich selbst kreisender Intellekt, oder ob er den zeitlichen Seelen (besonders den menschlichen) auch als ein

---

342 Die von Oehler (1997) 53f. dargelegte grundsätzliche Struktur der Identität von Denken und Gedachtem (sc. bei Aristoteles) unterscheidet sich von Krämers Auffassung (in bezug auf Platon und Aristoteles, s. oben Anm. 338 u. 340) nur in dem einen Punkt, daß Oehler dem zu seinem eigenen Gegenstand gewordenen Nus immer auch eine *intentio obliqua* und damit Selbstbewußtsein zuspricht. Die obigen Stellen zeigen nun, daß auch dem platonischen Ideen-Nus ein solches begleitendes Selbstbewußtsein zukommen dürfte. Vielleicht ist es nach Platon die ψυχή, die sich, wie durch die Selbstbewegung, so auch durch dieses reflexive Bewußtsein manifestiert. Schon Oehler zieht eine Verbindungslinie von der Selbstbewegung der Seele bei Platon zur aristotelischen νόησις νοήσεως, vgl. Oehler (1984) 91.
Zur Thematisierung des Selbstbewußtseins im Mittel- und Neuplatonismus vgl. außer Krämer (1964a) 415f. bes. auch Halfwassen (1994).

343 Vgl. oben S. 195.

Partner, ein trotz seiner Erhabenheit verstehendes Gegenüber, zugewendet und zugänglich ist.

Krämer und Hager betrachten diesen platonischen Ideen-Nus offenbar als unpersönlich. Krämer nennt ihn »überindividuell« und »objektiv«, weshalb dieser Geist dem naiven Bewußtsein als eine »Monstrosität« erscheine;[344] und Hager spricht von einer »allgemeinen und überpersönlichen göttlichen Geistigkeit«, im Unterschied zur »personhaften Intellektualität irgend eines mythischen Gottes«.[345]

Dieser Einschätzung müssen wir nach dem, was wir über die Vollkommenheit des transzendenten Geistes gerade festgestellt haben, zum Teil beistimmen: Da die Tugenden jenes Geistes ins Absolute gesteigert und darum denen der menschlichen Seele im Grunde nicht mehr kommensurabel sind, hat jener gewiß keine Personalität im uns vertrauten menschlichen Sinne, d. h. keine (an körperliche Organe gebundene) sinnliche Wahrnehmung, keine Begierden und Affekte und keinen mehr oder weniger einseitigen und fehlerhaften Charakter. Insofern ist jener Geist über persönlich. Aber gemäß dem hegelschen Mehrfachsinn des Wortes »aufheben« – den Platon der Sache nach kannte[346] – schließt diese Überpersönlichkeit nicht aus, daß in ihr auch personale Züge in »aufgehobener«, höherer Form erhalten und wirksam sind.[347] Dafür, daß Platon das Wesen des transzendenten Geistes tatsächlich so gesehen hat, sprechen m. E. die folgenden drei Argumente:

(1) Dieser Geist hat – wohl in Verbindung mit dem Hen = Agathon[348] – die Funktion des Demiurgen. Diese aber bedeutet, auch nach Abzug der anthropomorphen Vorstellung, eine dauernde[349] denkende und gestaltende Hinwendung zur zeitlichen Welt – anders als beim unbewegten Bewegen (ὡς ἐρώμενον) des aristote-

344 Krämer (1964a) 403

345 Hager (1970) 60f.

346 Denn in Platons hierarchisch gestufter Metaphysik ist die höhere Stufe immer zugleich Übersteigung und ›reinigende‹ Bewahrung der Gehalte der niedrigeren. Es gilt die *analogia entis*; vgl. für das Verhältnis von Mensch und Gott bes. die von Platon beifällig zitierte heraklitische Proportion, Hipp. maior 289a u. b (= Heraklit fr. 82 u. 82 DK). In der Mesotes-Struktur der Arete – deren zentrale Bedeutung für Platons Seinsverständnis H. Krämer sowohl in den Dialogen wie in der sie fundierenden mündlichen Lehre aufgedeckt hat, vgl. Krämer (1959) Kap. II u. III 2, bes. 289f. – handelt es sich sogar, wie bei Hegel, um die Aufhebung zweier Gegenteile zu und in einem höheren Dritten.

347 Daß es hier wertvolle Züge der volkstümlichen Gottesvorstellung zu bewahren galt, wußte schon Heraklit, vgl. seine bedingte Gleichsetzung des kosmischen Geistprinzips mit Zeus, fr. 32 DK.

348 Diese Deutung des Demiurgen – als anthropomorphes Bild für beide obersten göttlichen Instanzen – ist noch zuwenig versucht worden, obwohl der Textbefund von Tim. 28c3–5 und 29 d 7–30 c 1 sie sehr nahe legt; vgl. die Bemerkungen bei Krämer (1964a) 200f. A. 19.

349 Ich rechne mit einer *formatio continua* der Chora durch den Nus (also mittelbar auch durch das Hen).

lischen göttlichen Nus und auch anders als beim unbewußt-automatischen »Überfließen« des plotinischen Nus.

(2) Platon nennt den Demiurgen wiederholt »Vater«[350] – wie einmal auch die Idee des Guten.[351] Mag dabei auch die Vorstellung des Zeugens und Schaffens im Vordergrund stehen, so konnten bei diesem festen Beiwort des Zeus doch die psychischen Züge eines guten, für die Seinen sorgenden Vaters nicht ausgeschlossen werden. In Tim. 29e1–30a6 wird denn auch explizit gesagt, daß der Demiurg gegenüber allem von ihm Abhängigen die Haltung neidlosen Wohlwollens hat. Zwar überträgt er die Fürsorge für den Kosmos weitgehend oder vollständig der Weltseele und anderen immanenten Göttern und Dämonen; aber es ist doch immer noch sein allumfassend sorgender Wille, der von diesen ihm untergebenen Mächten durchgeführt wird.[352] All dies gilt auch für den transzendenten Nus. Dessen Gerechtigkeit muß sich also, wie die Gerechtigkeit der menschlichen Seele, auch nach außen hin manifestieren: in der gebührend richtigen Behandlung aller einzelnen Lebewesen – obgleich es die untergeordneten Götter und Dämonen sind, die nach dem generellen Willen des Nus diese gerechte Behandlung gegenüber den irdischen Lebewesen realisieren. Verglichen mit dem christlichen Gott, der mit individueller Zuwendung jeden einzelnen Menschen liebend sucht – wobei der persönliche Charakter dieser Beziehung nicht dadurch gemindert wird, daß sie durch Boten oder Zeichen vermittelt ist[353] –, verharrt Platons transzendenter Geist trotz seines demiurgischen Engagements zwar relativ selbstgenügsam in der Höhe seiner ideellen Sphäre; aber er wäre kein guter »König« (Pol. X 597e, vgl. Nom. X 904a6), wenn ihm nicht auch grundsätzlich und wesentlich eine Haltung väterlicher Fürsorge zukäme, als ein sublim-personaler Zug.[354]

(3) Platon schildert, wie im ›Symposion‹ die Schau des Schönen selbst, so im ›Phaidros‹ die Schau des Ideen-Geistes als eine *visio beatifica* mit unverkennbar religiösen Valenzen.[355] Bleibt in Phdr. 247c–e der Ton noch relativ verhalten, so haben wir in 250bc die gleiche Metaphorik einer höchsten Mysterienweihe wie in Symp. 210e–212a. Eine »seligmachende Schau« aber, die nicht, wie bei Plotin, den

350 Tim. 28 c 3, 37 c 7, 41 a 7 u. 50 d 3.

351 Pol. VI 506 e 6, cf. 508 b 13.

352 Vgl. Tim. 41 b–d, wo es freilich mehr um die Entstehung der sterblichen Lebewesen geht als um ihre Betreuung; Polit. 271d3–8 u. 272e6–8, wo die Oberherrschaft des Demiurgen über die »die menschlichen Herden hütenden« immanenten Götter und Dämonen faßbar wird; sowie Nom. X 903b4–9 u. 904a6, wo die oberste genannte Instanz, wie in Phdr. 246 e4-247a7, die Weltseele = Zeus zu sein scheint. Die Frage, ob der Demiurg die Geschicke des Kosmos und der Menschen teil- oder zeitweise auch unmittelbar selber lenkt, kann nur aufgrund einer eingehenden Untersuchung und Deutung des Politikos-Mythos entschieden werden.

353 Das »Wehen des Heiligen Geistes« kann sogar eine unmittelbare Beziehung herstellen.

Charakter intellektueller Mystik hat, sondern das geschaute Höchste als ein Gegenüber wahrnimmt, muß m. E. dieses Gegenüber in irgendeiner Weise noch als personal erleben. Mag Platons transzendenter Geist auch die Sophia selbst sein und nicht die Agape selbst: sein Anblick und seine Nähe könnten nicht noch viel mehr beglücken als der Anblick und die Nähe eines menschlichen Geliebten (Symp. 211 de), wenn dieser Geist nicht auch die fühlbare Qualität einer höchst autoritativen und bewundernswerten Persönlichkeit hätte – wie die eines in die Sphäre des ewigen Seins transponierten Zeus.

Züge des Zeus hat Platon in diesem Ideen-Geist zweifellos in emporgehobener Form bewahrt gesehen – wie vor ihm Heraklit in seinem »Einen, dem allein Weisen« (fr. 32 DK). Darauf deuteten schon die Bilder des Vaters und Königs,[356] und dasselbe ist im ›Phaidros‹ aus der Wesensverwandtschaft zu folgern, die speziell den Philosophen mit dem die Weltseele repräsentierenden Zeus verbindet (s. 246e4, 250b7 u. 252e–253b).[357] Geradezu explizit bestätigt wird unsere Annahme aber durch Platons Versuch, die vorgegebene genealogische Abfolge »Kronos – Zeus« mit weitgehender Umkehrung der traditionellen Wertung – Kronos wird der eindeutig bessere und ewig übergeordnete Gott – allegorisch als das Verhältnis von transzendentem Nus und immanenter Weltseele zu erklären.[358] Wenn wir diese konkreten Bezugnahmen beachten, verstehen wir vielleicht, was Platon mit der relativ verhaltenen, durch das dreimalige καθορᾷ aber doch ein ekstatisches Erlebnis andeutenden Formulierung von Phdr. 247de sagen wollte: ἐν δὲ τῇ περιόδῳ καθορᾷ μὲν αὐτὴν δικαιοσύνην, καθορᾷ δὲ σωφροσύνην, καθορᾷ δὲ ἐπιστήμην, … Es handelt sich um die platonisch-philosophische Vision (und Version) des »Leuchtens« des göttlichen »Angesichts«.[359]

---

354 Für diesen Aspekt ist auch das Ende des sechsten platonischen Briefes bedeutsam, wo der Verfasser – nach meiner Überzeugung Platon selbst – seine Adressaten bei dem »Lenker aller Dinge, der gegenwärtigen wie der zukünftigen« und bei dem »Vater und Herrn dieses Lenkers und Urhebers« schwören läßt (323d2–6, übersetzt von Willy Neumann). Ist der ἡγεμὼν καὶ αἴτιος, woran man kaum zweifeln kann, die Weltseele = Zeus (s. Phdr. 246e4–6), dann werden mit seinem πατὴρ κύριος vermutlich genauso wie mit dem Bild des Demiurgen die beiden transzendent-göttlichen Instanzen (Hen/Agathon und Nus) in ihrer Zwei-Einheit zusammengefaßt. Der theistische Zug in Platons metaphysischem Gottesbegriff wird selten so deutlich wie an dieser Briefstelle; aber es heißt auch hier, bezogen auf diesen πατὴρ κύριος: ὅν, ἂν ὄντως φιλοσοφῶμεν, εἰσόμεθα πάντες σαφῶς …. Der eigentliche Weg, der zu Platons Gott führt, bleibt die Dialektik.

355 Dies gilt auch für die »Lichtwanderung« (E. A. Wyller) des Höhlengleichnisses, wo b e i d e transzendente Instanzen in ihrer Zusammengehörigkeit geschaut werden. Vgl. bes. Pol. VII 516cd.

356 Vgl. wieder Heraklit (fr. 53 DK).

357 Denn letztlich und eigentlich ist der Philosoph ja im Sinne der *homoiosis theoi* auf die Ideensphäre bezogen, s. Phdr. 249 c 4–6 und Pol. VI 500 b 8 – d 3.

DIE ÜBERSETZUNGEN VON PHDR. 247 D 7–E 2, DES ERKLÄRENDEN NACHSATZES ÜBER DIE EPISTEME

(Die Seite des betreffenden Buches wird nur dann genannt, wenn die Stephanus-Numerierung fehlt.)

Ficino (1483)	»non qua (sc. scientia) adsit generatio, nec qua alia alicubi sit in alio, quales videlicet sunt eorum, quae nos entia nunc appellamus; sed illam, quae in eo, quod est ens vere, scientia est:«
Schleiermacher (1804)	»nicht die (sc. Wissenschaft), welche eine Entstehung hat, noch welche wieder eine andere ist, für jedes andere von den Dingen, die wir wirkliche nennen, sondern die in dem was wahrhaft ist befindliche Wissenschaft,«
Schleiermacher (1817)	»nicht die (sc. Wissenschaft), welche eine Entstehung hat, noch welche wieder eine andere ist, für jedes andere von den Dingen, die wir wirkliche nennen, sondern die in dem was wahrhaft ist befindliche wahrhafte Wissenschaft,«
Ast (1817) 37	»nicht jene (sc. Wissenschaft), an der die Entstehung haftet, oder die verschieden ist nach Verschiedenheit der Gegenstände, die wir jetzt das Wirkliche nennen, sondern die in dem, was das wahrhaft Wahre ist, befindliche Wissenschaft,«
Ast (1819)	»non illam (sc. scientiam), cui generatio adiuncta, nec quae alia in aliis rebus est, quas nunc veras dicimus, sed quae in hoc inest, quod vere est consistens, scientia;«
Cousin (1831) 51	»non point celle (sc. science) où entre le changement, ni celle qui se montre différente dans les différents objets qu' il nous plaît d' appeler des êtres, mais la science telle qu' elle existe dans ce qui est l' être par excellence.«
Anonymus (1846)	»nicht die (sc. Wissenschaft), welche eine Entstehung hat, noch die, welche verschieden ist nach Verschiedenheit der Dinge, die wir jetzt wirkliche nennen, sondern die in dem, was in Wahrheit an und für sich ist, befindliche Wissenschaft;«

---

358 Vgl. die oben (S. 216) schon besprochene Etymologie des Namens »Kronos« in Krat. 396b3–7; und vgl. weiter das Verhältnis von Demiurg = Kronos und Weltgott = Zeus im Mythos des ›Politikos‹ (bes. 269cd, 270a, 272b u. 272eff.), womit wiederum Nom. IV 713a–714b zu vergleichen ist. Die beiden letzteren Passagen zeigen, daß Platon bei seiner Umwertung an die volkstümliche Vorstellung anknüpfen konnte, daß die Zeit der unmittelbaren Herrschaft des Kronos über die Menschen das goldene Zeitalter war. Zu den Stellen in ›Kratylos‹ und ›Politikos‹ vgl. nochmals die Interpretation H. Schwabls (1978) Sp. 1336f., bes. 1337, 53–68.

359 Ein fundamentaler Unterschied zum Gott der jüdisch-christlichen und auch der islamischen Tradition bleibt freilich bestehen: Der platonische transzendente Geist spricht nicht unmittelbar zu den Menschen. Das überläßt er den untergeordneten innerkosmischen Göttern bzw. den zwischen diesen und den Menschen vermittelnden Dämonen, welche letzteren zeitweise in eine menschliche Seele eingehen können, vgl. Symp. 202e–203a. Was die monotheistischen Religionen ganz eigentümlich auszeichnet – sowohl gegenüber dem Platonismus wie gegenüber dem (ursprünglichen) Buddhismus –, ist das d i a l o g i s c h e Verhältnis von transzendentem Gott und Mensch.

Georgii (1853)	»nicht die (sc. Wissenschaft), der ein Werden zukommt, nicht die, die immer eine andere ist, je nachdem sie an einem anderen der Gegenstände haftet, die wir jetzt seiende nennen, – sondern die an dem, was das wesenhafte Sein ist, haftende Wissenschaft;«
Müller (1854)	»nicht die mit einem Werden verbundene (sc. Erkenntnis), noch die, welche eine irgend verschiedene ist, auf ein Verschiedenes gerichtet von Dem, was wir jetzt seiend nennen, sondern die auf das wirklich seiende Sein gerichtete Erkenntnis;«
Prantl (1855) 36	»nicht jenes (sc. Wissen), welchem das Werden anklebt, und nicht jenes, welches irgend verschieden ist nach Verschiedenheit der Dinge, welche wir jetzt als Seiendes bezeichnen, sondern jenes Wissen, welches in Wahrheit in demjenigen sich findet, was wirklich ein Seiendes ist.«
Lehrs (1869)	»nicht diejenige (sc. Wissenschaft) welche erst wird, noch etwa in einem anderen eine andere ist von dem, was wir jetzt seiend nennen – sondern die Wissenschaft dessen, was wirklich seiend ist.«
Jowett (1892)	»(sc. knowledge) not in the form of generation or of relation, which men call existence, but knowledge absolute in existence absolute;«
Fowler (1913)	»not such knowledge as has a beginning and varies as it is associated with one or another of the things we call realities, but that which abides in the real eternal absolute;«
Ritter (1914), (1922)	»nicht jenes (sc. Wissen), dem ein Entstehen anhaftet, noch das anders ist, wenn es ein anderes von den Dingen zum Gegenstand hat, die wir jetzt als seiend bezeichnen; sondern das wirkliche Wissen, dessen Gegenstand das wirkliche Sein ist.«
Kassner (1922) 38	»nicht jene Wissenschaft, die stets am Gegenstande wechselt und mit dem, was wir in der Zeit wirklich nennen, spielt, nein hier erkennt die Seele die Wissenschaft von dem, was wahrhaft und ewig da ist.«
Nestle (1931) 148	»nicht das Wissen, das entsteht und das bei jedem von den Dingen, die wir jetzt wirklich nennen, wieder ein anderes ist, sondern das Wissen, das wirklich besteht von dem, was wahrhaft ist.«
Robin (1933)	»(sc. un savoir) qui n' est pas celui auquel est lié le devenir, qui n' est pas non plus celui qui se diversifie avec la diversité des objets auxquels il s' applique et auxquels, dans notre présente existence, nous donnons le nom d' êtres, mais le Savoir qui s' applique à ce qui est réellement une réalité.«
Hübscher (1950) 40	»nicht jenes (sc. Wissen), das entsteht, und auch nicht jenes, das stets ein anderes ist für jedes andere von den Dingen, die wir jetzt wirklich nennen, sondern das Wissen, das im wahren Sein vorhanden ist.«
Hackforth (1952)	«not the knowledge that is neighbour to Becoming and varies with the various objects to which we commonly ascribe being, but the veritable knowledge of Being that veritably is.«

Salin (1952) »nicht jene (sc. Erkentnis), der ein Werden anhaftet, noch jene, die anders ist je nach der Erscheinung in dem, was wir jetzt als Wirklichkeit bezeichnen, sondern die Erkenntnis, die im wesenhaften Sein selbst west.«

Hildebrandt (1953) »nicht die (sc. Erkenntnis), der ein Werden beschieden ist, noch die, welche immere eine andre ist in andern Dingen, die wir jetzt wirklich nennen, sondern die im wirklichen Wesen wesende Erkenntnis.«

Rufener (1958) »nicht jenes (sc. Wissen), dem ein Werden zukommt, auch nicht jenes, das ein anderes ist, je nachdem es sich auf den oder jenen von den Gegenständen bezieht, die wir jetzt als seiende bezeichnen, sondern das wahrhafte Wissen, das sich an dem wahrhaft Seienden zeigt.«

Otto/Grassi/Pl. (1958)»nicht die (sc. Wissenschaft), welche eine Entstehung hat, noch welche eine andere ist in einem anderen von den Dingen, die wir jetzt seiend nennen, sondern die in dem, was wahrhaft ist, befindliche wahrhaft<e> Wissenschaft;«

Buchwald (1964) »nicht das (sc. Wissen), dem ein Werden anhaftet, auch nicht das, das jeweils ein anderes ist, von den Dingen, die wir jetzt ›seiend‹ nennen, sondern das Wissen, das in dem ruht, was wahrhaft seiend ist.«

Chambry (1964) »non celle (sc. science) qui est sujette à l' évolution ou qui diffère suivant les objets que nous qualifions ici-bas de réels, mais la science qui a pour objet l' Etre absolu.«

Vicaire (1985) »non pas celle (sc. Science) qui est sujette au devenir, ni celle qui change suivant les divers objets qu' à présent nous appelons réels, mais celle qui est vraiment science de ce qui est la vraie réalité.«

Rowe (1986) »not that knowledge to which coming into being attaches, or that which seems to be different in each different one of the things that we now say are, but that which is in what really is and which is really knowledge;«

Brisson (1989) »non celle (sc. science) à laquelle s' attache le devenir, ni non plus sans doute celle qui change quand change une de ces choses que, au cours de notre existence actuelle, nous qualifions de réelles, mais celle qui s' applique à ce qui est réellement la réalité.«

Heitsch (1993) »nicht die (sc. Erkenntnis), zu der das Werden gehört, auch nicht die, die sich ändert mit ihren jeweiligen Gegenständen, die wir jetzt ›seiend‹ nennen, sondern die wirkliche Erkenntnis dessen, was wahrhaft ist.«

LITERATURVERZEICHNIS

1. Lexika

A. altgriechisch

a. allgemein

Liddell, H. G. – Scott, R. – Jones, H. S.: A Greek–English Lexicon, new (ninth) edition. Oxford 1940 (zit. Liddell-Scott-Jones oder LSJ)

Menge, Hermann: Menge–Güthling. Enzyklopädisches Wörterbuch der griechischen und deutschen Sprache, erster Teil: Griechisch – Deutsch, unter Berücksichtigung der Etymologie. Berlin-Schöneberg [17]1962 = Nachdruck der 2. Aufl. von 1913.

b. zu Platon

Astius, D. Fridericus: Lexicon Platonicum sive Vocum Platonicarum Index, vol. I–III. Lipsiae 1835–1838

Des Places, Édouard: Lexique de Platon. Paris 1964 = tome XIV der Platon-Ausgabe der Association Budé (zit.: Des Places).

Brandwood, Leonard: A Word Index to Plato. Leeds 1976.

c. zu Aristoteles

Bonitz, Hermannus: Index Aristotelicus. Berlin 1870 = Bd. 5 der Aristoteles-Ausgabe der Kön. Preuss. Ak. d. Wiss.; editio altera quam curavit Olof Gigon. Berlin 1961, 1975, separate Nachdrucke Berlin 1955 u. Graz 1955.

B. lateinisch

Lewis, Charlton T. and Short, Charles: A Latin Dictionary. Oxford 1879 u. ö.

C. deutsch

Wahrig, Gerhard: Das große deutsche Wörterbuch. Herausgegeben in Zusammenarbeit mit zahlreichen Wissenschaftlern und anderen Fachleuten. Gütersloh 1966.

2. Textausgaben des ›Phaidros‹

Für die älteren Ausgaben, bis hin zu der von John Burnet in der »Bibliotheca Oxoniensis« (1901), sei verwiesen auf die Zusammenstellung bei C. Ritter (s. unter 3), S. 25. An neueren Ausgaben sind nur die beiden folgenden zu nennen:

Robin: Platon. Oeuvres complètes, tome IV 3, Phèdre, texte établi et traduit par Léon Robin. Paris 1933 u. ö. (Budé).

Moreschini: Platonis Parmenides Phaedrus. Recognovit brevique adnotatione critica instruxit Claudius Moreschini. Rom 1966. Diese Textausgabe ist in revidierter Fassung enthalten in: Platon, Oeuvres complètes, tome IV 3, Phèdre, notice de Léon Robin, texte établi par Claudio Moreschini et traduit par Paul Vicaire. Paris 1985 (Budé).

3. Die herangezogenen Übersetzungen und Kommentare des ›Phaidros‹
(in chronologischer Reihenfolge)

Ficino: Übersetzung des Platon. Florenz 1483 – 84 (zitiert nach der Zweibrückener Ausgabe, der »Bipontina«: Πλάτων / Platonis philosophi quae exstant, graece ad editionem Henrici Stephani accurate expressa, cum Marsilii Ficini interpretatione ..., vol. decimum. Biponti 1787).

Heindorf: Platonis Dialogi Quattuor (Lysis, Charmides, Hippias Maior, Phaidros), emendavit et annotationibus instruxit Ludwig Friedrich Heindorf. Berolini 1802 (Die Anmerkungen dieser Textausgabe erreichen z. T. die Ausführlichkeit eines Kommentars.).

Schleiermacher: Platons Werke von F. Schleiermacher, Ersten Theiles Erster Band. Berlin 1804; zweite verbesserte Auflage. Berlin 1817 (unverändert nachgedruckt in der dritten Aufl. Berlin 1855).

Ast: Platonis Phaedrus, recensuit, Hermiae scholiis e cod. Monac. XI. suisque commentariis illustravit D. Fridericus Astius. Lipsiae 1810;

— Platons Phädrus und Gastmahl, übersetzt, erläutert und verbessert von Friedrich Ast. Jena 1817;

— Platonis quae exstant opera, accedunt Platonis quae feruntur scripta, ad optimum librorum fidem recensuit, in linguam Latinam convertit, annotationibus explanavit indicesque rerum ac verborum accuratissimos adiecit Friedericus Astius,
tomus primus, Protagoram, Phaedrum, Gorgiam et Phaedonem continens. Lipsiae 1819,
tomus decimus, annotationum partem primam continens. Lipsiae 1829;

— Platonis Phaedrus, denuo recognovit brevique annotatione instruxit Fridericus Ast. Lipsiae 1830.

Cousin: Oeuvres de Platon, traduites par Victor Cousin, tome sixième. Paris 1831.

Stallbaum: Platonis Dialogos selectos recensuit et commentariis instruxit Godofredus Stallbaum, vol. IV, Sect. I, continens Phaedrum. Gothae et Erfordiae 1832;

— Platonis Opera omnia, recensuit, prolegomenis et commentariis illustravit Godofredus Stallbaum, vol. IV, sect. I, continens Phaedrum, editio secunda, multo auctior et emendatior. Gothae et Erfordiae 1857.

Anonymus: Platons Werke, griechisch und deutsch, mit kritischen und erklärenden Anmerkungen, 6. Teil, Phädros. Leipzig 1846 (Verlag Wilhelm Engelmann).

Georgii: Stuttgart 1853 (zitiert nach: Platon, Sämtliche Werke, 2. Band, Berlin o. J., Verlag Lambert Schneider).

Müller: Platon's sämmtliche Werke, übersetzt von Hieronymus Müller, mit Einleitungen begleitet von Karl Steinhart, vierter Band. Leipzig 1854.

Prantl: Plato's ausgewählte Werke, deutsch von K. Prantl, drittes Bändchen: Phädrus. Berlin u. Stuttgart 1855 (zitiert nach der 2. Aufl., Berlin 1885).

Thompson: The Phaedrus of Plato, with English notes and dissertations, by W. H. Thompson. London 1868 (repr. New York 1973).

Lehrs: Plato's Phädrus und Gastmahl, übersetzt mit einleitendem Vorwort von K. Lehrs. Leipzig 1869.

Jowett: The Dialogues of Plato, translated into English, with analyses and introductions, by Benjamin Jowett, vol. I. Oxford 1871; third edition, revised and corrected throughout .... Oxford 1892 (hiernach zitiert).

Fowler: Plato. With an English translation by H. N. Fowler and an introduction by W. R. M. Lamb, vol. I. London 1913 (The Loeb Classical Library).

Ritter: Platons Dialog Phaidros, übersetzt, erläutert und mit ausführlichem Register versehen von Constantin Ritter. Leipzig 1914, zweite, durchgesehene und verbesserte Auflage Leipzig 1922 (Meiner, Philos. Bibliothek).

Kassner: Platons Gastmahl / Phaidros / Phaidon, ins Deutsche übertragen von Rudolf Kassner. Jena 1922.

Nestle: Platon, Hauptwerke, ausgewählt und eingeleitet von Wilhelm Nestle. Stuttgart 1931 u. ö. (Kröner; mit einer von Nestle wesentlich umgearbeiteten Schleiermacherschen Übersetzung).

Robin: Platon. Oeuvres complètes, tome IV 3, Phèdre, texte établi et traduit par Léon Robin. Paris 1933 u. ö. (Budé).

Hübscher: Platon, Über die Freundschaft, die Liebe und das Schöne: Lysis / das Gastmahl / Phaidros, übersetzt, erläutert und eingeleitet von Arthur Hübscher. München u. Zürich 1950 u. 1960; Neuausgabe: Platon, Phaidros oder vom Schönen, übertr. und erl. von A. Hübscher. München 1989 (Serie Piper, hiernach zitiert).

Hackforth: Plato's Phaedrus, translated with Introduction and Commentary by R. Hackforth. Cambridge 1952.

Salin: Platon, Gastmahl / Phaidros, übertragen und eingeleitet von Edgar Salin. Basel 1952 (Sammlung Klosterberg); Neuausgabe: Platon, Phaidros, deutsch von E. Salin, mit Erläuterungen von Jean Bollack. Frankfurt a. Main u. Hamburg 1963 (Fischer Bücherei, hiernach zitiert).

Hildebrandt: Platons Phaidros, übertragen und eingeleitet von Kurt Hildebrandt. Kiel 1953; Neuausgabe: Platon, Phaidros oder Vom Schönen, übertr. u. eingel. v. K. Hildebrandt. Stuttgart 1957, 1979 u. ö. (Reclam).

Rufener: Platon, Meisterdialoge. Phaidon / Symposion / Phaidros, eingeleitet von Olof Gigon, übertragen von Rudolf Rufener. Zürich und Stuttgart 1958 u. ö. (Artemis).

Otto/Grassi/Plamböck: Platon, Sämtliche Werke, 4, Phaidros, Parmenides, Theaitetos, Sophistes, nach der Übersetzung von Friedrich Schleiermacher ... herausgegeben von Walter F. Otto / Ernesto Grassi / Gert Plamböck. Hamburg 1958 u. ö. (Rowohlt); umgestaltete Neuauflage mit unveränderter Übersetzung, hrsg. von Ursula Wolf. Reinbek bei Hamburg 1993.

Buchwald: Platon, Phaidros, herausgegeben und übersetzt von Wolfgang Buchwald. München 1964 (Heimeran).

Chambry: Platon, Le Banquet / Phèdre, Traduction, notice et notes par Emile Chambry. Paris 1964.

de Vries: A Commentary on the Phaedrus of Plato, by G. J. de Vries. Amsterdam 1969.

Vicaire: Platon, Oeuvres complètes, tome IV 3, Phèdre, notice de Léon Robin, texte établi par Claudio Moreschini et traduit par Paul Vicaire. Paris 1985 (Budé).

Rowe: Plato: Phaedrus, with translation and commentary by C. J. Rowe. Warminster 1986.

Brisson: Platon, Phèdre, Traduction inédite, introduction et notes par Luc Brisson, suivi de »La Pharmacie de Platon« de Jacques Derrida. Paris 1989.

Heitsch: Platon, Phaidros, Übersetzung und Kommentar von Ernst Heitsch. Göttingen 1993 (= Platon, Werke, Übersetzung und Kommentar, III 4).

4. Sonstige zitierte Literatur

Albert, K.: Die ontologische Erfahrung. Ratingen 1974;

— Über Platons Begriff der Philosophie. Sankt Augustin 1989.

Bremer, D.: Aristoteles, Empedokles und die Erkenntnisleistung der Metapher. In: Poetica 12 (1980) 350–376.

Brisson, L.: Le Même et l' Autre dans la Structure Ontologique de Platon. Paris 1974, St. Augustin ^{2}1994.

Cornford, F. M.: Plato's Cosmology. The *Timaeus* of Plato translated with a running commentary. London 1937 u. ö.

Gaiser, K.: Platons Ungeschriebene Lehre. Studien zur systematischen und geschichtlichen Begründung der Wissenschaften in der Platonischen Schule (mit einem Anhang: Testimonia Platonica.

Quellentexte zur Schule und mündlichen Lehre Platons). Stuttgart 1963, repr. 1968 (mit Nachwort zur 2. Aufl.);
— Das Gold der Weisheit. Zum Gebet des Philosophen am Schluß des *Phaidros*, In: Rh. Mus. 132 (1989) 105–140.
Graeser, A.: Platons Ideenlehre. Sprache, Logik und Metaphysik. Eine Einführung. Bern und Stuttgart 1975.
Guthrie, W. K. C.: A History of Greek Philosophy, vol. V, The Later Plato and the Academy. Cambridge 1978.
Hackforth, R.: Plato's Theism, Classical Quarterly 1936, repr. in: Studies in Plato's Metaphysics, ed. by R. E. Allen. London 1965, 439–447.
Hager, F.-P.: Der Geist und das Eine, Untersuchungen zur Wesensbestimmung des höchsten Prinzips als Geist oder als Eines in der griechischen Philosophie. Bern und Stuttgart 1970.
Halfwassen, J.: Geist und Selbstbewußtsein. Studien zu Plotin und Numenios. Wiesbaden und Stuttgart 1994.
Hildebrandt, K.: Platon. Logos und Mythos, zweite durchgesehene und durch ein Nachwort ergänzte Auflage. Berlin 1959.
Krämer, H. J.: Arete bei Platon und Aristoteles. Zum Wesen und zur Geschichte der platonischen Ontologie. Heidelberg 1959, Amsterdam ^{2}1967;
— Der Ursprung der Geistmetaphysik. Untersuchungen zur Geschichte des Platonismus zwischen Platon und Plotin. Amsterdam 1964, ^{2}1967; (1964a)
— Die platonische Akademie und das Problem einer systematischen Interpretation der Philosophie Platons. In: Kant-Studien 55 (1964) 69–101; (1964b)
— Neue Literatur zum neuen Platonbild. In: Allg. Zeitschr. für Philosophie 14 (1989)59–81;
— Zur aktuellen Diskussion um den Philosophiebegriff Platons. In: Perspektiven der Philosophie. Neues Jahrbuch 16 (1990) 85–107.
Manasse, E. M.: Bücher über Platon, II. Werke in englischer Sprache. Philos. Rundschau, Beiheft 2. Tübingen 1961; III. Werke in französischer Sprache. Philos. Rundschau 23. Jahrgang, Beiheft 7. Tübingen 1976.
Martin, G.: Platons Ideenlehre. Berlin – New York 1973.
Meissner, H.: Der tiefere Logos Platons. Eine Auseinandersetzung mit dem Problem der Widersprüche in Platons Werken. Heidelberg 1978.
Natorp, P.: Platons Ideenlehre. Eine Einführung in den Idealismus, zweite, durchgesehene und mit einem metakritischen Anhang vermehrte Auflage. Hamburg 1922 (repr. Darmstadt 1975).
Oehler, K.: Die Lehre vom Noetischen und Dianoetischen Denken bei Platon und Aristoteles. Ein Beitrag zur Erforschung der Geschichte des Bewußtseinsproblems in der Antike. München 1962, Hamburg ^{2}1985;
— Der Unbewegte Beweger des Aristoteles. Frankfurt a. M. 1984;
— Subjektivität und Selbstbewußtsein in der Antike. Würzburg 1997.
Reale, G.: Per una nuova interpretazione di Platone. Milano 1986 u. ö., deutsch: Zu einer neuen Interpretation Platons. Eine Auslegung der großen Dialoge im Lichte der »ungeschriebenen Lehren«, übersetzt von Ludger Hölscher, eingeleitet von Hans Krämer, herausgegeben von Josef Seifert. Paderborn 1993.
Ritter, C.: Die Kerngedanken der platonischen Philosophie. Tübingen 1931.
Robin, L.: Études sur la Signification et la Place de la Physique dans la Philosophie de Platon. In: Revue Philosophique de la France et de l' Étranger 43 (1918) 177–220 u. 370–415;
— Platon. Paris 1935.
Robinson, T. M.: Plato's Psychology. Toronto etc. 1970, ^{2}1995.

Schleiermacher, F. D. E.: Über die Philosophie Platons, herausgegeben und eingeleitet von Peter M. Steiner, mit Beiträgen von Andreas Arndt und Jörg Jantzen. Hamburg 1996.
Schwabl, H.: Zeus. Teil II. In: Realencyclopädie der Classischen Altertumswissenschaft, Supplementband XV (1978) Sp. 993–1411, auch enthalten in der Sonderausgabe: »Zeus« von H. Schwabl. München 1978.
Schwyzer, E.: Griechische Grammatik. Erster Band. München 1939 (Handbuch der Altertumswissenschaft II 1,1).
Steinthal, H.: Platons problematische Lehre. In: Gymnasium 103 (1996) 1–24.
Szlezák, Th. A.: Platon und Aristoteles in der Nuslehre Plotins. Basel und Stuttgart 1979;
— Platon lesen. Stuttgart-Bad Cannstatt 1993.
Tennemann, W. G.: System der Platonischen Philosophie, 4 Bde. Leipzig 1792–95.
Tugendhat, E.: ΤΙ ΚΑΤΑ ΤΙΝΟΣ. Eine Untersuchung zu Struktur und Ursprung aristotelischer Grundbegriffe. Freiburg und München 1958 u. ö.
Wyller, E. A.: Der späte Platon. Tübinger Vorlesungen 1965. Hamburg 1970.
Zeller, E.: Die Philosophie der Griechen in ihrer geschichtlichen Entwicklung, II 1, Sokrates und die Sokratiker. Platon und die Alte Akademie. Leipzig ^{5}1922.

SCHRIFTENVERZEICHNIS
HANS JOACHIM KRÄMER

I MONOGRAPHIEN

(1) Arete bei Platon und Aristoteles. Zum Wesen und zur Geschichte der platonischen Ontologie (Abhandlungen der Heidelberger Akademie der Wissenschaften, Phil.-hist. Klasse, Jg. 1959, Nr. 6). Heidelberg 1959; Neuausgabe Amsterdam 1967.

(2) Der Ursprung der Geistmetaphysik. Untersuchungen zur Geschichte des Platonismus zwischen Platon und Plotin. Amsterdam 1964, ^{2}1967.

(3) Platonismus und hellenistische Philosophie. Berlin /New York 1971.

(4) Platone e i fondamenti della metafisica. Saggio sulla teoria dei principi e sulle dottrine non scritte di Platone. Milano 1982, ^{2}1987, ^{3}1989, ^{4}1993, ^{5}1994 [Übersetzungen: engl.: 1990; span.: 1996; kroat.: 1997; japan.: 2000].

(5) Die Ältere Akademie. In: Grundriß der Geschichte der Philosophie. Philosophie der Antike, Bd. 1/3: Ältere Akademie – Aristoteles – Peripatos, hrsg. v. H. Flashar, Basel / Stuttgart 1983, 1–174.

(6) Plädoyer für eine Rehabilitierung der Individualethik. Amsterdam 1983.

(7) La nuova immagine di Platone. Neapel 1986.

(8) Dialettica e definizione del Bene in Platone. Interpretazione e commentario storico-filosofico di »Repubblica« vii. 534 B3–D2. Milano 1989 [erweiterte Fassung von Nr. 15].

(9) Il paradigma romantico nell'interpretazione di Platone. Neapel 1991 [wiederabgedruckt in: Verso una nuova immagine di Platone, a cura di Giovanni Reale. Milano 1994, 71–91].

(10) Integrative Ethik. Frankfurt/M. 1992 (Taschenbuchausgabe 1995).

(11) Überlegungen zu einer Anthropologie der Kunst. Tübingen 1994.

II AUFSÄTZE

(12) Die platonische Akademie und das Problem einer systematischen Interpretation der Philosophie Platons. In: Kant-Studien 55 (1964) 69–101 [wiederabgedruckt in: Das Platonbild. Zehn Beiträge zum Platonverständnis, hrsg. v. K. Gaiser. Hildesheim 1969, 198–230].

(13) Retraktationen zum Problem des esoterischen Platon. In: Museum Helveticum 21 (1964) 137–167.

(14) Die Sage von Romulus und Remus in der lateinischen Literatur. In: Synusia. Festgabe für Wolfgang Schadewaldt zum 15. März 1965, hrsg. v. H. Flashar / K. Gaiser. Pfullingen 1965, 355–402.

(15) Über den Zusammenhang von Prinzipienlehre und Dialektik bei Platon. Zur Definition des Dialektikers Politeia 534 B–C. In: Philologus 110 (1966) 35–70 [wiederabgedruckt in: J.Wippern (Hg.), Das Problem der ungeschriebenen Lehre Platons. Beiträge zum Verständnis der Platonischen Prinzipienphilosophie. Darmstadt 1972, 394–444; erweiterte italienische Fassung oben Nr. 8].
(16) Das Problem der Philosophenherrschaft bei Platon. In: Philosophisches Jahrbuch 74 (1966/67) 254–270.
(17) Zur geschichtlichen Stellung der aristotelischen Metaphysik. In: Kant-Studien 58 (1967) 313–354 [ungarisch: 1991].
(18) Die grundsätzlichen Fragen der indirekten Platonüberlieferung. In: Idee und Zahl. Studien zur platonischen Philosophie, hrsg. v. H.-G.Gadamer / W.Schadewaldt. Heidelberg 1968, 106–150.
(19) Grundbegriffe akademischer Dialektik in den biologischen Schriften von Aristoteles und Theophrast. In: Rheinisches Museum 111 (1968) 293–333.
(20) Nachtrag 1968. In: J. Wippern (Hg.), Das Problem der ungeschriebenen Lehre Platons. Beiträge zum Verständnis der Platonischen Prinzipienphilosophie. Darmstadt 1972, 445–448.
(21) Epekeina tês usias. Zu Platon, Politeia 509 B. In: Archiv für Geschichte der Philosophie 51 (1969) 1–30.
(22) Grundfragen der aristotelischen Theologie – Erster Teil: Die Noesis neoseos bei Aristoteles. In: Theologie und Philosophie 44 (1969) 363–387.
(23) Grundfragen der aristotelischen Theologie – Zweiter Teil: Xenokrates und die Ideen im Geiste Gottes. In: Theologie und Philosophie 44 (1969) 481–505.
(24) Die Denkbewegung der aristotelischen ersten Philosophie und ihr geschichtlicher Hintergrund. In: Akten des 14. Internationalen Kongresses für Philosophie Wien 1968. Wien 1971, Bd.vi, 355–360.
(25) Das Verhältnis von Platon und Aristoteles in neuer Sicht. In: Zeitschrift für philosophische Forschung 26 (1972) 329–353 [ungarisch: 1991].
(26) Aristoteles und die akademische Eidoslehre. Zur Geschichte des Universalienproblems im Platonismus. In: Archiv für Geschichte der Philosophie 55 (1973) 119–190.
(27) Zum Standort der »Metaphysik« Theophrasts. In: Zetesis. Album amicorum, door vrienden en collega's aangeboden aan Prof. Dr. E. de Strycker ter gelegenheid van zijn vijfenzestigste veriaardag. Antwerpen / Utrecht 1973, 206–214.
(28) Zur Ortsbestimmung der historischen Wissenschaften. In: Zeitschrift für allgemeine Wissenschaftstheorie 5 (1974) 74–93.
(29) Prolegomena zu einer Kategorienlehre des richtigen Lebens. In: Philosophisches Jahrbuch 83 (1976) 71–97.
(30) Die Grundlegung des Freiheitsbegriffs in der Antike. In: Freiheit. Theoretische und praktische Aspekte des Problems, hrsg. v. J. Simon. Freiburg /München 1977, 239–270.
(31) Selbstverwirklichung. In: G. Bien (Hg.), Die Frage nach dem Glück. Stuttgart 1978, 21–43 [gekürzter Vorabdruck in: Stuttgarter Zeitung vom 13. Mai 1978].
(32) Grundsätzliches zur Kooperation zwischen historischen und systematischen Wissenschaften. In: Zeitschrift für philosophische Forschung 32 (1978) 321–344.
(33) Neues zum Streit um Platons Prinzipientheorie. In: Philosophische Rundschau 27 (1980) 1–38.
(34) Anmerkungen zur Philosophischen Hermeneutik. In: Kulturwissenschaften. Festschrift für Wilhelm Perpeet zum 65. Geburtstag, hrsg. v. H. Lützeler. Bonn 1980, S. 263–274.
(35) Epikur und die hedonistische Tradition. In: Gymnasium 87 (1980) 294–326.

(36) Zum neuen Platon-Bild. In: Deutsche Vierteljahrsschrift für Literaturwissenschaft und Geistesgeschichte 55 (1981) 1–18 [polnisch: 1987].

(37) Flüchtige Gegenwart? Zur Phänomenologie der Zeiterfahrung. In: Im Gespräch: der Mensch. Ein interdisziplinärer Dialog. Josef Möller zum 65. Geburtstag, hrsg. v. H.Gauly / M.Schulte / H.P.Baler / S.Dangelmayr. Düsseldorf 1981, 24–28.

(38) Schubart und Ludwigsburg. In: Ludwigsburger Geschichtsblätter 33 (1981) 25–40.

(39) Kritische Bemerkungen zu den jüngsten Äußerungen von W. Wieland und G. Patzig über Platons ungeschriebene Lehre. In: Rivista di Filosofia neoscolastica 74 (1982) 579–592.

(40) Antike und moderne Ethik? In: Zeitschrift für Theologie und Kirche 80 (1983) 184–203.

(41) Zum Problem einer hedonistischen Ethik. In: Allgemeine Zeitschrift für Philosophie 9 (1984) 11–30.

(42) Funktions- und Reflexionsmöglichkeiten der Philosophiehistorie. Vorschläge zu ihrer wissenschaftstheoretischen Ortsbestimmung. In: Zeitschrift für allgemeine Wissenschaftstheorie 16 (1985) 67–95.

(43) Neue Wege der philosophischen Ethik. In: Salzburger Jahrbuch für Philosophie 30 (1985) 87–96 [Übersetzungen: ital.: 1985, engl.: 1985, span.: 1985, poln.: 1992].

(44) Sind zwei Ethiktypen notwendig? Zum Verhältnis von Sollensethik und Strebensethik. In: Universitas 40 (1985) 995–1002.

(45) Neue Wege der philosophischen Ethik. In: Universitas 40 (1985) 1159–1166.

(46) Zur ethischen Tragweite des Machtbegriffs. In: J.Simon (Hg.), Nietzsche und die philosophische Tradition. Würzburg 1985, Bd. 1, 34–45.

(47) Moralisches Sollen, Autonomie und gutes Leben. Zur neueren Ethik-Diskussion. In: Perspektiven der Philosophie 12 (1986) 295–327.

(48) Mutamento di paradigma nelle ricerche su Platone. Riflessioni intorno al nuovo libro su Platone di Giovanni Reale. In: Rivista di Filosofia neoscolastica 78 (1986) 341–352.

(49) Ein denkwürdiges Konzert im Ludwigsburg des vorigen Jahrhunderts. Franz Liszt spielte am 17. November 1843 im Ludwigsburger »Waldhorn«. In: Ludwigsburger Geschichtsblätter 40 (1987) 191–196.

(50) In quale misura la concezione aristotelica dell'etica è ancor oggi attuale? In: Museum Patavinum 4 (1987) 235–249.

(51) Plädoyer für eine Philosophie der Lebenskunst. In: Information Philosophie 16 (1988) Heft 3, 5–17 [gekürzter Vorabdruck in: Die Welt vom 3. September 1988].

(52) Aktualität und Obsoleszenz der aristotelischen Ethik. In: prima philosophia 1 (1988) 284–300.

(53) zu: Thomas Alexander Szlezák, Platon und die Schriftlichkeit der Philosophie. In: Perspektiven der Philosophie 14 (1988) 417–439.

(54) Fichte, Schlegel und der Infinitismus in der Platondeutung. In: Deutsche Vierteljahrsschrift für Literaturwissenschaft und Geistesgeschichte 62 (1988) 583–621 [englisch: 1999].

(55) Das Verhältnis von Philosophie und Philosophiehistorie. Vorschläge zur systematischen Ortsbestimmung der Philosophiehistorie. In: Dialektik Bd. 18: Philosophie als Geschichte. Probleme der Historiographie. Köln 1989, 144–163 [gekürzte Fassung von Nr. 42].

(56) Neue Literatur zum neuen Platonbild. In: Allgemeine Zeitschrift für Philosophie 14 (1989) 59–81.

(57) Kategorialität und Praktische Philosophie. In:Kategorie und Kategorialität. Historisch-systematische Untersuchungen zum Begriff der Kategorie im philosophischen Denken. Festschrift für Klaus Hartmann zum 65. Geburtstag, hrsg. v. D. Koch / K. Bort. Würzburg 1990, 359–380.

(58) Zur aktuellen Diskussion um den Philosophiebegriff Platons. In: Perspektiven der Philosophie 16 (1990) 85–107.

(59) Ethik der Risikoberatung. In: M. Schüz (Hg.), Risiko und Wagnis. Die Herausforderung der industriellen Welt. Pfullingen 1990, Bd. 2, 286–303.

(60) L'interpretazione di Platone della scuola di Tubinga e della scuola di Milano. A propositio della decima edizione del libro di Giovanni Reale su Platone. In: Rivista di Filosofia neo-scolastica 84 (1992) 203–218.

(61) Betrachtungen zu Erich Fechners rechtsphilosophischem Spätwerk. In: Zum Gedenken an Professor Dr. phil. Dr. iur. Erich Fechner. Tübingen 1992, 101–106.

(62) Ethik und Risikoberatung. In: Bausteine zur Philosophie Bd. 6: Risiko. Interdisziplinäre Schriftenreihe des Humboldt-Studienzentrums der Universität Ulm 1992, 46–59.

(63) Thesen zur philosophischen Hermeneutik. In: Internationale Zeitschrift für Philosophie 2 (1993) 173–188 [Auszug kroatisch 1995].

(64) Altes und neues Platonbild. In: Méthexis VI (1993) 95–114 [span.: 1993].

(65) La noesis noeseos e la sua posizione nella Metafisica di Aristotele. In: Rivista di Filosofia neo-scolastica 85 (1993) 309–323 [wiederabgedruckt in: Aristotele. Perche la Metafisica, a cura di Adriano Bausola e di Giovanni Reale. Milano 1994, 171–185].

(66) Das neue Platonbild. In: Zeitschrift für philosophische Forschung 48 (1994) 1–20 [engl., neugriech., poln.: 1996].

(67) Die Bewährung der historischen Kritik an der Geschichte der antiken Philosophie: Eduard Zeller und Albert Schwegler. In: Historisch-kritische Geschichtsbetrachtung. Ferdinand Christian Baur und seine Schüler. 8. Blaubeurer Symposium, hrsg. v. U. Köpf. Sigmaringen 1994, Tübinger Beiträge zur Universitäts und Wissenschaftsgeschichte Bd. 40, 141–152.

(68) Integrative Ethik. In: Materialien aus der Lehrerfortbildung für das Fach Ethik, hrsg. v. Landesinstitut für Erziehung und Unterricht Stuttgart. Heft Eth 30 (1995) 1–21.

(69) Zur Rekonstruktion der Philosophischen Hermeneutik. In: Zeitschrift für allgemeine Wissenschaftstheorie 26 (1995) 169– 185.

(70) Überlegungen zu einer Religionsanthropologie. In: Philosophisches Jahrbuch 102 (1995) 156–161.

(71) Die platonisch-akademische Prinzipienlehre in der hellenistischen Philosophie. In: Perspektiven der Philosophie 21 (1995) 1–33.

(72) Schwierigkeiten mit Nietzsches Wiederkunftslehre. In: Kriza i Perspektive Filosofije, Mihailu Djuricu za sedamzedeti rodendan. Tersit Beograd 1995, 215–218.

(73) Überlegungen zur Anwendungsdimension der Philosophie, Zeitschrift für Philosophische Praxis 1 (1995) 10–12.

(74) Replik: Die Integrative Ethik in der Diskussion In: Zur Grundlegung einer integrativen Ethik. Für Hans Krämer, hrsg. von Martin Endreß. 1995, 205–249.

(75) Platons Ungeschriebene Lehre. In: Th.Kobusch/B.Mojsisch (Hgg.), Platon, Seine Dialoge in der Sicht der neueren Forschung. Wissenschaftliche Buchgesellschaft Darmstadt 1996, 249–275 [frz.: 1998].

(76) Lebenserfahrung und Reflexion. Mein Weg zur Philosophie, in dem Sammelband: Christine und Michael Hauskeller (Hgg.), »... Was die Welt im Innersten zusammenhält«. 34 Wege zur Philosophie. Hamburg 1996, 74–79.

(77) Die Idee der Einheit in Platons ›Timaios‹. In: Perspektiven der Philosophie 22 (1996) 287–304.

(78) Positionen zeitgenössischer philosophischer Hermeneutik. Ein kritischer Überblick. Information Philosophie 1996/5, 24–38.

(79) Zu neuen Büchern über Platon. In: Allgemeine Zeitschrift für Philosophie Heft 22.1 (1997) 49–68.

(80) Die Idee des Guten. Sonnen- und Liniengleichnis (Platon Politeia Buch VI 504a–511e). In: O.Höffe (Hg.), Platon, Politeia, Klassiker auslegen 7. Berlin 1997, 179–203.

(81) Otto Friedrich Bollnow im Gespräch. In: F.Kümmel (Hg.), O.F.Bollnow: Hermeneutische Philosophie und Pädagogik. Freiburg / München 1997, 320–322.

(82) Hermeneutik – Wissenschaft – Kultur – Praxis. In: Zeitschrift für philosophische Forschung 51/3 (1997) 390–410.

(83) Erinnerungen an die Nachkriegszeit in Ludwigsburg 1945 bis 1950. In: Ludwigsburg. Erinnerungen aus Stadt und Kreis 1897–1997. Ludwigsburg 1997, 365–370.

(84) Saggio introduttivo. In: Platone, Ippia maggiore (con Maria Teresa Liminta). Milano 1998, 7–46.

(85) Saggio introduttivo. In: Platone, Liside (con Maria Lualdi). Milano, 1998, 7–46.

(86) Integrative Ethik. In: Glück und Ethik, hrsg. v. Joachim Schummer. Würzburg 1998, 93–107.

(87) Saggio introduttivo: Lo statuto tipologico dell'interpretazione hegeliana di Platone. In: V.Cicero, Il Platone di Hegel. Milano 1998, XVII–XLVIII.

(88) Das Verhältnis von Ästhetik und Ethik in historischer und systematischer Sicht. In: Etho-Poietik. Ethik und Ästhetik im Dialog: Erwartungen, Forderungen, Abgrenzungen. Hrsg. v. B. Greiner und M. Moog-Grünewald. Zeitschrift für Ästhetik und allgemeine Kunstwissenschaft Beiheft 7 (1998) 1–13.

(89) Ästhetische Erfahrung in einem Gedicht aus Georges ›Jahr der Seele‹. In: George-Jahrbuch Band 3 (2000/2001) 69–75.

(90) Was leistet die Glücksethik? In: Deutsche Zeitschrift für Philosophie 48 (2000) 565–577 [zugleich ital. u.d.T.: Etica individuale e generalizzazione. In: Etica individuale e giustizia. Cagliari 2000].

(91) Soll und kann die Ethik beraten? In: Ethik – Orientierungswissen? Hrsg. v. Jakob Hans Josef Schneider. Würzburg 2000, 31–44.

(92) Philosophische Anthropologie, Hemmungskategorie, Moralerklärung. In: Anthropologie und Moral. Philosophische und Soziologische Perspektiven, hrsg. v. M. Endreß und N. Roughley. Würzburg 2000, 151–165.

(93) The concept of hermeneutical Experience. Alternatives to Gadamer. In: Graduate Faculty Philosophy Journal of the New School in New York 23 (2001).

(94) Zur neueren Diskussion um die indirekte Platonüberlieferung. In: Studi filosoficzna. Thorn 2001.

(95) Ist die Noesis bei Platon fallibel? In: Sein und Werden bei Platon. Festschrift für Karl Albert. Freiburg / München 2001.

III Kleinere Beiträge und Rezensionen

(96) Aristoxenos über Platons Περὶ τἀγαθοῦ. In: Hermes 94 (1966) 111–112.

(97) zu: E. Dönt, Platons Spätphilosophie und die Akademie. Untersuchungen zu den platonischen Briefen, zu Platons »Ungeschriebener Lehre« und zur Epinomis des Philipp von Opus. In: Anzeiger für die Altertumswissenschaft 21 (1968) 221–225.

(98) zu: Werner Beierwaltes, Proklos. Grundzüge seiner Metaphysik. In: Gnomon 46 (1974) 449–462.

(99) zu: Enrico Berti, Aristotele: Dalla Dialettica alla Filosofia Prima. In: Archiv für Geschichte der Philosophie 62 (1980) 199–204.

(100) zu: M. Isnardi Parente, Studi sull'Accademia platonica antica. In: Archiv für Geschichte der Philosophie 64 (1982) 76–82.

(101) Art. ›Noesis Noeseos‹. In: Historisches Wörterbuch der Philosophie, Bd.vi, 1984, Sp. 871–873.

(102) zu: Bernhard Taureck, Die Zukunft der Macht. Ein philosophisch-politischer Essay. In: Philosophische Rundschau 32 (1985) 310–312.

(103) Neue Versuche der Moralbegründung. In: Allgemeine Zeitschrift für Philosophie 11 (1986) 31–35.

(104) Geleitwort zu: E.Jain, Erfahrung des Seins. Reflexionen zur Philosophie Karl Alberts. Sankt Augustin 1986, 9.

(105) Was ist Philosophische Praxis? Kurze Beantwortung der Frage, was das philosophische Interesse der Philosophie an der Philosophischen Praxis ist. In: AGORA. Zeitschrift für philosophische Praxis, Heft i (November 1987) 5 [Vorabdruck von Nr. 108].

(106) zu: K. Ferber, Platos Idee des Guten. In: Philosophisches Jahrbuch 94 (1987) 196–201.

(107) zu: Marcello Gigante, La Bibliothèque de Philodème et l'Epicurisme Romain. In: Philosophischer Literaturanzeiger 41 (1988) 380–382.

(108) Was ist Philosophische Praxis? Kurze Beantwortung der Frage, was das philosophische Interesse der Philosophie an der Philosophischen Praxis ist. In: Einheit und Vielheit. xiv. Deutscher Kongreß für Philosophie, Gießen: 21.–26. September 1987, hrsg. v. Odo Marquard. Hamburg 1990, 309–310.

(109) zu: Robert Spaemann, Glück und Wohlwollen. In: Information Philosophie 18 (1990) Heft 2, 44–46 [gekürzter Vorabdruck in: Evangelische Kommentare 22, 1989: Heft 9, 51].

(110) Prefazione. In: Maurizio Migliori, Dialettica e Verità. Commentario filosofico al »Parmenide« di Platone. Milano 1990, 9–10.

(111) zu: Pierre Hadot, Philosophie als Lebensform. In: AGORA. Zeitschrift für philosophische Praxis 11/12 (1991) 28–30.

(112) Prefazione. In: Giancarlo Movia, Apparenze, essere e verità. Commentario storico-filosofico al »Sofista« di Platone. Milano 1991, 13–14.

(113) zu: Thomas Rentsch, Die Konstitution der Moralität. Transzendentale Anthropologie und praktische Philosophie. In: Allgemeine Zeitschrift für Philosophie 17 (1992) 83–87.

(114) zu: Christian Schnoor, Kants kategorischer Imperativ als Kriterium der Richtigkeit des Handelns. In: Rechtstheorie 23 (1997) 142–145.

(115) Einleitung. In: Giovanni Reale, Zu einer neuen Interpretation Platons. Eine Auslegung der Metaphysik der großen Dialoge im Lichte der »ungeschriebenen Lehren«. Paderborn u. a. 1993, 11–15.

(116) zu: Annemarie Pieper (Hg.), Geschichte der neueren Ethik. Bd. 1: Neuzeit / Bd. 2: Gegenwart. In: Zeitschrift für philosophische Forschung 48 (1994) 161–163.

(117) zu: R. M. Dancy, Two Studies in the Ancient Academy. In: Gnomon 66 (1994) 630–632.

(118) Erwiderung: »Autistisches« oder parasitäres Philosophieren? In: Ethik und Sozialwissenschaften 5 (1994) Heft 4, 629–630.

(119) Introduzione. In: Konrad Gaiser, La dottrina non scritta di Platone. Milano 1994, XI–XVIII.

(120) Foreword. In: Lilo Kinne, Multidimensional Art, New York 1995, 8–10.

(121) Prefazione. In: Maurizio Migliori, Arte politica e metretica assiologica. Commentario storico-filosofico al »Politico« di Platone. Milano 1996.

(122) Rechtfertigung und Entfaltung Philosophischer Beratung. In: Ethik und Sozialwissenschaften. Streitforum für Erwägungskultur 10 (1999) 520–522.